CORPORATE GOVERNANCE
(Second Edition)

公司治理

| 第二版 |

吴炯 著

图书在版编目(CIP)数据

公司治理 / 吴炯著. -- 2版. -- 北京：北京大学出版社，2025.1. --（高等院校经济学管理学系列教材）. -- ISBN 978-7-301-35813-9

Ⅰ. F276.6

中国国家版本馆 CIP 数据核字第 2024F5Y763 号

书　　　名	公司治理（第二版）
	GONGSI ZHILI（DI-ER BAN）
著作责任者	吴　炯　著
策 划 编 辑	姚文海
责 任 编 辑	张宇溪
标 准 书 号	ISBN 978-7-301-35813-9
出 版 发 行	北京大学出版社
地　　　址	北京市海淀区成府路 205 号　100871
网　　　址	http://www.pup.cn　新浪微博:@北京大学出版社
电 子 邮 箱	zpup@pup.cn
电　　　话	邮购部 010-62752015　发行部 010-62750672　编辑部 021-62071998
印　刷　者	河北文福旺印刷有限公司
经　销　者	新华书店
	787 毫米×1092 毫米　16 开本　30.5 印张　704 千字
	2014 年 9 月第 1 版
	2025 年 1 月第 2 版　2025 年 1 月第 1 次印刷
定　　　价	88.00 元

未经许可，不得以任何方式复制或抄袭本书之部分或全部内容。
版权所有，侵权必究
举报电话：010-62752024　电子邮箱：fd@pup.cn
图书如有印装质量问题，请与出版部联系，电话：010-62756370

前　　言

在《公司治理(第一版)》的基础上,《公司治理(第二版)》在系统建构公司治理理论体系的基本目标下,希望能更完善地解决以下几点问题,这也是公司治理理论研究近些年来着力突破之处。

第一个问题是,什么不是公司治理? 滥用公司治理概念已严重阻滞了当前企业实践和理论研究的发展,解决这一问题需要从两方面探索:一是要求对公司治理的内涵属性挖掘得更深刻,二是要求对公司治理与公司管理、治理结构等概念的边界划分得更清晰。首先,以契约理论(这正是全书的基本理论基础)为指引,提出公司治理是为协调各方利益相关者的合作关系,针对公司制度的不完备之处,有关公司控制权配置与行使的制度系统。这里,公司治理本质属性反映为:利益相关者的"平等"关系,公司制度的"不完备"特征,"剩余"控制权活动,以及"关系契约"制度性质。其次,在公司治理的制度边界划分方面,本书立足于辨析控制权的"特定"和"剩余"性质、"配置"和"行使"活动,区分了"公司管理""治理结构"与"公司治理"的概念范围,并将"制度优化逻辑"下的相关内容划入"核心公司治理"的边界之内,将反映"制度建构逻辑"的商业模式布局和治理结构设计内容划入"泛公司治理"范畴内。这样的单独切分有利于剖析公司治理的核心制度构成和运行机理,更为重要的是为公司治理制度建设设置了一把标尺,使得公司治理理论可为上市公司和大型公司之外的更多形态的公司制度设计提供指导。

第二个问题是,公司制度的制度空间如何构筑? 这是有关公司治理的活动边界与活动方向的问题。从古典企业向公司制企业演进以及从特许的规制公司、合股公司向现代公司演进的路径上,"经理革命"和"有限责任制度革命"完成公司制度的性质突变,公司制度的发展由"经理职业化制度"和"股东风险控制制度"两条主要脉络推动。进而,各种公司制度形态反映的就是这两个维度上的制度演化进程的不同组合。于是,两个维度分开看,代理型与剥夺型两类不同治理问题的产生根源与处置对策就有了基本线索。两个维度综合看,董事会等治理机构的功能定位就有了基本依据。而两个维度上制度演进的共同点,体现在公司治理相对于公司制度设计的内生性上,进一步说明了现代公司制度建设的"制度建构逻辑"与"制度优化逻辑"的辩证统一,也表明了现代公司制度的"天使恶魔混合体"性质。

第三个问题是,公司治理的价值观立场是什么? 公司利益相关者之间冲突的必然存在是公司治理制度建设的前提,然而解决这些平等的利益相关者之间的冲突,存在一个价值观的选择问题。不先设立场,而注重理论归纳和演绎的过程,是本书的基本原则。在这个问题上,本书在明确和坚持"帕累托标准"的基础上,推论了人与人之间的信义义务在建构公司治理制度体系中的重要性,强调了忠诚与勤勉的伦理要求。这是本版教材不同于第一版和其他"公司治理"教材之处。而在此后的篇章中,信义义务关系伴随着委托—代理链,成为连接各类公司利益相关者关系并建构公司治理制度体系的基本线索。

第四个问题是,如何看待公司制度环境的异质性?本书以讨论公司的内部治理为重点,所涉及外部治理的讨论可凝结为一个观点,"公司制度是社会文明的产物"。简言之,没有市场体制、法治规则、管制体系、社会规范等的现代化发展,没有信义义务意识和规范的普遍落实,就建立不起来真正的现代公司制度。这要求不断加强外部治理制度和整个社会文明的建设,更要认识到公司内部治理是以外部治理环境为条件的,缺乏权变和定位思想、盲目应用国外所谓先进公司治理制度,只能适得其反。

第五个问题是,非典型的公司如何治理?当前学术界极力扭转的一个研究倾向是,仅仅把研究视野放在上市公司上。如果说上市公司是典型现代公司的代表,那么,现实世界里的绝大多数公司都是非典型的,为这些异质性的公司提供治理制度设计思路是公司治理理论难题。对此,本书一方面把标准的现代公司界定为研究的"基点",另一方面又创新地提出了公司治理的定位原则和方法。以董事会制度为切入点,本书在理论上提出了一个 2×2 的功能定位模型,面向操作性还提供了一个 3×3 的拓展模型。模型中所定义的"本质功能"的组合处置的是标准的现代公司的治理问题,而各种"原生功能"及其与"本质功能"的组合,则对多样性的公司制度提供了有针对性的(泛)治理思路。

第六个问题是,公司治理的操作性原则如何凝练?理论突破是为企业实践服务的,可操作的对策方案才是实践界所需要的,过于繁杂的策略方案会降低理论应用价值。当前,学界正在深刻反思层层加码的"九龙治水"格局导致的公司治理实践的混乱。本书将代理型公司治理的问题根源凝练为"目标不一致、信息不对称",将剥夺型公司治理问题的产生归因于"身份与行为的隐蔽性、权利与责任的不匹配"。从"目标不一致、信息不对称"出发,建立起了解决"经理腐败"的治理机构和治理机制体系。从"身份与行为的隐蔽性、权利与责任的不匹配"出发,梳理出了治理"控制股东剥夺"的策略原则和制度框架。这两条简洁明了的逻辑,贯穿于代理型和剥夺型公司治理问题讨论的全过程。

以上六点,不仅代表了本书对公司治理中六个重大问题的思考,还体现了我们在公司治理制度设计上的基本观点。它们不仅成为串接全书内容的基本线索,并且随着讨论的展开而越辩越清晰。若进一步将这些观点再凝练,则本书认为的公司治理的"心法口诀"是一句话:"能攻心则反侧自消,自古知兵非好战;不审势即宽严皆误,后来治蜀要深思。"这幅"攻心联",也称"宽严联",悬挂于成都武侯祠,是后人对诸葛亮用兵、理政经验的总结。治国如斯,治理公司也概莫能外。

遵从"攻心",就是实现激励相容,是制度设计的基本准则,在公司治理制度体系中体现得更为充分。公司治理的前提(各方利益相关者合作关系的协调需要),决定了公司治理是利益相关者间达成的一套实现利益共赢的制度系统;公司治理的价值观标准(帕累托有效原则基础上的信义义务体系),明确了信任是不确定环境下利益相关者合作的基石;两类公司治理问题的根源(信息不对称下的目标不一致、身份与行为隐蔽性后的权利与责任的不匹配),更是直接说明了激励相容是问题导向下设计公司治理策略的核心原则。

辨识"宽严",就是强调定位,是制度设计的基本前提,也是本书的创新之处。"没有最好,只有适合"的权变原则本身就是经济管理学的原则常识。在实践界甚至在一些理论研究中,人们却似乎热衷于寻找所谓的"最优的""规范的"或者"现代的"公司治理模式。这样的矛盾反映了目前学界尚未建立起一套完整的公司治理定位思想、原则和方法,而本书则从第一节就开始铺设公司治理定位的思路。其中,构筑的公司制度空间(经理职业化制度和股东风险控制制度的两维体系),划定了公司治理的总体制度范围及制度演变路径;泛公司治理制度的界定(尚未满足公司治理本质属性的控制权活动),反过来界定了公司治理的定位基点;对外部治理制度功能的思考(公司制度是社会文明的产物),强调了公司治理模式相对于制度环境的定位要求;董事会功能定位模型的提出(一个理论定位模型和一个操作性拓展模型),更是以董事会为例直接给出了公司治理定位的完整思想。

本版在内容结构上对第一版进行了重大调整,形成了五篇、十三章的结构。第一篇主要解决什么是公司治理、其制度架构如何等一些基础性问题,是全书的思想基础。然而,即便这里涉及抽象的理论概念,我们仍致力于从理论演绎和案例归纳中与读者一起"推导"出理论线索和知识体系,加深读者对为什么要进行公司治理的理解。第二篇和第三篇面向公司治理中的两大重要参与者——经理与控制股东,分别讨论两类重要的公司治理问题——代理型与剥夺型问题。这两篇各由三章构成,有着相似的逻辑结构:首先是理论基础分析,分别借助的是委托—代理理论和产权理论。随后,进行两类公司治理问题表现形式的刻画和制度体系的建构。这里一方面强调以标准的现代公司为论述"基点",另一方面强调"授人以鱼不如授人以渔",重点解释制度体系的建构过程和依据,而不是仅仅解说制度内容。最后,分别论述两类公司治理问题中的核心制度,即经理制度和股东权益保护与分享制度。第四篇讨论董事会制度设计,它是公司治理制度运转的枢纽。其中对董事会功能范畴与功能定位的讨论是本篇的核心内容,是此前全书线索铺垫后的知识涌现。换一个角度看,董事会在公司制度中的嵌入也引出了被治理的问题,因此,本篇还将先后讨论针对董事会整体和董事个体的治理制度。第五篇的讨论对象是外部利益相关者,属于外部治理系统专题,涉及市场系统、监管环境系统和服务中介系统三方面。

在以上知识点的呈现风格上,本书重视教学案例的开发与应用。全书共设计了81个案例,覆盖全部重要知识点。首先,突出原创性。81个案例中只有1个直接来自其他教材(案例4-4),其余的或者自己开发,或者摘录、改编于原始新闻资料或学术文献。当然,许多重要事件和重要情境也会被其他学者关注,但本书独立选择信息来源和独立确定应用范围。其次,强调本土化。81个案例中仅仅有13个小案例未以中国现实为背景,主要原因在于中国历史发展中未经历公司制度的首创阶段。其余案例,包括全部需要读者斟酌思考的大型案例均强调本土化,强调中国的企业制度建设,嵌入于中国特有的经济社会文化制度环境之中。再次,区分功能性。全书案例分为三类,即每章开篇的引导案例,每章结束的讨论案例,以及穿插在章节中的小案例。引导案例的功能是提出问题、启发思考,并概览对应章节的知识体系,讨论案例的价值是帮助读者综合性地思考和应用对应章节的理论知识,穿插在章节中的小案例则用于解读重点知识、提供现实数据、扩展理论视野。最后,本书还开发出一组"学习伴随案例"。主要集中在"董事会与公司治理"一篇,分别由 3 个引导案例和 3 个讨论案例组合在一起,讨论 2015 年发端的"宝万之争"事件。这一组案例集中"伴随"于董事会制度设计知识的展开,有利于更完整和深刻地梳理案例线索、提炼知识启示。更有特色的"伴随"是指,除了第一个案例以概况介绍背景为主外,其余五个案例所蕴含的知识还分别对应于全书的五篇。于是,这组案例还可以伴随于全书知识体系的展开过程,即仅以一个背景案例反映公司治理的知识主干。

  此外,本书在知识结构的模型化上进行了较多的努力。图示的方式有利于知识表达的清晰简洁,便于读者轻松领会知识重点及其演绎脉络。而更进一步,在全书的 93 张图中,有 66 张是理论框架模型,并且是原创的理论框架模型。如果说理论就是概念和概念间的关系,那么模型化的图示,有利于知识结构的系统化,有利于完整、有序地反映公司治理的运行逻辑。66 张理论框架模型图也从一个侧面反映了本书知识的丰富性。另外,在章节叙述中嵌入一些小贴士。公司治理理论是一门综合学科,所涉及知识比较庞杂,为了夯实论证基础,又不打断论述主线,全书共嵌入了 86 个小贴士,囊括法律常识、历史典故、公司实践、理论术语、学术基础等。需要说明的是,本书以全面修订的 2024 年 7 月 1 日施行的《中华人民共和国公司法》为法律基础,并且全程跟踪了该版的四次修订和审议过程。本书不仅可以为公司治理实践提供最新的法律依据,而且也反映了理论界的关注焦点和发展动向,应该在较长一段时间内具有直接的实践和理论指导价值。

  距离本书的第一版已过去多年,公司治理的理论研究有了新发展。特别是随着教学、科研、实践等方面的经验积累和知识沉淀,作者对公司治理理论体系也有了一些新的认识。事实上,本书的集中写作时间超过了两年,比第一版用的时间还长。写作过程是作者重新检视和整理自己的理论思想的过程,不断交流验证、不断打磨完善,才有这样一本可用作教材的公司治理理论原创作品。当然,受到本人学术水平限制,本书在认识上和表述上的偏见和错误也许不少,衷心希望得到学界同仁、企业家以及广大读者的批评指正。

目录

第一篇 公司治理的制度体系

第1章 公司治理的制度内涵 / 3
　导读 / 3
　引导案例　公司治理与江湖斗争 / 3
　1.1　公司治理初探 / 6
　1.2　从企业的契约性质看公司治理的制度内涵 / 13
　1.3　从公司的制度特征再论公司治理的制度内涵 / 27
　讨论案例　王小宝的苦恼 / 37
　讨论问题 / 38

第2章 公司治理的制度架构 / 39
　导读 / 39
　引导案例　通钢事件——改制不能承受之重 / 39
　2.1　嵌入在公司治理制度架构中的价值观体系 / 41
　2.2　控制权配置视角下的治理者身份认定 / 54
　2.3　公司治理的结构体系 / 68
　2.4　公司治理制度的模式比较 / 74
　讨论案例　中国近代对公司制度的探索——大生纱厂 / 84
　讨论问题 / 88

第二篇 经理与公司治理——代理型公司治理专题

第3章 委托—代理理论与代理型公司治理问题 / 91
　导读 / 91

引导案例　张博士的选择 /91
3.1　职业经理人的引入 /93
3.2　委托—代理问题 /102
3.3　道德风险问题与经理激励约束任务 /108
3.4　逆向选择问题与经理选聘任务 /113
讨论案例　马云退休 /117
讨论问题 /119

第4章　代理型公司治理的制度体系 /120

导读 /120

引导案例　企业家犯罪 /120

4.1　代理型公司治理的问题表现 /121
4.2　代理型公司治理制度的结构体系 /133
4.3　公司治理制度体系下的内部控制机制 /140
讨论案例　石油系统的"塌方式腐败"被连根拔起 /149
讨论问题 /151

第5章　经理制度 /152

导读 /152

引导案例　上海家化的葛文耀 /152

5.1　经理制度架构 /154
5.2　经理的决策制衡制度 /156
5.3　经理的选拔聘任制度 /165
5.4　经理的绩效管理制度 /170
5.5　经理的激励约束制度 /172
讨论案例　赖小民的两面人生 /180
讨论问题 /183

第三篇　股东与公司治理——剥夺型公司治理专题

第6章　股权与股权结构 /187

导读 /187

引导案例　阿里合伙人制度 /187

6.1　产权与公司治理 /189
6.2　股权与公司治理 /199
6.3　股权结构与公司治理 /204
讨论案例　雷士照明的三次控制权争夺战 /218

讨论问题 / 220

第 7 章　剥夺型公司治理的制度体系 / 221
导读 / 221
引导案例　黑榜上市公司的"黑" / 221
7.1　剥夺型公司治理的问题表现 / 223
7.2　终极控制权结构与剥夺行为根源 / 234
7.3　剥夺型公司治理制度的结构体系 / 246
讨论案例　国美夺权战 / 252
讨论问题 / 256

第 8 章　股东权益保护与分享 / 257
导读 / 257
引导案例　蚂蚁集团的控制权配置 / 257
8.1　股东会制度与股东权益保护 / 259
8.2　股权分享制度 / 269
讨论案例　华为员工持股计划的演进 / 291
讨论问题 / 294

第四篇　董事会与公司治理

第 9 章　董事会的功能范畴与功能定位 / 297
导读 / 297
引导案例　央企董事会嬗变 / 297
9.1　董事会角色的演进 / 301
9.2　董事会的功能范畴 / 307
9.3　董事会的功能定位 / 321
讨论案例　"宝万之争"主角与时间线 / 328
讨论问题 / 332

第 10 章　董事会制度设计 / 333
导读 / 333
引导案例　"宝万之争"前的"万科模式"
　　　　　——暨第一篇的学习伴随案例 / 333
10.1　董事会的主要任务 / 335
10.2　董事会的组织结构 / 338
10.3　董事会的议事规程 / 348
10.4　董事会制度设计 / 352

讨论案例 "宝万之争"中的万科董事会
　　　　——暨第四篇的学习伴随案例 / 367
讨论问题 / 371

第 11 章　董事与独立董事 / 372

导读 / 372

引导案例 "宝万之争"中的王石
　　　　——暨第二篇的学习伴随案例 / 372

11.1　董事的治理 / 375

11.2　独立董事制度 / 394

讨论案例 "宝万之争"中的华润
　　　　——暨第三篇的学习伴随案例 / 406

讨论问题 / 408

第五篇　外部利益相关者与公司治理

第 12 章　公司治理的市场力量 / 411

导读 / 411

引导案例 为何来到中国就不安分？ / 411

12.1　资本市场及其治理机制 / 413

12.2　商业银行的公司治理参与 / 422

12.3　产品市场和经理市场的治理力量 / 428

讨论案例 "宝万之争"中的监管方
　　　　——暨第五篇的学习伴随案例 / 435

讨论问题 / 439

第 13 章　公司治理的监管环境与服务中介 / 440

导读 / 440

引导案例 獐子岛扇贝往哪里跑？ / 440

13.1　监管环境系统 / 442

13.2　服务中介系统 / 454

讨论案例 不止一个瑞幸 / 462

讨论问题 / 465

参考文献 / 466

第一篇

公司治理的制度体系

第1章
公司治理的制度内涵

导读

作为开篇第一章，本章重点解决两个问题：什么是公司治理？为什么要进行公司治理？第一节"公司治理初探"，通过介绍公司与公司治理的概貌，铺陈本书的论述脉络。随后，从两个层面引导读者建立起公司治理的概念体系，领悟出公司治理的制度内涵。首先，从一般企业的契约性质出发，论证公司治理的本质属性，强调公司治理的功能是弥合公司参与者合作制度的不完备之处。其次，针对现代公司制度的具体特点，从公司制度的演进规律中，挖掘出代理型和剥夺型两类公司治理问题，并建立起读者对现代公司制度的完整理解。

引导案例 公司治理与江湖斗争

什么是公司治理？套用一个网络名词来解释，很多人称其为"不明觉厉"，即"虽然不知道它是什么，但就知道它确实厉害"。的确，这些年企业界许多具有社会轰动效应的事件都与公司治理有关。2010年，"国美控制权争夺战"吸引了国人的目光，国美电器（00493.HK）创始人、三度全国首富黄光裕与其引入的职业经理人陈晓"撕破脸"，双方就公司控制权展开了近一年的拉锯战，媒体上双方的支持者也互不相让。不管结局如何，"股东大会""职业经理人"等公司治理概念在坊间却变得耳熟能详。在此事的后续影响仍在不断扩散之时，2015年"宝万之争"烽烟再起，"野蛮人"宝能系掌门人姚振华通过一系列"做局"，抢夺万科（000002）第一大股东宝座。经过多场交锋，宝能系退出万科，创始人王石辞任董事会主席，第一大股东易主旁人。在这一场全民大讨论的事件中，"董事会""恶意并购"等公司治理概念又成为国人茶余饭后的高频词。

其实，类似的事件并不少见，比如雷士照明（02222.HK）的创始人吴长江数度卷入与不同利益相关者的控制权争夺战中。对于此事，曾有人指出：中国人说，有人的地方就有江湖，有江湖的地方就有江湖斗争。在企业经营中，内部矛盾和斗争难以完全避免。在成熟的市场经济和现代公司治理结构中，会倾向于通过规则化博弈来解决重大决策争端和权利分配问题。然而在中国的企业生存环境中，公司内斗则更多带有'江湖斗争'的味道，各方力量围绕控制权和利益明争暗斗，各立山头，相互诋毁，设套使坏，大打出手……现代公司治理规则更多沦落为争权的工具，而非约束博弈路径的制度框架。

文字表达了四层意思：第一，这场"控制权争夺战"简直就是一场"江湖斗争"；第二，"江湖斗争"太龌龊；第三，避免"江湖斗争"的出路是建立正式制度；第四，这套正式制度就是公司治理。总之，作者的倾向是用公司治理代替江湖斗争。

问题是，这些观点正确吗？

应用公司治理理论的完整知识，对该观点的回答是：有效的公司治理制度将减少"江湖斗争"的无序性，从这点看该作者的观点是正确的；但是，无论多么有效的公司治理制度都不可能消除此类"江湖斗争"，从这点看该作者的观点是太理想化了，没有发现两者在本质上确实有太多相似之处。

第一，公司治理与"江湖斗争"背景相同，这就是人与人合作中产生的矛盾。不同于"公司管理"活动通常受到权力等级的秩序约束，"公司治理"发生在大致平等的产权主体之间，资源和利益配置的依据难以达成共识。于是，"有人就有江湖"，公司治理活动中出现"江湖斗争"毫不奇怪。第二，公司治理的任务是建立一套制度，但是不要忘了，江湖也是有规矩的。江湖的"黑道"不同于"白道"，"江湖规矩"的弹性很大、线条很粗。同样，公司治理的制度安排也主要是框架性的，所谓"关系契约"。就是说，公司治理的事情很难事前预料清楚，事前定下的是问题发生后的处理目标、原则、程序等规矩。第三，江湖规矩中以"义"为先，"江湖大哥"都注重义气，靠义气来积攒人气。而公司治理也以"攻心为上"，通过"激励相容"实现制度的自我履行，这就是武侯祠"攻心联"中所谓的"能攻心则反侧自消"。第四，"义"之下的"江湖规矩"是种种"门规家法"，公司治理也强调监管与制衡。"江湖规矩"的巧妙之处在于，不同价值取向和任务目标之下，规矩底线会千差万别。同样，公司治理也重视"定位"，不同类型的产权结构会面对不同的公司治理任务，要求建立不同的公司治理制度，这也就是"攻心联"中所谓的"不审势即宽严皆误"。

开篇案例把公司治理与"江湖斗争""江湖规矩"做比较，目的是引出本书对公司治理理论的两点基础性认识，这也体现本书的两点基本特征。第一，在属性认知上，本书将公司治理理解为一种制度体系；在学科范畴里，公司治理学是一门交叉学科；在不同的知识结构下，人们看待公司治理理论和实践的侧重点存在差异，而本书选择的是制度设计的视角。更进一步，以上案例也凸显了公司治理制度设计的复杂性，其难点来自其关系契约的制度性质，这意味着从来就无法事前部署下一套完备的公司治理制度。这个困难更来自公司治理处置的是人与人之间的合作问题。要知道，涉及人的问题从来都是复杂的，更何况公司治理涉及的还是利益诉求难以相容的多种类型的个体之间的冲突。

第二，如果把公司治理的知识体系高度浓缩的话，本书的"心法口诀"就是体现诸葛亮治理政事理念的"攻心联"——"能攻心则反侧自消，自古知兵非好战；不审势即宽严皆误，后来治蜀要深思"。其上联强调了制定设计的基本原则，而其下联有关审时度势的定位理念更体现了本书特色。这两条理念贯穿本书各个章节，特别是有关公司治理定位的思想、方法，更是串联各章节内容的重要线索。

小贴士 1-1　"攻心联"与相关史实

成都武侯祠诸葛亮殿前挂有一幅著名的楹联："能攻心则反侧自消，自古知兵非好战；不审势即宽严皆误，后来治蜀要深思。"联文作者为清末民初人赵藩。据说赵藩因深感当政者在治蜀过程中的种种弊端，而追念诸葛亮的治蜀业绩，挥笔撰联以笔谏当政者。既表达出他对诸葛亮功业的缅怀，又从诸葛亮的治蜀经验教训中提炼出警示后人应如何安邦治国的道理。前人对诸葛亮治国、用人方面的业绩所论极多，然赵藩此联似特有所指。

《三国志》中载：刘备去世后不久，南中"诸郡并皆叛乱"。诸葛亮为安定后方，稳定政局，于建兴三年出兵南征。马谡为之送行时，诸葛亮与他讨论征战谋略。马谡建议道："南中恃其险远，不服久矣。虽今日破之，明日复反耳……夫用兵之道，攻心为上攻城为下。心战为上，兵战为下，愿公服其心而已。"诸葛亮采用此策，对孟获"七擒七纵"，"赦孟获以服南方，故终亮之世，南方不敢复反"。回顾南征全过程，可以说是诸葛亮贯彻围剿与安抚、拉拢与打击、恩威并重"攻心"为上的策略，使"反侧"自消的成功战例。

联文下句审时度势以定宽严，在史料中不乏例证。《三国志·诸葛亮传》中载：蜀汉立国之初，"亮刑法峻急，刻剥百姓，自君子小人咸怀怨叹。法正谏曰：'昔高祖入关，约法三章，秦民知德。今君假借威力，跨据一州，初有其国，未垂惠抚，且客主之义，宜相降下，愿缓刑弛禁，以慰其望'"。诸葛亮对此作了严厉的批驳，他回答法正说："君知其一，未知其二。秦以无道，政苛民怨，匹夫大呼，天下土崩，高祖因之，可以弘济。刘璋暗弱，自焉以来，有累世之恩，文法羁縻，互相承奉，德政不举，威刑不肃。蜀土人士，专权自恣，君臣之道，渐以陵替。宽之以位，位极则贱；顺之以恩，恩竭则慢。所以致弊，实由于此。吾今威之以法，法行则知恩；限之以爵，爵加则知荣。恩荣并济，上下有节，为治之要，于斯而著。"

资料来源：梅铮铮. 诸葛亮用人治国之道散论——从成都武侯祠著名"攻心"联说起 [J]. 成都大学学报（社会科学版），2001，(2).

1.1 公司治理初探

许多人在初次接触公司治理这个概念的时候总会困惑：公司治理与公司管理的差别在哪里？当然，要完整地界定公司治理的定义，是后面篇章中逐步讨论的知识重点。不过，一开始就轮廓式地区分公司治理与公司管理的概念在外延上的区别，有利于大家快速地摆脱某些不甚准确的刻板印象。更重要的是，讨论公司治理与公司管理的区别与联系，还可直接引出公司治理的两点十分重要又常常被人忽视的前提。

1.1.1 公司治理与公司管理

本书从制度设计的视角来认识公司治理，同样在管理活动中，制度安排与实施也是一项重要内容，两者的区别在哪里呢？早在经济学的奠基之作《国民财富的性质和原因的研究》（以下简称《国富论》）里，亚当·斯密至少有两处重要论断涉及企业的制度问题，其一是关于劳动分工的讨论，其二是对公司制企业的委托—代理现象的发现。

小贴士 1-2　亚当·斯密对企业制度的两处论述

《国富论》开篇就是讲劳动分工。亚当·斯密通过对一家雇用了 10 个人的扣针制造工厂的研究发现，一枚小小的扣针竟然需要 18 道工序，当这 18 种工序在这 10 个人间分配开来后，一人一天的产量可达到 4800 枚。但是，如果没有工厂，就没有分工，亚当·斯密估算的情况是，如果他们各自独立工作，不专习一种特殊业务，那么他们不论是谁，绝对不能一日制造 20 枚针，说不定一天连一枚也制造不出来。[2]

亚当·斯密还对当时形态初成的股份公司进行了讨论，不过他的观点是悲观的。他发现股份公司中的股东往往并不参与经营，而将公司的经营控制权交给了董事。但是，这种公司的董事管理的不是他们自己的钱，而是别人的钱，因此，我们不能期望他们会像私人合伙企业中的合伙人那样尽心尽力。这一段表述在整整 200 年后的 1976 年，被詹森和麦克林理论化为委托—代理问题。[3]

资料来源：〔英〕亚当·斯密. 国民财富的性质和原因的研究（上卷）[M]. 王亚南译. 北京：商务印书馆，1972.

区分亚当·斯密对企业制度的这两处论述，可以明确地把分工活动划分到公司管理的范畴，而委托—代理问题就属于公司治理的范畴。对此，可以以图 1-1 的线索进行说明。

1. 基于"人"的辨析

亚当·斯密对企业的探索是从企业的人员集合性开始的，那么，我们也先从"人"开始区分公司治理与公司管理。尽管目前组织结构变革出现了扁平化的趋势，但是从基本形态上看仍难以摆脱"金字塔形"的构架。这个"金字塔"的底层是支撑

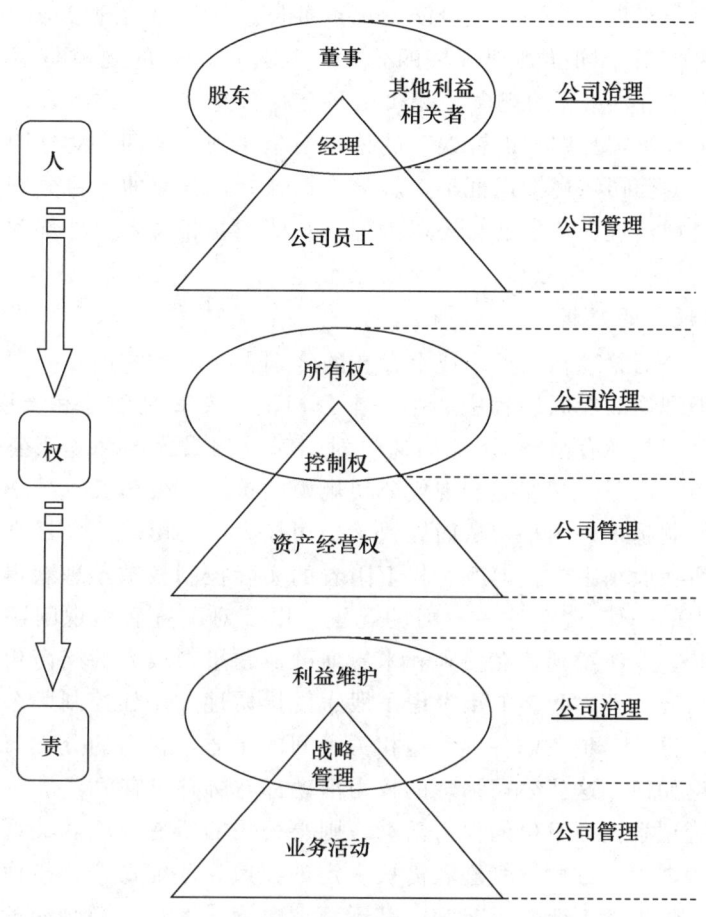

图 1-1 公司治理和公司管理的区别与联系

公司基本任务的一般操作性员工，受到管理幅度的限制，出现了一层一层的管理人员，到了顶层则是少数甚至唯一的高级经理人。"金字塔"内的人员就是公司管理所覆盖的范围。

公司治理所涉及的人员则囊括在图1-1顶部的环形结构之内。这里包括四类人员：经理、股东、董事，还有其他公司利益相关者（比如主要债权人、战略合作伙伴、重要人力资本提供者）。对于这四类公司治理参与者，有四点情况需要说明：第一，不同于管理活动发生在一定的权力链中，公司治理的四类人员在正常情况下并没有明显的权力等级差异。即便从委托—代理活动中建立起权威关系，也不同于管理权威关系中所包含的命令与服从的性质。公司治理参与者的平等性就是图1-1用圆环来表现公司治理的原因，这也说明了公司治理活动的复杂性。第二，公司治理的四类人员的利益诉求往往是不相容的。这个不相容包含着利益的直接对立，比如一方收入分配比例高了，其他方自然就低。但是，公司治理的复杂性还在于这种不相容更多表现在利益诉求维度的差异上，比如多数情况下股东追求更高的利润，可是经理考虑的是职位稳固，债权人考虑的是资金风险。第三，这四类人并非会共同存在。比如，控制股东常常本身就是公司的经理,这个经理可能还是董事长。从公司治理参与人多寡的角度直接得到的启示是,对于同样管理规模的公司,其公司治理的规模是不一致的。或者说,图1-1中的三角与圆环的规模比例和相互交叠情况是不一样的,从中大致也解释了"攻心联"中"不审势即宽严皆误"的公司治理原则。第四,对这四类人的划分也建构起了本书中的公司治理知识框架,从第二篇开始,各篇的题目分别是经理与公司治理、股东与公司治理、董事会与公司治理、其他利益相关者(外部利益相关者)与公司治理。

2. 基于"权"的辨析

公司治理和公司管理在人员构成上存在的区别直接导致它们在公司权力方面的区别。在公司治理理论的发展历程中,第一本公司治理专著是伯利和米恩斯在1932年出版的《现代公司与私有财产》。他们通过对当时美国最大的200家公司的观察,提出了"两权分离"命题——伴随着现代公司规模的扩大,公司股权越来越分散,股东对公司财产的控制越来越困难,从而导致了公司权力中心由股东向经理转移。公司所有权名义上保留在股东手中,但所有权上附着的实际控制权被经理获得了,或者至少经理获得了其中的一部分。[4]这种权力的配置,以及对配置后出现问题的处置,就属于公司治理范畴。要注意到,在伯利和米恩斯的命题里,权力的制衡相对简单地发生在同质性的股东与经理之间。如果考虑了股东的异质性,比如控制股东与非控制股东间的利益冲突,再进一步考虑各种利益相关者间的矛盾,权力的分立与制衡问题会更加复杂。但无论如何,这些公司治理的权力活动都与所有权有关。

而在公司管理系统内发生的权力活动,则与公司的所有权归属关系不大,而是出于管理效率的考虑。一方面,管理者需要一定的权威,才能命令、指挥,提高行动效率。另一方面,管理者不能事事亲为,基于管理幅度或者员工激励的考虑,分权给下一级管理者甚至一线员工,是基本的组织原则或者领导策略的要求。在这些管理活动中,"金字塔"顶端的经理所拥有的控制权体现为对公司资产的经营权,这些资产经营权沿着管理层级的分权、授权来运作,属于公司管理的范畴。

3. 基于"责"的辨析

权、责是一对需要相互平衡的关系,公司治理与管理在权力系统内的差异导致责任内容的不同。公司治理关心所有权的归属,进而是所有者的确定问题,而这个所有者对外代表的是整个公司。于是,公司使命宗旨的确立就是一项治理问题,它解释了一家公司"为什么要存在"以及"为谁而服务"。同时,当这个所有者对公司的控制权较强时,关于使命的确立内容越详尽,越包含公司战略的详细安排。而当所有者对公司的控制权较弱时,利益维护则成为主要工作,公司"为谁而服务"成为一个博弈问题。进一步看,当职业经理人获得大量控制权,而分散股东仅仅拥有名义上的所有权时,公司治理的职责就是要制衡经理,维护股东的利益。此外,也要认识到所有者是个群体的概念,比如考虑了股东的异质性后,当存在一个强势的控制股东时,公司控制权在股东之间的分配就不平衡了,这时的公司治理职责是制衡控制股东,保护全体投资者的利益。

权、责平衡起来相对简单的是公司管理系统。公司的各级员工之所以可以获得对公司部分财产的资产经营权,是因为这样才能真正地承担起各类业务工作。所以,管理就分为生产管理、营销管理、财务管理,如此等等。

4. 治理与管理的衔接

图1-1还反映出,公司管理的金字塔与公司治理的圆环存在着重叠。重叠意味着关系的模糊,模糊就带来了问题。公司治理活动的难点就发生在重叠部分。

在"人"的系统里,重叠的是经理。在公司治理,经理是被治理的对象。对于公司管理,经理是最高的经营管理负责人。但这里的经理不一定是职业经理人,在多数的中小公司里(随后讨论中会明确,这里指的是没有真正完成"经理革命"的公司),经理往往由控制股东担任,或者仅仅是控制股东命令的执行者。所以,从人的角度看,公司治理的对象分为两类,所谓的"代理型公司治理"(后续篇章将定义)针对的主要是职业经理人,所谓的"剥夺型公司治理"(后续篇章将定义)针对的主要是控制股东。

在"权"的系统里,重叠的是控制权。所以,在本章的引导案例"公司治理与江湖斗争"中可以看出,控制权配置成为公司治理的重要难题。随后章节会将控制权区分为剩余控制权和特定控制权,剩余控制权的配置和行使就属于公司治理,而特定控制权的相关活动基本具体化地围绕资产经营权展开,它是公司管理活动的基础。

在"责"的系统里,重叠是战略管理。一方面可以理解为,战略规划既属于公司管理,也属于公司治理,有学者就提出"公司治理要从权力制衡走向决策科学"[5]。另一方面则是本书所坚持的立场,"不审势即宽严皆误",公司治理需要定位。当公司治理的圆环与公司管理的金字塔所重叠的部分越多时,那些通常被认为属于公司治理的人员,比如董事、股东,所从事的战略管理活动就越多。而当重叠的部分很少时,公司治理人员仅仅负责使命宗旨等更宏观的任务,或者对战略规划进行最终审批即可,而战略谋划中相对微观的内容自然是身处"一线"的经理人员的职责。

以上分析中透露出,不同公司的制度形态是不同的,可以用图1-1中公司治理的圆环与公司管理的金字塔的相对大小比较,以及相互重叠程度来表达。进一步而言,也可以看出不同公司的公司治理任务是不同的。读者在讨论下一小节案例1-2时,可以尝试从这个角度思考。另外,这里做的是对公司治理与公司管理区别的"初探",帮助读者"进对门",而随后篇章将进一步从理论上区别公司治理与公司管理(以及随后涉及的所谓的治理结构)的本质差异。

1.1.2 现代企业制度的核心特征与公司治理的前提条件

建立现代企业制度是我国企业改革的核心任务,那么,"现代"二字体现在何处呢?以下从"法人独立"和"经理革命"两点展开讨论。一方面,这两点是现代企业制度的核心特征。但在大量企业实践案例中,进行的是形式上而非实质上的制度建设,产生的是"非独立"的法人,以及"未革命"的经理。另一方面,这两点也是公司治理的前提条件。当未能看到现代企业制度这个"天使"背后的"恶魔"一面时,大量的企业在法人"独立"后被个别控制者盘剥，或者在被职业经理人"革命"后鸠占鹊巢。

要注意，本小节属于"公司治理初探"的内容，后续章节会进行更深刻的讨论。本小节的目的，一是强调这一部分知识的重要性，二是埋下推进公司治理理论知识体系发展的两条基本线索。进一步地说，本书论述的最终结论是构筑一个公司治理的制度空间，用最抽象的模型表达是二维结构，其中两条坐标分别是法人的独立程度和经理的职业化程度。

1. 法人"独立"

企业的组织形态一般分为两种，一是自然人企业，二是法人企业。前者主要指的是个人业主制企业和合伙制企业，后者主要指的就是公司，所谓现代企业制度指的就是公司制企业。本书讨论法人企业，明确公司的法律性质，使读者正确认识公司治理。

案例 1-1　盗取"自己"公司资金的老板

2004年11月底至12月初的几天，多家网站的新闻头条都被一篇类似题为"廉政公署追查创维黄宏生"的文章占据。创维彩电此时在国内市场的发展势头正如日中天，此条爆炸新闻立刻在网上引发了大讨论，网友们基本都猜测黄宏生事发是因为陷入了什么行贿案、诈骗案。其中一条网络传闻是，指控的罪名涉及多项贪污，其中一项指称黄宏生涉嫌行贿一名曾受雇于执业会计师楼的前会计师，以伪造会计记录，协助公司在香港联合交易所上市。然而，高效的香港廉政公署不久正式公布消息，黄宏生被控罪名只有一项——盗取公司资金罪。

如此一来，网上的讨论立刻又开始了。不曾料想的是，网友们都普遍同情黄宏生。大概是因为当时创维彩电的经营佳绩的确有目共睹吧。一些网友想起了已经身陷囹圄的红塔集团的褚时健，他们认为，国有企业对经理的激励不够，如果是民营企业就不会出现这种情况。但是，很快有人发言了，"创维就是民营，黄宏生就是私人老板，一起被抓的有一个是黄宏生的弟弟。"

网友们沉默了，私人老板怎么要盗取自家公司资金？人家自家左口袋出右口袋进，廉政公署为什么要抓人？

要回答案例1-1中网友的疑惑，必须理解法人"独立"的道理，必须读懂"公司是企业法人，有独立的法人财产，享有法人财产权"这句话。这是《中华人民共和国公司法》（以下简称《公司法》）总则中的基本规定。法人指的是具有民事权利能力和民事行为能力，依法独立享有民事权利和承担民事义务的组织，是社会组织在法律上的人格化。所以，所谓法人，字面的意思即为在法律上被当作"人"，是与真正的自然人相对应的，即是"非人"的一类。

而在公司法人含义中最重要的是"有独立的法人财产，享有法人财产权"。公司在独立的法人财产的基础上运营，具有独立的生命和市场主体资格。虽然法人财产来自股东所投入的资产，但一旦完成从资产到股本的转换，原来资产上的产权就产生了分离。股东仅保留股权，而公司则获得全部资产的主要支配权，即所谓的法人财产权。可见，法人财产权中的关键含义是"独立"二字。"独立"将公司与其股东区分开。股东从"独立"中获得的好处是，与法人"独立"相匹配的股东所担责任也是"有限"的，同时，也防止了其他股东对公司事务的侵扰和对利益的攫取，以及获得法人制度运营中的某些效率优势等。但是与此同时，股东也要尊重其中"独立"的含义，不得侵犯法人财产权。

在案例1-1中，黄宏生与妻子共持股近四成，是创维的大股东、"大老板"。但是尽管如此，他也不可以直接把公司的钱拿来自己用，否则，就直接"盗取"了另外六成股权的利益，也直接"盗取"了债权人、工人等利益相关者的利益，侵犯了公司的法人财产权。事实上，即便在只有一个股东的一人有限公司里，也要把法人财产与股东个人财产区分开，因为2023年修订的《公司法》里规定，只有一个股东的公司股东不能证明公司财产独立于股东自己的财产的，应当对公司债务承担连带责任。

所以，法人的核心价值是"独立"，现代企业制度的核心特征是实现法人的"独立性"。"独立"意味着，公司与股东或者其他利益相关者在法律面前是平等的"人"，"人人平等"是现代企业制度构建和运行的基本原则。其实，法人的"独立性"还反映在"公司"这个名称的"公"字上，它体现了法人财产的一定范围内的"公共"属性。而当法人"独立"被滥用时，公司治理问题就会出现。这是因为法人财产由法人所有，但有关法人财产的决策却来自具体的自然人，比如控制股东或者经理。这里存在的隐患是，当这些法人财产的控制者以"独立性"为借口，逃避其他投资者的监管时，对法人的利益剥夺就会发生。法人"独立"对企业制度建设而言，可谓"成也萧何，败也萧何"。

2. 经理"革命"

公司的法人制度，保障了独立的公司财产权，而公司财产的独立给予了职业经理人发挥企业家才能的舞台，促成了专业的经理阶层的出现。也只有当职业经理制度引入公司制度体系后，才称得上现代公司制度。钱德勒就将现代公司定义为由一组支薪的中、高层经理人员所管理的多单位企业。[6]以下小贴士是有关经理革命起源的小故事。

小贴士1-3 *经理革命的源头*

1841年，在美国马萨诸塞至纽约西部的一条铁路上发生了一次交通事故，1死17伤。这次事故成为企业管理体制改革的一个重要契机。事故发生后，社会舆论纷纷抨击无能的铁路资本家管理不了现代高技术的企业组织。在州议会的推动下，该铁路公司实行改革，选拔一批有管理才能的专家担任领导，而资本家则成了只领取红利的股票持有者。这就是世界著名的"经理革命"。不久，经理革命风靡世界，成为资本主义企业管理的一种重要形式。

资料来源：张维迎、盛斌. 论企业家——经济增长的国王 [J]. 北京：生活·读书·新知三联书店，2004.

经理"革命"起源于公司对企业家才能的需求，是经营管理活动专业化分工的结果，反映了社会经济发展的效率要求和基本规律，是现代企业制度的核心特征之一。其"革命"二字体现了企业制度的跨越式的成长，而"革命"式的跨越是有难度的。本书后续讨论将传递一个重要理念，即"公司制度是社会文明的产物"。当社会道德层面、法治层面的信义体系不完善时，外来的经理难以获得股东的信任而掌握公司资产的经营权，难以成为真正的职业经理人。

"革命"式的跨越也是有代价的，专职经营的经理与提供资本的股东分离后，也带来了公司治理问题。经理与股东不可能时时处处保持目标一致，多数情况下股东的目标是相对单一的经济利益，而经理的私人需求却显得多样化，甚至是"能歇就歇会儿"。问题的困难还在于，股东没有充分的信息了解经理的行为，甚至小股东们根本没有积极性去获取这些信息。这就产生所谓的委托—代理问题。所以，经理"革命"是公司治理的另一前提，股东与经理间的委托—代理问题是公司制度容易受到攻击的原因。

案例 1-2 ▶ 书上说的用不着？

张立强五年前在美国获得 MBA 学位后，就回国接手了他父亲创办的医疗器材公司。五年间，他买来最新的技术专利，贷款扩大生产规模，走南闯北将产品覆盖到全国。基本是自己一手一脚，将公司从百人小厂发展为拥有三大产品事业部、1500 名员工的行业知名企业。前不久完善了公司的商业模式和组织结构后，他开始考虑公司治理问题。此前他是公司唯一的执行董事，现在公司规模大，于是他打算设立一个董事会。可是，董事会的职责是什么呢？他找出早年读 MBA 时的教材翻看起来。但仍感到困惑。

书上说，董事会的职责是监督经理。他想了想，这个经理就是他自己，自己还需要监督吗？他父亲的眼神就是最强大的监督。书上说，董事会还要保护股东的利益。他想了想，这个股东还是他。他和他父亲一共占了公司 90% 的股份。另外的股东是他的几个亲戚，他们不想惹麻烦。书上说，董事会要对公司重大决策进行批核和监督。他想了想，在这个地方还有谁有实力对他的决策指手画脚？

难道书上错了吗？

也许，案例 1-2 中的张立强和他阅读的 MBA 教材都错了。目前，一些教程非常强调"规范"公司治理机制，"健全"公司治理模式。这往往会误导读者，以为有所谓"最佳"公司治理制度。其实，公司治理也要坚持基本的权变原则，把定位作为公司治理的起点。从刚才讨论的经理"革命"的知识看，案例 1-2 中的企业是真正的现代公司吗？完成经理革命了吗？在可预期的未来，张立强会退居幕后吗？如果不是肯定的答案，那么就不需要在管制经理上下"猛药"了。同样，从法人"独立"的角度看，张立强目前有侵犯公司的独立性而假公济私的动机吗？别的股东有损公肥私的能力吗？如果不是肯定的答案，那么通常的以保护股东为目的的多数公司治理手段也就不适用于该公司了。所以，公司治理强调定位，强调"不审势即宽严皆误"。

对于这个案例还可以应用图1-1所刻画的公司治理和公司管理的区别模型来解释。显然，这家公司目前的规模发展主要在公司管理层面，扩张的是图中的三角。而代表公司治理的那个圆环并没有什么变化，这个公司并没有什么公司治理任务。当然，张立强未雨绸缪，先建立董事会也是可取的，可以为进一步引入投资、招揽专才作好制度准备。但此时如果照搬一般教材的"标准"做法，就定位错误了，就会加速官僚化，让公司未老先衰。

1.2 从企业的契约性质看公司治理的制度内涵

本节从对企业制度最本质的特征出发，推导出公司治理最抽象的概念，从源头上理解公司治理的制度内涵。请读者带着两个问题阅读以下内容：第一个问题是企业是什么？第二个问题是为什么企业需要治理？

1.2.1 企业的契约性质

经济活动包含两个层面的内容：一是人与自然之间的技术关系，称为生产活动；二是人与人之间的社会关系，称为交易活动。而交易是在交易双方的讨价还价中通过一定的契约形式得以完成的。契约可理解为一个合法的双边交易中双方就某些相互权利义务达成的协议，它可以是口头的或文字的、短期的或长期的、粗略的或详尽的、个人间的或组织间的。而有关企业契约活动的认识，构成了所谓的企业契约理论，这正是本书展开讨论的基础。

1. 作为合作机构的企业

根据相关资料，企业的定义是从事生产、流通或服务性经营活动，实行独立核算的经济组织。这是在社会角色和社会功能的角度上对企业的认识，在这个认识下，企业只是一些社会个体，其内部特征被忽视了。事实上，在以新古典经济学为主流的经济学体系中，企业也被认为只是市场中的最小交易单元，是一个反映投入产出关系的函数式，是一个使利润最大化的"黑匣子"。这样的化约处理后，在"边际革命"推动下，借助数学方法的广泛应用，经济学对资源配置的研究似乎更为细致。然而，这样的化约处理也让人们观察经济现象的视野变窄了，一些本应被关注的问题，由于缺少合适的分析工具被搁置。长久以来，人们对企业的认识还停留在亚当·斯密的古典经济学体系中。

小贴士1-2里介绍了亚当·斯密对企业制度的探索。简单说，亚当·斯密的企业理论就是关于劳动分工与专业化的企业理论。[7]亚当·斯密认为企业存在的价值是实现了劳动分工，而劳动分工又实现了专业化生产，专业化生产则意味着专门技能、专门职业、专门机器和专门工艺，进而提高了生产力。所以，企业就是通过劳动分工将专门技能、专门职业集中起来，利用专门机器实现专门工艺的经济组织。简单地说，企业是个专门化的分工机构。

然而，亚当·斯密从分工角度对企业属性的认知存在一处缺陷并被科斯发现（随后将论述），进而淡出学术研究的焦点。但是，如果从另一个角度看分工，亚当·斯密的企业理论同样是建构现代公司治理概念不可或缺的基石。我们知道，分工与合作是紧密联系的，分工是实现合作的方式。尽管此后的理论发展对企业分工价值的强调确有减弱，但是无论如何也不能忽视企业作为合作机构存在的意义。此后的推导将不断加深，而不是减弱对亚当·斯密观点的这一层面理解，论证公司治理的前提就是人们之间的合作存在着障碍，而当合作越多元、越复杂时，公司治理越显必要。

2. 替代市场合作的企业

亚当·斯密基于分工对企业性质的论断，与其同样倡导的价格机制存在着一定的矛盾。这一点，科斯在《企业的本质》一文中提出，如果生产是由价格机制来调节的，那么生产就可以在没有任何组织机构存在的情况下进行，对此我们要问，为什么还会存在企业？[8]科斯挑战的是既然价格机制可以调配资源，那么分工就可以在市场上完成，又为什么要存在企业这一问题。

对此，科斯的回答是：资源的配置有两种方式，除了企业外部的市场交易方式外，还可以通过企业内部的行政协调方式完成；在市场机制下，生产是由价格运动引导的，而价格运动引导生产是通过一系列市场交易来协调的。在企业内部，资源配置则通过权威和命令来进行；然而，制度的实施会发生成本。市场机制下的交易会发生市场交易成本，企业正为了节约市场交易成本而存在。所以，企业是市场的替代物，权威机制是价格机制的替代物。当然，企业权威制度的运行也会发生组织协调成本，这也可以理解为内部交易成本，并且企业规模越大，这种成本越高。于是，企业规模成长就停止在两种成本边际相等的位置。

交易成本的发现对新古典经济学的企业理论作出巨大修订，那么，什么是交易成本呢？在1937年的《企业的性质》一文中，科斯虽没有明确使用交易成本这个术语，但将其内涵确定为"使用价格机制的代价"。在1960年的《社会成本问题》一文中，科斯对交易成本的外延进行了补充，他提出为了进行市场交易，有必要发现谁希望进行交易，有必要告诉人们交易的愿望和方式，以及通过讨价还价的谈判缔结契约，督促契约条款的严格履行，等等。[9]后来，在张五常、威廉姆森等学者的完善下，交易成本被认为是为了达成交易目的而发生的确定交易对象、谈判并签订合同、监督合同履行及违约纠纷处置等成本的总和。

可见，科斯对亚当·斯密的企业即分工的观点的发展，坚持的仍是把经济活动等同于资源配置的经济学立场。而如果我们转换一下学术视角，立足于人际合作或者社会合作的角度看待企业活动与市场活动，不仅可反映两者的共同性，而且还可将其与个人活动区分开。所以，本书更愿意把科斯的观点放在亚当·斯密的理论基石的角度去考虑，认为企业的本质在于用企业的合作关系去代替市场的合作关系。两种合作关系外在表现的区别可以用科斯的以上观点体现，而对于两种合作关系的内核区别，科斯及后来者又有了更精妙的发现。

3. 基于契约合作的企业

科斯等进一步提出，之所以企业使用权威来替代价格进行"经济合作"时交易成本被大大地节约，主要原因在于市场上的一系列短期契约被企业这个长期契约所替代。当然在这里，主流的经济理论用的不是"经济合作"，而是"资源配置"。但显然，合作才更能直接地体现从契约的角度理解企业本质的意义。

首先，假如一项生产活动需要 n 个人分工完成，那么如果没有企业，完全依靠市场交易，这 n 个人只要有经济合作，就要签订契约，最多时需要两两签约，签约数达到 $n(n-1)/2$。而当企业存在时，企业或者某一生产要素的提供者就可以充当中心签约人，分别与每个人签约即可，签约数仅为 $n-1$。市场契约最多可以是企业契约的 $n/2$ 倍。例如，一个仅有 4 人参与的生产合作，当通过市场协调时，需要签订的两两契约可能达 6 项，而他们若联结为企业，以一个人为中心仅缔约 3 次即可。契约数量的减少直接节约了附着其上的交易成本。

其次，企业里的契约与市场上的契约相比，一般执行期比较长。这避免了市场交易不断进行签约活动，也直接减少了契约数量。而长期契约的好处更在于能够促进对"双赢"的努力。假如有 A 和 B 两个市场伙伴，他们之间的合作将产生收益 $P+Q$，其中 Q 仅能来自他俩之间，其他交易无法产生，是相对于其他交易的增量。Q 可能来源于他们之间重复交易的交易成本节约，比如他们之间有过往来，相互之间的信息比较对称，交易前后的信息成本就会较低；Q 也可能来源于他们之间新的专用交易的收益，比如 A 将与 B 交易的产品的仓库设置在 B 而不是其他交易伙伴的附近，从而降低 A 与 B 合作的运行成本。这两种情况产生的收益 Q 的共同特点是，都无法用市场定价，因为市场上没有相同的"产品"销售。那么，长期契约的好处就在于：在第一种情况下，A 和 B 为了获得更多次的 Q，会约束自己，控制各种偷懒、欺诈、自私等机会主义行为的发生，以保证双方的长期关系不至于破坏。在后一种情况下，只有长期契约才能保证 A 投资专用的仓库。因为在短期多次契约中，也许在第一次交易时，B 会同意与 A 分享 Q，但当 A 一旦完成投资，B 完全有可能独占 Q。考虑到被"要挟"的风险，只有长期契约的保证，A 的专用性投资才能发生。

在科斯的理论中，企业这个长期契约替代市场上的一系列短期契约所产生的交易成本节约，是企业存在的价值。进而，科斯赋予了企业契约的本质。在科斯之后，企业的契约观被不断发展。阿尔奇安和德姆塞茨指出，通过市场的交易与企业内部的交易别无二致，企业的契约安排是一种能与中心的代理人进行再谈判的简单契约结构。阿尔奇安和德姆塞茨第一次提出企业的本质是一系列契约的联结（nexus of contracts）。[10] 张五常认为，企业与市场的不同，不是长期契约对短期契约的替代，也不是一个契约对一系列契约的替代，更不是企业替代了市场，而是生产要素契约替代了中间产品契约，是要素市场替代了产品市场。[11] 这就又回归到了亚当·斯密那里，企业还是一种合作机构，是基于企业契约的合作。

4. 企业契约的不完备性

从以上讨论可见，企业乃是一系列合作契约的联结的观点逐步得以巩固。与此同时，契约的一个特性得到了重视，即契约的不完备性。世上的契约很难做到完备，人们无法准确描述与交易有关的所有未来可能出现的状态，以及每种状态下契约各方的权利和义务。因为在一个不确定性的世界里，要在签约时预测到未来所有可能出现的状态几乎是不可能的；即使预测到，要准确地描述每种状态也是很困难的（甚至可能找不到描述某种状态的语言）；即使描述了，由于事后的信息不对称，当实际状态出现时，当事人也可能对为什么会是这样争论不休；即使当事人之间是信息对称的，法庭也可能无法证实；即使法庭能证实，执行起来也可能成本太高。[12] 简单说就是，一方不能预测、双方不能统一、第三方不能证实。所以，我们工作生活中见到的合同往往以这样的文字结束，"未尽事宜，双方友好协商解决"，或者"本合同由××拥有解释权"。

相比较市场契约而言，企业契约不完备程度会更高，因为企业契约的长期性将导致其面临更多不确定性，契约中留有"缺口"才更理性。此外，从契约的内容是关于交易双方权利义务的协定的角度看，契约的不完全性也导致对企业资产的决策权可以分为两种不同的类型。一类是特定的权利，它是契约明确规定的活动的决策权。比如，总经理的聘任合同中可以写明，副总经理的任免由总经理提名并由董事会决定，若董事会提名则必须征得总经理同意。另一类是剩余的权利，是契约中无法说明其决策权归属的剩余下来的权利，也称剩余控制权。同样是上面人事决定权的例子，如果某候选副总经理与总经理、与董事长有着三角的私人关系矛盾，按正常程序走已经形成僵局，那么谁有权来破解这一僵局，就属于剩余控制权的范围了。诸如此类的突发情况、复杂情境会很多，由于这些突发、复杂事件难以预测，发生后的事件走向及对企业的影响难以评估，或者准确地说是预测、评估的交易成本过高，于是相关的决策权只有剩余在企业所有者手中。因此，在格罗斯曼和哈特看来，剩余控制权等同于企业所有权。[13]

所以，剩余控制权是因为契约的不完备性而产生的。围绕着剩余控制权存在两个层面的活动。一是如何配置的活动，即解决由谁、在什么情况下掌握剩余控制权，形成不完备契约的"缺口"的交易成本最低的活动。二是配置后的权力应用活动，主要是相关配套制度的优化，也就是如何进一步弥补既已成形的不完备契约"缺口"。在目前的研究惯例中，威廉姆森等对"治理结构"（governance structure）的研究偏重于前一问题。威廉姆森认为各种经济组织形式（主要区分为企业、市场和中间组织）的契约安排在处理不同属性的交易行为时，会有成效上的差异。所以，各种经济组织形式的本质，是不同的剩余控制权配置方式，也是针对不同交易行为的治理结构。[14] 而本书所讨论的"公司治理"（corporate governance）在多数文献中重点涉及的是后一问题，即针对既定的现代公司式的剩余控制权配置形态，如何通过种种手段去填补这种企业制度的欠缺（这里关于"治理结构"和"公司治理"的辨析，请参见小贴士1-5的介绍）。然而，本书选择"制度设计的观点"作为讨论视角，进而强调公司治理的制度定位和制度建构的重要性，这说明本书会在整合这两个层面的问题上进行进一步的努力。

5. 企业的契约性质与控制权活动

回溯企业理论对企业契约性质的研究路径,对其中的里程碑式成果做进一步逻辑关联,可以得出图1-2所示的线索。

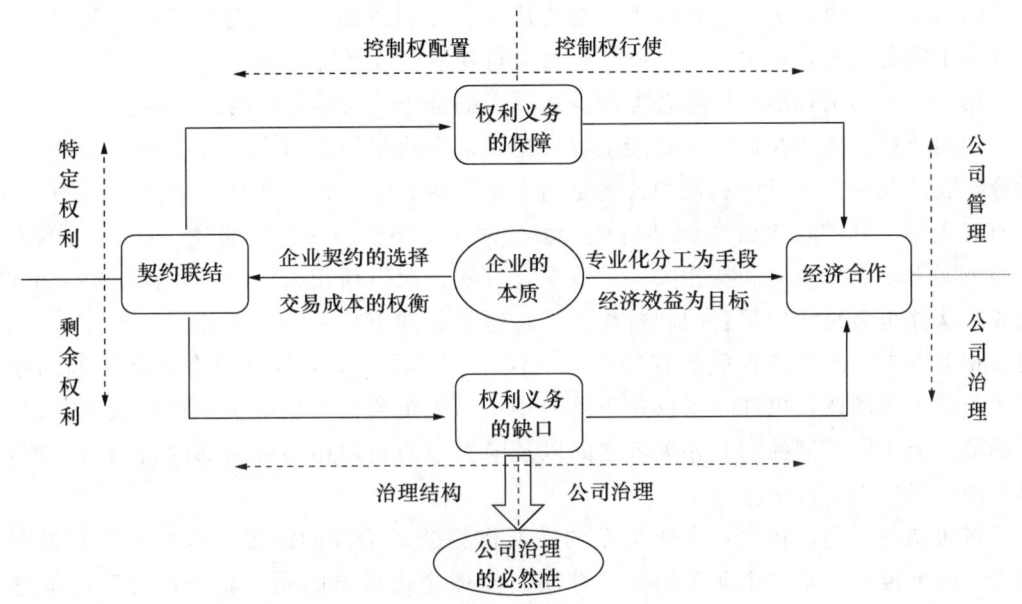

图1-2　企业的契约性质与控制权活动

企业是以经济效益为目标、以专业化分工为手段的社会合作机构,与其他经济组织的区别在于其在交易成本权衡后由企业契约联结。而具有长期性、要素交易性的企业契约通过明确权利义务关系,又实现对企业内经济合作的保障。这里的权利义务关系,体现了各方控制权配置与行使的情况。但问题在于,控制权配置是不可能完备的,权利义务关系间存在缺口。而这个缺口恰恰说明了公司治理活动出现的必然性。图1-2中刻画了"公司治理"与"治理结构"和"公司管理"的区别与联系,图1-3和图1-4模型将进行进一步解释。

小贴士1-4　企业契约性质的核心含义

企业契约性质的知识是公司治理的理论基础。如果对以上理论分析不感兴趣,请理解以下的这一小段总结。

学者对企业存在价值的研究是从企业与市场的比较展开的。研究发现,企业和市场都是一种经济合作的方式,都是通过一定的契约来完成的,而契约是交易活动中有关各方权利义务的协议。不同的是,企业契约在一定的规模下更能节约交易成本,但其不足是企业契约的不完备性比较突出。这就造成在企业契约中,有更多的决策权归属是无法事前明确界定的。这一权利称为剩余控制权。如何配置剩余控制权,配置后的配套制度如何优化以减少不完备契约的缺陷,就是公司治理的任务。

1.2.2 公司治理的概念及其制度内涵

根据图 1-2 对企业契约性质的推演，破解公司治理的制度内涵，可以总结出公司治理的概念。本书认为，公司治理是指为协调各方利益相关者的合作关系，针对公司制度的不完备之处，有关公司控制权配置与行使的制度系统。

第一，公司治理的前提是各方利益相关者的合作关系存在协调的需要。

如前所述，企业在形式和功能上首先是经济合作组织，由企业各方利益相关者间的合作联结起来。这里的利益相关者是指企业契约的参与者，其英语表述 stakeholders 直接表明了利益相关者的属性特征，就是对企业下了（hold）赌注（stake）的人。一般情况下，最重要的利益相关者是股东，有些情况下债权人、雇员、供应链上下游的战略伙伴也会是比较重要的利益相关者，这部分知识会是第 2 章论述的重点。这些利益相关者在一起合作难免会有冲突，不仅存在利益平衡问题，还有目标协调问题。对于利益平衡问题，也许（仅仅是也许）用"做大蛋糕"可以解决"划分蛋糕"的零和困境，但不同类型的利益相关者之间以及同类型的利益相关者内部的目标不一致就很难用一般管理手段来应对了。

将协调各方利益相关者合作关系的需要作为公司治理的前提，有三点需要说明：首先，以上推演的是"企业"的契约性质，按理应该得出的是"企业治理"的概念，而不是公司治理，可为什么是公司治理而非企业治理成为学术和实践的焦点？我们认为，有一个简单的原因，即公司制度相对其他企业制度，有着更多类别和数量的利益相关者。比如经理革命引入了没有所有权却有控制权的职业经理人，有限责任和法人独立制度实现了股权的多元化、分散化，这就增加了合作的复杂性，也提高了冲突产生的概率和破坏性。

其次，企业的合作活动还包括常规的管理活动，那为什么要把治理活动单独列出来？原因是管理较多地强调一种纵向的活动，通过权力等级的划分自然地规定了一些冲突的解决原则、程序和规则。而治理则偏向于横向的活动，治理层面的利益相关者更多是一种平等的关系，这就导致了冲突处理和关系协调的复杂性。特别是，若公司中存在多个强势人物，冲突会更难以调和，如同本章引导案例的情况。所以，可以将治理看作使相互冲突的不同利益得以调和，并采取联合行动保持该协调状态持续稳定发展的制度安排。合作、协调和相互联系是治理的核心属性。[15]事实上，各种类型的治理，比如供应链治理、企业集团治理等，相对强调的都是平等的契约主体之间的关系协调。

最后，协调各方利益相关者合作关系被看作公司治理的存在前提，意味着本书的一个基本观点，或说是基本论述视角，即认为利益相关者及其合作关系并不是公司治理的直接对象，公司治理是对处理人、事关系的制度的治理，是解决这个制度中不完备的问题。换一个角度看，厘清各方利益相关者在合作中的角色地位和互动关系，也是公司治理研究工作展开的前提。

第二，公司治理的目的是解决公司制度不完备所导致的问题。

在对企业契约性质的观察中，我们认识到企业制度是各方利益相关者合作契约的联结。所以，公司治理协调利益相关者合作的活动，是通过完善公司制度来完成的。详细分析来看，合作冲突的存在是公司治理的必要条件之一，但不是充分条件，让公司治理活动成为必然的是事先无法完全预知和解决利益相关者的冲突，联结利益相关者的契约是有"缺口"的。填补这个"缺口"，就是公司治理的目的。而人们关注公司治理而不是企业治理的事实说明，公司制度作为企业制度的一种形式，很可能是制度"缺口"最大的或者最难以处理的。所以，若要把握好公司治理问题，就需要把公司制度的特殊性从一般企业中独立出来，挖掘出公司契约中特有的不完备之处。因此，1.3节将专门关注公司制度，从公司制度的特征理解公司治理的具体目标和任务。

从当事者的角度看，公司制度的不完备性来自利益相关者之间所签契约的不完备性。所以，公司治理各项活动的直接指向是对各类公司利益相关者的保护。同样，利益相关者的保护也有事前定位的问题。比如，对于公众上市公司，将公司治理等同于保护中小股东并不为过，而对于知识型公司，公司治理的新任务是要强化保护投入了专用性人力资本的知识员工。

第三，公司治理的任务围绕着如何配置和行使控制权展开。

公司利益相关者缔结企业契约以协调相互之间的合作，这构成公司制度。而契约不过是有关权利义务的规定，从一方义务就是另一方权利的角度看，企业契约更可以简化为利益相关者有关企业控制权的各种规定。进一步而言，围绕着控制权存在两个维度这一内容，如图1-3所示（图1-2也是如此）。在横坐标上，控制权可划分为特定控制权和剩余控制权。特定控制权包括事前在契约中可以明确划分各方权利义务的内容，以及事后谁有权针对某事发布命令，谁有义务听从指挥的内容。所以，有关特定控制权的部分更靠近公司管理的范畴。而在纵坐标上，控制权的活动又可分成配置和行使两部分。以下小贴士1-5说明，剩余控制权的配置更靠近于治理结构（govern-

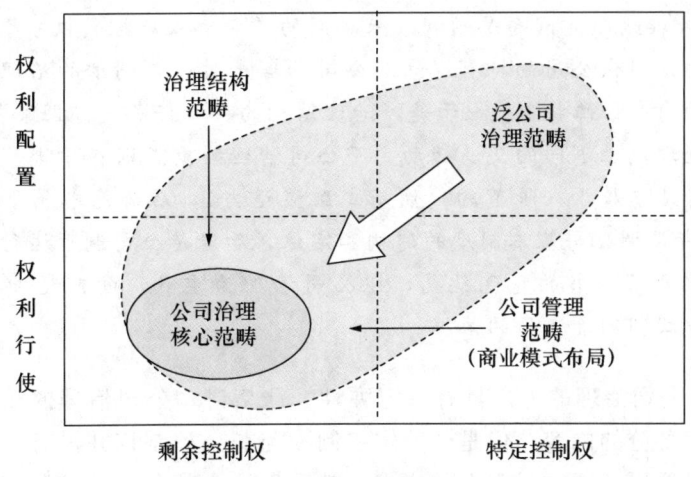

图1-3 公司治理的外延

ance structure）的范畴，而公司治理（corporate governance）重点涉及的是控制权的行使问题。

小贴士 1-5　公司治理与治理结构

公司治理对应的英文是 corporate governance，在其被引入中国之初，公司治理结构、法人治理结构，以及简称为治理结构的译法更为人们所熟知。这与中国学者早期把 corporate governance 狭义地理解为一套组织结构有关。但是，随着研究的深入，corporate governance 的内涵被理解为一种制度、一组关系性契约、一套动态的机制……目前，许多公司治理的国内文献仍在使用治理结构一词，但其中可能讨论的就是公司治理的组织机构子系统，或者认为这是约定俗成的概念，因而沿用了这种译法。

然而，在交易成本经济学里，的确存在着与治理结构对应的概念，即 governance structure。且它与 corporate governance 有着密切的关系，它们共同处于经济组织制度建设的完整图谱之中。governance structure 负责制度的定位和选择，corporate governance 与制度的优化和运行有关。

governance structure 是威廉姆森交易成本理论的核心概念，他建构的企业理论体系可称为"作为治理结构的企业理论"。[16]而这套关于企业本质的理论体系是从对各种经济组织形式的分立比较中挖掘出来的，即治理的对象不限于单一的企业形式。[14]在面对多种形式经济组织的分立比较中，威廉姆森强调经济组织的问题其实就是一个为了达到某种特定目的而如何签订合同的问题。[17]不同的契约联结成不同的经济组织制度，市场和企业是不同的经济组织制度，古典企业与现代公司也具有不同的制度特征。而不同的经济组织制度对属性各不相同的交易有着不同的交易成本节约功能。所以，制度建设的前提是制度的选择和定位，而治理结构就是配置于各种交易活动的备择组织制度。[18]

corporate governance 问题是伯利—米恩斯的"所有权与控制权分离"命题的延续和展开，针对的是现代公司的特有现象。公司治理是对公司制度的治理，是不断演进中的公司制度的自我保障机制。[19]于是，治理结构的核心任务是"匹配"，是选择最优的契约制度来处理属性不同的交易活动。而公司治理的重点则在于进一步优化既定的契约制度。前者基本属于一阶节约（使基本配置适当），后者基本属于二阶节约（调整边际）。[18]前者强调公司基本制度的建构和定位，后者是公司制度运行中基于其定位的公司治理优化。而本书的特色就是，以公司治理为重点，向前延伸到治理结构领域，为公司治理找到制度定位的依据。

图 1-3 说明公司治理的外延具有一定弹性。严格讲，公司治理的核心范畴是有关剩余控制权行使部分的内容。但是，特定控制权与剩余控制权并没有一个明确的分界线，或者说，只要愿意增加界定上的成本，就可以让一部分剩余控制权变得具体；并且划分特定控制权本身就是确定剩余控制权的前提，所以，包含部分管理活动（主要

与商业模式布局有关，纯粹的涉及资产经营权的业务管理活动显然与公司治理无关，即图1-1模型中非重叠的管理活动可以完全分割开）的泛公司治理在实践中没有必要区分得过于清楚。而在另一个维度上，如小贴士1-5的解释，分别对应于权力结构配置与优化行使的治理结构与公司治理的关系更加密切。治理结构是公司治理的前提，不同治理结构所表现出来的契约构成与内容的"缺口"规定了公司治理的目的是不同的。事实上，目前多数公司治理文献较少涉及治理结构的内容，是因为大部分的有关治理结构的权力配置活动在各国的公司法、证券法等中以通用契约的形式被统一化了。所以，在企业实践中，治理结构的相关任务从经济问题变成了一个法律问题，而较少被某一家公司所留意。但是，没有对治理结构的透彻了解，公司治理的相关活动往往也会浮于表面、流于形式。所以，相对其他公司治理教程，本书对控制权配置的内容会更重视一些。

但无论怎样，公司治理的核心范畴处于图1-3的左下象限内，强调剩余控制权的行使问题，重点是在行使中优化处理控制权配置中遗留的缺口。公司治理的核心范畴向右上方向发展则逐渐泛化，形成一个泛公司治理的范畴。或者更准确地看，在现代公司制度建设过程中，公司治理的任务是从泛公司治理向核心公司治理收敛的过程。在这个过程中，泛公司治理范畴下的公司治理在两个维度上各存在着两个层面的制度逻辑——制度建构逻辑和制度优化逻辑。在权利配置和权利行使维度上，泛公司治理所包含的权利配置强调的是公司制度的整体框架建构，反映了现代公司制度的各项特别属性在一家企业被接纳的程度。而核心公司治理所专注的权利行使，则是强调优化权利行使过程，填补现代公司制度的不完备之处；在特定控制权和剩余控制权维度上，泛公司治理所包含的特定控制权建构了公司业务决策活动的制度体系，体现了商业模式的布局情况。而核心公司治理所专注的剩余控制权，则处置了商业模式建构时形成的权利真空和权利交叠问题。所以，从广义一些的泛公司治理的视角看，或从动态完善的公司制度建设过程视角看，公司治理活动包含制度建构逻辑和制度优化逻辑两层内容。而狭义的核心公司治理视角，则是以制度建构为前提条件，专注于制度优化。相对来说，本书采用的是核心公司治理视角。与其他著作相比，本书的特点是区分了制度建构和制度优化的两层公司治理逻辑，并把制度优化放在具体的制度建构定位的前提之下。而图1-4体现了制度建构和制度优化逻辑的相互关系，及其对应的公司治理概念范畴。

第四，公司治理的性质是一套制度系统。

从名词概念上讲，公司治理是一套制度系统。公司是一系列契约的联结，而这一系列契约存在不完备的"缺口"，公司治理就是填补这一"缺口"的。当我们把公司理解为一种制度系统后，嵌入公司契约中的公司治理自然也具有制度性的本质；从动词概念上讲，公司治理是这套制度系统的构建和运行过程。

将公司治理理解为制度"系统"，意味着这是个广义制度的概念。广义制度由正式制度、非正式制度和相关执行机制构成。公司治理的正式制度包括外部的公司法、证券法等法律法规，以及内部的公司章程、管理制度等规章规范。外部制度对公司的

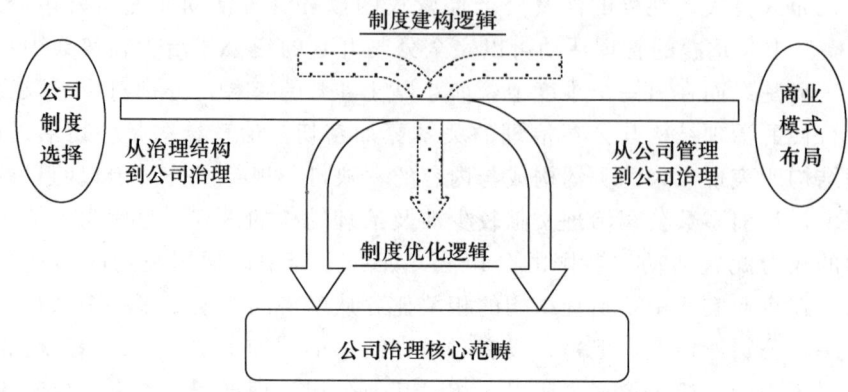

图 1-4 公司治理的两层面制度逻辑

治理活动是一种规制力量，对公司治理提出了"合规"的要求。内部制度则是公司治理的制度构建工作的主体。非正式制度是人类社会长期实践中形成的文化的一部分，包括价值信念、伦理规范、道德观念、风俗习惯、意识形态，以及人际关系形态和人际交互规律等。它是公司治理的重要环境因素，渗透到公司中，与正式制度一样激励和约束着人们的行为。执行机制是为了确保上述制度得以实施的相关安排。

将公司治理理解为制度系统，还意味着这套制度具有关系契约性质。关系契约是对不完备契约的一种反应。既然契约是不可能完备的，交易各方也就不用过分追求权责明晰，而仅就各方的关系处理建立一个契约框架即可，包括合作目标、基本行为原则、意外情况的处理程序和准则以及争议解决机制等内容。这个框架式的契约就是关系契约。[20] 显然，对应于填补"缺口"的公司治理制度而言，其具有关系契约的性质。用费方域的定义就是公司治理的本质是一种关系合同，合同各方不求对行为的详细内容达成协议，而是对目标、总的原则、遇到情况时的决策规则，谁享有决策权以及解决可能出现的争议的机制等达成协议。[21]

以上分析表明，公司治理是为协调各方利益相关者的合作关系，针对公司制度的不完备之处，有关公司控制权配置与行使的制度系统。而其中体现公司治理本质属性的几个关键词是：利益相关者的"平等"关系，公司制度的"不完备"特征，"剩余"控制权活动，以及"关系契约"制度性质。

1.2.3 公司治理理论的发展

一、公司治理发展阶段

本书将公司治理理论的发展历程简单概括为三个阶段：公司治理问题提出阶段、公司治理思想形成阶段、公司治理理论构建阶段。

公司治理问题本质上就是解决企业契约的不完备问题。随着企业规模的扩大，严格说是随着企业契约的订立人数及其类别的增加，以及公司制度的出现，公司治理问题逐渐浮出水面。在现实世界里，1720年英国发生的南海泡沫事件是当时公司治理乱象的典型代表（参见案例1-3）。在学术界，亚当·斯密在1776年出版的《国富论》

中,也表达了对公司治理问题的担忧,这种公司的董事管理的不是他们自己的钱而是别人的钱,因此,我们不能期望他们会像私人合伙企业中的合伙人那样尽心尽力。就像富人的管家,他们容易把注意力投向枝节问题而不是放在维护主人的名誉上;并且他们很容易忘却这一点。因此,在股份公司的业务管理中,漫不经心和浪费总是无所不在。鉴于随后各国公司法对公司制度重大缺口的弥补,以及大型股权分散型股份公司的普及程度有限等原因,此阶段公司治理问题是间断的、可控的。在理论上也仅提出了一些问题和表述了一些观点,还未进入理论研究阶段。

案例 1-3 南海泡沫

1712 年前后,英国政府为了向南美洲进行贸易扩张,专门成立了一家公司——南海公司,公司因拥有 1170 万英镑的英国国家债务而成为英国国债最大的债权人。1720 年 1 月,南海公司向英国政府提出利用发行股票的方法来减缓国债的压力。为了迅速筹集还贷资金,英国政府决定把南海公司的股票卖给公众。南海公司拿到这个特许权以后就开始造势,说这个地区发现了金矿、银矿、香料等等。很快,人们开始相信南海公司海市蜃楼般的利润前景,在英国人超乎寻常的狂热下,股价开始猛涨。从 1720 年 3 月到 9 月之间,南海公司的股票价格一度从每股 330 英镑涨到了 1050 英镑。

当时,英国的大量民间企业同样需要筹集资本,当人们看到南海泡沫起来后十分赚钱,就纷纷组织公司,并背着政府偷偷地发行股票。英国国会在 1720 年 6 月通过了《反金融诈骗和投机法》,禁止民间组织公司。《反金融诈骗和投机法》被民间称为"泡沫法",它的意思是说,"泡沫法"认定了民间股票是泡沫,政府用这部法律去打击民间股票的发行,但同时却助长了"南海泡沫"的形成。

当人们争先恐后地购买股票的时候,最早的内幕交易者,包括财政部长在内的许多官员卖掉了所持有的股票。大举抛售,引发了"南海泡沫"的破灭。财政部长在内幕交易中赚取了 90 万英镑的巨额利润,也换得了锒铛入狱的下场。而那些不知情的投资人,包括大名鼎鼎的牛顿均损失了大量的财富。牛顿在损失 2 万余英镑后写道:我能计算出天体运行的轨迹,却难以预料到人们的疯狂。然而,比牛顿损失更大的则是英国政府的信用,以及产生不久的股份公司制度。从那以后,整整一百年里,英国没有发行过一只股票。

资料来源:根据相关网络资料整理。

从 1932 年伯利和米恩斯的《现代公司与私有财产》到 1977 年钱德勒的《看得见的手:美国企业的管理革命》,大致框定了公司治理理论发展第二阶段的边界。此阶段内,相关的公司治理思想相继形成。伯利和米恩斯从对现实世界的观察开始,发现了股权结构日益分散而导致的公司所有权与控制权相分离的现象,并指出,一方面股东可以从股份制中获得巨大利益,但是另一方面其负面影响也十分巨大,掌握了实际控制权的公司经理常常做出有悖股东利益的损人利己的事情。[22]对此,理论界认为这是第一次系统地研究公司治理理论的开山之作。[21]1977 年,钱德勒提出的分部门、分行业考察进一步详细描述和证实了这一问题。在这一阶段中，企业理论得到充分发展，科斯、威廉姆森、阿尔奇安、德姆塞茨、克莱因的思想对随后的公司治理理论建构起到了重要的铺垫作用。

以1976年詹森和麦克林发表的《企业理论：经理行为、代理成本与所有权结构》为标志，公司治理理论进入理论体系系统建构阶段。有趣的是，同在1976年，corporate governance 一词才正式地被人们有意识地提出，其含义也于同年借用 democratic government 一词被系统阐释。[23]

小贴士1-6 corporate governance 的由来

1972年12月，《纽约时报》第一次出现 corporate governance and discipline 的提法。在一篇文章中，作者鉴于当时股东针对董事责任的诉讼越来越多，提出审计委员会应增加外部董事以监督公司内部人，而 corporate 和 governance 放在一起是有意或无意已不得而知。

1976年，在一次参议院会议上，参议员西尔特第一次正式使用 corporate governance 一词，并将它作为发言稿一章的标题，指出公司治理处理的是董事会与经理、股东关系。

1976年，一篇名为"The Taming of the Giant Corporation"的学术论文第一次系统阐释了 corporate governance 的含义，建议用国家的民主治理方式来治理公司。不过，在这里他们用的术语是 democratic government。

资料来源：OCASIO W and JOSEPH J. Cultural adaptation and institutional change: the evolution of vocabularies of corporate governance, 1972-2003 [J]. Poetics, 2005, 33 (3).

詹森和麦克林的研究将"伯利—米恩斯命题"纳入一个完整的委托—代理模型中，该模型不仅说明了问题的产生背景、问题的演进方向，也提供了解决问题的基本方针，[3]一度成为公司治理研究的基本范式。随后，公司治理理论不断深化。哈特从剩余控制权角度解释了委托—代理等公司治理问题存在的根本原因在于契约的不完备性，[24]拉波特、洛佩兹、施莱弗和维什尼在2000年前后的一系列文章中指出，公司治理的主要问题还不是詹森和麦克林所界定的股东与经理的冲突，而是控制股东和其他股东之间的冲突；布莱尔则表达了另一种公司治理逻辑，认为公司治理的主体不只是股东，公司治理要符合全体利益相关者合作的原则。[25]

四十余年公司治理理论系统研究的兴盛，与现实世界中的公司治理问题频出相呼应。布莱尔将20世纪80—90年代公司治理研究兴起的背景归纳为5个方面：① 美国与日本、德国竞争中的反思；② 敌意接管、杠杆收购和公司重组的冲击；③ 经理高薪引发的不满；④ 大型公司裁员造成的恐慌；⑤ 东欧多国转轨对公司治理的需求。[25] 1997年发生的亚洲金融危机形成了公司治理研究新高潮。该危机导致东亚、东南亚一些国家的繁荣顷刻之间化为泡沫，之前的世界范围内向日本、韩国等模式学习的风向，瞬间变为反思。2002年，美国第7大、世界第16大的安然公司几乎一夜之间在财务丑闻中倒闭，连锁效应般地，世通公司、泰科公司等相继爆发财务舞弊案。曾标榜为最完善的美国公司治理模式遇到了重大危机，亡羊补牢般的《萨班斯-奥克斯莱法案》随即出台。2008年国际金融危机爆发，公司治理问题再次登上了各类媒体的头条。华尔街一些公司的高管一面领着高薪，一面将公司带向破产之路，不仅普通公众强烈不满，连美国总统也提出谴责。

公司治理的理论构建过程与我国的经济体制改革基本同步，我国对公司治理理论的需求更为迫切。我国面临的不是完善公司治理制度的问题，而是从头建立公司治理制度的问题，甚至是从头建立企业制度的问题。对于国有企业，转轨建立现代企业制度是一个公司治理课题；对于民营企业，家族、泛家族系统与企业系统的融合也是一个公司治理课题；对于上市公司，服务公众、藏富于民更是一个公司治理课题。

公司治理理论发展到今天，已经成为经济学、财务学、金融学、管理学、法学等学科的研究热点。在这个领域还有大量现象未被解释，还有许多关系未被厘清，构建完整的公司治理理论体系和分析框架的工作任重道远。

二、公司治理概念的其他视角

1.2.2节给出了一个公司治理的概念，这是本书内容展开的基点。我们从前提、目的、任务和性质四个层面将公司治理定义为：为协调各方利益相关者的合作关系，针对公司制度的不完备之处，有关公司控制权配置与行使的制度系统。虽然它与其他文献的定义在表述上有所不同，但主要是侧重点上的差别。事实上，不同学者看问题的角度存在差异，读者在阅读以下内容后，也可以选择自己对公司治理认识的视角。

第一，侧重于公司治理前提的定义。

此前讨论说明，公司是利益相关者合作的机构，合作中存在着冲突是公司治理的前提。这个观点与蒙克斯和米诺的意见完全一致，他们明确指出公司由多个独立的利益相关者构成，公司治理所研究的就是他们与公司的关联，以及他们相互之间的关联。[26]格尔根的定义也反映了这样的思想，他指出公司治理是关于如何处理利益相关者之间的利益冲突问题，并提供阻止和缓解这些利益冲突的措施。这些相冲突的利益相关者包括资金提供者与经理人，股东与其他利益相关者，不同类型的股东之间（主要是大股东和小股东）。[27]格尔根还认为，不同国家的制度环境存在差异，进而利益相关者合作关系不同，公司治理的任务也不一致。他认为这一定义相对中立，较少受政治因素影响，适合多数公司治理模式。

与之类似，国内学界广泛应用较多定义是由科克伦和沃蒂克给出的公司治理内涵，也明确表明了相似的观点：公司治理要解决的是高级管理人员、股东、董事会和公司其他利益相关者相互作用产生的特定问题，其核心问题是，谁应该从公司的决策中受益。[28]

第二，侧重于公司治理目的的定义。

许多公司治理的经典定义着重从公司治理的问题所在出发，典型的代表来自哈特，他认为在以下两个条件成立的情况下，将产生公司治理问题：一是组织成员，包括股东、经理、员工、消费者之间存在着代理问题或者利益冲突问题；二是交易成本之大使得这些问题不能通过契约来解决。[24]也就是说，只要承认契约的不完备性，公司治理问题就会产生。

公司治理的另一个经典定义也强调公司治理的目的，施莱弗和维什尼将公司治理理解为投资者保护其回报的一系列方法。[29]施莱弗和维什尼没有从契约的角度，而是从当事人的角度强调，避免投资人在公司合作中的潜在代理损失是公司治理的目的。而在我们看来，契约的不完备性与当事人的代理损失，描述的是一个事物的两个侧面。

第三，侧重于公司治理任务的定义。

本书将公司治理任务界定为公司控制权配置及行使，其核心是剩余控制权行使问题，这与布莱尔[25]和张维迎[12]的观点基本一致。他们均认为，狭义地讲，公司治理是指有关公司董事会的功能、结构、股东权利等方面的制度安排；广义地讲是，指有关公司控制权和剩余索取权分配的一整套法律、文化和制度性安排，这些安排决定公司的目标，谁在什么状态下实施控制，如何控制，风险和收益如何在不同企业成员之间分配等这样一些问题。其广义定义突出剩余控制权的配置工作，狭义定义更强调剩余控制权的行使工作。

津加莱斯所下定义为，公司治理是当事人围绕着合作所创造的准租，而关于其事后谈判的一系列相互约束。[30]这里的准租来自利益相关者关系形成后的不可逆转的投资的沉没。而由于契约的不完备性，这笔准租在事前和事后的衡量会存在巨大差别，也构成了当事人讨价还价的空间。为了合作的建立和持续，当事人有必要在事前就预见性地配置各自在未来谈判中的权责和地位，这就是公司治理。这种谈判权责和地位的安排，就是剩余控制权配置和行使的具体化。

本书将公司治理的制度设计任务分为控制权的配置和行使两个层面，这与郑志刚对公司治理内涵的认识比较一致。郑志刚认为公司治理一方面需要通过产权安排向投资者提供投资的激励，以解决合约不完全的问题，另一方面则需要通过治理机制的设计和实施向经营者提供努力工作的激励，以解决信息不对称问题。公司治理因此可以区分为治理结构（产权安排）和治理机制（各种公司治理机制的设计与实施）两个层次。[31]

第四，侧重于公司治理性质的定义。

本书将公司治理确定为一套制度系统，这在以上的概念中已有反映，比如布莱尔[25]和张维迎[12]的狭义、广义定义都认为公司治理是一系列制度安排，而且不仅包括法律、规章等正式制度，也包括文化、伦理等非正式制度，还包括各种相关的执行机制。

而公司治理制度的关系契约性质，被费方域的定义诠释得最为清楚——公司治理的本质是一种关系合同，合同各方不求对行为的详细内容达成协议，而是对目标、总的原则、遇到情况时的决策规则，谁享有决策权以及解决可能出现的争议的机制等达成协议。[21]此外，津加莱斯关于公司治理的谈判机制的认定也说明了其关系契约性质。[30]

1.3 从公司的制度特征再论公司治理的制度内涵

1.3.1 企业制度的演进路径与演进逻辑

企业制度是企业组织行为规范的一般模式，包含着三个层面的内容——产权制度、组织制度和经营管理制度。其中，企业的产权制度是界定和保护企业利益相关者的财产权利的制度安排；企业的组织制度是企业组织形式的制度安排，规定着企业内部的分工协作、权责利的关系；企业的经营管理制度是企业在生产经营活动中所采取的管理模式和方法的具体化描述。显然，企业的产权制度不仅是组织制度和经营管理制度建立和运行的基础，也与它们分属公司治理与公司管理的不同系统。因而，本书所称企业制度，一般指的是狭义的企业产权制度。企业制度的演进大致包括两大阶段，先是以个人业主制企业和合伙制企业为代表古典企业阶段，然后进入公司制度阶段，即所谓现代企业制度阶段。

一、古典企业及其成长瓶颈

个人业主制企业是企业制度最初始的形态，起源于家庭作坊式的手工工坊，是指由自然人个体出资兴办和经营控制的企业。它可由投资者一人经营，也可由投资者家庭经营，其全部财产都归一个人或一个家庭所有。这种企业不具有法人地位，没有法人资格，是自然人企业。业主要对企业负债承担无限责任，业主的个人资产与企业资产不存在绝对的界限，当企业资不抵债时，债权人可以对业主的个人财产和家庭财产提出索赔要求。

个人业主制企业最显著的制度优越性表现在：一方面，自负盈亏和无限责任的巨大压力，要求业主必须尽心尽力、精打细算，赚的每一分钱都是自己的，亏的每一分钱也都由个人和家庭负担；另一方面，企业所有权、控制权、经营权的高度统一，有利于业主发挥个人能动性和创造力。所以，从意愿调动和行动力赋予两方面看，个人业主制是最完美的激励企业家精神的企业制度。此外，业主制企业的优点还包括：企业组织形式简单，经营管理成本较低；企业经营的制约因素少，经营管理灵活；法律登记手续简单，易于创立和解散。

个人业主制企业难以规避的缺陷在于：一方面，所有者只是一个人或一个家庭，企业资产来源有限，而且受到偿债能力限制，借贷款难度也大，企业难以获得扩张规模的资金支持；另一方面，经营者也只是一个人或一个家庭，也许在企业的小规模阶段，其人力资本还可以支持简单的非专业化的经营管理活动。但当企业规模略有扩张后，限制在个人或家庭范围内的人力资本就很可能会影响到决策的质量。所以，个人业主制企业存在着缺乏支撑企业发展的物力和人力资本的重大缺陷。此外，业主制企业的缺点还包括：无限责任的风险压力下，高风险、高前景的行业往往是业主制企业的投资真空区；受到业主经营意愿、健康状况、人身限制、继承者能力等因素的影响，企业的生命力较弱，企业寿命有限。

面对着个人业主制企业在规模扩张上的能力缺陷，企业制度"随理成章"地演化出了合伙制企业。合伙制企业是由两个或两个以上自然人共同出资兴办、通过签订协议而联合经营控制的企业。同个人业主制企业一样，合伙制企业也不具有法人地位，合伙人才是民事主体，并对企业债务承担无限责任。一般意义上，合伙制企业在共同出资、共同经营、共享利润、共担风险的契约关系之下运行。合伙人原则上拥有平等参与企业决策的权利，以及平等承担企业责任的义务。此外，除了普通合伙人，即从事企业经营管理并承担无限责任的合伙人之外，现实世界还演变出多种权利义务组合形式的合伙人——仅承担有限责任的有限合伙人、不参加具体管理的合伙人、秘密合伙人、匿名合伙人、名义合伙人等。

合伙制企业中的"合"字，表现出它的制度优越性来自对业主制企业物力和人力资本匮乏的部分解决，合伙制企业相对而言更易集中资本、更易集思广益。但是，"合"所固有的缺陷也破坏了业主制企业的根本优势，完美的激励机制不复存在。当企业所有权和经营管理权由于"合"而不再具有排他性后，产权边界的模糊产生了外部性问题。每一位合伙人没有全部承担他的行动引起的成本或收益，或者反过来说，每一位合伙人要承担其他合伙人的行动引起的成本或收益。特别在无限责任制度下，外部性产生巨大的连带风险。这决定了合伙制企业扩大规模的能力极其有限。同时，合伙经营时决策上的分歧和不及时，导致合伙制企业必然存在的大量的协调成本。此外，业主制企业高风险、弱生命力等缺陷也同样存在于合伙制企业之中。

图 1-5 说明业主制企业发展中遇到的物力和人力资本限制问题，只有在小规模合伙或者特殊行业合伙制度中得到有限改观。不改变企业制度中的核心要素，企业成长困境无法在古典企业制度中找到答案，企业制度的演进呼唤根本性的变革。

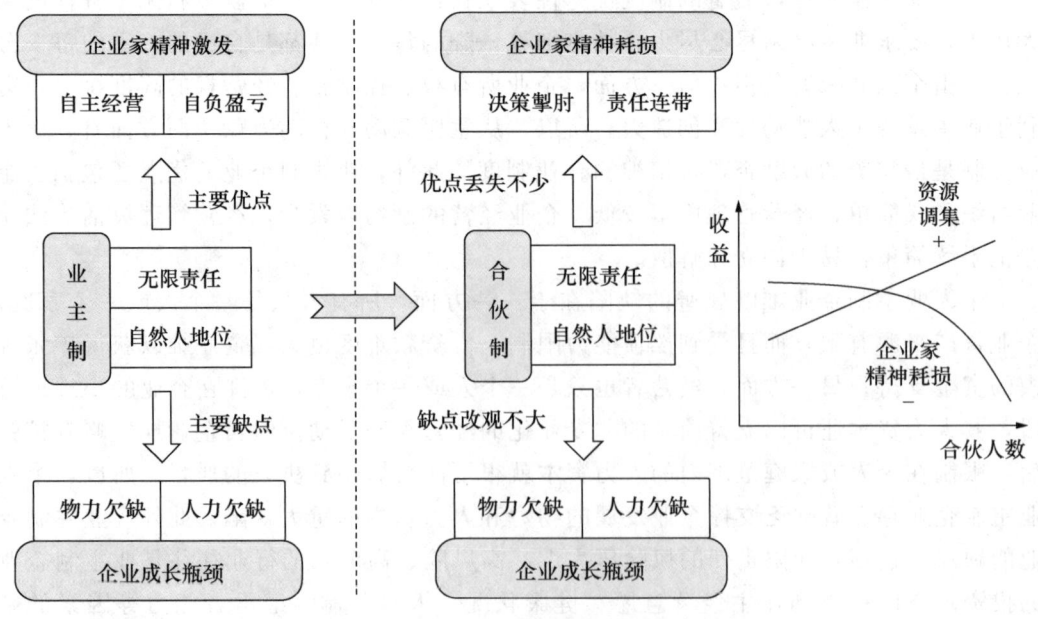

图 1-5　古典企业制度的演进逻辑及其瓶颈

二、公司革命与现代公司制度出现

(一) 有限责任制度革命

所谓的现代公司指的是有限责任公司与股份有限公司。在古典企业制度向现代公司制度的演进路径中,还出现过无限责任公司和两合公司。它们的存在透露出企业制度的演进逻辑。

无限责任公司是由两个以上股东组成,股东对公司债务负连带无限责任的公司形式。作为一种"人合"组织,它反映了合伙制企业中的普通合伙性质。所以,在英美等国直接将其视为合伙企业;在无限责任公司之后,两合公司发展出来。两合公司是指由无限责任股东与有限责任股东所组成,其无限责任股东对公司债务负连带无限清偿责任,有限责任股东对公司债务以其出资额为限负责的公司形式。一般情况下,有限责任股东只是分享盈利而无权参与管理,无限责任股东则要负责公司的经营管理。有限责任通过降低一部分股东的风险,在"人合"的基础上实现了"资合",对企业的规模发展提供了一定的保证。两合公司在性质上近似于匿名合伙企业,在英美等国并不承认其法人地位,仅视为合伙企业。而在我国,《公司法》并不认可无限责任公司和两合公司,但《中华人民共和国合伙企业法》认可的有限合伙企业与两合公司具有相同特征。

无限责任公司和两合公司这两种企业制度所提供的证据表明,是有限责任制度的出现将企业制度从"古典"阶段引入"现代"阶段。有限责任制度的价值用"革命性"来表达毫不为过。所谓有限责任,在《公司法》总则第3条和第4条的规定是,公司是企业法人,有独立的法人财产,享有法人财产权。公司以其全部财产对公司的债务承担责任。有限责任公司的股东以其认缴的出资额为限对公司承担责任;股份有限公司的股东以其认购的股份为限对公司承担责任。这里对两个层面的"有限"作出说明:第一,公司作为独立法人,在其法人财产的限度内承担债务责任,直至公司破产;第二,股东的责任范围在其出资额之内。即便公司资不抵债,债权人依照法律规程清算公司资产后,仍不能清偿债权,债权人也不能要求股东承担已出资额之外的赔偿。从内容出发,有限责任制度是法人有限责任和股东有限责任的总和。

由于法人财产是由股东个人投资聚合而成,因此股东有限责任是法人有限责任的前提。所以,有限责任制度的革命性首先从股东责任的有限性开始,它的直接价值是降低了股东投资的风险。一方面,对于股东个人行为而言,股东投资风险的上限被限定在出资额上。另一方面,对于股东间关系而言,每位股东无须为其他股东的错误承担额外风险。而在公司制度出现的早期,商业冒险的利润是巨大的(见小贴士1-7),一旦投资公司的风险被限定了,公司制度的优越性就更引人注目。

小贴士1-7 哥德堡号传奇

17世纪早期,欧洲各国相继成立了东印度公司,用以与印度以东的亚洲国家进行贸易往来。1600年成立的英国东印度公司被认为是世界上第一家现代公司,而瑞典也成立了东印度公司,其麾下有一艘大船,称为"哥德堡号"。

1745年9月12日,完成了两年半远洋任务的"哥德堡号"满载着购自中国的货物,驶进哥德堡港。距港口还有900米,欢迎英雄的人们都清晰地看到水手的面容的时候,哥德堡号撞上一块礁石并迅速沉没。由于货物价值巨大,沉船以后马上进行了打捞。当然,只能打捞起很小一部分,大约是8%。但仅这8%就弥补了这条船所有的亏空,还使股东分得了14.5%的利润。

资料来源:根据相关网络资料整理。

但是,仅仅把法人有限责任理解为股东有限责任的集合是不完整的,甚至是危险的。应该看到,法人有限责任是股东有限责任的实现途径,只有公司仅以法人财产为限承担责任,才能保证股东不被额外的追偿。也就是说,掌握独立的法人财产权,不受他人控制,才能成为全体股东隔离风险的屏障。如图1-6所示,从股东降低风险的两条渠道看,首先当法人独立时,才能将股东个人出资与其本人的其他财产相独立;也只有当法人独立时,才能在股东之间构成独立的制衡关系,股东间有意无意地互相伤害的风险才会降低。想象这样一个例子,两个朋友打赌,你出一块钱我出一块钱,那这两块钱放在谁手里呢?放在哪一方手里,对方都不放心。往往是放在一个独立于双方的地方,或者桌上,或者裁判手里,游戏才会开始。所以,法人有限责任的内涵是法人的独立性。另外,法人独立还有利于外部资本市场的发展。一方面,有限的风险降低了成立公司的社会信任成本和人身依赖性,促进了资本的社会化。另一方面,股票的价格与股东的价值相脱离,仅与公司价值联系,进而有利于股票价格的客观衡量。

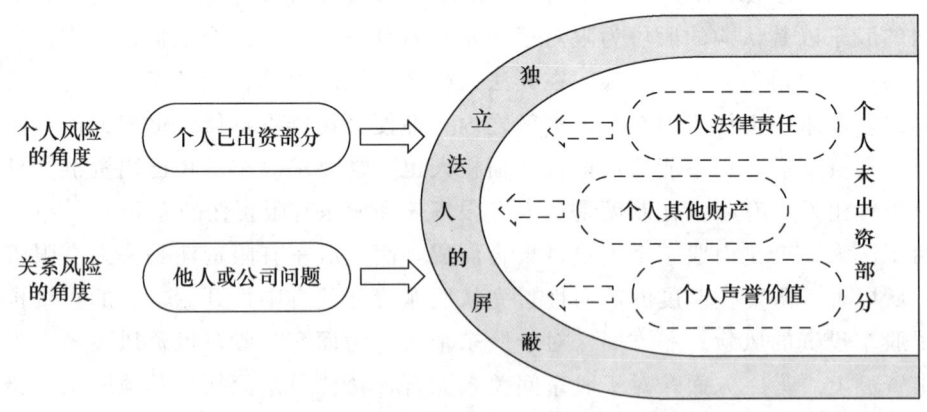

图1-6 法人独立性对股东有限责任的实现

所以,有限责任制度的完整理解是:它由股东责任有限和法人独立共同构成,两者缺一不可。它促进了投资的增长,满足了社会化大生产的巨额资本需求,化解了古典企业制度无法解决的资本规模问题。早在1911年,法学家巴特勒就评价,有限责任公司是当代最伟大的发明,其产生的意义甚至超过了蒸汽机和电的发明。[32]

(二)经理制度革命

有限责任制度的出现还推动了第二项公司革命的力量,即经理制度革命带来的公司经营管理的专业化。股东有限责任和法人独立性确定股东的风险上限后,股东不仅降低了相互监督的必要性,也降低了直接参与经营管理活动的积极性。这就为职业经理人登上历史舞台解除了障碍。事实上,只有当有限责任制度革命和经理制度革命同时完成后,现代公司制度才算完整。钱德勒就将现代公司定义为,由一组支薪的中、高层经理人员所管理的多单位企业。[6]职业经理人出现的必要性在于,随着技术、市场和交通通信的发展,企业规模日益扩大,并伴随着技术和管理过程的复杂化,企业的经营管理成为一项专业要求很高的工作。

经理革命是一次伟大的劳动分工,至此,企业家的职能分解了。在古典企业那里,企业家不仅要承担商业风险,还要从事商业决策。而职业经理人出现后,决策活动中最需要专业能力的部分由职业经理人分担。一项决策活动按照流程大体可以划分为四个阶段:决策拟定、决策审批、决策执行和执行监督。其中,决策拟定和决策执行可称为决策管理,决策审批和执行监督可称为决策控制。[33]古典企业演进到现代公司,一方面是股东风险的降低,另一方面是企业家职能的分工,股东或其代表(比如董事会)保留决策控制权,职业经理人获得决策管理权。图1-7说明,经理革命就是推动决策管理权更多地向职业经理人集中。

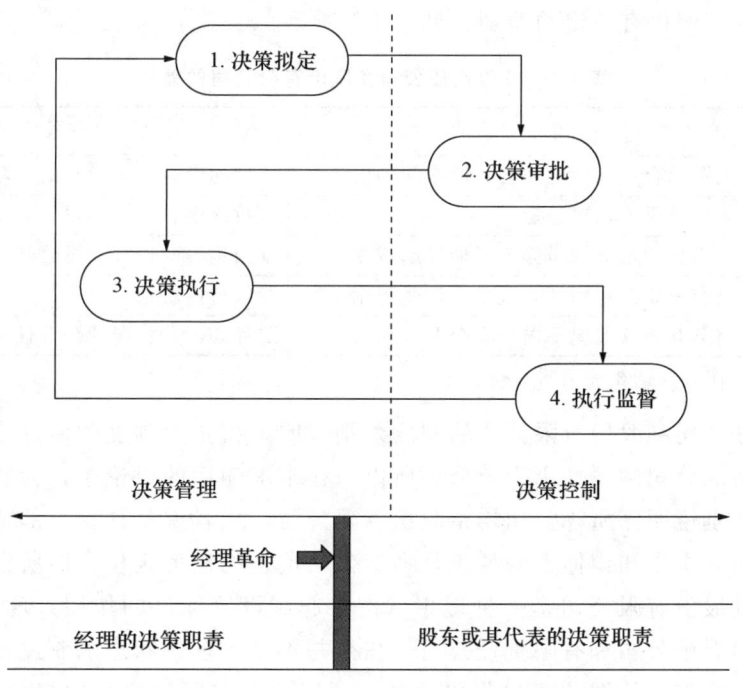

图 1-7　企业家决策职责分工与经理革命

可见,企业制度的演进遵循两个目标,一是解决企业发展对物力资本的需要,二是解决企业发展对人力资本的需要。从优胜劣汰的制度进化逻辑看,现代公司制度是市场选择的结果。现代公司制度的出现有赖于所谓公司革命的"变异",其中,有限责任制度革命解决了物力资本需求问题,经理制度革命解决了人力资本需求问题。

三、公司制度的特点

现代公司的雏形可以追溯到十四、十五世纪的欧洲,在人们的交易活动中出现了股东有限责任、经理专业经营的契约关系。一些人将资产委托给他人经营,自己仅承担这部分出资额的有限责任,而收益则按照事先的约定进行分配。随后,在地理大发现的推动下,海上贸易迅猛发展。面对海上贸易活动的高风险性、高专业性特征,公司制度的优势展露无遗。1600年,英国成立的东印度公司已具备了现代公司的主要特征,被认为是世界上第一家现代股份有限公司。也有一说,1553年英国成立的莫斯科公司是世界上第一家股份公司,标志着公司制企业的开始。

按照我国《公司法》规定,公司主要指的是有限责任公司和股份有限公司,除此之外,还有两种特殊的形式,一人有限责任公司和国有独资公司。有限责任公司是指依法设立的由一定人数(我国的规定是50人之内)的股东出资组成,每个股东以其出资额为限对公司承担责任,公司以其全部资产对公司债务承担责任的企业法人。股份有限公司是指将全部资本划分为等额股份,股东以其认购的股份为限对公司承担责任,公司以全部财产对公司债务承担责任的法人。有限责任公司和股份有限公司的定义中具有相同的关键词,如"有限责任""法人"等。这表明这两种公司制度具有相同的本质特征,但仍有一定的差别,见表1-1所示。

表 1-1 有限责任公司和股份有限公司的差别

	有限责任公司	股份有限公司
信用基础	人资两合:资金的联合、股东间的信任	典型的资合,与股东的人际信用无关
股东构成	人数受限、相对稳定	人数众多、流动性强
募股方式	可不分为均等的份额,只能发起成立	分为均等的份额、可公开募股
股份转让	具有一定的封闭性,股份转让受限制	股票自由转让
信息披露	财务和经营状况不向社会公开	财务和经营状况的公开性

资料来源:作者根据相关资料自行整理。

有限责任公司和股份有限公司的制度差别表明,在企业制度的演进路径上,股份有限公司具备的公司制属性更为充分。所以,在本书随后的讨论中,为避免表述上的杂乱,如无特别说明,所称公司均指股份有限公司,或者说是具备全部特征的标准的股份有限公司。本书知识体系的特色是强调公司治理的制度定位,而所谓的具备全部特征的标准的股份有限公司是一种理想状态,起到设置标尺的作用。现实中的公司,包括各种股份有限公司和有限责任公司,往往并不处于理想状态的制度模式下,但其公司治理的定位都可依据该标尺作出调整。所以,本书所称这种理想状态下的公司,仅仅是指公司革命执行得最为彻底的一种状态,是理论建构的参照基础,绝不包含最佳或者规范之意。

那么作为标尺的公司具有哪些制度特征呢?克拉克概括了四点:一是投资者的有

限责任；二是投资者股份的自由变更；三是法人性质；四是集中管理。[34]首先，对于有限责任不再赘述，此前已有太多解释。其次，对于投资者股份的自由变更，股份有限公司的特征更鲜明。在有限责任公司，如果向股东以外的人转让，一般必须经过全体股东过半数的同意。股份自由变更的关键意义在于，给予了股东控制风险的权力，进一步降低了投资风险。再次，对于法人性质，此前也有解释，这里不再重述。最后，所谓集中管理在公司制度建立初期强调公司的财货调配等业务决策不是由各股东分别做出的，而目前现实中公司的运作呈现出三层特点：一是经理集中掌握日常的经营控制权，二是董事会集中决定公司整体发展方向，三是股东几乎放弃公司事务的决策权。读者在了解本章最后一个主题"公司制度特点的再认识"之前可以思考一下，这些制度特征之间存在什么关系？

1.3.2 公司制度的"缺口"与公司治理问题

在1.2.2节中，我们知道企业治理的根源是企业契约的不完备性。那么，作为公司治理根源的"公司"制度的主要"缺口"在哪里？本节内容可以在本章末的讨论案例引导下完成。

一、经理制度革命的副作用与代理型公司治理问题

相对于古典企业，经理革命为公司引入了一类新的契约关系——股东与经理的契约关系。股东作为委托人，经理作为代理人。为了营利，股东将公司的各种资源交给专业的经理人运作，包括资金、设备、人员等。经理也向股东承诺他会如何行动，同时也会提出自己的个人目的，比如，薪资、福利等。这就构成了委托—代理契约。问题是委托—代理契约中的"缺口"在哪里？

一方面，与所有契约一样，委托—代理契约不能全面刻画委托人、代理人的权利和义务。更重要的是，契约上既定条款的履行情况也是难以证实的。要知道，委托人与代理人存在着信息的不对称，对于专业性更强的职业经理人更是拥有大量的私人信息。经理人说他尽心尽责了，股东如何证实？经理人提供的企业内外情报，股东可以完全相信吗？再加上经理人的一些个人目标根本不会明示众人，比如，盗取公司利益、享受权力欲、养老享清闲等。于是，委托—代理契约下存在着产生于目标不一致和信息不对称的委托—代理问题。常见的委托—代理问题包括过度在职消费、经营行为短期化、盲目投资或根本不投资、过高的薪资报酬等等。

委托—代理问题可以看作是经理革命的副作用，在我们享用着经理革命的好处时，也要处理它带来的问题。这一问题就是公司制企业面临的一类公司治理问题，本书应用宁向东的定义，称其为代理型公司治理问题。[35]它产生于股东与经理之间的关系，核心是如何控制经理的问题。这也是公司治理理论研究早期关注的问题，在一些较早版本的公司治理专著中，仅讨论代理型公司治理问题。

如何解决代理型公司治理问题呢？其实，"解决"是不可能的。因为，它来自经理革命，是经理革命的副作用。只要选择了职业经理制度，就必然要承担代理成本。所以，现在的问题是在认可经理掌握资产经营权的前提下，如何控制经理，尽可能地

降低代理成本。在公司制度的发展历程上，演进出董事会等控制经理的制度安排。董事会作为全体股东的代表，掌握着决策控制权，与经理的决策管理权相制衡，并拥有对经理的选择、激励和约束的权力，直接引导经理行为。其他治理经理的制度安排的详细解释见本书后续章节。

二、有限责任制度革命的副作用与剥夺型公司治理问题

相对于古典企业，有限责任制度革命改变了出资人之间的契约内容，扩大了出资人契约的规模。在有限责任契约下，股东之间的关系建立在资本联合的基础上，股东间人际信任的重要性下降，股东仅以其出资额为限对公司承担责任。它使得股东的投资风险大大降低，促成了资本的极大集中。那么，股东之间基于有限责任原则的契约制度的"缺口"在哪里？

有限责任的定义是清晰的，法律执行是清楚的。但是，与责任相对应的权利，在股东之间的契约中却存在不完备性。一个简单的事实是，当一名股东拥有51%的股份时，他承担了51%的公司责任，但在一股一票的多数情况下，他的权利却是100%。如果要对他的权利"打折"，"折扣"是多少才合适呢？哪个契约能算清楚？

权责对称的基本管理思想反映，当责任和风险是有限的时候，其所有者的权力和利益也必须"对称有限"，否则外部不经济的恶果难免会出现。而现实中，这种权利和责任不对称的情形普遍存在。在这种不对称情形中，被称为控制股东的一方，往往享受的权利大于承担的责任，而被称为中小股东的一方往往要为控制股东承担风险（当然，也有一些控制股东就投资额来说本身就是中小股东，这时的危害更大）。控制股东可以通过金字塔结构完成关联交易，可以通过交叉持股稀释他人的股权，也可以分置股权实现同股不同权（这里的几个概念请参见第三篇内容的介绍）。当公司经营尚可的时候，控制股东的行为是"攫取"，当公司难以为继的时候，控制股东则"享受"有限责任，一走了之。

这种控制股东剥夺其他股东的问题，就是有限责任制度革命的副作用，也是公司制企业面临的一类公司治理问题。在一些文献中称其为第二类代理问题，反映了这是全体股东与控制股东之间的委托—代理矛盾。不过，本书应用宁向东的更为形象的定义，称其为剥夺型公司治理问题。[35]它产生于股东与股东之间，核心是如何管制控制股东的问题。这也是公司治理理论研究最近十来年关注的焦点，也是中国公司治理的重点和难点，一些学者甚至提出"公司治理就是保护中小股东"的说法。[36]

如何解决剥夺型公司治理问题呢？同样，这个"解决"是不准确的。因为，它来自于有限责任制度，是有限责任制度革命的副作用。只要存在着控制股东，控制股东的权责就无法做到完全对等。那么，如何降低剥夺型公司治理问题的危害呢？出路就是让所有的股东的权利都是有限的，或者反过来说，就要让公司独立自主起来，不要成为个别股东的"奴隶"。让公司独立自主起来，就要让公司像自由的自然人一样，成为一个享有法定权利和承担法定义务的主体。而这正是法人独立的含义。于是，法人资格就像"面纱"一样隔开了股东，[37]让个别股东不能随心所欲地控制公司。如果个别股东要插手公司，那么"揭开面纱"原则就不承认该公司的独立法人资格，成为

让这些股东丧失其有限责任的保护伞。所以,如前所述,有限责任制度由股东责任有限和法人资格独立共同构成。有限责任制度革命的副作用其实是利用了法人独立性,剥夺型公司治理问题说是有限责任制度革命的副作用,也可以说是法人独立性的副作用。

三、公司治理的制度内涵

以上讨论说明,是经理制度和有限责任制度的革命促成了现代公司制度的确立,但其本身也有副作用,它诱发了公司治理问题。[38]这就是说,公司治理之所以是"公司"治理,是公司制度本身的"缺口"所造成的。进而,公司治理是对公司制度的治理,是公司契约的合作规模扩大、复杂性提高后,公司制度内生的自我保障机制。[19]

第一,产生代理型公司治理问题的根源是公司制度本身,产生剥夺型公司治理问题的根源也是公司制度本身。公司治理不是对人的治理,也不是对事的治理,而是对现代公司这种企业制度的治理。

第二,公司制度建立在两次公司革命的基础上,是对公司革命成果的制度化。但是,这两次革命是有副作用的。于是,在现代公司的制度安排上,一方面强调这两次革命成果的应用,另一方面求助于公司治理来解决公司化进程中的负面影响。

第三,公司革命及其伴生的问题是公司成长的结果。这里,公司成长指的是公司契约参与者的合作规模的扩大与合作复杂性的提高(而非简单的寿命延续,尽管这是一个重要的目标)。所以,公司治理是对公司合作契约的完善。

第四,公司治理的直接功能不是实现决策科学化,也不是促成资本集中化,而是保证现代公司制度的建立、完善和发展,从而间接地实现融资、投资和运营的科学化。

第五,公司治理的首要任务是找到公司制度的"缺口",即定位。缺口产生于公司契约的合作规模扩大、合作复杂性提高之后;定位则是对具体公司的合作契约的个性化分析。

第六,本书将以标准的股份有限公司作为定位标尺的基点展开讨论,该定位标尺测度的是企业共通的"缺口"——代理型和剥夺型公司治理问题。但在实际应用中,一家公司的契约合作如果具有其他特点,就需要重新定位,比如人合性较强的有限责任公司、家族企业、知识型企业等。

四、公司制度特点的再认识

在前一节,我们介绍了克拉克所概括的公司四点基本特征:投资者的有限责任;投资者股份的自由变更;法人性质;集中管理。[34]现在,我们了解了公司革命对公司制度的正负面影响后,可以发现这四点特征的逻辑关联,它们可合并为两对。前三点特征合并为一对,包括"股东责任有限"特征和"法人资格独立"特征。集中管理特征可分解为"经理控制"特征和"控制经理"特征,合并作为一对。

我们把前三点特征合并为一对的原因在于:首先,有限责任特征和股份自由变更特征的作用是基本一致的,都降低了股东的风险,并促成了公司规模的扩大,于是可以认为股份的自由变更是股东有限责任的进一步保证。因此,可以将股份自由变更的内容包含在有限责任特征之中。其次,最重要的是,我们认为公司的有限责任制度和法人独立制度是不能分开的。我们知道,责任要和权利对应,风险要和收益对应,否则各种外部不经济的事件就必然产生。所以,与股东的有限责任对应的股东权利就应该是有限的,即股东不能像支配自己的私人财产那样不受限制,而只能通过法定的程序,或者投票,或者监督,或者抱怨,行使对企业的所有权。[37]那么如何保证股东不会在享受有限责任的时候却拥有无限权利呢?公司"发明"了独立的法人资格。也就是说,股东的有限责任和公司的法人资格是一对对称的权责对应关系。那么,在现实中有没有公司将有限责任特征和独立法人特征分开(或者部分分开)呢?有,当然有,而且有很多。于是,我们就不得不面对各种各样的剥夺型公司治理课题,比如,上市公司里见怪不怪的大股东占款问题。

我们再次强调股东责任与法人资格的必然联系。股东责任有限必然要求股东权力有限,而实现股东权力有限的制度安排是让法人独立。所以有限责任制度革命也就是法人革命,是出现独立法人资格的革命。所谓的有限责任制度革命的副作用其实是利用了法人独立性的结果,与其说是有限责任制度革命的副作用,不如说是法人独立性的副作用。

现代公司具有集中管理的特征,一方面实施经理控制制度,强调经理人对公司决策管理权的获得,另一方面实施控制经理制度,强调董事会等治理机制拥有对经理的决策控制权。经理控制制度反映出由职业经理人具体经营公司既是公司发展的效率要求,也是大势所趋。控制经理制度则必须设计和运行相应的制度保障,以减弱代理型公司治理的危害。

由此可见,公司制度在进化中有着自我修复的功能。公司制度体系中既要体现公司革命的益处,也要能处理公司革命副作用所带来的公司治理问题。图1-8反映了两次公司制度革命、两类公司治理问题和两对公司制度特征之间的关系。

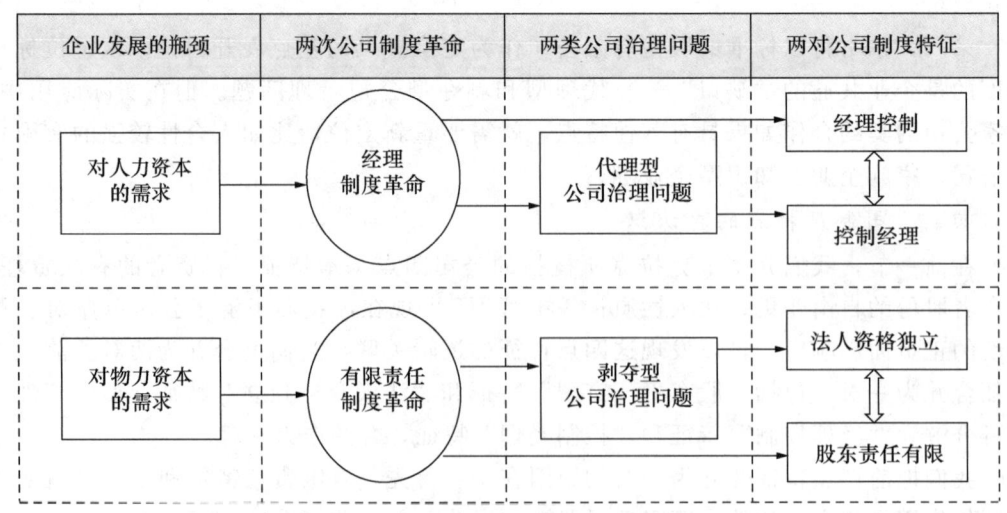

图1-8 公司制度特征与公司治理的制度内涵

第1章 公司治理的制度内涵

> 讨论案例

王小宝的苦恼

第一部分（讨论完第一部分后，才能进入第二部分）

去年春节的中学同学聚会上，王小宝遇到了张富根和金辉吉，他们是他高中时的"死党"。十年前，王小宝高中毕业考上名牌大学，现在在一家跨国企业任职，年薪50万元。张富根没考上大学，但他做生意的父亲发了财，现在他是"富二代"，又被金辉吉称为"高富帅"。其实，他既不高又不帅，但现如今男人只要有钱，就会变得"又高又帅"。金辉吉从小很聪明，但爱说大话，还因为考试作弊背了处分，勉强上了所一般大学。这几年，每次王小宝遇到金辉吉，都会发现他又换了新单位，名片上，不是什么经理就是什么总监。

聚会中，张富根向所有同学炫耀，自己马上要开一家酒店，投资在1500万元到2000万元之间，自己已经有1000多万元资金，现在欢迎同学们入股。他说，这是帮同学赚点零花钱。同时，他还强调，酒店经理就是自己人——金辉吉。私下里，张富根和金辉吉找到王小宝，表示特别欢迎好朋友入伙，并有特别优待。王小宝前两年倒卖了两套房子，不仅手头有500万元闲钱，而且学工科的他也自诩有商业头脑，最近正在寻找投资对象。

几番讨论下来，事情就定了。酒店总投资2000万元，张富根出了600万元，王小宝500万元，张富根的母亲400万元，其他股东共10人差不多平摊了剩下的500万元，其中还有金辉吉的20万元。酒店董事长是张富根，王小宝是副董事长，金辉吉是总经理兼董事，董事会里还有张富根的母亲。王小宝没有辞掉外企，但换了一个比较自由的岗位。他们约定，每月第一个星期六召开董事会，这个时间安排是王小宝坚持的。此外，王小宝还把自己的小舅子安排进了酒店，任副总经理。另一个副总，是金辉吉推荐的，此人刚从一家五星酒店退休，据说有丰富的酒店经营和管理经验。酒店位置不错，能看见当地最著名的风景，离商业区也不远。重要的是，酒店紧邻张富根父亲的公司。张富根向王小宝粗算，每天来自张富根父亲公司的业务量，就足以保本。

半年前，酒店开业了，生意出奇地好。可是，王小宝却越来越苦恼。

请问，你能预估出王小宝的苦恼从何而来吗？

第二部分（讨论完第一部分后，才能进入第二部分）

原本王小宝对金辉吉的能力就不放心，后来得知他推荐的那个副总是他的表叔后，对他的人品也产生了怀疑。王小宝推荐了自己的小舅子没错，可这是光明正大的，而金辉吉的动作有点小偷小摸了。随后，王小宝对金辉吉的做法也越来越不满。眼看着旅游淡季到了，金辉吉没有做任何战略安排；一楼的那间商铺，本来说好出租给便利店或者土产店，现在却开了服装店。每次看到服装店老板娘跟金辉吉嘻嘻哈哈，王小宝就觉得有猫腻；王小宝对酒店买的那辆商务车也有意见，说是为了服务贵宾，但现在却似乎成了金辉吉的专车；金辉吉的那个副总表叔好像来养老的，要么见不到人，要么把自己搞得像个顾问。自己的小舅子也不争气，怎么看他都像个大堂侍应。即便这样，按照销售额提成，金辉吉一个月工资也能拿5万多元。而王小宝在外企拼死拼活也拿不到5万元，太让王小宝生气了。

请问，王小宝该怎么办？

第三部分（讨论完第二部分后，才能进入第三部分）

王小宝也跟张富根交流过金辉吉的事，张富根对此并无太大反应。其实，王小宝的最大苦恼就来自张富根。虽然，酒店生意很好，但并不挣钱。首先，张富根父亲公司介绍过来的业务一律优先安排而且打六折。平时问题不大，但旅游高峰期的赚钱机会全部给错过了。而且回款太慢，积压下来的应收账款越来越多。其次，酒店的采买、广告等业务都包给张富根父亲公司做，其要价比市场价格还高。再次，张富根的亲戚朋友进酒店工作的人数太多，而且还占了许多关键岗位。最后，虽然王小宝知道刚开业就分红不太好，但张富根从来不提分红的事让王小宝很不安。

请问，王小宝该怎么办？

讨论问题

（1）公司治理与公司管理有何区别？请不要仅使用本书开篇处所提知识，而是综合全章内容，尝试更全面、更深刻地回答这一问题。

（2）如何理解公司治理的首要工作是定位？尝试从契约不完备"缺口"的差异处，区分公众上市公司、国有企业、家族企业的公司治理目标的差异。

（3）1.2.2节给出了一个公司治理定义。事实上，不同学者对公司治理含义的理解各有侧重。请查找文献，选择一个你更接受的定义。

（4）如果把有悖于股东意愿的代理问题都理解为管理腐败，你能列举出哪些管理腐败？

（5）控制股东剥夺公司利益的行为隐蔽而多样，你能列举出哪些？

第 2 章
公司治理的制度架构

导读

公司治理的任务包括关于控制权的配置与行使，本章集中讨论配置问题，而随着控制权在利益相关者间配置完成，公司治理的制度架构也得以建立。第一节是本章展开讨论的前提，也是公司治理制度设计的前提。其中，建立在帕累托标准上的道德基础确定了控制权配置的原则，信义义务和说明责任使得利益相关者间的合作成为可能。第二节依据控制权配置规律中区分了四类公司治理参与者的身份地位，经理（或控制股东）成为公司治理的行为客体，股东是核心的公司治理行为主体，其他利益相关者是相机公司治理行为主体，董事会的多重身份使其在公司治理系统中占据枢纽地位。本书后续四篇将分别针对这四类公司治理参与者展开讨论。在此基础上，本章还介绍了公司治理的内外结构体系，这是对公司治理制度系统的总体扫描，并对常见的公司治理模式进行了比较讨论，包括英美模式与德日模式的比较，股东至上模式与利益相关者模式的比较。

引导案例 通钢事件——改制不能承受之重

通钢事件是指发生在 2009 年 7 月 24 日，吉林省通化市通钢集团通化钢铁股份公司（以下简称通钢）部分职工反对国有企业改制的大规模群体性事件。该事件一度导致拥有三万人的工厂停产，其间总经理陈国君被抗议者群殴致死。

2005 年，通钢股权改制方案实施，建龙集团入股通钢，下岗和提前退休的人数超过万人，引起大量上访。在通钢亏损上亿元的情况下，建龙集团 2009 年 3 月退出通钢。但后来由于钢材市场回暖，通钢扭亏为盈，建龙集团再次提出参股，此举激怒了通钢在职和退休职工，致使事态失控。2009 年 7 月 22 日，吉林省国资委召集通钢副总经理以上干部开会并宣布，建龙集团增资，持有通钢集团 65% 股份。7 月 23 日，吉林省国资委部分领导、建龙集团部分高管召开通钢重组大会，当即遭到近百名通钢公司员工的包围抗议。

2009年7月24日，8时35分，通钢召开干部大会，宣布重组方案，并任命陈国君担任通钢总经理。同时，上千名通钢公司职工和职工家属在通钢办公大楼前集会，高举"建龙侵害国有资产，从通钢滚出去"等标语，高喊"建龙滚出去"等口号。10时01分，现场的通化市政府领导的随行人员遭到殴打。11时30分，一些人对陈国君进行了第一次殴打，陈国君躲进焦化厂旧办公楼二楼化验室。16时38分，聚集人群撞开焦化厂旧办公楼二楼办公室房间的防盗门，搜出陈国君，实施第二次殴打。现场的防暴警察在接到命令后，多次试图冲过人群救人未果。17时15分，吉林省国资委主任李来华在遭到聚集人群石块攻击的情况下，宣布终止建龙集团重组并控股通钢集团的决定。19时，现场聚集人数已达万人，7个高炉已经全部停产，厂区五个门已被封堵。23时，白山市警察抢出陈国君。陈国君被送至通化市医院，经抢救无效死亡。晚间电视台发布公告称："根据广大职工愿望，经省政府研究决定，建龙将永不参与通钢重组，希望广大职工保持克制，维护企业正常生产秩序，尽快撤离。"至夜，通钢恢复生产，鞭炮齐鸣。

2009年8月5日，通钢集团董事长安凤成被免职。2010年4月15日，通钢第二炼钢厂工人纪宜刚作为本案唯一被告人一审被判处无期徒刑。2010年7月16日，首钢宣布以25亿元现金获得通钢77.59%的股权，从而控股通钢。

通钢事件是一个极端案例，但是性质相仿的改制悲剧并不少见。各种冲突——职工与经理、职工与股东、经理与股东、原国有股东与新控制股东、股东与债权人，不胜枚举。在这些事件中，冲突大多缘于在两个问题上的含混不清：第一，企业是谁的？第二，企业"主人"如何当家做主？在通钢事件中，一位长期反映国有资产流失问题的老职工一字一顿地问记者："通钢究竟是谁的？"

资料来源：根据相关网络资料整理。

公司是谁的？对这个问题的回答构成了本章的知识体系。首先，可以看到该问题的出现，是因为不是所有者的人却控制了公司。日常经验告诉我们，经理或者控制股东控制公司，这种情况成为常态一定有理由。能力固然是一方面原因，但你会轻易地把家门钥匙交给仅仅是能力很强的钟点工吗？答案显而易见，所以一定还有其他理由。对这部分的讨论是2.1节的主题。本章的知识难点在2.2节，在该节中，我们要讨论谁应该是公司所有者，也就是剩余控制权的配置问题。"股东利益最大化"的财务原则与"工人是企业主人翁"的价值主张，各自的合理性在哪里？从中要提炼出指导实践的抽象理论准则（2.4节关于公司治理模式的一些介绍，其实反映的也是各国对这类问题的不同处理体系）。2.1节提出一些人不是所有者却控制着公司，2.2节对一些人应该是所有者（当然还有一些利益相关者无法成为所有者）作出论证，后者与前者构成治理和被治理的关系，而如何实现这一治理关系就是2.3节的论述内容。

2.1 嵌入在公司治理制度架构中的价值观体系

正如伯利和米恩斯所披露的,现代公司的制度缺陷是所有权与控制权的分离,这是公司治理的前提。[4]这表明现实世界里存在着一个特殊的群体,他们不是所有者,却控制了公司,那么,他们是谁?关键是在公司制度焕发勃勃生机的当下,我们又允许这种两权分离的存在,这是为什么?所以,一定存在某种力量将相分离的所有者与控制者连接起来。本节论证满足的"帕累托标准"信义义务正是嵌入在公司治理制度架构中的价值观体系,它所要求的控制者对所有者的忠实和勤勉承诺,是公司制度产生聚集力的伦理基础。

2.1.1 公司治理的道德基准

通钢事件发生1年后,通钢还是被收购了。可以大致判断出,从经济效益的角度看,通钢改制势在必行。从另一个角度看,建龙在商言商也符合商业逻辑。可是,人们多数会同情案例中的工人群体。追求经济效益、在商言商也是有道德底线的。我们知道,经济学有实证经济学和规范经济学之分,前者关心"是什么",后者解决"应该是什么"。而论证"应该是什么"就涉及价值判断了,就需要事前树立一些分析和判断问题的标准,这是理论建构的前提。这一前提是我们判别某一公司治理制度是优于还是劣于另一制度的依据,具有意识形态特征,属于社会伦理道德的范畴,我们称之为公司治理制度建设的道德基准。

案例 2-1 ▶ **李克强总理关心国企职工**

"很多退休老工人年轻时为共和国发展流过大汗,决不能让他们年老时再流泪!"2015年3月9日,李克强在参加黑龙江代表团审议时说。

黑龙江省省长陆昊代表在发言中提出,当地养老金赡养比达到了1.42:1。李克强立刻关切问问:"现在有养老金当期欠发的问题吗?""今年没有问题,但明年、后年可能会出现困难。"陆昊如实回答。李克强说,当前经济下行压力继续加大,企业利润不高,提高养老金的征缴比例会对企业造成负担。他当场承诺,对于养老金的正常缺口,国家会尽力支持。

"我们很多老工人,退休前在国有企业,在特殊的时期为共和国的发展做出过特殊贡献。"他说,"现在他们退休了,国家应该保障他们的生活,应该保证他们的幸福晚年!"总理同时强调,各地方不能"头戴三尺帽子报账",更不能打主意动这些民生钱、"保命钱"!他说:"我们不能忘记那些为共和国建设付出努力、做出过贡献的老工人,决不能让他们年轻时流大汗,退休后再流泪!"

资料来源:肖楠. 李克强:不能让国企退休工人年轻时流汗年老时流泪[N]. 2015-03-09. https://www.bjnews.com.cn/detail/155148883714781.html.

建设公司治理制度，前提是需要理解什么是好的公司治理？本章最后一节"公司治理制度的模式比较"，涉及的就是学术界关于公司治理制度优劣比较的两个重大问题。抛开这些问题，我们首先要树立价值判断的基本标准，或称道德基准。同时，上一章总结了公司治理是协调各方利益相关者合作的制度，而合作一定有冲突。所以，这个道德基准也就是在利益冲突中根据什么来判断谁对谁错。更进一步地说，由于公司治理具有关系契约性质，而关系契约是事前作出的对事后谈判权责和地位的规定。[30]所以，公司治理制度建设的道德基准的首要问题是剩余控制权配置所依赖的原则是什么？简单来说，就是判断"谁应该是企业的主人"的依据是什么？

公司治理的这一道德基准来自经济学的重要概念——帕累托标准。[37]帕累托标准由意大利经济学家维弗雷多·帕累托的名字命名，他最早定义了帕累托最优的概念，即在某一种资源配置或制度安排的状态下，如果不存在另一种状态使得没有任何人处境变差而至少一个人变得更好，就达到帕累托最优状态。在帕累托最优状态下，通俗讲就是，除非损人，就不能利己。[37]所以，帕累托标准是一种改进的标准，是实现帕累托改进的标准。从帕累托标准看待制度建设，即如果至少有一个人在制度A中的获益优于制度B，并且没有任何其他人认为A劣于B，则认为从社会的观点看A优于B。因而，帕累托标准实现了效率意义上的公平，在提高社会总福利的基础上尽可能地保障社会公平，可谓公平与效率的"理想王国"。

可见，帕累托标准下的公司治理的道德底线是，不能以侵犯任何利益相关者的福利为代价，提高某些利益相关者的效用。因此，公司治理也可以看作解决任何侵害利益相关者行为的制度安排。而公司剩余控制权配置的道德准则是，在保证各方利益相关者既有福利的前提下，将公司所有权交给能为公司带来更多利益的人。但是，由于帕累托最优在理论求证上的诸多约束，[39]让帕累托标准更多具备原则方向指导意义，而不是呆板地寻求最优解。

现实中，卡尔多—希克斯标准是一种可能更具实践价值的帕累托标准的改进思路。一家公司原来由某占股20%的股东担任总经理，他每年给全体股东创造500万元红利，自己作为总经理还有210万元工资。现在一些小股东提议聘请某职业经理人，他年薪200万元，承诺能为全体股东创造1000万元红利。在这样的两个方案中，原股东经理的期望收益从210万元降为200万元，虽然其他任何人都有可能从新方案中获益，但严格按照帕累托标准，新方案一定会产生冲突。这时，为了促成新方案，有人提议给予原经理一定的退休金或离职补偿（这正是设立经理"黄金降落伞"薪酬计划的原因之一）。可以看到，当这笔离职收入折算到每年超过10万元时，就实现了帕累托改进。

根据这个例子，当改变某一种资源配置或制度安排的状态后，受益者的所得足以补偿受损者的所失，这就是卡尔多—希克斯改进。注意，这里的"足以"二字意味着，这种补偿一定是客观存在的。卡尔多—希克斯标准下的制度建设，一方面寻求的是总体社会福利的最大化，另一方面强调分配不公的问题可以通过谈判和补偿来解决。当然，拆迁中的钉子户现象说明，可能谈判成本过高以致补偿方案不可行。事实上，当补偿真正发生了，卡尔多—希克斯改进就变成了帕累托改进。所以，卡尔多—希克斯标准又称潜在的帕累托标准。

总之，帕累托标准构建了公司治理的价值观基础。而在了解帕累托标准后，回到"通钢事件"的案例，请问通钢改制应该由民营股东主导还是职工股东主导，或者其他形式，才更可能实现帕累托改进或者潜在的帕累托改进？

2.1.2 治理关系的确定

"企业是谁的"之所以成为现实问题，就因为有人不是所有者却掌握着控制权。接下来一节详细剖解伯利和米恩斯的"两权分离"命题，并从中提炼公司治理制度架构建设的关键问题。

一、"两权分离"与剩余控制权配置过程

公司治理理论研究的起点是伯利和米恩斯在 1932 年提出的"两权分离"命题，该命题的研究不断深入，并被不断修正。虽然如今"两权分离"仍被看作公司治理问题产生的起点，但其内容已更趋丰富。图 2-1 体现从企业制度演进的过程来理解"两权分离"现象。

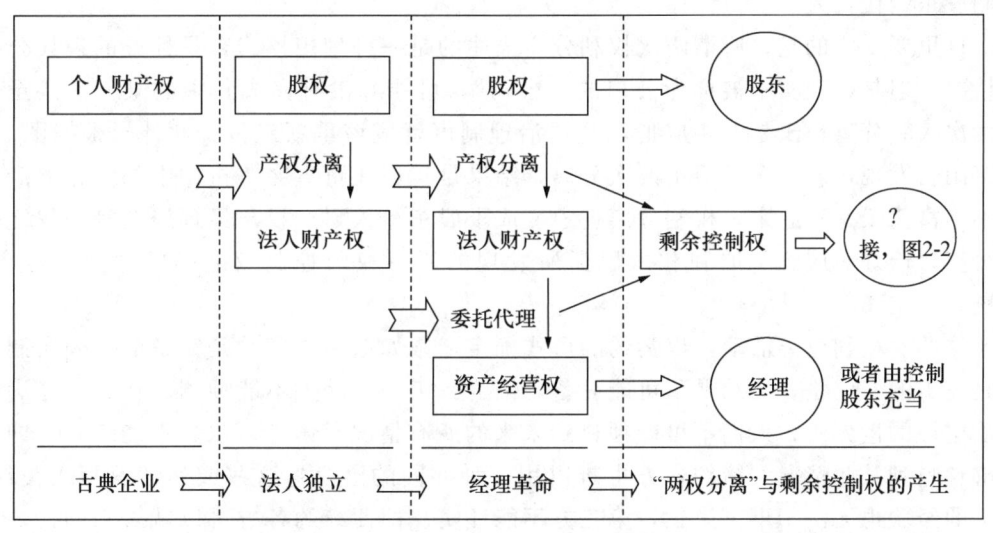

图 2-1 "两权分离"与剩余控制权的产生

首先，在古典企业里，出资人个人的财产所有权与企业财产权之间没有边界。随后，有限责任制度革命发生，相对应的法人独立制度也出现，现代公司制企业登上历史舞台。伴随权利的第一次分离发生，个人财产权被拆分为股权和法人财产权。

个人财产权指的是股东投资之前，对投资品的完整的产权，也称为原始产权。但是，当这笔钱被投资到公司里以后，股东就不再拥有完整的产权了，产权分离了。一部分留在股东手里的，成为股权，另一部分成为法人财产权。作为股东，所拥有的股权包括查阅公司章程、股东会议记录和会计报告的知情权，就公司的经营管理问题提出自己的建议的提案权，出席或委托代理人出席股东会并表达自己意见的表决权，要求公司分派股息或其他应得收益的收益权,利用法律的武器维护自身权利的诉讼权。所以,股权的对象是股东名下的股票,是一种"价值"形态的归属关系;而法人财产权则是一种"实物"形态的归属关系。[40]当股东的投资进入公司后,这些资产的使用就由公司充分支配。公司不仅拥有日常经营管理活动中的资产使用权,而且还拥有资产处置权,包括承租、转让等权利。

其次,随着公司经营管理的专业化,经理革命促使公司权利的第二次分离。严格说,这次分离在性质上并不同于第一次的产权分离,而是基于委托—代理关系的分权活动。公司法人仍名义上保留法人财产权,并设立董事会等专职机构代表法人行使法人财产权,但大量的关于财产的经营决策权交给了经理人,从而出现了资产经营权从法人财产权中分离出来的第二次权利分离。

毫无疑问,资产经营权从法人财产权中分离的根本原因是公司经营对决策科学化、管理专业化、经营职业化的需求。分离的结果是:关于资产经营的决策管理权,包括决策拟定和决策执行构成资产经营权,由经理人承担;相应的决策控制权,包括决策审批和执行监督保留在法人财产权中,由法人代表承担。注意,当一个公司存在控制股东的时候,在较多情况下由控制股东充当经理人的角色,或者职业经理人成为控制股东的代言人。

这里要说明的是,所谓两次权利分离描述的是一种理想模式,是标准的现代公司的情况。但是,现实中被称为公司的"公司",可能并没有完成其中的某一次甚至全部两次权利分离。于是,相应地,公司治理制度就应该重新定位。此外,根据图2-1的刻画会发现,若完全经历了两次分离,结果是掌握在董事会等机构中的法人财产权并不丰富。于是看起来,权利分离现象变成了股东个人财产权与经理经营管理权之间的分离,恰好对应到了伯利和米恩斯所发现的所有权与控制权之间的"两权分离"命题。

这两次权利分离活动,以契约的形式确定,假如这两类契约是完备的,公司制度就是完美的。但是,契约是不可能完备,因为:第一,一方不能预测。在一个充满着不确定性的世界中,人们不可能预料到未来的所有情况。第二,双方不能统一。即便能够预料到某些情况,缔约各方也难以用一种共同的语言将这些或然情况写入契约,过去的经验也无济于事。第三,第三方不能证实。即便缔约各方可以就未来的计划达成一致,他们也很难把这种计划写入契约并且得到第三方(比如法庭)的证实。

具体到两次权利分离中,契约的不完备性表现在权利分离边界上的一些模糊契约中。首先,对于股权与法人财产权的分离。原则上,股东保留了价值形态上的收益权,其主要收益来源是分红。但是,什么时候分红,分多少红,契约无法作出规定。同样,法人获得了对资产实物的占有权、使用权和处分权。但是,公司法里又规定了股东仍保留对"重大"事项的决策权,以及提交"临时"提案的权利。然而,这里的"重大""临时"如何界定未有定论,这只能说明股权与法人财产权分离的模糊性和契约规定的不完备性。

其次,资产经营权从法人财产权中分离出来的契约不完备性更加明显。经理拥有对公司资产的日常经营权,这里的"日常"如何规定?在重大事件中,经理拥有决策管理权,董事会拥有决策控制权,这又涉及边界的确定问题。再加上信息不对称问题,资产经营权的契约又遇到了执行过程中的不完备问题。

因此,图 2-1 表明,剩余控制权配置成为一道难题,关于这道难题的进一步思考又延续到图 2-2 中,而对其的完整论述则是以下 2.2 节的基本任务,这也是本章的核心内容。

二、剩余控制权的配置与治理关系的形成

在权利分离的过程中,契约的不完备性导致一些关于资产的权利无法直接配置。这些无法在契约中明确其归属而剩余下来的权利,就是剩余控制权。根据哈特的观点,谁拥有了剩余控制权,谁就拥有了企业所有权。[41]而之所以"两权分离"带来公司治理问题,显然是不应该获得剩余控制权的人却掌握了剩余控制权。那么,要理解这一现象并解决相应问题,具体而言,需要考虑四个问题:第一,谁实际获取了剩余控制权?第二,谁应该拥有剩余控制权?第三,实际获得者和应该拥有者不一致,怎么办?第四,为什么现实会允许这种不一致存在?图 2-2 展示了我们对这四个问题的思考。

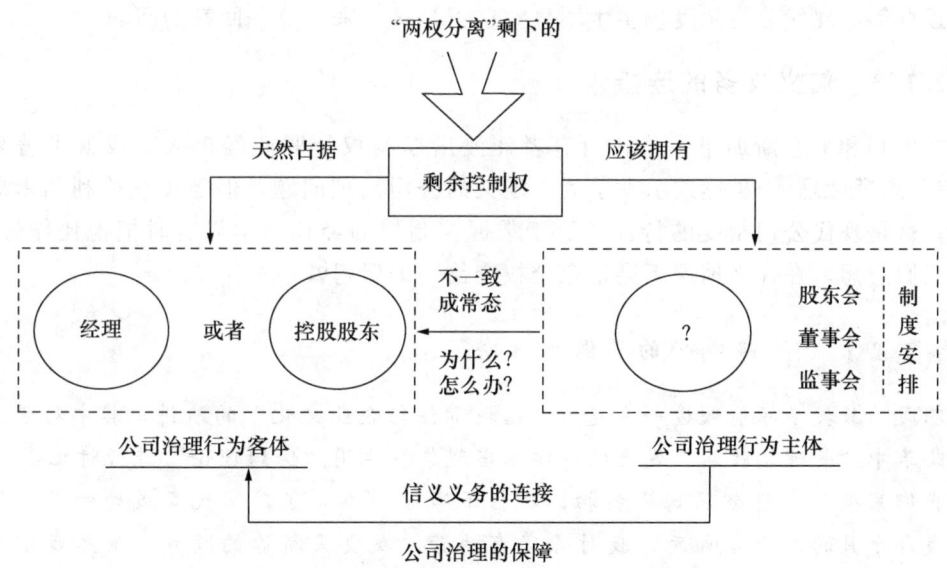

图 2-2 剩余控制权的配置与治理关系的形成

首先,这里只能回答第一个问题,谁最可能实际获得剩余控制权?假如,这是一个"标准"的现代公司,一个职业经理人和一群享受有限责任的股权分散的股东,谁会实际获得剩余控制权呢?考虑到剩余控制权的本意是分配"剩下"的权力,那么,毫无疑问,实际控制着实物资产运作的经理就获得了"剩下"的权力。因为对于股权分散的股东而言,保持"理智的冷漠"和"多样化流动性投资"是最佳的个体决策;又假如,这是一个有着一位控制股东的公司。显然,"理智的冷漠"和"多样化流动性投资"不是控制股东的选择,寻求控制权收益才是理性行为。于是,控制股东最可能获得了其他中小股东"剩下"的权力。图2-2显示,经理人和控制股东具有占据剩余控制权的天然优势。

其次,谁最应该拥有剩余控制权?这个问题很复杂,留到2.2节集中讨论。但有一点必须说明。在漫长的公司制度进化史上,演进出股东会、董事会、监事会等制度,成为所有者行使控制权的机构。所以,该问题就可简化为谁应该进入股东会、董事会、监事会等机构。

再次,实际获得者和应该拥有者不一致,怎么办?答案很简单,需要公司治理,这也是本书全文要讨论的问题。事实上,一个常被引用的公司治理定义是:谁从公司(或管理层)的决策中受益?谁应该从公司(或管理层)的决策中受益?当在"是什么"和"应是什么"之间存在不一致时,一个公司的治理问题就会出现。[28]而把"受益"理解为更深层面的权利的占据,公司治理问题就在剩余控制权的实际获得者和应该拥有者的不一致这一情况中产生。更进一步,剩余控制权的实际获得者就是公司治理的行为客体,其应该拥有者就是公司治理的行为主体。

最后,为什么现实会允许剩余控制权的实际获得者和应该拥有者不一致存在?或者说,应该拥有者为什么允许实际获得者存在?为什么"两权分离"导致的问题被提出了近百年,现代公司制度仍生生不息?这正是接下来一节要回答的问题。

2.1.3 信义义务的连接

在伯利和米恩斯那里,公司所有者让渡出控制权给职业经理人,成就了著名的"两权分离"命题。[4]虽然这引发了后人定义的公司治理问题,但至少在伯利和米恩斯看来,这是现代公司制度的特征。对于掌握控制权的经理,学界有时把他比作保姆。那么我们想想,在什么情况下会把家全权交给一个保姆?

小贴士 2-1 ▶ 郎咸平的"保姆理论"

郎咸平教授多年前做过一次题为"信托责任与企业文化"的演讲,其中对于国企产权改革中"管理层收购"发生的一些不当现象,他用"保姆理论"进行对比:

我们家很脏,请个保姆来打扫,打扫干净了,漂亮了,家就变成她的了。保姆说:我每个月的工资400元,我对你家有功劳,我要买断你的股权。虽然我们家值100万元,但由保姆来定价,保姆定价只是2000元,每个月出200元,10个月,保姆买断了我家的全部股权。这是为什么?因为保姆没有信托责任。我告诉各位,这是我研究中国企业最感到痛心的地方。

资料来源:吕萍.信托责任与企业文化——郎咸平演讲实录[J].大经贸,2005,(2).

郎咸平的"保姆理论"讲述的主题是,鸠占鹊巢的保姆没有尽到"信托责任",而他认为中国企业治理的大问题是,我们没有认识到"信托责任"对于经理制度的重要性。郎咸平口中的"信托责任"就是本节的知识重点——信义义务。现在还是回到这个问题，在什么情况下会把家全权交给一个保姆？

案例 2-2 "6·22" 保姆纵火案

2017 年 6 月 22 日凌晨 5 点左右，杭州某小区一豪宅发生纵火案，造成 4 人死亡（一位母亲和三个未成年孩子）。8 月 21 日，杭州市人民检察院以放火罪、盗窃罪，对被告人莫焕晶提起公诉。起诉书指控：被告人莫焕晶长期沉迷赌博，在被害人朱女士家中从事保姆工作期间，多次窃取朱女士家中贵重物品进行典当、抵押，或以买房为由向朱女士借款，所得款项均被其用于赌博并挥霍一空。案发前一晚，莫焕晶又用手机进行网上赌博，输光 6 万余元。为继续筹措赌资，莫焕晶决意采取放火再灭火的方式博取朱女士的感激以便再次开口借钱。2017 年 6 月 22 日凌晨 5 时许，莫焕晶用打火机点燃书本制造火灾，导致朱女士和三名子女死亡，并造成被害人房屋和邻近房屋损失 257 万余元。

另据查明，莫焕晶之前在浙江绍兴、上海从事保姆工作期间，在三名雇主家有盗窃行为，均被雇主发现，退还财物后被辞退。那么，这样的人怎么被受害人聘用的呢？

2016 年 9 月 8 日，莫焕晶来到某家政公司求职，正登记信息的时候，朱女士打电话过来，要找一位会开车的保姆，当时该家政公司手上只有莫焕晶这一位会开车的保姆，就把她介绍给朱女士。电话聊了会儿，朱女士觉得满意，当天下午就让莫焕晶去杭州上班。另外，莫焕晶的同学、前夫、历任雇主、前同事对她的评价是：工作表现还可以，脾气还好，内向文静，不爱说话，面部没什么表情，看上去很老实，爱说谎。

资料来源：根据相关网络资料整理。

"6·22" 保姆纵火案是一场悲剧，事后，保姆甄选机制等问题引起社会讨论。人们在追溯莫焕晶被聘任的理由时，竟然发现"会开车"成为根本原因。这个"会开车"说明委托—代理关系建立的前提是代理人的能力，这个能力可以产生一加一大于二的效果。然而，"6·22"保姆纵火案告诉我们，仅仅有能力是不够的。能力是一加一大于二的条件，委托人还必须确保这个一加一大于二可以实现。而如何确保呢？当然，我们可以签订一份合同，告诉代理人可以做什么，不可以做什么。但是，契约的不完备性说明，总有一些权责关系"剩下来"，不予处理的风险损失可能小于界定它的成本。这些剩下来的权利，即剩余控制权，有关它的配置与行使就是公司治理，通过关系契约来确定。但是问题仍在：人们凭什么要签订这个关系契约？

图 2-3 解释了不能用正式契约约定的部分，意味着合作中风险的存在，意味着一方，当然往往是代理人的一方，会占另一方的便宜。那么，代理人如何让委托人愿意冒这个险呢？想想男生向女生表白时（当然也很可能反过来），如何说服对方呢？一定有一句（也许是重复了无数次的语言或行动）"我会对你好的"。这说的是，优势一方向弱势一方作出利他的承诺后，弱势一方才会同意冒合作的风险。而这个利他承诺

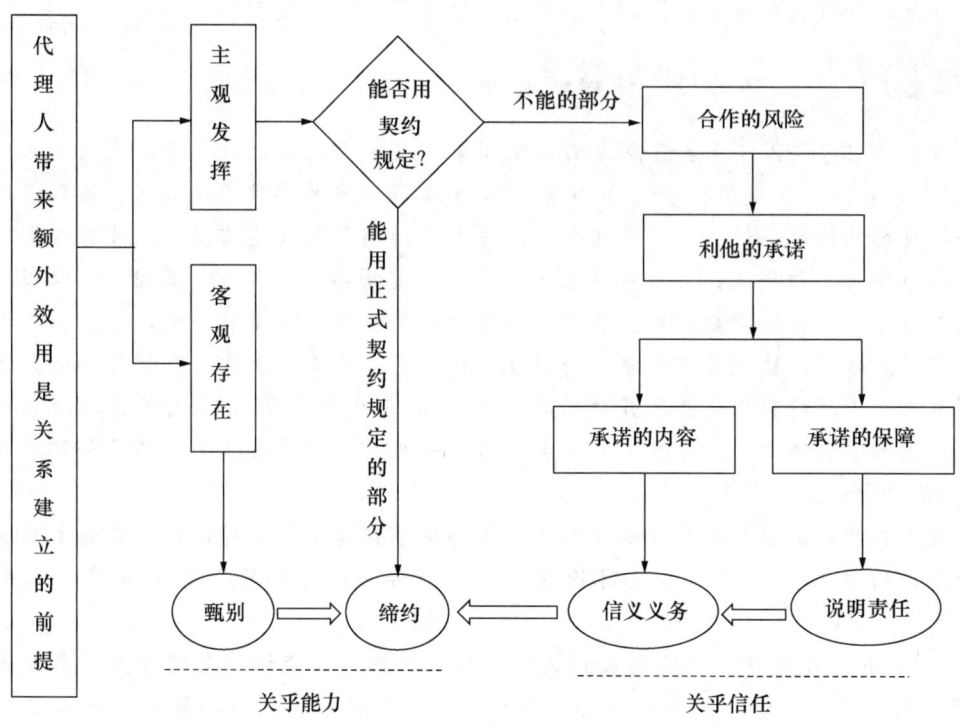

图 2-3 信义义务的产生

的内容就是"信义义务",保障信义义务的机制是"说明责任"。

进一步看,信义义务和说明责任都是对合作中风险的处置,而从信任意味着甘冒危险的角度出发,[42]可见信任是能力之外的促成委托—代理关系的另一重要因素。信义义务构成了信任的内容,说明责任则是对信任的保障。以下关于信任的小贴士请重视。

小贴士 2-2　信任

海量的讨论信任的文献有着或明或暗的差异,但大致在这一观点上达成一致,信任是一种信念,相信对方即使在能够伤害你的条件下也不会伤害你。一个人会因为自己的信任之念将自己置于险境之中,这样的险境几乎是所有信任定义的核心要件。

信任来自五种情况:(1)基于利益算计而产生的信任,来自理性选择;(2)基于人际关系的信任,来自情感承诺;(3)基于群体或社会身份而有的信任,来自身份认同;(4)基于制度保障而来的信任;(5)基于群体规范的信任,反映了非正式制度的文化的作用。

资料来源:马克·格兰诺维特.社会与经济:信任、权力与制度[M].北京:中信出版集团,2019.

小贴士 2-1 中郎咸平口中的"信托责任",以及一些文献所称的"受托责任",在本书中统一用"信义义务"来表述。"信义义务"源自信托业务活动，鉴于信托关系或类似信托关系不仅仅限于信托活动，"信义义务"相较于"信托责任"或"受托责任"在表述上有利于减少文字对其概念外延的限制。

小贴士 2-3 ▶ 信托与信托关系

信托，是指委托人基于对受托人的信任，将其财产权委托给受托人，由受托人按委托人的意愿以自己的名义，为受益人的利益或者特定目的，进行管理或者处分的行为。

委托人有权了解其信托财产的管理运用、处分及收支情况，并有权要求受托人作出说明。

受托人应当遵守信托文件的规定，为受益人的最大利益处理信托事务。受托人管理信托财产，必须恪尽职守，履行诚实、信用、谨慎、有效管理的义务。

受益人是在信托中享有信托受益权的人。委托人可以是受益人，也可以是同一信托的唯一受益人。受托人可以是受益人，但不得是同一信托的唯一受益人。

资料来源：《中华人民共和国信托法》。

小贴士 2-3 说明，在信托活动中有三方参与者，受托人向受益人和委托人尽到信托责任或信义义务。而在本书多数部分以委托—代理理论为知识基础，讨论委托人和代理人双方间的协作关系。所以，在不影响理论严谨性的前提下，为表述简洁，我们仅讨论委托—代理双边关系，以下所称委托人不区别信托活动中的委托人和受益人，以下所称代理人对应的就是信托活动中的受托人，也称受信人。

案例 2-3 ▶ 公司制度的起源与信义义务

郎咸平坚持认为"信托责任是股份制的灵魂"，他这样考证信托责任（即本书采用的信义义务的概念）的起源：

1533 年，240 个伦敦的商人每人各出 25 英镑购买了一个由三只船组成的船队的股权。而这个船队计划由英国东北方出发去寻找中国。由于这三只船一出海即脱离了船主（股东）的控制，因此在当时不得不提出一个所谓的对股东的"信托责任"，因为船一开出去之后，股东就立刻对其失去了控制，除非这个船长自己有信托责任，否则他把船开跑了，股东简直可以说毫无办法。

这个船队在股东忐忑不安的心情下出航了，其中两只船在挪威外海沉没，最后一只船一直航行到了北极，再也走不下去了，因此不得不停靠在一个冰天雪地的大陆边。据说，这些船员在这个冰天雪地的大陆上滑雪行进了 2000 公里才碰到了一群人，这群人的领袖叫作"恐怖大王埃文"。他们互相交换物品，船员用羽毛笔、小首饰、书桌文具等等和埃文部落换回貂皮等货品。当时，这只船的船名叫"穆斯科威"（Muscovy），因此，他们就给这个地方取名为穆斯科（Moscow）。

试想，在这样天高皇帝远的地方，承担这样高风险的业务，若船员做些腐败的事情，甚至直接跑掉，成功率应该很高。

但这些船员并没有逃之夭夭，而是回到了伦敦，把貂皮等贵重物品卖掉后，让他们的股东大赚了一笔钱。下一次如果这个船长再出航的话，就会有更多的股东愿意投资在他的身上，就是因为他有信托责任。

资料来源：郎咸平. 郎咸平开讲：公司是什么[M]. 北京：东方出版社，2018.

也有人认为这个船队是历史上第一家股份制公司，称为莫斯科公司。当然，较多文献还是认为1600年前后的英国东印度公司是第一家现代公司。这个案例告诉我们，公司制从一开始就以信义义务为基础。假如这船海员没有良心，逃之夭夭，公司制的尝试大概也就戛然而止了。所以，郎咸平称良心是股份制的基础。[43]

公司制度中的信义义务要求，委托人对代理人信任和信赖，使其怀有最大真诚、正直、公正和忠诚的态度，为了前者最大利益行事。同时，代理人有义务为了委托人的利益无私地做出一些行为，并不得利用对委托人的优势损害后者的利益。[44]注意，如上解释，讨论公司制度时，信托关系中的三方当事人简化为委托人和代理人。而在公司的委托—代理链上，全体股东—控制股东—董事会—经理层，依序两两构成委托—代理关系，也即一层一层向上承担信义义务。

可见，信义义务基于信任前提，当委托人将其资产交于代理人控制时，代理人必须承诺为委托人的最佳利益行事。信义义务存在的必要性是，一旦委托—代理关系建立，代理人就处于优势地位，事实上拥有对委托人资产的支配权，而委托人却不能够完全控制。此时，信义义务的功能就是让弱势的委托人相信自己的利益是被保护的。于是，代理人利用其优势伤害委托人的可能领域，就是信义义务所承诺的范围。

信义义务在我国司法实践中的适用一直是近乎沉默，《公司法》中规定的董事、监事、高级管理人员的忠实、勤勉义务，被普遍认为是信义义务在法律中的体现。[45]也就是说，在我国公司制度体系中用信义义务的下一级从属概念——忠实义务和勤勉义务——来表示信义义务。忠实义务（duty of loyalty）和勤勉义务（duty of care）概括了信义义务的两个基本范畴。忠实义务是指，如果经理、控制股东和董事的利益与公司的利益相冲突时，一定要以公司的利益为优先。勤勉义务是指，经理、控制股东和董事在履行其职务时需要保持应有的关注度和勤勉。勤勉义务是我国《公司法》中的提法，学界常常直译为注意义务，更能体现care的本义。从我国《公司法》的修订路径上看，制度环境对忠实义务和勤勉义务的重视程度在不断加强，在2023年修订的《公司法》里增加了忠实义务和勤勉义务的定义，忠实义务的要求是应当采取措施避免自身利益与公司利益冲突，不得利用职权谋取不正当利益，勤勉义务要求执行职务应当为公司的最大利益尽到管理者通常应有的合理注意。

至此，我们论述了信义义务的含义，说明了正是由于信义义务的存在，公司的委托人、代理人才可能建立起协作关系，公司治理的行为主体、客体才能联结在一起。而关于信义义务的详细内容，即忠实义务和勤勉义务的操作性的内容，将在第11章讨论董事会制度设计时再做操作层面的论述。不过，有关信义义务的内涵及其作用已经界定清楚了，公司治理的价值观约束就体现在信义义务的忠实和勤勉要求上。

2.1.4 说明责任的支撑

信义义务表达了代理人向委托人的承诺，可是如何保证这种承诺被履行呢？大体有三个渠道：道德文化、法律法规、内部规章。来自代理人的价值观念和人格信仰，导致产生了利他主义追求，让信义义务建立在信任基础之上。之前的小贴士2-2说明了信任的五种来源，其中，建立在个人关系的信任基础上的信义义务使家族企业的代理成本一般略低，基于社会身份的信任对老乡、校友等关系延伸到商业合作作出解释。甚至，反映文化约束的信任，更是公司制度萌芽的基础。

小贴士 2-4　职业经理制度的起源与信义义务的价值观基础

公元10世纪的欧洲是一个神权的社会，人们对上帝的崇拜简直无以复加。人们为了避免下地狱，在死前将自己的土地、房屋捐给教会以赎罪，这使得英国差不多有58%的土地属于教会。可是，教会不是公司，神父不是经理，他们也没有合法的后代去继承。迫不得已，管理权跟所有权不得不分离，教会不得已聘请专职的经营者，也就是今天职业经理人的前身。

那么，这些职业经理人如何承诺他们会尽到信义义务？如何获取教会的信任呢？别忘了那是个神权的世界，你要是欺骗了上帝，是要下地狱的。

资料来源：郎咸平. 郎咸平开讲：公司是什么[M]. 北京：东方出版社，2018.

但是，在社会文明尚未达到高级阶段的时候，这种以所谓文化道德为基础建立起的信任，其履行基础是脆弱的，或者其适用范围是有限的。第1章的案例1-3 "南海泡沫"说明，当价值观要求无法限制人们的贪婪之心时，投机行为将摧毁社会的信用体系。于是，信义义务的正式制度保障就显得重要了。一方面，通过法律法规，在社会层面通过法治化保证信义义务的推行，[43]这也构成公司治理的外部渠道。另一方面，在公司内部制度建设中，通过公司章程的拟定，通过董事会制度、股东会制度，构筑公司治理的内部渠道。从这个意义上看，公司治理系统就是信义义务的控制系统。

简单说，可以通过道德文化、法律法规、内部规章三大渠道来确保信义义务的履行。然而，这三大渠道的正常运转还有赖于一个共同的基础——说明责任的支撑。

案例 2-4　不是钱的事

中国航油（新加坡）股份有限公司[以下简称"中航油（新加坡）"]，是"依托中国，走向世界"的石油类跨国企业。公司于1993年设立，2001年在新加坡交易所主板挂牌上市。公司业务范围是石油实业投资、国际石油贸易、进口航油采购。1997年以来，公司营业额和利润年均增长三位数。2003年实现营业额76亿美元；实现利润约 3500 万美元。公司净资产从 1997 年的 16.8 万美元增加到 1.28 亿美元，增幅高达 800 倍。2002 年和 2003 年，公司两度入选新加坡"1000 家最佳企业"。2002 年 8 月，被新加坡证券投资者协会评为新加坡上市公司"最具透明度"企业，公司总裁陈九霖（陈久霖）被《世界经济论坛》评选为"亚洲经济新领袖"。2003 年 4 月，在美国应用贸易系统机构举办的"行业洞察力调查"活动中，入选亚太地区最具独特性、成长最快和最有效率的石油公司。2004 年，被评为新加坡最具透明度的上市公司。陈九霖也成为整个新加坡的"打工皇帝"，2002 年收入达 490 万元新币，折合人民币 2350 万元。

经国家有关部门批准，中航油（新加坡）在取得中航油授权后，自 2003 年开始从事油品套期保值业务。在此期间，陈九霖擅自扩大业务范围，从事石油衍生品期权交易，这是一种"押大押小"的金融赌博行为。陈九霖和日本三井银行、法国兴业银行、英国巴克莱银行、新加坡发展银行和新加坡麦戈利银行等在期货交易场外签订了合同。陈九霖买了"看跌"期权，赌注每桶 38 美元。没想到国际油价一路攀升，陈九霖"押了小点开盘后却是大点"。

2004 年 10 月以来，中航油（新加坡）所持石油衍生品盘位已远远超过预期价格。根据其合同，需向交易对方（银行和金融机构）支付保证金。每桶油价每上涨 1 美元，中航油（新加坡）要向银行支付 5000 万美元的保证金，导致新加坡公司现金流量枯竭。

2004 年 10 月 20 日，中航油集团向外部投资者出售了中航油（新加坡）15% 的股权，价格大约一亿美元。但是，在出售股权时，中航油集团和中航油（新加坡）都没有向外界披露中航油（新加坡）的财务状况。2004 年 11 月公布第三季度业绩时，中航油（新加坡）仍然对投资者和审计委员会隐瞒了损失。2004 年 11 月 30 日，中航油（新加坡）宣布，因为投机性石油衍生合同交易而遭受重大损失。截至 2004 年 11 月 29 日为止，该公司估计其所遭受的总计损失（包括实际损失和潜在损失）总额大约 5.5 亿美元。消息一经公布，中航油（新加坡）的股票价格迅速下跌至每股不足 1 新元并被暂停交易。

2005 年 6 月 8 日在新加坡举行的中航油（新加坡）债权人大会上，债务重组方案几经周折，终于经债权人表决通过，使得公司免遭清盘，公司迈过了新加坡事件后最艰难的一道坎。次日，陈九霖在新加坡地方法院出庭，接受预审听证。

2006 年 3 月 21 日，陈九霖被判 4 年 3 个月监禁及 33.5 万新币罚款。6 项指控为制作虚假的 2004 年度年中财务报表、违背公司法规定的董事职责、在 2004 年第三季度的财务报表中故意隐瞒巨额亏损、不向新交所汇报公司实际亏损、欺骗德意志银行和诱使集团公司出售股票。另外，原中航油（新加坡）财务总监林中山被判罚 15 万新币及两年监禁；前董事顾炎飞、董事主席荚长斌及非执行董事李永吉分别被罚款 15 万、40 万、15 万新币。

2006 年 3 月 29 日，被停交易一年多的中航油（新加坡）在新加坡交易所复牌。2007 年 2 月 6 日，国资委在北京宣布了中航油（新加坡）巨亏事件的处理决定，直接责任人陈九霖被"双开"(开除党籍、开除公职),负有领导责任的荚长斌被责令辞职。

资料来源:根据相关网络资料整理。

对于案例2-4,一些评论者将陈九霖的获刑与5.5亿美元损失联系在一起。其实,这不是钱的事。从陈九霖的六宗罪中可以各提炼出一个关键词:"虚假""违背""隐瞒""不汇报""欺骗""诱使"。再精炼这些关键词,可以得到"说谎",它解释了陈九霖错误的根源——未尽到说明责任。

说明责任是指代理人有义务向委托人报告其行为、行为的原因、行为的结果或预期结果。说明责任制度是公司权利分离体系中的反馈机制,实现权力制衡的制度保障。代理人获取了行动权后有义务向委托人说明其行动,委托人付出了资源后有权要求代理人说明资源的使用情况。

说明责任尽可能从解决信息不对称问题的角度,减轻委托人相对于代理人的弱势地位。信义义务是代理人的承诺,承诺是否履行要依赖说明责任披露的信息,基于该信息,委托人可以通过道德约束、法律制裁、规章管制等治理手段来要求代理人。三者构成循环。所以,代理人义务的实现取决于在公司运作过程中形成的说明责任的实现。[46]可见,说明责任体系是信义义务的治理机制,说明责任让公司治理的价值观约束具有可实现性。没有说明就没有治理,而说明就是信息披露。

案例2-5 朱总理3次题词"不做假账"

2001年,朱镕基同志先后3次写过"不做假账"的题词。第一次是4月16日,他视察上海国家会计学院时,为学院题写了"不做假账"的校训。第二次是10月29日,他视察北京国家会计学院时,又一次题了词。朱镕基同志平时在各地视察工作时几乎从不题词,惜墨如金。那次北京国家会计学院备好笔墨,请他题词。朱镕基缓缓地走到案前,执笔写下"诚信为本,操作为重,凡我校友,不做假账"这16个字。这个题词意义深远,已经不仅是国家会计学院的校训了,他用题词的方式对全国一千多万名会计人员的职业操守提出了要求。我(项怀诚)拿到这张薄薄的宣纸时,感觉沉甸甸的。

过了两天,我突然接到总理办公室主任李伟同志电话,说朱镕基同志觉得那天的题词不太确切。"凡我校友,不做假账"好像不是会计学院的校友,就可以做假账似的。他已重新写了一张,让我派人持原来的题词去换取新的题词。新的题词把第三句"凡我校友"改为"坚持准则",第二天新闻稿中用的是"遵循准则",我估计是朱镕基同志亲自改的,可能"坚持"不如"遵循"更为准确。后来我们贯彻落实时用的都是"遵循准则",但北京国家会计学院校园内花岗岩上镌刻的题词还是"坚持准则"那一版。一个题词一改再改,力求准确,这种认真的精神实在难能可贵。

资料来源:项怀诚. 朱镕基同志3次题词不做假账[N]. 中国财经报,2008-07-18,转载自 http://finance.sina.com.cn/leadership/sxylk/20080718/00145104221.shtml.

2.2 控制权配置视角下的治理者身份认定

这一节回答 2.1.2 节提出的问题：谁应该是公司的所有者，即谁应该拥有剩余控制权。根据此前定义，公司治理的任务包括配置和行使剩余控制权，那么本节涉及的就是第 2 章的核心内容"剩余控制权的配置"，这属于治理结构理论的范畴，处于泛公司治理范畴下的制度建构逻辑层面。

2.2.1 股东的核心地位

一、公司利益相关者的契约结构

图 2-1 将公司契约的订立者简化为股东和经理，但显然作为一系列契约联结起来的公司，其契约结构要复杂得多。图 2-4 是考虑了公司主要利益相关者的契约结构图。在经济学中，契约指的是指两个愿意交换产权的主体所达成的合意。[47] 在公司契约中，股东作为交易一方，付出的是股权资本，得到的是红利；债权人付出的是债权资本，得到的是利息；客户付出了应付款，得到了产品；供应商付出了投入品，得到了应收款；雇员付出了人力资本，得到了报酬。

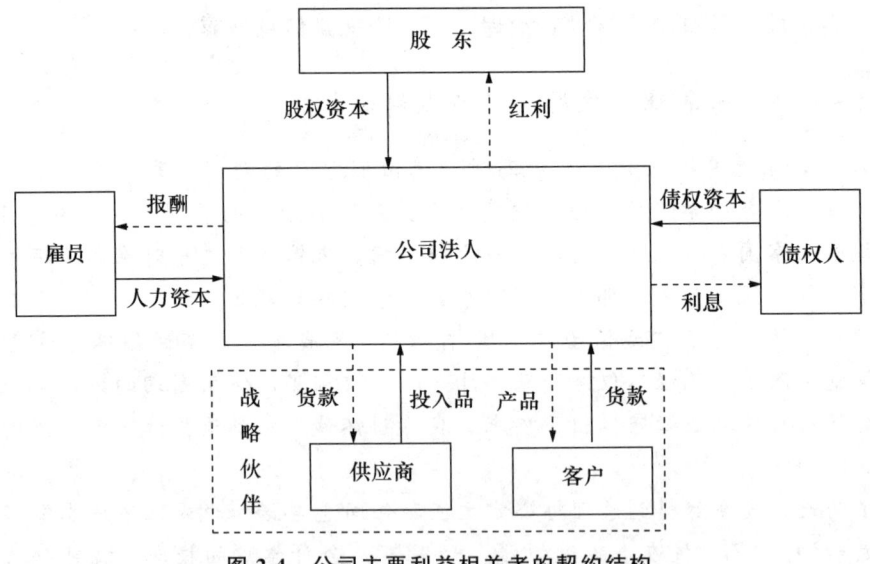

图 2-4　公司主要利益相关者的契约结构

图 2-4 去除了与公司仅仅处于市场交易层面的利益相关者。首先，对于许多购买公司产品的客户和向公司销售物资的供应商而言，他们仅仅与公司达成市场契约关系，契约的特点是短期的、多次的、相对完备的。他们虽然也是公司生态圈内的利益相关者，但并不是公司的核心利益相关者，连接他们与公司的是市场契约而不是企业契约。但另外有些客户和供应商，处在公司经营链的上下游位置，他们通过资本、协议，甚至情感的连接，成为战略性的经营伙伴，往往还可能会成为同一个企业集团的

成员。这时，他们之间的契约就部分具有企业契约的特征。

其次，需要对雇员作出区分。在较早的研究中，人们认为职工对公司付出的是"劳动"。但是随着研究的深入，以及雇员素质的不断提高，人们发现许多雇员付出的不是简单的劳动，而是人力资本。人力资本是体现在人身上的，通过前期投入得到的，可以带来未来满足或者收入的技能和生产知识的存量。[48]劳动与人力资本的差别在于：劳动力来自天赋资源，不需要成本的商品形态的物化过程。劳动还具有同质性，即个人所拥有的劳动力并没有质的差别。[49]所以，雇员与公司的契约关系有两类。一类是拥有异质化知识技能，或者针对公司有前期成本投入的核心员工，他们与公司缔结企业契约，是公司的主要利益相关者。另一类雇员在当今社会逐渐减少，是那些同质化的仅具有基本技能的劳动力，他们与公司仅能订立临时性的、市场化的契约。显然，职业经理人在性质上属于第一类雇员，但其获得的资产经营权使其与一般雇员又有所不同，其重要身份是公司治理的行为客体。

考虑图2-4中各种利益相关者的契约关系后，2.1.2节论述的治理关系的确定问题可进一步扩展为图2-5所示的完整模型。在这里，公司的其他利益相关者与公司行为相互影响。他们包括处于劳动力市场、买卖方市场上的未与公司达成企业契约关系的一般劳动力、消费者、供应商，也包括资本市场上的"炒股者"、短期债权人、公司控制权收购者，还有管制公司的各级各类政府部门，此外，社区居民、社会团队、大众传媒、学者专家等也对公司运营产生作用。但是显然，这些与公司关系更为松散的利益相关者成为公司所有者的理由，要弱于股东、长期债权人、战略伙伴和核心员

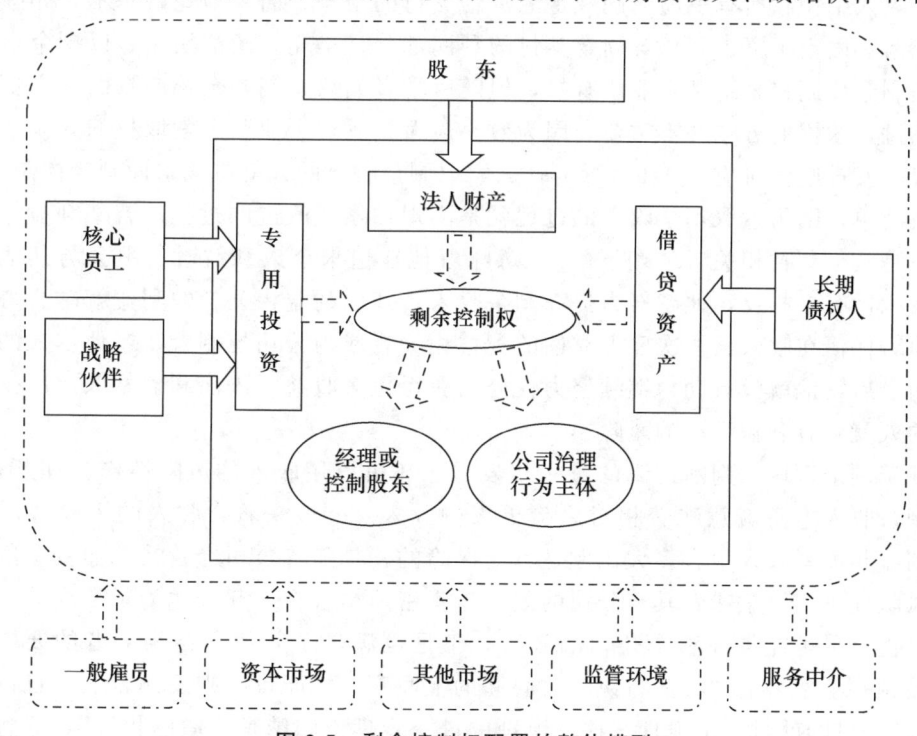

图 2-5 剩余控制权配置的整体模型

工。根据 2.1.2 节的逻辑，后者在与公司法人的交易中，会有更多的控制权在配置中被"剩下"，那么，谁应该获得剩余控制权呢？

二、剩余控制权配置的两条判断逻辑

2.1.1 节论述了公司治理制度建设的道德基准，这也是剩余控制权配置的最核心要求。它强调公司治理制度的建立及优化，需要满足帕累托改进或者潜在帕累托改进的标准。在帕累托最优状态下，某一公司利益相关者获得剩余控制权的前提是，当他成为公司所有者，追逐自己的利益时，一般情况下不会侵害到任何其他利益相关者，甚至有利于他人利益的维护。如若无法保证帕累托最优，那么也要满足潜在的帕累托改进的标准，即某一公司利益相关者成为公司所有者后，也许某些其他利益相关者会遭受损失，但前者给公司带来的利益增值，足以弥补并确保弥补后者的损失。在这样的帕累托标准下，公司的利益相关者之间就可以达成一种相对稳定和谐的合作。而如 1.2.2 节的公司治理定义，公司治理的前提就是各方利益相关者的合作关系存在协调需要。

基于这样的帕累托原则，剩余控制权配置的逻辑线索得以建立。虽然剩余控制权配置问题仍然是当前学术探索的重点，尚有大量观点有待夯实，不过有两条基本逻辑被普遍接受：一是基于剩余索取权的判断逻辑，二是基于资产抵押的判断逻辑。前者从利益相关者对公司"产出"回报的视角出发，后者从"投入"资产的视角出发。

剩余索取权也来自契约的不完备性，是指对公司剩余收入的要求权。而剩余收入是公司收入中扣除所有事前明确规定的契约支付的余额，简单地理解基本是扣除了原材料成本、固定工资、利息等固定支付的利润部分。早期，经济学家是以剩余索取权而不是剩余控制权来定义企业所有权，但随后学者们认识到剩余控制权的定义更为明确。不过，这样的分歧并不重要，因为效率最大化要求企业剩余索取权的安排和剩余控制权的安排应该对应。[12]那么，为什么索取剩余收入的人就应该掌握剩余控制权呢？道理很简单，因为索取剩余收入的过程就是实现帕累托改进的过程。若某利益相关者的收益是其他利益相关者"剩下的"，意味着他在追求个人利益时，不会与其他利益相关者相冲突。相反，他越努力提高剩余收入，其他利益相关者的利益就越会得到保障。而若任何在收入索取次序上靠前的利益相关者成为公司控制者，当他本人的利益得到满足后，他就没有动力继续努力让公司获得更多收益，进而利益索取次序排在他之后的人就会有利益下滑的风险。

基于剩余索取权判断逻辑的进一步发展，还可以用收入的风险性作为评断视角，因为剩余收入本身就意味着相对风险更大的收入。一般来看，收入的风险性反映的是，利益相关者收入中有多大比例是不受保障的，是随着公司经营情况而变动的。收入的风险性越高，意味着其与公司的效益越紧密地结合在一起，他为了个人的利益最大化，也会尽可能提高整个公司的效益，于是也满足了其他利益相关者的要求。所以，回顾一下本书的"心法口诀"攻心联的上联——"能攻心则反侧自消，自古知兵非好战"，讲的就是这个道理。这个道理的进一步理论归纳是"激励相容"，这将在下一章论述，其中的案例 3-3"分粥与激励相容"更形象地刻画了剩余索取权与剩余控制权相统一的原则。

以收入风险性为视角的判断，也符合剩余控制权配置的第二条判断逻辑——基于资产抵押的判断逻辑。它说的是，利益相关者中投入公司的投入品越容易或者越多地抵押在公司，或者说难以抽回，就越应该拥有剩余控制权。因为这时他的利益与公司绑定在一起，他为了自己的利益，也会更关心整个公司的利益，也就保障了其他利益相关者的利益。小贴士2-5中"有恒产者有恒心"对公司治理的启示，也反映了基于资产抵押的剩余控制权配置逻辑。当利益相关者的投入在公司变成了"恒"产，他才会有"恒"心服务于整个公司。资产被抵押者有"恒心"，一方面是因为他们的利益与公司的命运绑定在一起，最关心公司生存与发展；另一方面也是因为他们的利益容易被他人剥夺，因为被抵押的资产很可能不在自己控制范围之内。

小贴士 2-5 孟子论"有恒产者有恒心"

《孟子·滕文公上》说："民之为道也，有恒产者有恒心，无恒产者无恒心，苟无恒心，放辟邪侈，无不为己。"《孟子·梁惠王上》说："无恒产而有恒心者，唯士为能，若民，则无恒产，因无恒心。苟无恒心，放辟邪侈，无不为己。"

"恒产"即长期恒久占有的财产。"恒心"指有坚定的仁义之心。意即人们拥有一定数量的私有财产，是巩固社会秩序、保持社会安宁的必要条件。孟子认为人民之所以"放辟邪侈"，是由于无恒产所致。于是提出要"制民之产"，即赋予人民一定的个人生活资料和生产资料，使民"仰足以事父母，俯足以畜妻子，乐岁终身饱，凶年免于死亡"。

孟子的思想固然有其特定的社会背景约束，但也具有一定的启发。

资料来源：根据相关网络资料整理。

三、股东地位的依据

图2-5表达出各种利益相关者与公司的交易关系，他们都投入公司一定资产，都产出了一定回报。那么，为什么一般情况下，在现实世界里，认定股东是所有者成为一种共识？

首先，基于剩余索取权的逻辑来判断。在正常经营的情况下，在所有契约都可以履行的情况下，职工的工资不拖欠，没有过高的应付账款，可以付清所有债务，也没有做伤害消费者、社区环境的事情，则所谓的剩余收入就大致等同于图2-5所示的红利，进而股东就实际成了剩余收入的索取者。当股东获得了剩余索取权后就必须应该获得剩余控制权。想象一下，假如将剩余控制权交给每月领取固定工资的人，会发生什么？如果公司经营情况不错，那么他们在保证获得工资后，还会不会努力工作？理性的经济人是不会的。如果公司经营收入不足以支付其工资，他们也许会努力工作，但是也要防备他们做出变卖公司财产的短期化行为。所以，一般情况下，领取剩余收入的股东才最有积极性努力工作，剩余控制权放在他们手上才能实现公司收益的最大化。剩余控制权必须与剩余索取权相匹配也符合权责对等的基本管理原则。股东获得有风险的红利,就应该获得控制公司的权利。其他利益相关者获取契约确定的固定收益,也应该对等地放弃相应的权利。所以,剩余控制权配置的过程也是一个风险分配的过程。

其次,基于资产抵押的逻辑来判断。在图2-5的模型中,公司契约的各方订立者投入了各种资产,成立了一个公司。如果发生某些不愉快的事情,雇员最后的武器就是退出,他可以带着他投入的大部分人力资本退出。债权人也可以部分退出,本次合同期满后一拍两散。但是,股东却无法退出,因为他们的资产已经变成了法人财产,他们没有占有权了。所以,公司成立后,股东就变成"人质",其资产被抵押在公司处。进而,股东就被绑定成了一个风险承担者,甚至要为别人的行为承担责任。在这种情况下,相对于那些可以随时"脱身"的利益相关者,股东最有积极性作出最佳决策,股东掌握剩余控制权才不太会发生"豪赌"的事情。

以上从剩余索取权实际归属和资产被抵押程度这两个角度说明,股东拥有公司剩余控制权有其当仁不让的理由。但是,这一推理也有必要的前提假设,一是其他利益相关者可以获得约定收益,二是其他利益相关者没有退出壁垒。可以发现在一定情况下,公司的内部利益相关者也应该获得剩余控制权。此外,公司制度的演进和市场经济的发展,也逐渐弱化了股东在公司中的控制作用。一方面,有限责任制度的实施将股东的风险限定住了,股东仅以其认缴的出资额为限对公司承担责任。当股东承担了他所能承担的有限的责任后,仍不能偿还全部债务或者给付完整工资,那么事实上债权人和雇员就只能获得剩余收入了。另一方面,证券市场的发展使得股份公司中的中小股东虽然不能退出股份,但可以比较自由地转让股份。大量股东与公司的关系逐步弱化和间接化,一些股东非但不是风险承担者,反而变成风险逃避者。

2.2.2 其他利益相关者的相机地位

一、理论基础:资产专用性

在论述其他利益相关者的"主人翁"地位之前,需要铺垫一个重要概念——资产专用性。资产专用性是指在不牺牲生产价值的条件下,资产可用于不同用途和由不同使用者利用的程度,或者说是指某项资产能够被重新配置用作其他替代用途或是被他人使用而不损失其生产价值的程度。[50]一项资产投资具有资产专用性后,意味着该资产的完整价值被"锁定"在这一项投资活动中,若投资关系中断,则该资产投资到其他领域,其价值将大打折扣。比如,一家软件企业为一家制造企业开发了一套ERP系统,它是在通用模板上针对该制造企业的需求进行过二次开发后的定制方案,售价25万元。如果系统开发完成后该制造企业突然毁约,该软件企业的损失大小就要看这项投资的资产专用性程度了。如果资产专用性的程度高,说明针对性的二次开发的比重大,该方案即便转用于其他企业,也有大量价值消散了。这时,新买家绝不会出价25万元,而是远低于25万元,至于到底低多少由其专用性程度决定。所以,在资产专用性的影响下,一项资产的价值体现在契约关系中。专用性程度高的投资依附于特定的契约关系,而通用性的资产可以自由地调配到其他契约关系中。专用性投资发生后,在交易契约中就出现了所谓的可占用准租——一项资产的最优使用者与次优使用者使用该资产时所产生的价值的差额。[51]资产的专用性越强,准租也越多。这个准租成为资产专用性程度的衡量指标。

一项交易涉及资产专用性后,专用性投资一方就受到对方重新签订契约的要挟或者被"敲竹杠"。在契约的不完备性下,要挟的可能性是存在的,比如声称质量不过关,必须重新谈判否则就单方面毁约。而要挟的本质就是对准租的重新分配。要挟的存在显然对专用性投资一方不利,当然,对于另一方也不见得就能得利。因为有预见的投资者很可能为了避免损失,事前根本不进入契约,原本有利于双方的交易根本不会发生。那么,如何管制要挟问题呢?是否可以在契约中约定各种应对方案?显然,这是不可能的,因为未来不可预知。于是,最有效率的解决方案就是让专用性投资者掌握至少一部分的剩余控制权,掌握重新谈判的主动权。

案例 2-6 通用—费雪的"要挟"事件

1978年,克莱因等人研究了通用汽车公司收购费雪车身制造公司的案例,揭示了资产专用性导致要挟进而推动企业一体化的理论。该案例深刻阐释了不完备契约、资产专用性、一体化、要挟、机会主义、交易成本等重要概念,到今天仍被不断讨论。2006年,96岁的科斯还提供了重要观点。

1919年,通用汽车公司和费雪车身制造公司签订了一个为期10年的合同。合同规定通用以成本加上17.6%的利润的价格,将车身业务交给费雪,但这一价格不能高于费雪提供给其他厂商的价格。

1919年契约的由来:通用公司希望费雪公司为其提供封闭式金属车身,对此费雪必须进行高度专用化的投资。费雪公司预计投资后有被通用敲竹杠的风险,通用也许会在车身的价格和数量上要挟自己,以更多地攫取准租。为了避免这种情况的出现,费雪要求在契约中设立一些条款,包括要求通用将所有的封闭式金属车身业务都交给费雪,而且合同期要在10年以上。但是,如此一来,通用公司又被绑定,反过来成为被要挟的对象。因为如果费雪改变价格和供货量,通用也不能调换供应商。后来经过多次谈判,1919年契约达成,合同期10年,采用成本加成的定价方法。更重要的是,通用还收购了费雪60%的股份,并成立一个为期5年的信托机构管理新费雪公司,在信托机构中,通用和费雪各占50%的投票权。5年后信托机构终止,通用在费雪董事会中占据一半席位,在执行委员会中占据2/7席位。

1919年契约的走向:尽管双方通过契约、持股、董事会席位拉近联系,但仍无法阻止要挟的发生。通用认为,由于采取成本加成制,费雪采取一种相对没有效率的、偏向劳动密集型的技术,提高了通用的购买成本。费雪还拒绝将其工厂建在通用的组装厂附近,通过成本加成赚取运输利润。1926年,通用难以忍受这种敲竹杠行为,遂将费雪完全收购。后来的费雪新工厂成为世界上最大的车身工厂。

资料来源:根据相关文献整理。

二、雇员的治理地位

上一节论证了股东在一般情况下是公司剩余控制权的拥有者，或者说是公司的所有者，是公司治理的行为主体。但是，这并不排斥其他利益相关者也获取部分剩余控制权。以下从单方面，而非相比较的视角讨论雇员的情况，论证雇员成为公司所有者的条件。

首先，基于剩余索取权的逻辑来判断。雇员以其投入的人力资本（而非同质的劳动力）参与到公司契约中，其治理力量充分反映在人力资本的特性上。人力资本有一项独特的产权特点，即人力资本与载体的不可分离性。人的健康、体力、经验、生产知识、技能和其他精神存量的所有权只能不可分地属于其载体——活生生的个人。[52] 这项特性使得人力资本成为一种主动资产，它的所有者完全控制着资产的开发利用。这就决定了人力资本的运用只可"激励"而无法"挤榨"。即便在小贴士2-6中说明的奴隶社会里，奴隶也需要激励。而激励的本质，就是利益分享和风险共担，也就是分享剩余索取权。一方面，在雇员群体中，高层经理的人力资本最为丰富和重要，于是现实中高层经理的剩余索取权相对最多。另一方面，随着知识经济的发展，职工的素质或者称人力资本存量越来越高，于是现实中分享企业剩余的雇员群体越来越广泛、分享比例也越来越高。当雇员事实上获得剩余索取权后，剩余控制权自然也应该对应配置。

小贴士 2-6 拿"奖金"的奴隶

有证据表明，在世界一些地方的奴隶制社会时期，不时会出现奴隶把自己赎买成平民的事件。这与我们对奴隶制社会的印象多少有点冲突。如果奴隶在成为奴隶之前就有钱赎买自己，为什么会成为奴隶？看来钱是当奴隶期间挣得，可是奴隶不是属于奴隶主的财产吗？它的劳动收获不也是奴隶主的吗？原来，奴隶不但会跑，而且事实上控制着他自己劳动努力的供给。奴隶主固然有权强制奴隶劳动，但强制地调度奴隶的劳动，即使支付极其高昂的监控和管制成本，也不能尽如其意。为了节约奴隶制的运转费用，一部分奴隶主只好善待奴隶，并实行定额制，允许奴隶将超额部分归己，于是一些能干的奴隶因此拥有自己的私产，直到积累起足够的私家财富，最后赎买自由身份。

资料来源：改编自周其仁[52]和巴泽尔[53]的论文。

其次，基于资产抵押的逻辑来判断。人力资本也是一种可以被质押的财产，这与人力资本的专用性特征密切相关。人力资本的专用性主要来自"干中学"，即雇员在工作中针对特定公司和岗位的需要而逐渐积累下来的，包括关于特定机器设备的操作技能、关于特定生产流程的应用知识、关于特定团队和组织的交往信息等。一个拥有专用性人力资本的人若要退出公司，会给退出者本人带来损失，因为这种特异能力在公司外部得不到市场评价，是一种难以进入市场交易的资源押出。[54] 专用性人力资本创造了准租，公司雇员也面临着其价值被公司攫取的风险。所以，从资产专用性的角度看，雇员的人力资本又是可以被部分分离和部分被抵押的。

此外，雇员身上还有另外一种更具有专用性的资产，即社会资本。社会资本是一个宽泛的概念，一个微观视角的结构层面的定义认为，社会资本是行动者在行动中获取和使用的嵌入在社会网络中的资源。[55]这个资源可以是朋友间相互周济的借款，熟人圈子里的小道消息，同学战友间的"有事儿您说话"。试想，一名员工在某公司任职多年，他的社会关系网络就围绕着这个公司，他信赖的有共同语言的朋友在公司里，甚至他的房子也买在公司旁边。这些社会资本建立在人际关系之上，人际关系的断裂就意味着社会资本的流失，因而具有高度的专用性，并从而被抵押在社会网络里。

回到本章引导案例中，在通钢改制前，国有企业的"铁饭碗"也有一个好处，即职工因为不流动，愿意进行专用性人力资本、社会资本投资。而当通钢改制时，一切都通过市场契约交易，职工在没有谈判权的前提下，其专用性人力资本、社会资本所创造的准租面临着被完全攫取的风险。这大概就是国企改制容易引发冲突的原因。

所以，无论基于拥有剩余索取权的事实依据，还是基于承担被抵押风险的理论依据，雇员都应该具有重要的治理权利。在世界范围内的公司制度安排中，可以发现大量雇员参与公司治理的实例。在德国，根据相关法律规定，在大多数有2000名以上员工的公司的监督委员会（一些文献称为监督董事会，或简称为监事会）里，职工所占席位要达到50%；在西班牙的蒙德拉贡，有一大批工人合作社，全体员工既是劳动者又是所有者；在世界范围内，交通运输业是最经常采用雇员所有权的行业之一，很多卡车长途运输企业的所有人都是司机。[56]

基于这些事实和理论基础，一些学者得出雇员与股东共同治理的结论。但是本书认为，以上内容只能说明雇员具有成为公司治理的行为主体的条件。而要真正分配剩余控制权给他们，还有一个收益与成本权衡的问题，即要在考虑了各种负面和外部性影响后，回答在什么状况下可以容忍剩余索取权与控制权分离，以及专用性人力资本、社会资本投资的损失。另外，即便分配剩余控制权，还有一个方法选择的问题，是职工代表进入董事会，还是强化工会或职工代表大会的权利？这些问题将在本章最后部分进行讨论。

三、债权人的治理地位

同样基于剩余索取权和资产抵押的判断逻辑，债权人在某些条件下也有分享剩余控制权的理由。西方国家的公司治理模式可以大致分为两类：英美模式和德日模式。其中，德国和日本的模式也被直接称为以银行为中心的模式，银行在公司的融资和治理中都占有重要地位。[57]公司的债务主要来自三个方面：一是来自银行公司贷款，二是来自公司债券，三是来自商业活动的赊欠。在德日模式中，一般可以称为公司治理主体的债权人是商业银行。与股东一样，债权人也为公司投入了物质资本，它也是公司经营资产的组成部分。一般情况下，人们认为与股东获得的有风险的剩余收入不同，债权人的收益是固定，合同规定的利息是多少就是多少。同时，与股东将自己的个人财产被"抵押"成了法人财产不同，合同期满后债权人可以拿回自己的投资。所以，传统认为股东而非债权人成为公司的"主人"。

但是，以上推论是有前提的：一是要保证公司经营正常，没有还本付息的困难。如若不然，债权人也就成了公司剩余的索取者，借贷资本也事实上被抵押了。因为在股东有限责任制度安排下，股东以其投资额为限承担责任。这也就是，股东对债权人的最高担保限额就是其出资额，当债务超过了这个最高限额，债权人还可以清算出多少补偿，就是一个不确定值。追偿部分就具有了剩余收入的性质，补偿缺口部分就真正被抵押了。二是要保证公司资产被平等经营。鉴于股东在公司治理中的传统上和事实上的核心地位，公司资产受到股东聘任的经理，甚至控制股东自己的控制。而一方面，股东和债权人的目标是不一致的，至少在对待经营风险上是不一致的，股东显然更偏好风险。另一方面，当债权人把资金注入公司后，在合同期内，就失去了大部分的占有权、使用权和处分权。因此，债权人就处于一个被"虐待"的地位，要为股东的经营承担风险。三要保证出资人具有平等的风险连带关系。在古典企业中，经营风险绑定在出资人身上，是确定出资人地位的依据。而在公司制企业中，有限责任制度和法人制度就像一道"防火墙"，限制了股东的风险上限，自由买卖的股票市场成为股东消除风险的"灭火器"。此消彼长，债权人的风险就凸显出来，债权人的公司治理需要就加强了。

案例 2-7　为什么债权人说了算？

假定一个企业在破产后，盘存 1000 万元的资产，同时负债是 1200 万元。现在企业面临一项投资决策：用盘存资产中的 500 万元投资一个项目，这个项目有 10% 的可能性创造 1000 万元的价值，有 90% 的可能性创造的价值为 0。从社会最优的角度考虑，投资 500 万元，但创造的预期收入仅有 100 万元，因此应该拒绝投资这个项目。但如果此时股东拥有企业的控制权，他很可能选择这个项目。因为如果选择清算，作为剩余收益人的股东的收益为 0（假定只承担有限责任）；而如果选择投资，至少存在 10% 的可能创造 1000 万元的价值，在偿还债务后可获得 300 万元的剩余收入。选择投资，股东的预期收益将是 30 万元，远远大于 0。因此，如果股东控制企业，一定会选择投资。对于债权人，投资 500 万元的预期收入仅仅为 100 万元。如果选择在投资后清算，预期的清算收入只有 600 万元；如果选择现在清算，他将获得的清算收入为 1000 万元。股东的道德风险行为显然造成了对债权人利益的损害。因此，从社会最优的角度看，企业的控制权应该从股东转移到债权人。

资料来源：张维迎. 产权、激励与公司治理 [M]. 北京：经济科学出版社，2005.

在实践层面，债权人成为公司治理重要主体的例子也比较普遍。在日本，银行深入涉足相关公司的经营事务中，形成有日本特色的主银行制体系。在主银行制体系下，一家公司的全部或大多数金融服务固定地由一家银行提供，银行指派人员进入公司董事会成为重要治理手段。在德国，进一步执行全能银行制，银行持有工商企业股份的情况十分普遍。另外，德国银行还间接持股，即许多个人投资者都把所持有股票的投票权转让给银行。这样一来，德国银行在工商企业中具有相当大的治理权利。

四、战略伙伴的治理地位

基于同样的判断逻辑，公司经营上的战略伙伴也有可能分享剩余控制权。此外，威廉姆森的治理结构理论对这个问题有另一个角度的思考。[17]当双方的交易不涉及专用性资产时，市场契约可以处理双方关系。交易的资产没有专用性，意味着卖方是众多的，买方也是众多的，资产的品质性能是一致的。商誉既是选择交易对象的原则，也是市场管制机会主义行为的方法。即便需要长期进行交易也不必签订长期契约，因为可以随时继续或者变更交易安排。但当双方交易专用性资产时，市场契约就会出现问题。此前我们知道，专用性资产创造出的价值是可占用准租。可占用准租或者至少一部分准租创造的价值来自专用性资产的投资方，但是当投资完成后，这部分准租就面临被另一方攫取的风险。所以，当这类交易是通过市场契约来实现的时候，面对着契约的不完备特征，理性人是不敢进行专用性投资的。为此，企业契约关系或类企业契约关系及相应治理规则应运而生，如表2-1所示。

表2-1 资产专用性、交易频率和交易治理方式

		资产专用性		
		低	中	高
交易频率	低	市场治理	第三方治理	
	高		双边治理	统一治理

资料来源：奥利弗·E. 威廉姆森. 资本主义经济制度：论企业签约与市场签约[M]. 北京：商务印书馆，2002.

表2-1中，市场治理对应的是非战略伙伴间的市场交易行为，统一治理则反映了案例2-6所述的两家公司一体化合并后的情况。而当资产专用性程度较高，但双方交易频率较低时，可采用第三方治理的契约结构，即借助于第三方的仲裁者来帮助解决争端和评价绩效，比如通过一个双方可信赖的中间人来完成交易。这里，我们讨论的战略伙伴分享剩余控制权的情况，主要对应的是双边治理结构。此时，投资的资产专用性程度较高，而且交易频率也较高。这时的双边治理要求通过长期的权力配置契约来决定双方的再谈判地位。

从根源看，威廉姆森的专用性投资理论对战略伙伴在公司治理中地位的评判，与基于剩余索取权和资产抵押视角的评判并无矛盾。由于专用性资产所创造的准租无法通过市场估价体系客观衡量，一方面，对于其投资收益具有剩余收入的性质，只有其他确定性契约报酬给付后才可以对其进行衡量；另一方面，投资发生后随时有被合作方剥夺的风险。所以，专用性资产投资者希望拥有对其交易关系进行治理的权利就很正常了。

将战略伙伴之间的互相依存、相互制约表现得最充分的模式在日本。法人相互持股是日本公司股权结构的基本特征，1989年日本个人股东的持股比例为22.6%，法人股东持股比例为72%，有人甚至基于此特征将日本称为"法人资本主义"[46]。即便

在美国，汉斯曼也发现了许多由农民所有的生产者合作社、消费者所有的供电企业、营销商所有的服务和供给合作社，他称其为顾客所有的企业。[56]

2.2.3 利益相关者的身份划分

一、利益相关者的治理角色区分

所谓利益相关者，即其利益与公司相关的人，或者公司利益与其相关的人，即弗里曼所称，利益相关者是那些能够影响企业目标实现，以及能够被企业实现目标的过程影响的任何个人和群体。[58]甚至利益相关者的英文书写更清楚地表达了它的含义，利益相关者（stakeholders）就是对公司持有（hold）赌注（stake）的人。但是，细究起来问题很大，在弗里曼的定义下，股东、债权人、雇员、战略伙伴是利益相关者，一般的消费者和供应商、临时雇工、短期贷款人等是利益相关者，连当地社区、政府部门、环境保护主义者等也被纳入利益相关者的范畴。如此宽泛的范围，将导致实践中的"和稀泥"。正如沃克和马尔所说，所有的利益相关者都可能是十分重要的，但没有人说过他们同等重要。[59]于是，利益相关者理论面临的一个难题就是对众多的利益相关者进行分类和界定。

目前，利益相关者的界定和分类标准在学术界并未统一，但是在一些原则上还是达成一致性的意见：第一，不同的利益相关者与企业的关系有强弱之分；第二，利益相关者的重要性与其"沉没"在公司中的资产有关；第三，利益相关者的重要性与其承担的风险有关；第四，不同的利益相关者与企业的契约关系有所不同；第五，环境变化后，利益相关的重要性会发生转变。

如果基于剩余控制权分配的视角，应用这些特征来划分利益相关者，可以将其分为内部利益相关者和外部利益相关者两类。内部利益相关者具有收获剩余收入而非确定收入的特点，具有投资被质押或锁定在公司中的特点，进而承担风险较大，与公司达成企业契约而非市场契约。外部利益相关者的情况刚好相反，获取确定收入、投资可无碍抽回、交易风险小、市场契约本质。

表2-2解释了内部利益相关者和外部利益相关者的性质差异，也给出了在不同情境下的内、外部利益相关者划分的实例。这些例子说明：第一，内、外部利益相关者不会确定地指向某一类公司参与者。在不同的情境下，其身份会发生转换。这再次说明了公司治理定位的重要性。第二，鉴于公司治理的理论知识多数产生于英美国家的制度环境，鉴于多数的公司治理实践在向英美模式"看齐"，示例中的第一种情况，即英美模式（股东至上模式）中正常经营状态下的一般工商业公司，成为公司治理研究的"理想形态"。理想形态是一个理论存在，以其为基点便于进行不同情境下的公司治理定位，是研究上的"理想设定"，而非实践中的"理想标准"。第三，在多数情况下，股东都是公司的内部利益相关者。其论证已在本节以上部分已经完成。第四，有一个群体，包括雇员、债权人、战略伙伴，是内部利益相关者还是外部利益相关者，要相机而定，不妨称其为相机利益相关者。第五，除了股东和相机利益相关者，剩下的利益相关者很难成为公司内部利益相关者。他们构成了公司治理的外部环境要

素,包括处于劳动力市场、产品市场上的同质化的资源提供者,包括接管市场上的公司收购者,以及各级各类政府部门,还有社区居民、社会团队等,他们构成了公司运行的环境基础。

表 2-2 内部利益相关者和外部利益相关者

		内部利益相关者	外部利益相关者
外在表现	收益类型	剩余收入(对应剩余索取权)	确定收入
	抵押性	被抵押或锁定在公司里	投资抽回成本低
	交易风险	风险较大	风险较小
	契约性质	企业契约	市场契约
示例	英美模式正常经营时	股东	其他利益相关者
	英美模式破产程序中	债权人	其他利益相关者
	英美模式知识型企业	股东、专才	其他利益相关者
	德日模式正常经营时	股东、主银行、雇员、战略伙伴	其他利益相关者

二、公司治理的行为主体与行为客体

本节以上论述内容可总结为图 2-6。其中,经理人或者控制股东是公司治理的行为客体。因为在公司剩余控制权的分配中,具有"天然"占据剩余权利优势的是经理人或者控制股东,而利用权责不平衡而钻公司制度"空子"的也正是他们。全体的利益相关者成为公司治理的行为主体。但是,鉴于性质的不同,内部利益相关者通过分

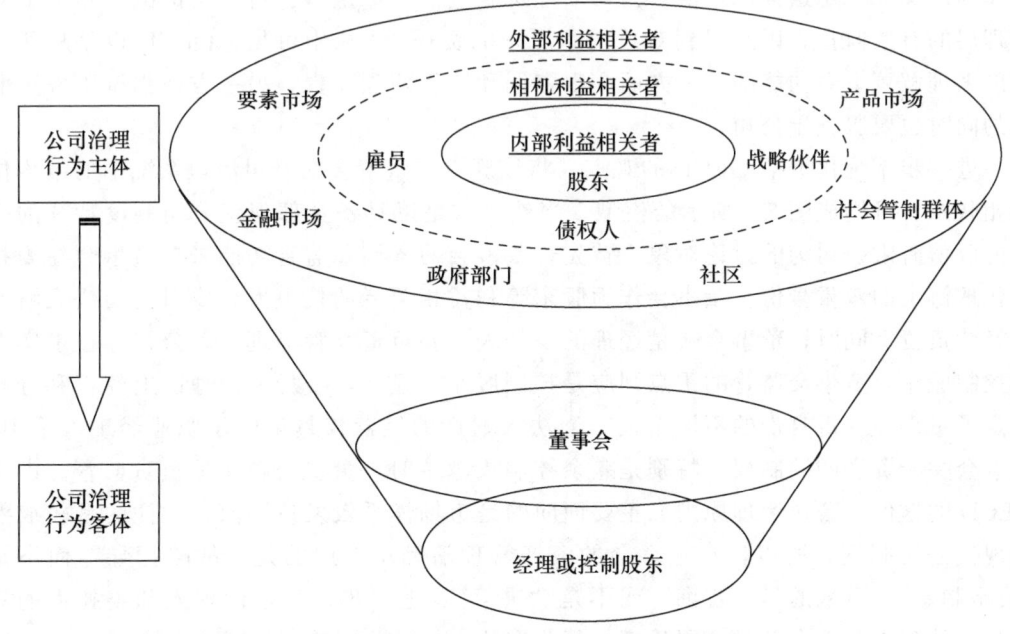

图 2-6 公司治理的行为主体与行为客体

享剩余控制权获得公司治理的直接权利，外部利益相关者则通过市场和环境的渠道间接表达诉求。在多数情况下，股东是当仁不让的内部利益相关者。注意，这里的股东指的是全体股东，是一个群体概念。在某些条件下，某类雇员、债权人、战略伙伴，所谓相机利益相关者也会成为内部利益相关者。

这里，我们将公司的经理或者控制股东列为公司治理的行为客体，是因为其具有天然占据剩余控制权的条件，容易发生侵占其他公司参与者利益的可能。但是，并没有否认他们应该拥有获取部分剩余控制权的权利。事实上，职业经理人因其大量的专用人力资本，控制股东以其大量的物质资本抵押，获得剩余控制权的理由是相当充分的。在治理经理或者控制股东行为的同时，也不能剥夺他们的正当权利。从这一层面看，公司治理的行为主体并不排斥经理或者控制股东，这从经理或者控制股东基本会进入公司董事会的现实案例中可以得到证明。

2.2.4　董事会的枢纽身份

在图 2-6 中，如何理解董事会在公司治理系统中的地位呢？图 2-6 表明，董事会在两个维度上处于枢纽地位。首先，在公司治理行为主客体的关系结构上，董事会处于委托—代理链的中间环节，相对于股东等利益相关者而言，董事会是代理人的身份，但对于经理以及控制股东而言，董事会又具备委托人身份；其次，董事会同时面向内部治理和外部治理两大系统。

董事会外在结构上的枢纽地位来自其内在的功能上的枢纽作用。关于董事会的功能，在 G20 国际经济合作论坛和世界经济合作与发展组织（OECD）指导的《公司治理原则》文件中是这样总括的：公司治理机制应该确保董事会对公司的战略指导、对管理层的有效监督，以及尽到对公司和股东的责任。[60] 从中可见，OECD 也是从两个维度来理解董事会功能的。一方面突出咨询和监管两项职责，另一方面强调服务于股东的同时也要服务于公司。

进一步系统化概括 OECD 的观点，将该观点与董事会在公司治理系统中的结构位置相联系，可构成图 2-7 所示的模型。当然，这是以具备全部现代公司制度特征的标准的股份有限公司为的讨论对象。首先，董事会的咨询和监管功能来自董事会在委托—代理链上的双重身份。董事会作为股东等利益相关者的代理人，要对公司法人财产的经营负责。同时，董事会又是经理的委托人，要负责监管经理。若公司存在事实上的控制股东，董事会监管的重点则应是控制股东。显然，委托—代理链上的权利分布决定了董事会双重身份的不同偏向。当法人财产的经营权越集中于职业经理人手中，董事会关于资产的控制权，特别是剩余控制权越少时，董事会越多地负责监管。由于 OECD 的这份《公司治理原则》主要面向的是市场体系较发达国家，关注的是较成熟的现代公司制度，所以，在董事会的资产管理活动中，用的是"战略指导"而不是"战略制定"，重视的是"咨询"或不是"决策"。进一步而言，代理人和委托人的双重身份体现出董事会既是公司治理的行为客体，也是公司治理的行为主体。

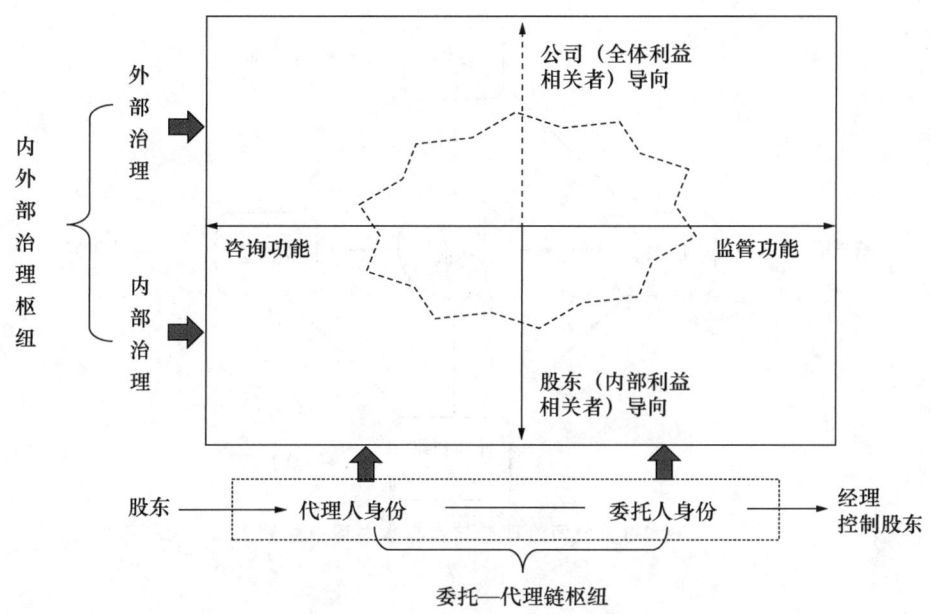

图 2-7　董事会的枢纽地位与功能

其次，董事会的两重服务导向与其在内外治理系统的所处位置有关。此前从行为主体的角度对内、外利益相关者所作区分，将公司治理体系区割出内、外部两大系统。这在下一节将详述。在内部治理系统中，董事会面向的主要是以股东为核心的内部利益相关者，向股东等尽到信义义务，而这些信义义务的具体内容则包含受股东等的委托对经理人和控制股东进行管治。如果狭义地将公司治理界定为代理型和剥夺型，那么股东与经理之间的矛盾、股东与股东之间的矛盾就不是面对面直接解决，而是通过董事会完成治理的。在外部治理系统中，董事会面对整个公司的利益相关者，其中当然包含外部利益相关者。这时，董事会以法人代表身份出现，代表的是整个公司。既确保公司的独立运行，又向全体利益相关者尽到信义义务。在外部治理体系中，董事会的咨询和监管功能的区分相对于内部治理显得不太重要的。因为董事会是独自作为法人代表对全体利益相关者承担信义义务，即外部公司治理的行为客体就是董事会，董事会不能将责任推给其他人。

图 2-7 中有一个遗留问题将在董事会研究的篇章集中讨论，即董事会在几个方向的职责功能和服务导向上，是同时样样皆优，还是应该左右权衡呢？

至此，公司治理的重要参与者及其地位身份已论证完毕。可见，公司治理的存在前提是需要协调各方利益相关者的合作关系，可将其划分为股东、经理、董事会、外部利益相关者四类群体（这里把相机利益相关者并入外部利益相关者群体中简化处理）。相对应地，本书以下二、三、四、五篇则分别讨论这四类群体的治理和被治理情况。（见图 2-8）

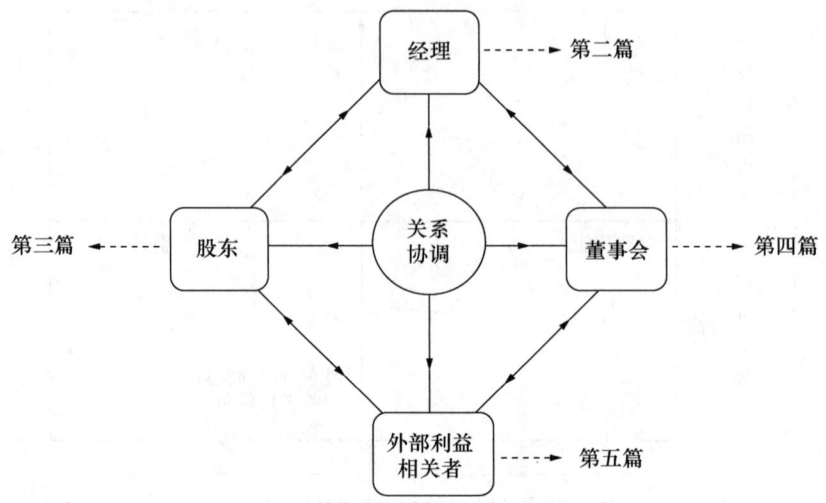

图 2-8 公司治理参与者与本书篇章规划

2.3 公司治理的结构体系

根据对公司治理行为主体和行为客体的认识，可以将公司治理的系统结构划分为内部治理系统和外部治理系统两部分，见图 2-9 所示。

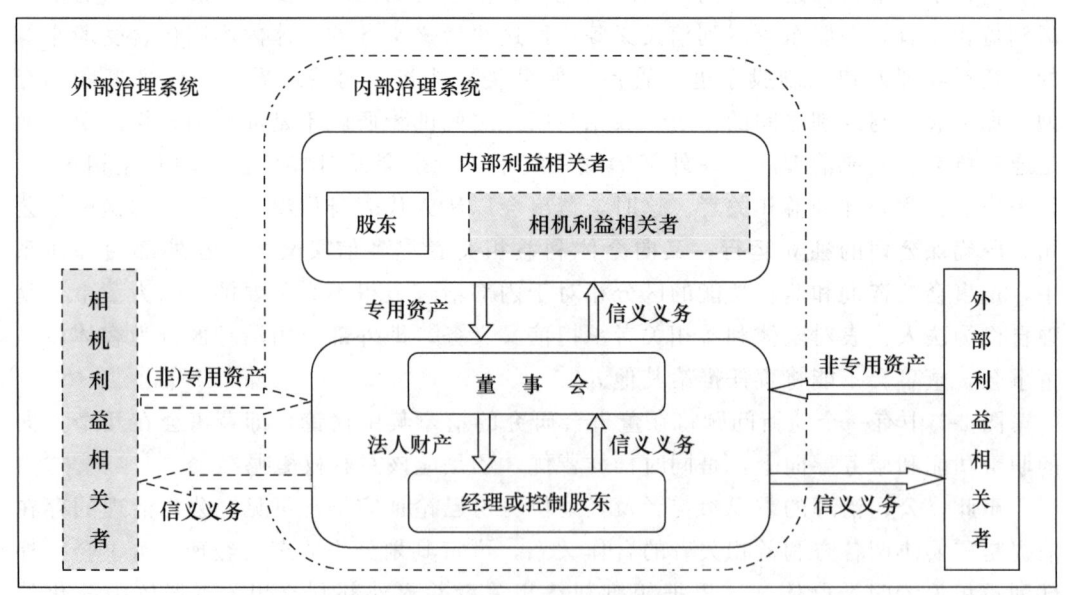

图 2-9 公司治理系统的构成

图 2-9 包含了我们对公司治理的结构体系的几点认识：

（1）内部治理活动由内部利益相关者担当，外部治理的权利赋予外部利益相关者。

（2）一般情况下，股东都是内部治理的核心力量。

(3) 雇员、债权人、战略伙伴等可称为相机利益相关者。在某些情况下，相机利益相关者也可转化为内部利益相关者，参与内部治理。

(4) 相机利益相关者参与内部还是外部治理的判断原则，可以从剩余索取权和资产抵押的视角判断，也可以通过投资的专用性程度判断，两者并无矛盾。图 2-9 中所示专用或非专用资产，仅仅强调相对的专用性程度差异。

(5) 反向追踪投资过程，可建立起信义关系。经理或控制股东对董事会尽信义义务，董事会对内部利益相关者尽信义义务，董事会还要代表公司对外部利益相关者尽信义义务。

(6) 在本书的多数部分，为表述方便，我们仅讨论股东至上模式中正常经营状态下的一般工商业公司，即内部利益相关者仅是股东，其他全部是外部利益相关者的情况。这也就是全书讨论基点的"理想公司"。这个"理想公司"虽然满足现代公司制企业的理论标准，即充分完成了公司革命，但现代公司制度绝不是最优企业制度的代名词，事实上也不可能存在一个绝对的最优企业制度。此前的论述已表明了本书的立场，即现代公司制度是"天使恶魔的混合体"。这个"理想公司"的重要功能是建立一种理论上的"标尺"或"基点"，在多样化的公司制度图谱上提供研究的切入点。

2.3.1 内部治理的结构体系

内部治理系统是公司治理制度体系的核心，是内部利益相关者之间配置和行使控制权的制度安排。图 2-10 反映了我国《公司法》规定的内部治理的组织架构。这里要强调，世界不同国家公司治理的结构是不同的，这里仅是中国的法律规定。另外，无论是公司实践还是理论研究，监事会都存在被虚化的现象。所以，依据现实，我们用虚线绘制监事会。另外，更重要的是，公司治理的制度建构需要以定位为前提，而定位需要确定一个基点，正如此前所说，本书在理论研究中将股东至上模式中正常经营

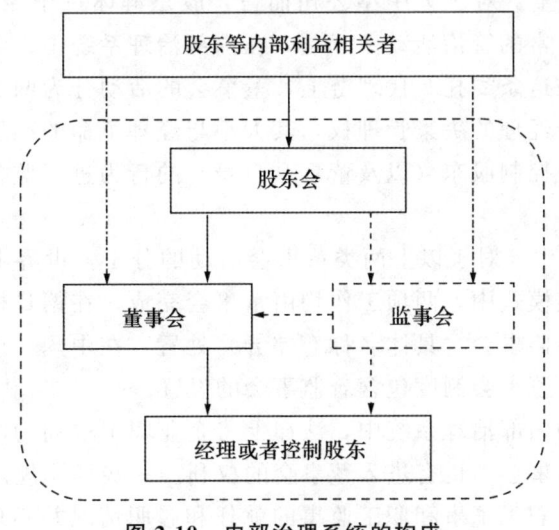

图 2-10　内部治理系统的构成

状态下的一般工商业公司作为基点。那么,将图 2-10 中的虚线去掉就是英美等国采用的基点模式。事实上,中国的公司制度的建立和改革也基本遵循着股东至上的逻辑思路。[61]

小贴士 2-7 "老三会"和"新三会"

在中国国有企业和集体企业中有一个"老三会",指的是党委会、职工代表大会和工会。"老三会"在党委负责制及党委领导下的厂长经理负责制时期发挥着重要作用。1994 年,国务院颁布《关于选择一批国有大中型企业进行现代企业试点方案》,要求逐步建立股东大会、董事会和监事会。改制后,"新三会"与"老三会"并存。如何处理好"新老三会"的关系成为一项重要课题。特别是,股东大会与职工代表大会、董事会与党委会、监事会与工会如何协调配合成为一项理论上的难题。

(1) 股东会的产生。公司制度下,一方面由股东投资形成的法人财产由经理或者控制股东实际经营,另一方面经理或者控制股东又具有占据剩余控制权的天然优势。这时候,股东就需要行使对经理或者控制股东的治理。但是,股东群体是庞大的,股东的利益诉求是有差异的,多头领导违背基本的组织原则。特别对于上市公司而言,大量的股东仅仅是证券市场的参与者,单个的"炒股者"难以被划归为内部利益相关者。于是,就需要一个能将万千股东的意见汇聚为一个声音的机构,股东会应运而生。在我国《公司法》的传统中,有限责任公司设立的是股东会,而股份有限公司对应的是股东大会。但在法律、经济学术研究以及企业实践中,多个"大"字并未带来什么实质差异,所以,在 2023 年修订的《公司法》中,已经将这个"大"字删除。不过在本书中,特别在案例分析和小贴士里仍会存在"股东大会"一词,这仅仅是尊重当时的叙述习惯。

(2) 董事会的产生。对于大中型公司而言,股东群体过于庞大,治理成本过高,股东会不可能完成日常的管治活动。于是,在内部治理系统中,董事会以股东的代理人的身份出现了。在这条委托—代理链上,董事会的活动分为两类:一是行使保留在董事会手中的未赋予经理的决策管理权,其大小与经理革命的程度有关;二是行使决策控制权,对经理或控制股东(以及董事会自身)的行为进行监督控制。详细论述见 2.2.4 节。

(3) 监事会的产生。对于以上两类董事会活动的分工,世界上不同的国家有不同的制度安排。在英美模式中,两项工作均由董事会完成。在德日模式中,将监督责任部分分离出来,交由监事会(具体名称有差异)处置。在中国,形式上与德日模式相近。在这个意义上,董事会制度包含着监事会的设置。

另外,在中国的内部治理系统中,法律上将企业职工也列为内部利益相关者,职工被认为应当进入监事会,也有进入董事会的权利。一些具体规定请参见小贴士 2-8。但是在实际执行中,职工董事和职工监事的就任和履职情况并不理想。一篇名为《被边缘的民主》[62]的文章对中国 A 股上市公司的职工董事、职工监事情况进行了调查,并发现：截至 2011 年 7 月末，只有 43 家 A 股上市公司配置了职工董事，占 2039 家公司的 2.11%。其中，担任职工董事的工会主席占比 34.09%，纪委书记占比 15.91%，此外还有大量的职能部门负责人。职工监事人数稍多，达 33.67%。但这是不是因为《公司法》规定职工代表的比例不得低于 1/3，而非自愿行为呢？

小贴士 2-8 职工内部利益相关者的法律身份

2018 年修订的《公司法》中有关职工进入董事会的规定是，两个以上的国有企业或者其他两个以上的国有投资主体投资设立的有限责任公司，其董事会成员中应当有公司职工代表；其他有限责任公司董事会成员中也可以有公司职工代表。董事会中的职工代表由公司职工通过职工代表大会、职工大会或者其他形式民主选举产生。

而 2023 年修订的《公司法》中则规定：有限责任公司董事会成员为三人以上，其成员中可以有公司职工代表。职工人数三百人以上的有限责任公司，除依法设监事会并有公司职工代表的外，其董事会成员中应当有公司职工代表。并规定该条款也"适用于股份有限公司"。

可见在《公司法》层面，以董事会为治理渠道，职工的内部利益相关者的法律身份在进一步加强。而以监事会为治理渠道，一直要求"职工代表的比例不得低于三分之一"。

在股东为核心利益相关者的逻辑下，公司的内部治理体系的要旨在于明确划分股东、董事会、监事会和经理人各自的权利范围，及其对应的责任和利益，从而形成四者之间的制衡关系。

第一，股东通过股东会以股权的形式行使权利。股权之上除了获取红利的收益权，还保留有对董事、监事的选择权，对并购、增资等重大事项的审查权和否定权，以及对公司行为的知情权、提案权和诉讼权等。

第二，董事会是公司的法人代表。负责确立并阐述公司的使命、宗旨、价值观，确保公司的经营符合法律法规和道德规范的要求；在经理人负责资产经营的前提下，主要保留决策控制权，负责决策审批和对执行情况的监督。在职业经理人不到位的情况下，也可负责决策拟定和决策执行等决策管理权；董事会对经理人的评估、选择、激励负重要责任。在监事会名存实亡的情况下，董事会要承担主要监控责任；董事会要维护法人的独立性，确保全体股东的公平公正权利；董事会要履行信义义务和说明责任，要真实、完整、及时地向股东及其他利益相关者披露公司信息。

第三，监事会可以认为是董事会制度的组成部分，在《公司法》要求监事会负责对董事会和经理人的行为进行监督，检查其违反法律法规和公司规章的行为，并要求其纠正。

第四，经理人受聘于董事会，负责公司的日常经营管理活动，在董事会的授权范围内，可以行使决策管理权。控制股东充当经理人时，也要受到董事会和监事会的监管。经理人要向董事会、监事会尽到信义义务和说明责任。

2.3.2 外部治理的结构体系

无论是提出公司治理问题的亚当·斯密,还是形成公司治理思想的伯利和米恩斯,都对公司制度持一定的悲观态度。但是公司制度日渐强大,在今天成为世界经济的支柱,这其中的原因不仅包括公司内部的治理结构和治理机制的完善,更因外部治理环境的优化。在一定意义上,公司制度是社会文明的产物,是社会经济文化协同发展的内生物。

图 2-11 描述了公司治理的内外部系统构成。图中的中心部分就是上一节介绍的内部治理系统,这里描绘的是中国的法律规范模式。其外由两圈虚线所构成的环形之中是相机利益相关者,包括股东、雇员、债权人、战略伙伴等。他们是公司内部治理主体的被择对象,根据治理模式、公司经营状态、自身专用性投资情况等因素,决定是否进入内部治理系统。对于股东至上模式中正常经营状态下的一般工商业公司,即本书所讨论的基点公司,股东整体作为治理行为主体,经理人或控制股东作为治理行为客体,进入内部治理系统。不能进入内部治理系统的其他成员,作为外部市场的组成要素,参与到外部治理系统中。图 2-11 最外一圈就是公司治理的外部系统,由市场系统(资本与控制权市场、产品市场、经理与劳动力市场)、法律法规系统、政府系统、中介机构系统、公众监督系统、社区系统、文化系统等构成。关于外部治理的详细论述请见第五篇,以下仅仅做一个概览。

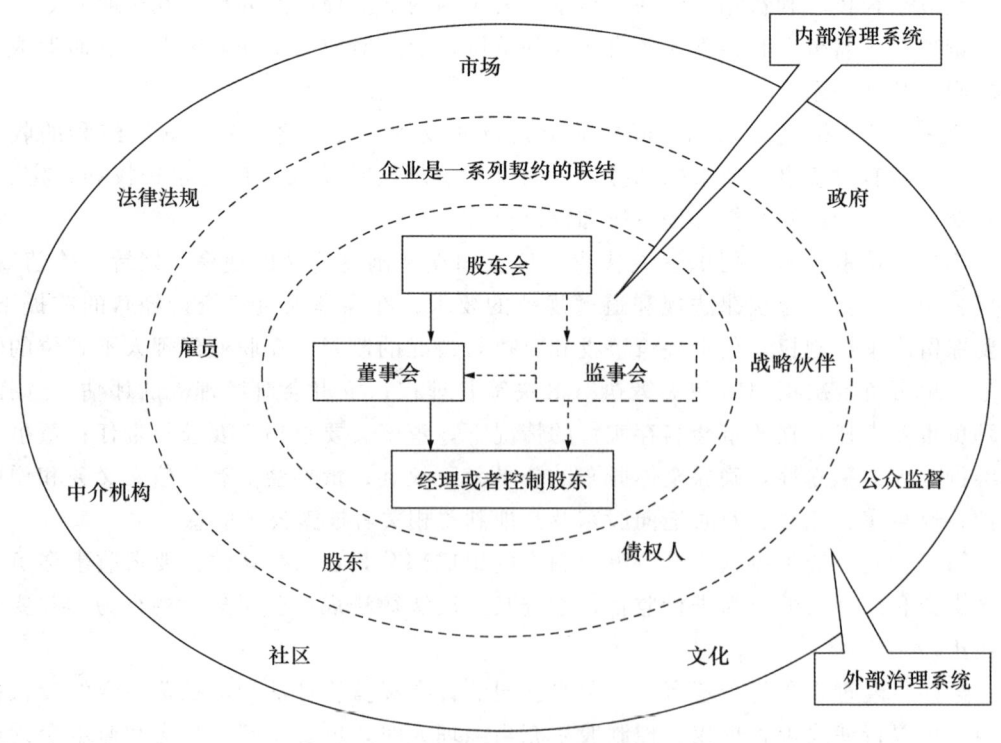

图 2-11 公司治理的内外部系统

(1) 资本市场与控制权市场。有效的资本市场能充分将公司的经营绩效反映在证券价格的高低涨落上，它是股东"用脚投票"的结果。进而，资本市场起到了"信号"治理的效果。对内，向经理和董事会传达股东对公司经营的意见，影响公司的价值和资本运营行为，决定经理股权激励的收益，迫使经理和董事会忠实和勤勉工作；对外，它是控制权市场运转的基础。当股东纷纷抛售股票而拉低股价后，投资银行家和战略投资者就可以用较低的成本实现对公司的控股，进而接管公司，并按照自己的意见改组董事会和更替经理人。

小贴士 2-9　用脚投票

与用手投票相对应的是用脚投票。用手投票指的是股东以其股权比重，采用举手表决或其他投票方式，在大股东会上表达个人意见，参与公司事务，甚至有机会直接在董事会上表决决策；而用脚投票，是另一种表达股东意见的方式。若同意公司的行为，则继续持有股票，若不看好公司前景，则转让股票选择离开，这就是用"脚"来表达对公司的意见。

其实，用脚投票最初被用来反映一地居民对当地税负、公共服务等的评价而选择迁移或定居的情况。如今，用脚投票被理解为一种公司治理机制。不仅股东在用脚投票，雇员可以通过离职来用脚投票，顾客可以通过中断购买来用脚投票……

(2) 产品市场。在"顾客是上帝"的经济环境下，公司的最终裁决者是消费者和竞争者。消费者的选择和竞争者的压力产生重要的治理力量。产品市场所提供的信息——产品的价格、销售量、市场占有率、利润等，可令股东对公司治理和经营绩效作出基本的判断，提供内外部治理的依据。问题严重时，隐含着破产清算的威胁。同时，产品市场也为控制权争夺提供了信息基础。

(3) 经理与劳动力市场。经理人凭借其人力资本获得职位，更获得优越的报酬。而经理人市场就是显示和交易经理人力资本的市场。在有效的经理人市场上，只有那些有才能、有品德的经理才能获得高报酬的职位。而那些纪录不佳，特别是被迫"下课"的经理的报酬定价将一落千丈。董事，包括独立董事的声誉也是以经理人市场中反映出来的。一般的劳动力市场也产生一定的治理力量。近年来，中国劳动力市场出现了"民工荒"问题，那些产业技术落后、压榨工人的公司必将在职工"用脚投票"下被淘汰。

(4) 法律法规。法律法规在公司治理中的作用至少体现为两个层次：一是通过公司法、证券法、破产法等，直接规范包括公司治理制度安排在内的公司制度体系的构建；二是通过合同法、劳动法、税法等，对公司与其利益相关者的缔约行为进行约束。在拉波特等人[63]的开创性贡献后，人们发现在各国法律体系的发展中，逐步形成了一些既有共性也有差异的有关公司治理的法律规定与司法原则。重要的是，不同系别的法律法规，产生了对投资者权益保护的不同结果。

(5) 政府。政府在公司的治理行为中扮演三重角色：其一，政府是公共服务的提供者。相关公司治理法律法规的完善要靠政府负责,政府也是建立和维护公开、公平、公正市场秩序的主导者。其二,政府是公司行为的监管者。政府在法律法规框架下也具体承担着一部分公司行为的管制和救济的任务,确保公司的行为不会危害市场秩序、不会侵害人民利益。在中国特色的环境下,政府还负责行政监管和党纪监管。其三,政府是国有资产的代理人。国有企业仍然是中国经济结构中的重要力量,政府及其派出机构要履行国有资产代理人义务,确保国有资本的保值增值。当然,这第三重角色属于内部治理的范畴。

(6) 中介机构。第一类中介机构是金融中介,指的是证券公司、保险公司、投资信托等机构投资者。它们通过专业的服务,一头汇集中小投资者的资本,另一头有条件直接面对公司管理层。第二类中介机构是信息中介,包括审计机构、金融分析机构、证券评级机构等,它们以提供信息服务、提高信息质量为己任。总体上看,公司与外部利益相关者之间存在着信息不对称问题,减少信息不对称带来的道德风险和逆向选择问题,是中介机构存在的原因。此外,为公司服务的一些机构,比如提供董事和高管责任险的金融机构,协助公司满足合规要求的律师事务所等,也对推动公司治理的完善起到重要作用。

(7) 公众监督。公众监督中有两方面的治理力量非常强大,一是新闻媒体,二是学者。媒体一方面作为声誉机制的重要载体,约束着公司及其经理和董事的行为,另一方面,形成舆论压力纠正公司的行为。学者是社会的良心,是社会文明进步的重要推动力量,其有时间也有能力去批判公司运营环境,去揭露公司治理丑行。

(8) 社区。企业作为其所在社区的一分子,必须承担相应的社会责任,包括对周边环境的保护,对社区就业、税收的贡献,参与社会问题的解决等。近年来,我国连续几个重大化工项目在社区群众的抗议甚至群体事件中停止,反映了这一治理力量日趋强大。

(9) 文化。文化是公司治理的非正式制度系统,决定了公司全体利益相关者的道德伦理、行为规范、思维方式和价值观念等。甚至可以用文化边界来划分世界不同公司治理模式。中国文化下的差序格局、宗法制度、缘分理念、家长作风、裙带关系、儒家精神等是解释中国公司治理特征的重要入口。

2.4 公司治理制度的模式比较

2.4.1 公司治理模式的国际扫描

本书以中国的实践为讨论背景。但中国的公司治理研究和实践仍然有许多不足,需大量吸收和借鉴其他国家的模式。同时,本书强调公司治理制度设计的权变原则,定位是公司治理的起点,这需要公司治理的完整图谱有一个大致了解。在此目标下,本节对全球范围内的典型公司治理模式进行一个基本扫描。

在这里,公司治理模式指的是在一定的环境背景下一国为解决公司治理问题而制定的一系列制度安排和采用的一系列行动手段的总称。由于世界各国经济发展水平、文化传统、法律制度、政治体制及经济制度的差异，因而演化出多样化的产权结构、融资模式和资本市场，进而形成了不同的公司治理模式。[64]学术界对公司治理模式界定的分歧不大，主要是粗细划分程度的差异和名称表述上的差异。代表性的观点有：莫兰德将全球典型的公司治理模式分为两类，一是盎格鲁—撒克逊世界里以美、英为代表的市场导向型模式，二是以德国为代表的欧洲大陆国家以及日本等国的网络导向型模式。[65]拉波特等人进一步进行了四类的划分，即盎格鲁—撒克逊模式（美国、英国为代表）、法国模式（法国、西班牙为代表）、德国模式（包括日本、韩国、中国台湾等）和斯堪的纳维亚模式（北欧四国）。[66]中国学术界比较流行三分法，比如宁向东划分的市场控制型、关系控制型、家族控制型。[35]前两类与莫兰德对西方发达国家的划分一致，增加的家族控制型是东南亚国家以及意大利等国采用的模式，其具有与中国文化和经济水平相似的背景。本书认同家族控制型模式的客观存在，但认为它是在基本的公司制度系统上叠加家族制度特质而呈现出的特殊治理模式，但本书专注于基本公司制度的研究视角，不参与家族治理模式的具体讨论。当然，本书得出的公司治理的一般规律一定也适用于家族企业制度，或者其他国有企业制度、知识型企业制度等。本书并不寻找最优的公司治理模板，而是在"定位"思想下理解公司治理制度建设的基本原则和方法。

一、市场控制模式

市场控制型公司治理模式，又称市场导向模式、外部控制模式，由于其以英国和美国为主要代表，又被直接称为英美模式。英国、美国公司的股权分散程度较高，商业银行不被允许持有公司股份，机构投资者也具有一定的投机性。于是，直接来自股东的管制力量较小，公司被职业经理人所控制，代理型公司的治理问题比较严重。这种情况下，英美模式中的外部治理机制发挥重要作用。资本市场的信号功能、控制权接管威胁，以及经理人市场的人力资本定价机制，从外至内发挥重要的公司治理作用。

（一）社会背景

从社会文化上角度看，英美国家以自由平等和契约精神为价值判断标准。崇尚个人主义，主张自由竞争，强调市场机制的经济协调作用；推崇公平公正的社会秩序，反对各种形式的垄断；尊重私人财产权。[67]这都是英美国家主观推崇股东至上、客观形成股权分散格局的社会文化背景。

英美国家的法律制度与其社会文化形成相互强化的作用。英美国家有关公司制度体系构建的法律法规，规定了股东至上的公司制度框架，如公司法中关于股东会、董事会等权力机构的设置及其制衡关系的规定。有关金融管理的法规成为公司股权分散的强制条件，比如，美国1933年反思经济危机后出台的《格拉斯-斯蒂尔法案》，要求商业银行不得从事投资银行业务，不得经营7年以上贷款等。反垄断法等法规进一步强化了股权分散化和流动性的特点，比如，美国的《投资公司法》规定，保险公司在任何一个公司的持股率不能超过5%，养老金和互助基金不能超过10%，否则就会面临非常不利的税收。

案例 2-8 道奇诉福特汽车公司案

　　道奇诉福特汽车公司案是公司法上一个里程碑式的案例,充分反映了美国的"股东至上"的社会文化和法律制度。福特汽车公司由亨利·福特掌控,持有58%的股份,道奇兄弟共持有10%。1908年开始,福特公司每年支付固定分红120万美元,1908年开始还派发特别分红,每年约为1000万美元。但是,1916年财政年度终结后,福特宣布不再派发特别分红。此时,公司有1.12亿美元的盈余,其中包括现金5250万美元。福特解释其不支付特别分红的一个原因是:公司股东赚了太多的钱了,到了回报消费者的时候了,他打算把每辆车的售价从440美元降到每辆360美元。而福特公司当时还正在计划再建一条生产线,如果把公司盈余拿来分红,就不得不从未来的资金中获得业务拓展资金,没办法降低汽车售价了,也就没办法实现让汽车走进寻常百姓人家的良好愿望了。

　　道奇兄弟不满福特的做法,一怒之下向法院提起了诉讼,要求福特公司支付特别红利。法院支持了道奇兄弟的诉讼并判决公司支付1930万美元的特别分红。高等法院认为商业公司的组建和存续主要是为了股东的利益,董事权利的行使应该围绕着这个目的而不是动摇甚至改变这个目的。对消费者慷慨大方在道德上固然是好的,但是用别人的钱来慷慨大方就多少变了味儿。

　　资料来源:根据相关网络资料整理。

（二）公司契约结构

　　企业是一系列契约的联结。在股东至上的文化和制度下,英美国家的公司契约结构以股东契约为中心,股东是内部利益相关者,掌握主要的公司剩余控制权。其他成员是外部利益相关者,在正常的经营状况下,对公司的影响基本只能通过外部治理渠道。股东至上的契约结构在融资结构中也有所体现,英美国家公司的股权资本居于主导地位,资产负债率低,一般在35%—40%。[68]而股东的持股结构具有的特点是:个人股东持股比较高,但股权较分散而且流动性很强,机构投资者持股比例也比较高,但在法规限制下单个机构投资者也不会高比例持股一家公司。在这样的结构下,股东无力对公司实施监控,因为每个股东都人微言轻。同时,也不愿对公司实施监控,因为对于小股东而言,监控的成本会大于收入,股东会选择理智的冷漠,而且监控作为"公共品",股东还会有"搭便车"的个体考虑。于是,英美国家公司治理的主要矛盾是,股东被赋予了至上的治理权利,但其又无力或不愿行使这一权利。进而,"所有权与控制权分离"成为英美国家公司制度的主要缺口,代理型公司治理问题也就成为英美国家公司治理的核心问题。而治理手段的重心方面,也以外部市场为主。

　　从公司化制度特征角度看:在经理革命方面,英美模式适用的假设前提是经理人职业化,经理人代理行使主要资产经营权利;在有限责任制度和法人制度革命方面,英美国家高度维护法人独立,法人独立既是公司治理的起点,也是公司治理的目的。

(三) 公司治理制度系统

(1) 以董事会为核心的内部治理系统。图 2-12 表明，原则上，股东会是公司最高控制权机构，但由于英美国家公司股东更多地选择"用脚投票"，股东会在多数时候并不积极发挥作用。从剩余控制权是契约中被剩下的权利的角度看，董事会自然获得了更多的控制权，成为公司治理的核心，即所谓"董事会中心主义"。英美国家董事会的特点主要有两方面：首先，设置了较多专业委员会，面向不同的职能要求。其中，按照相关要求审计委员会是必须设置的，主要负责审计、核查和信息披露等监督职能；执行委员会承担决策控制职能，以及董事会闭会期间的事务；薪酬委员会主要负责对经理人的激励约束，可以认为是治理经理的委员会；提名委员会中"提名"二字主要针对董事，可被认为是治理董事的委员会。此外，公司根据自身要求，还可以设置其他若干委员会。其次，英美董事会中独立董事的比重很大，确保了董事会乃至公司法人的独立，且审计委员会、薪酬委员会等监管导向的专业委员会基本由独立董事组成。英美国家的职业经理人制度发达，首席执行官（CEO）不仅是公司日常经营管理活动的负责人，也承担大量的决策制定工作。CEO制度是经理革命的进一步深化。

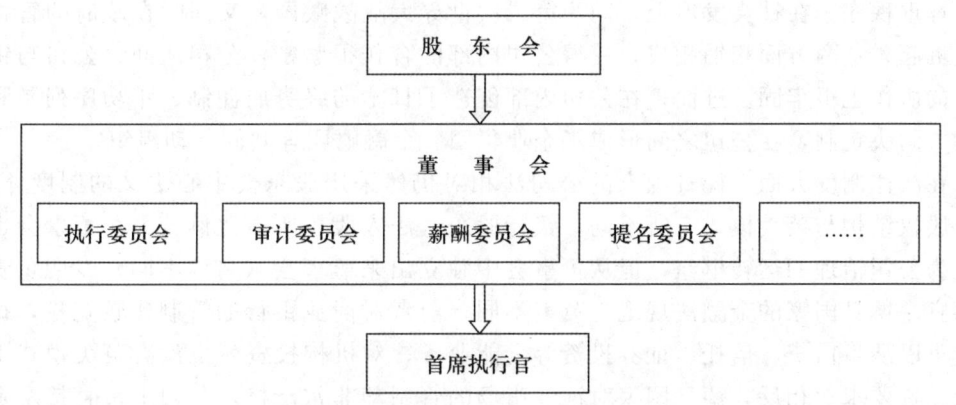

图 2-12　英美公司治理模式的内部系统

(2) 强大的市场治理。英美国家的资本市场、产品市场、劳动力市场极其发达，强大的外部治理降低了内部治理的难度。控制权市场的治理机制是，根据资本市场的信号，潜在控制权人通过收集股权或者委托投票权取得对公司的控制，达到接管公司的目的，同时更替不良的经理人和不佳的业务单元。控制权市场的运行基础是资本市场的有效性，只有股票价格能充分反映公司绩效，才能区分出经理人的强与弱、勤与怠。良好的控制权市场使经理人面对着"下课"的风险，持续的外部威胁推动经理人的勤勉和忠实。而且，控制权市场形成了公司整体"优胜劣汰"的环境，对调整一国经济结构和促进产业升级具有重要作用；在产品市场上，英美国家对自由竞争的偏好、对垄断行为的抑制，让消费者的裁决和竞争者的压力产生强大的治理力量；经理人市场的充分运行也是英美国家的基本特征。在这里，经理人的人力资本被定价，并进行交易。声誉作为人力资本的信号，是激励和约束经理人的重要治理力。此外，独立董事也在经理人市场上被识别和评估,经理人市场也是独立董事制度运行的基础。

（3）信息披露机制完善。除了强大的市场治理,英美国家的其他外部治理基础也比较完备,这保证了信息披露,也就是说明责任的履行处于较高水平。首先,公司信息披露的法律法规完备,对信息披露的类别、时机、质量均有明确规定;其次,信息中介机构发展成熟而且独立性较强,各类审计机构、金融分析机构、证券评级机构、律师事务所等各司其职;最后,其自诩的自由民主精神也保证了新闻媒体和学者等的舆论监督的有效性。

二、关系控制模式

关系控制型公司治理模式,又称网络导向模式、内部控制模式,由于其以德国和日本为主要代表,又被直接称为德日模式。德国、日本的公司股东构成中,银行股东、法人股东所占比例较大,公司内部经理、员工在经营决策中也有一定话语权。英美模式下的外部人转变为内部利益相关者,公司外部的关系网络在公司内部形成一个治理网络。相对于英美模式,外部治理内部化了,市场治理变为关系人治理。

（一）社会背景

在文化方面,德国、日本都以集体主义的价值观为导向,强调群体协作,服从权威,尊重秩序。在社会发展上,同为第二次世界大战战败国,又同时在政府的管控下迅速崛起。这两方面相辅相成,使得公司内部的合作很紧密,公司之间、公司与银行之间的协作也很牢固。进而,在公司内部创造了日本的终身雇佣制、年功序列制和德国的共同决定制,在公司之间形成了企业集团、金融财团等共同行动组织。

在法律制度方面,德日国家的公司法相对仍然采用股东会中心主义的制度体系。但是股权结构与英美模式有所不同,银行股东、法人股东所占比例较大。董事会也被设立为公司治理的运转枢纽,但从董事会中独立出来监事会（名称不同）专职负责监督事宜。德日国家的金融法规也与英美不同,前者对商业银行的管制比较宽松,德国银行可以从事信贷、信托、证券投资等全能业务;对机构投资者也没有英美模式下的分散投资要求。相反,德日国家对证券市场的管制却非常严格。公司上市直接融资的审批制度严苛,而且股票发行和交易的税收很高。至于公司债市场,也仅对少数特许企业和特许行业开放。此外,德日国家对公司法人之间的相互持股十分宽容。对1990年日本非金融企业的一项调查发现,存在相互持股关系的公司高达92%,其中相互持股率达到10%以上的公司占70%以上。[64]

（二）公司契约结构

在德日国家的公司契约中,股东的身份更加多样化,内部利益相关者的构成变得复杂。德日国家中流动的以投资为目的个人股东、机构投资者所占比例远远低于美国。同时,在美国商业银行持股和工商公司持股接近于零的情况下,日本的两项数据是13.3%和31.2%,德国是10.3%和42.1%。[35]可见德日国家的银行和经营战略伙伴通过股东身份的转换,成了内部利益相关者。促使银行与公司利益相依的另一个原因是,银行是公司资金的主要来源,公司不太依赖股票市场的直接融资,资产负债率较高,一般在60%左右。[68]此外,德日国家公司雇员参与公司决策事务十分普遍,雇员成为内部利益相关者。这不仅来自文化上对"主人翁"地位的认同,也有相应的法律支持。

从公司化制度建设角度看:在经理革命方面,德日模式也强调经理人职业化,经理人主导公司经营管理,但经理人大多以内部晋升为主,个别来自法人股东,激励约束机制也来自公司内部;在有限责任制度和法人制度革命方面,德日公司的法人独立特征比英美公司略弱,公司行为受到银行、战略伙伴的影响较大。

(三) 公司治理制度系统

(1) 董事会功能分立的治理系统。德日公司都采用双系统董事会制度,但是权力制衡模式有所不同。在德国模式中,股东会直接选举董事会中的监督委员会,但其中一定比例的席位由雇员选角和担任。监督委员会也称为监督董事会,或者简称监事会。监督委员会决定经营委员会的人选,经营委员会也称管理委员会、管理董事会、执行董事会,或者简称董事会。监督委员会对经营委员会行使监督职责,不仅监督经营委员会及其成员的行为,也要查核公司的决策制定和执行情况。经营委员会承担较多的决策制定工作,也负责决策执行管理,即经理班子的一部分功能由经营委员会承担。经营委员会对外代表公司法人。经营委员会与监督委员会意见不一致时,可以提交股东会裁决。在日本模式中,股东会同时产生董事会和监事会。如果不设监事会,仅设立独立监察人(即监事)也可以。监事会或监事负责监督职能。日本的董事会与经营层高度结合,决策管理和决策控制均是董事会的职责。董事会中大部分成员由公司内部中高层经营管理人员组成,具有股东身份的仅占9.4%,而在上市公司中具有股东身份的董事更是只有3.9%。[64]另外,董事会的规模极大,30人以上的构成很常见,为便于组织,往往会形成多层结构(见图2-13和图2-14)。

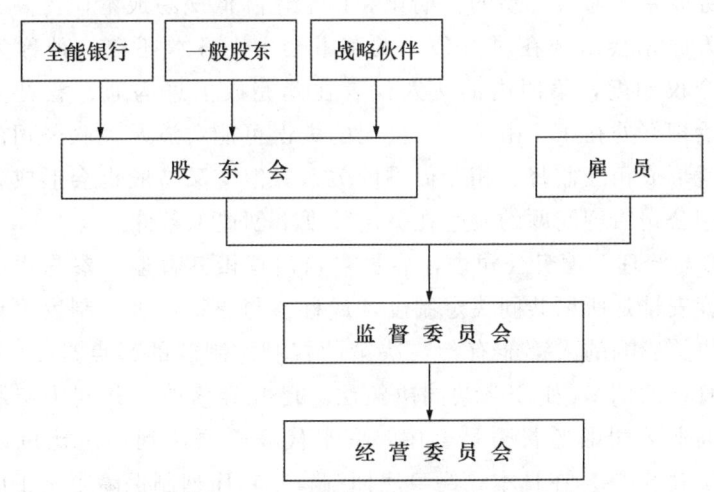

图 2-13 德国的内部公司治理系统

(2) 银行主导公司治理。商业银行是德日公司融资的主要渠道,公司债权比例高于股权比例。而且银行同时还持有公司股票(特别在德国),兼具债权人和股东双重身份。于是,利益的关联以及信息渠道的畅通,使得商业银行在德日公司成为主要治

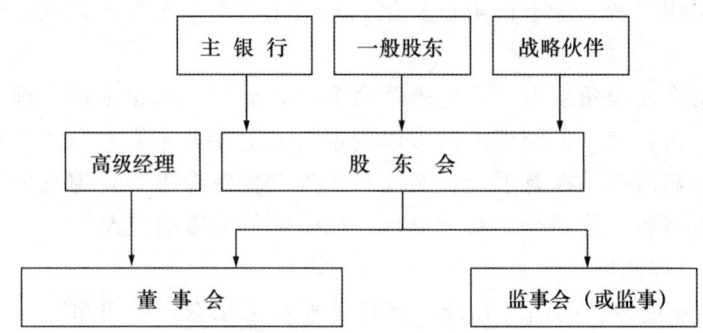

图 2-14 日本的内部公司治理系统

理力量。除此之外,德国银行的另一项治理优势在于,德国的个人股东倾向于将股票的投票权交予银行代理。这样,银行即便直接持股额不高,但其投票权比例很高。1992 年的一项调查发现,德国银行在最大的 24 家上市公司年度股东会上的实际投票权平均为 60.95%。[64] 凭借这一优势,银行在德国公司监督委员会中占据重要席位。日本的银行治理优势在于其主银行制的应用,所谓主银行是指公司选定一家银行作为主要往来银行,并从该银行获得贷款作为资源的主要来源,一般该银行也间接持有公司一定比例的股票。日本的主银行制不是简单的借贷关系,而是围绕主银行建立起来的较为密切的公司与银行、公司与公司的法人联合体。主银行是公司外部董事的主要来源,在公司财务危机时直接指导经营。

(3) 企业集团模式下的交叉持股。德国和日本的工商公司之间交叉持股现象十分普遍,战略伙伴结成以资本为纽带的企业集团模式。公司间交叉持股的主要动机是加强公司间的业务联系,通过交易的长期化和稳定化降低交易成本,提高公司利润。交叉持股后,法人股东会出现在对方公司的董事会中。日本还有一种称为"经理俱乐部"的非正式会议制度,集团内的法人代表在此完成信息沟通、意见交流、决策讨论。集团化的治理好处在于,由于一家公司的失误可能会波及关联公司的利益,进而法人股东之间就形成相互监督、相互促进的关系。但交叉持股也会形成相互包庇的恶果,也为剥夺型公司治理问题的发生在一定程度上创造了条件。

(4) 雇员参与治理。德日公司中,雇员参与治理极其普遍,参与程度也很深。德国的代表性制度安排是所谓共同决定制度,或称参与决策制度,制度设计的目标是保障每一个受到决策影响的人都能有参与决策的权利。制度的起点是 1848 年的《德意志国家工商业管理条例》,如今《共同决策法》已几经修改。共同决定制度下,不同雇员规模的工商业公司的监督委员会中,职工代表必须达到一定比例,少则要达到 30%,多则要达到 50%。在日本,终身雇佣制、年功序列制保障了员工的专用性人力资本投资的安全。而内部晋升制度让董事会的大部分席位由公司内部的中高级经理人员担任。

表 2-3 对两种公司治理典型模式进行了比较分析,我们认为一国的经济、文化、制度等社会背景决定了公司的契约结构,契约结构所体现的公司治理主客体分布和公

司化制度，最终产生出不同的公司治理系统。这再一次提醒我们，公司治理的制度定位很重要。这里的定位线索是，宏观社会背景影响公司契约结构，公司契约结构再决定公司治理模式。

表 2-3　市场控制模式与关系控制模式比较

		市场控制模式	关系控制模式
		美国、英国	德国、日本
社会背景	文化背景	人格独立、契约精神	集体主义价值观
	经济背景	市场经济的领跑者	二战废墟上起飞
	法制背景	限制各种垄断	支持利益相关者扶持
契约结构	内部利益相关者构成	股东	股东、银行、雇员、战略伙伴
	股东构成	股权分散、流动性强	法人持股为主、流动性弱
	资本结构	权益资本为主	债务资本为主
	公司化制度	经理职业化、法人独立	经理职业化及法人独立略弱
治理模式	主导力量	市场治理	利益相关者关系网络
	内部治理	独立的董事会枢纽	双层董事会、关系治理
	外部治理	基础扎实、市场治理	外部治理内部化

2.4.2　利益相关者治理模式辨析

一、股东至上与利益相关者合作

20 世纪 80 年代之前，有关企业治理问题的探讨是放在"所有与控制"的框架之下的。在当时的学术背景下，股东至上基本上是唯一的治理逻辑。围绕着"企业是资本家的企业"这个命题，许多学者在不同的假定条件下给出各自的解释。然而，后来的利益相关者合作理论改变了这一理论假定。

（一）利益相关者合作理论对股东至上理论的冲击

利益相关者合作理论的"擎大旗"者当属布莱尔。布莱尔 1995 年的专著《所有权与控制——面向 21 世纪的公司治理探索》较系统地提出了"共同治理"的思想，即企业要重视所有利益相关者的利益，公司治理也需要全体利益相关者的参与。[25]事实上，早在布莱尔之前，有关利益相关者的问题已得到学界的关注，而布莱尔的出现则将研究推入高潮。布莱尔这一学派支持利益相关者合作、反对股东至上的原因可简单归纳为以下几点：

（1）股东至上模型的缺陷。首先，股东至上理论基本都建立在雇主—雇员的框架之下，先验地确定了雇佣和被雇佣的关系。而现代企业契约理论告诉我们，企业的本质是一系列契约的联结。同时，在市场经济条件下，缔结契约的前提是产权主体的平等性和独立性。这说明企业的全体利益相关者既有参与企业治理的愿望，也有参与企业治理的资格。其次，随着整个社会经济文化的发展，各种利益相关者各自和相对的条件也发生了变化，进而一些传统的股东至上模型的假设和参数发生了变化。于是，即使应用传统的模型，股东至上也不一定是必然的结果。

（2）现实情况对利益相关者合作的支持。利益相关者合作理论的最有力武器是现实世界的支持。首先，传统的股东至上理论是英美学者以英美国家社会环境为背景构建的，而英美治理模式只是世界范围内众多治理模式的一种。事实上，日本以及以德国为代表的欧洲大陆国家的公司治理模式具有利益相关者合作特征。比如，日本的终身雇佣制、年功序列制、企业间相互持股制，使得企业的决策活动不得不考虑雇员和关联企业的利益；德国的共同决定制度要求监督委员会成员中应有1/3到1/2的雇员席位。其次，即使是在股东至上的"根据地"美国，情况也发生了变化。从现有资料看，从20世纪80年代末开始，美国许多州修改了公司法，新的公司法要求企业要为全体利益相关者服务。[69]另外，OECD通过了《公司治理原则》，它将公司治理的框架应当确认利益相关者的合法权利，并鼓励公司和利益相关者在创造财富和工作机会以及保持企业财务健全而积极地进行合作作为五项基本原则之一。[70]

（3）利益相关者合作的意义。利益相关者合作满足了企业的本质属性——一系列契约的联结，赋予了利益相关者平等、自主的企业治理权，由此带来以下几点好处：第一，随着股票市场的发展，股东投资的专用性程度日益下降，"用脚投票"日益便捷。相比之下，公司其他利益相关者与公司的联结更加紧密。因此，公司其他利益相关者参与治理的动机更强，也有助于企业的长期稳定发展。第二，同样由于股东投资的专用性程度的下降，其他利益相关者的资产被"套牢"的风险就相对提高。于是，利益相关者合作可使其他利益相关者与企业签订一份"保险合同"，进而有助于其他利益相关者的专用性资产投资。第三，利益相关者合作使得其他利益相关者成为公司的"主人"，从而减少各自的偷懒行为，以及监督成本。第四，公司各种利益相关者观察公司经理阶层行为的角度和数据是不同的。因此，利益相关者合作并共同参与治理，可以减少信息的不对称程度，进而减少代理成本。

（二）股东至上理论的反击

利益相关者合作的观点一经提出，就遭到股东至上者的强烈反对。反对利益相关的原因有以下几点：

（1）利益相关者界定的模糊。利益相关者合作理论的一个弱点是关于利益相关者的界定上。米切尔等人曾归纳了迄今经济学家对利益相关者的定义，发现竟达27种之多。[71]就是说，关于谁是利益相关者在学术界并没有得到共识。其中最宽泛的定义来自弗里曼，他认为利益相关者是那些能够影响企业目标实现，以及能够被企业实现目标的过程影响的任何个人和群体。[58]面对这样的定义，正如马尔特白和威尔金森所说，任何宽泛的定义都简单地导致关怀和后果一类的虚伪套话，这些套话不可能导致直接的干预和有目的的行动。[72]

（2）共同治理的缺陷。利益相关者合作的理想催生出共同治理模式，共同治理寻求平衡各利益相关者间的关系，实现利益相关者福利的共同提升，并以此对利益相关者在公司治理中的权利作出安排。但是，该模式存在一个无法解决的利益相关者利益加总的问题，即不能在企业决策时对应该以什么样的目标为决策目标作出明确的回答。[37]因为不同利益相关者之间的偏好和目标差异很大，甚至截然相反。比如，股东与职工在分配公司盈余上可能有矛盾，股权与债权人在经营风险性上可能有矛盾，供应商与客户在产品定价上可能有矛盾，社区、政府可能还会提出非经济上的要求。这时，公司"效忠"于谁？当公司的全体"主人翁"发出不同的声音的时候，公司就由一个经济组织就变成了政治组织。而且，在这种情况下，原本就难以处理的代理问题更加无法解决，用毕夏普的话来说就是让经理对所有的利益相关者负责，相当于让他们对谁都不负责。[73]

（3）现实的"反讽"。正当利益相关者合作的支持者以现实的武器攻击股东至上的支持者时，现实又跟他们开了一个玩笑。多尔发现日本资本主义区别英美模式的四个基本特性（向雇员利益倾斜、关系交易、倾向合作而非竞争、政府裁决私有利益冲突）均有不同程度的弱化。[74]同时，另一个利益相关者社会的代表德国，也有向股东至上模式转变的迹象。

二、利益相关者合作的实现模式

利益相关者合作的诉求合情合理，股东至上的辩驳有理有据，两者之间似乎存在着不可调和的矛盾。其实，真实世界提供了至少三种利益相关者合作模式，同时也没有违背股东至上的经济运行规律。

（一）状态依存，相机治理

股东至上强调公司的剩余控制权为股东所有。但是，这一判断存在前提条件，完整理解是在公司正常状态下，公司剩余控制权为股东所有。所谓正常状态指的是红利之外的其他契约支付均有保障的状态。如果公司处于债务及其利息无法偿还的状态下，公司就应该由债权人所有。如果公司连职工的工资都不能支付，职工就应该是所有者。此前的案例2-7说明在公司资不抵债的时候，股东不是一个合格的所有者，债权人的决策才能符合社会最优的利益要求。而这也是世界通行的经济法则。这就是一种依存于公司的不同状态而相机治理的模式，它满足了利益相关者共同治理的要求。但是这种共同治理不是在同一种状态下的"群雄割据"。如果我们认为公司总体还能正常经营，在状态依存的相机治理的制度框架下，将公司治理指南简化地定为股东至上，符合全体利益相关者的利益。

（二）身份转换，股权治理

在德日国家的关系治理模式中，银行、战略伙伴成为公司治理的主导力量。这一证据被利益相关者合作理论的拥趸拿来反对股东至上理论。的确，这是利益相关者理论的胜利，但也绝不是股东至上理论的失败。因为，在德日模式中，银行、战略伙伴明显都有一个身份转换的过程，都或多或少地持有公司一部分股份，那些有发言权的利益相关者常常也是公司的大股东。在这种情况下，是股东在治理还是利益相关者在治理？我们称其为利益相关者身份转换的股权治理。在其他实践领域，有专才的知识型员工获得技术入股，将人力资本折算为物质资本，也是一种身份转换的股权治理方式,员工持股制、管理层收购也具有这方面的特征。身份转换的股权治理,将各类利益相关者转变为统一的股东身份,保证了公司治理体系的简洁化,维护公司治理逻辑的一致性。更重要的是,尽可能地降低利益相关者之间的目标冲突,尽可能地解决利益相关者利益加总的问题。

(三) 系统互补,协调治理

学术界有一种观点认为,虽然所有利益相关者与公司的关系都很重要,但是这些利益相关者与公司是处于不同的经济系统之内的。[75]其中,由股东参与的才是治理体系,而由债权人参与的是财务体系、由雇员参与的是就业体系、由战略伙伴参与的是供应链体系。由于这些经济协作体系都是互补的,因此也会受到公司治理体系的影响。这些经济协作体系,也是通过各种形式的契约联结而成的,也存在着剩余权利的分配与行使问题。但是,这些问题的处置不必都上升到公司产权制度层面,在各自的体系内也可以治理得当。我们称其为利益相关者系统互补的协调治理。这方面的典型例子是美国的工会制度。在美国的公司治理体系下,除了身份转换的股权治理外,雇员的参与度很低。但在劳资关系体系里,工会代表职工的利益,同样管制着公司的行为、调整着公司的制度,起到与公司治理系统异曲同工的妙用。

可见,要实现利益相关者合作的目标,并不需要全体利益相关者与股东分配同样的治理手段、处理同样的治理问题。我国《公司法》设计了职工董事制度,希望职工与股东同时以董事的身份和权利治理公司。然而,早期执行情况并不理想[62]。2023年修订的《公司法》中加强和完善了职工董事制度,我们将会见到全新的职工民主管理的中国方案。应该看到,职工董事制度的典型实践是德国的监督委员会制度,但是,德国的监督委员会并不是公司法人代表,经营委员会才是,监督委员会的基本职责仅是监督,而且经营委员会不完全听命于监督委员会,它可以要求股东会解决它们之间的冲突。在这个意义上,德国职工参与治理类似于系统互补的协调治理机制。

所以,在股东至上的公司治理逻辑下,现实世界里可以实现利益相关者合作的目标。在本书以后章节,我们以一个"理想"公司为论证基点。这是一家股东至上模式中正常经营状态下的一般工商业公司,也就是将利益相关者状态依存的相机治理、身份转换的股权治理、系统互补的协调治理从理论分析中简化掉。这种简化,不仅让论证更清晰,也让具体应用中的定位有了一把标尺。

中国近代对公司制度的探索——大生纱厂

张謇是中国近代著名的政治人物和实业家,他创办的以大生纱厂为代表的大生企业系统,不仅在中国经济发展史上具有重要地位,而且是近代中国公司制度的探索。

一、大生纱厂创办的外部制度环境

(1) 创办大生纱厂的历史契机

中国传统社会并没有孕育出公司经营机制,这也是中国经济、社会在近代逐步落后于西方的制度因素之一。外国公司在扩大对华经济侵略的同时，也增进了国人对公司机制的了解。于是"师夷长技"的思想渐从器物层面延展到经营机制，发展公司制度的呼声越来越强劲，并从洋务民办企业开始陆续付诸实践，且于《马关条约》签订后国势愈益危迫的历史情境下渐推渐广。张謇就是晚清民办公司的先驱之一。

伴随着洋商和洋货的汹涌而入，不少开明官员面对中国固有利权渐被侵夺的局面，思想认识发生转变。任两江总督的张之洞提出"中国今欲振兴商务，自应官绅商民通力合作，厚集其力，方能与洋商相敌"。作为新科状元且通晓时务的张謇自然受到张之洞重视。在发展经济以挽救危局方面，张謇与张之洞无疑有着较多的共同体认。张謇关于设立商务局和奖励集股创办公司等策，日后均被朝廷采纳推行。在张之洞的规划中，上海、苏州、通州（南通的通州）以其独特的地理位置以及资源和市场条件，具有发展纺织业的明显优势，所以，他积极鼓励张謇创业，还专门为张謇设厂事宜上奏朝廷。

创办大生纱厂，对于张謇而言不仅意味着人生轨迹的转向，而且标志着他对一项新制度——公司制度——的践行。公司制度对于当时的中国而言，无疑是对传统经营制度的重大改变，推动了中国近代化的步伐。当我们颂扬张謇经营业绩之时，不应忘记晚清开明官员张之洞对于张謇创业的重要推力。当然，推动公司制度发生与发展的更大动力，源于晚清时期的经济民族主义思潮。"公司一事，乃富国强兵之实际，亦长驾远驭之宏规也"，得到越来越广泛的社会认同。公司之设，已突破商务的边界，具有强烈的民族关怀。

（2）晚清公司制度建设的政策环境

相对于更加腐败的时期，晚清政府尽可能地适应国际与国内形势，从抑商转向重商。甲午战争之后，清政府为鼓励民办实业，发展公司机制，陆续制定了一系列政策法规，张謇创业亦从中受益。

1898年出台的《振兴工艺给奖章程》涉及科技、学务、著作和工商等多方面，其鼓励投资的条款为："如有独捐及募集巨款，开辟地利若干……视功用之大小、款项之多寡，为奖给之等级。" 1903年颁布的《奖励公司章程》规定依据公司创办人的集股总额进行奖励，从50万元至5000万元，共分12个等级，分别特赏不同第等的顶戴或品衔，并聘任为商部不同等级的顾问官或议员。此后，奖励标准进一步下降，政府对从商的扶持力度不断加大。1908年1月，张謇因创办大生纱厂暨垦牧、轮船、水利、盐业、印刷等公司21所，总资本200余万两，由农工商部依照《改订奖励公司章程》奏准为该部头等议员，并赏二品顶戴。

公司制度建设的根本法也应时出台，1904年1月21日商部奏准颁行《公司律》，共131条，分为"公司分类及创办呈报法""股分""股东权利各事宜""董事""查账人""董事会议""众股东会议""账目""更改公司章程""停闭""罚例"11节。《公司律》确立了中国创办公司的准则主义原则，有助于企业独立运作。《公司律》关于股份有限公司内部结构与运作程式的规定，为大生纱厂和分厂提供了必要的依据。

1907年的首次股东大会上，有股东声明"今公司已处有法律之地位，不应再越乎法律范围外"并得到广泛赞同。

为了充分动员民间资本进行联合，以创办各类公司，晚清政府还在资金方面予以扶持。其方式以参股与借款为主。大生纱厂因初创困难，遂领用官机，折本25万两，在原始资本中，官机折款占56.17%。另一任两江总督刘坤一表示，大生纱厂"名虽官商合办，一切厂务官中并未派员参与"与湖北等省官办纱厂"情形迥不相侔"。

"专利"制度也是官方为促进华商资本动员，积极创办企业而采取的一项鼓励措施。此处的"专利"是一种特许的垄断经营权。张謇的大生纱厂初创时，由政府批准，援引上海华盛纺织厂成例，规定本地区如添设同类企业，皆作为大生分厂，"由原办人禀请并议贴费，以十年为满"。张謇等创办的大兴面粉厂亦获得五年的"专利"。在税务政策方面，晚清政府也出台相关扶持政策。大生纱厂创办之初，就由张之洞奏准，其产品"照上海机器纺纱织布各厂奏定章程，只在洋关报完正税一道，其余厘税概行宽免"。

当然，也要看到政策与法制本身的局限及其执行过程中的问题。各级官员与机构的"病商"举措，经过社会的放大效应，在一定程度上又淹没了清政府对农工商业的提倡与扶持。

二、大生纱厂的内部制度特征

（1）"非大股东"控制企业的产权特征

1895年冬，张之洞根据光绪帝"官为设局，一切仍听商办"之谕令，委派通州籍翰林院编修张謇"总理通海一带商务"，筹办大生纱厂。

《大生系统企业史》详细载有大生纱厂创办初期的资本构成情况。从中，我们可以清晰地看到，大生纱厂自光绪二十一年九月开始筹办，至光绪二十五年四月开车试生产，企业总共实收资本为规银445100两，其中"官机"作价规银25万两（张之洞原先为湖北南纱局从国外订购的"官机"一直堆放在黄浦江码头，张謇争取到将此"官机"作价入股大生纱厂），地方公款出资41900两，可以确定出资人身份的私人及团体投资107200两，未能确定身份的46000两。在可以确定身份的私人及团体投资中，官僚投资64900两，商人投资25400两，地主投资800两，厂董投资4100两。可见，在早期大生纱厂的产权构成中，官股的投入占有绝对的比重。然而，商股对此不无担忧，认为"有官股必干涉掣肘"，于是乎就有了官机、官本入股时的约定和承诺，即在"绅领"官机的前提下，官股不派代表参与企业治理，而只是到期领取"官利"而已。另一方面，对于私人及团体投资，一个共同的特点就是囿于官场及相关官员情面而不得不进行的应付，加之于几乎所有的出资人对于近代机器纺纱工业的一窍不通。相比之下，尽管张謇以"敦裕堂"户名入股大生纱厂的股份仅为20股，计规银2000两。而且在大生纱厂正式投产前，张謇仅交了股金1300两，其余的700两还是由大生"厂董"沈敬夫代为垫付的。但是相比同为"厂董"的高清投资的300两，沈敬夫投资的1800两，张謇的持股金额至少在名义上是最多的。

张謇拥有对早期大生企业产权的完全控制，与中国近代早期企业制度生成与演进的社会环境和基本制度有着密切的关联。在晚清后期的社会环境下，实现对企业产权的控制，并不一定凭借对企业产权的实际投资比重和实际拥有，而更大程度上是凭借诸如特许权的赋予、与官府的关系、创办者本人的特殊身份以及其他一些相关原因等等，这也许正是近代企业制度进入晚清中国之后的主要产权特征之一。

(2)"非职业"经理阶层治理的企业治理特征

在近代中国企业制度产生早期，社会上并不存在一个有所准备的职业经理人阶层。故而在近代中国早期的工业企业中，也无法出现职业经理阶层治理企业的情景。在近代早期的企业治理结构上，所体现的一定只能是一种"非职业"经理阶层治理企业的制度特征。大生纱厂同样如此。

在生产部门方面，全厂设立了轧花、清花、纺纱、摇纱、成包五个生产车间，以及引擎、修机、炉柜、电灯等辅助车间。在企业治理上，实行的是总理（总经理）负责制下的执行董事制度。具体而言，在张謇所任的总理之下，设立有进货出货董事、厂工董事、杂务董事、银钱账目董事，分管全厂的供销、生产、总务、财务四项职能。每名董事之下，另设执事、监工，负责管理、监督员工工作。技术方面，则完全依赖所聘洋员以及延请自上海的技术工人。

早期大生纱厂的企业治理主要呈现出三大制度特征：一是作为官府赋予开办之责的企业创办人"总理"张謇大权独揽，可以决定企业的一切方针大计。这是一种集权于总理一身的集权型、极端化的垂直治理，企业的最高权力，包括重大事项决策权、日常经营管理权，无不事必躬亲地完全掌控于总理手中。二是作为企业科层结构中最重要的经理阶层，即四大"商董"以及以后设立的协理等职，在职业经理人缺乏的情况下，主要都由传统纱布商人出任。进出货董沈敬夫为关庄布巨商，厂工董高清为木商出身，银钱账目董蒋锡坤为典当业商人。三是积极探索企业章程及管理制度的制定与实施。为了弥补企业治理经验的缺失，大生管理团队在张謇带领下，遍访上海中外纱厂，考诸上海各厂而加以斟酌。创办之初，虽无正式的公司章程，但是还是先后制定并颁行了类似公司章程的《厂约》和《大生纱厂章程》。

(3)"非盈余"支付的早期剩余分配制度特征

极具晚清新式企业特色的"不合世界实业通例"的是"官利"制度。"官利"的最基本的特点是，任何投入工业企业的股本，自交款到账之日起就必须即期计息，并按照规定的期限支付固定的股息，其周年息率通常在4%至8%。然而，任何一家创办中的工业企业，在其投产、营业之前，一定是没有任何收入和盈余的。

大生纱厂尚未建成投产即对官利实行支付，而且即使建设资金捉襟见肘、万分艰难之时，仍然得费尽心思绝对保证"官利"的按时支付。其原因之一就是企业创办之际，正值中外纱厂不景气之时。为了招徕股份，张謇不得不"入手即破中西各厂未出纱不付息之例"。

但是，当企业开工投产之后，如果企业有盈余，那么它的性质似乎更多只是属于一种近乎"优先股"的剩余分配。1901年,大生纱厂支付官机官利规银2万两,商股官利20623两,还提取了公积金规银1万两,以及作为企业管理层商董、执事酬劳的"花红"规银9777两。另一方面看,当企业业绩不佳时,官利对财务困境中的企业不啻为火上浇油。1925年,当大生系统陷入困境时,张謇诚恳地向股东会建议革除官利之制,"为自救自助巩固根本之计"。

资料来源:李玉. 中国近代公司制度建设的几个面相——以张謇创业为中心的考察 [J]. 南京大学学报(哲学·人文科学·社会科学版),2009, 46(4);张忠民. 晚清大生纱厂的早期企业制度特征 [J]. 清史研究, 2016, (3).

讨论以下问题:

(1) 在大生纱厂的创建和发展中,如何体现"公司制度是社会文明的产物"?

(2) 你对大生纱厂控制权和索取权的配置有何评价?

(3) 大生纱厂的公司治理隐忧表现在哪些方面?

讨论问题

(1) 应用本章知识,为引导案例中的通钢公司提供改制建议。

(2) 案例2-4说明了责任的重要性,请查阅更多信息并思考:是什么促使陈九霖如此大胆?为什么陈九霖的行为没有被及时制止?

(3) "一个人说谎的时候,就做好了干一切坏事的准备",这对公司治理有什么启示?

(4) 中国的外部治理基础需要不断改进。你认为目前最重要、最紧迫的任务是什么?

(5) 为什么说"公司制度是社会文明的产物"?

第二篇

经理与公司治理
——代理型公司治理专题

第3章

委托—代理理论与代理型公司治理问题

导读

　　第二篇在股东与经理间的委托—代理关系下,专门讨论代理型公司治理问题。本章首先辨析职业经理人的功能属性,强调治理经理问题需要审时度势。第二节全面考察股东与经理间的委托—代理问题,总结出来的问题根源——目标不一致、信息不对称,也是串联整个代理型公司治理理论体系的基本线索。进一步而言,基于委托—代理问题的两类表现——道德风险问题和逆向选择问题,可以将对经理的治理划分为激励与选聘两类任务。在后续章节详细论述这两类治理任务之前,本章的后两节分别对道德风险问题和逆向选择问题进行基础性的理论探讨。

引导案例　张博士的选择

　　倒霉的张博士终于时来运转。6年前斯坦福大学毕业后,他带着专利回到老家创业。开始一切都非常顺利,但一年前老婆的背叛让他一无所有。马上就要上市的创业企业没了(前妻和她拿出来的法律文件说,企业不是他的),专利没了(前妻说,专利已经不是他的了),女儿也没了(前妻说,女儿也不是他的)。当他灰头土脸地来到新的城市一段时间后,突然变得"紧俏"起来,数家公司找上门请他加入,提供的条件都很好。最终,候选名单上只剩下利民公司和科莱纳集团,都聘他当总经理。

　　这天傍晚,张博士应科莱纳集团董事长之约,来到当地最好的西餐厅。他自己早到了一些,是因为正想找一个地方静静,想想刚才与利民公司的洽谈情况。这已经是与利民公司第4次见面了,见面的过程像在爬楼梯,"官"越来越大,场面也越来越正式和严肃。刚才和他谈的是利民公司的控股方红旗集团的董事长和党委书记,以及市国资委的于副主任。于副主任看来是主面试官,他不断强调直接外部招聘国企总经理是非常少见的,请张博士珍惜这一机会,上任后更要努力工作报效祖国。会谈后,张博士拿到了厚厚的一本岗位责任书,这是红旗集团对下属控股子公司总经理的统一规定,里面是各种规定和公式,将来张博士的聘任合同的具体条款将出自此岗位责任书。

正当张博士细细翻看这本岗位责任书时,科莱纳集团任董事长和他的太太来到桌前。尴尬之间,张博士坦诚道利民公司也想聘他。任董事长表示理解,并表示既然手头有利民公司的管理办法,不妨拿出来比较一下。

"这么厚厚一本,到底写了些什么呢?"任董事长问道。

张博士答:"其实主要涉及三块,一是责权范围,二是绩效考核办法,三是激励制度。"

"那我们挑重要的比较一下吧?"

"利民总经理的工作目标是完成国有资产的保值增值任务。"

"具体呢?"

"上面写着,由国有资产管理部门和公司董事会当年下达。"

"同样,在科莱纳你要听董事会的,不过我可以告诉你,我们董事会对你最近三年内的期待非常具体,一是完成公司转型升级,二是打入欧美市场,三是不能连续两年亏损。"

张博士接着讲:"利民公司要求我组织制定、实施中长期战略规划和年度经营计划,组建公司中高层管理队伍,其中副总要董事会审批,完成日常经营管理工作和董事会下达的其他任务。"

"在科莱纳,你的权限也大致相仿,公司的重大事件由董事会负责,比如董事会负责战略和高层班子配备。但有一点不同的是,你将会很快进入董事会。"

"在绩效考核这一块,利民公司采用EVA评价体系,每年一考核,并在红旗集团内统一排序,最后的10%,当年警告,连续两年解职。"

任董事长一笑,说:"我们公司也有一套KPI考核体系,不过对于总经理,我们重视绩效管理而不是绩效考核,我们不会等到年底来个秋后算账。在每次董事会期间,包括正式会议,或者今天这样的场合,董事们都会对你评头论足。这你可要做好思想准备啊!我个人更喜欢这样的绩效'沟通',而不是绩效'考核'。"

"另外这里还说,党委和职代会也会对我执行监督。"

任董事长大笑。

"在激励机制方面,利民公司执行年薪制,根据计算公式,我年薪大致为80万元,如果我能保持公司目前的业绩,年终奖励大概另有80万元。"

"仅此而已吗?上一次见面我已经向你承诺了,你的工资分三块,固定年薪50万元,特别绩效奖在50万元到200万元之间,对于你目前主要是完成公司转型升级,另外还有一个三年后行权的虚拟股票期权计划,应该能让你拿到200万元左右。"接着任董事长又补充道:"公司还可以帮你租房,或者提供每月1.5万元的补贴,可持续5年。还给你配专车,你要配司机也可以"。

张博士表示感谢,但迟疑片刻还是问道:"在您这里会不会职业通道不如利民公司,媒体上都称科莱纳集团是家族企业。"

> 任董事长看了一眼妻子后,很严肃地说道:"张博士请放心,我们公司的投资者虽然有家族特征,但在经营管理方面却很职业化,而且越来越职业化。早期进入公司的亲戚朋友正在清退,这件事由我和我太太负责,张博士无须担忧。我衷心地希望张博士加入我们团队,我们一起奋斗,一起发展,我们要成为世界一流企业。"
> 又寒暄片刻,张博士告退,离席时还是没有给任董事长一个明确答案。

思考这个案例,并回答几个问题。第一,从张博士的能力性格看,哪家企业更适合?这是一个"人职匹配"问题,张博士的个人情况在该案例第一段集中说明了,而在职位方面,两家公司都声称选聘"总经理"。但是,这里隐含的一个问题,也是公司治理的起点类问题,两家公司聘的都是"总经理"吗?头衔上的"总经理"就是真正职能上的"总经理"吗?以下3.1节的讨论与此相关。第二个问题是,为什么两家公司都非常在意绩效、薪酬管理?或者说,事先的绩效、薪酬制度安排,是为了解决事后的什么问题?对此,3.2节将从中归纳出委托—代理冲突产生的根源。第三个问题是,哪家公司的制度最有效?最能促使张博士尽到信义义务?这是3.3节论述的重点,我们将从理论体系上说明解决"经理腐败"的制度结构体系。3.4节也是建立理论结构,针对的则是本案例的实际问题——经理选聘。

其中,对委托—代理冲突根源的归纳不仅是本章的重要知识,也是搭建整个第二篇知识结构的基石。

3.1 职业经理人的引入

此前,本书讨论了经理制度对于公司制度革命的价值(见1.1.2、1.3.1节)、经理职业化的评判标准(见1.3.1节)、经理制度的公司治理命题(见1.3.2节)、经理在公司治理体系中的位置(见2.1.2节、2.3节)等问题,为的是完整地理解公司治理命题,并建立完整的公司治理体系。本章则开始详细讨论这一命题,而最先需要解决的就是经理的定位问题,即公司治理的"口诀"之一"不审势即宽严皆误"所体现的道理。

3.1.1 经理角色定位

企业史学家钱德勒1977年出版的《看得见的手——美国企业的管理革命》论证了经理制度在现代公司制度中的核心地位。通过对19世纪中期以来的美国企业发展历程的考察,钱德勒认为虽然有限责任制是公司制度的起点,但是现代公司制度的主要标志是职业经理人的广泛出现和经理制度的普遍实施,进而现代公司是"由一组支薪的中、高层经理人员所管理的多单位企业"[76]。这些经理人员的职能在古典企业中由出资人所承担,那时的出资人是既承担商业决策又承担商业风险的"古典企业家"。所以,经理作为一种社会分工的产物,是从古典企业家那里分离出来的。

这种分离表现在两个层面上：第一个层面是代理人的引入。特别是随着投资主体越来越多元化，股权越来越分散，使得股东之间在业务活动上达成一致决策和一致行动的成本过于高昂以至于不可能。集中管理的要求下，专职经理作为股东的代理人出现。但是必须认识到，这个代理人也有可能来自主要股东群体内部，是代理全体股东利益的某个股东。第二个层面是决策管理权的析出。公司经营管理日趋复杂化，对经营管理的能力要求变高，一般的股东难以胜任，非专业人士不可。此前1.3.1节论证道，决策流程分为决策拟定、决策审批、决策执行和执行监督四个阶段，决策拟定和决策执行可称为决策管理，决策审批和执行监督可称为决策控制。这里，古典企业家向经理人员析出的是决策管理权。

图3-1展示了从古典企业家那里分离出职业经理人的两条路径，说明同时达到"外部代理人的引入"和"决策管理权的析出"后，职业经理人才出现。当仅仅引入外部代理人，即专业的经营管理者，但决策管理权的核心内容——决策拟定权，仍控制在股东手中，这样的经理人总体上是"前台经理人"，"前台"两字表明其处在经营管理活动的一线，但是战略性行动的主导者是处于"后台"的出资人，或者其代表——董事会；当析出的决策管理权不是交给外部代理人，而是股东群体内部的代理人，显然往往就是控制股东，我们称这样的经理为"控股经理人"。

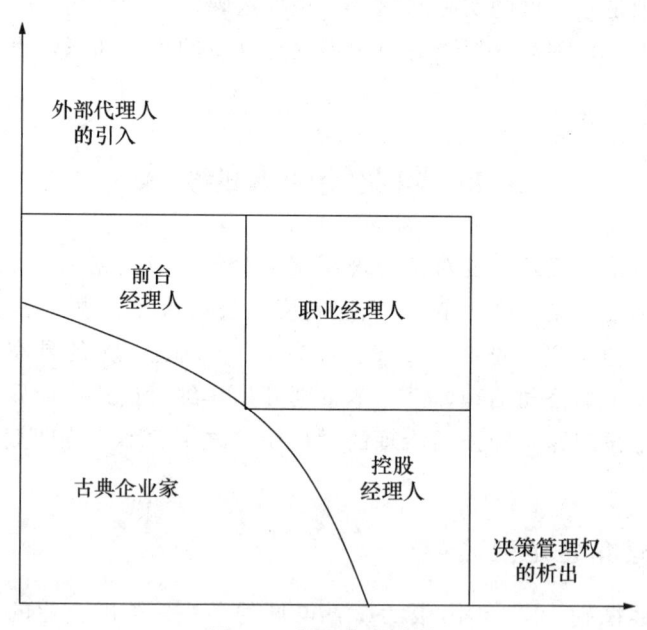

图3-1 经理角色定位

根据我们对公司治理和公司管理的区分，当经理人未掌握决策管理权时，股东与经理之间并无明显的控制权矛盾，即对于"前台经理人"，基本不涉及公司治理的核心任务（详见第1章图1-3所示的"公司治理核心范畴"与"泛公司治理范畴"的区分）。对于"职业经理人"和"控股经理人"，代理型公司治理问题则凸显出来。但问题复杂的方面是，"控股经理人"一般就是控制股东或其代表，本身还涉及股东与股东之间的矛盾,即剥夺型公司治理问题。所以,本书第二篇所讨论的经理专指"职业经理人",对其研究起到"标尺"或"基点"作用。第三篇将集中讨论控制股东的剥夺型治理问题,这两部分合在一起才能构成治理"控股经理人"的完整体系。

案例 3-1　唐骏谈中国职业经理人定位

提到唐骏,我们还是会记起一系列霸气的称号,如"打工皇帝""微软终身荣誉总裁""中国第一职业经理人"等等,他曾经是无数青年疯狂热捧的偶像,也有一套被市场所认可的职场哲学。

其实,职业经理人这个职业,在中国市场中极为尴尬,很多人都不清楚这个职业的性质,谈到这一职业在中国的发展前景,作为曾经的"中国职业经理人"表示并不看好!

在唐骏看来,职业经理人在民营企业会遭遇三道坎:一是决策权。唐骏任微软中国区总裁时,钱、权、经营模式都是由他说了算,但这种方式在民营企业这里基本不可能。二是难逃命运的坎,"在很多民营企业里,都是你与老板发生一点争执,就被告知你明天不用来了,而在外企是有一套评估系统告诉你行不行,你提前几个月就能自己意识到"。三是老板的承诺往往难以兑现。

在中国民营企业家与职业经理人的合作案例里,陈天桥与唐骏的组合一度被认为是黄金搭档。唐骏本人也曾表示:"在盛大的四年我觉得很值,我相信陈天桥也觉得很值。"但就是在外界看来如此合拍的一对搭档,其合作也只持续了四年。作为外企职业经理人加入中国民营企业盛大的唐骏,一直清楚自己的定位,"陈总管的我都不管,管得多的是公司的外围操作,比如盛大的上市、路演,解决与《传奇》的纠纷,试图收购新浪等。"这样的心态和定位,一方面成就了唐骏与盛大创始人陈天桥的和睦相处,唐骏尽到了一个民企职业经理人的职责;另一方面,过多的妥协也让他过度划清了自己和老板的界限,并没有真正将自己在微软学到的那套架构化、阶梯化的管理方式植入盛大的基因,留下了一些遗憾。"公司内部管理很重要,我在这方面妥协太多了。后来我才发现,陈天桥也希望我来管,而且也是我应该去管的。如果可以重来,我会使公司内部管理更加制度化,采取指标化的考核管理,这才是正规军的打法,但我没有在盛大运用自己这方面的长项。"唐骏后来回忆道。

谈到中国职业经理人的发展现状,唐骏坦言,自己看到的失败要远远多于成功,中国的职业经理人在公司里的角色其实更偏向于助理,和国外职业经理人的角色相差甚远。这其中有制度原因,更源于中国民营企业的创始人还没想过要真正把决策权和管理权交给一个外来的职业经理人。

"民营企业都有不同的风格,所以每个都是不一样的标本,没有模式就是现在新的模式。"唐骏曾表示,外企都是标准化,每个企业的模式雷同,因此外企人才适应性强,而中国民营企业从企业文化到企业环境没有可复制性,没有共性,只有个性,所以,职业经理人的孕育依然路漫漫其修远兮。

资料来源:职业经理人路在何方?唐骏:失败大于成功![Z]. 2016-08-31. https://www.sohu.com/a/112949354_473037.

案例 3-1 中，作为中国职业经理人标杆的唐骏无疑是清醒的，他使用"助理"一词解释了自己的定位。可见，中国的职业经理制度的建设还任重道远，公司制度还不能做到神形兼备，所谓的职业经理人实际上仅仅是"前台经理人"。尤其是唐骏说道，"民营企业都有不同的风格，所以每个都是不一样的标本，没有模式就是现在新的模式"，这说的就是公司治理定位的重要性，说的是"不审势即宽严皆误"。当然，不仅中国民营企业有这样的问题，所有公司治理都有定位的要求，唐骏所称"模式"不应被看作"最佳模板"，而应理解为"标尺"上的基点。

所以，从经理分离于古典企业家的起源看，经理不仅仅是一个称谓，而且是一种职业。如今每家公司都有总经理、副总经理，或者总裁、副总裁，但往往这样的"经理""总裁"只是个头衔，干的事情仅仅是执行或者传达决策者（背后的"老板"）的命令而已。当然，还存在另一种可能，一家公司是有职业经理人的，不过他的职务名称可能是董事长或者其他，这样的公司可能缺少的是真正的董事会。这种情况在一些国有企业中比较常见，在一些非上市的民营企业中也很常见。所以，这里再次明确，本书以真正完成公司革命的现代公司为理论基点，在对经理制度的研究中也以名副其实的职业经理人为基点。本书所称经理，是受托并独立于股东，对公司资产的保值增值负责，在日常运作中独立行使决策管理权和业务处置权的经营管理者。首先，鉴别经理身份的第一项要素是他是否承担了受托于股东的资产经营权，是否以股东的代理人的身份出现。《意大利民法典》对经理的定义简洁而有代表性，它规定接受出资人委托而经营商业企业的人是经理。[77]第二项鉴别要素是，经理要承担经营职责，反映为独立地行使决策管理权，涵盖决策拟定和决策执行两大环节。第三项鉴别要素是，经理要承担管理职责，要全权负责公司运作效率的改善。

如果在一家公司中，这些职责集中在一个人身上，经理就是一个人，在企业实践中常被称为总经理或总裁。但在比较多的情况下，承担这些职责的是一个"领导班子"，那么，经理就是一个集合的概念。所以，本书提及经理时，如同提及股东、董事时是一样的，并不特指某个自然人，而是高级管理人员群体。我国《公司法》在最后一章的备注中说明，高级管理人员是指公司的经理、副经理、财务负责人，上市公司董事会秘书和公司章程规定的其他人员。我们认为，《公司法》中的"高级管理人员"划定了本书所称经理的职务范围，现实中的部门经理、项目经理、产品经理等管理层级的中低层管理人员不在本书所谓经理之列。

小贴士 3-1　经理职权的法定范围

2018 年版的《公司法》曾规定：经理，由董事会决定聘任或者解聘。经理对董事会负责，行使下列职权：（一）主持公司的生产经营管理工作，组织实施董事会决议；（二）组织实施公司年度经营计划和投资方案；（三）拟订公司内部管理机构设置方案；（四）拟订公司的基本管理制度；（五）制定公司的具体规章；（六）提请聘任或者解聘公司副经理、财务负责人；（七）决定聘任或者解聘除应由董事会决定聘任或者解聘以外的负责管理人员；（八）董事会授予的其他职权。公司章程对经理职权另有规定的，从其规定。经理列席董事会会议。

2024年施行的全新《公司法》则不再作出具体职权的统一规定，也可见本节标题"经理角色定位"中"定位"二字的意义，所谓"不审势即宽严皆误"。

3.1.2 首席执行官与企业家

一、首席执行官

目前，许多公司执行首席执行官（CEO）制度。由于中国一直以来将 CEO 翻译为首席执行官，所以国人往往误解 CEO 是完成"老板"或者董事会决策的"执行者"。其实，CEO 是 chief executive officer 的缩写，这里的 executive 自然可以翻译成"执行"，但是，"经营管理的；经理的；决策的"才是 executive 的首要含义。所以，我们以为把 CEO 译为首席经营官最能体现其职责内涵。

> **小贴士 3-2　Chief Executive Officer 与 Executive Chef**
>
> CEO 是 chief executive officer 的缩写，目前的"标准"翻译是首席执行官。这里的"执行"应该取的是"承办、经办"之意。但是，国人对"执行"二字的日常理解是"贯彻施行"。于是，在中文语境下，首席执行官就具有了贯彻董事会决策的首要责任人之意。可是，国人也困惑于欧美影视中 CEO 独掌大权的角色，似乎人家的 CEO 并不是"执行"者，而是真正的决策者。
>
> 产生同样困惑的，还有一个舶来的称呼——行政主厨。主厨就是主厨，为什么还行政？注意，这个行政也来自同样的单词：executive。行政主厨翻译自 executive chef。
>
> 词典中 executive 用作形容词时，它的意思按顺序是：① 经营管理的，经理的，决策的；② 有执行权的，实施的，行政的；③ 高级的，供重要人物使用的。用作名词时，它的意思按顺序是：①（公司或机构的）经理，主管领导，管理人员；②（统称公司或机构的）行政领导，领导层；③（政府的）行政部门。
>
> 所以，executive chef 翻译为经营主厨，其原意表达就清晰了，他是主管厨房的经营管理者。那么，CEO 翻译成首席经营官是否也更合适呢？即是公司的最高经营者，而非既定决策下的执行者。

CEO 制度是经理制度的高级形态，非常能体现"经理革命"的本质属性。首先，CEO 制度的特征是：第一，CEO 制度产生于商业经营环境的变化。20 世纪后期开始，商业竞争发生全球化、高科技化、快速反应化等变化，复杂和多变的环境对经营管理的职业化和高端化要求越来越高。一方面，经理需要更充分的决策权，否则商业机会稍纵即逝；另一方面，处于"后台"的董事缺乏制定决策的信息和能力。第二，CEO 制度是首席官团队制度。CEO 制度不是 CEO 一个人的制度，它包含 CEO（首席执行官），以及 COO（首席运营官）、CFO（首席财务官）、CIO（首席信息官）、CMO（首席市场官）等。其中，CEO 是这个团队的核心，是公司的第一号经营者，也是这个团队的建设者。其他的首席官则根据 CEO 的决定有所选择地设立。第三，从 CEO 拥有的权力看，应该拥有公司资产经营的绝大多数决策权，董事会基本专职于监督职能。相对于目前国内常见的公司制度，魏杰称："不要随便称自己是 CEO，因为你的企业必须彻底变革；不要盲目聘请 CEO，因为你必须把董事长一半的权力和总经理全部的权力交给人家。"[78]

其次，CEO 制度所体现的经理制度的本质属性在于：第一，CEO 更加直接地面对股东，成为股东的代理人。过去处于中间环节的董事会，在委托—代理链上的中心地位有所消减。经理所承担的信义义务的范围更宽。当然，这也对公司的外部治理系统提出了更高的要求。第二，CEO 更加充分、更加集中地拥有决策权。经理拥有决策管理权、董事会拥有决策控制权的分工在 CEO 制度中被充分执行，甚至过去被认为属于战略性的决策也被事务化了，全权由 CEO 控制。公司在资产经营活动中呈现出一个中心，这个中心不是董事会，而是 CEO。第三，在公司管理活动方面，首席官团队的专业化、层级化分工，将公司的业务管理和资产经营良好地连接在一起。

所以，CEO 是具有更高决策权威的经理。案例 3-2 介绍了华为的轮值 CEO 制度，目前国内一些企业也在效仿。其实，每家公司都有其特殊背景，盲目效仿可能"画虎不成反类犬"。请留意案例中高明华教授的点评。

案例 3-2 ▶ 华为的轮值 CEO 制度

轮值 CEO 制度是华为的一项创新，其前身是 2004 开始的轮值 EMT 主席制度（轮值 COO 制度），任正非对其的解释是，"大约 2004 年，美国顾问公司帮助我们设计公司组织结构时，认为我们还没有中枢机构，不可思议；而且高层只是空任命，也不运作，因此提出来要建立 EMT（executive management team，经营管理团队），我不愿做 EMT 的主席，就开始了轮值主席制度，由八位领导轮流执政，每人半年"。

2011 年，轮值主席制度经过两个循环，变成轮值 CEO 制度，轮值 CEO 由三名副董事长（郭平、徐直军、胡厚崑）轮流担任，轮值期依然是每人半年。轮值 CEO 在轮值期间作为公司经营管理以及危机管理的最高责任人，对公司生存发展负责。轮值 CEO 负责召集和主持公司 EMT 会议，在日常管理决策过程中，及时向董事会成员、监事会成员通报履行职责的情况。任正非对其的评价是："也许是这种无意中的轮值制度，平衡了公司各方面的矛盾，使公司得以均衡成长。轮值的好处是，每个轮值者，在一段时间里，担负了公司 CEO 的职责，不仅要处理日常事务，而且要为高层会议准备起草文件，大大地锻炼了他们。同时，他不得不削小他的屁股，否则就达不到别人对他决议的拥护。这样他就将他管辖的部门，带入了全局利益的平衡，公司的山头无意中在这几年削平了。""每个轮值 CEO 在轮值期间奋力地拉车，牵引公司前进。他走偏了，下一轮的轮值 CEO 会及时去纠正航向，使大船能早一些拨正船头。"

华为在2018年又将自己独创的管理模式"升级",开启了"轮值董事长制度"。关于轮值董事长制度的讨论,请见案例10-1。

对于华为的轮值CEO制度,北京师范大学的高明华教授撰文《轮值CEO制度是伪命题》,指出董事会的决策主要限于审查、审批财务目标,以及公司的主要战略和发展规划,而具体的日常经营决策则完全属于CEO的权力范围,相应地,CEO必须对他的日常经营决策负责。况且,董事会是会议体,它每年召开的会议次数是有限的,多则差不多每月一次,少则差不多一个季度一次,在董事会闭会期间,CEO在不违背董事会战略决策的前提下,是有充分的自由裁量权的。也就是说,不仅董事会讲求独立性,CEO也讲求独立性。也只有独立,CEO才能对他的行为负起责任来。可见,谁对决策负责将是轮值CEO制度的一道难迈的坎。如果这道坎迈不过去,那就不仅不会降低公司运作的不确定性,相反,可能会加大公司运作的不确定性。从公司治理的本质看,董事会和CEO之间是契约关系,不是领导关系。

资料来源:华为轮值CEO/董事长制度[Z]. 2018-07-21. https://www.sohu.com/a/242583644_283333;高明华. 轮值CEO制度是伪命题[J]. 董事会,2012,(6).

二、企业家

追本溯源,人们对企业家相关问题的研究,正是从定义企业家起步的,因为人们发现企业家与投资人、经理人具有不同的行为特征。[79]企业家的所作所为反映了其在经济过程中的功能,即所谓企业家功能,进而,企业家就被定义为实现企业家功能的人。更进一步地说,推动企业家功能实现的人格特质,可定义为企业家精神。如图3-2所示,企业家、企业家精神与企业家功能是三个内涵关联、外延交叠的概念。所以,并不是所有的企业首脑都是企业家,都具备企业家精神,因为他们并没有实现企业家功能。

Miller认为企业家功能有三个维度,即创新、风险承担和预知先动(proactiveness)。[80]这三个维度正对应着企业家研究的三大学派:熊彼得一派把企业家功能与创新功能相联系,强调创新产生利润,创新推动经济增长;奈特一派认为企业家是风险承担者,对不确定性的偏好是企业家精神的标志;以柯兹奈为代表的奥地利学派指出,企业家对市场机会具有先知先觉的警觉力和敢为人先的决断力。[81]

所以基于功能视角,企业家最初的身份是"起业家",是开创事业者。随着研究的深入,企业家问题的考察视角从个人层面延展到公司层面,[82]公司的再创业行为和内部创业行为被逐渐重视,企业家精神的范畴超越了企业首脑的范畴。

基于以上对企业家定义的理解,就可以得出经理制度建设的原则和目标。首先,公司的创业者是"起业家",往往也是"古典企业家",是既承担商业决策又承担商业风险的出资人,通过不断进行创新创业活动推动公司成长。那么,什么时候需要进行经理制度变革呢?则是看这个企业首脑(或首脑集体,或其接任者)是否具备企业家精神、是否能执行企业家功能、是否是真正的企业家。如果答案为否,就应该考虑引入经理人了,比如进行家族企业的职业化改造。引入经理的标准,则是确保企业家精神的延续和企业家功能的实现。这时的企业家,也许是出资人与职业经理人的合作群体,也许较大多数的剩余控制权由职业经理人掌握。随着公司的成长,经理人是否还要变更、经理制度是否还需进一步职业化,判断标准仍然是公司的企业家精神是否能够延续。

图 3-2 反映了这样的过程。图中下方一条路径展示的是经理制度变革的路径,公司关于是否引入或变更职业经理人的决策原则,是确保公司被真正的企业家经营的条件之一。在企业家功能的释放下,公司才能不断创新创业,公司才能不断成长,这构成图 3-2 的上方路径。由此视角提炼,公司治理的制度建设目标也可以表达为保证企业家精神的永存。

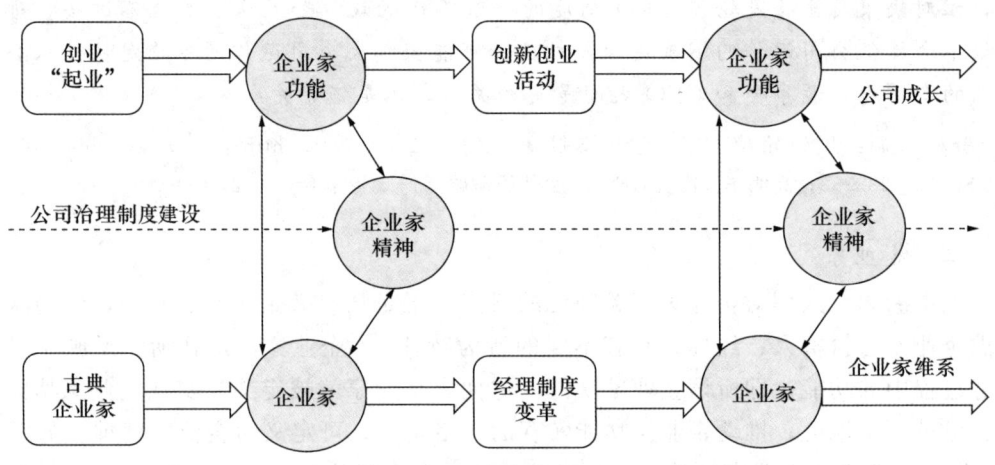

图 3-2　企业家理论视角下的公司治理

3.1.3　职业经理人的引入条件

图 3-2 从原则上解释了职业经理人的引入条件,就是确保公司在真正的企业家经营下继续成长。现有文献也表明,现代公司制度的特点是职业经理人要承担一些企业家职能。[83]张维迎认为,最初企业出资人亲自从事经营活动,是一个完整的企业家,当他选择经理人代理其经营时,经理负责商业决策,而出资人承担商业风险,他们分工合作共同组成"联体企业家"[84]。李新春则直接强调了职业经理人的企业家功能,并提出职业经理人是一种"职业性"的企业家,他在市场上出售自己的企业家能力或在经营中实现自己的企业家精神,但他自己并不直接作为创业者建造自己的组织,在这个意义上,所谓的"两权分离"不是"管理革命",而是真正的"企业家革命"[85]。

所以,股东聘任职业经理人去执行企业家功能或者部分企业家功能的首要前提是,经理比股东更有能力掌管决策管理权。或者说,经理掌管决策管理权所创造的财富大于股东时,委托—代理关系才有可能建立。这个额外的收益记为 Ew。注意,这个 Ew 是差额,比如家族企业选择职业经理人时,不是外部人有多少能力,而是外部人比家族子侄的能力强了多少。

但是，Ew 大于 0 并不一定就满足了引入职业经理人的条件，还需要考虑其他一些因素。首先，要扣除经理人的额外薪资要求，这是经理人的工作成本，记为 Ms。Ms 也考虑了股东承担经理职责对薪酬待遇的要求。一般理解是聘用外人会付出更高的薪酬，但是一些情况下，家族企业中的家族高管比非家族成员高管能够获得更高的薪酬，[86]因而这个 Ms 可能是负数。可无论怎样，职业经理人进入某项聘任合同的前提是，公司付给他的报酬要大于他在经理人市场上的机会成本。可以设想，在一个不健全、竞争不充分的经理人市场上，经理的"身价"充满不确定性，将严重干扰公司的聘任决策。

其次，即便考虑了经理人的工作成本后，公司的财富增加值为正，仍不一定满足充分条件。因为这仅仅是基于经理的企业家能力的理想假设，现实中还要扣除经理不完全履行信义义务而对公司造成的损失。可以是经理直接侵占公司利益的不忠实行为，也可以是不努力、无担当、乱作为的不勤勉行为，这类成本被称为"剩余损失"[87]，记为 Rc。Rc 的预估值的大小与股东对经理的信任有关，也是公司治理制度建设的函数。当然，为了降低剩余损失，股东也可以从事一些监督管治活动。由此也会付出一定的"监督支出"[87]，记为 Se。显然，提高 Se 可以部分降低 Rc，但其效用一定是边际递减的。

此外，职业经理人聘任决策还有其他一些影响因素，比如，经理人争取聘任合同而作出自我约束的"保证支出"[87]，或者经理人带来的各种政治、金融类关系资源。这些其他因素记为 μ。于是，有公式：

$$Ew - Ms - (Rc + Se) + \mu = Ar$$

这里的 Ar 可称为"可支配剩余"[88]，当 Ar 不小于 0 时，意味着经理人获得了不低于其机会成本的薪酬，而委托人在充分权衡了引入外部人的成本后仍相信会有额外的收益，才会作出职业经理人引入决策，委托—代理关系才得以建立。所以，可支配剩余就是公司收益同时满足委托人和代理人基本要求后的剩余部分，它是委托—代理关系的净收益，反映了一加一大于二的合作效用。

该公式还体现了公司治理的价值。其中，Ms 越低越有利于作出职业经理的聘任决策，而竞争性的经理人市场的完善有利于识别经理人能力，也进而有利于确定市场公允价格。这其实反映了外部治理体系的完善对推动现代企业制度的作用。另外，Se 和 Rc 越低越有利于公司引入职业经理人。Se 和 Rc 是代理成本的核心构成，[87]而公司治理的基本目标就是降低代理成本，这正是本章以下内容将详细论述的。

此外，股东与经理间委托—代理关系的建立还有其他一些条件，比如，经理人是风险规避型的，经理人没有足够的财富去承担自己行为的完全责任。[37]这其实排除的是，反过来经理人转变为委托人，改变委托—代理结构的情况。这些例外情况或者非标准情境，不纳入本书构建基本公司治理制度框架的考虑范畴，但从理论"基点"出发，基于权变原则，理论知识的普适性是有保障的。

3.2 委托—代理问题

3.1.3 中的"可分配剩余"计算公式表明,公司股东欲引入经理人而建立起了委托—代理关系,必须确保代理成本足够低。而代理成本是伴随着委托—代理关系出现的,是委托—代理问题的外在体现。所以,以下对委托—代理问题(或简称为代理问题)进行全面解读。

在此前讨论中,我们理解到公司治理的目的是填补公司制度的"缺口",而第二章解释了基于产权理论的角度,如何配置剩余控制权进而搭建公司治理制度框架的过程。本章则在既定的剩余控制权配置结构下,即把股东作为委托人、经理作为代理人当作既定模式,讨论如何进一步填补公司制度的"缺口"。这个"缺口"在委托—代理理论中被表述为委托—代理问题,委托—代理理论与产权理论包含在企业理论知识体系中,都强调信息不对称性对契约合作中交易成本的影响,是公司治理的两大理论基础。产权理论关心的是怎样的权力配置可以使交易成本最低,而委托—代理理论关心在既定的委托—代理权力关系下怎样使用权力可以使交易成本最低。从狭义的角度看,分属治理结构和公司治理两个层次。因而,本章以下内容的理论出处是委托—代理理论。

3.2.1 委托—代理问题产生的必要条件

委托—代理关系是指委托人委托代理人根据委托人利益从事某些活动,并相应授予代理人某些决策权的契约关系。委托—代理问题是代理人有违委托人受托、未尽信义义务的各种行为表现。委托—代理关系的建立并不必然招致委托—代理问题,委托—代理问题的产生源于两大前提——目标不一致和信息不对称。回想本章引导案例,两家公司针对总经理的制度安排均非常重视薪酬管理和绩效管理,这其实就是应对目标不一致和信息不对称的两种事前制度准备。

一、目标不一致

目标不一致是委托—代理问题出现的主观原因。当没有最大限度地创造出可支配剩余时,委托—代理问题就会出现。代理问题产生的条件之一是委托人与代理人的行为目标不一致。比如,对于公司的股东,其目标在多数情况下很清晰,就是赚钱。而经理的目标可能是为自己赚钱,甚至更偏好于满足权力欲、贪恋体面的在职消费、享受悠闲的生活,等等。对于经理,努力工作、严格管理的成本是自己的,收益却要分给股东。相反,享清闲、贪私利的收益归自己,成本却要股东分担。可支配剩余成为"公共品",代理人分享比例越低,其供给就越不足。

下一章将全面展示经理任职后的种种"经理腐败"行为,共分 8 大类,是代理型公司治理的基本对象,反映了各种形式的目标不一致。本书的两条"心法口诀"之一是"能攻心则反侧自消",其中的"反侧"二字不仅充分体现了治理问题的根源是目标不一致,更将目标不一致划分为"反"和"侧"两类。"反"是直接的目标相左,是损人以利己;"侧"是目标各行其是,利己而不在意是否损人。

小贴士 3-3 ▶ 亚当·斯密论委托—代理问题

在《国富论》那里,亚当·斯密观察到股份公司经营人员的不尽责现象,并敏锐地借由富人与管家目标不一致的例子,对委托—代理问题产生的根源进行了朴素的解释。

"这种公司的董事管理的不是他们自己的钱而是别人的钱,因此,我们不能期望他们会像私人合伙企业中的合伙人那样尽心尽力。就像富人的管家,他们容易把注意力投向枝节问题而不是放在维护主人的名誉上;并且,他们很容易忘却这一点。因此,在股份公司的业务管理中,漫不经心和浪费总是无所不在。"[2]

二、信息不对称

信息不对称是委托—代理问题出现的客观原因。如果委托人可以完全监控住代理人的话,目标不一致并一定导致委托—代理问题的出现,因为委托人可以强制性地约束代理人的行为。事实上,人们在解决委托—代理问题时,常常用到的策略就是加强监管。"监"字意味着解决信息不对称。明代厂卫制度将监管发挥到了极致,但也引发其他严重问题。这说明破解信息不对称的困难性,也要求我们必须摸索在一定的信息不对称前提下解决委托—代理问题的方法,必须同时从目标不一致和信息不对称两方面着手。信息不对称问题的存在,也说明了委托人与代理人间契约的不完备性。

在现实的客观世界里,环境是难以预见和观察的,人与人之间难以做到信息对称,而代理人恰恰又是掌握信息优势的一方,这就让委托—代理问题的出现成为可能。事实上,虽然在法律上,当 A 授权 B 代表 A 从事某种活动时,我们称 A 是委托人,B 是代理人。但在经济学文献中,一般称有信息优势的一方是代理人,另一方是委托人。在公司治理的两大问题中,委托—代理的这两类界定没有矛盾。在代理型公司治理问题里,委托人是股东,代理人是经理,经理代表股东经营资产,经理有信息优势。在剥夺型公司治理问题里,委托人是股东整体,代理人是控制股东,控制股东代表全体股东控制公司,控制股东有信息优势。代理人的信息优势不仅在于其行为无法被委托人观察,也在于代理人的行为与行为结果之间没有完全的必然联系,要受到随机因素的干扰。比如,股东要求经理努力工作,然而委托人看不到经理是否努力,并且想把经理的努力与公司绩效完全挂钩也很困难,因为公司绩效会受到很多随机因素的影响。

最后必须强调,目标不一致、信息不对称是产生委托—代理问题的必要非充分条件,即问题发生的背后一定有这两项因素的存在,但单独一项因素并不一定诱发代理问题。也就是说,当目标不一致时,如果信息是透明的,则意味着代理人的非信义行为会被委托人随时捕捉并纠正,而信息不对称但目标统一时,代理人没有动机去作出非信义行为。所以,从代理问题的这两类根源的角度,自然就产生了解决代理问题的两套策略体系。

3.2.2 委托—代理问题的基本形态

可以从两个维度划分委托—代理问题的基本形态。首先，一个委托—代理关系以其缔约活动为标志分为事前和事后两个阶段。在事前，委托人设计契约，契约中安排双方权利义务，特别要包括代理人应承担的受托任务，以及委托人给予代理人的激励计划；在事后，代理人执行契约，尽到信义义务，同时委托人履行激励计划。

其次，委托—代理关系中的不对称信息分为两种类型。一种是有关代理人的自身特征的信息。比如，公司招聘经理时，被招聘人员自称有开拓创新的精神，可信吗？这种信息不对称称为隐藏特征，或者称隐藏知识、隐藏信息。另一种是有关代理人的行为的信息。比如，经理声称他每时每刻都在努力为公司的事情奔忙，可信吗？这种信息不对称称为隐藏行动。

根据信息不对称发生的阶段和类型，委托—代理问题可以分为两类，如表3-1所示。一类是逆向选择问题，一类是道德风险问题。一些文献将事前的信息不对称造成的问题称为逆向选择问题，将事后的信息不对称造成的问题称为道德风险问题。还有一些文献认为隐藏特征的问题就是逆向选择问题，隐藏行动的问题就是道德风险问题。[89]在多数情况下，逆向选择问题就是事先的隐藏特征问题，本章引导案例讨论的明显包含这类问题，两家公司在签约张博士之前，张博士的不堪过往一定是他要极力淡化的。同样在多数情况下，道德风险问题就是事后的隐藏行动问题，经理任职后的不作为、乱作为等行动，一定是他极力向股东隐藏的。此外，事前的隐藏行动在逻辑上不通，即便代理人有所行为，也可以用隐藏特征来理解，并入逆向选择范畴。

表3-1 委托—代理问题的类型

		信息不对称的类型	
		隐藏特征	隐藏行动
信息不对称的阶段	事前（缔约前）	逆向选择问题	×
	事后（缔约后）		道德风险问题

这两种分类在关于事后的隐藏特征问题的归属上存在分歧。事后的隐藏特征问题所描述的现象是：缔约后代理人开始执行契约，这时代理人获得了委托人不了解的信息，其中更多的是环境及其变化的信息。代理人根据这一信息采取行动。委托人能观察到代理人的行为，但不知道其行动背后的信息因素。比如，经理人知道了某类市场投资已近饱和的信息，但是股东并不了解这个信息，如果经理为了某些私利隐瞒信息，继续投资，就会出现委托—代理问题。对于这类代理问题，如果委托人的处理层面在于仅关心经理行为的结果，仅根据结果激励约束代理人，那么就可以用道德风险的理论模型进行处理，这类问题可称为隐藏信息的道德风险问题。如果委托人的处理层面在于关注代理人的每次行动，激励约束代理人的每次行动，就可归为逆向选择问题，用逆向选择理论模型进行处理。基于此，我们将委托—代理问题简单归纳为两

类,其一是主要发生在事前的隐藏特征的逆向选择问题,其二是主要发生在事后的隐藏行动的道德风险问题。

> **小贴士 3-4** 道德风险与道德的关系
>
> 在众多有关道德风险概念的探讨中,影响较大且有代表性的观点主要有两种:一种观点认为道德风险与伦理道德密不可分,它主要是指因道德脆弱性而引发的道德失灵问题,持此观点的主要是伦理学家。另一种观点则认为道德风险作为一个经济哲学概念,并不涉及道德判断,它主要是指市场交易中因信息不对称引发的市场失灵问题,主要表现为隐藏信息和隐藏行动,持此观点的主要是经济学家。
>
> 基于以上两种对道德风险的不同解释,在道德风险的治理上也形成了两种不同的路径,持"道德论"者认为道德风险治理的根本在于提高经济主体的伦理道德水准,消除风险隐患,而持"非道德论"者则认为道德风险治理的关键在于通过科学的机制设计实现激励相容。可以说,以上两种对道德风险概念的解释以及由此形成的治理路径,基于各自不同的认知视角部分地揭示了道德风险的特质,所以治理路径在一定程度上也能够防止道德风险的发生。然而,这种仅从伦理道德的视角来分析道德风险的认知路径仍然失之偏颇,其中一个致命的缺陷是这一认知路径忽视了引发道德风险的制度问题,尤其是作为正式制度的法律制度在道德风险治理中的核心地位,因为无论是激励相容,还是道德自律都只是目的,要实现这一目的还必须有一整套行之有效的规则和技术,而法律制度就是实现这一目的最重要,也是最有效的规则和技术。
>
> 资料来源:车亮亮. 道德风险真的与道德无关吗——基于法伦理学视角的认知[J]. 北方法学, 2017, 11 (6).

"道德风险"固然体现了人们的一种机会主义倾向,出自自利目标,且有违信义义务约定,因而从字面上看,人们往往望文生义,将其与伦理道德联系在一起,将道德风险问题单纯地置于伦理规范和道德约束的范畴。小贴士 3-4 表明了道德风险概念基于经济学视角的探究价值,强调了在无关道德判断的前提下,在道德问题必然产生的假设下,进行制度准备的必要性。

3.2.3 作为一项策略的委托—代理契约

如何解决委托—代理问题?既然其产生源自两方面必然条件,那么相关对策也可划分为两大类别。首先,就是直接解决信息不对称问题,即以"监察"活动为主要治理内容。毫无疑问,监察是有效的,但并不总是有效的。正如明朝厂卫制度一味地求助于监察,将钻进死胡同,"不审势即宽严皆误"。事实上,不考虑监察制度的复杂性问题,单单从收益成本的角度考虑监察效用的递减道理,就应该明白,在多数情况下,信息不对称问题只能缓解,而无法根除。

所以,经济学家们更倾向于从目标不一致的根源入手,在把信息不对称作为事实前提的条件下,讨论解决委托—代理问题的另一类策略。这就是通过委托—代理契约，在委托—代理关系建立之初，尽量缓解目标不一致问题。

一、目标函数

委托人与代理人的关系通过委托—代理契约联结。委托—代理契约的目的除了陈述双方权利义务完成委托事项外，重点是阐述面对委托—代理问题，委托人如何在一些可观察和可证实的变量的基础上设计出一套能使委托人利益最大化的激励方案。这一激励契约是委托—代理理论所关心的内容。所以，委托人引入代理人的目标是使委托人自己的利益最大化，进而委托—代理契约首先要确定的就是委托人的目标函数。

回顾本章的引导案例提出的一个问题，哪家公司的制度最有效？最能促使张博士尽到信义义务？仅从目标函数的角度考察，利民公司对张博士提出的要求是模糊的，而且每年临时调整，但科莱纳集团的目标却落实到三项具体工作上。这样的目标导向自然有利于引导代理人的行为，促使委托人与代理人实现目标共识。道理很简单，但实施起来却比较难。这要求委托人自己能在认清公司资源环境、竞争态势的基础上准确定位自己的战略目标，这也对委托人的素质提出了要求。

二、参与约束

此前 3.1.3 节有关可支配剩余的共识说明，委托人的收益至少要不小于其亲自行动的收益。同时，这个可支配剩余也要求代理人进入契约后的收益不能小于成为代理人的机会成本。代理人的这一要求被称为参与约束，这是委托—代理契约构建的必要条件。这说明，委托人和代理人只有在双方都不受损失的情况下才会缔结契约。

三、激励相容约束

代理人接受委托—代理契约的另一个条件是代理人必须情愿遵守契约。也就是说，委托人期望代理人做出的行动，必须与契约中的激励机制相一致。这被称为激励相容约束。比如，股东希望经理能抓好研发工作以应对新技术带来的机遇与挑战。这时，如果经理的薪资与短期的销售利润挂钩，就是激励不相容。相容的激励，应该与申请专利数、新产品开发量、新产品销售额等挂钩。激励相容的内涵是委托人所希望的代理人的行为，只能通过代理人自己的效用最大化行为实现。激励相容解释的就是"攻心为上"的含义，反映了公司治理两句"心法口诀"中的"能攻心则反侧自消"。

案例 3-3 ▶ *分粥与激励相容*

故事说，有 7 个人住在一起，每天共食一大锅粥。显然，粥每天都是不够的。

一开始，他们抓阄决定谁来分粥，结果是只有分粥的人碗里的粥最多。抓阄分粥，变成抓阄吃粥。

于是决定，每周 7 天每天轮转着由一人分粥。结果一周下来，只有一天是饱的，就是自己分粥的那一天。

经过几轮分粥，大家发现有一人还算心不太黑，大家就决定由这相对道德高尚的人出来分粥。强权就会产生腐败，大家开始挖空心思去讨好他，贿赂他，搞得乌烟瘴气。

后来，有人捡到本公司治理的书，模仿着其中的股东大会、董事会和监事会，设立了分粥全体大会、分粥决策委员会和分粥监督委员会。但是，每每发生的扯皮、攻击，让粥吃到嘴里时全是凉的。

最后，终于想出来一个好方法，不管谁去分粥，重点是要求分粥的人要等其他人都挑完后才能拿剩下的最后一碗。为了不让自己吃到最少的，每人都尽量分得平均，就算不平均，也只能认了。大家快快乐乐，和和气气，日子越过越好。

最后一种方式就是激励相容的制度安排。

需要注意的是，委托—代理契约是在信息不对称的前提下，通过激励制度设计，以目标相容为路径来解决委托—代理问题。这里并不排斥另一策略，即尽量降低信息不对称度。事实上，好的制度一般都是双管齐下、相互配合的。另外，信息不对称前提下的委托—代理契约，是以可观察和可证实的变量为构建基础来设计激励方案的。比如，股东不知道经理有没有努力工作，但是每股收益与经理的努力程度相关联，而每股收益是可观察的，这就可以用每股收益作为考核变量设计薪资方案。这里的变量除了可观察，还必须可证实，即可以被第三方（比如法庭）证明并强制实施。[7]一般地，代理人的个人努力程度即使可以被委托人观察到，也往往不可证实。举例来说，股东发现经理总是上午不在办公室，经理坦白在家睡觉，可说这是因为前一晚通宵筹划战略或者在陪客户，股东即使不信又能如何？所以，委托—代理契约还要求必须以可证实的条款为内容。以下小贴士说明执行"商业判断规则"的一个重要原因是商业判断很难被证实。

所以，这里强调信息对称程度的判断，不仅在于委托人能看到什么信息，还在于看到的信息是可以被证实的。

小贴士 3-5　商业判断规则

美国在长期的司法实践中逐步概括出一项所谓的商业判断规则。这项规则说明，只要是董事会基于合理信息、善意和诚实而作出的决议，即便事后看来是不正确甚或有害的，董事也可以免于承担法律责任。也就是，除非原告能提出董事会违反信义义务的反证证明，否则法院不会对公司决策指手画脚。

商业判断原则是法院回避对商业经营进行实质审查的一种策略。从法院的立场看，法官不是商人，不具有商人从事经营活动必备的技能和经营判断能力，要求法官就经营判断的正确性进行判断未免勉为其难，故长期以来法院不愿对未涉及欺诈、非法及利益冲突的经营判断进行事后诸葛亮式的实质审查。

最后，为了简化此后的理论分析，委托—代理理论一般假设委托人具有完全的谈判能力，以至于代理人对于委托人的契约只能接受或离开。[7]这反映在现实世界里就是代理人供给大于需求的情况，也界定了委托人治理代理人的单方向格局。但当具体情况离开了这个理论空间后，理论结果也应作相应调整。

3.3 道德风险问题与经理激励约束任务

狭义上说,委托—代理问题习惯上专指事后的隐藏行动的道德风险问题,这在代理型公司治理体系中又狭义地面向"经理腐败"问题,指向经理任职后的激励约束任务。

道德风险问题的研究已经比较深入,开发出各种数学模型,刻画了真实世界的各种情况。本书对道德风险模型的介绍,不以帮助读者打下模型开发基础为目标,仅简单介绍基本模型的构建思路及其推演结果,目的是帮助读者理解道德风险问题及其解决方法的基本逻辑,这是随后学习代理型公司治理理论体系和经理制度的基础。

我们带着这样的经理激励约束任务开启以下讨论:股东想让经理按照股东的利益努力工作,但股东不能直接观测到经理如何努力工作,能观测到的只是公司利润的涨跌,公司当期利润是由经理的努力和市场供需格局等随机因素共同决定的。股东的问题是如何根据当期利润额来奖惩经理,以激励经理努力工作。

3.3.1 对经理激励约束任务的认识

一、信息对称假设下对经理激励程度的认识

首先从最简单情况入手,先假定信息是对称的,委托人可以观察到代理人的努力水平。比如,可以假定经理的努力水平就是每年新开多少家门店。股东与经理面对的收益关系如图3-3所示。曲线 I 是经理收入水平和努力水平的无差异曲线。它显示经理是不喜欢努力工作的,除非获得一定的收入作为补偿,而且对补偿的要求是边际增加的。图中的直线 m 代表的是经理努力工作所创造的价值,简单假定这是线性关系。

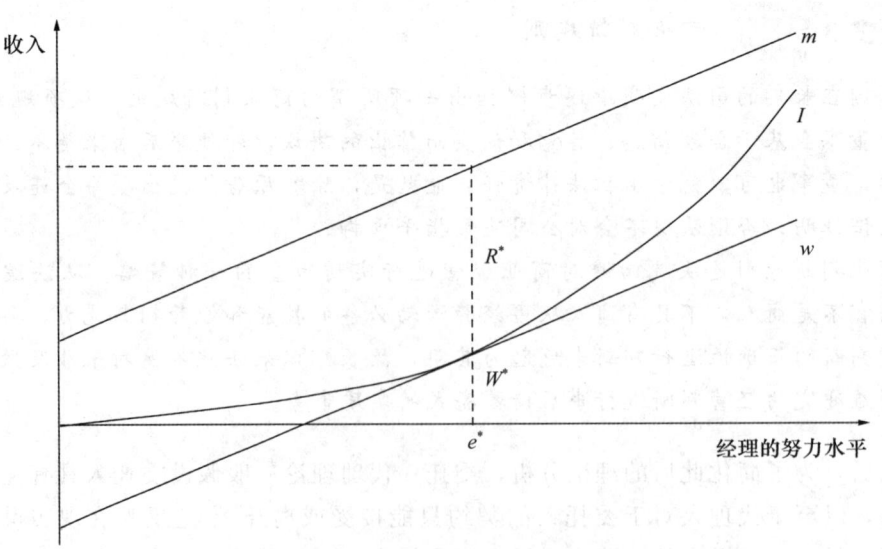

图 3-3 信息对称情况下的委托—代理关系

现在的问题是股东如何激励经理。首先，根据委托—代理契约的目标——委托人效用最大化，找到委托人所希望的代理人最佳努力水平。而代理人激励相容约的原则说明，这个最佳努力点也是代理人所自愿实现的。就是说曲线 I 以下的范围是经理无法接受的交易区间。进而，m 与 I 之间的区间是股东的收益区间。于是，股东所希望的经理的最优努力水平在 e^* 点。离开这一点，m 与 I 之间的垂直距离都会缩短，即股东的收入会减少。这时，经理的收入是 W^*，股东的收入是 R^*。

那么，如何激励经理将努力水平提升到 e^* 点呢？注意，这里假设经理的努力水平是可以被股东观测到的。第一个方案是，给经理一个强制合同，声称只有当经理的努力水平达到 e^*，才会得到工资 W^*，否则分文不给；另一个方案是，将经理的工资合同设计成图 3-1 中的直线 w，经理拿计件或计时工资。两种方案下，均衡点 e^* 都能实现。

这里有趣的是，委托人的最佳方案不是要求代理人"越努力越好"，由此可见，一个明智的目标清晰的委托人的重要性，也再次印证了"不审势即宽严皆误"。

二、信息不对称情况下对经理激励内容的认识

现在考虑信息不对称的情况，这是更符合现实的情况。此前有关新开店数量反映经理努力水平和股东意愿的假定，在这里不再采用。股东关心的是公司价值的增加，而这由经理努力和环境因素共同决定，但这两方面都是不能被观测和被证实的。这种情况下，委托人如何激励代理人？

先考虑两种极端方案。一种叫工资合同方案，即代理人无论干得如何都得到一笔固定工资；另一种叫租金合同方案，即代理人付给委托人固定租金后获得剩余的全部收益。显然，工资合同方案下代理人是没有努力工作的动机的，租金合同方案则可以调动代理人最大的工作动力。那么是不是可以说，信息不对称时，最佳的激励制度就是租金合同方案呢？事情没有那么简单，还要考虑双方，特别是代理人愿不愿意接受和执行这个激励计划。事实上，这两种方案不仅表现了不同的报酬分配，更表现了不同的风险分配。[90]工资合同方案下委托人承担了全部风险，租金合同方案下代理人承担了全部风险。哪种方案被接受以及如何折中，要考虑双方对风险的态度。

小贴士 3-6　企业的风险分担制度

奈特是较早研究企业制度的经济学家，他在 1921 年出版的《风险、不确定性与利润》中提出企业是一种制度安排。在企业制度中，自信和敢于冒风险的人（所谓的企业家），通过保证多疑和胆小的人（所谓的雇员）有一份确定的收入，而换取对企业剩余的拥有。也就是说，企业是一种在企业家和雇员之间分配风险的制度。这种风险分担让企业家通过向雇员提供保险而获得企业权威。而按照科斯的理解，正是企业权威对价格机制的替代，节约了市场成本，提高了生产效率。于是，企业制度存在的前提之一就是"人们不仅在有效控制他人的能力和决定应该做什么上的智力上存在差异，而且在根据个人主见行事和风险承担能力上也存在差异"[91]。

如果双方对风险都持无所谓的态度，或者说都是风险中性者，那么租金合同方案被执行。但是，现实世界里经理往往是规避风险的，而股东可以通过多元化投资成为风险中性者。委托—代理理论的多数模型也都假设委托人是风险中性的，代理人是风险规避的。小贴士3-6从理论上解释了为什么"胆大的才能当老板"。当经理是风险规避者时，只有在承担风险后得到相应的收入补偿，即风险成本的补偿，才愿意承担风险。图3-4表述了信息不对称情况下经理的风险规避性对激励契约的影响。曲线U是经理收入水平和风险承担水平的无差异曲线。它显示经理是规避风险的，除非获得一定的风险成本补偿，且对补偿的要求是边际增加的。图中的直线n代表的是经理承担风险所创造的价值，简单假定这是线性关系。这意味着，经理越承担风险，越努力工作，创造价值越高。此外，假定经理不接受这项工作，而从事其他工作可以得到收入W。W是经理参与约束中的市场机会成本。

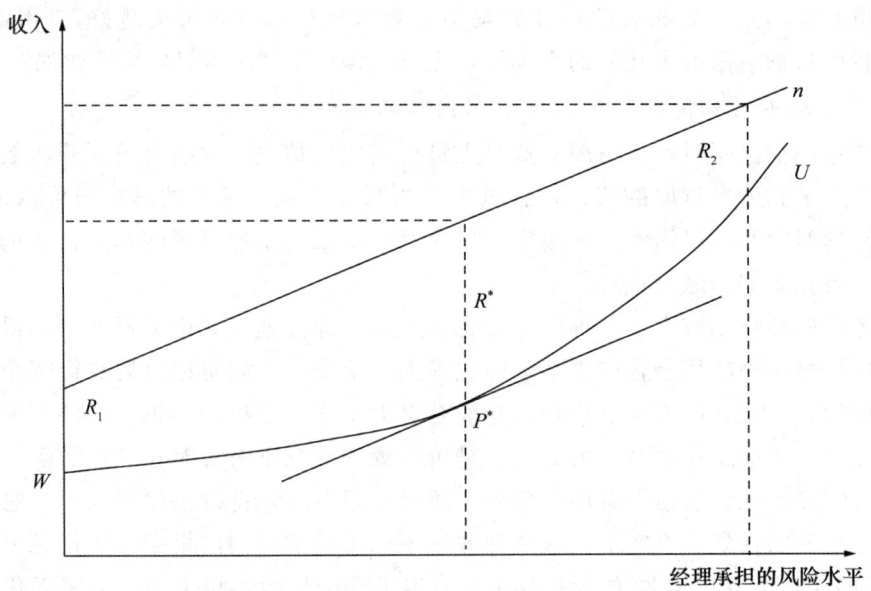

图3-4 信息不对称情况下的风险与激励

先考虑两种极端方案。如果采用工资合同方案，经理没有必要承担风险。满足委托人收益最大化、代理人参与约束、代理人激励相容约束的博弈结局是，经理拿到等于市场机会的固定收入W，股东获得的剩余收入是R_1。如果采用租金合同方案，经理承担全部风险。这时，经理如果可以获得风险成本补偿，那么股东得到的租金为R_2。假设这个R_2是股东不能接受的，股东提出了较高的租金要求，那么租金合同方案不可行，除非双方各自承担一部分风险。如图3-4所示，P^*点是最佳的交易点。通过一个利益共享、风险共担的激励计划，股东的效用最大化目标得以实现，经理的效用也不低于其他市场机会。

以上推论对经理激励约束机制可以得到两点启示：第一，对于经理的激励约束，就是利益共享、风险共担，而利益共享、风险共担就是激励相容。第二，这里的风险共担说明了职业经理人的企业家功能,强调经理人职责的重要组成部分包括对风险的管理。

3.3.2 道德风险问题的基本模型

一、基础模型建构

首先,将以上经理激励约束机制进一步抽象成一个一般性的道德风险问题:委托人想使代理人按照委托人的利益选择行动,但委托人不能直接观测到代理人采取了什么行动,能观测到的只是另一些变量,这些变量由代理人的行动和其他外生的随机因素共同决定。委托人的问题是如何根据这些观测到的信息来奖励或惩罚代理人,以激励其选择对委托人最有利的行动。[89]

这里,把以上问题中所涉及的变量用数学方法表达出来。假设 A 是代理人所有可以选择的行动,而 $a\in A$ 就是代理人的一个特定行动。比如,可以用 A 代表经理每天用于工作的时间;令 θ 是外生的随机变量,θ 分布的密度函数为 $g(\theta)$。比如,可以把 θ 理解为市场供需情况;a 和 θ 共同决定一个可观测的变量 $x(a,\theta)$。$x(a,\theta)$ 可以是公司当期的利润。a 和 θ 共同决定一个值 $\pi(a,\theta)$,这是委托人真正要得到的结果。比如,$\pi(a,\theta)$ 可以是从长期看公司价值的增量。一般情况下,$\partial \pi/\partial a>0$,$\partial^2 \pi/\partial a^2<0$。这说明,在给定的外部条件下,代理人工作越符合委托人的期望,委托人获得的收益越高。当然,代理人工作的边际贡献率是下降的;令 $s(x(a,\theta))$ 为一份激励合同,是委托人激励代理人的方案,它是那个可观测变量的函数。比如,$s(x(a,\theta))$ 可以是股东根据公司利润付给经理的分成。

根据以上设定,确定目标函数。在委托—代理契约中,目标是使委托人的效用最大化。如果令 $v(\cdot)$ 为委托人的期望效用函数,那么,目标函数为:

$$\max_{a,s(x)} \int v(\pi(a,\theta) - s(x(a,\theta)))g(\theta)d\theta$$

可见,委托人要使自己的效用最大,要考虑的是如何激励代理人,即如何确定 $s(x(a,\theta))$。而在确定 $s(x(a,\theta))$ 的过程中,要考虑代理人有何反应,即代理人以什么样的 a 来应对 $s(x(a,\theta))$。这就是所谓的相互博弈的过程。

其次,要确定代理人的参与约束。参与约束要求代理人从接受合同中得到的期望效用不能小于不接受合同时能得到的最大期望效用。假设 $u(\cdot)$ 为代理人的期望效用函数。同时,令代理人行为的成本为 $c(a)$,并满足 $c'>0$,$c''\geqslant 0$。$c'>0$ 反映了代理人的投入越多,成本越高,代理人本意上是不会多付出的。这与此前的设定 $\partial \pi/\partial a>0$,即代理人投入对委托人的积极贡献,构成一对矛盾。这也就说明了委托—代理模型本质上是一种激励模型。另外,用 $\bar{u}$ 表示代理人不接受契约时能得到的最大期望效用,这由代理人面临的其他市场机会决定。进而,代理人的参与约束可以写成:

$$\int u(s(x(a,\theta)))g(\theta)d\theta - c(a) \geqslant \bar{u}$$

再次,确定代理人的激励相容约束。激励相容的内涵是,委托人所希望的代理人的行为，只能通过代理人自己的效用最大化行为实现。即在给定的激励合同下，代理人总是选择使自己期望效用最大化的行为。这里，令 a 是委托人所希望的代理人的行为，而 a' 是代理人可选择的任何行为。那么，代理人的激励相容约束是：

$$\int u(s(x(a,\theta)))g(\theta)d\theta - c(a) \geqslant \int u(s(x(a',\theta)))g(\theta)d\theta - c(a'), \quad \forall a' \in A$$

最后，整理目标函数和约束条件，一个道德风险模型的基本分析框架为：

$$\max_{a,s(x)} \int v(\pi(a,\theta) - s(x(a,\theta)))g(\theta)d\vartheta$$

s.t. $\int u(s(x(a,\theta)))g(\theta)d\theta - c(a) \geqslant \bar{u}$

$\int u(s(x(a,\theta)))g(\theta)d\theta - c(a) \geqslant \int u(s(x(a',\theta)))g(\theta)d\theta - c(a') \quad \forall a' \in A$

二、基本分析结论

以上分析框架说明了道德风险模型的基本风险思路，这里提供一个参数化的例子。[89,92,93] 通过对它的求解来寻找道德风险模型的基本启示。

假定代理人的产出函数取线性形式，$\pi = ma + \theta$。其中，a 是一维的努力变量，m 是努力的边际贡献，θ 是均值为零、方差等于 σ^2 的正态分布随机变量，代表外生的不确定性因素。因此，$E\pi = E(ma+\theta) = ma$，$Var(\pi) = \sigma^2$，即代理人的努力水平决定产出的均值，但不影响产出的方差。另假设这个产出可以被委托人完全观察到，委托人仅依此即可设计激励计划。这个激励计划也采用线性函数形式：$s(\pi) = \alpha + \beta\pi$。其中，$\alpha$ 是代理人的固定收入，β 是代理人分享产出的份额。$\beta = 0$ 意味着代理人不承担任何风险，$\beta = 1$ 意味着代理人承担全部风险。假定委托人是风险中性的，委托人的期望效用等于期望收入，即 $Ev(\pi - s(\pi)) = E(\pi - \alpha - \beta\pi) = -\alpha + (1-\beta)ma$。进而，该模型的目标函数为：

$$\max_{\alpha,\beta,a} Ev = -\alpha + (1-\beta)ma$$

将代理人努力的成本等价于货币成本，假定为 $c(a) = (ba^2)^2$。其中，$b > 0$，是成本系数，代表代理人对努力的回避倾向。b 越高意味着代理人对努力的回避性越强。于是代理人的实际收入为：$w = s(\pi) - c(a) = \alpha + \beta(ma+\theta) - b/2\ a^2$。不同于委托人，假定代理人是风险规避的。代理人的期望效用是期望收入以及收入的方差的函数，即 $Eu = Ew - 1/2\ \rho Var(w)$。其中，$\rho$ 是反映代理人风险回避倾向的参数。应用期望和方差的统计特性，上式可写成 $Eu = \alpha + \beta ma - b/2a^2 - 1/2\rho\beta^2\sigma^2$。这里的 $1/2\rho\beta^2\sigma^2$ 是风险成本，并令 $\bar{w}$ 为代理人的保留收入。进而，代理人的参与约束为：

$$\alpha + \beta ma - b/2a^2 - 1/2\rho\beta^2\sigma^2 \geqslant \bar{w}。$$

对于给定的 $s(\pi) = \alpha + \beta\pi$，代理人最大化其收入，一阶条件意味着，代理人的激励相容约束为：

$$a = \beta m/b$$

进一步，整理模型为：

$$\max_{\alpha,\beta} Ev = -\alpha + (1-\beta)ma$$
$$\text{s.t.} \quad \alpha + \beta ma - \frac{b}{2}a^2 - \frac{1}{2}\beta^2\rho\sigma^2 \geq \bar{w}$$
$$a = \beta m/b$$

求解，得到：

$$\beta^* = \frac{m^2}{m^2 + b\rho\sigma^2} > 0$$

$\beta^* > 0$ 意味着代理人要承担其行为的风险，意味着激励就是利益分享、风险共担；而且 β^* 是 ρ、b 和 σ^2 的递减函数，是 m 的递增函数。

（1）随着 ρ 的上升，β^* 将会下降——代理人的风险回避倾向越强，委托—代理契约中的风险性激励的比例越低。反过来，如果代理人是风险中性的，即 $\rho=0$，最优的契约方案是代理人承担完全的风险。更极端地说，代理人是风险偏好的，则委托人获得固定的收入。

（2）随着 b 的上升，β^* 将会下降——代理人的努力回避倾向越强，委托—代理契约中的风险性激励的比例越低。

（3）随着 σ^2 的上升，β^* 将会下降——代理人行动结果受外界因素影响越大，或者说绩效测量的噪声越高，委托—代理契约中的风险性激励的比例越低。

（4）随着 m 的上升，β^* 将会上升——代理人努力的边际贡献越高，委托—代理契约中的风险性激励的比例越高。

3.4 逆向选择问题与经理选聘任务

在公司治理领域，道德风险问题主要涉及的是经理的激励约束机制，而逆向选择问题则与经理的选聘任务有密切的关系。

3.4.1 经理选聘中的逆向选择问题的提出

案例 3-4 讲述了一个经理选聘活动的故事，解释了逆向选择问题的基本表现和解决方式，此后的内容就从这个案例展开。

案例 3-4 ▷ *海归经理求职*

张荣华，FW 公司的董事长兼总经理。梁鸿村，FW 公司常务副总经理。两人把客户送走后，在酒店的咖啡吧醒酒、聊天。说着说着，聊起了 2 年前梁鸿村应聘 FW 公司的事情。那时，梁鸿村刚从美国回国。此前他拿到了波士顿大学的 MBA 文凭，还在当地一家公司担任了 1 年多的部门经理。

"张董啊，两年前你可救了我，哥们儿我差点海龟变海带，还是晒干的海带，我已经连吃三天方便面了！"

"怎么会，当时你很优秀啊！浑身上下阿玛尼，我还以为是来收购我的。"

"借的，阿玛尼是借的。"梁鸿村狡黠地笑笑，"刚回国那会儿，我真把自己当人才，有学历有资历。可一面试，谁能把你认出来啊！我开价年薪30万，人家都说我是狮子大开口，其实这远没到我在美国的工资。结果那些刚毕业的书呆子倒是一个一个被聘了。他们倒真便宜，有一小子月薪6000就签了。"

"我告诉你，这叫劣币驱逐良币。"

梁鸿村接着说："我毕业的那个波士顿大学，美国排名四五十，但在国内不知名。有一次面试，我前面那位，西太平洋大学的，说唐骏是他同班同学，结果被录用。我后面那位，说自己是麻省理工的，竟然不知道我们两所学校只隔一条河，也被录用。真是骗子当道。"

"那你不是还有从业经历吗，在美国干了五年，还当了一年多部门经理。"

"可谁信啊！"

"所以，你就借了一身阿玛尼。你不也是骗子吗！"

梁鸿村大笑了起来。

"我可不是因为你的名牌打扮才要你的"，张荣华急忙辩解："主要是跟你聊完，发现你挺有才，而且你在美国的经验完全用得上，你完全不用转行。"

"没有阿玛尼，你会真的听我聊？"

"想想倒也是。"张荣华呷了一口咖啡："不过，还有两点也坚定了签你。"

"说说看。"

"你说你回国是照顾老妈，不想总出差。"

"这可是别人回绝我的主要原因啊！"

"我是这么想的。我们这个行业很窄，在本地就这么十来家。所以，你必须好好干，不能骗人，否则你的牌子就砸了。"

"对呀！另一个原因呢？"

"当时我定了三种工资方案，结果你选了那个合同期长，而且底薪最小、主要靠业务提成的方案。"

"所以，你就觉得我是有能力的？"

张荣华和梁鸿村对视一笑。

逆向选择问题是委托—代理人关系中的隐藏信息特征问题，一般发生在签约之前。在逆向选择问题的研究方面，有三位经济学家作出了突出贡献，并分享了2001年的诺贝尔经济学奖，他们是乔治·阿克劳夫、迈克尔·斯宾塞和约瑟夫·斯蒂格利茨。

逆向选择问题的提出主要归功于阿克劳夫，他所提出的"柠檬市场"理论概括了逆向选择问题的基本表现。[94]他的理论源自对二手车市场的研究，美国口语用"柠檬"来指代"缺陷车"或"二手车"。二手车交易市场上，买家和卖家关于车子质量的信息是不对称的。卖家拥有信息优势，知道自己出售的车子的真实质量。而作为普通消费者的买家，一般很难了解车子的内在质量，只能通过观察外观、听卖家介绍和进行简单测试来判断车子的质量信息。但是这些信息常常是无效的，因为卖家通常会掩盖那些明显的缺陷。极端情况下，买家在二手车市场上见到的都是同样的车。当然，他心里知道这里有保养得当的好车，也有出过事故并进行过大修的坏车，并对所有车的平均价值作一个估算。举一个最简单的例子。假如二手车市场上各种质量的车平均分布，其中最好的车值20万元，最差的车值10万元，且卖家不太诚实，所有的车都被整修成了最好的车的样子。这对于买家来说，首先意味着他不知道谁好谁坏，其次意味着他估计这些车的平均价值是15万元。这时，一辆车出价18万元，买家会买吗？他不会买，他不会冒这个风险。事实上，所有高于15万元报价的车，都不能成交，而低于15万元的车才有可能成交。于是，低质量的车将高质量的车挤出交易市场。再进一步，既然15万元以上的车都不可能进入市场了，买家的心理价位进一步下跌，比如跌到13万元。进而13万元以上的车又被挤出了市场。一步一步下来，只有最差的那些车可以成交。最极端的情况是整个市场消失了。

这就是逆向选择问题：缔约前，代理人的特征被确定。代理人知道自己的特征，委托人不知道。缔约的障碍是，委托人如何让代理人说真话而消除信息劣势。

在案例3-4的故事里，梁鸿村海归回国未遇到伯乐，就是碰到了逆向选择问题。由于信息不对称，他的学识和才能不能被人察觉，那些缺乏竞争力的人反倒把他挤出了市场。张荣华说的"劣币驱逐良币"也有同样的逆向选择含义。刻画逆向选择问题是容易的，而如何解决呢？梁鸿村的故事可以给我们很多启示。

3.4.2 经理选聘中的逆向选择问题的解决

解决逆向选择问题就是设计一种让人们说真话的机制。对于有委托人需要特征的代理人来说，真实表露自己的信息是有利的。更关键的是，对于那些不具备这些特征的代理人而言，让其说谎的成本大于其获得。这就是要满足委托—代理契约中的激励相容约束。以案例3-4中的经理选聘过程为背景，以下介绍解决逆向选择问题的三种基本策略。

一、信号传递机制

2001年，诺贝尔经济学奖得主斯宾塞从学历文凭的作用谈起信号传递机制。斯宾塞认为，即便接受教育不能积累人力资本，获得学历文凭也是有价值的。其内在逻辑是：在劳动力市场上信息不对称，雇主无法辨别谁有真材实料，这就是逆向选择问题。而这时若有人能拿出一个含金量高的文凭，他就有可能脱颖而出。这个文凭就像一个信号，告诉雇主，我是有能力的人。能力不在于我接受了教育，而在于我有本事拿到文凭，同样有本事干好工作。因为只有有能力的人才可能获得文凭，而没有能力的人根本没有可能拿到文凭，或者要付出高得多的成本。[95]

回到案例3-4，梁鸿村在解决求职中的逆向选择问题时，有没有采用信号传递机制？当然有。首先，他把MBA文凭作为信号，但是没有起到作用。一方面，他的那个文凭还不够硬，大学还不够知名，不足以让人"肃然起敬"把他当人才。另一方面，"骗子"破坏了文凭的信号作用。随后，梁鸿村选择工作经历来展示其才能，可再次受到了信息不对称的困扰,无奈之下他选择了"一身阿玛尼"作为信号。这个信号传递出只有能力强才能有高职位和高薪资,只有高薪资才能"一身阿玛尼",不过似乎效果也不明显。

二、信息甄别机制

2001年,诺贝尔经济学奖的第三位得主斯蒂格利茨和他的团队提出了信息甄别机制。其内容是,委托人事先设计出一系列契约,代理人当然会选择其中对自己最有利的契约,而这一选择也就透露出了自己的特征。如果委托人事先设计的契约符合激励相容条件,双方就实现了共赢。[96]

保险市场是委托—代理问题频发的地方,也是委托—代理理论最能发挥作用的地方。一家保险公司遇到的逆向选择问题是,不同类型的人风险是不一样的,保险公司要避免为高风险的人提供高保险,但如何识别投保人的类型呢?应使用信息甄别机制,保险公司的精算师一般会设计多种保险合同,适应于不同人群,投保人必须根据自己的真实情况选择才对自己有利。比如有两份大病保险合同,一份是1年后生效合同,一份是3年后生效合同,后者的赔偿金是前者的数倍。所谓1年或3年生效,指的是如果在合同签订日起的1年或3年以内生病,保险公司不负责赔偿。面对这样的合同,对自己健康没有信心的投保人只敢选择前一份保单,他怕自己投保后没到3年就生病,结果不仅得不到赔偿,还把保费搭进去。而那些身体已经有问题的,更是不敢签任何一种合同。

案例3-4里就采用了信息甄别机制。张荣华设计了三种工资方案,每种方案的固定薪资和绩效薪资的比例不同,而且对应的合同期长短不一。从案例可见,张荣华希望招聘的助手是对自己能力有信心、敢冒风险的人,对于这样的人,他才会长期合作。而梁鸿村的选择透露出了他的信息,也恰好满足张荣华的要求。

三、声誉机制

严格说,声誉机制不是针对逆向选择问题的,对于道德风险问题的解决同样有效。此前那些通过可以度量的变量来保证代理人不偷懒和讲真话的激励方法,可以称为显性激励。而声誉机制就是一种隐性激励机制。它是促使代理人基于维持长期契约关系的考虑而放弃眼前机会主义行为的机制,对代理人的激励约束不是来自契约规定和法律制裁,而是未来合作机会的延续或中断。[37]假如经理人市场是有效的,则意味着经理人的人力资本可以被市场定价。那么,关注自己职业生涯的经理人就不会对自己现在的股东偷懒和说谎,维持好的声誉就是维持高的定价。声誉机制实现了激励相容。

声誉机制生效的关键是存在重复博弈,即委托—代理关系不是一次性的。重复博弈,并不是说代理人仅与同一个委托人签约。它可以是一个委托人群体,委托人群体的边界就是声誉信息传递的边界。经理人市场的质量,就在于经理信息传递的质量。比如,人们发现越边远的地方民风越纯朴,其实其中的逻辑是,越边远的地方越封闭,越封闭的环境下声誉机制越有效。

在案例3-4中,为什么梁鸿村说他"回国是照顾老妈,不想总出差"后,张荣华坚定了聘用梁鸿村的信心?因为张荣华判断梁鸿村只会在本地工作,而在本地他们那个行业圈子很窄,进而声誉机制很有效。所以,他说"你必须好好干,不能骗人,否则你的牌子就砸了"。

讨论案例 马云退休

一、百度百科中的"马云"词条

马云,男,汉族,中共党员,1964年9月10日生于浙江省杭州市,祖籍浙江省嵊州市谷来镇,阿里巴巴集团主要创始人,现担任日本软银董事、大自然保护协会中国理事会主席兼全球董事会成员、华谊兄弟董事、生命科学突破奖基金会董事、联合国数字合作高级别小组联合主席。

马云1988年毕业于杭州师范学院外语系,同年担任杭州电子工业学院英文及国际贸易教师,1995年创办中国第一家互联网商业信息发布网站"中国黄页",1998年出任中国国际电子商务中心国富通信息技术发展有限公司总经理,1999年创办阿里巴巴,并担任阿里集团CEO、董事局主席。2013年5月10日,马云辞任阿里巴巴集团CEO,继续担任阿里集团董事局主席。6月30日,马云当选全球互联网治理联盟理事会联合主席。2017年12月15日,马云荣获"影响中国"2017年度教育人物。2018年9月10日,马云发出公开信宣布将于2019年9月10日卸任集团董事局主席,由CEO张勇接任。2018年12月18日,党中央、国务院授予马云同志改革先锋称号,颁授改革先锋奖章。2019年3月,马云以373亿美元财富排名2019年福布斯全球亿万富豪榜第21位。

二、百度百科中的"张勇"词条

张勇,男,1972年1月11日出生,阿里巴巴集团董事局主席、首席执行官,阿里巴巴合伙人创始成员,同时担任美国和中国香港多家上市公司的董事,包括海尔电器、银泰商业集团等。

2015年5月,张勇兼任银泰商业集团董事局主席。2015年5月张勇接任阿里巴巴集团首席执行官。同年9月,张勇兼任阿里体育集团董事长。2019年9月10日,张勇正式就任阿里巴巴集团董事局主席。2019年10月10日,《2019年胡润百富榜》揭晓,张勇以46亿元人民币财富位列第902名。2019年10月17日,"2019界面新闻中国上市公司最佳职业经理人"榜单揭晓,张勇排名第1位,成为2019年度中国经济新闻人物。

三、马云的"退休"信

教师节快乐!

各位阿里巴巴的客户、阿里人、阿里巴巴的股东们:

今天是阿里巴巴19周年。我怀着激动的心情向大家宣布:经董事会批准,一年后的今天，也就是2019年9月10日，阿里巴巴20周年，我将不再担任阿里巴巴集团董事局主席，现任阿里巴巴集团CEO张勇（逍遥子）将接任董事局主席一职。我从今日起会全面配合张勇，为我们的组织过渡做好准备。在2019年9月10日之后，我将继续担任阿里巴巴集团董事会成员，直至2020年阿里巴巴年度股东大会。

这是我深思熟虑、认真准备了10年的计划，今天得以实现，要感谢阿里巴巴合伙人的认同，感谢阿里巴巴董事局的批准，也要感谢所有阿里巴巴的同事们以及他们的家人，正因为过去19年大家对我的信任、支持和共同努力，让我们有足够的自信和能力迎接这一天。这标志着阿里巴巴完成了从依靠个人特质变成依靠组织机制、依靠人才文化的企业制度升级。

1999年，和大家一起创办阿里巴巴的时候，我们矢志建立一家让中国和世界骄傲的公司，让公司能够持久发展102年。我们知道谁都不可能陪伴公司102年，公司持久发展靠的是治理制度、文化体系和源源不断的人才梯队，公司不可能只靠几个创始人，更何况我深知从能力、精力和体力的角度，任何人都不可能永远担任公司的CEO和董事长工作。10年前我们就问自己这个问题，如何保证马云离开公司以后，阿里巴巴依然健康发展？我们相信只有建立一套制度，形成一套独特的文化，培养和锻炼出一大批人才的接班人体系，才能解开企业传承发展的难题。为此，这十年来，我们从未停止过努力和实践。

我受的教育让我成为一名教师，能够走到今天我非常幸运。为公司未来负责，也为自己负责，应该让公司里更年轻、更有能力和才华的人来担任领导工作，继续传承"让天下没有难做的生意"这个伟大的使命。我们帮助全世界的中小企业、年轻人、妇女发展的使命和愿景让我们激动不已，这是我们的初心，也是我们的福报和责任，真正相信并实现这样的使命就需要更多马云、数代阿里人去为之奋斗。

今天的阿里巴巴最了不起的不是它的业务、规模和已经取得的成绩，最了不起的是我们已经变成了一家真正使命愿景驱动的企业。我们创建的新型合伙人机制，我们独特的文化和良将如潮的人才梯队，为公司传承打下坚实的制度基础。事实上，自2013年我交棒CEO开始，我们已经靠这样的机制顺利运转了5年。

我们创建的合伙人机制创造性地解决了规模公司的创新力问题、领导人传承问题、未来担当力问题和文化传承问题。这几年来，我们不断研究和完善我们的制度和人才文化体系，单纯靠人或制度都不能解决问题，只有制度和人、文化完美结合在一起，才能让公司健康持久发展。我深信，今天阿里巴巴合伙人制度和阿里巴巴所捍卫的文化，假以时日，将会越来越赢得客户、员工和股东的支持和拥护。

1999年创始之日起，我们就提出未来的阿里巴巴必须要有"良将如潮"的人才团队和迭代发展的接班人体系。经过19年的努力，今天的阿里巴巴无论是人才的质量和数量都堪称世界一流。作为教师出身的我，看到我们今天的团队、领导群体、以使命价值观驱动的独特文化，以及不断涌现出的一大批以张勇为代表的杰出商业领袖和专业人才，我深感自豪！

张勇加入阿里巴巴已经十一年，自担任阿里巴巴集团CEO以来，展现出了卓越的商业才华和坚定沉着的领导力,连续13季度实现阿里巴巴业绩健康持续增长。他具有超级计算机般的逻辑和思考能力,坚信使命愿景,勇于担当,全情投入,敢于站在未来创新设计新型商业模式和业态。他被评为中国2018年最佳CEO排名第一,这份荣誉当之无愧!他和他的团队已经赢得了客户、员工和股东们的信任和支持。阿里巴巴的接力火炬交给他和他领导的团队,我认为这是我现在最应该做的最正确决定。这几年我和张勇的合作配合经历,让我对他和他领导的新一代阿里巴巴领导团队充满信心!

关于我自己未来的发展,我还有很多美好的梦想。大家知道我是闲不住的人,除了继续担任阿里巴巴合伙人和为合伙人组织机制做努力和贡献外,我想回归教育,做我热爱的事情会让我无比兴奋和幸福。再说了,世界那么大,趁我还年轻,很多事想试试,万一实现了呢?我可以向大家承诺的是,阿里从来不只属于马云,但马云会永远属于阿里。

马　云
2018年9月10日

继续检索相关信息,并讨论以下问题:
(1) 马云退休,张勇接班,对于阿里巴巴是正确的决策吗?
(2) 马云选择张勇接班,进行了哪些准备?
(3) 马云退休,代表其企业家使命的终结吗?

讨论问题

(1) 如何定义企业家精神?
(2) 你对中国目前职业经理制度发展的判断是怎样的?
(3) 假如你是公司创始人,什么情况下你会选择退休?
(4) 职业经理人在公司风险管理上应持怎样的态度?
(5) 如何用委托—代理理论诠释"能攻心则反侧自消"?

第4章
代理型公司治理的制度体系

导读

本章首先从代理型公司治理开始讨论，也可称其为"经理腐败"。"经理腐败"既包括不忠实行为，也包括不勤勉行为，既包括各种贪腐舞弊，也包括常常被忽视的在信息披露、风险管理、非经济偏好上的代理问题。理论上，这些"经理腐败"会导致代理成本的提高。旨在解决这些代理型问题的公司治理制度有两个维度：首先，在结构层次上可建立经理制度、董事会制度、股东会制度、市场制度和其他外部制度，共五道防线。其次，在运行活动层面上可划分出人员选聘、权责划分、决策制衡、激励约束、监察督导，共五大机制。本章最后补充了一部分对内部控制体系的介绍，说明其面向公司治理的执行机制的定位，解释其基于管理活动发现并解决公司治理问题的工具性作用。

引导案例 企业家犯罪

从2009年起，《法人》杂志社开始发布年度《中国企业家犯罪报告》，社会反响热烈。不过，2016年后《中国企业家犯罪报告》逐渐被各种研究主题和形式的其他报告所替代。以下是摘自2015年报告的信息：

在245例国有企业企业家犯罪案件中：① 有181例有明确罪名，共涉及26个罪名，主要包括：受贿罪121例，贪污罪51例，挪用公款罪30例，滥用职权罪3例，诈骗罪5例，合同诈骗罪4例，私分国有资产罪和敲诈勒索罪各3例，国有公司人员滥用职权罪、内幕交易罪、强迫交易罪和挪用资金罪各2例。② 有169例案件提及了案发原因，其中相关机构介入调查是国企案发的最主要原因，共涉及案件130例，占169例案件的77%。其他原因分别为举报18例、自首11例、媒体披露3例、资金链断裂3例、被害人报案以及发生事故各1例。③ 有227个案件提及了企业的案发环节，主要集中在财务管理（47例）和招投标（34例）、人事管理（31例）、加工承揽（29例）、投融资（27例）等环节。

> 在181例民营企业企业家犯罪案件中：① 有163例有明确罪名，共涉及57个（类）罪名，其中，非法吸收公众存款罪28例，合同诈骗罪23例，职务侵占罪20例、集资诈骗罪、诈骗罪各13例，行贿罪、挪用资金罪各9例，非国家工作人员受贿罪4例，非法经营、敲诈勒索、生产和销售伪劣产品、单位行贿、盗窃、组织、领导黑社会性质组织罪、故意伤害、开设赌场罪各3例。② 有122个案例提及了案发原因：由相关机构调查32例，其次为被害人举报26例、举报22例、媒体披露16例和资金链断裂10例，其他则分别为其他案件牵出6例、自首5例以及发生事故5例。③ 提及案发环节的案件共有166例，其中投融资47例、交易纠纷37例、财务管理28例、招投标28例、安全生产13例、人事管理9例、涉黑4例。
> 在426例案件中，提及企业家在企业内身份或职务的案例为242例，其中董事长职务的企业家为65人，占全部案件的15%，负责人或实际控制人51人，占全部案件的12%，法定代表人为48人，占全部案件的11%，副总38人，部门经理、总工程师或总会计师27人，总裁、总经理25人，股东2人。
>
> 资料来源：中国企业家犯罪报告编委会. 2015中国企业家犯罪（媒体样体）研究报告 [EB/OL]. https://wenku.baidu.com/view/a59d7391650e52ea54189868.html.

本章引导案例从《中国企业家犯罪报告》中摘录了三类信息，这涉及本章以下三节的论述主题。首先，解决经理代理问题的前提是了解"经理腐败"的表现，该案例挖掘出的"企业家犯罪"罪名让人大开眼界。然而，如果从违背委托人意愿的角度看，"经理腐败"的内涵将会更深刻、外延将会更广泛。其次，该案例总结的"案发原因"对应的是发现和处理代理问题的机制和手段，这是4.2节的论述重点，4.2节将从两个维度构建解决代理型公司治理问题的制度体系。最后，"案发环节"的相关情况表明，"经理腐败"附着在经理的日常经营管理活动中，因而面向具体业务活动的内部控制制度，是公司治理制度体系的必要延伸。

此外，引导案例还反映了两点重要信息，一是国有企业与民营企业在"经理腐败"上的表现有极大差别，所以，"不审势即宽严皆误"，缺失定位环节的公司治理将会是盲目的。二是上一章表达的观点，即解决经理问题也要判断不同公司的具体情况，也许公司没有职业经理人，也许那个职业经理人的职位名称是董事长或者其他。

4.1 代理型公司治理的问题表现

对于公司制企业，主要面对两类公司治理问题，一是产生于股东与经理之间的委托—代理矛盾，二是非控制股东或者说股东整体与控制股东之间的委托—代理问题。在一些文献中，把后者称为第二类代理问题，但本书对它的提法更形象一些，即剥夺型公司治理问题。所以，本章所讨论的代理型公司治理问题仅指第一类，仅涉及股东与经理的治理冲突。更进一步而言，有关股东选聘经理的逆向选择问题的治理，也不在本章讨论范围之内。本章主要探讨有关经理道德风险问题的治理，即仅关注所谓的"经理腐败"问题，这也是公司治理的传统研究领域。

4.1.1 经理代理问题中的目标冲突

在代理型公司治理问题中，委托—代理问题的产生要满足目标不一致和信息不对称两项必要条件。此前说明，解决信息不对称问题固然是直接、简单的有效方法，但是完全依赖于此成本过高，可能性为零。特别是在现代公司制度中，经理人的私人信息更加难以观察和难以证实。首先，职业经理人或经理阶层的普遍出现起源于经理制度革命，经理受托于股东掌握资产经营权的前提是股东缺乏企业家才能。这在一定程度上表明，股东监督经理的能力也不会是充分的。其次，有限责任制度和法人制度的变革降低了投资风险，为股权分散格局的形成创造了条件。而股权分散意味着单个股东监管的成本与收益的不经济、不对等，这进一步降低了股东监督经理的动力。

所以，以下重点考察信息不对称前提下的股东与经理间的目标不一致问题。由于在委托—代理关系中，经理所承诺的信义义务就是以实现委托人的最大利益为目标，因此，可以把经理代理问题中的种种目标冲突现象统称为"经理腐败"。但是再次强调，解决信息不对称问题仍然是有效策略。事实上，以下我们总结的目标冲突的第一组问题，也是信息问题。

解决"经理腐败"，前提是识别"经理腐败"，图4-1从两个维度刻画了现实中的

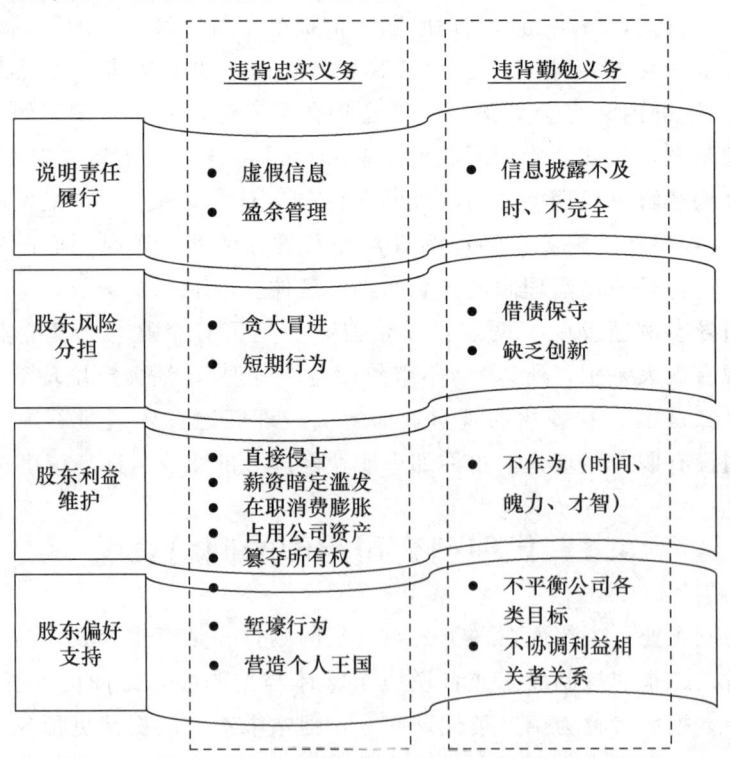

图4-1 代理型公司治理问题中的"经理腐败"

"经理腐败"表现。首先,经理在股东的委托下经营管理公司,承诺履行信义义务是经理人获得代理资格的前提。这里请注意,第2章已经说明,本书没有严格地遵照信托关系的三方结构体系应用信义义务,而是在委托—代理关系下进行简化,将信托关系里的委托人和受益人集中在委托人身份上,将受信人与代理人相对应。由于信义义务在中国法律体系中分为忠实义务和勤勉义务,所以"经理腐败"的第一个维度从忠实义务和勤勉义务展开。忠实义务指经理必须忠诚于股东,不能侵犯股东的最佳利益。勤勉义务是指经理在经营管理活动中必须投入足够的精力,保持足够的关注和勤勉。

其次,"经理腐败"的第二个维度从经理的受托职责展开。第一,经理要履行说明责任。说明责任体系是信义义务体系的内在组成部分,是支撑信义义务的基础和治理信义义务执行情况的前提。而从委托—代理理论的角度看,经理履行说明责任也是股东对经理人主动缓解信息不对称问题的要求。第二,经理要分担股东风险。职业经理人的引入是为了帮助投资人解决企业家能力不足的问题,承担着部分企业家职能,[83]因而风险决策是经理人的基本职责。第三,经理要维护股东利益。资本的逐利性说明一般情况下股东最为关注的是公司的经济效益,经理要把公司利益最大化作为一项行为宗旨。第四,经理要支持股东偏好。"能攻心则反侧自消","反侧"是两种情况,不维护股东利益是为"反",不支持股东偏好是为"侧"。经理不能将自己的偏好凌驾于股东之上,也不能激化股东与其他利益相关者的矛盾。

一、说明责任履行中违背忠实义务

这表现为刻意地发布错误信息,以获得自己的私利。其中最为严重的是"做假账"、发布虚假公告等扭曲甚至颠倒是非的行为。这里,不妨再回顾一下案例2-4,中航油总裁陈九霖被判有罪的六项指控:制作虚假的2004年度年中财务报表、违背公司法规定的董事职责、在2004年第三季度的财务报表中故意隐瞒巨额亏损、不向新交所汇报公司实际亏损、欺骗德意志银行和诱使集团公司出售股票。再整理一下六项指控的关键词,"虚假""违背""隐瞒""不汇报""欺骗""诱使",都指向"说谎"。可见,虚假信息的发布是一项严重的经理代理问题,甚至是罪行。以案例2-5中的朱镕基总理的题词为警示,经理人廉洁的第一步是"不做假账"。

此外,经理人基于自身私利的盈余管理也是一种违背忠实义务的行为。所谓盈余管理请见小贴士4-1。盈余管理在性质上不同于做假账,它还是遵循着既定的法律规范和会计原则的,是一种有限度的信息操纵。在一个足够长的时段里,盈余管理并不增加或减少实际盈利,只会改变实际盈利在不同会计期间的分布,目的是使操作者本人或公司获得利益。经理代理问题中的盈余管理,常常与获得奖金报酬和聘任合同有关。比如,经理发现当公司实际盈余低于年度绩效奖的规定额时,会增加操控性应计利润来提升报告盈余。媒体大众普遍认为盈余管理是件坏事,甚至喜欢采用盈利操纵的概念。但是也应该注意到,由于盈余管理可能存在出于公司利益考虑的非机会主义动机,[97]公司管理者和会计学术界的一部分研究会认为盈余管理是一个中性的概念。[98]但不能因为说谎也有善意的可能,就不对说谎进行严格管控。同样,管控盈余管理，避免经理从中的自利行为，是防止"经理腐败"的重要环节。

小贴士 4-1 ▶ 盈余管理

盈余管理是指公司管理层有目的地干预对外财务报告过程，以获取某些私利的披露管理行为。[98]盈余管理的手段包括会计方法的选择和应用、应计项目的管理以及交易时点的控制等，它通过提前或推迟确认收益、支出以调整报告盈余。

盈余管理的特点是：第一，盈余管理的对象是包含公司会计收益信息的对外财务报告。第二，盈余管理在不违背相关政策法规及会计准则的情况下进行。第三，盈余管理的目的是误导其他会计信息使用者对企业经营业绩的理解。第四，盈余管理是公司经理和董事等内部人实现自身利益最大化的手段。

常见的盈余管理有：基于资本市场动机的盈余管理，比如股票发行前的盈余管理；基于契约动机的盈余管理，比如经理为获得绩效奖励而进行的盈余管理；基于政治成本动机的盈余管理，比如应对垄断管制的盈余管理。

二、说明责任履行中违背勤勉义务

一般情况下，经理没有主动发布信息的意愿即"报喜不报忧"。首先，信息的公布也意味着将公司的战略实力、经营策略以及经理素质公布于众，有可能在控制权市场、产品市场和经理人市场上的竞争中将自己摆在不利地位。其次，信息披露也是一件花费成本的事情。"多一事不如少一事"成为经理人推卸说明责任的主要原因。

所以，在公司治理系统中，信息披露管理成为一项重要任务，我国还在2007年1月发布了《上市公司信息披露管理办法》，对信息披露行为作出专门规定。信息披露包括强制性和自愿性两种类型，目前，自愿性信息披露中普遍存在的问题是仅汇报定性的、边缘的、外围的、表面的，而回避核心的、关键的、定量的信息，[99]这表明公司在向股东履行说明责任时存在不够勤勉的普遍情况。

三、股东风险分担中违背忠实义务

职业经理人的出现实现了企业家职能的分离，而企业家功能的一项核心要素就是对风险的管理。同时，股东之所以成为公司的核心利益相关者也因其对风险的承担。所以，为股东分担风险，与股东一同控制公司风险，是经理代理责任的必然内容。

然而，在现实中背离风险责任的经理代理问题非常常见，或者是贪大冒进的极端偏好风险问题，或者是行为短期化的延迟风险问题。当经理本人不承担行为责任，同时又受到高提成绩效奖励的诱惑时，前一种问题更易产生，比如案例2-4中航油总裁陈九霖在期货交易中的"豪赌"。对于后一种行为短期化问题，在存在任期的经理制度中更易发生。经理行为只着眼于任期指标，任期内不出事是其行为的原则，结果却将风险或更大的风险转嫁给下一任。当然，任期制度本身也是产生其他各类代理问题的催化剂。小贴士4-2介绍了中国国有企业的承包制改革的有关情况，以1986年12月国务院颁布的《关于深化企业改革增强企业活力的若干规定》为标志，一两年内绝大多数国有企业完成承包制改革。然而，改制却在90年代初戛然而止，并没有取得预期的效果。[100]其中，承包制的短期化问题是重要原因之一。

小贴士 4-2 国企承包

受农村联产承包责任制成功的启发，国有企业的承包经营责任制得以提出。1987年8月，《关于深化企业改革、完善承包经营责任制的意见》中提出的包死基数、确保上交、超收多留、欠收自补成为企业承包责任制的基本原则。1987年底，全国实行承包经营责任制的国有大中型工业企业达到80%，全国预算内企业实行承包责任制的达到78%。除了承包制之外，小型国有企业还实行了租赁制。

不论承包制还是租赁制，本质上还是放权让利，在计划经济框架下，这些形式的国企改革仍然摆脱不了体制上的固有弊端，企业对政府的行政依附关系依然存在。由于独立的法人财产权缺位，企业的软预算约束难以改变，当企业承包人最终没法完成承包任务时，国家也没办法让承包人真正承担亏损，这造成"负盈不负亏"的局面。同时，企业一方拥有信息优势，可以操纵信息来获得额外的利益。另外，承包（或租赁）合同的短期性决定了承包人的短视行为，承包人掠夺性地使用资源，缺少培育长期竞争力的动力。

资料来源：袁正，郑勇. 培育国有资产微观主体——国企改革30年回顾［J］. 宏观经济管理，2008,（12）.

案例 4-1 联想的"洋CEO"下课

2004年，联想并购IBM的个人电脑业务，成为全球第三大个人电脑公司。收购当天，柳传志退居幕后，联想集团董事局主席由杨元庆出任，一年后任用阿梅里奥为CEO。阿梅里奥此前在戴尔公司担任高级副总裁，还曾任IBM公司个人电脑业务部负责全球运营的总经理。杨元庆给阿梅里奥下了"军令状"："阿梅里奥先生将领导联想集团致力于获得营利性增长和进一步提高效率，这是我们下一阶段的主要任务。董事会制定的任务目标是，联想的业绩增长至少要达到业界平均水平的2倍。"然而，两人的合作出现了问题，在2009年，柳传志重新担任公司董事局主席，杨元庆担任CEO一职。

对于该换帅事件，以下是柳传志在博鳌亚洲论坛2014年年会上的演讲实录：

2009年金融危机时，联想突然发生大的亏损，一季度亏损2亿美元，连续亏损，眼看着就到了悬崖边缘。这时候我又回去担任董事长，亏损原因我自己认为金融危机只是个导火索，不是真正的炸药桶，炸药桶在哪儿呢？我觉得管理上有问题。

当时杨元庆是董事长，我是董事，我们聘请国际专业人士担任CEO，我自己觉得国际人士在担任CEO时思想上有一定短期行为。分析根源我觉得有可能是因为他的任期是5年，一个中国企业名不见经传，并购了IBM PC这样的庞然大物，如果真能做好，这个CEO可能是全世界最牛的CEO，所以他就对利润、股价特别重视，然而对未来投资，必须对以后发展作出的投资，可能就会摁住不动。

比如说 2004 年、2005 年时老百姓用的消费类型的电脑增长量已经高于商用客户用的电脑增长量。以前，都是机关买电脑，商业单位买电脑，到 2004 年、2005 年老百姓买电脑的数量增加，但我们并购的 IBM PC 在海外全部卖给商用客户，因为它属于高档机。如果我们不产出消费类电脑，我们的业务永远在海外，是发展不了的。

还有在发展中国家没有任何的点，我们必须得补。但真要这么做，投资量比较大，IT 系统的投资，就是为了支持消费类电脑的发展，IT 系统投资大概就要 70 多亿美元，分三年投，另外还有市场营销费用、研发费用等等。

当时董事会作决定以后，CEO 按兵不动，后来眼看着情况发生变化，董事长杨元庆先生就着急，组织了队伍，提出要求说亲自做消费类电脑的业务，CEO 还管原来的。当然，CEO 会很不高兴，因为公司中治理结构没有这样的，董事长要做这一块。发生矛盾以后，CEO 找到他在董事会里面更能理解他的美国同事，他们说出很多理由，说杨元庆不对。我是董事，杨元庆来跟我讲，我也看得清楚这个情况。这时候企业有巨大的裂痕，不是因为业务发生矛盾，而是变成宗派了，中国人一头，美国人一头。

这么一来，金融危机出现以后，由于在消费类方面完全没有布局，而且商业客户马上不买电脑了，或者商业客户裁员，因此营业额大跌，利润一下子下来了。

在这种情况下我迫不得已又回去担任董事长，杨元庆由董事长改为 CEO，我和他又重新配合。

资料来源：作者根据网络资料自行整理。

案例 4-1 中，柳传志用"短期化"来概括"洋 CEO"的不称职问题，然而，在"短期化"外还有个"临时工"问题。更进一步地看，两个问题共同反映了经理人在"分担股东风险"上的违背忠实义务的情况。一方面，之所以"洋 CEO"会在确定的任期内回避对消费类电脑的战略投资，因为这类业务并非原 IBM 公司（或者说"洋 CEO"本人）所擅长，且其绩效结果不会在当期显现，但风险和困难却会立即涌现。所以，回避这类投资，也是回避这类风险。另一方面，"临时工"领导人往往"空降"而来，同时又随时"飘散"，他不扎根，要的是即时收益。于是，在自己认定的领域极度偏好风险，想的是一击制胜。案例中的"洋 CEO"对商用电脑的战略偏执，就是一种"豪赌"心态。

四、股东风险分担中违背勤勉义务

既然代理股东管理公司风险是经理的义务，那么在这方面违背勤勉义务的行为就是经理降低经营难度从而逃避风险责任。这方面的常见行为有两类：第一类是降低债务比例，摆脱财务"硬"约束。一些经理常常自夸其低债务经营状况，吹嘘其财务管理能力。其实，已有研究表明，这只不过是经理无能的表现。[101] 第二类是一心守成、缺乏创新。一些经理只会在自己熟悉、擅长和既成的领域经营、投资，哪怕是没有市场前景的领域，或者是不符合股东战略方向的领域。这其实是经理缺乏创新精神和逃避风险责任的表现。在案例 4-1 中，"洋 CEO"没有主动发现战略环境的变动、没有主动提出战略方向的变革,是不勤勉的表现。而后,在董事会给出战略指示后又拒不执行,这就是不忠实的问题了。也就是说,在"股东风险分担"维度下违背"勤勉义务"是"回避"风险责任,而违背"忠实义务"是"转嫁"风险给公司或股东。

五、股东利益维护中违背忠实义务

本节讨论的"经理腐败"是稍广一些的概念,如果狭义地理解"腐败"一词,人们更可能会想到的是维护股东利益的种种不忠实表现。一般情况下,股东将其资产委托给经理,就是要求经理人用他的专业技能为其"赚钱"。但现实中,经理人不忠实于这个基本原则的行为常常会发生,并且具有多种表现。

第一种情况是直接侵占,指的是各种直接盗取、挪用公司资产的所谓贪腐行为,包括侵吞、窃取和骗取公司财物,接受贿赂和收受回扣等等。第二种情况是薪酬暗定滥发,其关键词是"暗"和"滥"。经理人的薪酬管理应该有明确的制度安排,比如由董事会或其薪酬委员会负责,经理"自"定薪资应该避免。退一步讲,在某些情况下,即使经理事实上控制了董事会,经理的薪资情况也应该做到完全的信息披露。不仅不可暗箱操作,薪酬滥发问题也必须避免,既包括不可违背市场规律超额发放,也包括脱离企业的经营状况,使薪酬与业绩相脱钩。这里的薪酬包括基本的工资、奖金以及各种福利、津贴,其中也包括带薪休假。第三种情况是在职消费膨胀,可以算作薪酬暗定滥发问题的一种特殊形式,即超过商业惯例和社会共识的利用职位特权获取的物质利益享受,包括超标准的公务用房、公务交通工具,超额的公款吃喝娱乐、公款旅游等等。第四种情况是占用公司资产,指的是使用公司资产为经理获取个人利益的种种间接性侵占公司利益行为,包括以公司资产为他人债务提供不当担保,利用公司信息从事内幕交易,直接或间接与公司进行关联交易,出售公司资产粉饰经营绩效,为亲属提供工作岗位等等。第五情况是篡夺所有权,与以上几种不忠实情况不同,这是逆转委托—代理关系,是更露骨的"谋反"。

六、股东利益维护中违背勤勉义务

各种形式的不作为是此类代理问题的基本特征。它包括时间投入上的不作为,经营管理才智发挥上的不作为,管理魄力上的不作为等勤勉不足问题。这些不作为问题隐蔽性强,难以被证实,具有"慢性毒药"的侵蚀功能,特别是最后一种"老好人"问题。在所有的代理问题中,不作为是最常见的问题,是比例最高的问题,已有研究发现经理更喜欢享受宁静的生活。[102]案例4-2中格力"霸道女总裁"董明珠"敢做坏人"形象地诠释了什么是经理人的勤勉。

案例 4-2 董明珠的"霸道"

在董明珠手底下干活,没有不累的。

湖北格力公司总经理何远航,能不跟董明珠打电话就不打,基本发短信。"她的思维太快了,打电话,问一句,我可能答不出来,发短信,还有时间缓冲一下。"

"我推崇军事化管理",董明珠坦言:"很多人说女性管理者更人性化;我说没有

'人性化'的管理，管理只有一种，就是制度，不分男女。管理是企业的根基。"

在格力，人行道和车道泾渭分明，如果员工在车行道上走路，就要被开除。"如果被车撞了，这是人性化么？"她说。

对干部，董明珠更是容不下一粒沙子。从2012年10月份起，她要求格力1000多名党员，全部要佩戴党员徽章上班。

"要重塑党员形象，更重要的是要让员工监督你"，董明珠说："干部不好，员工才不好。好的干部，往往是敢于做'坏人'；一个事事对你点头的干部，可能正在伤害大多数人的利益。"

资料来源：蔡木子，郑良中. 董明珠细节要求苛刻［N］. 武汉晚报，2013-01-13.

七、股东偏好支持中违背忠实义务

当经理偏离股东利益最大化的行动指南，按照经理人自己的非经济类意愿行事时，就会发生违背股东偏好的代理问题。这种代理行为并非直接侵占股东利益，但也会产生极大的间接影响。第一类行为称为管理堑壕（managerial entrenchment）行为，或者称为防御行为、壁垒行为，是指经理为维护自身职位的安全而采取的行为。主要包括抵制并购和接管威胁的对外的防御行为；也包括控制投资范围、控制资本结构、控制董事会构成、控制对自己的聘任契约安排等对内的防御行为。第二类行为称为构建"个人王国"。人们有追求自身价值实现的需要，而对价值的认识，有人关注的是权力的拥有，有人重视的是别人的评价，有人寻求其他个人理想的实现。当经理以这些需要作为人生目标时，就会在公司运作中追求经济效益以外的东西，而将公司构建成自己的个人王国。比如，不断扩大公司规模而满足自己的权力欲，滥发工资和滥用公关费而扩大个人的人际网络，按照自己兴趣而非经济目标进行投资等等。

小贴士 4-3　　管理堑壕理论

管理堑壕，或者称为管理防御、管理壁垒，是经理在公司内外部治理环境中进行的有利于维护自身职位安全及减轻被管制压力的行为。管理防御的动机仅仅是维护经理自身的利益，这就对公司运行产生冲击并且危及股东利益，从而产生大量的代理成本。所以，管理防御是一种严重而独特的代理问题，赋予了委托—代理关系治理和反治理的博弈色彩。

管理堑壕首先在经理的持股行为中被发现。研究发现，当经理持有较低比例股份时，市场监管等治理力量会迫使其追求股东利益最大化，但是当经理拥有较高比例的股份时，就可能根据个人私利而行动了，因为足够的投票权保障了其职位和薪酬的安全。[103,104] 从这个角度出发，管理堑壕理论在股权结构研究中有所扩展，大股东持股的此类负面效应被定义为堑壕效应。

管理堑壕的危害体现在对治理机制的屏蔽上，随后的研究发现，除了持股方式之外，经理堑壕行为具有其他多种方式。第一种，反接管防御。一些接管和并购活动是有利于公司价值提高，并符合股东利益的。但是，多数的接管活动将导致经理的职位不保。于是，经理开发和使用众多反接管措施，诸如毒丸计划、绿色邮件、驱鲨策略、诉诸法律等。这些反接管措施往往假借维护公司利益、保护品牌价值之名，实则仅保护了经理的利益，而侵害了广大股东。当然，在经理能保住自身职位的情况下，也可能发生迎合并购的情况。这样，他可以获得更多的基于公司规模的报酬，也可以满足更高的权力欲。第二种，巩固公司对自己的依赖。经理可以进行专属性投资，锁定与公司的关系。所谓专属性投资，是指与经理本人专长相关的投资，在该领域经理没有竞争者。专属性投资能不能为股东带来利益不是经理关心的问题，经理在意的是可否将公司抵押成"人质"，是否可以排挤走职位竞争者。专属性投资还存在于社会关系的投资上，当公司的政治关联、客户资源聚焦在经理身上时，经理就有了强大的保护伞。与专属性投资的道理相类似，经理也可以选择长期项目投资，成为这个项目上的不可或缺者，长期垄断职位。此外，"武大郎开店"也是一种管理堑壕。一些经理偏好任用能力低于自己的人，排斥、贬低潜在的接班人，以此巩固自己的地位。第三种，操纵资本结构，降低经营风险。一般来说，股东希望公司能利用财务杠杆来实现收益最大化，但债务的硬约束却加大了经理的绩效压力和职业风险。所以，融资领域的堑壕行为特征是，经理往往偏好股权融资而尽可能地避免负债融资。此外，经理的堑壕行为还表现在，新任经理在试用期内会沿袭前任的经营战略而寻求顺利"上位"，经理会为了应付绩效考评而进行盈余管理，经理还会使用操纵董事人选、影响自己的聘任契约等手段。另外从中可见，一些具体的堑壕行为会与其他类别的经理代理行为相交叉，或者说，一项"经理腐败"会是多个问题的集合。

八、股东偏好支持中违背勤勉义务

一般情况下，我们假定股东的目标是单纯地追逐经济利益，但这只是一种用于理论分析的简化假定。现实世界里，股东还有许多其他诉求，比如家族企业在传承阶段往往会降低经济目标的优先顺序。此时，经理人在不侵害全体利益相关者利益的情况下，应该与股东有所配合，平衡好公司整体的各类目标。另外，公司是股东与其他利益相关者的各种协作关系的联结，而协作中难免发生分歧。这时，处在利益相关者网络中心位置的经理，应该维护好全体利益相关者的关系，调和他们之间的矛盾。而忽视这一责任，甚至利用利益相关者的矛盾，则是一种严重的代理问题。各种打着股东名义的侵占职工利益、拖欠债权人债务、破坏社区环境、伤害消费者权益等行为，都是不能容忍的。

注意，以上谈及的"经理腐败"，指的是作为股东代理人身份的职业经理人可能有违其信义义务的种种情况。然而现实世界中更复杂的是，公司的最高经营者往往由控制股东担任或者控制，其不当行为可能是"经理腐败"与"控制股东腐败"的综合表现。因而，在治理制度建设时，必须审时度势，采用不同的策略组合。

4.1.2 委托—代理模型下的经理代理成本

公司治理理论的发展大致分为三个阶段——公司治理问题提出阶段、公司治理思想形成阶段和公司治理理论构建阶段。最后一个阶段开始的标志,是1976年詹森和麦克林发表的《企业理论:经理行为、代理成本与所有权结构》。在这里,一个完整的委托—代理模型(以下简称J-M模型)被开发出来,经理代理问题的产生背景、演进方向,以及治理目标被系统讨论。[87]

小贴士 4-4　资本结构与公司治理

公司治理是一门交叉学科,经济学、法学、管理学从不同视角揭示了公司治理的秘密,而财务和金融学同样在公司治理研究中占据着重要地位。财务和金融学研究特别重视资本结构对公司治理的作用。作为公司治理理论体系建构的起点,1976年詹森和麦克林发表的《企业理论:经理行为、代理成本与所有权结构》就是从资本结构的角度挖掘出了委托—代理关系的本质问题。资本结构,最基本的要素就是股权与债权的比例,以及不同股权和不同债权的内部比例。在财务和金融学家看来,不同的融资工具代表着不同的收入流分配和控制权安排,不同的资本结构意味着不同的所有权配置。[37]而公司治理就是有关公司权利配置和行使的制度系统。所以,资本结构优化是公司治理理论的重要课题。但因本书以制度设计为主题,不将其列为重点。

J-M模型将委托—代理问题聚焦在"代理成本"上,并认为,当公司资金不完全来自经理本人时,他将追求额外的私人利益(图4-1所示的各种情况),因为他只承担这些活动成本的一部分,但这将导致公司价值的下降。由此产生的损失称为代理成本,它由剩余损失、监督支出和保证支出构成。剩余损失是委托—代理问题的核心,是指代理人未采用最大化委托人福利的决策,而导致的委托人福利的损失。监督支出来自委托人,是监测和控制代理人行为而付出的努力。保证支出,又称为管束支出,是代理人的自我约束,是代理人向委托人确保其行为可靠性而花费的代价。

假设在一个仅靠股权融资的公司里,影响经理行为的税收调整、股东意见、绩效激励、动态决策等等外部因素都不存在,也暂不考虑监督支出和保证支出。令 $X = (x_1, x_2, \cdots, x_n)$ 表示经理追求非金钱收益的行动,包括在职消费、营造个人王国、不作为而享受闲暇等等,对于每一个 x_i 给经理带来的边际效用都为正。$C(X)$ 表示从事 X 行为时公司所支付的成本;$P(X)$ 表示 X 行为给公司带来的收益;则 $B(X)$ 为公司净收益,有 $B(X) = P(X) - C(X)$。如果这时经理拥有公司100%的股份,即公司由全资股东经营,则其最佳行为是 X^*。显然有:

$$\frac{\partial B(X^*)}{\partial X^*} = \frac{\partial P(X^*)}{\partial X^*} - \frac{\partial C(X^*)}{\partial X^*} = 0;$$

当然,更常见的情况是经理只会拥有部分股权,这时经理的最佳行为是 $\hat{X}$。于是,令 $F \equiv B(X^*) - B(\hat{X}) > 0$,表示经理追求非金钱收益给公司或者说全体股东带来的成本,它是经理在非金钱收益上的支出流的当期市场价值。接下来的分析过程请见图4-2。

第4章 代理型公司治理的制度体系

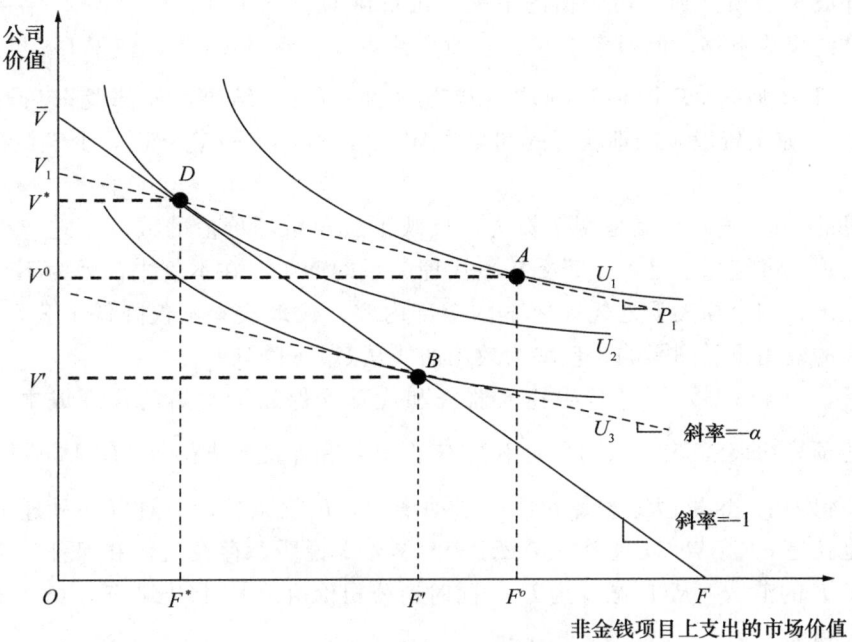

图 4-2 外部股权与剩余损失

首先，考虑全资股东任经理的情况。图4-2中纵坐标反映了公司收益的市场价值，横坐标代表了经理为了非金钱收益所花去的公司支出。线段 $\bar{V}F$ 代表了经理行为的预算约束。当经理花费的非金钱数量为零时，$\bar{V}$ 就是公司产生的现金流量的最大市场价值。如果经理为了非金钱收益而耗费掉1单位的公司利益，则全资股东经理的金钱收益也就将相应降低1单位，因此其预算约束线的斜率为-1。当他把公司所有的金钱收入都用于非金钱利益时，$F=\bar{V}$。也就是说，全资股东任经理时，在职消费掉的完全是自己的利益，偷懒浪费掉的完全是自己的时间。所以，我们见到个体户是最勤劳的经营者。当然，即便在个体户眼里也不完全看到的都是钱。现实中的经理及其代表的公司既追求金钱收益也追求非金钱收益，这两者形成无差异曲线 U。若他是全资股东经理，则实现效用最大化的点是 D，在那里，U_2 与 $\bar{V}F$ 相切，即全资股东经理在获得金钱收益 V^* 的同时享受非金钱收益 F^*。

然后，考虑全资股东经理出售了 $(1-\alpha)$ 比例的股权给外部股东而自己仅保留剩余 α 部分的情况。如果外部股东确信经理仍然像全资控股时消费非金钱项目，则会出价 $(1-\alpha)V^*$。而此时，经理为了非金钱收益而耗费掉一单位公司收益时，他个人仅仅承担了成本的 α 部分，因此预算约束线的斜率为 $-\alpha$，如 V_1P_1 所示。如果把经理收到的外部股东支付的款项作为他在出售后的财富的一部分，预算约束 V_1P_1 肯定穿过 D 点，因为只要他愿意，他就可以拥有与全资股东相同的财富和非金钱消费水平。

但是，面对预算约束 V_1P_1，理性的经理会移动到 A 点，在这点上，V_1P_1 与 U_1 相切，而 U_1 代表了更高的效用水平。企业的价值就从 V^* 下降为 V^0。与此同时，理性的外部股东会预见到公司价值的下跌，出价绝对会低于 $(1-\alpha)V^*$，结果导致经理的预算约束线下移，但斜率不变。当预算约束线移动到 V_2P_2，使得 U_3 与 V_2P_2 相切于 B，且 B 通过 $\overline{V}F$ 时便达到均衡状态 $B(F',V')$。结果，外部股东只愿意支付 $(1-\alpha)V'$，原全资股东经理获得的利益为 $W=(1-\alpha)V'+\alpha V'=V'$，少于最初的货币收益 V^*。

这里的 (V^*-V') 就是剩余损失，反映了公司市场价值的减少。它产生于外部股东的出现，准确来说是产生于委托—代理关系的产生。在本例中，因为不存在监督和保证支出，剩余损失就是代理成本的全部内容。代理成本不仅降低了公司的价值，经理个人的效用也受到影响，反映为效用曲线从 U_2 下降到 U_3。

最后，图 4-3 显示了进行委托人监督和代理人保证活动后的代理成本变化。此时，新的预算约束线变为 ECB，而不是 $\overline{V}F$。监督和保证的支出为 M，体现为 ECB 与 $\overline{V}F$ 之间的距离。这里假定监督和保证活动增加，F 就减少，而且以一种递减的速度减少，也就是 $\partial F/\partial M<0$ 且 $\partial^2 F/\partial M^2>0$。图 4-3 说明，存在监督和保证活动后，有效减少了 F 的消费，从 F' 减少为 F''。同时，公司价值由 V' 上升到 V''，(V^*-V'') 是新的剩余损失。

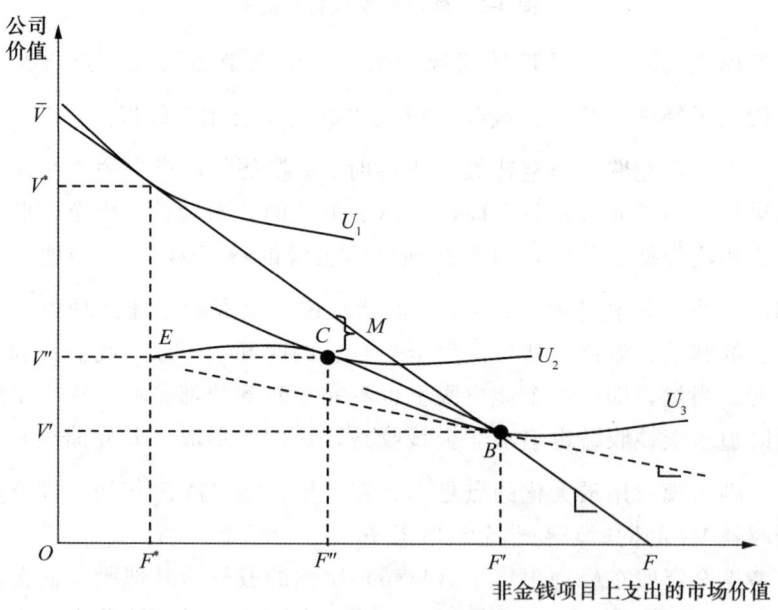

图 4-3 监督、保证与代理成本

J-M 模型解释了一些重要含义：第一，为了避免代理成本，在外部投资者不能预知经理事后行为的情况下，应该给予经理一定的股权性激励，以弱化代理问题。第二，监控和保证活动具有必要性，有利于剩余损失的减少。适度的监控和保证活动可进一步降低代理成本。第三，监控和保证活动往往也被内部人主动选择，因为它们可以约束经理的自利行为，从而促使经理更多地通过增加公司收益来提升自己的经济利益（同时也就增加了股东的利益）。这也可以解释企业家愿意公开财务、外部审计等便于外部投资者进行低成本监控的原因。[7]第四，提出J-M模型后，公司治理活动有了一个具体明确的指标，就是降低代理成本。

4.2 代理型公司治理制度的结构体系

小贴士1-4说明，公司治理与治理结构是两个不同的理论概念，因而在一些文献和文件里，公司治理结构是一个不准确的表述。然而，如果把公司治理结构解释为公司治理的制度结构，公司治理结构的概念也是成立的，这也是本节讨论的主题。

4.2.1 代理型公司治理制度的结构层次

一、五项基本制度构成

代理型公司治理问题是公司治理两大问题之一，对经理代理问题的处理是传统公司治理的核心内容。2.3节所描述的公司治理的整体结构体系已包含了处置经理代理问题的基本框架。这里对其中代理型公司治理的制度构成及各层次间的作用关系进行专门讨论，见图4-4。

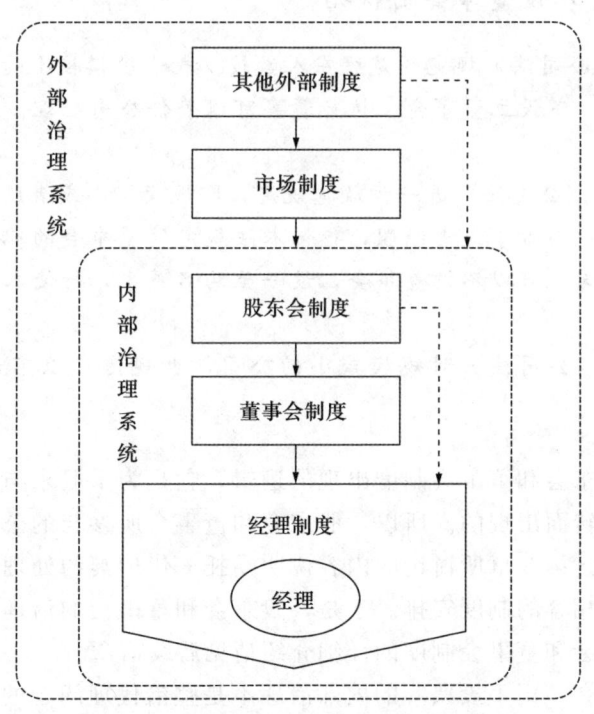

图4-4 代理型公司治理问题的治理架构

首先，治理代理问题最核心的制度安排是对经理制度本身的安排，它包含在内部治理系统之内，包括权力配置制度、经理选聘制度、绩效考评制度、薪酬激励制度等等。经理的行为框定在这套制度体系之内，与其说是对经理的治理，不如说是对经理制度的治理。这部分内容将在下一章详细讨论。

其次，需要考虑的问题是，经理制度的设计者和控制者是谁？既然经理是作为股东的代理人出现的，股东的身份是委托人，按理应该是股东负责对经理制度的治理。假如这里有一个大股东，受到利益和风险的驱使愿意承担治理的责任，同时其他股东和利益相关者（比如大债权人、战略伙伴）对此安排没有意见，由大股东直接管制经理甚至大股东直接兼任经理就是一种自然的、有效率的制度安排。这种形式在现实世界里也十分常见。但是，也有很多情况，其他股东和利益相关者不放心这个大股东，或者根本就没有大股东存在，这时经理制度的治理者就是全部股东（以及符合条件的内部利益相关者）。但是，这些股东不能直接接触经理，因为组织设计原则告诉我们不可以有多头领导。于是，设计出股东会制度，它就是一个统一全体股东意见的机关。假如这个股东会仅由几个有精力、有能力的股东组成，董事会制度就没有存在的必要了，股东会直接治理即可。我国《公司法》就规定有限责任公司可以不设董事会（见小贴士4-5）。另一方面，现实中还有不少设立了董事会的公司，其董事会执行的其实就是股东会的职责。但是，如果股东规模稍大，董事会作为股东的代理机构就有必要出现了。

小贴士 4-5 ▶ 不设董事会的情况

2018年版的《公司法》规定的是股东人数较少或者规模较小的有限责任公司，可以设一名执行董事，不设立董事会。执行董事可以兼任公司经理。执行董事的职权由公司章程规定。

2024年施行的《公司法》进一步放宽规定，即规模较小或者股东人数较少的，可以不设董事会，设一名董事或者经理，行使本法规定的董事会的职权。甚至对于规模较小的股份有限公司，可以不设董事会，设一至两名董事，行使本法规定的董事会的职权。

对于监事会，《公司法》对规模较小的公司，也规定可以不设监事会，设一名监事。

以上说明了股东会和董事会制度出现的逻辑，它是为了股东与经理之间的委托—代理关系的正常运转而出现的。所以，股东会和董事会所参与的公司治理就是对委托—代理契约的治理。第3章所讨论的内容说明委托—代理契约处理的是信息不对称问题，强调的是激励相容的制度安排。于是，股东会和董事会的治理工作主要围绕监督和激励展开。股东会和董事会制度的详细介绍请见后续篇章。

股东会和董事会"用手投票"的内部治理不是整治代理问题的全部，外部治理对规范经理行为也起到了积极而强大的作用。首先，市场的治理力量不容小觑。当经理行为不当和能力不佳时，股东"用脚投票"的结果是股价下跌，公司价值被市场低估，进而诱使投资银行家和战略投资者接管公司并替换经理，这是控制权市场的治理逻辑；经理的行为决定了经理的声誉，经理的声誉决定了经理在市场上的人力资本定价，这是经理人市场的治理力量。其次，竞争者的抗衡、消费者的选择，让产品市场产生最终的裁决力量。最后，法律、政府管制、媒体和学者的舆论等等，也是重要的外部治理手段。这部分的详细介绍也请见后续篇章。

二、五项基本制度的作用关系

以上说明了对经理代理问题的治理，由五项基本制度体系构成。关于它们各自的运行机制请见后续篇章分析，这里进一步补充讨论它们的相互作用关系。请注意它们之间基本的逻辑原则，也请注意不同公司制度和外部环境下相互关系的权变性。

第一，代理型公司治理制度由分属不同层次的制度构成，它们相互影响，任何一项制度的设计都必须考虑其他制度条件。其中，核心层是经理制度。严格说，公司治理不是对人的治理，而是对制度的治理。引导经理的行为，是通过治理经理制度完成的；股东会制度、董事会制度构成内部治理系统，直接治理经理制度。在多数文献中，也包括在本书其他章节里，经理制度被包含在内部治理系统中。但详细了解各制度的作用关系，将经理制度独立出来有利于进行更为细致分析。按惯例，市场制度和其他外部制度归为外部治理系统。

第二，内部治理系统的作用对象是经理制度，各项制度按委托—代理关系联结。股东会、董事会、经理层按序形成委托—代理关系，原则上看，股东会是治理代理问题的最高权力机关，董事会是股东会的代理机构。但是，对于股权分离、缺乏强大控制股东条件下的股东会制度，由于运行成本的问题，股东参与治理的动力是不足的，股东绝对主权主义转向了相对主权主义，董事会实际上成为公司权力中心。[105]特别在董事会被确定为公司法人代表的制度环境下，董事会更成为内外治理的枢纽。当然，董事会还是股东会成为内部治理的中坚力量，还要依据公司内部条件而定。

第三，外部治理系统的作用对象是整个公司，其影响是全面的。首先，图4-4表明，外部治理体系并未与股东会、董事会构成委托—代理链条，它们影响的是内部治理系统的各个模块。如果董事会作为实际上的法人代表，外部治理系统跳过股东会直接影响董事会，也是非常普遍的。其次，外部治理系统的构成是多维度的，本书将其中的市场机制单独列出。我们不仅认为控制权市场、产品市场、经理人市场等具有强大的治理力量，更认为其他外部制度的影响往往是以市场制度为中介的。

第四，总体结构上，五项制度依次构成管控经理行为的五道防线，其中越层治理的情况（图4-4中虚线所绘）是需要特别留意的公司治理权变因素。首先，其他外部制度是否越过市场制度直接影响公司，体现了一国市场制度成熟度。比如，政府是直接决定公司行为，还是透过产业政策影响公司行为。大体来看，市场越发达，法律和政府管制、媒体和学者舆论等的治理效果越显著。其次，股东会越过董事会直接建立经理制度，往往体现了法人不够独立的情况。当然，对于规模不大的有限责任公司，连董事会都可以不设置，由股东直接治理经理，未尝不是更有效的办法。

第五，五项制度内容丰富。董事会制度是一个广义的概念，监事会制度也包含其中。鉴于我国对职工董事和职工监事的重视，职工代表大会或职工大会与股东会有相似的控制权地位。另外，外部治理的内容构成更为多元。

考虑以上制度间关系后，可见代理型公司治理体系是复杂的，更是依公司内部条件变化的。以下本书行文中将以具备全部现代企业制度特征的标准股份有限公司作为研究"标尺"。也就是在图4-4中，虚线关系不再考虑，董事会是实际上的法人代表，是内外治理的枢纽。另外，董事会制度中不考虑监事会，股东会的概念应用中并不排斥有限责任公司的股东会。

4.2.2 代理型公司治理制度的运行机制

面对代理型公司治理问题，由五项制度构成多层治理防线。现在的问题是，各项制度中应该包含哪些运行活动呢？这是治理制度体系的另一个维度，其构成请见图4-5所示。图4-5中，纵向表示的是针对经理代理问题的五道制度防线。这里关于公司治理实践活动，有一点现实背景需要达成共识。诚然，明确不同的治理目标，满足基本的制度设计原则，理论上可以创造出多样化的治理制度体系。但是，在企业制度的长期演进下，现有五道防线的治理体系是制度优胜劣汰后生存下来的佼佼者。于是，对于具体的公司治理实践，这些制度安排在多数情况下是唯一的选择。一方面，它被法律限定了，具有唯一合法性。另一方面，任何个体都不会想出更高明的兼顾各方面要求的制度变革方案。于是，一般情况下公司治理实践的重点是在既定的制度结构下，对各项制度的运行机制进行设计。也就是说，多数公司治理制度设计工作，其实是如图4-5所示的横向部分的设计。

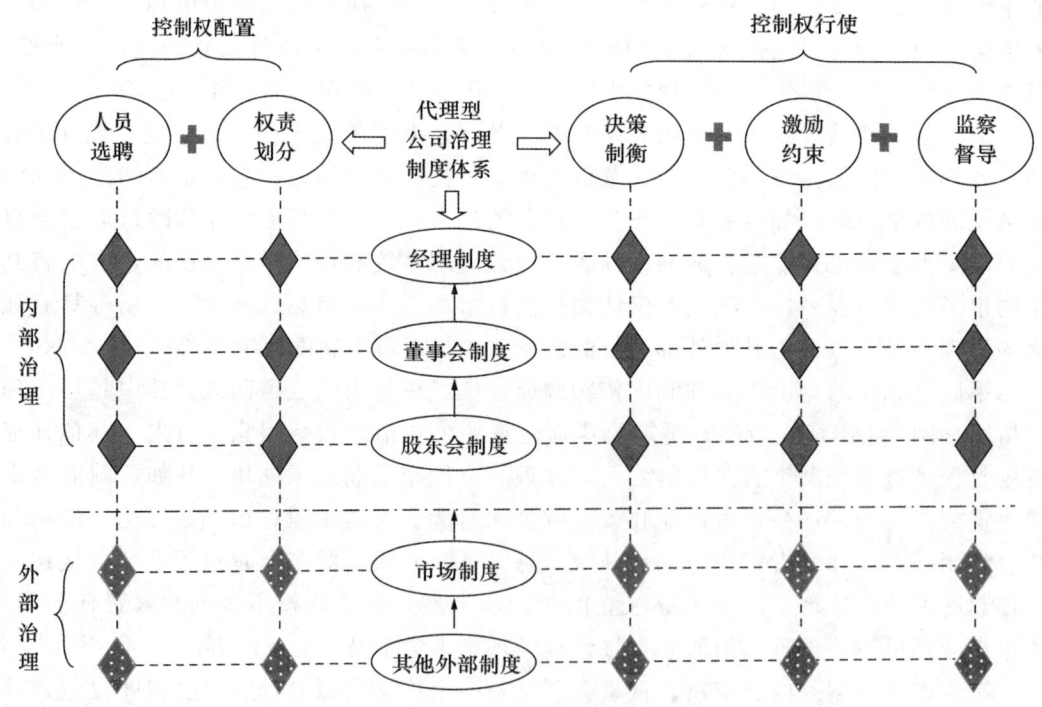

图4-5 代理型公司治理制度的结构体系

在第 1 章关于公司治理的定义中，本书提出公司治理的活动任务是配置和行使控制权，其中的核心是剩余控制权。于是，代理型公司治理的制度运行也包括两大类活动，分属控制权配置和控制权行使。如果从时间上看，大体上分别属于经理人缔约之前和缔约之后，于是前者面对的经理代理问题主要是逆向选择问题，后者主要面对道德风险问题。以下详细介绍各项治理制度运行活动之前还需说明，对于具体的公司治理实践而言，外部治理更多地确定了制度环境，是具体公司设计董事会制度、股东会制度和经理制度的前提。

一、人员选聘

控制权配置的第一件事就是确定谁参与到公司治理契约中。所以，经理制度的必要组成部分就是经理人的选聘，其中包括识别、培养、过程激励等环节，这将在下一章详细介绍。而对于经理选聘任务，在董事会和股东会的制度设计中，要考虑的是经理选聘工作的安排，比如在董事会里是否设立提名委员会或临时机构，或者股东大会里的表决规则是怎样的。另外，董事、董事长本身也有很复杂的选聘过程需要执行。股东会本身可能没有选聘任务，但在股东频频缺席的情况下，委托投票、通信投票制度的设计就显得必要了。而在外部治理体系中，经理人市场以及其他信息、管制机构的发展情况，则是人员选聘的重要制度环境。总体而言，经理选聘是一项重要的公司治理任务，它对应的是逆向选择问题。

二、权责划分

经理层、董事会、股东会之间的权责划分，是控制权配置的主体活动。针对代理型公司治理问题，要注意三方面内容：第一，分清业务决策权责和治理权责。狭义地看，业务决策是管理活动而非治理活动，其活动对象是法人财产，是关于如何提高资产经营效率的问题。治理活动的对象经理与董事会、股东会的关系，是关于如何降低经理代理成本的问题。第二，重点关注三个环节上的权责划分。一是在业务决策权上，重视经理权限的界定。这是一个有关职业经理制度的选择问题，有关是否引入"外人"并依靠他来履行多少比例的企业家功能的问题。二是在内部治理体系中，重视董事会权限的界定。公司实际上是以股东会为中心还是以董事会为中心，反映的是公司法人的独立程度。在股权分散的现代公司，董事会承担着更重的对经理的监管职责。三是在外部治理体系中，重视市场制度的发展情况。在市场化程度高的制度环境里，外部治理更多由市场及经市场的中介过程发挥外部治理作用。公司在开展治理活动时，必须关注外部治理条件。第三，控制权配置的重点和难点是剩余控制权的配置。在理论上，企业所有权由剩余控制权界定，[13]真正的权力是即使没有事前约定的条件下仍然具有的影响力。剩余控制权代表着对治理原则、规程的定义权，体现着事后各方谈判地位的高低。

三、决策制衡

图 4-5 右侧代表了控制权行使行为，其中的决策制衡机制体现了权责划分机制，包括在业务经营权层面上的外显及其在具体行使过程中的优化。当业务决策权责划分

后，经理层、董事会、股东会从事具体的决策工作，严格说这属于管理活动。但是，三者在决策事务上的相互制衡，是通过限定活动范围、形式和流程来完成的，这是一项基本的治理机制，处于制度优化的逻辑层面。一般说来，在一个完成了经理革命的标准现代公司中，经理应当负责资产经营中的决策管理权，包括决策拟定和决策执行两大职能。对于董事会，主要承担决策控制权，包括决策审批和执行监督两大职能，构成了对经理行为的控制。对于股东会，则执行保留在股权之内的一部分决策权，一般涉及公司资产变化、合并、分立和解散等重大财产变更决策事务。外部治理系统里的市场信号、舆论信息、管制要求等，则对内部业务决策造成影响。注意，职业经理制度的实施情况，是决策权制衡模式设计的前提。

四、激励约束

图 4-5 最右侧的激励约束活动和监察督导活动，是直接针对治理问题产生根源的治理机制安排，是狭义的治理活动。根据 3.2.1 节的分析，委托—代理问题产生的必要条件是目标不一致和信息不对称，这里的激励约束活动和监察督导活动分别解决这两方面问题。激励约束活动是关于如何在信息不对称的前提下，促使经理与股东利益一致地实现激励相容的活动安排。激励约束活动涉及经理的行为动力问题，以促使经理尽到信义义务为目的，既包括正向的鼓励，也包括负向的惩罚。这部分活动主要体现在经理制度体系的设立和实施上，一般包含薪酬激励、权力激励、声誉激励和聘任激励等等。这些激励制度的制定者一般来自董事会，审定者可以来自股东大会。而外部的市场制度、舆论活动则是这些激励约束活动的重要载体。

五、监察督导

监察督导活动通过直接处理信息不对称问题，成为公司治理的重要手段，"治理"二字本身就有较多的监督和管制的含义。之所以信息对称化可以解决委托—代理问题，在于随后基于信息的行为塑造活动。所以，完整的"监督"机制应该包含监察和督导两层含义。对于经理，J-M 模型中的保证支出就是一种自我监督，自我监督一方面作为信号获得董事会的聘任信任，另一方面也有利于获得自我约束后的收益。对于董事会，监察督导的活动包括考核、督促、指导经理等活动，也包括财务监督、业务监督等内容，更有事前监督、事中监督、事后监督等形式。甚至，在关系控制模式下的公司治理系统内还开发出监督委员会、监事会等专门监督机构。对于股东会，主要通过治理董事会、审核公司报告等来完成监察督导职责。市场的监督力量是强大的，资本市场上的信息监控产生了股东"用脚投票"的行为，控制权市场的接管压力和经理人市场的人力资本定价决定了经理的职业生涯，产品市场上的监督反映在公司的经营绩效上；其他的外部监察督导还包括法律法规管控、政府部门管制、中介机构评判、公众舆论传播、社区环境制约、社会文化约束等等。

需要留意的是，我们按照知识结构将以上治理活动切割开来，然而，在企业实践中这些活动一定是相互影响、配合使用的。比如，这里的"激励约束活动"在理论上是强调实现信息不对称前提下的激励相容。但是，"激励约束活动"的开展需要一定的信息支持，这些信息正来自"监察督导活动"。又比如，"监察督导活动"在理论上强调，如果信息对称了，委托—代理问题就解决了，其背后的逻辑是因此委托人可以直接奖惩（即所谓强制合同）并强化代理人行为（也包括行为指导、能力培养等等），这里的奖惩和行为强化工作放在"激励约束活动"中，在文字形式上也说得通。

案例 4-3　满脑袋智慧的农民企业家的治理招数

1995 年，在全民经商的热潮中，我（指的是本案例的设计者，宁向东教授）的一个朋友有了一个不错的发明，估计一旦商品化，潜在的市场可能会不错，但他没有钱投资。这个项目的总投资不算太大，大约两千万元就可以达到生产上比较经济的规模。我的朋友找到我，说你在企业界的朋友不少，能不能在民营企业这个圈子里帮我找一个肯投资的人，将来我们把事情做出来，大家三七分账，我拿三，投资者拿七。

过了一个月，我为这个朋友找到一个民营企业家。此公靠盖房子起家，靠着一块块砌砖积攒了万贯家财。此公没有学历，但满脑袋都是智慧。我陪着他们谈了一天，我的朋友为企业家描绘了非常有吸引力的技术优势和可观的市场前景。但是，当关于企业运行方面的问题一一得到解决之后，这个企业家提出了他最后一个问题。他说：在我投资之后，我的钱都变成了设备和在制的产品，企业是个高科技企业，我根本没有能力管，经营决策完全由你做主。那么，我怎么才能知道你是为了我们两个人的利益而努力，而不是在"黑"我呢？如果你"黑"我，我又该怎样保护我自己呢？

这是一个很敏感但又不容回避的问题。在这个时候，我的朋友及时地把我推了出去。他说，这是一个公司治理的问题，宁教授是研究公司治理的，请他给我们出个主意吧。我当时并没有多少企业运作的经验，对公司治理的理解也相当肤浅。但无知者无畏，我就给他们大讲了一段"法人治理结构"。我从经理报酬讲到董事会制度，还建议他们聘请一些独立的外部董事来对经理层加以约束。这在当时都是些时髦、也少人知道的内容，听得这位企业家两眼大放光芒。我以为这样就可以解决问题了。但没有想到当这位企业家礼貌地听完了我的长篇大论之后，对我的朋友说：宁教授讲得确实好，但我们也没有必要搞得太复杂了。他说：你有一个女儿，我也有一个女儿，两个孩子又一样大，这样吧，干脆你把女儿送到我这里来，两个孩子结成伴，我供她们吃，供她们上学，你也可以踏踏实实地搞经营。

这是一个"人质"方案。

资料来源：宁向东. 公司治理理论，第 2 版 [M]. 北京：中国发展出版社，2005.

以上讨论了代理型公司治理制度的结构体系，并列举了一系列公司治理活动。请读者理解这些制度安排和行为选择背后的逻辑，而不要照搬所谓的公司治理模式。在案例 4-3 中，撇开满脑袋智慧的民营企业家的"人质"方案是否合法不说，仅考虑这个招数的目的和功能。首先，这个招数是因民营企业家要寻找控制公司和经理的机制而来，也就是产生于剩余控制权的配置活动之中。其次，在无法实现信息对称性的前提下，这个招数确保了经理与股东的激励相容，促使经理为了自己的利益不能"黑"股东。附带着，这个"人质"方案还以信息甄别的方式解决了经理能力的逆向选择问题。所以，这个"人质"方案是一个极其巧妙的公司治理安排，当然也是一个不可能出现在"规范"的公司治理模式中的方案。宁向东教授在点评这个案例时提到，"也正是从这个故事开始，我再也不相信什么'规范法人治理结构'的说法，不相信公司治理是可以被'规范'的"[35]。我们以为宁向东教授的这段点评比这个案例还要精彩，它说的正是"不审势即宽严皆误"。

4.3 公司治理制度体系下的内部控制机制

一、内部控制的提出

内部控制是从内部牵制的基础上发展起来的，小贴士4-6介绍了内部控制的最初实践情况，表明了三点：一是内部控制的动因是"掌财、用财之吏，渗漏干没，或者容奸而肆欺"，与本章所称"经理腐败"是代理型公司治理的起因是一致的。二是内部控制的最初形式是形成人员和职责上的相互牵制，与公司治理的决策制衡机制具有同样的逻辑基础。三是内部控制的主要手段是确保信息的准确记录，与公司治理的监察督导机制一样重视信息披露。

小贴士 4-6　古代的内部牵制

远在约公元前3600年前的美索不达米亚，就存在着极简单的内部牵制的实践。经手钱财的人要为付出的款项提出付款清单，并且另由记录员将这些清单汇总报告，在汇总报告时，记录员要核对付款清单，并在付款清单上打上"点、勾、圈"等核对符号。

古埃及在法老统治时期设有监督官负责对全国各级机构和官吏是否忠实地履行受托事项，财政收支记录是否准确无误加以间接管理和监督。国家银库的实物收发实行了较为严格的手续制度，对于入库的银子、谷物及其他实物，由一名记录官记录，由另一名记录官在仓库顶上观察并记录倒进库里的数量，由第三名记录官将前两个人记录的数字进行核对。当时，仓库的收、发、存记录要由仓库管理官的上司定期进行审查。

在我国，内部牵制制度到西周时期已基本形成，其思想最早见于《周礼》一书。朱熹在评述《周礼·理其财之所出》一文中指出："虑夫掌财用财之吏，渗漏干没，或者容奸而肆欺……于是一毫财赋之出，而数人之耳目通焉。"意为考虑到掌握和使用财务的官吏可能进行贪污盗窃，弄虚作假，因而规定每笔财赋的出入要经几个人的耳目，达到互相牵制的目的。

资料来源：李凤鸣，韩晓梅.内部控制理论的历史演进与未来展望[J].审计与经济研究，2001，(4).

可以想见，在现代公司制度体系中，在经理革命和法人独立的前提下，早期的内部牵制已难以处理日益严重和复杂的问题，公司对内部控制的需求日益强烈。1992年的美国 COSO 报告（见小贴士 4-7）给出了内部控制的权威定义：内部控制是由企业董事会、经理阶层和其他员工实施的，为营运的效率效果、财务报告的可靠性、相关法令的遵循性等目标的达成提供合理保证的过程。其中，内部控制包含三个目标——经营目标、报告目标和合规目标，可见，内部控制不仅仅审计财务报告的可靠性，内部控制不是简单的会计控制。此外，内部控制体系又可分为五个相互联系的要素，包括控制环境、风险评估、控制活动、信息和沟通、监督。

根据美国 COSO 委员会的观点，内部控制要上升到全面风险管理的高度，《企业风险管理——整合框架》提出，风险管理是由企业董事会、经理阶层和其他员工实施的，应用于战略制定并贯穿于企业之中，旨在识别可能对企业造成潜在影响的事项，并在其风险偏好范围内进行多层面、流程化的企业风险管理过程，它为企业目标的实现提供合理保证。

美国 COSO 委员会对内部控制和风险管理的交替关注引发了人们对两者关系的思考。我们认同从语义上说，内部控制就是控制风险，控制风险就是风险管理。所以，内部控制和风险管理是控制风险的两种不同语义表达形式。内部控制主要是从风险控制的方式和手段说明风险控制的，风险管理是从风险控制的目的来说明风险控制的。[106]也就是说，《企业风险管理——整合框架》是一套研究如何控制风险的理论，《内部控制——整合框架》强调风险控制中控制职能的有效发挥，所研究的对象也是风险及其控制问题。[49]

小贴士 4-7 美国 COSO 委员会与美国 COSO 报告

财务报告舞弊具有极大的危害性，审计业界很早就意识到这一问题，力图通过揭弊查错来解决这方面的舞弊问题。为此，1985 年，美国注册会计师协会、美国会计学会、内部审计师协会、财务经理协会和全国会计师协会共同组成了 Treadway 委员会（全美反舞弊财务报告委员会）。两年后，基于该委员会的建议，其赞助机构成立美国 COSO 委员会，与普华永道等会计事务所合作，专门研究内部控制问题。

1992 年，美国 COSO 委员会发布了著名的《内部控制——整合框架》报告，即通称的 COSO 报告。此后，美国 COSO 报告不断修订、发展，2004 年发布的《企业风险管理——整合框架》将内部控制的重点与全面风险管理相联系。目前，较新的版本是 2013 年的《内部控制——整合框架》和 2017 年的《企业风险管理——与战略和业绩的整合》。

美国 COSO 委员会发布的研究成果不仅对美国，而且对全世界的会计审计和证券界都产生了深远影响，其中的一些概念和原理写入了教科书，成为研究人员经常引用的经典。不仅如此，随同报告发布的实务指南也为单位组织建立健全内部管理架构提供了十分有益的帮助，成为评价单位组织内部控制健全程度的标准；并且在研究报告中提出的部分政策建议被政府部门采纳，有些直接转换成证券交易委员会、交易所等监管当局的规章制度，对于推动上市公司治理和证券市场的健康发展起到了积极作用。[107]

我国内部控制的制度建设也发展平稳，我国借鉴美国COSO报告于2009年施行的《企业内部控制基本规范》及后续的配套指引、问题解释，是我国目前开展企业内部控制工作的规范性文件。它确定了内部控制的五个目标：合理保证企业经营管理合法合规、资产安全、财务报告及相关信息真实完整，提高经营效率和效果，促进企业实现发展战略；它指出内部控制的五个原则：全面性原则、重要性原则、制衡性原则、适应性原则、成本效益原则；它建立了内部控制的五个要素：内部环境、风险评估、控制活动、信息与沟通、内部监督。

小贴士4-8 　内部控制五要素

（1）内部环境。内部环境是企业实施内部控制的基础，一般包括治理结构、机构设置及权责分配、内部审计、人力资源政策、企业文化等。

（2）风险评估。风险评估是企业及时识别、系统分析经营活动中与实现内部控制目标相关的风险，合理确定风险应对策略。

（3）控制活动。控制活动是企业根据风险评估结果，采用相应的控制措施，将风险控制在可承受度之内。

（4）信息与沟通。信息与沟通是企业及时、准确地收集、传递与内部控制相关的信息，确保信息在企业内部、企业与外部之间进行有效沟通。

（5）内部监督。内部监督是企业对内部控制建立与实施情况进行监督检查，评价内部控制的有效性，发现内部控制缺陷，应当及时加以改进。

资料来源：《企业内部控制基本规范》第5条。

二、内部控制与公司治理的关系

如前所述，"内部控制，是从管理职能上来讲的，侧重于强调控制职能的发挥；风险管理则是从控制的对象上来讲的，侧重于强调风险控制的重要性，二者含义相同"[49]。所以，以下所指的内部控制，是包含了风险管理的整体概念。

案例4-4 　安然、安达信与萨班斯-奥克斯利法案

在2001年宣告破产之前，安然公司曾经是世界上最大的能源商品和服务公司之一，名列《财富》杂志"美国500强"的第七名，连续六年被《财富》杂志评选为"美国最具创新精神公司"。然而真正使安然在全世界声名大噪的，却是使这个拥有上千亿资产的公司在2002年的几周内破产的财务造假丑闻。

在2001年10月16日安然公布第二季度财报以前，安然的财务报告是所有投资者都乐于见到的。在安然，衡量业务成长的单位不是百分比，而是倍数。到了2001年第二季度，公司突然亏损了，且亏损额高达6.18亿美元。经查，安然从1997年到2001年间的虚构利润为5.86亿美元，并隐藏了数亿美元的债务。更让投资者气愤的是，安然的高层对于公司运营中出现的问题非常了解，包括首席执行官斯基林在内的

许多董事会成员一边鼓吹股价还将继续上升,一边却在秘密抛售公司股票。

原国际五大会计师事务所之一的安达信于2002年因安然事件倒闭。安达信自1985年开始就为安然做审计,做了整整16年,除了单纯的审计外,安达信还提供内部审计和咨询服务。最恶劣的是,安然财务丑闻爆发后,安达信的休斯敦事务所(休斯敦是安然所在地)在两个星期内销毁了数千页安然的文件。

美国国会报告称安然事件彻底打击了投资者对资本市场的信心,为此,美国国会和政府加速通过了《萨班斯-奥克斯利法案》,即《2002年公众公司会计改革和投资者保护法案》。该法案对在美国上市的公司提出了合规性要求,其第一句话就是"遵守证券法律以提高公司披露的准确性和可靠性,从而保护投资者及其他目的"。

资料来源:作者根据相关资料自行整理。

传统上内部控制的应用范畴不宽,主要服务于审计工作。然而,随着一些重大财务丑闻的频频曝光,以及相关法规的不断发展(见案例4-4),内部控制与公司治理的结合越来越紧密。厘清内部控制与公司治理的关系,对两方面的实践和研究工作的开展都显得十分必要。现有研究均认同内部控制与公司治理具有紧密的内在联系,但相关表述不尽相同。一种观点提出"环境论",即内部控制框架与公司治理机制的关系是内部管理监控系统与制度环境的关系;[108]也有"嵌合论",即内部控制与公司治理之间存在着相互交叉与重叠的关联共时结构;[109]还有"职能论",即内部控制是公司治理等制度下的一种控制风险的职能。[110]事实上,这些观点并无本质矛盾,仅仅是看问题的角度存在差异,可以整合在图4-6中,表明了内部控制与公司治理的几点联系。

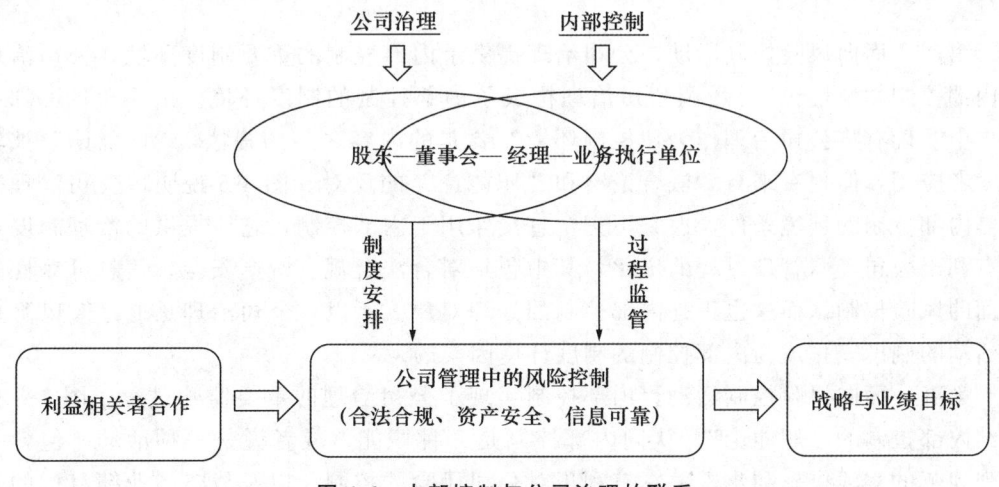

图4-6 内部控制与公司治理的联系

第一,内部控制与公司治理具有相似的起因。第1章中提出,公司治理的存在前提是需要协调各方利益相关者的合作关系。这些利益相关者在一起合作难免会有冲突,不仅存在利益平衡问题,还有目标协调问题。更进一步而言,在"股权至上"的制度环境里,利益相关者的合作关系被简化为委托—代理关系,进而委托—代理问题成为公司治理的起因。同样，内部控制的提出也是源于委托—代理问题，正如内部牵制阶段将官吏贪腐作为内部控制的对象（见小贴士4-6）。当然，两者委托—代理的层次是不同的，在股东—董事会—经理—业务执行单位的委托—代理链上，公司治理涉及链条的前端，以经理人员为终点，而内部控制涉及链条的后端，以董事会为起点。

第二，内部控制与公司治理具有相近的目标。同样在第1章公司治理的定义中，我们提出公司治理的目的是解决公司制度不完备导致的问题。公司制度的不完备来自利益相关者之间所签契约的不完备性，这让利益相关者面向未来的合作中存在着不确定性，带来了各种风险。从这个意义上看，公司治理与内部控制一样都是基于企业存在风险而产生。[106]不过，内部控制体系把风险控制的目标设定得更加具体，涉及范畴相对更窄。我国《企业内部控制基本规范》中明确指出要合理保证企业经营管理合法合规、资产安全、财务报告及相关信息真实完整。当然，《企业内部控制基本规范》还提出，内部控制的目标还有提高经营效率的效果以及促进企业实现发展战略。从2017年美国《企业风险管理——与战略和业绩的整合》可以看出，战略与业绩目标是风险管理的高阶目标，而这也正是公司治理的高阶目标。

第三，内部控制与公司治理具有相交的组织体系。股东—董事会—经理—业务执行单位，构成了连续的委托—代理链，串接起公司治理与公司管理两大系统。根据第1章图1-1所示，公司治理与公司管理是两个相交的系统。由于内部控制涉及具体业务的执行单位，可以认为内部控制处于公司治理向公司管理过渡的区域。也正是这种相交而非重合的关系，使得内部控制与公司治理在动因、目标上相似、相近而不相同。这种组织体系的相交，正体现了内部控制与公司治理"嵌合论"的正确之处。

第四，面向风险控制活动，公司治理提供了内部控制的重要制度环境。公司治理对内部控制"环境论"，强调公司治理构成了内部控制的制度环境。由于美国COSO报告中明确有将公司治理作为"控制环境"要素的内容之一的提法，"环境论"被较多学者应用，但也有来自"嵌合论"和"职能论"的反对。图4-6说明，公司治理确实是内部控制的环境条件，但它不完全直接作用于内部控制，它所提供的治理制度首先有利于公司经营管理过程的优化，其中包括对合法合规、资产安全、信息可靠性等方面的风险控制。而这也正是内部控制的处理对象。所以，公司治理是通过对风险控制活动的制度安排成为内部控制的制度环境因素的。

第五，面向风险控制活动，内部控制实现了公司治理的重要监管过程。图4-6也接纳内部控制的"职能论"，认同内部控制是一种职能，或者说是一种活动，包含一系列规范的实践措施和步骤。它有利于对公司风险的控制，以及战略与业绩目标的达成，这也正是公司治理的目标。所以，内部控制是公司治理的重要"抓手"，有利于公司治理的监管任务的实现。同时，基于内部控制情况反馈的调整也有利于公司治理制度的进一步完善。

三、内部控制在公司治理制度体系中的定位

以上是对内部控制与公司治理之间关系的思考，基于此，以下从公司治理的角度讨论内部控制在公司治理制度体系的位置，这有利于借助内部控制这一相对成熟的工具来提高公司治理质量。在讨论之前需要约定对内部控制目标范围的认识，按照以上理解，内部控制的核心目标是针对公司合法合规、资产安全、信息可靠性等方面的风险控制，而战略与业绩目标是风险管理的高阶目标，体现了风险控制的原则导向和结果呈现。可以想见，当我们更多地从战略与业绩目标角度要求内部控制时，图4-7中的内部控制的边界将不断扩大，甚至可将公司治理和公司管理纳入其中。所以，以下讨论的是核心目标范畴下的内部控制。

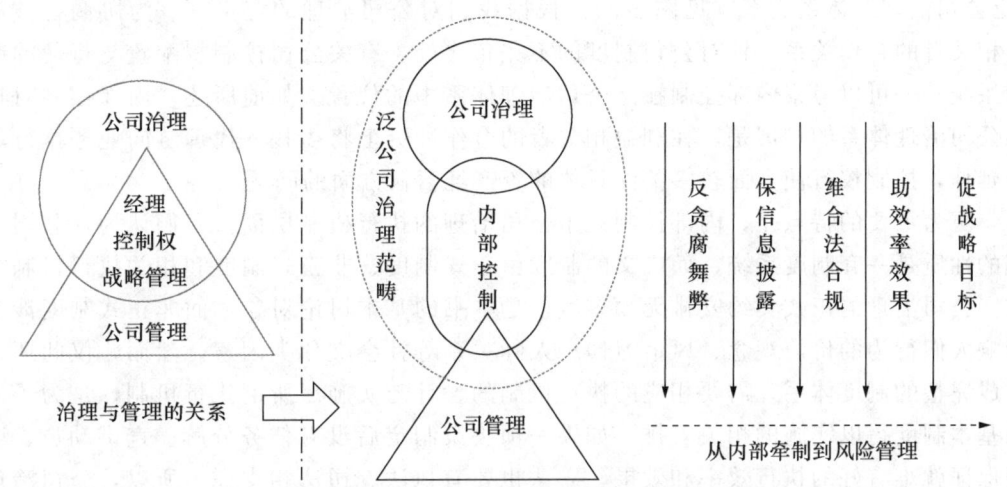

图 4-7 内部控制在公司治理制度体系中的定位

不仅内部控制的概念边界是有弹性的，公司治理概念边界的弹性更大，而且内部控制活动对于公司治理的价值恰恰体现在公司治理的广义和狭义定义之间。

首先，在公司治理核心范畴定义下，内部控制是在管理活动层面发现并解决公司治理问题的重要渠道。本书开篇概述了公司治理与公司管理的关系，图1-1所示为公司治理的核心概念，即从"人"的角度看公司治理不涉及员工层面的关系问题，从"权"的角度看公司治理不涉及资产经营权的具体行使，从"责"的角度看公司治理不涉及具体业务活动。然而，公司治理与公司管理有一个衔接，经理、控制权、战略管理是两大系统交叠之处。不仅相交叠的要素同时"嵌合"在两大系统之中，更重要的是，如果认为公司治理是公司管理活动开展的重要制度环境，那么，这些交叠要素就是在管理活动中发现并解决公司治理问题的渠道。比如，透过经理的业务表现就可以检讨公司治理的选聘和激励制度，透过经营权（特定控制权）的行使效率可以检讨公司治理的所有权（剩余控制权）的配置质量，透过战略的规划与履行情况可以检讨公司治理在维护和平衡各方利益相关者利益时的情况。

基于同样的逻辑，内部控制是在管理活动层面发现并解决公司治理问题的渠道，其目标范围从早期强调内部牵制的对贪腐舞弊问题的集中关注，到目前以风险管理为重点的多目标关注。一方面，这些内部控制的目标同时也是公司治理要处理的问题，甚至狭义的代理型公司治理面向的也就是"经理腐败"问题。另一方面，这些目标多数体现在公司业务管理活动中,单纯的公司治理制度建设难免鞭长莫及。而内部控制却提供了开展公司治理活动的基本抓手,在业务管理活动中发现存在的公司治理问题。同时通过内部控制的整改过程,一部分公司治理问题直接在现场解决,另一部分长远的、全局的、复杂的问题则反馈到公司治理的制度建设之中。

其次,在泛公司治理范畴定义下,内部控制处于公司治理功能向公司管理功能延伸的部分。原则上可以把公司治理与公司管理区分开来,但它们的交叠区域让两者的实践边界模糊起来,而且两者在理论上的内在关联,也使得某些管理活动可以整合在"泛公司治理"体系之下(见图1-3)。根据我们对公司治理的定义——为协调各方利益相关者的合作关系,针对公司制度的不完备之处,有关公司控制权配置与行使的制度系统——可以考察内部控制在泛公司治理体系中的位置。如前所述,内部控制对核心公司治理体系的扩展是,在利益相关者的合作冲突上将委托—代理链向业务执行单位延伸,控制权行使方面较多关注具体的资产经营权方面的问题。

更为重要的特点是,内部控制处于公司治理的执行机制层面。我们认为,公司治理的性质是一套制度系统,而广义的制度由正式制度、非正式制度和相关执行机制构成。公司治理的正式契约安排无须多言,是本书的基本讨论对象,而非正式制度涉及影响人们行为的价值观念、风俗习惯、人际关系等社会文化类因素。然而,仅此还构不成完整的制度体系,需要相应的执行机制的设计与实施。所谓执行机制,是为了确保基本制度得以实施的相关安排。如果一项决策制定后没有任务分解、宣讲动员、监督保证就难有好的执行效率和效果,立法也要有执法、司法相支撑。所以,公司治理制度的作用发挥还有赖于执行层面的具体安排。举例来说,公司治理要求代理人向委托人尽到信义义务,可如何保证信义义务被履行呢?这需要说明责任的保证,而说明责任通过信息披露来履行。信息披露活动定位于信义义务制度的执行机制层面,而信息披露又恰恰是内部控制工作的重点。

四、作为公司治理重要工具的内部控制

公司治理是一个多学科交叉的学术领域,内部控制是基于会计学视角的探讨,也是面向实践问题的操作性指南。随着内部控制体系在世界各地实践中不断被修订完善,内部控制提供了成熟的公司治理工具。根据以上认识——内部控制定位在公司治理的执行机制层面,并提供了基于管理活动发现并解决公司治理问题的工具——可以从以下两个角度借助内部控制来完善公司治理制度。严格说,是借助成熟的美国COSO报告(我国主要应用《企业内部控制基本规范》),来完善公司治理。

(一)以完善公司治理制度体系为目标的内部控制

公司重视内部控制工作的重大价值之一是,借助内部控制过程推动公司治理制度体系的完善。当我们把内部控制定位在公司治理的执行机制层面,透过反馈机制,内部控制自然可以起到优化公司治理整体制度体系的作用。更关键的是,内部控制作为一项经过反复实践检验的操作性工具,对公司治理体系的完善提供了一套较为成熟的优化框架。以内部控制的第一项要素"内部环境"为主,内部控制对公司治理制度体系的关注包括以下几方面:

第一，内部控制提供了完善公司治理的组织结构建设的基本建议。内部环境是企业实施内部控制的基础，首先要重视的就是公司治理的结构设置和权责分配。我国财政部 2010 年颁布了《企业内部控制应用指引第 1 号——组织架构》，第 1 条指出："为了促进企业实现发展战略，优化治理结构、管理体制和运行机制，建立现代企业制度，根据《中华人民共和国公司法》等有关法律法规和《企业内部控制基本规范》，制定本指引"。可见内部控制对于公司治理或现代企业制度的重要性。而其第 2 条指出："本指引所称组织架构，是指企业按照国家有关法律法规、股东（大）会决议和企业章程，结合本企业实际，明确股东（大）会、董事会、监事会、经理层和企业内部各层级机构设置、职责权限、人员编制、工作程序和相关要求的制度安排"。可见，内容控制的首要工作就是对公司治理的组织结构、权责分配、工作程序进行审查并提出优化建议。注意，如 1.2.2 节所指出的，"公司治理结构"或者"治理结构"是一个容易引起学术概念混淆的提法，这里相关文件中的"治理结构"指的是公司治理的组织结构。

第二，内部控制对企业文化的重视弥补了目前公司治理制度建设中的一处短板。企业文化属于非正式的制度安排，是公司治理制度体系中的重要组成部分，越来越多的文献认识到文化像制度建设一样是影响公司治理机制有效性的重要因素。[111]然而在操作层面，比如文化的公司治理角色、[111]文化对公司治理模式的影响，[112]相关研究并不充分。这方面，内部控制提供公司治理优化的对策。《企业内部控制应用指引第 5 号——企业文化》指出了企业文化建设和评估的要点，更将"董事、监事、经理和其他高级管理人员在企业文化建设中的责任履行情况"定为重点关注对象。

第三，在泛公司治理概念范畴下，内部控制指引了相关优化重点。首先，战略管理是公司治理与公司管理的交叠区域，而内部控制，特别是以 2017 年的美国 COSO 报告《企业风险管理——与战略和业绩的整合》为代表的内部控制体系，尤其重视战略管理。其次，相关人力资源政策也是内部控制工作的重点。在这里，不仅董事、经理人选聘等公司治理活动被关注，而且激励约束、绩效管理等公司治理机制也得到重视。最后，公司治理对外的社会责任活动，也可由内部控制提供指导。

（二）提供公司治理重要手段的内部控制

公司重视内部控制工作的另一重大价值是，内部控制直接提供了两项重要的公司治理工具，一是对风险的控制，二是对信息披露的管理。

第一，内部控制弥补了公司治理的风险管理机制的缺失。如今，国内外的内部控制已上升到全面风险管理的高度。而对于公司治理，虽然不能将其对等于风险管理，但风险问题却是公司治理问题的中介因素。第 1 章提到，公司治理是为了协调利益相关者之间的合作而在事前作好的有关于控制权的制度安排，这是因为面向未来合作的契约具有不完备性，也是因为未来充满不确定性，难以预测、难以证实。总之，利益相关者之间的合作风险是公司治理的起因。其实第 2 章的一个主题——公司制度是社会文明的产物，也反复解释了没有信义义务以及支撑它的公司说明责任体系、通过外部严刑峻法体制降低合作中的风险，利益相关者达成公司合作是困难的。另外，风险管理本身也是经理人的最基本职责之一。然而令人遗憾的是，目前的公司治理体系整体上缺少基于风险管理视角的针对性制度安排。比如OECD指导的《公司治理原则》，虽然在公司治理的框架设置和董事会建设等重要环节上均把风险管理作为重要目标，但操作性建议却并不系统化。[70]

而实践中逐渐完善的内部控制体系却为公司治理补充了完整的风险管理机制。首先，内部控制体系制定了完整的风险评估流程，在目标设定、风险识别、风险分析、风险应对各环节，均有比较完整的内容说明和程序安排。其次，内部控制体系给出了一系列成熟的风险评估方法，比如风险识别中的报表分析、事件树分析、清单分析，风险分析中的各种定量和定性分析，风险应对中的风险规避、降低、分担、承受方法，如此等等。再次，内部控制体系设计了系统化的控制活动安排，包括不相容职务分离控制、授权批准控制、会计系统控制、财产保护控制、预算控制、绩效考评控制、运营分析控制、合同控制等，并且依据业务类型的不同，在资金活动、采购业务、资产管理、销售业务、研究与开发、工程项目、担保业务、业务外包、财务报告、全面预算、合同管理、内部信息传递、信息系统、关联交易管理等方面，侧重于不同的控制重点。最后，需要注意的是，风险管理不是消灭一切风险，而是在合理地确定风险承受能力的前提下，驾驭风险。因为办企业本身就是一项风险事业，企业家就是敢于承担风险的人。在风险管理的目标设定阶段必须解决三个基本问题。一是确定企业的风险偏好，即企业在实现其目标的过程中愿意接受的风险程度。二是确定风险容忍度，即在企业目标实现过程中对差异的可接受程度。三是建立风险组合观，即要求企业管理者以风险组合的观点看待风险。[113]案例4-5反映了任正非作为企业家对风险控制的看法，可见，风险管理绝不是不顾一切地消灭风险。当然，这个尺度的把握，即对风险偏好、风险容忍度的确定，以及对政策红线的理解，每个人的判断是不同的，这正是企业家区别于一般人之处。

案例4-5　任正非：合规的目标也是多产粮食

任正非对金融合规的看法如下：

金融合规的目标也是多产粮食，而不是影响或阻碍粮食的生产。法律上有风险和障碍的地方，不能一概说不，而是要找到合规的解决方案，指导一线如何合规地把业务做成，最终目标还是要紧紧锁在"多产粮食"上。

金融合规的管理要适度，不是所有金融条款都适用于我们的业务场景，要具体问题具体分析。基线是一个管理参考线，不仅仅是一个严格的高压线，你们要研究的是如何规避风险……要研究预案以及善后处理。管理风险的主管，要懂得规则，更要懂得业务，要负责把规则转化为业务行动，在业务作业中督促落实。

……不能做的事情，和业务达成协议，就坚决不碰。

资料来源：华为任正非：绝不允许为了风险控制，把业务逼上梁山［Z］. 2017-11-08. https://www.sohu.com/a/203187514_155929.

第二，内部控制加强了公司治理的信息披露机制。毋庸置疑，内部控制体系从设定之初，就把保障信息披露质量作为基本目标，完全可以用作完善公司治理的信息披露机制的优化工具。我国《企业内部控制基本规范》规定的第四项内部控制要素"信息与沟通"，提供了完整的制度建议，它解释了"信息与沟通"是企业及时、准确地收集、传递与内部控制相关的信息，确保信息在企业内部、企业与外部之间进行有效沟通。

首先，《企业内部控制应用指引第 14 号——财务报告》提供了规范企业报告以及保证报告的真实性、完整性的思路和方法。该指引对报告的编制、报告的对外提供、报告的分析利用，均有具体要求。其次，《企业内部控制应用指引第 17 号——内部信息传递》为促进企业生产经营管理信息在内部各管理层级之间的有效沟通和充分利用，提供了规范要求。该指引对内部报告的形成、内部报告的使用提出了基本要求。最后，《企业内部控制应用指引第 18 号——信息系统》旨在促进企业有效实施内部控制，提高企业现代化管理水平，减少人为因素。该指引在信息系统的开发以及信息系统的运行与维护两方面，提出了具体的规范要求。

综上所述，内部控制是基于会计学视角对公司治理问题进行探讨，其优势在于在操作性层面提供了优化公司治理制度体系的思路和工具，其不足则在于其关注问题局限于会计相关范围之内。特别对于两大公司治理问题，涉及代理型问题的内容多一些，而对于剥夺型问题的关注较少。

石油系统的"塌方式腐败"被连根拔起

一、公告内容

党的十八大以来，石油系统因多位互有串联的高级领导干部被"连根拔起"，成为舆论解读行业"塌方式腐败"，探讨国企从根本上预防腐败的典型样本。

2013 年 9 月 1 日，国务院国资委原主任、党组原副书记蒋洁敏被宣布涉嫌严重违纪接受组织审查。在宣布其被查的前后一周时间内，冉新权、王永春、李华林和王道富也相继落马，他们都曾在石油系统内担任高管职务。进入 2014 年，石油系统反腐持续发力，深度、广度不断加强，多名石油系统或有石油系统任职经历的领导干部连续被查。

由此，2014 年 4 月，中石油 148 名纪委书记述职等事件受到舆论广泛关注，在一百多位纪委书记的眼皮底下发生大规模腐败引发舆论大哗，石油系统党风廉政建设"两个责任"落实问题备受关注。反腐观察人士表示，中石油内部出现严重腐败，是监管部门的失职。有关分析认为，国企系统内纪委书记如此大面积述职，说明中央在进一步加大反腐力度，加大对有关部门履行责任的监管力度。网民表示，石油系统监管部门失职,除主观上不作为之外,客观上受限于监督机制无法作为才是问题的关键所在,应该赋予他们更多的独立监督权力。

审计署此前公布的15家央企审计结果显示,一些央企存在企业财务管理制度不够规范,会计核算不够准确;企业投资项目和工程建设项目管理不够规范;企业对下属单位、分支机构管理比较薄弱等问题。央企在内部管理制度、运营机制、监督机制等方面的"短板",为腐败的滋生提供了温床。

扬汤止沸不如釜底抽薪。石油系统腐败窝案串案给我们的启示是,在定点清除"大老虎"外,完善制度、强化监督,深化体制机制改革是从长远和根本上预防和惩治腐败的必由之路。对国企腐败案件的查处,既要针对个别人的腐败问题,也要寻根溯源,打造更为坚固致密的制度笼子,强化对权力集中、资金密集、资源富集的部门和岗位的监管,管住权力、防腐拒变。

针对目前国企在反腐败体制机制上存在的漏洞,专家们的建议集中于以下两点。一为完善"三重一大"方面的制度,梳理分析在重大决策、重要人事任免、重大项目安排、大额资金运作上发生的问题,找出病灶,举一反三,抓紧完善制度。二为完善国有企业监管制度,加强党对国有企业的领导,把"两个责任"落实到位,发挥国有企业纪委监督作用,加强对国企领导班子的监督,搞好对国企的巡视,加大审计监督力度。尤其是企业党委应切实履行领导职责,不断让企业干部受警醒、明底线、知敬畏。

二、事件背景

以上内容来自"人民网舆情监测室"的报道,文中提及的几个人的基本情况如下:

蒋洁敏:曾任国务院国有资产监督管理委员会(以下简称国资委)主任、党组副书记,中国石油天然气集团有限公司董事长、党组书记,2015年10月12日,湖北汉江中院公开宣判,蒋洁敏受贿、巨额财产来源不明、国有公司人员滥用职权案,判处有期徒刑16年,并处没收个人财产人民币100万元。

王永春:曾任中国石油天然气集团公司副总经理、党组成员,大庆油田有限责任公司总经理,2015年10月13日,湖北襄阳中院宣判,王永春受贿、巨额财产来源不明、国有公司人员滥用职权案,判处有期徒刑20年,并处没收个人财产200万元。

该报道中提及的冉新权曾任中石油董事兼长庆油田分公司总经理、李华林曾任中石油副总经理、王道富曾任中石油总地质师,均被查处。

该报道后,反腐工作继续,曾任中石油总经理的廖永远、副总经理的李新华等人被查处。

资料来源:人民网舆情监测室. 反腐败体制机制建立了但还不够完善——石油系统"塌方式腐败"样本分析[J]. 中国纪检监察,2015,(3).

讨论以下问题:

(1) 文中提及的"纪委书记述职"工作,反映了解决"经理腐败"需要加强什么环节的制度建设?

(2) 文中提及的"财务管理制度不够规范"问题,反映了解决"经理腐败"需要加强什么环节的制度建设?

(3) 文中提及的"完善'三重一大'方面的制度"(下一章小贴士5-4和5-5有介绍),反映了解决"经理腐败"需要加强什么环节的制度建设?

 **讨论问题**

(1) 在"经理腐败"八种表现的框架下,除了书上的例子,你还能找出其他"经理腐败"行为吗?

(2) 讨论案例4-1,回答该问题:何种情况下可以聘任外来的、临时的(有硬性且较短的任期)经理人?

(3) 在治理代理型问题的五道防线中,董事会制度与股东大会制度,以及市场制度与其他外部制度,是什么样的关系?

(4) 治理代理型问题的五大机制之间是怎样的理论逻辑关系?

(5) 补充学习内部控制体系关于风险管理和信息披露管理方面的操作性建议。

第5章

经理制度

导读

本章讨论的经理制度是解决代理型公司治理问题的第一道防线。根据代理型公司治理机制——人员选聘、权责划分、决策制衡、激励约束、监察督导，建构一个完整的经理制度框架，明确了经理制度中各模块的核心功能。对于其中的经理决策制衡制度，强调在辨识决策权代理状况的前提下，基于程序保证、集体决策、例外情境、授权范围等角度建立决策制衡体系；对于经理的选拔聘任制度，要从选聘评估机制、选聘激励机制、选聘培养机制等方面给予高度重视；对于经理的绩效管理制度，要从绩效沟通的角度认识其解决代理问题的思路；对于经理的激励约束制度，薪酬激励是重点，也具有特殊性，但难点在于对激励前提的把握，也要意识到激励要素的多样性。

引导案例 上海家化的葛文耀

1985年，38岁的葛文耀出任上海家化厂长。短短5年，销售额翻了5倍，固定资产暴增15倍，市场占有率高达16%。进入90年代后，葛文耀先是从与美国庄臣的合资公司里抢回了"露美""美加净"两个民族品牌，再是兼并母公司上海日化集团，成立上海家化集团。而后开发"六神"和"佰草集"这两个品牌，在与跨国品牌的竞争中不落下风。

上海家化在1999年完成股份制改革，2001年在上交所成功上市。2006年，上海家化搞过一次股权激励，170多名公司骨干得以稳定。但很快，管理部门发出个新规定，超出额度95%的激励收益要上交。2008年后，葛文耀开始申请"改制"：要么成为上海家化的主人，要么从国企领导变身为职业经理人。不过，葛文耀拒绝了管理层收购（MBO）方案，认为MBO对他一生的清白有影响。最终，葛文耀认可平安信托的经营理念，2011年平安信托获得上海家化集团100%的股权。

然而，2012年11月，葛文耀突然在微博上公然"炮轰"平安信托，抱怨其"无理""为所欲为"。随即有媒体报道，平安信托入主家化后，双方在投资项目上意见不一，特别是叫停了葛文耀寄予厚望的海鸥手表项目，成为他"炮轰"平安信托最直接的导火索。2013年5月13日，平安信托突然宣布，免去葛文耀上海家化集团董事长和总经理职务（仍担任上市公司董事长），并称家化管理层涉及"账外账""小金库"等重大违法违纪问题。葛文耀马上在微博上连续"炮轰"，指责平安信托不守承诺，意图变卖家化资产，进来后"家化集团便名存实亡"。不过，网友们成功被葛文耀是否真有"小金库"的细节吸引。葛文耀只好在微博上长篇累牍地解释，这实为退休工人安置设计的"共享费"，以及家化"前门开足，后门关列"的管理制度，都是国企内部的合法福利，顶多算是"擦边球"。不如此，家化留不住人才、得不到发展、走不到今天。不久后，多家媒体就收到署名"jhliangxin"（意为"家化良心"）的匿名举报信，声称上海家化内设神秘账户，涉及资金高达1.5亿元。葛文耀则认定举报信是平安信托所为，表示"逼人太甚"，双方彻底失去了和解的可能性。9月17日，上海家化（600315）再发一纸公告，宣告葛文耀因"年龄和健康原因申请退休"。

2016年11月28日，葛文耀凌晨5点发微博称刚刚卸任的上海家化董事长谢文坚肆意挥霍，上任3年挥霍50多亿元现金，强烈要求进行离任审计；2018年9月17日，葛文耀在微博发长文，再次指责平安信托的改弦易张的错误决定和上海家化新管理层的经营不善；2019年10月31日，葛文耀发微博感叹："单品牌、少渠道的丸美市值超过有全渠道能力的上海家化60多亿元"；2020年1月16日，葛文耀再次发微博，痛惜珀莱雅的股票市值超过了上海家化。

资料来源：熊剑辉．葛文耀：究竟是上海家化的大功臣还是国企蛀虫．[N]．2017-02-11．https://www.sohu.com/a/126005724_567016；孙亚华．上海家化市值被珀莱雅超越，葛文耀与平安系爱恨情仇[N]．2020-01-17．http://finance.sina.com.cn/stock/s/2020-01-17/doc-iihnzhha2987009.shtml．

葛文耀与上海家化的"爱恨情仇"留给我们三点思考：第一，像葛文耀这样的优秀企业家，我们应该给予什么样的激励？对于他本人，怎样才能激励他继续努力且清廉地展现企业家才能？对于上海家化，怎样才能传承并发扬企业家精神？第二，对于职业经理人的商业判断，投资方和董事会等应该如何配合才能保证决策的质量？第三，无论案例里的"小金库"是"擦边球"还是"越红线"，不披露终究不对，可如何确保经理人说实话呢？这些问题，就是本节的经理制度的重点讨论对象。

此外，该引导案例还遗留了两点疑问，一是控制股东应该如何处理与公司及经营者的关系？二是创始人的控制权是否应该保护以及如何保护（特殊意义上讲，葛文耀也算创始人）？这是下一篇将讨论的内容。

5.1 经理制度架构

如图4-5所示,旨在解决代理型公司治理问题的制度体系在结构层次上共有五道防线,其中,经理制度占据中心位置,是引导经理行为最直接的制度安排。本章集中讨论这个经理制度,同样对经理行为有约束力的董事会制度、股东会制度等,放在后续篇章介绍。图4-5还说明,经理制度还包含人员选聘、权责划分、决策制衡、激励约束、监察督导共五大机制。事实上,整个经理制度就可基于这五大机制进一步细化。而理解并应用这些制度模块的前提是把握它们之间的理论逻辑关系。

图5-1显示了经理制度的基本架构。该图从中间看起,起点是考察委托—代理关系的缔结与管理。这里首先进行的是权责划分活动,反映的是委托—代理契约的签订。该契约的核心内容是控制权在经理与其他公司参与者之间的配置,其中的难点自然是剩余控制权的配置。另外,该图在形式上表明,当经理获得的控制权越小时,代表经理制度的虚线框越扁,意味着面向经理的治理制度的建设需要越不强烈。也就是说,如果仅仅招一个名义上的经理,实际上没有决策权,只是听命服从的执行者,就

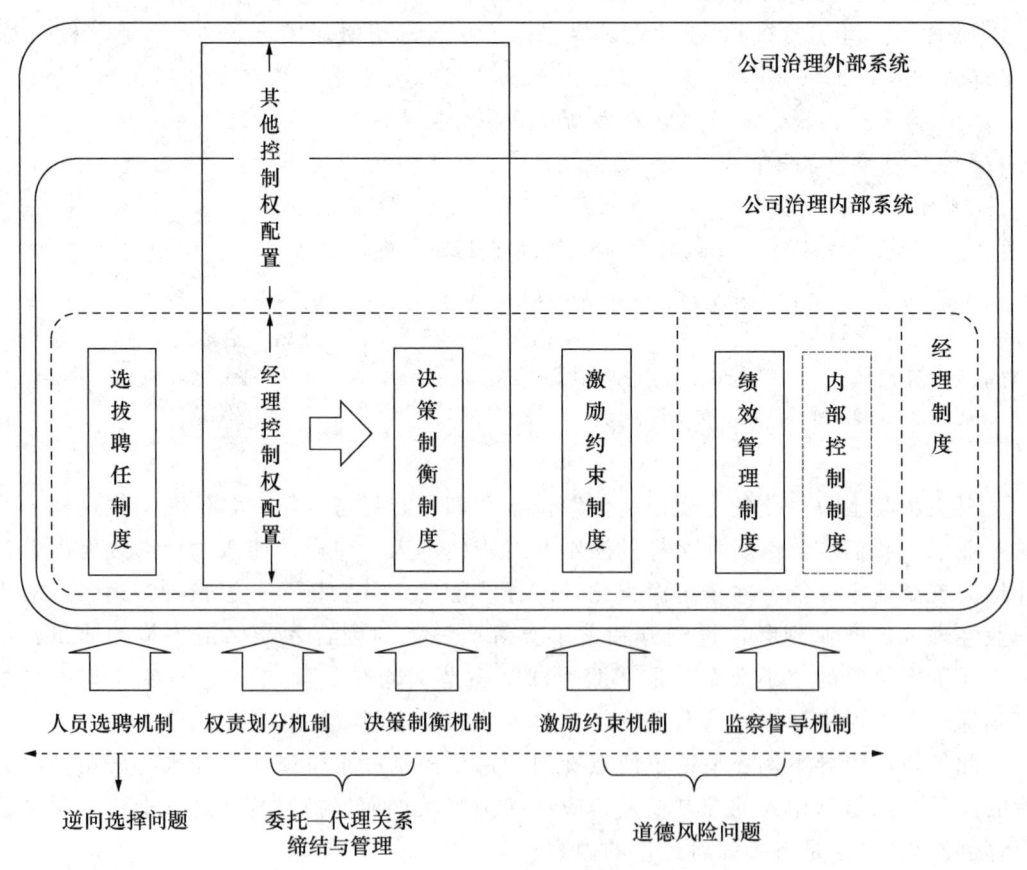

图 5-1　经理制度架构

没有太多代理型公司治理的任务。

在缔结委托—代理契约的同时，以及随后的发展和修订过程中，另一项活动开始进行，需要建立和完善经理的决策制衡制度。决策制衡包含两层含义：首先强调决策活动的开展情况，可以理解为资产经营权配置给经理后的具体行使过程，是控制权外显为经营权后的行使活动。而更具治理含义的一面是，强调经理的决策行为在内容上、流程上是被牵制、被管控的。另有一点需要注意，上一章最后介绍的内部控制体系，在内容上一部分也属于决策制衡制度的范畴，但图5-1将其绘制在监察督导机制下。出现这种概念上的交叠，是因为内部控制是基于审计视角对公司治理整体问题的独特探讨，在实践中单独发展出了标准化的操作工具，其活动重心偏向于信息披露。

以委托—代理契约的缔结为标志，之前会发生逆向选择问题，具体在经理制度中就是选拔聘任经理时面对的治理问题，主要是如何识别经理候选者的企业家才能，也包括相关培养问题和激励问题。

委托—代理契约缔结之后，就出现道德风险问题，这是最狭义的公司治理问题，也是公司治理理论研究的起点。之前论及这类问题的起因在于目标不一致和信息不对称，那么对应的治理机制就是激励约束机制和监察督导机制。其中，激励约束机制强调通过激励相容的制度安排，解决经理与公司目标的冲突。在图4-1中，我们归纳了八大类型的"经理腐败"，体现了经理私利目标的多样性，可见激励约束制度建设的困难。

在监察督导机制中，经理制度主要包括两部分。首先是内部控制体系，准确讲是其中的信息沟通机制，以及风险评估机制，这是直接解决信息不对称问题的制度安排。另外，资本市场对公众公司的信息披露制度自然也有利于解决经理的私人信息问题，但其主要面对的是整个公司，更多关注控制股东的行为，这将在下一篇集中讨论。其次是经理的绩效管理制度。绩效管理绝不仅仅是绩效考核，重要的是绩效沟通和绩效提升，是以披露经理行为为重点的。

以下分别讨论经理的决策制衡制度、选拔聘任制度、绩效管理制度和激励约束机制。经理的权责划分机制不再讨论，一方面是因为决策制衡制度是权责划分机制在经理权力行使层面的体现，另一方面是因为经理仅是权责划分的主体之一，并没有一个只针对经理的权责划分制度。事实上，研究居于股东和经理的委托—代理链中间位置的董事会，更能了解权责划分的规律，这部分知识将通过第9章的"董事会的功能定位"来展现。目前的讨论中，只需把经理掌握资产经营权作为前提，只需认识到公司的职业化经营越充分，经理的权力越大，治理经理的任务越重。另外，内部控制制度在上一章已有介绍，以下不再重复。

5.2 经理的决策制衡制度

5.2.1 公司治理的制衡结构与制衡机制

公司治理是"舶来品",吴敬琏教授最初引入"公司治理结构"这个概念时是这样介绍的:所谓公司治理结构,是指由所有者、董事会和高级执行人员即高级经理人员三者组成的一种组织结构。在这种结构中,上述三者之间形成一定的制衡关系。通过这一结构,所有者将自己的资产交由公司董事会托管;公司董事会是公司的最高决策机构,拥有对高级经理人员的聘用、奖惩以及解雇权;高级经理人员受雇于董事会,组成在董事会领导下的执行机构,在董事会的授权范围内经营企业。[114]可见,最初公司治理的价值就被认定在"制衡关系"上。国人最初接触现代公司时,认为其特点是存在三个权力中心,即股东会、董事会和经理层(如果把监事会加上的话,是四个权力中心),这三个权力中心既能相对独立行使权力,又能相互制衡。[115]

小贴士 5-1　三会四权与六会七方

在早期的中国公司治理探索中有"三会四权"与"六会七方"的提法,在今天看来有不全面之处。但其基于权力分工而相互制衡的理念,确实是公司治理原则之一。有文章是这样介绍的:

"三会四权"是指现代公司治理结构中的股东会、董事会、监事会和出资者所有权、法人财产权、出资者监督权、经理人的法人代理权。"六会七方"是指现代公司治理结构和中国国有企业制度相结合的股东会、董事会、监事会、党委会、工会、职工代表大会以及经营者所形成的七方的组合。把"三会四权"的制衡和"六会七方"的组合有机结合起来,就形成了具有中国特色的公司治理结构模式。

资料来源:叶祥松.两种不同的国有公司治理模式评析[J].中南财经大学学报,2001,(2).

另外,"两权分离"命题在中国的进一步发展,也体现了国人基于制衡视角对公司治理的理解。如前所述,"所有权与控制权的分离"是现代公司的特点,也是公司治理的起点。[4]在伯利和米恩斯那里,经理掌握的是"控制权",是不受股东控制却能控制公司财产的权力。但"两权分离"命题在中国企业改革实践中,往往被称为"所有权与经营权的分离",并认为"所有权与经营权的分离是股份公司的一个特征"[61]。这里用的是"经营权",是对法人财产进行经营的权力,包括日常管理权和重大决策参与权。[61]当然,从对法人财产进行控制而后再经营的角度看,"控制权"与"经营权"在多数场合下并没有太大的实际表现上的差异。然而,这个"经营权"在中国企业治理的两权分离语境上是代表"反""所有权"的,意味着企业经营的专业化和职业化,强调脱离所有者与"所有权"相制衡。因而,这个"所有权与经营权的分离"成为一段时间以来,指导国有企业改革和民营企业职业化的指导方针。在这个方针中,"经营权"用于主动地制衡"所有权",制衡成为解决国有股一股独大和民营企业家族化的基本策略。

可是随后的研究却发现,不能简单地把公司治理机制理解为制衡机制。正如本书第1章的定义,公司治理的前提是各方利益相关者的合作关系存在协调需要。利益相关者合作的目的不是制衡,而是从公司这种社会分工和协作的组织中获得更大利益。所以,公司治理的内涵随之发展,有学者提出要"从权力制衡到决策科学"[5],认为衡量公司治理制度的标准是如何使公司最有效地运行,如何保证各方面利益相关者的利益得到维护和满足。因此,公司治理的目的不是相互制衡,至少,最终目的不是制衡,而是保证公司拥有科学决策的方式和途径。在这样的认识下,公司治理的重点要"从治理结构到治理机制"[5]。即不能仅仅在分权与制衡的组织结构的层面上讨论公司治理,而需要建设若干超越结构的内外部公司治理机制。

"唯制衡"的视角理解公司治理是不准确的,但不可否认的是,制衡结构和制衡活动是现代公司的典型特征。我们认为,可以从两方面辩证地理解。首先,公司化成长塑造出制衡结构。如前所述,企业在成长压力下,通过两类公司革命,形成公司组织形态。经理制度革命的目的是解决企业成长中人力资本欠缺的问题,形式上却造就了与股东相制衡的职业经理层级。有限责任制度革命的目的是解决企业成长中物力资本欠缺的问题,形式上却塑造了与任何自然人都相制衡的独立法人。这两类公司革命,在泛公司治理的范畴下属于制度建构逻辑,涉及公司参与者的关系的建立。相关详述请参见图1-3和图1-4刻画的模型。其次,公司制的治理动因强调了制衡机制。经理革命副作用的存在,要求独立出的经理团队不可利用其信息优势腐败舞弊,这也就要求股东会、董事会对经理决策进行一定程度的约束,构成制衡机制。有限责任制度的副作用导致独立出的法人不能完全听命于任何实际上的控制者,如控制股东,这也就要求内外部的治理者在一定范围内限制公司的行为,也构成了制衡机制。这正是公司治理核心概念所涉及的制度安排,属于制度优化逻辑,目的是填补公司制度的缺口。

图5-2的右侧虚线系统阐释了公司制组织结构的形成逻辑,董事会制衡于股东会以体现法人的独立性,经理层制衡于董事会和股东会以获得自主经营与决策的权力。由此在制度建构逻辑下,建立起了公司制度的基本框架。图5-2的左侧实线系统解释了公司治理的活动逻辑,即在股东—董事会—经理的委托—代理链条上,上级委托人要制衡下级代理人的决策。由此在制度优化逻辑下,公司治理的核心活动得以开展。综合起来,公司制企业的制衡关系沿着两个方向进行,构成相互制衡的关系。在这样的逻辑下,公司治理的制衡体系包含两个重要内涵:其一,制衡不是公司治理的目的,更加不是公司化改造的目的,无论是制衡结构的形成还是制衡机制的作用发挥,都是公司制变革的结果,但要注意,并不是每家企业都有公司革命的需求,在公司制度选择中不可"为赋新词强说愁"。其二,制衡是一种交互的辩证关系。图5-2中,从下而上单纯地强调经理或董事会要制衡股东群体,一味地把"经营权"从"所有权"中分离是不正确的,这将极大地恶化公司治理问题。另一方面,在图5-2中从上而下,

若不赋予下级代理人足够的决策空间而一味地制衡,将不可避免地削弱公司的企业家精神,造成运行的官僚化。从这一点看,以下讨论的经理制度中的决策制衡机制,既可以狭义地表述为经理的决策活动如何被制衡,也可以理解为决策"与"制衡机制,即强调经理被制衡的前提是其拥有足够的决策权,决策的权力与被制衡的义务是辩证统一的。前者是狭义地理解公司治理就是解决"经理腐败",后者则把公司治理放到完整的公司制度体系之下。

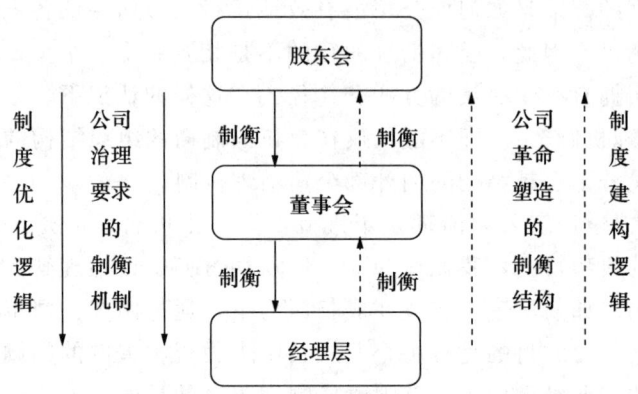

图 5-2 公司治理的制衡结构与制衡机制

辩证地从两个方向理解制衡结构和制衡机制,有利于完整地认识公司制度和公司治理。人们常常抱怨"一抓就死,一放就乱"。其实,这没有什么好抱怨的,这正是公司治理的基本课题。公司治理就是解决"一抓就死,一放就乱"的学科。这里的"放"和"抓"正对应着"制衡结构"和"制衡机制"的建设,分别属于泛公司治理范畴和核心公司治理范畴下的制度建构逻辑和制度优化逻辑。所谓"放",就是从下向上的制衡,形成公司制度的"制衡结构"。所谓"抓",就是从上向下的制衡,发挥核心公司治理的制衡机制作用。所有的"放"和"抓"构成了泛公司治理和核心公司治理的全部内容。而如何解决"一抓就死,一放就乱",当然没有一针见效的良剂。"不审势即宽严皆误"要求在公司治理理论的完整框架下,在"放"和"抓"之间建立平衡。

5.2.2 经理决策制衡机制

狭义地看,经理决策制衡机制反映的是对经理的决策活动进行制衡的制度安排。而广义地理解,经理决策制衡机制也包括经理本身通过充分获取决策权而对股东群体的制衡,并且经理决策权的代理水平也是狭义经理决策制衡机制设计的前提条件。

一、作为前提的决策权代理

如上所述,公司治理的决策制衡机制建立的前提是,公司制度革命带来的制衡结构的形成。所谓制衡结构,即几个不同的权力中心各司其职,小贴士 5-1 反映了早期中国公司治理探索中对权力分立的重视。其中,对于经理的权力范畴,中外学者均将其与资产经营权相联系,认为经理作为股东及董事会的代理人应该行使对法人财产的决策权。但是，人们对经理的决策权边界有不同观点。在最初引入公司治理概念的吴敬琏教授看来，董事会是公司最高决策机构，经理组成在董事会领导下的执行机构。[114]可是，克拉克对现代公司制度的"集中管理"特征的认识是，董事会仅决定公司整体发展方向，日常经营权由经理控制。[34]

可见，中国学者最初对经理决策权的赋予是有所保留的，事实上，中国国有企业改革也是逐步向前的。小贴士5-2解释了国企改革的前三个阶段，其中前两个阶段都以"放权"为重点，第一阶段是放权于企业，第二阶段是放权于厂长或经理。无论怎样，中国逐渐摸索出来的改革思路是完全正确的，就是要把资产经营权交给真正在市场一线的企业经营者手中。这完全可以理解为中国国有企业制度中的"经理革命"。而这个"经理革命"清晰反映的治理思路是，在出资人无法胜任经营职责时，经理要成为企业日常决策的中心，经理要制衡于出资人。所以，广义的经理决策制衡机制的第一项内容是，经理要通过掌握适当的决策权而制衡于股东，这也是制度建构逻辑下的泛公司治理活动。

小贴士 5-2　放权于企业、于经营者的国企改革探索

中国国有企业的前30年改革历程可以划分为三个阶段，即以"放权让利"为特征的扩大企业自主权阶段（1978年底至1984年9月），以"两权分离"为特征的转换经营机制阶段（1984年10月至1993年10月），以建立现代企业制度和实施战略性改组为特征的改革阶段（1993年11月开始）。

中国国有企业发展至20世纪70年代，显现出缺乏活力。在这种情况下，放权让利、扩大企业自主权成为市场化改革的突破口，国有企业改革由此进入第一阶段，即扩大企业自主权阶段。这一阶段采取的主要做法包括扩权让利试点、实行经济责任制、实施利改税改革。

20世纪80年代，为解决国有大中型企业活力问题，改革进入一个新的阶段，即以两权分离为特征的转换经营机制阶段。这一阶段采取的主要做法包括对国有大中型工业企业实行承包经营责任制、对国有小型工业企业实行租赁经营责任制、对少数有条件的大中型工业企业实行股份制试点。

然而，国有企业的第二阶段改革并没有取得预期的效果。20世纪90年代初，中国公司制企业已经发展到很大规模，但很不规范。为此，中共十四届三中全会明确提出建立现代企业制度，十四届五中全会正式提出调整国有经济布局，这标志着中国国有企业改革进入第三阶段，即以建立现代企业制度和实施战略性改组为特征的改革阶段。

资料来源：黄速建. 国有企业改革的实践演进与经验分析[J]. 经济与管理研究，2008，(10).

上文强调了赋予经理决策权的重要性，即现代公司的经理制度的第一项内容，就是决定赋予经理多少权力，这是对法人财产进行决策的权力，是从股东或董事会之处

代理而来的权力。可是，赋予多少呢？这其实就是本篇讨论的第一个问题，在第 3.1 节中我们讨论了职业经理人的引入问题，强调同样冠以经理头衔但两者定位不同，不同定位的依据之一就是经理人的决策权差异（见图 3-1）。即决策权代理的依据有两项：一是"联体企业家"[84]的概念。如果说"股东—董事会—经理"这条委托—代理链承担了"联体企业家"功能，那么相对而言，股东、董事会越难以胜任，经理代理的决策权就越充分。当经理掌握较大多数决策管理权时，就称为职业经理人。二是从职业经理人引入的成本，该成本既包括经理人的薪资成本，也包括"经理腐败"下的代理成本，要认识到经理的决策权越大，这些成本就越高。总之，不同的公司赋予经理的决策权是不同的，如果实行真正的职业经理制度，就要保证经理决策权的充分代理。当然，是否引入职业经理人本身不是目标，是否要建立现代公司制度本身也不是目标，目标是把企业家精神保持下去，将企业家功能发挥到最大。

二、程序保障的制衡

现代公司在经理决策制衡机制上的理想状态是，制衡经理不是削弱其决策的权力，而是保障其代理充分决策权的前提下，保证其不会滥用权力。所以，公司治理制度与政治民主制度具有共同的权力制衡要求，即既塑造权威，又约束权力。[105]于是，程序正义这项政治原则为经理决策制衡制度提供了借鉴。

小贴士 5-3　程序正义

学界通常用"看得见的正义"指称程序正义，它源自英国法中一句古老的格言：正义不仅要实现，而且要以人们看得见的方式实现。对这句法谚的理解，学界通常结合英美普通法系的司法传统，把重点放在后半句，即"看得见的方式"上，认为从司法实践的逻辑来看，审判结果是否正确并不以某种外在客观的标准来衡量，而充实和重视程序本身以保证结果能够得到接受则是其共同的精神实质。其立意的逻辑基点是，实质正义在案件裁判形成之前具有不确定性，而法律程序往往具有明确具体且可操作的独立判断标准。从一般意义上来看，现代社会的价值多元化使得我们很难在实质层面上实现价值的统一，程序似乎是我们唯一能达成一致的地方。

资料来源：夏锦文，刘立明. 程序正义之"看得见"与"感受到"[J]. 学海，2020，(3).

程序正义中"看得见"的内涵对经理决策制衡机制的直接启示是，达成一致意见往往是一种奢求，我们至少能做到的是确保敏感决策事项的信息披露。这其实就是说明责任制度的一种表现，它要求经理及时、准确、全面地就敏感事项的决策背景、决策依据和预估结局等信息对委托人进行汇报。关于说明责任、信义义务等对于公司治理的价值在 2.1 节已经论述清楚，这里不再赘述。当然，决策信息披露的副作用也极其明显，就是暴露了商业秘密，这也是一些企业选择不上市的原因之一。所以，通过决策信息披露的方法制衡经理的制度安排重点，是评价何为"敏感决策事项"。这涉及两方面的权衡，一方面是经理隐瞒信息而导致决策失误和经理腐败等产生的成本，另一方面是披露信息导致的决策迟缓和竞争被动等产生的成本。由于决策事项是否重大对这两方面的影响是同步的,所以这类制衡机制往往针对的是敏感事项,一般涉及公司激励制度、人事制度等与经理利益敏感相关的决策。

程序正义引申下来的对经理决策制衡机制的另一启示是,在决策流程安排上达成的制衡。这方面的知识,在此前章节已经介绍和应用了多次,法玛和詹森对其论述十分清晰,已成为如今经理决策制衡机制的共识性内容。按照流程,一项决策活动大体可以划分为决策拟定、决策审批、决策执行和执行监督四个阶段。[33]在现代公司里,职业经理人先负责思考和拟定决策方案,而后董事会或者股东负责评价和批准方案,随后经理执行这个决策,而在执行中董事会或者股东负责监督和控制。这里的决策拟定和决策执行可称为决策管理,决策审批和执行监督可称为决策控制。于是决策流程上的制衡,体现了决策管理与决策控制之间往复的制衡。在满足这个基本的往复制衡的原则上,具体的决策流程也可以有所发展,不必拘泥于四个阶段,比如在经理拟定决策之前,可以由董事会提起决策,包括设定决策目标。又比如,董事会在决策审批阶段可以提出修改建议或命令,而后经理再次拟定决策方案。

三、集体决策的制衡

公司治理制度与政治制度的另一相通之处在于,将众多个人的意志转换为集体的意志。[105]在公司治理制度中具有这一特点的是股东会制度,也包括董事会制度,通过民主决策的形式制衡个人主义。事实上,在经理制度中,这种集体决策的安排也十分普遍。传统上的厂长办公会、总经理办公会、党政联席会等都体现了集体决策的原则。相对于现代的 CEO 制度,这是首席官团队制度,它不是 CEO 一个人的制度,还包含 COO、CFO 等重要经理人员,以发挥集体的智慧和制衡的力量。此外,例如华为的经营管理团队制度和轮值 CEO 制度(见案例 3-2),也是这种集体决策制度的创新。我们国有企业的"三重一大"决策制度也可以看作基于集体决策的经理决策制衡制度的范本。

小贴士 5-4　　"三重一大"与集体决策

2010 年,中共中央办公厅、国务院办公厅印发了《关于进一步推进国有企业贯彻落实"三重一大"决策制度的意见》。其引言部分如下:

为全面贯彻党的十七大和十七届四中全会精神,切实加强国有企业反腐倡廉建设,进一步促进国有企业领导人员廉洁从业,规范决策行为,提高决策水平,防范决策风险,保证国有企业科学发展,按照中央关于凡属重大决策、重要人事任免、重大项目安排和大额度资金运作(简称"三重一大")事项必须由领导班子集体作出决定的要求。

简单说,这项规定要求"三重一大"事项必须集体决策,为的是反腐倡廉。

在这一制度规定中,不仅解释了"三重一大"的范围和内容,更对集体决策程序做了详细说明,其中包括:(1)集体决策前要走调研、论证程序;(2)提前提供决策材料;(3)采用会议形式;(4)要满足与会人数要求;(5)会议记录准确完整;(6)决策结论要及时向上汇报和向下落实;(7)事先听取党委(党组)的意见;(8)建立决策回避制度,建立决策评估制度。这是对我国国有企业的要求,但显然对各类企业都有指导价值。

四、例外情境的制衡

以上"程序保证的制衡"和"集体决策的制衡",反映的是完备的委托—代理契约关系下的制度安排,假设的是法人财产的决策活动均由经理代理的理想状态。这个理想状态与现实的差别有两方面,一方面是并非所有的决策拟定工作都正式委托给经理的情况,而这里专门讨论另一方面即经理的代理契约不可完备的问题,这产生了例外情境的制衡。

所谓例外情境,在控制权概念体系下对应的就是剩余控制权涉及的范畴。剩余控制权之所以"剩余",是因为事前委托人与代理人无法在大家能承受的成本下设想、描述、规划清晰未来的情境。当这些例外情境发生后,直接面对法人财产的经理"天然"地拥有掌控优势。于是,事先设计的在例外情境发生后约束经理行为的制度安排,就可称为经理决策制衡制度中的例外情境的制衡机制。直观地讲,就是关于经理如何让出决策权,或者说是董事会或股东如何介入经理工作的问题。有文献认为,董事会的三项功能除了咨询、监督(见图2-8),就是例外情境下的介入。[116]

如果将企业危机定位为发展态势不确定的,对企业全局产生严重威胁的,需要在资源相对缺乏、时间紧迫、信息不充分的情势下机敏决策和快速处理的重大事件,那么,这里的例外情境就对应于企业的危机事件,就可以参照危机管理流程[117]设计例外情境下的经理制衡机制。在缩减阶段,要防范危机发生。经理要保证经营管理轨迹的正常化,要消灭危机苗头,而董事会或股东则要对经理的这项工作进行监管。同时,董事会或股东要负责危机管理相关制度的安排,其中重要的一项是确定何为危机,也就是确定介入经理日常工作的条件。这可以从危机的概念中确定依据,包括发展态势不明,对全局威胁大,资源不足条件下快速行动。在预备阶段,要随时准备危机发生。董事会或股东要与经理共同建立和运行危机预警系统,董事会或股东在这里的重点是随时随刻进行危机评估。同时,董事会或股东要与经理共同准备危机发生时可能需要的资源,董事会或股东要特别联络企业外部的关系资源。在反应阶段,则是危机发生时的即时管理。这时决策的权力,甚至危机现场的领导都可以转向以董事会或股东为主。在恢复阶段,要消除后患、走向正轨、反馈学习。此时董事会或股东对经理决策权的介入开始减弱,但是此时的经理有可能已经被撤换。图5-3刻画了危机管理流程下经理决策权在不同阶段被制衡的情况,图中的点画线的形态形象表达了这种趋势变化。

五、授权范围的制衡

"不审势即宽严皆误"作为本书的"心法口诀"强调了公司治理制度设计的定位要求,以上所讨论的几种经理决策制衡机制面向的就是完全满足了职业经理人制度要求的现代公司。然而,现实中的大多数公司更多是形式上或者法律意义上的公司,其公司制的本质属性并不鲜明,比如名义上的外聘总经理仅仅是幕后"老板"的决策执行者而已。

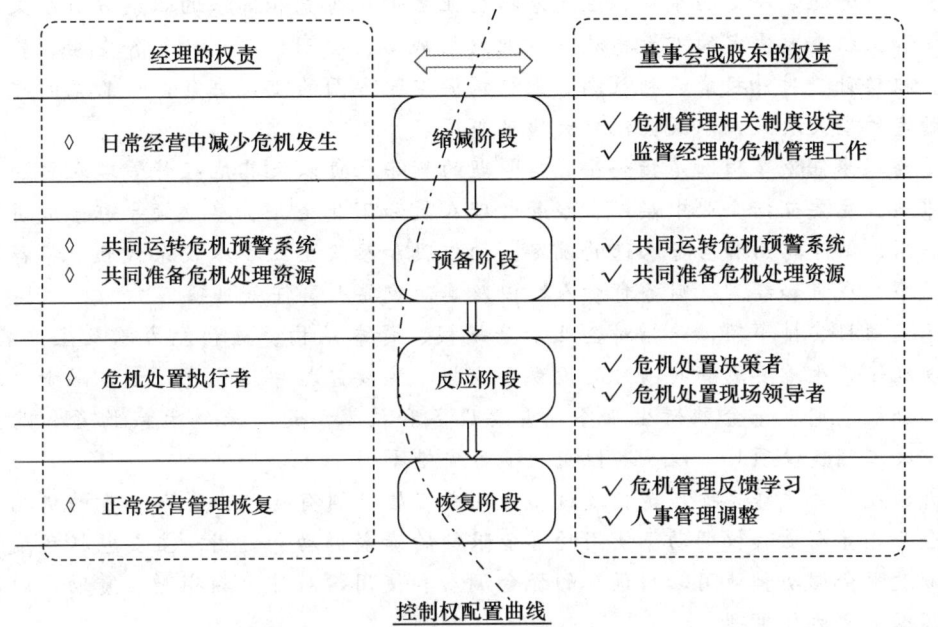

图 5-3　危机管理视角下例外情境的权责平衡

所以，这里所称的"授权范围的制衡"指向经理掌握资产决策权不充分的情况。回想以前讨论过的职业经理人引入的问题，简单说就是能力与信任两大因素。反过来看，当出资人不太看好、不太信任这个经理时，最简单的制衡策略就是减少授权。当然，在聘请了真正的职业经理人后也可以使用"授权范围的制衡"，这对应的情况是其他几种制衡机制的效果出现了问题，比如经理班子变成"一言堂"，董事会被经理控制，这属于收权，即减少经理决策权。所以，"授权范围的制衡"是以制衡经理的视角对决策权的收紧，是逆"决策权代理"机制的。

"授权范围的制衡"的关键点，是经理与委托人在有关法人财产决策权上的配置。配置的因素有两项，一是决策的内容，二是决策的程度。前者的制衡作用是将某些决策事项保留在股东或董事会手中，后者则是对超过一定影响范围或预算费用的决策事项进行限制。显然，不同的公司对决策内容和程度的评判是不同的，小贴士 5-5 介绍的国有企业的"三重一大"决策范围，可对各类企业起到启示作用。

小贴士 5-5　"三重一大"的主要范围

2010 年《关于进一步推进国有企业贯彻落实"三重一大"决策制度的意见》中所指的"三重一大"是：

重大决策事项，是指依照《中华人民共和国公司法》《中华人民共和国全民所有制工业企业法》《中华人民共和国企业国有资产法》《中华人民共和国商业银行法》《中华人民共和国证券法》《中华人民共和国保险法》以及其他有关法律法规和党内法规规定的应当由股东大会（股东会）、董事会、未设董事会的经理班子、职工代表大会和党委（党组）决定的事项。主要包括企业贯彻执行党和国家的路线方针政策、法律法规和上级重要决定的重大措施，企业发展战略、破产、改制、兼并重组、资产调整、产权转让、对外投资、利益调配、机构调整等方面的重大决策，企业党的建设和安全稳定的重大决策，以及其他重大决策事项。

重要人事任免事项，是指企业直接管理的领导人员以及其他经营管理人员的职务调整事项。主要包括企业中层以上经营管理人员和下属企业、单位领导班子成员的任免、聘用、解除聘用和后备人选的确定，向控股和参股企业委派股东代表，推荐董事会、监事会成员和经理、财务负责人，以及其他重要人事任免事项。

重大项目安排事项，是指对企业资产规模、资本结构、盈利能力以及生产装备、技术状况等产生重要影响的项目的设立和安排。主要包括年度投资计划，融资、担保项目，期权、期货等金融衍生业务，重要设备和技术引进，采购大宗物资和购买服务，重大工程建设项目，以及其他重大项目安排事项。

大额度资金运作事项，是指超过由企业或者履行国有资产出资人职责的机构所规定的企业领导人员有权调动、使用的资金限额的资金调动和使用。主要包括年度预算内大额度资金调动和使用，超预算的资金调动和使用，对外大额捐赠、赞助，以及其他大额度资金运作事项。

图 5-4 概括了经理决策制衡机制的整体结构特征。我们把经理决策权的代理工作刻画为一个跷跷板，保持其平衡是主要工作。根据公司经理革命的要求，"授权范围的制衡"作为支点向右运动，授予经理更多的权力，以制衡不称职的出资人。而随着经理权力的扩大，经理决策制衡机制的核心任务出现，解决"经理腐败"成为主要任务，这时可以从三方面支撑下沉的跷跷板，即"程序保证的制衡""集体决策的制衡""例外情境的制衡"。如果这三种支撑作用并不充足，则可以考虑移动"授权范围的制衡"的支点位置。

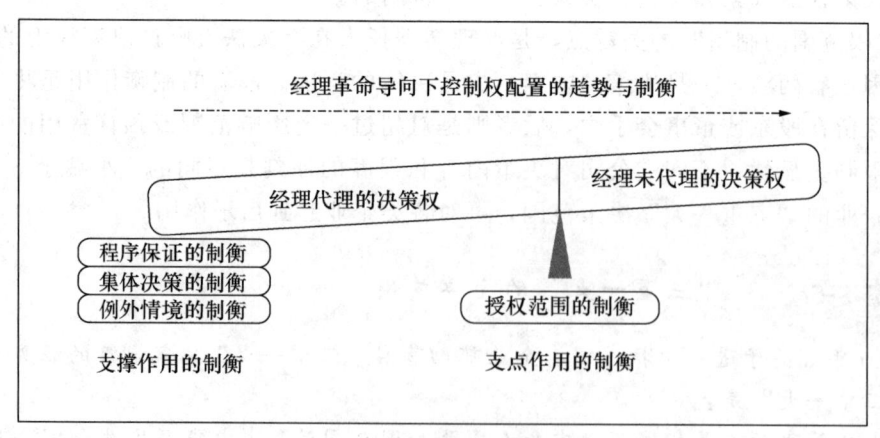

图 5-4 经理决策制衡机制的构成与关系

此外，中国的企业制度中，还包括一些希望能起到制衡作用的专职化机构，比如中国特色的监事会制度，还有传统上的党委会、职工代表大会等。

5.3 经理的选拔聘任制度

一、经理选聘制度的重要性

本书第3章、第4章、第5章是有关代理型公司治理专题。对此,目前各种论著的重点是讨论经理在位前提下的"经理腐败"问题,这在委托—代理理论体系中属于道德风险问题范畴。然而,委托—代理理论还关注签约前的逆向选择问题,这在公司活动中对应的是经理的选拔聘任工作。不知何故,经理的选聘问题在公司治理理论体系中常常被忽视,但是在现实世界里,事前的经理选聘丝毫不比事后的经理监管显得次要、简单。有太多的案例表明,"选错人"后不管再如何培养、激励都于事无补。

案例 5-1 ▶ **谁造就了杰克·韦尔奇**

在杰克·韦尔奇执掌通用电气(GE)公司期间,公司接连在《福布斯》杂志全球500强排名表上位居榜首,他本人多次被评为"全球最佳CEO"。韦尔奇的成就当然离不开他个人卓越的企业家才能,但这也是GE公司的经理聘任选拔制度的成功。

1981年,韦尔奇从GE公司第七任CEO雷吉·琼斯手中接过了GE公司的权杖,在此前,琼斯主导下的CEO继任工作已经进行了7年。琼斯1974年就开始考虑挑选自己的继任人,最初人事部门提供了一份包含96位候选人的名单,随后根据年龄、能力的一系列权衡,候选人的人数缩减至19人。这时,主管人力资源的高级副总裁特德·勒维诺和琼斯决定给予更多年轻人机会,韦尔奇被补充进候选人名单。再往后,经过评估,候选人减少至11位。

更严苛的考评开始了,让人印象深刻的方式有三种。其一,琼斯从前任弗雷德·波克那里学来了"飞机面试"计划。琼斯把11名候选人分别召进办公室,问道:你和我现在乘坐的飞机坠毁了,谁该继任通用电气的董事长?每人被要求提出3位候选人。后来又问了他们对GE公司的现状、挑战及对策的看法等其他问题。这样的"飞机面试"进行了两轮,每轮过后都有人被淘汰。其二,在非正式场合让独立的高端企业家评判候选人。琼斯介绍韦尔奇参加董事会成员层次的酒会、舞会、高尔夫球赛等活动。这大概与中国人"牌品就是人品""酒品就是人品"的评断逻辑是一样的。其三,广泛的、大力度的岗位轮换和岗位提升。在作为候选人的几年时间里,韦尔奇攀爬了螺旋式的职业阶梯。他不断地被调到新的岗位,既获取新的知识,也接受新的挑战。而每一次轮岗,意味着前一次考核的成功,也意味着更高阶层考核的到来。在1979年8月,最后一次的岗位变动是韦尔奇和另两位候选人进入董事会,并担任副董事长。一年之后,董事会进行人事评估,韦尔奇得分最高。董事会同意推举韦尔奇为GE公司新一任的董事长。

同样的程序在韦尔奇选择自己的继任者时,又进行了一遍。关于继任问题,韦尔奇说道,"至少有一年的时间,这是我每天早上思考的第一件事,也是每天晚上占据我整个头脑的事情"。

资料来源：〔美〕杰克·韦尔奇，约翰·拜恩．杰克·韦尔奇自传［M］．北京：中信出版社，2017．

案例 5-1 中有两句话，韦尔奇的前任"琼斯主导下的 CEO 继任工作已经进行了 7 年"，而轮到韦尔奇自己，他说"至少有一年的时间，这是我每天早上思考的第一件事，也是每天晚上占据我整个头脑的事情"。但在中国的企业实践中，我们看到很多负面的例子，一些公司领导人没有把接班人选拔当作自己的重要本职工作，一些集团搞换届轮岗制导致公司战略缺乏连贯性。这个案例说明了此前 GE 公司长盛不衰的秘诀是，在任最高领导把选拔接班人始终作为自己的基本责任。此外，这个案例也解释了经理选拔聘任制度的基本架构。

不过，GE 公司的案例仅讲述了事情良性循环的一面，在任经理表现优良，然后他的提议被董事会或董事认可，进而新老经理平稳交接，并保证公司战略和业绩的平稳发展。但是，当现任经理的表现不佳时，存在经理能力、品行的问题，也存在环境变化对经理提出新角色要求的问题，这就需要董事会或股东对继任经理的选聘起到更多作用。另外，如果现任经理特别强势，也许是业绩带来的底气，也许是性格所致，他过多地参与继任者选聘工作可能带来另一方面问题。强势的领导往往不会认可他人的领导力，特别是自己的下属。[116]把选聘继任的工作交给现任，常会导致将唯唯诺诺的人安排到需要更多勇气和成功特质的职位上去。[116]于是，有一种较普遍的提法，"现代公司董事会首要职责是能够选聘到优秀 CEO"[115]。所以，要重视经理的选聘工作，要突出董事会或股东的作用，也要现任经理紧密配合。

需要注意的是，这里讨论的是经理继任问题，这是经理选聘工作的主要难题。若我们把经理理解为一个经理团队，还存在"搭班子"的问题。对于副手的选聘工作，第一经营者的参与度显然要更高些，而其他工作程序和方法并无原则性差别。

二、经理选拔聘任制度的基本架构

经理的选拔聘任活动主要涉及三个问题（见图 5-5）。

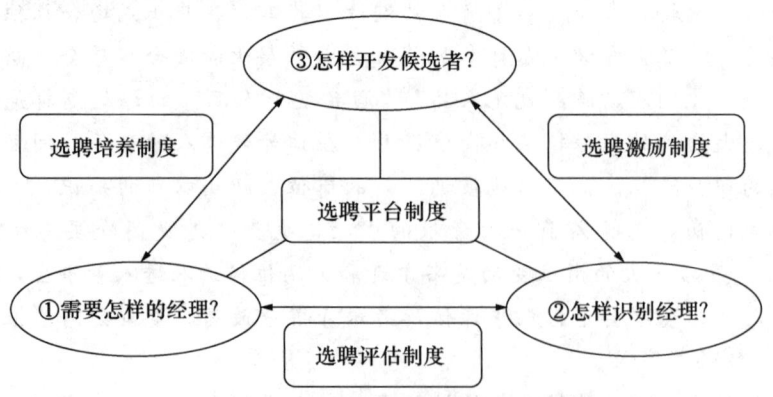

图 5-5 经理聘任选拔制度的基本架构

问题一：需要怎样的经理？即对经理的能力有何期待？对经理的品质有何要求？

问题二：怎样识别经理？这也就是如何解决逆向选择问题。

问题三：怎样开发候选者？即搜寻潜在经理。

当问题一和问题二联系在一起，就凸显了选聘评估制度的重要性。这是经理选拔聘任的核心，涉及经理的素质要求和素质考察等内容。当问题二和问题三联系在一起，就涵盖了选拔工作的基本过程。不同于一般人员的选拔，经理的选拔常常是一个漫长的周期，期间对当事人、对公司的业务活动都有重大影响。于是，如何做到不干扰，甚至能推动公司经营管理活动，就成为经理选聘过程中的重点任务。这就产生了选聘激励制度，以发挥经理选聘活动具有的控制权激励作用为目的，以降低候选经理间相互竞争的副作用为另一重点。当问题三和问题一联系在一起，就对经理培养工作提出了要求，既培养出人才又挖掘出人才是选聘培养制度的任务；此外，要保证经理聘任选拔顺利进行，还需要包含流程控制、评估者选择等内容的支撑制度的建设。

三、选聘评估制度的主要内容

经理选聘评估制度包括两项主要内容。首先，要根据公司内外环境条件、公司发展战略方向等，明确对经理的素质与能力的要求。案例5-2中的表格总结了职业经理人必须具备的素质与能力。该表格仅作为一个例子供读者参考，这样的素质表格和胜任力模型其实数不胜数。在多数情况下，我们都不能证明其错误，但也无法证明其正确，这是这类知识普遍难以处理的原因。在实践中，还是要基于现实条件，从战略目标、业务特征等重点因素中寻找答案。比如，某公司面临技术转型，显然表格中"丰富的文化内涵"的各项条件都无法与"技术内行"或"行业背景"相提并论。

即便总结了一位甚至多位成功经理身上的某些特质，也要明确，无论怎样高明的能力模型都必须放在一定的条件下才能有效。有研究发现，当现任CEO在构想继任者时似乎总是在"克隆"自己，但即使一个CEO在公司的某个时期是理想的，也不见得他就是能帮公司解决下一个挑战的最佳选择。[118]

案例 5-2 经理人的模板？

人们总是希望摸索出经理人成功的规律，出发点是好的，但实践应用性不强。

表 5-1 经理的素质与能力要求

一级指标	二级指标	三级指标
良好的道德品质	良好的道德	
	优秀的品质	勇于开拓
		使命感
		勤奋好学
		乐观热情
		诚实与机敏

(续表)

一级指标	二级指标	三级指标
丰富的文化内涵	广博的基础知识	语言文字能力
		历史和哲学知识
		社会学和心理学知识
		法律知识
	丰富的专业知识	所在行业专业知识
		经济学知识
		管理学知识
	当代最新的管理与科技动态	
非凡的领导能力	洞察事物，提出构想的本领	
	协调一致的技巧	
	调动员工积极性的能力	

资料来源：中国商业联合会，中国企业联合会组织．公司治理［M］．上海：上海人民出版社，2006。

经理选聘评估制度的第二项内容就是如何评估候选人。评估候选人的工作的出发点和落脚点都在于处理信息不对称所引发的逆向选择问题。对此，有两条思路：一是从机制设计的角度处理逆向选择问题。这部分内容在3.4节中有详细描述。主要包含信号传递、信息甄别、重复博弈下的声誉机制三大模式。二是通过严格的评估程序，将隐性信息显性化，彻底解决信息的不对称性。案例5-1中，GE公司有很多看似随意的评估活动，在吃喝玩乐中察觉人的本性。这给我们以启示，要形成正式考评与非正式考察相结合的评价机制，要保证审慎、全面和长期的评价。

四、选聘激励制度的主要内容

经理选聘活动会对公司内部的组织政治产生重要影响。所谓组织政治，是指在一个组织中与权力的获取、权力的使用、权力的争夺、权力的强化等相关的活动。而权力又是多数人，特别是经理人所渴望的东西。于是，经理选聘做得好，权力成为激励因素而激发人们的进取心；做不好，或打击人们的积极性，或导致恶性竞争。经理选聘激励制度涉及两项需要关注的内容，一是选拔内部人还是外部人作为候选人，二是随后如何控制激励的力度。

对于经理选聘，应考察内部晋升与外部招聘的区别，这也是一个全方位影响经理选聘工作的抉择。选拔内部候选人的有利之处在于：信息对称度高，决策者对他的了解更充分，选错人的风险较小、危害较轻；他对工作熟悉，上手快；有利于前任的培养；在激励问题上，一方面有利于候选人更加努力工作，另一方面也有利于形成积极进取的公司文化。选拔内部候选人的不利之处在于：工作上的创新性可能会弱于外部候选人，发现市场机会的可能性更小，接任后更可能将萧规曹随奉为圭臬；工作上的包袱较重，其弱点更易被放大，缺点更不易被包容；在激励问题上，一方面可能招致恶言竞争带来的互相拆台、小集团化、扭曲信息等政治行为，另一方面可能打击职位竞争失败者的积极性和忠诚度。而这些情况反过来就是选拔外部候选人的结果。简单说，

"外来的和尚好念经"是选拔外部人的优势,信息不对称度高和打击内部人积极性是选拔外部候选人的缺点。[116]

可见,内部晋升制度的激励作用较强,但是如何做到激励适度却是一个需要进一步设计的问题。一方面,激励强度要合适。激励强度依赖于两个因素,一是就职先后的福利差别,就是期望理论中的"效价";二是被选聘的概率,就是期望理论中的"期望值"。激励强度过低则缺乏激励作用,过高则会把太多人的"胃口"都吊起来,容易导致候选者间的恶意竞争。最理想的情况是,让真正胜任者愿意为职业进阶而再加一把劲,让目前条件还不成熟的人把希望放在下一次。另一方面,要调整竞争者之间的冲突。随时注意控制可能激化的矛盾,让竞争发生在"阳光"之下。也要解决落选者的出路问题,比如提供其他职业通道,或给予一定的经济补偿。

五、选聘培养制度的主要内容

案例 5-1 中,GE 公司的螺旋式上升的轮岗制度具有三方面效果:其一,实打实地拿业绩、拿表现来完成能力和素质评估,不搞纸上谈兵,在时间、资源充分的条件下,这是最佳的选聘评估制度。其二,一轮一轮考察和淘汰,对候选人产生了强大的激励作用,是可供借鉴的选聘激励制度。不仅最终选拔出最高领导,也给其他岗位带来了优秀的年轻管理者。不过,最后筛选下来的几名优秀候选人失败后受到的打击比较大,受到外部猎头的诱惑也很大。其三,GE 公司的轮岗选拔也是选聘培养制度的完美范例。

当锁定了候选人后,公司应该果断投入,精心培养,促进他们的成长。首先,结合以前的评估结果,针对候选人的薄弱之处以及公司需要加强之处,确定培养目标。其次,采用多种手段,量身打造培训计划。其中,应广泛使用岗位轮换、担任现任经理助理等"干中学"的培养计划。岗位轮换有助于候选人丰富业务知识、提高管理能力,掌握公司业务与管理的全貌,也有助于培养候选人协作精神和系统观念。担任助理一职,可通过直接学习现任的做法,熟悉经理工作的内容和要求,提前积累经理工作经验。最后,选聘培养的过程同时也是一个连续评估的过程,候选人在培训期间反映出来的能力和品行,是决策者需要重点考量的信息。

六、选聘平台制度的主要内容

选聘平台制度负责经理聘任选拔的全流程服务,主要包含四个部分:第一,选聘管理团队的组建。一般的做法是,董事会是最终负责人和决策者,可由董事会成员构成选聘小组,或由董事会的提名委员会全权负责,其间现任经理依情况可深度参与,也可被排除在外,由公司人力资源部门提供业务支持,适当情况下可以引入猎头公司。第二,候选者的管理。包括建立候选人名单,记录候选人工作情况,记录候选人考评成绩,安排试用或轮换岗位,反馈候选者信息等。第三,选聘环节的连接。从选聘流程的开启,各选聘制度之间的衔接和推动,到交接工作设计、落选者工作安排,需要全程服务。第四,紧急聘任预案管理。有许多原因,比如公司绩效、危机事件,甚至是经理个人、家庭的原因,都会导致公司需要紧急聘任新的经理。对此,应该事先就准备好应对方案。

小贴士 5-6　CEO 选聘的一组调查数据

以下来自一项针对美国和加拿大上市公司的调查：

对于 CEO 的选聘，36.9% 的公司由董事会负责；30.8% 的公司由董事会的提名与治理委员会负责；一些公司将该责任分配给董事长（15.4%）或首席董事（4.6%）；10.8% 的公司的现任 CEO 负责此事。

平均而言，董事会每年仅花费 2 个小时讨论 CEO 继任计划（受访公司的全体董事会平均每年开会五次，其中只有两次会议讨论继任计划，每次一小时）。

只有 50% 的公司有一份详细说明下一任 CEO 所需技能的书面文件。

71% 的内部候选人知道自己在正式的人才开发库中，但只有 50% 的内部候选人定期进行沟通（通常是每年或每两年）。

只有 50% 的公司为新任 CEO 提供入职或过渡支持。

资料来源：详见 https://www.gsb.stanford.edu/faculty-research/publications/2010-ceo-succession-planning-survey。

5.4　经理的绩效管理制度

经理签约后，委托—代理问题具体化为道德风险问题，面对其产生根源之一的"信息不对称"问题，相应的经理制度就着重发挥了监察督导功能。对此，企业实践中总结出的几种制度体系，有利于解决该信息不对称问题。其中包括面向整个公司层面的信息披露制度，延展至管理领域的内部控制制度，以及本节讨论的直接针对经理的绩效管理制度。

一、绩效管理的实质

经理绩效管理常常被人狭义地理解为绩效考核，这是不可取的。图 5-6 是对于各类人员都通用的绩效管理系统，绩效考核只是其中的一个环节。绩效管理被认为是管理者用来确保员工的活动和产出与组织的目标保持一致的过程。这个过程起始于绩效目标的确认，它来自公司战略的分解。随后，在整个绩效周期之内进行绩效监控。监控不仅是收集、记录绩效表现，更重要的是进行绩效沟通，并辅导员工改进工作、提高能力。到了绩效周期结束的一个时点上，才进行绩效考核。考核不仅意味着技术性的评估，还要进行反馈沟通。最后，要制订绩效改进计划，以及针对绩效表现展开激励、聘任、培训等工作。

可见，绩效考核仅仅是绩效管理流程中的一个环节。这样的管理原则同样适用于对公司高级经理的管理。对经理的绩效管理，就是以董事会为管理主体，以确保经理对股东尽到信义义务的过程。在整个过程中，行为的关键词是"沟通"和"改善"，甚至绩效考核也是以"沟通"和"改善"为目的的。小贴士 5-7 是全美公司董事联合会蓝带委员会指出的对 CEO 进行绩效评估的作用，一共八点，除了第五点是关于薪

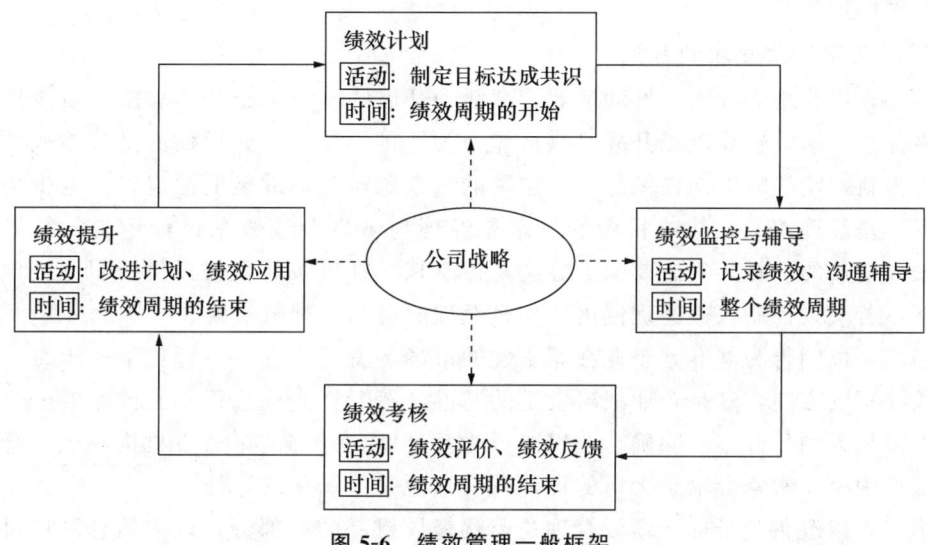

图 5-6 绩效管理一般框架

酬管理之外（当有人把绩效管理狭义地理解为绩效考核后，常常会进一步误解绩效管理就是为了计算薪资），其余都是与沟通有关的内容，特别是前四点完全聚集于沟通工作。

小贴士 5-7 ▶ 经理绩效管理的作用

方便董事会与 CEO 之间就公司和 CEO 长期和短期的业绩期望进行交流；

方便董事会与 CEO 之间就实际业绩评估进行交流；

帮助 CEO 认识到自身的长处和缺点以及发扬长处和改掉缺点的方法；

及时为 CEO 和董事会提供潜在问题的报警信号；

提供清晰的 CEO 薪酬决策准则，包括刺激性报酬的方案和何时取消这些方案；

协助培养 CEO 与董事会之间的团队合作观念；

增加在危急关头董事会支持 CEO 的可能性；

提供一个明确的信号给股东和行政管理者：董事会一直在监督和评估 CEO 与高层管理人员的活动。

资料来源：全美公司董事联合会蓝带委员会. 首席执行官、董事会和董事的业绩评估 [A]. 转载于梁能. 公司治理结构：中国的实践与美国的经验 [C]. 北京：中国人民大学出版社，2000.

所以，沟通是经理绩效管理工作的主要功能，经理绩效管理制度的实质就是解决信息不对称问题。当然从更宽泛一些的角度看，绩效考核也提供了一种信息，是有关行为后果的信息。可是对于经理，其决策后果的体现周期一般很长，影响也很大，考核出了问题往往于事无补。所以，我们强调的经理绩效管理的信息沟通功能更注重的是决策过程的信息沟通，以及危机产生前的信息沟通。聘请职业经理人后，董事会、主要股东以放权为借口扬长而去是不对的，决策控制权要随时履行，监察督导机制要随时发挥作用。

二、经理绩效管理的原则

第一，以战略为导向。推动绩效管理活动开展的动力源于公司战略。绩效目标始于战略分解，绩效辅导以提升战略执行能力为原则，绩效考核评估的是战略成效，绩效改进为新一轮战略周期提供起点。这里的一个困难是，战略的拟定者，至少是重要参与者，是经理本人，战略目标的设定是经理与董事会或股东讨价还价的结果。为此，法人财产的委托人务必要保护好决策控制权，在决策管理权托付给职业经理人的前提下，若决策控制权被经理侵占，那么经理的行为将难被制衡。

第二，以同行为基准。企业在竞争性的市场环境下生存，同行竞争的压力也指明了取长补短的方向，这是企业战略设定的基准。垄断性企业往往不甚健康的一个原因就是，委托人的目标难以明确。在以同行为基准时，外部的第三方机构，比如金融中介、信息中介，常常会给予无情的评估，[116]这也是市场化的好处。

第三，以改善为目标。绩效管理是监察督导机制的一部分，认为信息对称可以解决委托—代理问题，是因为存在一个基本前提，即监察发现的问题随后可以督导解决。也就是说，绩效沟通中发现的问题，必须得到及时纠正。这也体现了绩效管理以绩效改善为目的的原则。绩效改善，有就事论事的针对性举措，也要认识到新任经理也有能力素质提升的过程。

第四，以考核为驱动。绩效管理不是绩效考核，但是绩效考核却是推动绩效管理的重要动力。与绩效考核信息直接相连的激励约束手段，关乎经理的切身利益，对经理构成直接威慑。应当以绩效考核为着力点，全盘规划绩效管理的周期频率、管理主体、考核指标等。

第五，以沟通为根本。在经理制度的基本体系中，经理绩效管理制度的根本定位是解决委托—代理关系中的信息不对称问题。认识到这一点，有利于解决现实中为了考核而考核的官僚问题，以及那种平时不管不问而秋后算总账的官僚问题。

5.5 经理的激励约束制度

5.5.1 经理激励约束制度的主要内容

经理激励约束制度是指实现经理与股东目标一致的激励相容策略的总和。在一些文献中，将对经理的监督列为约束行为，但本书的划分稍有不同。我们将监督的本质归纳为对信息不对称问题的处理，处于监察督导环节，而约束起到的是激励相容的功能。因而在本书中，监督与约束不是同一个概念。相反，激励和约束可以不作特别区分，因为它们的功能是一样的，只是在行为表现上，一个正向，一个负向，一个拉动，一个推动。根据目前国内外的公司治理实践情况，经理的激励约束制度主要由薪酬激励、控制权激励、声誉激励和外部环境约束四方面构成。

一、薪酬激励

基于一般的常识，薪酬，包括基本薪资、奖金、股票股权、福利津贴等等，是最常见的激励约束因素，反映了经理特殊人力资本投资的回报。一般，狭义地讲，经理的激励制度指的就是薪酬激励。鉴于其重要地位，5.5.2节将进行专门讨论。

二、控制权激励

经理的控制权分为两个层面，首先是聘任合同明确赋予的基于职位的资产经营权，它是经理法定权威的来源，是经理实现其功能的基础。这类控制权成为激励约束经理的重要因素，在于它可以满足经理两方面的需要：一是满足经理控制他人或感觉优越于他人、感觉自己处于负责地位的权力需要。有的时候控制权与薪酬一样，本身不代表什么，仅仅是一种象征意义，通过更多权力的获取获得自我实现的心理感受。二是使得经理具有职位特权，享受"在职消费"，给经理带来正规报酬激励以外的物质利益满足。[119]

其次，由于契约的不完备性，经理还可能获得部分剩余控制权。剩余控制权是契约中没有特别规定的活动的决策权，它赋予了经理更大范围内行动和命令的自由。当经理拥有了对公司的剩余控制权或者部分剩余控制权后，将不再是"打工仔"，而成为公司的控制者，得到了额外的权力满足。一方面，剩余控制权越大，经理在行使资产经营权时的限制越少，从其中获得的满足感就越强。另一方面，根据控制权与索取权对应的效率原则，经理也由此得到了获取公司剩余收入的理由。当然，剩余控制权的获取也是经理代理问题的基本来源（见图5-7）。

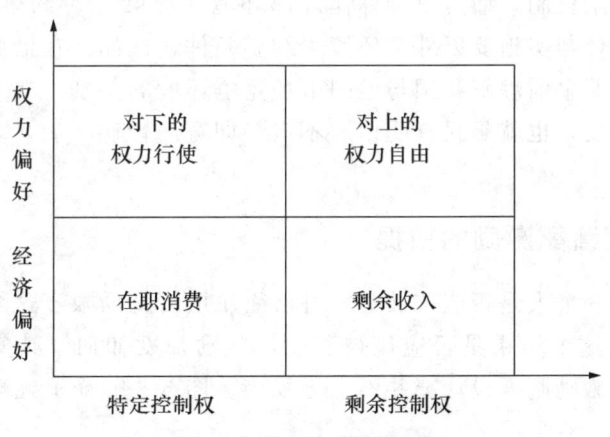

图 5-7 控制权激励机制

在行使上，控制权激励有"质"和"量"两种方式。聘用和解雇就是从"质"的方面对经理进行激励和约束。这是最彻底的激励措施，也是接管市场何以成为英美国家公司治理最强大手段的原因。而"量"的角度的激励逻辑是，经理对公司的贡献越大，其所获得的控制权就越大，控制权收益也越多。

三、声誉激励

声誉是外部世界对经理及其人力资本的评价。一方面，良好的声誉给经理带来了社会赞誉和社会地位，满足了其尊重和自我实现的成就感。另一方面，单纯地从经济因素考虑，追求良好声誉是经理在与环境的重复博弈中，为获取长期利益的理性选择。无论是关于企业家才能还是关于品行的良好声誉，都有助于增加其在经理人市场上的人力资本定价，从而增加未来时期与雇主就薪酬讨价还价的能力。因此，一般情况下，经理为了维护声誉，会尽量约束自己的机会主义行为，同时促使其行为长期化。[40]但是任期将近的经理会遇到问题，声誉的未来价值极大降低，也就是所谓"59岁现象"产生的重要原因。

将声誉作为激励手段要考虑两点前提：一是提高声誉的"信号"质量，让声誉能真正传达经理的努力和能力。这涉及经理市场的建设问题。二是提高声誉的"信号"功能，让声誉成为公司聘任和计酬的基本依据。这涉及公司选聘制度和薪酬制度的优化。

四、外部环境约束

首先，外部环境中的市场竞争约束来自产品市场、股票市场和经理人市场，它是公司外部治理系统的重要功能，是控制权激励、声誉激励发挥作用的前提。充分的市场竞争是对经理机会主义行为的终极约束，它提供了信息披露机制，缓解了信息不对称问题，也提供了优胜劣汰机制，促使经理随时保持危机感。其次，法律和政府管制、债权人和战略伙伴制约、中介机构评价、大众舆论约束等其他外部因素，也能产生积极的约束作用。

从实现激励相容的角度来看，激励与约束具有相同的功效，在此前介绍中将激励约束机制简称为激励机制，而这里却称作外部环境"约束"。"约束"二字强调的是，其他激励制度的设计与实施要以外部环境为约束条件。比如，在借鉴英美国家的经理薪酬激励方案时，要事前理解我国与他国市场竞争环境的差别。在一定的外部条件下选择一定的内部制度，也就是只有明白"不审势即宽严皆误"后，才能做到"能攻心则反侧自消"。

5.5.2 经理薪酬激励的前提

许多人在判断一个人是否应该被奖励时，往往把目光局限于这个人做的事有什么结果上，然后判断这个结果是否应该被奖励，奖励幅度如何。其实，这种"成王败寇"的分析思路在激励制度设计上并不十分妥当。图5-8解释了经理薪酬激励的基本设计思路。[116]

薪酬激励的起点是回答什么是良好绩效，即明确委托人的目标是什么。这一问题是薪酬设计的起点有两方面原因。一是它直接明确了经理的受托目标，可以直接对经理行为起到引导作用。二是它权衡了公司内外环境的异质化条件，为经理提出了客观的努力方向。在这样的思路下，一个盈利数亿元的公司也许并不是好公司，因为考虑了垄断因素、规模因素、经济周期因素后这并不是良好的绩效，经理本应该干得更好。相反，也许一个刚刚让公司扭亏为盈的经理却值得称赞，因为若换作其他经理，公司的业绩只能更差。甚至，有的情况下良好的绩效并不是用财务指标来衡量的，也

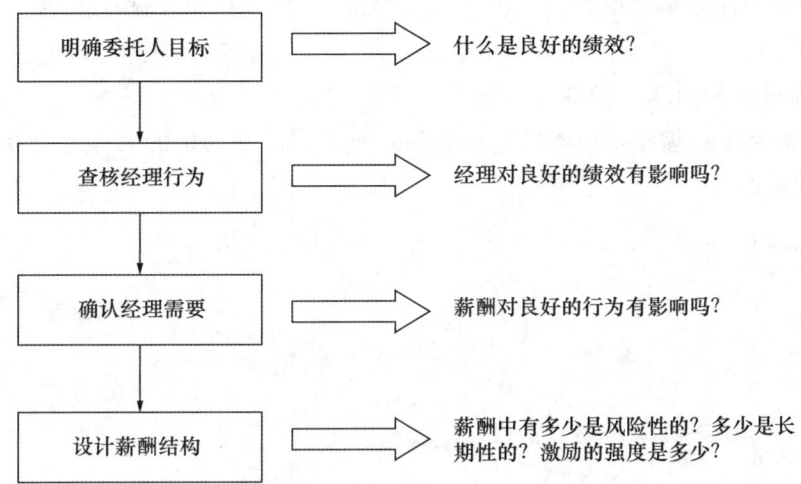

图 5-8　经理薪酬激励的前提

许委托人目前更关注市场覆盖率,或者研发成果等。回想 3.3.2 节所介绍的道德风险契约模型,第一位也是要建立委托人的目标函数。

如果公司的确展现出了股东想要的绩效,则随后要回答的问题是,经理对良好的绩效有影响吗?通过查核经理的行为,一方面,再次确认前一问题,这一绩效是经理的功劳,还是经理这个"岗位"完成的?另一方面,要确认是否存在随机因素的干扰,是否经理在被允许的范围之外经营。公司的业绩以及被考核的指标是经理行为与外来因素共同影响的结果,在薪酬合同制定之前要尽量考虑如何减少随机变量的干扰。比如,以股票类指标计量绩效时,要考虑如何减少股市大盘变动的影响。另外,在监控经理行为时要时刻关注经理是否违规经营。当公司越采用高刺激性薪酬时,越会发生经理违规事件。违规,可能是违反基本商业规则和道德,也可能是在公司业务范围之外经营。在案例 2-4 的中航油事件中,如果公司及早发现陈九霖进行期权交易的行为,并在其薪资计算中给出反馈,也许悲剧不会上演。

在确定了经理对公司的贡献后,则要考虑激励经理的是薪酬还是别的因素。要知道,对经理的经济人假设是一种理论处理。现实中,有些人更关注的是别的因素,也许控制权激励和声誉激励更是经理所渴望的。即便是经济因素,也要考虑经理对不同薪酬结构的偏好。

在明确了以上三个问题后,才进入薪酬结构的设计阶段。这是下一节的讨论重点。人们在设计薪酬制度时,往往急于制定具体的薪酬结构,急于考虑细节性的技术问题。但若以上三点问题没有考虑清楚,激励的导向可能就是错的,激励相容的目的就无法实现。

5.5.3　经理薪酬结构的设计要点

经理薪酬结构的设计是一项复杂工程,不仅要关注的因素较多,尤其重要的是如何针对不同的公司条件、不同的战略安排、不同的经理诉求,给出相适宜的制度设计。所以,没有最优的薪酬结构。以下列示的是有关经理薪酬结构设计中重要因素的分析原则。

一、薪酬结构的基本框架

图 5-9 展示了经理薪酬结构的基本形态,而不同薪酬结构的具体差别在于几个重要参数的设定不同。

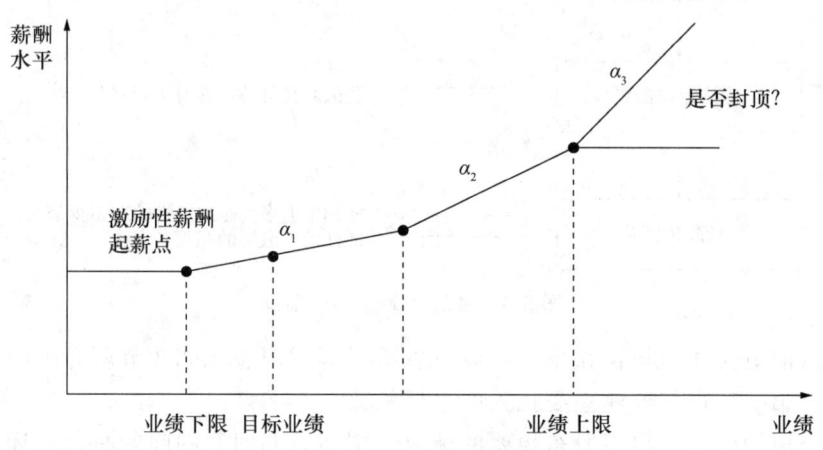

图 5-9 经理薪酬结构的基本框架
资料来源:宁向东.公司治理理论,第 2 版 [M].北京:中国发展出版社,2005.

第一步,薪酬设计的起点是确定目标业绩,即回答什么是良好的绩效。经理是受托于股东而存在的,实现股东交付的目标才是经理获得激励性薪酬的原因。所以,"在确定激励性报酬之前,比报酬更重要的是要首先确定究竟让经理完成什么样的任务,用何种目标业绩来要求经理"[35]。不过,确定目标业绩并不是件容易的工作。许多情况下,投资者并不知道公司的真实价值,或者抱着越多越好的虚妄憧憬。此外,要认识到图 5-9 中的业绩指标在现实中往往是多个指标的组合体现。

第二步,确定业绩下限。当这个下限达到后,经理才可以计算激励性的薪资。否则,只能获得固定工资,也就是激励性报酬的起薪工资。固定工资对经理起到了保险的作用,可以保障基本的生活质量,不同的经理对它偏好不同。当目标业绩确定后,如何设定业绩下限,其实就是确定在正常情况下,激励报酬中风险收入的比例问题。所以,激励性薪酬的激励强度与激励性薪酬起薪点是一对相关的因素,激励强度大则固定工资少。

第三步,确定激励性薪酬的激励强度。关于这个强度的设计,随后再具体说明,这里要解释这个强度的变化问题。在现实实践中,激励强度有分段计量的情况。一些公司,将业绩区间分为几段,每一段对应不同的激励强度。强度的变化,有累进的安排,也有累退的设计。在案例 2-4 中,中航油公司对陈九霖的薪酬激励就是累进的。于是,我们看到了多劳多得的强烈激励,也看到了强烈刺激下的铤而走险。另外,无论是累进还是累退,在薪酬曲线中只要出现折点(包括那个激励性薪酬起薪点),就有可能出现经理盈余管理的现象,将当期的利润搬到下一期折点的另外一边。[121]

最后，与上一问题相关的是，是否应该对激励性薪酬封顶？我们认为原则上应该封顶，或者至少"软封顶"，即到达业绩上限后，激励强度的增加速度大幅下降。我们知道，经营绩效是经理行为和外部因素共同作用的结果。当业绩完成情况超过了业绩上限时，或者是外部条件发生了根本的变化，或者经理从事了股东未曾授予的业务活动。如果对这种情况加大激励力度，就丧失了激励应该有的引导经理行为的功能。当然，还有一种超过业绩上限的可能，就是业绩预期根本就是错误的。对此，应该事前做好薪酬封顶的预防，只有这样才能维持薪酬在不同年度之间的连续性。

二、激励强度的设计

在3.3.2节对道德风险问题的讨论中，我们将经理的薪酬结构假设为 $s(\pi)=\alpha+\beta\pi$，其中 α 是经理的固定工资，β 是经理分享公司产出的份额，也就是激励性薪酬的激励强度。这个激励强度越强，意味着固定工资的比重越小。随后通过一个简单模型的计算得到一个答案：$\beta^{*}=m^{2}/(m^{2}+b\rho\sigma^{2})$。这说明要考虑具体情况，权变地设计激励强度。

第一，公司绩效对经理越依赖，即激励努力的边际贡献 m 越高，则激励强度应该越大。这给我们的启示是，越是高层的经理，其决策对公司绩效的影响越大，激励强度一般应该高些。也说明，如果所谓的经理仅仅是执行"老板"或"官员"的命令，对其就没有太多的激励的必要，其工资结构中的固定工资比例可以高一些。

第二，公司绩效的不确定性越大，或者准确判断经理行为的干扰因素越强，即随机变量的方差 σ^{2} 越大，则激励强度要越小。可以想象一下，如果公司的绩效主要与市场变动相关，市场好则产品大卖，市场不好则产品无人问津，而市场的变动又毫无规律可言，这时激励会起到作用吗？不会。因为经理会盘算，即使我努力了，但如果市场不好，努力也是白搭。反过来，如果不努力，而市场却变好了，不是一样获得奖励吗？另外，这一点也说明，越是容易被衡量绩效的经理，越应该获得高风险收入、低固定工资。所以，对于承担非经济任务的国有单位，过强的激励强度反而会扭曲其行为。

第三，经理越是风险规避者，即风险规避参数 ρ 越大，则激励强度要越小。所谓风险规避，不是不去做任何有风险的事情，而是承担风险任务后，要获得一定的补偿。风险规避倾向越强，其索要的风险补偿就越高。风险补偿越高，就等于固定工资越高，进而用于激励的风险性收入的比例就越低。事实上，企业家成为获取红利的所有者，就在于他们的风险承受力强。

第四，经理越是回避努力工作，或者说为达到一定绩效付出的代价越大，即努力成本系数 b 越高，则激励强度要越小。其中的道理与回避风险、索要补偿是一样的。这告诉我们，经理的选拔至少不比激励的重要性低。当经理并不胜任其岗位，力不从心时，再强的力度也起不到激励效果。另外，这里的努力成本也包含努力的机会成本，当经理不努力工作而从贪腐、休闲等中得到更多的满足时，再强的激励强度也没有用处。

三、激励信息源的设计

激励以绩效为依据，绩效要通过某种指标来传动。但是，每一种指标不仅包含了经理的努力，还含有随机的噪声。所以，薪酬激励制度设计的一项重要工作是，选取那些能更多反映经理努力信息的指标。更进一步地理解，薪酬激励的基础与其说是绩效指标，不如说是激励信息。

在实践中，最简单、最常见的方案是选择一些信息量最充分且容易测量的业绩指标作为激励信息源。常用来反映经理工作绩效的指标有主营业务收入、资产收益率、资产周转率、发展战略目标完成率、市场占有率、核心员工保有率等。近年来，基于EVA的经理激励计划在国内外大型公司内比较流行。

案例5-3　央企的考核与激励

为全面贯彻党的十九大精神和党中央、国务院关于深化国有企业改革、完善国有资产管理体制的一系列重大决策部署，引导中央企业实现高质量发展，加快成为具有全球竞争力的世界一流企业，国资委于2019年3月修订印发了《中央企业负责人经营业绩考核办法》（以下简称《考核办法》），主要呈现以下四个特点：

一是突出高质量发展考核。多角度构建年度与任期相结合的高质量发展考核指标体系，涵盖效益效率、科技创新、结构调整、国际化经营、保障任务、风险管控、节能环保等方面的指标，特别是在坚持质量第一、效益优先的原则下，突出科技创新考核引导，鼓励企业加大研发投入，将研发投入视同利润。国资委结合企业不同考核要求，按照"少而精"原则选取指标，纳入年度和任期考核。

二是突出分类考核和差异化考核。根据国有资本的战略定位和发展目标，结合企业实际，对不同功能和类别的企业，突出不同考核重点，合理设置经营业绩考核权重，确定差异化考核标准，实施分类考核。对于混合所有制企业以及处于特殊发展阶段的企业，根据企业功能定位、改革目标和发展战略，考核指标、考核方式可以"一企一策"。

三是突出世界一流对标考核。强化国际对标行业对标在指标设置、目标设定、考核计分和结果评级方面的应用。明确对具备条件的企业，运用国际对标行业对标，确定短板指标纳入考核。规定A级企业根据经营业绩考核得分，结合企业国际对标行业对标情况综合确定，数量从严控制。

四是突出正向激励考核。强化"业绩升、薪酬升，业绩降、薪酬降"，适当提高A级企业负责人的绩效年薪挂钩系数。对经营业绩优秀以及在科技创新、国际化经营、节能环保、品牌建设等方面取得突出成绩的企业，予以任期考核通报表扬。鼓励探索创新，企业因实施重大科技创新、发展前瞻性战略性产业等，对经营业绩产生重大影响的，按照"三个区分开来"原则，在考核上不作负向评价。

资料来源：国务院国有资产监督管理委员会. 中央企业负责人经营业绩考核办法［DB/OL］. 2019-03-07. http://www.sasac.gov.cn/n2588030/n2588954/c10650828/content.html.

在使用经理绩效指标作为信息源时，可考虑增加一些可供观察的能提供有关经理行为新信息的其他指标。一类指标是那些与绩效一样可以反映经理行为的指标。尽管把经理体重写到激励合同中不靠谱，但努力进行身材管理的认识在董事会的非正式评估中还是有一定影响的（在某些军官选拔的案例中，体重确实会成为一项指标）。另一类是能够反映绩效外生变量情况的指标。这种指标直接或间接进入激励合同是较常见的做法。如果假设绩效指标 $x=a+\theta$，用 x 来反映经理努力 a 不准确，是因为外生变量 θ 的影响。于是，如果我们可以观察到 θ 并将其写入激励合同，就可以得到激励的准确度。这个 θ 可以是物价指数，也可以是股票综合指数等。一般而言，将一些影响企业业绩的宏观经济变量写入经理的报酬合同是有益的，因为这样可以降低由宏观政策导致的外生风险。[37]

另外一种常见的提高激励信息质量的方法是相对业绩评价。经理的薪酬不仅依赖于自己的业绩，还依赖于同类经理间的相对业绩比较，其激励计划是 $s=\alpha+\beta x+\gamma(x-\bar{x})$。其中，$\bar{x}$ 就是作为比较的经理的工作业绩。作为参照物的经理，是那些受到相同外生随机因素影响的经理，一般尽量选择同行业、同地区以及同样内部条件的公司经理。相对业绩评价的极端形式是锦标制，即激励经理的指标不考虑其绝对的工作绩效，而考虑这个经理在一组经理群体中的排名。

激励信息源的设计还涉及监督活动。在本书中，经理薪酬激励制度被理解为实现经理与股东激励相容的制度安排。而解决委托—代理问题还有一条根本途径，就是直接减少信息的不对称性，本书将其列入监察督导机制中的绩效管理环节。但是，这只是基于理解上的层次性考虑，不能在理论上将激励与监督割裂开，在实践中更加不可以。监督的价值在于收集经理行为的信息和环境变动的信息，其目的在于降低绩效的方差，即激励强度公式 $\beta^*=m^2/(m^2+b\rho\sigma^2)$ 中的 σ^2。显然，绩效方差与激励强度成反比。所以，加强监督可以改进激励机制，有利于提高激励强度。当然，在监督过程中，监督成本是纳入考虑的因素。

四、激励时效性的设计

目前，企业实践中，经理薪酬计划中的长期性报酬的比例越来越大。长期性报酬的本质在于其激励时效上的递延性。图 5-10 说明经理递延型薪酬的特点是，在任职早期，经理实际所得薪资低于其贡献应得部分，两者的差距随着任期的推移而减少；在

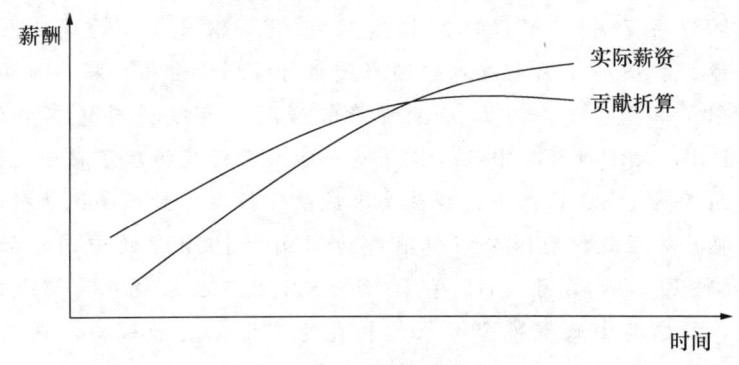

图 5-10 递延型薪酬

任职后期（甚至可能是退休后获取养老金的阶段），经理所得会超过其应得。这样的递延付酬，等于将早期的薪资推延到晚期发放。

长期递延性的薪酬激励出于三方面考虑：第一，便于核实经理的实际贡献。经理行为的影响是长期的，行为结果的核实往往需要一定时间的考验。薪酬的递延支付等于拉长了经理的考核周期。第二，起到抵押金作用。薪酬的递延支付相当于经理将其任职早期应该得到的薪资抵押给公司，成为一种保证金。这有利于加强对经理的约束，特别使得解雇的威胁变得更有力。第三，有利于避免经理行为的短期化。薪酬的递延支付将经理与公司的长期发展联系在一起，公司的衰退和经理的跳槽都意味着此前的努力白费了。

在企业实践中比较常见的延长经理激励时效性的方案是年薪制和股权激励制度。年薪制是指以年为业绩评价周期，根据年度内经理的经营管理绩效和所承担的责任、风险确定其薪资收入的薪酬制度。任何一种薪酬的支付都以其贡献为基础，但是不同职位贡献的显现时间不一样，操作工人的绩效现场就可以评判，而对经理行为的评判可能要一年乃至几年才能得出结果。这是采用年薪制的基本初衷。年薪制是以年度绩效为标准决定薪资的制度，因而它是一种浮动性的薪酬模式。不能把年薪制与一年之内收入是多少混为一谈。

股权激励制度将在8.2.2节详细介绍。股权激励制度是以经理人分享公司股权为形式的长期激励制度，一方面在激励计划执行过程中通过多种形式的方案设计促使经理人尽到信义义务，另一方面通过经理人最终获得股份实行激励相容。股权激励的形式各种各样，具有代表性的是限制性股票计划和股票期权计划。如今，股权激励也被用于吸引特殊人才和专业人才。

讨论案例 赖小民的两面人生

一、百度百科上的赖小民与华融公司

赖小民（1962年7月—2021年1月29日），男，汉族，江西瑞金人，党校研究生，高级经济师。1983年7月，加入中国人民银行计划资金司，从事货币政策、信贷管理和金融监管等工作。曾任中国华融资产管理股份有限公司党委书记、董事长。2020年8月11日，天津市第二中级人民法院一审公开开庭审理了赖小民受贿、贪污、重婚一案。2021年1月29日上午，经最高人民法院核准，对赖小民执行了死刑。

中国华融资产管理股份有限公司（前身为创立于1999年的中国华融资产管理公司）（以下简称中国华融），于2012年10月12日上午在京成立，赖小民任董事长，柯卡生任总裁，标志其由政策性金融机构转变为市场化金融机构。它是经国务院批准，由财政部（持股比例为98.06%）、中国人寿保险集团（公司）发起设立的非银行金融机构。2020年《财富》中国500强中，中国华融排名第90位。

二、赖小民自己说：优化"五位一体"公司治理（结构）

（注，本书此前已经解释了把公司治理等同于公司治理"结构"是有危害的，而本案例摘录的原文就有"结构"两字。为保证案例分析材料的原汁原味，以下不再说明和修正）

记者：感谢您接受《中国金融》杂志的采访。完善金融控股集团法人治理结构，不仅是其自身提升市场竞争力、确保长期稳健发展的重要途径，更是维护国家金融安全的着力点。您认为，金融集团应建立怎样的法人治理结构？

赖小民：综观世界各国金融集团法人治理结构，形式各异，很难说哪种是最好的法人治理结构，只有最合适的法人治理结构。中国华融2012年股份制改制之初，在深入思考国际公司治理成熟经验、中国企业特别是国有企业管理特点的基础上，我向党委提出构建以到位的党委会、规范的股东大会、健康的董事会、有效的监事会、负责任的经营层"五位一体"为主要特征的现代金融企业法人治理结构，经过五年来的实践运行，很符合中国华融的实际。

具体来说，一是党委会要到位。坚决克服"党的领导弱化、形同虚设"的弊端，全面加强党对国有企业的领导，公司党委统揽全局，领导要坚强有力，保证"国有经济充满活力、国有资本功能放大、国有资产保值增值"发展大方向不偏离。二是股东大会要规范。坚决克服"股东大会失范，大股东侵犯中小股东利益"的弊端，形成国有绝对控股地位下央企、外资、民企、中小股东共同参与的股权结构，治理程序依法、规范，保障各股东权益。三是董事会要健康。坚决克服"董事不懂事、不专业、不履职"的弊端，打造一个战略清晰、科学决策、履职尽责的董事会班子。四是监事会要有效。坚决克服"监事不监事、花瓶摆设"的弊端，监事会不但要实施现场与非现场检查、确保监督有效，而且要"长牙齿"，协调公司审计、纪委监察等机构实施追究问责。五是经营层要负责任。坚决克服"董监事不履职、经营层胆大胡来"的弊端，经营层要坚决贯彻董事会决策，提高执行力，狠抓经营管理见实效。

记者：从中国华融的实践看，金融控股集团如何通过完善治理体系、提升治理能力来推动自身的稳健发展？

赖小民：按照党的十八届三中全会"推进国家治理体系和治理能力现代化"要求，中国华融近年来致力于不断提高公司治理体系和治理能力的现代化水平。

一方面，完善"法人治理、业务治理和风险治理"三大治理体系。完善以公司党委和董事会为中枢、党委书记把方向、董事长直接领导、总裁负责执行、监事长负责监督的协同高效的公司治理体系。完善以党委和董事会为领导、经营层抓落实的业务治理体系，推进总部板块化、分公司区域化、子公司市场化改革，总部逐步由传统的直线职能制向矩阵式事业部制转型，分公司逐步由传统的省级行政区划设置向大经济区域管理对接转型，子公司管理逐步由传统的集团绝对控股向股权多元化转型、由传统的管企业向管资本转型。完善以董事会为核心、经营层负主要责任、监事会强化监督的风险治理体系，建立有效覆盖并分类管理各类风险的集团风险管理架构，建立有效覆盖机构、资金、业务、信息、人员的集团风险防火墙体系。

另一方面，提升"重大决策、经营管理、监督检查、信息科技管理、队伍尽职责任"五大治理能力。切实提高重大决策制定的前瞻性、科学性、针对性、及时性和有效性，切实提高公司党委决定、股东大会决议、董事会决策的执行力。构建"流程科学、职责明确、风险可控、赏罚分明"的流程管理模式，强化经营层经营管理责任，经营层要紧紧围绕工作目标抓落实，制订好经营和分解落实计划，加大执行力度。强化和保障监事会工作的有效性，以监事会监督为核心，整合财务监督、审计监督、纪检监察监督多条线力量，实现对公司各项工作的立体化监督检查。进一步完善公司内部相关经营管理的信息传递和报送机制，对照上市公司标准规范信息披露。提高各级领导干部和全体员工的业务能力、管理能力和工作责任心，做到敬业、尽心、尽责，实现授权和责任对等，激励和约束对称。

三、判决

2021年1月5日，天津市第二中级人民法院公开宣判由天津市人民检察院第二分院提起公诉的赖小民受贿、贪污、重婚一案，对被告人赖小民以受贿罪判处死刑，剥夺政治权利终身，并处没收个人全部财产；以贪污罪，判处有期徒刑11年，并处没收个人财产人民币200万元；以重婚罪，判处有期徒刑一年，决定执行死刑，剥夺政治权利终身，并处没收个人全部财产。

经审理查明，2008年至2018年，被告人赖小民利用担任原中国银行业监督管理委员会办公厅主任，原中国华融资产管理公司党委副书记、总裁，中国华融党委书记、董事长兼华融湘江银行股份有限公司党委书记等职务上的便利，以及职权和地位形成的便利条件，通过其他国家工作人员职务上的行为，为有关单位和个人在获得融资、承揽工程、合作经营、调动工作以及职务提拔调整等事项上提供帮助，直接或通过特定关系人非法收受、索取相关单位和个人给予的财物，共计折合人民币17.88亿余元。其中1.04亿余元尚未实际取得，属于犯罪未遂。2009年底至2018年1月，赖小民利用担任原中国华融资产管理公司党委副书记、总裁，中国华融资产党委书记、董事长兼华融湘江银行股份有限公司党委书记等职务上的便利，伙同特定关系人侵吞、套取单位公共资金共计人民币2513万余元。此外，赖小民在与妻子合法婚姻关系存续期间，还与他人长期以夫妻名义共同居住生活，并育有子女。

资料来源：贾瑛瑛．优化"五位一体"公司治理结构——访中国华融资产管理公司董事长赖小民［J］．中国金融，2017，(16)．作者根据相关网络资料自行整理。

讨论以下问题：

（1）本案例中的赖小民身为华融公司的董事长而非总裁，为什么将其放在"经理腐败"的课题下讨论？由此反映了怎样的公司治理问题？

（2）中国华融公司的"五位一体"公司治理已经层层设卡了，为什么会让赖小民成为漏网之鱼？是关卡不够？某道关卡有破绽？关卡之间有漏洞？还是别的什么原因？

（3）中国华融公司的"三大治理体系""五大治理能力"，针对的是什么治理目标？

开展的是什么样的治理活动?

 ## 讨论问题

（1）经理制度的各构成模块分别体现了什么公司治理机制？相互之间的逻辑关系是怎样的？

（2）图5-2提出了"公司革命塑造的制衡结构"和"公司治理要求的制衡机制"，如何辩证地理解两者的关系？

（3）为什么对经理选聘的过程管理，要从选聘激励机制和选聘培养机制两个角度进行制度建设？

（4）基于经理工作的特殊性，如何认识经理绩效管理制度强调的重点并非是绩效考核，而是绩效沟通？

（5）考虑经理薪酬激励的前提后，判断高薪报酬的条件。

第三篇

股东与公司治理
——剥夺型公司治理专题

第 6 章

股权与股权结构

导读

本章是"剥夺型公司治理"专题的开篇,涉及两大内容。首先,对产权理论的相关内容进行简要介绍,它是理解剥夺型问题的重要前提。第一节介绍了产权的三重内涵和三项属性,由此说明产权保护对于公司治理的价值。对科斯定理的解释也是加深对公司治理性质认识的重要途径。进一步,在第二节对股权及其公司治理含义进行深入辨析。本章的另一个重点是回答有无最优股权结构的问题。当然,答案是没有。第三节建立了一个股权结构评价体系,包括三个评价维度以及四项评价准则。由此强调研究股权结构不是寻求最优范本,而是发现不同股权结构下的公司治理隐忧,明确不同公司治理制度建设的目标和重点。

引导案例 阿里合伙人制度

2013 年,阿里巴巴集团拟在中国香港上市被拒,香港交易所认为阿里巴巴的"合伙人"制度违背同股同权原则。2014 年 9 月 19 日,同样的合伙人制度,阿里巴巴在美国纽约证券交易所获得上市成功。从阿里上市时的股权结构来看,第一大股东孙正义控股的软银和第二大股东雅虎分别持有阿里 31.8% 和 15.3% 的股份。阿里合伙人共同持股 13%,其中马云本人持股仅 7.6%。然而,根据阿里公司章程的相关规定,以马云为首的 36 位(2019 年情况)合伙人有权力直接、间接任命董事会的大多数成员,成为公司的实际控制人。在由 11 人组成的董事会中,除了 6 名外部董事,5 位执行董事全部由合伙人直接提名。而大股东软银在阿里董事会中仅仅委派了一名没有表决权的观察员。

无独有偶,近年来包括 Google、Facebook 等越来越多的新兴企业选择发行具有不平等投票权的双层股权结构股票来实现创业团队对公司实际控制的目的,频繁演绎互联网时代"劳动雇佣资本"的神话。而美国等一些国家由于允许发行双层股权结构股票,成为百度、奇虎、搜房、优酷等中国知名企业选择上市的目标市场。以京东为例,2014 年在美国纳斯达克上市的京东同时发行两类股票。其中,

A类一股具有一票投票权,而B类一股则具有20票投票权。出资规模只占20%的创始人刘强东通过持有B类股票,获得83.7%的投票权,实现了对京东的绝对控制。

阿里合伙人资格如下:第一,在阿里巴巴工作至少5年,对公司发展有积极性贡献。第二,领导能力极其优秀,能够制定正确的战略决策并带领员工有效实施。第三,对公司文化有强烈的认同感,愿意竭尽全力传承公司文化、履行使命。第四,每位合伙人必须持有一定的阿里股份,且有限售要求。

阿里合伙人选任规则如下:合伙人每年选一次,每次不限定名额,由现任合伙人向合伙委员会提名,一人一票,但必须得到75%以上同意才可当选。当选的合伙人没有明确的任期限制,直至离职或者退休。马云和蔡崇信两人为永久合伙人,其他成员为普通合伙人。普通合伙人到60岁时必须退休,退休后可以成为荣誉合伙人,而离职的合伙人则自动失去合伙人身份。

阿里合伙人组织结构如下:合伙人的核心管理机构是合伙人委员会,负责管理合伙人,组织合伙人选举工作和提议、执行阿里高管年度奖金池分配。

阿里合伙人的董事会提名权如下:除了直接产生执行董事外,阿里合伙人还有其他超越股东的权利,包括合伙人提名的董事应占董事会人数一半以上,若不足半数,合伙人有权任命额外的董事;如果股东不同意选举合伙人提名的董事的,合伙人可以任命新的临时董事,直至下一年度股东大会;无论董事因任何原因离职,合伙人都有权任命临时董事以填补空缺,直至下一年度股东大会。

阿里合伙人的奖金规则如下:每年阿里会向包括合伙人在内的管理层发放奖金,不同于股东的分红,该奖金可在税前列支,计入管理费用。而股东分红则是以税后利润分配。

关于阿里合伙人制度的几点思考:

第一,有人认为阿里这种"劳动雇佣资本"的模式保护了企业家和创始人。请问,为什么在阿里这样的公司里,合伙人或类似的企业"首脑"应该被保护?

第二,合伙人以其聪明才智投入公司,保护合伙人就是保护其产权。那么,做到什么程度,才称得上保护好了产权呢?

第三,有人基于阿里合伙人制度提出创造最优股权结构的设想。请问,你认为的最优股权结构应具有哪些特征?当然,回答这个问题的前提是,可以从哪些角度来衡量股权结构?

第四,有人对阿里合伙人制度提出担忧,认为它实质上是"同股不同权",会危害小股东利益。为什么"同股不同权"就会危害小股东?

第五,有人从阿里合伙人制度的优势联想到员工持股制度的优势,你认为员工持股制的缺点是什么?

资料来源:郑志刚,邹宇,崔丽.合伙人制度与创业团队控制权安排模式选择——基于阿里巴巴的案例研究[J].中国工业经济,2016,(10);昝新明,郭秀存.阿里巴巴"合伙人"制度评价及启示[J].财会月刊,2016,(4).

对于引导案例中提到的第一个问题,是当前学术界和企业界都关注的热点话题,仁者见仁,智者见智。读者可以根据第 2 章的思路进行分析,即从剩余控制权的角度建立的基于剩余索取权和基于资产抵押的判断逻辑。引导案例的第二个问题涉及产权理论的最基础知识,是剥夺型公司治理问题研究的理论基础,将在本章讨论。本章的另一个重点是关于股权结构的讨论,用以回答与这里第三个问题相类似的疑问——真的有最优的股权结构吗?第四个问题与本篇的核心内容——剥夺型公司治理问题相关,第 7 章将从剥夺问题的表现论及剥夺问题的根源,并由此提出剥夺问题的处置策略。第 8 章先介绍股东会制度,后介绍股权分享制度,用以回答引导案例留下的第五个问题。

6.1 产权与公司治理

产权理论是公司治理理论构建的重要基石,也是理解剥夺型公司治理问题与股东保护的理论基础。剩余控制权就是产权理论的核心概念。本节将重点论述产权概念本身,并从中再次体会公司治理的内容与价值。

6.1.1 产权内涵的三重视角与公司治理

产权,英文为 property rights,可直译为财产权。从文字上看通俗易懂,但是其内涵却非常复杂。以下从三重视角层层剥离出产权的内涵,以及对公司治理的启示。

一、人对物关系的视角

从人对某物品所拥有的权利的角度理解产权,是产权概念中最直接、最易理解、最普遍的概念。在为《新帕尔格雷夫经济学大辞典》撰写的产权词条中,阿尔钦把产权定义为一个社会所强制实施的选择一种经济品的使用的权利。[122]进一步而言,产权为个人和组织的一组受保护的权利,它们使所有者能通过收购、使用、抵押和转让资产的方式持有或处置某些资产,并占有在这些资产的运用中所产生的效益。当然,这也包括负收益——亏损。因此,产权决定着财产运用上的责任和收益。[47]

这类定义均强调产权三个方面的内容:第一,产权是法律法规、道德规范等社会强制规定和保护、限制的人对物的权利。注意,这里同时有保护与限制两项要求。例如,我不能把刀子刺进你的胸膛,这不是侵犯了我对这把刀子的所有权。法律不允许任何人把刀子刺进任何人的胸膛,但我(没有别的人)可以使用这把刀子去做那任何人用任何刀子都可合法去做的一切事情。[123]

第二,产权是一组权利束。在平乔维奇的框架里,产权包括所有权——在法律限度内使用其财产的权利;邻接权——穿过他人土地的权利;用益权——使用属于他人物品或将其出租,但不得出售和改变其质量的权利;使用权——使用属于他人物品,但不得出租、出售或改变其质量的权利;抵押权——保留他人物品但不使用的权利。其中,可以认为所有权是狭义上的产权概念,而它也是一组权利束,包括使用权——使用资产的权利,用益权——获得资产收益的权利,处分权——改变资产形态和实质的权利，转让权——将使用权、用益权、处分权的全部或部分转让给他人的权利。[124]

我国的制度习惯将产权束简化为四种：占有权——对物的排他性的绝对支配权，是行使和处理其他权利的前提；使用权——对物的使用的支配权；收益权——对物的使用成果的获取权；处置权——对物的变换主体或改变物的本身形式与性质的支配权。按照小贴士4-1的民法学的视角，本书以下内容以所有权或称自物权的狭义角度来代指产权。

小贴士 6-1　民法学下的产权束

产权范畴里，外延最大的是财产权。财产权作为"种概念"，包括物权和债权两个"属概念"。物权是财产权利的静态规则，又分为自物权和他物权。自物权，亦称所有权，是一切财产权利的基础和核心，是最充分、最完整的物权。所有权是所有者独享的权利，所有者以外世上其他的人，都须尽不可侵犯其所有权的义务。所以所有权也被认为是一种"绝对权利"。所有权取得的途径，有"原始取得"和"继受取得"。所有权，具有"占有""使用""收益""处分"四项"权能"。他物权，是在他人所有物上设定的权利。他物权又分为用益物权和担保物权。特别需要注意，法人财产权不是所有权或自物权，而是一种用益物权，属于他物权。此外，债权是财产权利的动态规则，财产所有权的权属一经移转就进入债权的规则管辖之下。

资料来源：纪坡民．产权与法 [M]．北京：三联书店，2001.

第三，产权是一种对某种经济物品的多种用途进行选择的权利。产权的多维构成赋予了产权主体多种行为选择，最终满足其经济目标。所以，当产权主体依据成本—收益分析从事选择活动时，产权概念就与资源配置问题乃至市场机制紧密地联系在一起。[124]

二、人本身的视角

对产权进一步的认识超越了人与物之间的关系。如果把产权简单定义为财产权，那么这个定义的明显漏洞是缺少了权利的主体，将这个主体加上，产权就是人的财产权利。于是，可以发现产权是人权的一种。如果把这个"产"的范围从财产扩大为人的身体、知识技能、社会关系，进而生存权、工作权、政治权也可以放在产权的概念下。所以，大量的文献提到"把人权和产权割裂开来是错误的"[124]，"在产权与人权之间作出区分是荒诞的"[125]。

当然，本书并不打算从人权的广义的角度去讨论产权，仍然是围绕财产权这个主题，只是强调产权具有人权的基本属性。但是，绝不能将产权混同于拥有的物品，产权并非物质对象，而是一些在社会中受到尊重的权利和义务。在这些权利得到充分尊重和良好保护的地方，才会存在经济自由和社会平等。在产权模糊和不确定的地方，许多有利的财产用途就会消失。[47]在对公司治理问题的研究中，将产权与人权联系起来是有益的，有利于理解保护股东权利的意义所在。产权与人权一样都是在反对特权的过程中实现的,而特权是指可以剥夺他人人权的一种社会权利。因而,在公司制度下,保护股东就是保护股权,特指治理大股东的剥夺和经理的侵占。

三、人与人关系视角

一方面,产权具有人权的属性,但另一方面,显然在鲁滨孙的世界里,产权是不起作用的。于是,对产权内涵的认识进入新的高度。产权不是指人与物之间的关系,而是指由物的存在及关于它们的使用所引起的人们之间相互认可的行为关系。[126]

产权必须依附于一定的有形或无形的物品,但是产权不是一种物品,不是物质活动,而是抽象的社会关系。产权安排确定了每个人相对应于物时的行为规范,每个人都必须遵守他与其他人之间的相互关系,或承担不遵守这种关系的成本。所以,产权是人与人之间由于稀缺物品存在而引起的、与其使用相关的关系。例如,我得到了一台计算机,所有权确定的本质上并不是我与计算机之间的关系,它确定的是我与其他人在使用计算机的权利问题上的关系,诸如,我在使用计算机时,别人不可以使用,我不用的时候别人支付租金才可以使用,我把计算机转让给别人必须得到不低于市场价格的补偿等。因此,产权具体规定了与经济物品有关的行为准则,所有人在与其他人相互作用过程中必须遵守,否则就必须承担不遵守带来的惩罚成本。[124]

简单说,产权就是人们对于某一物品,谁可以做什么,谁不可以做什么的社会契约。这个社会契约存在后,人们在社会活动中就可以预期别人的行为空间,也知道自己的行为选择。进而,就可以理性地在收益—成本分析的基础上完成投资和生产。若缺少产权契约的保护,人们的行为将面对太多的不确定性,促进社会福利增加的行为将被抑制,损人不利己的行为反而被激发。所以,任何物品的价值都由与之相关的产权决定。[127]附于该物品上的产权是完整的,该物品才有价值。在公司制度中也是如此,如果股东的权利得不到保护,公司的价值将一落千丈,这正是公司治理的意义所在。而从产权是规制人与人之间关系的行为规则的视角看,公司治理就是关于利益相关者之间产权契约的构建、优化和活动。

四、产权内涵与公司治理

把握住产权内涵的三重视角,有利于对公司治理进行更深刻的讨论。产权视角下的公司治理如图6-1所示。在第1章中我们对公司治理的定义是,为协调各方利益相关者的合作关系,针对公司制度的不完备之处,有关公司控制权配置与行使的制度系统。即公司治理的前提是各方利益相关者的合作关系存在着协调需要,公司治理的目的是解决公司制度不完备所导致的问题,公司治理的任务围绕着如何配置和行使控制权展开,公司治理的性质是一套制度系统。

首先,以产权的人对物的视角为考察点。一方面,产权作为一种强制性的社会规制赋予了人们对某物的经济性的选择权,也就是确定了人们的经济行为主体的资格。而这正是人们进行经济合作的基础,是公司创立的人合前提。另一方面,产权作为一组权利束,意味着产权的分割性,这就为资本的大集中创造了条件,更构成了法人财产权的他物权性质的基础。这体现了公司制企业以资合为前提的特征。当独立的利益相关者通过资合联结在一起时,如何协调他们之前的合作关系正是公司治理的存在前提。

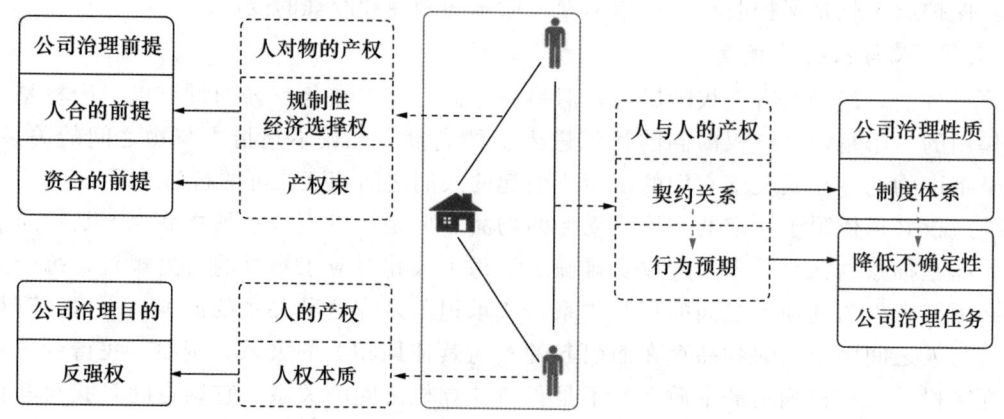

图 6-1 产权视角下的公司治理

其次，在产权的人权本质属性下考察。当作为产权主体的各类利益相关者联结为公司后，确保各方利益如预期般被维护，是合作关系继续维持和发展的基础。然而，由于利益相关者角色的差异导致合作关系"天然"不对等，于是"反强权"就成为公司治理的目的。特别对于现代公司制企业，具有"天然"权利优势的是经理和控制股东，进而公司治理的普遍问题就表现在代理型和剥夺型两方面。

最后，关注产权的人与人关系的视角。产权反映了人与人之间的契约关系，契约关系越清晰，人们的行为预期越准确，相互间的合作也就越密切、越有效。而当合作密切有效时，由合作联结起来的组织就有价值了。于是从产权的这种视角看，公司治理就是一项保护公司产权的活动，公司乃至每一类利益相关者的产权得到保护了，公司的市场价值就被提升了。而保护公司产权的活动是通过配置和行使相关权利义务的契约完成的，于是，公司治理的性质就是一套由产权契约集合起来的制度系统，公司治理的任务就是优化产权契约，降低合作中的不确定性。

6.1.2 产权的基本属性及其价值

从产权理论的角度看，公司治理就是保护公司的产权。那么，如何判断产权是否被保护好了呢？这就与产权的几个基本属性是否得以满足有关。

案例 6-1 "羊吃人"的产权分析

资本主义早期，英国的毛织业繁荣起来，养羊成了很赚钱的行当。新兴的资产阶级和新贵族通过暴力把农民从土地上赶走，把强占的土地围圈起来，变成私有的大牧场，大量农民由此流离失所。这就是历史上"羊吃人"的"圈地运动"。需要注意的是，在多数情况下，农民被强占的土地并不是农民的私有财产，而是农民们（也包括地主、资本家）公有的土地。在习俗上，大家对此仅有使用权。所以，大规模推动圈地运动的法律依据，来自名为《公有地围圈法》的法律。可见，圈地运动的本质是

"私有化",是把公有的土地(当然其中包含农民的利益)私有化。现在的问题是为什么要私有化呢?

早期用于放牧的草地由所有村民共同拥有是一种习俗式的约定。这种约定一直得以延续是因为打破它不产生价值。那时,生产力还不够发达,养羊的市场价值不大,进而放牧的草地不稀缺。你养羊并不妨碍我养羊,土地公有非常和谐。但到了"圈地运动"之前的16世纪,英国工商业迅速发展,对羊毛的需求量急剧增加,羊毛市场急剧扩大。于是,养羊,更多地养羊,能养多少就养多少,变得有利可图。可这会造成什么结果呢?"公共绿地的悲剧"发生了,草地被过度放牧,牧场缺少必要的保养。这是因为养羊的收益是自己的,被吃掉的牧草的成本是大家的。反过来,如果保养牧场,成本是自己的,收益却要大家分。在这种情况下,公有地制度的存在限制了养羊业的发展,私有化是突破困境的出路。在私有化的路径上,有权的资产阶级贵族选择了暴力。暴力的"圈地运动"让农民流离失所,被称为"羊吃人",英国在"羊吃人"的时代成为世界上第一个工业化国家。

资料来源:根据相关网络资料整理。

一、排他性

排他性意味着一件财物的拥有者有权不让他人占有该财物,有权禁止他人擅自使用、处置该财物,并有权自己占有该财物所产生的效益,当然也要承担占有该财物所发生的费用。排他性说明所谓某人的私产,关键不在于自己拥有什么,而是别人不能拥有什么。排他性是私有产权的决定性属性。

排他性的存在让私有财物变得有价值。因为只有当其他人不能分享私产的效益和成本时,经济外部性的问题才能被杜绝,私产所有者才会变成精于算计的经济主体,才会将其应用到最有价值的地方,让其产生最高的净收益。排他性实现了产权的不受侵犯,保证了产权的价值,也保证了财物的价值。正如德姆塞茨所说,当交易在市场上结束时,被交换的不仅仅是实体商品或服务,还有附着于其上的所有权,而正是这组所有权的价值决定了被交换的商品或服务的价值。[127]所以,排他性是所有者自主权的前提条件,也是使私有产权得以发挥作用的激励机制所需要的前提条件。[47] "排他"两字的形象解释,就是案例4-1中圈地运动时用的栅栏。

小贴士6-2 ▶ 经济外部性、"搭便车问题"与"公共绿地的悲剧"

经济外部性是指经济主体的个人行为对他人和社会造成的影响,而这种影响并没有导致支付或获偿等经济交换活动。即当一个人没有全部承担其行动引起的成本或收益时,或者说,有人承担了他人的行动引起的成本或收益时,就存在经济外部性。外部性分为正外部性和负外部性。正外部性发生时,行为主体之外的他人或社会也会受益,但行为主体未获得补偿,这往往导致正外部性的活动较少。比如,几个学生共同完成小组作业时,一个人的努力会给全组同学带来高分数,这就产生了正外部性。在这种情况下,未给小组作出贡献的同学就在"搭便车",而在"搭便车"的预期下,全组同学都可能会降低努力；负外部性是指经济主体的自利活动使他人或社会受损，而自己不必为此承担成本。案例6-1"公共绿地的悲剧"是典型的负外部性案例，不同于正外部性活动，行为主体做负外部性事情的积极性却较高。

在现实生活中，排他性常常是不彻底的。一方面，人们的财物被放在一起合作使用，这时如果不能界定每一财物所贡献的效益和消耗的成本，私有财物的排他性就无法保证，外部性问题难免出现。为了界定它，就要付出一定的甚至难以胜数的代价，这构成了被称为排他成本的一部分。另一方面，在社会规范下人们的权利会相互制约，维护一个人的产权完整性，就会限制另一个人的权利使用。各自排他性产权边界的划分，也会发生排他成本；当然，防止他人直接的强占、盗取、蒙骗等行为，也要付出排他成本。排他成本的存在，导致了排他性的不彻底，降低了财物的价值。于是，排他成本就成为衡量产权制度的重要指标。在好的制度体系下，人们的私有产权受到自发的尊重。在坏的制度体系下，人们要付出巨大代价才能维护自己的利益，甚至用生命相抵。如此一来，排他成本就太高了。

二、可分割性

要提高财物的价值，产权还要具有可分割性。产权的可分割性意味着产权能被"拆开"，"拆开"有两种形态：第一是产权束中各种权能之间的分离。假如你有一套多余的住房，怎样才能增加其价值呢？答案是把它租出去。而对于公司制度，这类产权分割的应用就是法人制度。股东的原始产权分割成了股权和法人财产权，股东保留了价值形态上的收益权，法人获得了对资产实物的占有权、使用权和处分权。可以说，没有产权分割就没有公司制度。通过产权的分割，财物的各种要素就能得到最有效的利用。

第二是产权或其各权能内部的分割。仍然是出租房子的例子，让房子产生最高价值的出租方式是，把一个房子分割为若干套后"群租"。虽然"群租"不合规，会产生让邻居反感的外部性问题，但不可否认，无论是房东还是房客们都能得到更深层次的满足。而对于公司制度，一家公司的所有权被划分为大量股份后，才能吸引风险承受力弱、经济实力弱的小股东出资入股，才能得以积聚大型公司所需要的巨额资本。

可分割性的特征与私有产权的排他性并无矛盾。在第一类产权分割情形中，各权能的分别拥有者所控制的权利都是不容他人分享的。在第二类产权分割中，细分产权的所有者也有完整的、可以自行决策的、且由自己承担行为后果的权利。

案例 6-2 　别了，股权分置！

在股权分置的时代，由于近70%的法人股不能自由流通，上市公司的实际控制权不会发生改变，在实践中落实了全民所有制经济占主导的宪法精神。这在当时的论战中，股权分置的制度创新成功抵抗了反对股份制改革的保守派攻击，从这个意义上说，中国特色的股权分置就像是中国股市初生时的胎记，它与股市与生俱来，并共同度过了股市初创期的峥嵘岁月。

但是,由于在股票市场中不会发生上市公司实际控制权的流动,股票投资人只能参与交易,而不能参与上市公司的经营管理。因此,中国股市的主流投资模式始终是交易性机会导向的,并会导致上市公司的圈钱冲动增加,人为放大了股票投资的高风险。此后,我们又错误地提出了利用股市"为国企脱困"的政策。于是在股权分置+国企脱困的政策导向中,投资人的合法权益被漠视,股票市场不仅不能奖优罚劣,反而鼓励落后企业"圈钱脱困",股市投资就变成了一场"捐钱扶贫"的游戏,从而大大提高了中国股市投资的内在风险。

直到《证券法》的修订和股权分置改革的启动,上市公司及其实际控制人利用股市"圈钱脱困"的原罪才被纠正。中国股市被利用的时代结束了,因为中国股市走进了全流通的时代。别了,中国特色的股权分置!人们不会否认这一制度创新对中国股市的早期贡献,但我们还应努力驱散这一过渡性体制留下的阴影,努力克服其鼓励"圈钱脱困"的原罪,让投资人的自由选择成为资本市场的主宰。九曲十八弯,东流归大海,市场总会通过供求调节价格的"无形之手"去纠正人为的谬误,走出历史的阴影,驶向动荡的未来。

资料来源:金岩石. 别了,股权分置![J]. 中外管理,2011,(10).

三、可转让性

产权必须是可处置的或可转让的。在禁止处置产权的地方,产权被束缚于一个既有的所有者,而其他人尽管因具备更好的知识和技能可能对该财产定价更高,却不能对该财物进行更好地利用。所以,不能转让的产权,会使财物的价值下跌。

在谈到案例6-3中我国上市公司的股权分置问题时,人们比较多地关注非流通股对流通股的剥夺问题。其实,对于非流通股而言,股权分置也是个坏制度。股权大量的非流通性降低了公司财产权的可转让性,进而资本市场上重要的资源重组和再配置功能被扼杀了。非流通股被保护在一个"温室"里,渐渐丧失竞争能力。这与传统国有企业的预算软约束的危害是一样的。此外,股权分置制度也不利于保护产权的可分割性和排他性。

小贴士6-3 预算软约束

企业的预算软约束描述了这样一种现象:计划经济下的国有企业,即便发生亏损,也不用担心企业会被市场机制惩罚,既不会被收购,也不会破产。因为所有的预算都是"软"的,政府常常会追加投资或者贷款,并提供财政补贴。也就是说,国有企业会永远被政府掌握、呵护,企业的产权永远不会转让。这样的结果是,企业被宠坏了,国有资产被耗尽了。

6.1.3 科斯定理与公司治理

一、科斯定理

诺贝尔经济学奖得主科斯，于 1960 年发表了著名的《社会成本问题》一文。该文的内容和思想，经其他学者总结和完善，形成了所谓的科斯定理。其中总结出了科斯第一定理，即在没有交易成本的情况下，产权的初始配置不会影响它的最终配置或社会福利。

案例 6-3　科斯讲的一个科斯定理的故事

一家糖果制造厂和一家诊所为邻。诊所医生发现糖果生产中的噪声干扰了他的工作，于是提出诉讼，法院受理后判定糖果制造商停止使用机器。这是最好的方案吗？科斯认为其实可以通过当事人之间的讨价还价，来改善法院的判决。可行的方案是，如果医生开诊所的产权是不容侵犯的，那么制造商可以支付给医生一笔钱，让双方都能继续经营，获得双赢。当然，这笔钱要大于医生受噪声影响的损失，或者大于将诊所迁走的代价，又或者大于给医生建造隔音装置的成本。如果制造商发现如此安排所付出的代价太大，不能从继续生产中得到补偿，制造商不需要法院的判决也会自行停产。反对来，如果制造商有权继续使用有噪声和震动的机器，那么也不用诉诸法庭了。可行的方案变为，医生付钱给制造商，以获取行医的条件。如果制造商可以接受的价格低于医生收入的增加额，那么双方的福利都有改善。

资料来源：COASE R. H. The Problem of Social Cost [J]. The Journal of Law and Economics, 1960, 3 (1).

案例 6-4 是科斯在《社会成本问题》中讲的一个故事，说明了科斯第一定理的含义。[9] 在这个故事的分析中，隐去了一个基本的条件，故意没有考虑交易过程中的成本问题。事实上，如果交易成本为零，无论事前将权利配置给谁，讨价还价的结果都会趋于一点。也就是说，在交易成本为零的理论假设平台上，产权的清晰界定（而非配置）是实现最优交易的前提。

然而，交易成本为零只是一个理论假设，按照科学研究的逻辑，放松这个假设后，产生科斯第二定理：当存在交易成本时，产权的初始配置将影响产权的最终配置，也可能影响社会总体福利。仍以上例为例，考虑一种极端情况，由于某种原因，制造商和医生之间没有沟通渠道，即交易成本无穷大，那么任何讨价还价的方案都不能出现。于是，最初的产权配置就是最终的产权配置。如果最初制造商有使用机器的权利，那么最终制造商会毫无顾忌地生产，而医生只能忍受噪声带来的损失。如果最初医生有保持安静的权利，那么最终制造商将停止生产。在这两种方案中，若以社会福利最大化为评判依据，最终只要权衡哪种方案收益最大即可。当然，所谓的福利最大化仅仅是预计的、理论上的，现实中最优产权配置仅仅是在既定谈判或交易情境下的一个满意解。

作为科斯第一定理的延续,科斯第二定理并没有排除继续交易的选项,即初始产权界定后,仍有可能通过交易来提高社会福利。[128]因此,除了最初产权配置的择优选择方法外,还有一种提高社会福利的方式,就是尽量降低交易成本。而降低到极致,则回到了科斯第一定理,双方的交易实现了社会福利最优。

所以,科斯第二定理说明两层道理。第一,如果交易成本为正,或者说在真实的世界里,产权不仅要清晰界定,还要清晰配置,要将产权配置给最终可使社会福利最大化,或社会福利损失最小化的一方。第二,降低产权交易成本,有利于社会福利的提高。

二、科斯定理对公司治理的启示

科斯定理说明,一个有效率的产权制度要满足三个条件,一是产权界定清晰化,二是产权配置合理化,三是交易成本最小化。科斯定理对公司制度建设的理论启示可归纳为图6-2。

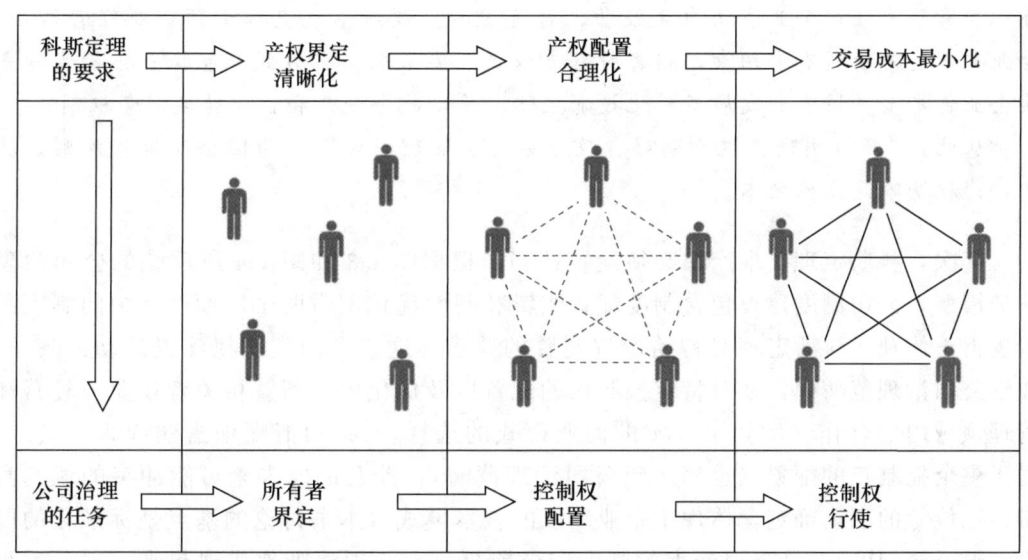

图 6-2 科斯定理对公司治理的启示

首先,科斯定理要求产权必须界定清晰。这在公司制度中的反映是,公司的各利益相关者对其投入品必须有清晰完整的产权,他们是独立自主的市场行为主体,可以自由、平等地与其他利益相关者缔结公司契约,进而以其投入的专用性资产,获取公司"所有者"身份。而这一条件,恰恰是市场经济体制的优势所在。计划经济下的国有企业,之所以出现这样那样的问题,关键一点是产权不明晰。国有企业产权不明晰的核心问题是"所有者缺位"问题。所谓所有者缺位是指国有企业或国有出资人的产权归属的模糊性。它既属于每一个人,又不属于任何特定的人,因而实际上是处于无人负责,即所有者"缺位"或"虚位"的状态。从理论上讲,作为所有者的全体人民不可能直接管理国有企业。全体人民只能由国家来代表,而国家只能通过各级经济管理机构和它所任命的从中央到地方和企业的各级干部去管理企业。这些大大小小的国家干部和企业领导人并不是国有企业或国有资产的所有者。他们有权支配国有财产，却不对国有财产负责。这种"所有者缺位"状态是国有企业不能积极负责地开展经营活动的根本原因。所以，国有企业改革，首先要解决"所有者缺位"，明确企业的财产关系，使企业的财产有看得见、摸得着的确确实实的所有者。[129]因而，中共十五大正式将产权明晰作为国有企业改革的基本原则。此外，不完整的市场经济条件下企业产权不明晰的另一个现象是，非国有股东产权的排他性不完整。

小贴士 6-4　产权明晰与国企改革

1997年9月，中共十五大会报告正式提出：建立现代企业制度是国有企业改革的方向。要按照"产权清晰、权责明确、政企分开、管理科学"的要求，对国有大中型企业实行规范的公司制改革，使企业成为适应市场的法人实体和竞争主体。进一步明确国家和企业的权利和责任。国家按投入企业的资本额享有所有者权益，对企业的债务承担有限责任；企业依法自主经营，自负盈亏。政府不能直接干预企业经营活动，企业也不能不受所有者约束，损害所有者权益。要采取多种方式，包括直接融资，充实企业资本金。培育和发展多元化投资主体，推动政企分开和企业转换经营机制。

从此，"产权明晰、权责明确、政企分开、管理科学"成为国企改革的原则。其中，产权明晰是立论之本。

其次，科斯定理要求产权必须配置适当。根据图1-3和图1-4所反映的公司治理任务模型，公司制度建设包含制度配置逻辑和制度优化逻辑两个层面。其中的制度配置逻辑正体现了科斯定理对初始产权配置的要求，这包含两类产权配置活动：其一，在泛公司治理范畴内，在对特定控制权的配置以及优化中，利益相关者在业务经营和管理领域内的合作（反映了一定的商业模式的选择），必须清晰地搭建起来。其二，对于剩余控制权的配置（也属于泛公司治理范畴），涉及面向未来可能冲突的谈判身份、地位等的事前确定，体现了企业制度的基本模式（本书讨论的基点是标准化的股份有限公司制度），是公司治理的制度定位前提，也必须清晰地搭建起来。这一过程自然希望得出最优的产权配置，但在现实谈判或交易条件下，往往只能得出满意解。而现实与理想状态之间的缺口，正是产权关系建立后不断优化的目标。

最后，科斯定理要求经济制度运行的交易成本最小化。这在公司制度中的反映是，控制权，特别是剩余控制权行使中的交易成本实现最小化。这体现的是公司治理的制度优化逻辑，是公司基本制度运转中的持续优化。它意味着股东可以有充分的渠道获得信息和表达自己的意见，或者没有壁垒地转让股份而"用脚投票"，也意味着外部接管者可以顺畅地替换不合格的控制股东和经理层，更意味着在如此这般的治理力量下，经理的代理成本、控制股东的代理成本被控制在最小。这正是公司治理任务的核心范畴。

6.2 股权与公司治理

根据科斯定理的启示，有效的产权制度必须保证产权界定的清晰化和产权配置的合理化。对此，6.2节将讨论股权的界定及其包含的公司治理含义，6.3节将讨论股权结构的评价及其对应的公司治理问题。

6.2.1 股权属性及其治理含义

股东是公司的投资者，公司是因股东的存在而存在的，因此，清楚界定股东的权利是公司治理的首要工作。股东权利简称股权，是股东基于股东资格而享有的权力和利益。我国《公司法》对股东权利作出界定，公司股东对公司依法享有资产收益、参与重大决策和选择管理者等权利。具体而言，股权具有三项基本的属性：

第一，股权的价值属性：股权是股东从其出资中获取收益并维护其收益的权利。尽管也有少数股东并非因为投资而获得股东资格，但他们也以分享资本收益为目的。所以，股权具有两个层面的价值属性内容。在最基本的层面上，股东必须能从其投资中获取收益，这是资本逐利性的基本要求。公司不能保证股东的收益，公司就没有必要存在，也就无所谓股东了。而为了保证股东的利益，公司治理应运而生。公司治理的一个经典定义就是投资者保护其回报的一系列方法。[29]所以，股权的第二层价值属性内容就是股东对其收益进行保护的权利，或者说是参与公司治理的权利。

第二，股权的权能属性：股权是股东个人财产权中分离出法人财产权后剩余的权利。个人财产权是股东投资公司之前拥有的完整产权，但当这笔资产变为股本后，它就与公司其他资本融合在一起，共同成为法人资产。因而，股东的投资活动就是一项产权分割或称为产权分离活动。通过产权分割，各项权能被重新界定。在用益权方面，法律界定比较清楚，法人获得了对资产实物的占有权后，股东仍保留了其出资的价值形态上的用益权，但这是一种剩余索取权，受益对象是其他利益相关者获利后的剩余收入。股东通过委托—代理契约与董事会、经理分配资本的使用和处分的权利。在《公司法》原则上，股东有"参与重大决策和选择管理者等权利"。但是，由于契约的不完备性，这样的分割是不可能完备的，特别是面对重大决策，由于"一方不能预测、双方不能统一、第三方不能证实"（详见第1章有关剩余控制权的论述），股东的权利可能因其模糊性而有被侵犯的风险。

第三，股权的范围属性：股权是对应于有限责任的有限权利。股东将资产投入公司后，股东以其出资额为限对公司承担责任。基本的组织管理理论告诉我们，权责必须匹配，权利大于责任必然导致腐败。股东有限的责任也必须对应有限的权利，股东获取收益的同时也必须维护其他利益相关者的收益，实现利益分配的公平性。同时，股东所拥有的控制权也不得侵犯利益相关者的权利边界，当某些股东实际上获得了更多与有限责任不相匹配的权利时，必须受到制衡。

图6-3反映了股权的三大属性，从中可以挖掘出其对公司治理的启示。首先，从

股权的权能属性看,对于现代公司,也就是投资人不要求参与法人财产的经营活动的情况下,股东群体处于公司契约的相对弱势地位。面对信息不对称的现实情境,股东所保留的资产产权用益权权能能否有保障成为挑战。为此,股东必须对控制权的结构配置和优化行使做好充分的制度安排,比如,当公司不分红时股东如何表达不满?股东不满无法排解时如何自由转让股份?如此等等。所以,保护股东群体是公司治理的基本任务。

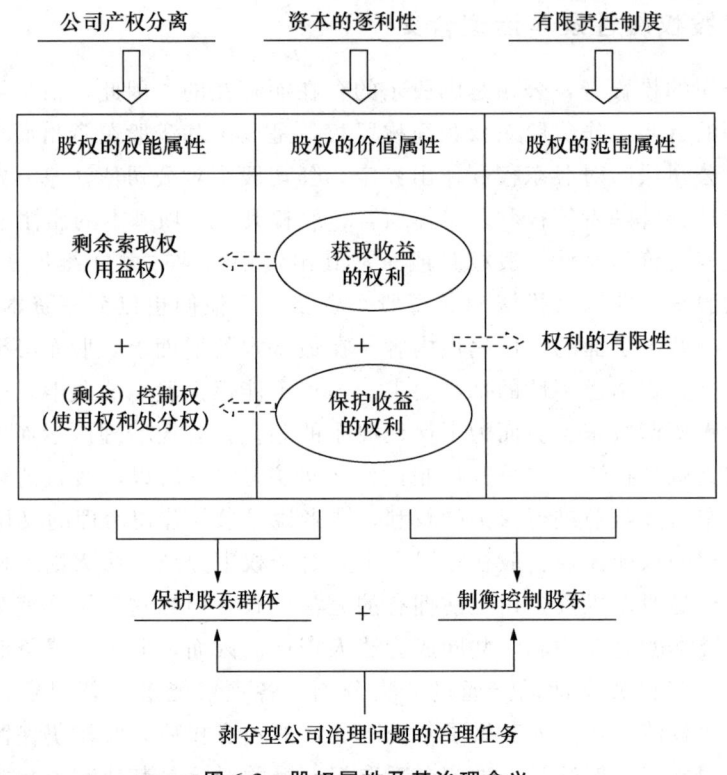

图 6-3　股权属性及其治理含义

其次,股权的有限属性意味着股东的权利也必须是有限的、受制约的。但是,现实中的控制股东却实际上掌握着极大的权利,比如,常常见到控制股东会一方面兼任公司经理、董事长,进而全面占据控制权,另一方面又完全把持股东会。同时,有限责任制度又在法律上控制了股东风险的上限。因而,面对权利与责任的不对等,公司治理必须要保证控制股东不会攫取其他利益相关者和非控制股东的利益。

这两项有关股东权利的公司治理任务合在一起,就是剥夺型公司治理问题的基本内容。一方面要保护全体股东的利益,另一方面要重点遏制控制股东的剥夺行为。

6.2.2　股权内容与分类

基于股权的价值属性,可以把股权的内容划分为两大类,一是获取投资收益,二是保障投资收益。然而,获取什么收益,特别是从哪些渠道来保障收益,相关制度安排是比较复杂的。我们可以从股权不同分类的角度,从不同侧面拼合起股权内容全貌。

一、基于股东行为对象的分类

从最直接的股东获取收益的对象来看,股权内容可划分为五类。一是剩余收益请求权。这是公司正常经营过程中股权收入的基本来源,本书多数情况下所讨论的股东收益主要也指这类。二是剩余财产清偿权。当公司解散清算时,在满足了员工、债权人等利益相关者的清偿要求后,股东有权按其出资比例分得公司剩余财产。三是优先认股权。当公司增发新股时,股东有权按其出资比例优先认购新股,以保持自己对公司的持股比例不受侵害。[68]四是决策控制权。当股东将经营决策活动委托给职业经理人或董事会后,股东仍要通过"用手投票"的方式对代理人的决策行为进行监管,执行决策控制权。当然,股东也可以保留参与重大决策的权力,甚至全权保留对重要事项的决策管理权,这依公司化进程而定。五是股票转让权。股票转让也为股东提供了从股票差价中获取收益的渠道,但更为重要的是,它是股东"用脚投票"进而保障自己和全体股东利益的手段。

二、基于股东行为方式的分类

根据股东行为内容,股权可以分为知情权、提案权、表决权、收益权和诉讼权。[35]知情权是指股东有权查阅公司章程、股东会议记录和会计报告,来自公司应对股东尽到的说明责任。说明责任是指代理人有义务向委托人报告其行为、行为的原因、行为的结果或预期结果,即履行所谓信息披露职责。说明责任是信义义务系统运行的保证,而信义义务是公司制度中连接公司治理行为主体和客体的纽带。可以说,公司不尽说明责任,股东就无从治理,无从保护自己的利益。提案权是指股东有权就公司的经营管理问题提出自己的建议。这是股东主动参与公司决策、行使控制权的表现。不过为了避免股东过多地干扰公司经营和妨碍法人独立,提案权一般属于少数股东权(见随后的定义)。此外,提案还有内容、程序等方面的规定和限制。表决权,也称投票权,是指股东有权出席或委托代理人出席股东会议,并就有关议案投票表决,发表自己的意见,这就是最形象的"用手投票"。收益权,是指股东有权要求公司分派股息或其他应得收益。这是股东投资的目标所在,是股权的核心内容。除了对红利的要求外,收益权还包括公司再融资时和其他股东转让股份时的优先认股权,以及公司破产清算后对剩余财产的清偿权。诉讼权,是指上述权利没有得到维护时,股东利用法律武器的权利。

在上述五种股权中,控制股东在知情权、提案权、收益权和诉讼权方面具有天然优势,或者反对来说非控制股东具有天然劣势。在知情权方面,非控制股东要了解公司信息只能被动地等待着被告知,而这些信息本身可能就是控制股东的私人信息。在提案权方面,非控制股东必须获得限制性的资格后才能按照限制性的程序提出限制性的内容,而控制股东却可以轻易地在股东会之外的场所参与决策。在收益权方面,尽管分红的比例是一样的,但是分红的时机、力度却可以由控制股东控制。在诉讼权方面,非控制股东与控制股东似乎一直处于"民告官"的格局。在这种情况下,如何实现同股同权呢？图 6-4 反映出，若要保护全部股东的整体利益，就需要制衡控制股东，就需要在表决权方面精心设计，进而表决权制度成为股东会制度的重要内容，此方面介绍详见 8.1 节。

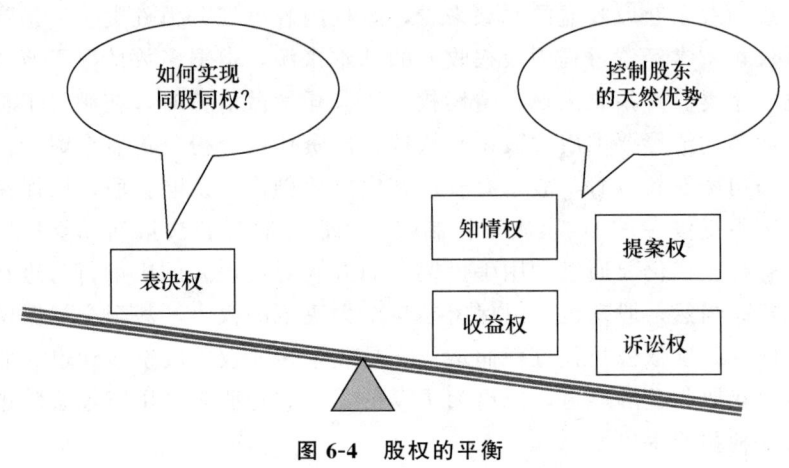

图 6-4　股权的平衡

三、法定权利和章定权利

股权可以分为法定权利和章定权利。前者是由《公司法》《证券法》等法律法规确定的各家公司必须遵照赋予股东的权利。后者是由各家公司章程所规定的权利。公司章程是指公司依法制定的、规定公司名称、住所、经营范围、经营管理制度等重大事项的基本文件，也是公司必备的规定公司组织及活动基本规则的书面文件。章程与《公司法》等法律法规一样，共同肩负调整公司活动的责任。章程与《公司法》等法律法规也有区别，它们是特殊契约与通用契约的区别。想象一下一个没有《公司法》的情形，此时各家公司的股东等利益相关者为了合作都要订立公司契约，甲公司要订立，乙公司也要订立，丙公司还要订立。大家把各自的契约拿过来比较一下，会发现其中很多内容是一样的。这时聪明的政府就会想，既然各家契约中的一些条款是一样的，何必每家公司都劳民伤财进行重复的工作。于是，《公司法》就出台了，它是一种通用契约。但是，光有通用契约还不够，每家公司有每家公司的特殊性。于是，公司章程作为特殊契约，将各家公司定位在不同的公司制度谱系上。可见，章程的重要性，在于公司制度差异化的需求。鉴于此，相对于比较标准的股份有限公司而言，有限责任公司的章程更为重要。

案例 6-4　股东能否被罢免？

春虹玻璃灯饰有限公司是江苏宿迁一家有近 2000 名员工的集团公司，公司主要生产玻璃灯具，产品几乎全部出口。由于宿迁近两年新开了 10 多家灯具厂，他们给春虹公司带来前所未有的冲击。在这竞争激烈的关键时刻，公司认为股东洪宝生给公司的竞争对手提供了技术帮助，造成了公司的损失，因此决定罢免他的股东资格。2003 年 7 月 1 日，公司召开临时股东大会，当时春虹公司的 43 名股东中，有 40 人参加会议，其中37人举手同意罢免了洪宝生。同时，在此次会议上，还对公司章程进行了修改，规定公司对全体股东实行严格管理，不允许给同行企业提供技术帮助。否则，公司就可以罢免他的股东身份。事后，洪宝生向宿迁市宿城区法院起诉春虹公司，请求法院判令春虹公司恢复他的股东资格。2003年9月5日，法院对此案作出了判决，取消了春虹公司临时股东大会决议，理由是他们召开股东大会，仅提前三天通知全体股东，违反了《公司法》的相关规定。就在洪宝生拿到判决书仅仅10天之后，春虹公司又一次发出通知，定于15天之后，也就是2003年10月31日，召开公司的第二次临时股东大会。在这次股东大会上，洪宝生的股东资格再次被罢免。2003年11月，洪宝生又一次把春虹公司起诉到了法院。2004年3月，在经过长达半年的调解之后，在法院的主持下，双方达成了和解协议：洪宝生自愿将自己的5万元股份转让给他人，春虹公司付给洪宝生2万元作为补偿金。

问题是：股东会能否罢免股东？股东是否有竞业禁止的法定义务？章程能否对股东行为作出限制性规定？

资料来源：祖艳丽. 试论股东能否被罢免——从一则案例说起 [J]. 理论观察，2007，(2).

案例6-5说明：第一，股东会不能罢免股东，公司章程也不能罢免股东。第二，《公司法》没有关于股东竞业禁止的规定，仅对董事和经理提出这样的要求。因为对于许多公司而言，对股东个人行为的约束，不仅没有必要，还会影响公司的发展。第三，公司的章程可以对股东提出限制性要求。这也是本案例设计于此的目的。根据公司的特殊性，对于有可能发生的影响公司利益的股东行为，自然应该在章程中作出限制。不过，也要注意两点，一是不能违背法律规范，在此案例中不能罢免股东身份，但可以要求股东转让其股份。二是公司对股东作出规定，也应给予补偿。案例中，洪宝生提供给公司竞争者的技术属于洪宝生个人，那么公司在占用洪宝生技术时，就应对等地给予技术使用费用。

四、自益权和共益权

全部股权可以分为自益权和共益权。自益权是股东以从公司获得经济利益为目的的权利，共益权是股东以参与公司决策为目的的权利。这与以上所述获取收益的权利和保护收益的权利是一致的。另一种提法称，自益权是股东仅为自己的利益而行使的权利，共益权是为股东利益的同时兼为公司的利益而行使的权利。这两种提法并无本质上的区别，因为股东个人利益集中体现为经济利益，而股东对公司决策的参与则集中体现为股东利益与公司利益的有机结合。[46]自益权包括股息分配请求权、剩余财产分配请求权、新股优先认购权等，共益权包括表决权、股东会请求召集权、代表诉讼提起权、会计账簿查阅权等。

五、单独股东权和少数股东权

根据股权的行使是否要达到一定的股份数额为标准，股权还可分为单独股东权和少数股东权。单独股东权是股东一人即可行使的权利，一般的股权都属于这一类。少数股东权是不达到一定的股份数额就不能行使的权利，行使少数股东权的股东既可以是持有一定数额股份的单个股东,也可以是持股累积到一定比例的数个股东。比如,我国《公司法》规定单独或者合计持有公司10%以上股份时,才可请求召开临时股东会。

另外,以行为主体为准,股权还可分为普通股东权和特别股东权。前者是一般股东所享有的权利,以上讨论中默认的是普通股的情况;后者是特别股股东所享有的权利,如优先股股东所享有的权利。根据股东平等性原则,特别股股东享有特别权利优待时,或者要承担特别的责任,或者在其他权利方面作出让步。

小贴士 6-5 ▶ 优先股

2014年,中国证券监督管理委员会(以下简称"证监会")根据前一年的《国务院关于开展优先股试点的指导意见》出台《优先股试点管理办法》,规范优先股发行和交易行为。优先股是在一般规定的普通种类股份之外,另行规定的其他种类股份,其股份持有人优先于普通股股东分配公司的利润和剩余财产,但参与公司决策管理等权利受到限制。优先股属于公司的权益资本,介于普通股票和公司债之间。优先股在收益上的优先体现了其投资低风险、低责任的特点,这与其参与公司决策的低权力相对应,体现了权责一致的原则。

6.3 股权结构与公司治理

6.3.1 股权结构评价体系

股权结构是指不同性质股东所持股份在公司总股本中所占比例及其相互关系。如果说公司治理理论的起点是1932年伯利和米恩斯的《现代公司与私有财产》,那么公司治理的研究就是从股权结构起步的,围绕这一点,伯利和米恩斯分析了股权分散的结构及其导致的两权分离问题[4]。

最初关于股权结构的研究思路非常简洁,其目的是寻求最优股权结构,其方法是衡量不同股权结构与公司绩效的关系。在此研究脉络下,国内外涌现出大量的经典文献,但随着研究成果的积累,人们却越来越困惑。以股权集中度为例,从1932年伯利和米恩斯的研究开始,学术界不断论证股权集中度与公司绩效的关系,但是该课题至今最令人信服的结论是"没有结论",股权集中度对公司价值的影响为正或为负并没有定论。[130]其原因一方面来自股权结构的内生性,即股权结构本身就是公司绩效、内外经营环境等因素影响的结果。[131]比如,对于经理层持股与公司高绩效之间的关系,理想的说法是经理受到股权激励而努力工作,并提高了公司业绩,但更可能的答案是,公司业绩越好,经理层获得的(也许是发给自己的)股票激励越多。[132]另一方面原因是股权结构对公司治理的影响是多方面的,在公司绩效上的反映也是利弊互现的。

案例 6-5　你会投资谁？

假如你有一笔钱，你会买哪家公司的股票？图 6-5 中，双实线框中是目标上市公司，单实线框中是实际控制人和其他重要股东。

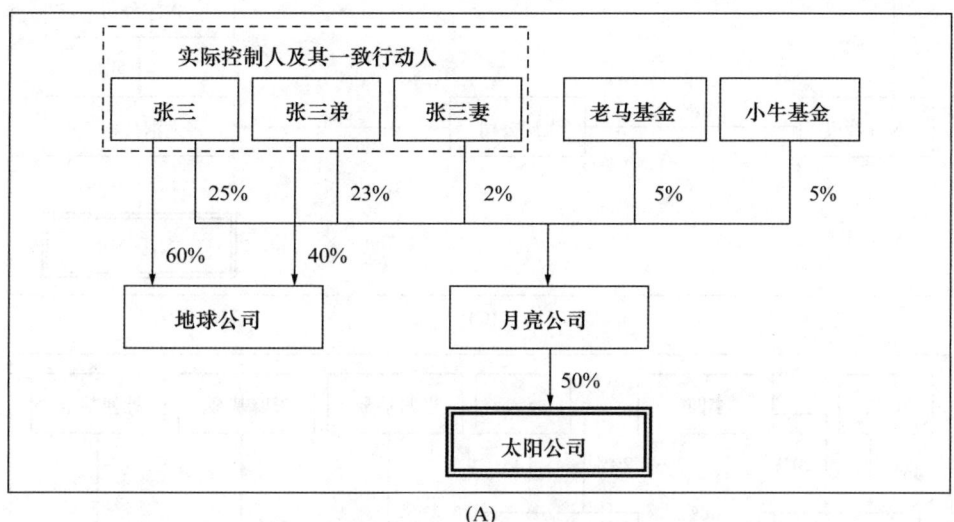

(A)

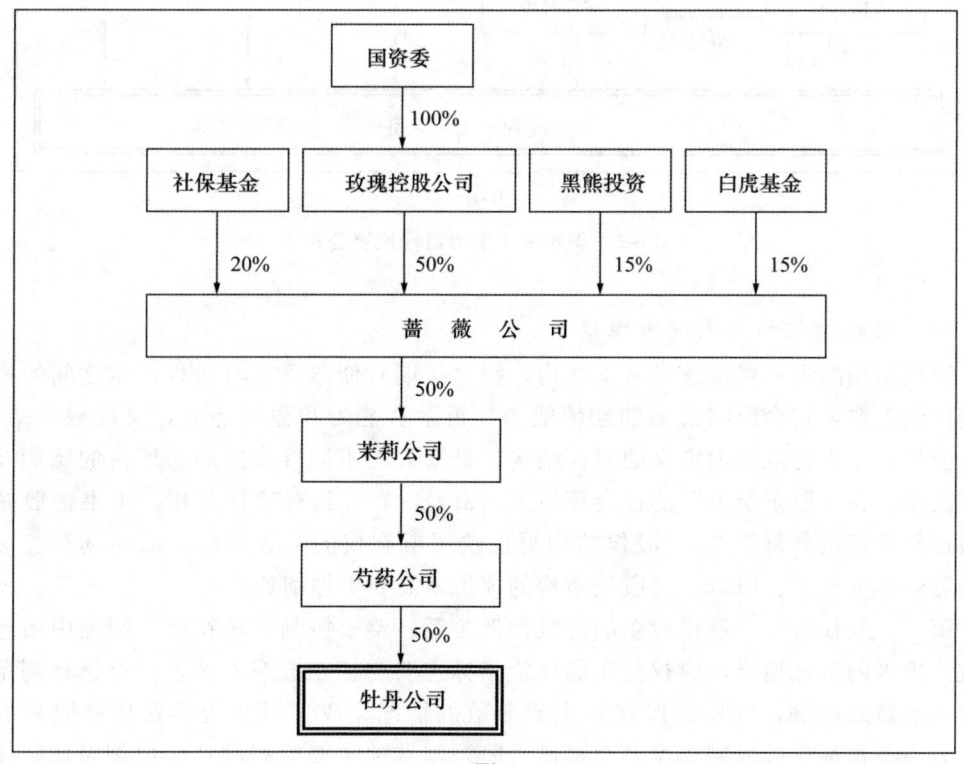

(B)

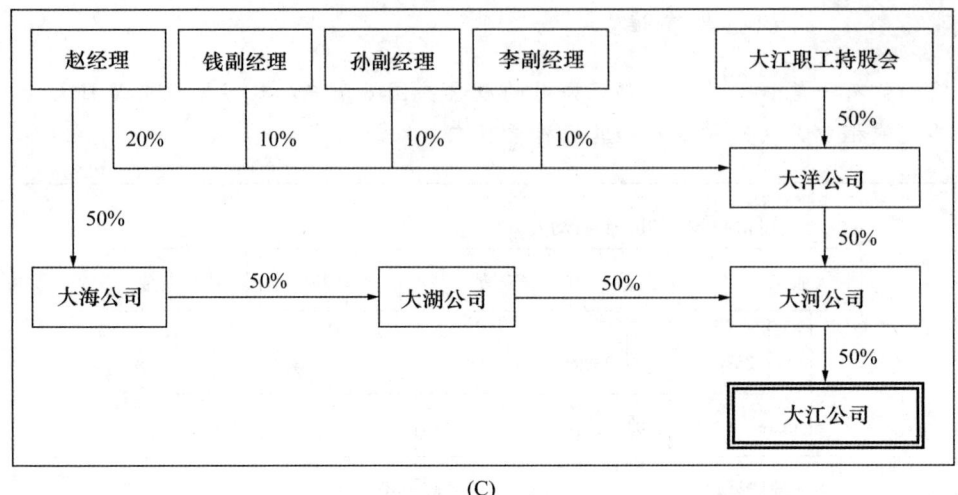

(C)

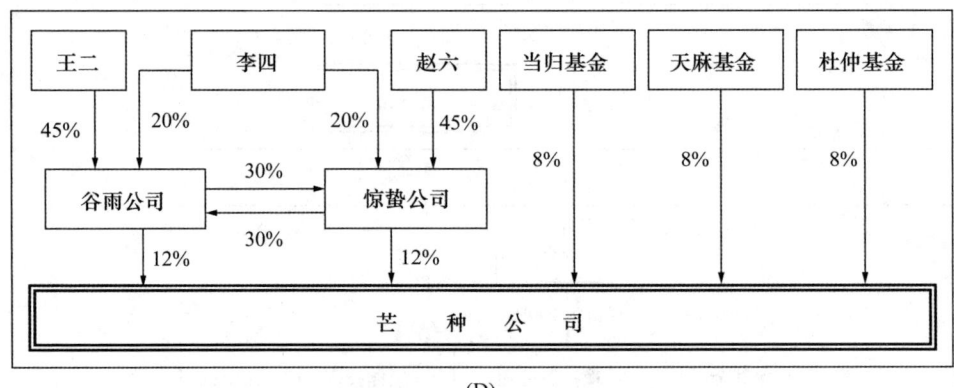

(D)

图 6-5 案例 6-5 中的目标投资公司

一、股权结构的三个评价维度

股权结构的上一层概念是资本结构，指（长期）债务资本与股权资本之间的构成及其比例关系，它会影响公司的偿债能力、再融资能力和盈利能力，又称融资结构。而在股权资本内容范畴内定义的股权结构，是指公司不同性质的股份所占的比例及其相互关系。在"股东至上"的社会环境下（2.4.2节对其有辩证分析，本书把股东至上假定作为理论分析基点），股权结构更反映了所有权的配置基础，因而其对公司治理的影响更为显著。所以，对股权结构的评价就需要更加细致。

第一，股权分布，泛指股东的持股比例关系。鉴于控制股东在公司制度中治理者和被治理者的特殊地位，股权分布的评价指标主要与控制股东有关。一类指标测量最大股东的持股比例，以反映股权集中或分散的情况，或者说是否存在控制股东的情况。另一类指标是股权制衡度，测量最大股东与其他主要股东的持股比例对比，体现控制股东在股东群体内被制衡的情况。读者可以判断一下案例6-6中各公司的股权分布情况。

第二，股东身份，一般指的是控制股东的身份属性。常被提及的国有企业问题、家族企业问题，反映的就是基于股东身份维度对股权结构的认识。有的情况下，并非控制股东的较大股东的身份也会产生公司治理议题，比如，内部人持股的问题、机构投资者持股的问题等。另外，股东身份在特殊情况下也产生制衡议题，比如我国早期的流通股与非流通股关系的问题，以及近年来国企的混合所有制改革问题。

> **小贴士 6-6** ▶ *混合所有制改革*
>
> 2013年党的十八届三中全会通过的《中共中央关于全面深化改革若干重大问题的决定》提出：积极发展国有资本、集体资本、非公有资本等交叉持股、相互融合的混合所有制经济，认可其为社会主义初级阶段基本经济制度的实现形式。至此，国有企业混合所有制改革更清晰地被纳入全面深化改革的顶层框架，成为解放生产力、破解可持续发展难题的关键环节。
>
> "混合所有制改革"意在通过非公有资本参股国有企业、首次公开上市、员工持股等方式，提高国有企业股权多元性，促进各类所有制资本取长补短、共同发展的制度创新。这一制度创新虽然也伴随企业所有权结构的变化，但却与"私有化"或"民营化"性质不同：首先，部分国有企业的国有股份占比虽降低，甚至不占控股地位，但国有经济在国民经济中的主导作用不会改变，且其影响力会放大，这与国外的"私有化"有着本质不同。其次，股权混合是双向的，既有非公有资本参股国有企业，又有国有资本投资非国有企业，这又与以单向收购国有股份为特征的"民营化"有所区别。再次，我国国企混合所有制改革目标是明晰的：通过改善不同所有制资本的配置状况，提高资本利用效率。最后，此次改革的关键是通过股权结构的改革，推进那些阻碍国有资产经营效率提升的公司治理、国资运营监管及利益分配等体制机制的变革与重塑。
>
> 资料来源：綦好东，郭骏超，朱炜. 国有企业混合所有制改革：动力、阻力与实现路径［J］. 管理世界，2017，（10）.

第三，终极控制权结构。随着对剥夺型公司治理问题的重视，控制股东成为重要研究对象。然而，在许多股权结构中，控制股东通过一些复杂的多层、多重持股模式，把自己隐藏起来。他们在直接投资层面持股不多，甚至不是最大股东，但通过复杂的间接持股却掌握公司控制权，成为公司事实上的控制股东。存在这样的终极控制者的股权结构可称为终极控制权结构，但具体而言，一般特指金字塔结构、交叉持股结构两种情况。图6-5（A）中，张三一家通过月亮公司的间接持股实现对太阳公司的控制，构成了层级最短的金字塔结构（（B）中的金字塔结构更为明显），而地球公司的存在为张三一家通过关联交易剥夺太阳公司创造了条件。（D）中，李四投资不如王二和赵六，但却通过交叉持股获得了更多的控制权。鉴于金字塔结构、交叉持股结构与剥夺型公司治理问题直接相关，本书第7章将对其进行详细分析。另外，同股不同权的类别股份模式也产生了终极的控制者，也可纳入终极控制权结构之列。

二、股权结构的四项评价准则

基于以上三个评价维度评判案例 6-5 中的四家上市公司,你会投资哪家呢?要回答这一问题,首先还要明确我们的评价准则是什么?最基础的自然是判断哪家公司更可能产生收益,特别是能保障我们获得这些收益?可又从哪些方面对此作出判断呢?

第一,治理问题的解决。这是股权结构最初为人们所关注的因素,是股权结构研究的起点。比如,对于代理型公司治理问题,图 6-5(A)中张三一家的股权集中有利于加强对经理的监督;对于剥夺型治理问题,(B)中机构投资者对玫瑰公司治理的股权制衡在理论上有利于监管控制股东。

第二,治理问题的滋生。一些股权结构本身就是引发公司治理问题的温床,比如在解决经理代理问题上,(A)中股权集中度高,能发挥治理作用,但却可能导致控制股东的剥夺问题。

第三,治理手段的交互影响。公司治理制度体系中各种内外治理力量共同规范着公司行为,它们之间存在互补、替代、抵消的作用。不同的股权结构可能会对不同治理手段产生不同的依赖,或者不同的影响。比如,对于(B)描绘的国有企业,市场治理机制的作用就会减弱,可能是由于产品市场的垄断问题,也可能是由于官员型经理不受经理人市场约束的问题。

第四,治理目标的异质调整。股权结构体现了股东的集合,在一般讨论中,我们假设股东以投资为目标,参与治理是保障其投资收益的积极行为。但是,具体考虑某一特定股权结构时,控制股东或股东群体的目标可能呈现多样化形态。比如,(C)中的内部员工控股型企业对经营风险可能有特别的规避要求,(B)中的机构投资者可能对公司治理并没有太大积极性,图 6-5 的各种情况中未表示出中小股东更可能仅仅是炒股的"股民"而已。

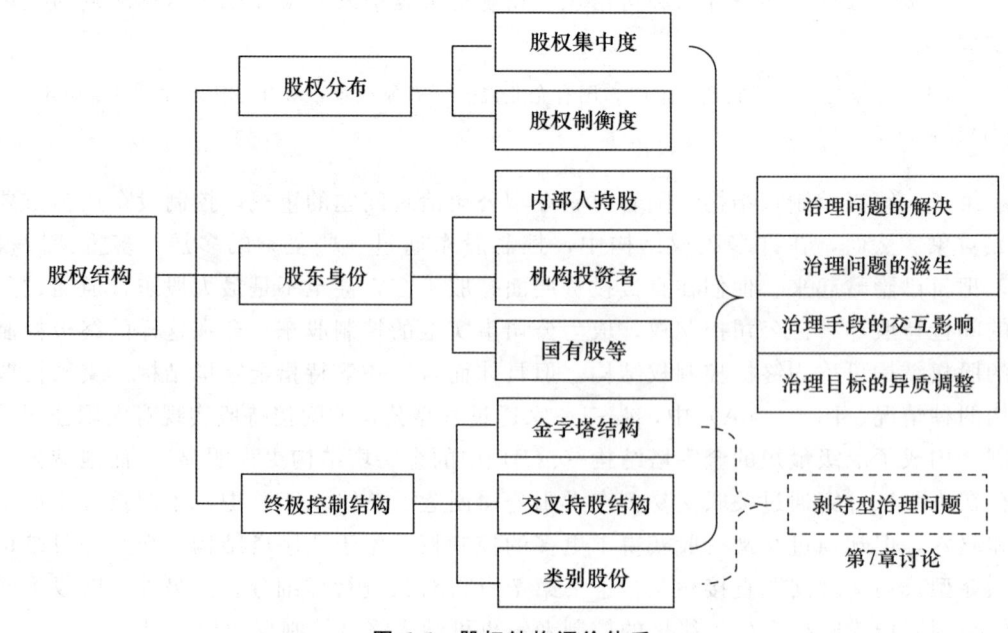

图 6-6 股权结构评价体系

图 6-6 展示了股权结构的三个评价维度和四项评价准则,而当我们全面地遵循这些评价维度和评价准则之后,可以发现没有什么股权结构是有绝对优势或者绝对劣势的,即所谓"不审势即宽严皆误"。所以,比起寻求最优股权结构,我们更需要了解每一种股权结构的优缺点是什么,进而了解这种股权结构下公司治理制度的定位。以及对应的制度系统如何构建?再理论一些的解释是,在图 1-3 和图 1-4 模型的泛公司治理与核心公司治理的关系体系下,本书中的股权结构指在制度配置逻辑下各方股东达成的关系,或是基于投资份额的自然形成,或者出于相互制约而有意调整的结果,即将它当作一种客观存在。而本书的重点是随后的制度优化逻辑,是研究核心范畴下的公司治理问题,讨论在既定的股权结构下公司治理的制度建设的重点。这是一种强调制度行使过程中不断优化的公司治理思路,当然其中的一项措施是反过来对股权结构进行优化调整。但这样的调整并非是为了建构最优的股权结构,因为它可能又会引发新的公司治理隐忧。

注意,在以上判断中是存在道德基准的,我们遵循了 2.1.1 节论述的公司治理的帕累托原则,也就是说,任何一种股权结构的设立或变更都不能以牺牲任何一类利益相关者为代价。现实中,人们寻求所谓的最优股权结构,如果仅站在控制股东的立场上,或仅站在经营者最大化其决策权力的目的上,也许通过某些股权结构的调整,可以实现某一方利益的最大化。但是,由此产生的剥夺问题、代理问题,是有德行和效率的公司治理制度所不允许的。

6.3.2 股权分布与公司治理

对股权分布的评价需关注两个指标——股权集中度和股权制衡度,对应着三种基本股权结构类型——股权分散、股权集中和股权制衡。这里的股权集中度和股权制衡度都针对控制股东而言,剥夺型公司治理的对象也是控制股东。所以,对股权分布进行评价的第一步是确定控制股东。

一、控制股东的界定

控制股东一般定义为,单独或联合其他股东通过持有的股份、协议或其他安排掌握多数表决权,或能够通过自身的影响力对公司的经营管理产生决定性影响的股东。[133] 所以,从内涵上看,控制股东强调的是实际控制这一事实行为。本书之前大量使用控制股东这一概念时,也基于这一立场,不过我们更强调的是相对性,强调某一股东相对其他全部股东拥有更多的控制权。

由此,控制股东与其他几个类似概念的区别就显现出来了。首先,在日常表达中人们常常用"大股东"一词,并通过对"一股独大"的批判来讨论剥夺型治理问题。大股东,一般指的是持有公司最大比例股本的股东,有的情况下也指任何持有较高比例股本的股东。在较多情况下,控制股东确实就是大股东,但也不尽然,比如,图 6-5(D)中李四持股就比王二、赵六少。

鉴于此,《公司法》用的是"控股股东"一词,其附则给出了控股股东的两种情况:其一是出资额占有限责任公司资本总额 50% 以上或者其持有的股份占股份有限公司股本总额50%以上的股东；其二是出资额或者持有股份的比例虽然不足50%，但依其出资额或者持有的股份所享有的表决权已足以对股东会的决议产生重大影响的股东。前者不会产生歧义，但对于后者，实质上的"控制"内涵用形式上"控股"二字来表达恐怕并不准确。

《公司法》还使用了"实际控制人"的概念，其附则的定义是，虽不是公司的股东，但通过投资关系、协议或者其他安排，能够实际支配公司行为的人。这个实际控制人弥补了控股股东概念未尽的一处，即并非对公司的控制都需要通过持股这一条渠道。比如，在中国特有的文化、制度环境中，控制股东沿着由社会关系建构的"社会资本控制链"放大了其控制权。[134] 可见，实际控制人包含在控制股东范畴之内。

小贴士6-7 ▶ 实际控制人的一种界定

《上市公司收购管理办法》第84条规定，有下列情形之一的，为拥有上市公司控制权：（一）投资者为上市公司持股50%以上的控股股东；（二）投资者可以实际支配上市公司股份表决权超过30%；（三）投资者通过实际支配上市公司股份表决权能够决定公司董事会半数以上成员选任；（四）投资者依其可实际支配的上市公司股份表决权足以对公司股东大会的决议产生重大影响；（五）中国证监会认定的其他情形。

图6-5（A）中，将张三和他的弟弟、妻子划归为"一致行为人"，表明当一些股东有不可分割的利益关系时，会采用"一致行动"控制公司。所以，控制股东可以不是一个人，也可以是一个集体的概念，在控制权计量中，他们的股权不应被分割。

小贴士6-8 ▶ 一致行动人释义

《上市公司收购管理办法》第83条规定：本办法所称一致行动，是指投资者通过协议、其他安排，与其他投资者共同扩大其所能够支配的一个上市公司股份表决权数量的行为或者事实。在上市公司的收购及相关股份权益变动活动中有一致行动情形的投资者，互为一致行动人。一致行动人应当合并计算其所持有的股份。投资者计算其所持有的股份，应当包括登记在其名下的股份，也包括登记在其一致行动人名下的股份。《上市公司收购管理办法》具体规定了构成一致行动人的12种情形，涉及投资活动、亲缘关系、职务身份等方面带来的意见上和行动上的一致性。

二、股权分布的计量

股权集中度是指因持股比例不同所表现出来的股权集中于少数股东的数量化指标。它常常专指股权集中于第一大股东的程度，此时用第一大股东持股比例（L_1）来衡量，即第一大股东持股份额在公司总股份中所占比重。而更一般性地，L_n指第n大股东持股比例。

当专注于股东的分散和"寡头"性情况时，也用CR_n指数来计量，如CR_5、CR_{10}分别表示公司前五大股东和前十大股东持股总数占公司总股份的比重。

赫芬达尔指数 h_n 指公司前 n 位大股东持股比例的平方和。h_n 指数相对 CR_n 指数来说更突出了股权的集中化程度，而与 L_1 指数相比，不仅局限于第一大股东。

股权制衡度是对股权制衡现象的度量。股权制衡是指公司存在多个较大的股东，任何一个股东都无法单独控制决策，进而实现大股东之间相互监督的股权安排模式。理论上，既能保留股权相对集中的优势，又能有效抑制控制股东的剥夺行为。

股权制衡度常用 Z 指数衡量，即公司第一大股东与第二大股东持股比例的比值；S 指数也常用以测量股权制衡度，即公司第二大股东至第十大股东持股比例之和。

当然，在实证研究中，根据研究设计也可以开发出其他测量股权集中度与股权制衡度的指标。

三、三种基本股权分布结构

通过对股权分布指标的测量，可以定义三种基本股权结构类型，即股权分散、股权集中和股权制衡。在公司治理理论体系发展的过程中，这三种结构依次成为学术界的研究重点。首先，作为公司治理的发轫之作，伯利和米恩斯的《现代公司与私有财产》将股权分散结构作为现代公司的基本特征，并由此引出了两权分离的公司治理命题。[4]在我国早期的公司治理研究中，这一观点对应的学术课题就是解决"一股独大"问题。

然而，现实数据并不认同现代公司等于股权分散的观点，表 6-1 显示了不同国家的公司股权集中和股权制衡情况，其中至少可以看出"一股独大"绝不是中国自己的特色，反而是世界惯例。更深一步的研究认为，"一股独大"还有"一股独大"的好处，股权集中的大股东能解决股东间的集体选择问题，并有动力和能力监管住经理。[29]然而，随后发现的大股东凭借其控制权获得额外私人收益的现象，[135]说明了股权集中滋生的剥夺问题。此外，股权集中结构降低了股票流动性，也降低了控制权市场治理的效用。[136]

表 6-1 不同国家公司股权分布

国家	第一大股东	第二大股东	第三大股东
中国	47.0%	8.0%	3.0%
意大利	52.3%	7.7%	3.5%
法国	56.0%	16.0%	6.0%
英国	14.0%	8.3%	6.1%
美国	22.8%	9.5%（第二、三大股东合计）	
德国	59.7%	8.6%（第二、三大股东合计）	

资料来源：斯道廷·坦尼夫，张春霖，路·白瑞福特. 中国的公司治理与企业改革：建立现代市场制度［M］. 张军扩等译. 中国财政经济出版社，2002.

鉴于股权集中与股权分散的明显优缺点，学术界开始关注介乎于它们之间的股权制衡模式。事实上，多个大股东并存的现象在世界各地广泛存在，[137]一度被认为具有平衡监督经理职责和保护小股东职责的双重效能。然而，进一步挖掘发现，多个大股东之间还可能存在"串谋"以攫取公司利益的行为。[138]可见，股权的不同集中、分散以及制衡程度，具有不同的治理功效，也引发不同的治理问题。表6-2全面系统地概括了股权集中和股权制衡效应。

表6-2　三种基本股权分布结构的治理评价

	治理问题的解决	治理问题的滋生	治理手段的影响	治理目标的设定
股权分散结构	利于防止剥夺型治理问题	易于诱发代理型治理问题	对外部治理手段的依赖度高	投机性持股，缺乏治理动机
股权集中结构	利于解决代理型治理问题	易于滋生剥夺型治理问题	降低资本与控制权市场治理力量	过多干涉公司经营管理
股权制衡结构	适度控制两类治理问题	剥夺中串谋和监管中搭便车不可忽视	对控制权市场影响不定	大股东之间的控制权斗争

（1）不存在明显控制股东的股权分散结构，一般情况下，自然避免了控制股东剥夺问题的发生。但是，也要注意实际控制人的隐蔽存在，这种情况下是一种"假"的股东分散，关于隐蔽终极控制人问题，将在下一章论述。股权分散结构的公司治理更多地依靠外部治理手段的发挥，比如股东"用脚投票"的机制，法律、舆论等的广泛监管。反过来理解，在外部治理环境发育不良的条件下，盲目的股权分散会导致代理型问题的严重化。这时，一方面股东自己没有治理公司的动机，持股的原因更可能是获取投机性收益，另一方面也没有监管经理的能力和条件。

（2）存在一个控制股东的股权集中结构的情况基本与股权分散结构相反。其优点是该控制股东既有意愿也有能力监管住经理。但是其缺陷也很明显：一是形成了控制股东凭借控制优势剥夺其他股东的便利条件；二是降低了外部治理，尤其是控制权市场治理的力量，公司并购的门槛太高；三是时常发生控制股东直接干涉公司经营管理的现象，破坏资产经营的职业化。

（3）存在几个大股东的股权制衡结构，在处理两类治理问题时均有一定优势，能达到一定的平衡。但是也要防备三方面问题：一要防备制衡股东之间进行串谋，来剥夺小股东的现象；二是防备个别大股东"出卖"公司，引发恶意并购的情况；三要防备大股东间为了争夺公司控制权而发生内耗。

6.3.3　股东身份与公司治理

一、股东身份的多样性

股东是对公司投资或基于继承、接受赠予等其他合法原因而拥有公司股权的利益主体。股东的类型具有多样性，类型不同，则其行为和追求的内容不同。[35]表6-3展示了世界三种主要公司治理模式的上市公司股东来源情况。

表 6-3 美、日、德三国公司股东身份结构

	美国	日本	德国
个人与家庭	47.9%	22.2%	14.6%
商业银行	2.6%	13.3%	10.3%
其他金融机构投资者	41.9%	22.5%	20.0%
工商公司	1.1%	31.2%	42.1%
政府和公共部门	0.3%	0.5%	4.3%
外国投资者	6.2%	10.3%	8.7%

资料来源：宁向东. 公司治理理论，第 2 版 [M]. 北京：中国发展出版社，2006.

表 6-3 再次回答了有无最优股权结构的问题。可以看出，日本和德国的股权结构比较相似，但与美国的情况完全不同。即便公司治理是借鉴"西方经验"，在西方也并没有统一答案。表 6-3 是按自然人股东、法人股东与国家股东的原则划分的。此外，还有流通股东与非流通股东、创始股东与非创始股东等的划分。

当个人或其代表的家庭对公司投资后，就成为自然人股东。各国都鼓励自然人投资，但不是所有自然人都可以成为股东。比如我国规定，国家公务人员不能成为有限责任公司的股东，也不能成为股份有限公司的发起股东；企业法人的法定代表人不得成为所任职企业投资设立的有限责任公司的股东。[139] 对于自然人身份的股东，其引发的常见的公司治理课题有两项，一是内部人持股问题，二是家族企业问题。内部人持股的传统课题有员工持股制和经理股权激励制度，近些年来公司创始人控制权保护也成为研究重点，这些问题将在 8.2 节进行专门讨论。下面，将解释家族企业的公司治理问题。

相对于自然人，法人是具有民事权利能力和民事行为能力，依法独立享有民事权利和承担民事义务的组织，是社会组织在法律上的人格化。法人对公司投资后，就有了法人股东的概念。法人股东的构成相对复杂，从世界范围看主要包括三大类法人股东：一是工商业公司法人股东，二是商业银行，三是非银行金融机构。如表 6-3 所示，在德国和日本模式中，三类法人股东并存但以前两类为特色，在美国模式中，法人股东基本专指第三类。中国的情况类似于美国模式。首先，中国与美国一样对银行也采取分业经营模式，商业银行作为股东在中国被限制。我国《商业银行法》第 43 条规定：商业银行在中华人民共和国境内不得从事信托投资和证券经营业务，不得向非自用不动产投资或者向非银行金融机构和企业投资，但国家另有规定的除外。然而，近年来，学术界对是否中国应该走向混业经营进行了较多的讨论，这成为公司治理的一个课题。其次，中国近年来非银行金融机构发展很快，特别是投资基金的发展势头在向美国看齐。于是，机构投资者所具有的特殊性带来了独特的治理问题，成为公司治理的重要研究课题，将在下文详细论述。最后，工商法人持股直接构成企业集团，企业集团治理的制度性、文化性影响因素比较复杂，企业集团本身的权利结构、商业模式也形式多样、相去甚远，本书不专门讨论企业集团问题。

中国大型企业中的国有企业比例仍然比较高，在上市公司里国有控股上市公司一

度独领风骚。近年来，随着改革的进程发生了一些变化，国有性质的实际控制人占比下降，2010年占比为49%，2016年为46%，但国有控股公司的国有持股比例依然较高，2010年平均持股比例为35%，2016年为36%。[140]而国有控股上市公司除了国有法人控股形式外，另一类控股股东的身份是国家，构成国家股。国家股是指由国有资产管理部门通过授权的机构将国有资产投入公司而形成的股份，其股权行使人是政府或国有资产管理部门。除此之外，中国还有一些集体企业，在上市公司中也存在少量由集体企业控股的公司。集体企业是处于全民所有制的国有企业与私营经济之间的一类组织法人，是中国政治历史演进中遗留下来的企业制度。关于国有企业问题的讨论散见于本书多个知识环节，就不再重复集中说明了。这里针对图6-5（B）中的股权结构，补充介绍国有企业可能存在的另一问题，即委托—代理链太长问题。

小贴士6-9 国有企业的委托—代理链

公有经济中的委托代理关系具有特殊性，它表现为两大等级体系，即从人民（初始委托人）到国家权力中心的自下而上的委托—代理链，以及从权力中心到国有企业（最终代理人）的自上而下的委托—代理链。在这长长的两段委托—代理链中，有多少局中人呢？很多，多到一下子说不清楚。每两个相邻的局中人就构成一组委托—代理关系，将会产生代理成本，这些成本构成了国有企业的效益损失。如果缺乏适当的治理制度，当委托—代理链不畅时，就意味着"所有者缺位"。

二、家族企业

根据国泰安数据库，截至2018年底，中国3689家A股上市公司中，2418家为民营公司，而其中的1440家被划归为家族企业。可见，中国四成左右的上市公司具有家族企业特征。而在依托中华全国工商业联合会进行的一项调查中，以50%的绝对控股为区分标志，发现数量和比重更大的非上市民营企业中，85.4%的可判定为家族企业。[141]在世界范围内，家族企业也是各国经济的主要力量，即便在公众公司中，家族企业也普遍存在。[137]例如在普遍认为股权最为分散、经营最为独立的美国，若从家族可以控制企业战略方向的广义定义看，家族企业数占到纳税企业的89%，雇用了62%的劳动力，贡献了64%的GDP。[142]

以上指标的统计也反映了一个现象，就是家族企业本身定义的模糊性。一项专门研究总结了250篇相关文献，归纳出21种不同定义，发现这些定义或多或少强调了特定家族对股权和经营权的控制，更进一步，该研究认为这种控制权的存在是为了"塑造和追求家族的愿望"[143]。事实上，控制股东中的"控制"二字可以囊括对家族企业性质的绝大多数认识，即家族企业就是被特定家族"控制"的企业。

家族作为控制股东的公司，具有股权集中的特点。根据表6-2对股权集中型结构的判断，家族企业具有同样的优劣。此外，家族企业的家族控制渠道还来自其他一些方面。首先，家族控制还意味着控制股东对企业经营决策权的控制。根据第3章所述，委托—代理问题的产生主要基于两项条件，一是委托人与代理人的目标不一致，二是两者间的信息不对称。但是，这两项条件在家族经营下的家族企业中不够充分。一方面，家族经营就意味着企业所有者与经营者的利益一致、目标趋同。[144]另一方面，家族成员长期生活在一起，并且存在着各种非正式契约，这降低了彼此之间的信息不对称。[145]但是，家族经营所自然形成的家族封闭性产生了问题。一是经营资源的封闭性，即家族企业的财务资源，特别是关键岗位的人力资源由家族提供，这造成创业期后家族企业成长的资源困境。[146]二是公司治理的封闭性，反映为外部治理力量对家族企业的无能为力，弱化了经理市场、资本市场等的治理效率。[147]

其次，家族企业的家族控制渠道还来自牢固的社会关系，体现了家族社会网络对企业的支撑。而这个社会关系的牢固性与人们间的信任、权威关系有关。一般情况下，家族成员间的信任关系可以产生忠诚，解决家族成员之间的代理问题，推动家族企业的设立和发展。但是，家族信任却不能或难以解决随着组织规模或交易的复杂性增加而出现的代理能力不足问题，家族企业的成长需要突破家族信任，建立社会信任。[148]在权威方面，一般情况下家长式权威的存在使得家庭成员间的要素契约无须经历任何市场化交易所必需的给付—对价过程，在权威与服从的关系上完成资源配置。[149]但是，过于强化家长权威而不愿下放权限，又无法形成有效的治理机制，特别不有利于家族企业的代际传承和持续成长。[150]特别要注意的是，家族企业社会关系的良性互动的假定在一般情况下成立，但是，一旦家族关系破裂或者哪怕仅仅是正常的变更，比如夫妻离婚、父子交班、兄弟分家，所谓的信任、权威可能会荡然无存。

通过文献研究，我们无法确定家族企业制度是利大于弊，还是弊大于利，因为家族企业的几乎任何一项特征都同时具有"是"的一面和"非"的一面。因此，必须辩证地看待家族企业治理。这也是研究股权结构的初衷，不是寻找最优股权结构，而是辨识每一种股权结构下的公司治理隐忧。

三、机构投资者

机构投资者是指用自有资金直接或从分散的公众手中筹集资金间接从事有价证券投资活动的专门化法人机构。在国际上，机构投资者主要包括退休养老基金、保险公司、共同基金、捐赠基金、银行信托部以及各类投资公司等。在我国实行银证分业经营制度，机构投资者又可称为非银行金融机构。该名称也说明，机构投资者也不同于专职工商经营业务的工商法人股东。从字面上看，或者广义地讲，法人股东就是机构投资股东。但是，在行为本质上却有明显差异。专职工商经营业务的工商法人，充分运用资本经营等手段参股或控股其他公司，以实现自身经营战略为目标。工商法人股东持股，主要是以战略伙伴这一重要利益相关者身份，采用"用手投票"的方式介入目标公司的治理活动，是保障其专用性关系投资的行为。所以，工商法人股东是"经营型投资者"。当然，现实中也有不少以经营型投资为名行投机之实的情况，但这不是工商法人股东的本质。

目前，我国资本市场中的机构投资者主要有基金公司、证券公司、信托投资公司、财务公司、社保基金、保险公司、合格的外国机构投资者（QFII）等。而目前可以直接进入证券市场的机构投资者主要有证券投资基金、证券公司、"三类企业"（国有企业、国有控股企业、上市公司）和合格的外国机构投资者等。[68]

证券投资基金是我国机构投资者的主力军，常常被简化称为基金，在国际上称为共同基金。证券投资基金是一种利益共存、风险共担的集合证券投资方式，即通过发行基金份额，集中投资者的资金，由基金托管人托管，由基金管理人管理和运用资金。证券投资基金采用积少成多的整体组合投资方式，具有集合投资和分散风险的特点。证券投资基金是一种信托投资方式，受托人具有专业理财的能力。它按基金运作方式可分为封闭式基金和开放式基金，两者差别的基础在于基金总额是限定的还是可以开放增加的；按投资标的可分为股票基金、指数基金、债券基金、货币市场基金等等。

证券公司在国际上称为投资银行，主要承担证券承销、证券经纪、证券自营三大业务。证券承销是证券公司代理证券发行人发行证券的行为。证券经纪是证券公司接受投资者委托，代理其买卖证券的行为。证券自营是证券经营机构为本机构投资买卖证券、赚取买卖差价并承担相应风险的行为。证券公司拥有人才、信息以及资金方面的优势，具有专业理财的特点，但是这种在股市上呼风唤雨的能力不时被用来吞噬其他股东的利益。

1999年，中国证监会发布了《关于进一步完善股票发行方式的通知》，从此"三类企业"成为我国机构投资者的另一重要组成。其中称，国有企业、国有资产控股企业、上市公司所开立的股票账户，可用于配售股票，也可用于投资二级市场的股票。但在二级市场买入又卖出或卖出又买入同一种股票的时间间隔不得少于6个月。其中要求，国有企业、国有资产控股企业不得使用从银行及其他金融机构取得的各类长短期贷款、外国政府贷款、外国商业贷款和财政周转金购买配售的股票；上市公司不得使用募股资金和从银行及其他金融机构取得的各类长短期贷款、外国政府贷款、外国商业贷款购买配售的股票。可见，政府同意"三类企业"入市的本意是引导其成为战略投资者，以提高主业经营效率为主，股票投资收益为辅。但事与愿违，现实情况是股票投机成为大量"三类企业"入市的主要动机。

布莱尔认为，随着证券市场和机构投资者的发展，股东将越来越远离公司，所有权与控制权分离会进一步加剧。[25]图6-7反映了该观点。当证券市场发展起来后，一部分股东将不再直接面对公司，他们仅仅是证券市场上的买家。如果说他们的行为会对持股公司产生治理作用，那么可以理解为用"脚"投票。而随着机构投资者的出现，股东离公司越来越远。股东也愈发难被真正称为公司的"所有者"，公司经理的行为也随之愈发缺少直接控制。当公司治理的外部环境建设没有跟上时，当用"脚"投票不起作用时，公司治理问题会进一步恶化。这就是机构持股的副作用。如果机构投资者滥用其信息优势和人才优势，就会成为内幕交易的"首恶"，成为公众利益的攫取者。

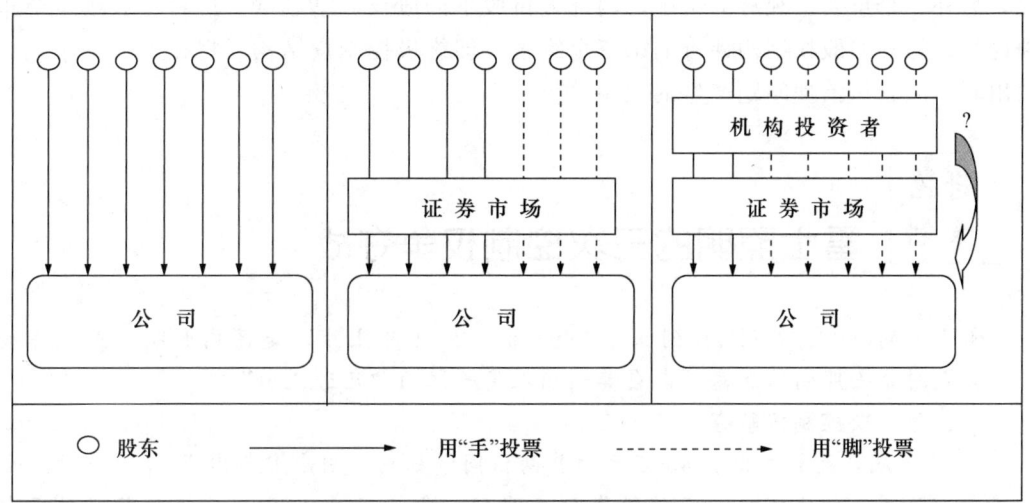

图 6-7 机构投资者对股东治理的影响

> **小贴士 6-10** 内幕交易的辩方举证制度

美国证券交易委员会在认定内幕交易时，采用初级举证责任在控方、次级举证责任在辩方的制度。即当证交会根据某些事实，比如一家投资机构在某次股价大变动前不久进行大量股票交易，就可以推定该笔交易是内幕交易。而后，举证责任即转向辩方，这一投资机构必须要自己寻找到能完全扭转控方意见的证据，比如为了这一交易事前做的研究报告，否则就会被判定存在内幕交易。在这种制度下，美国机构投资者不得不做大量基础研究，而且在一定程度上也控制了短期炒作。因为短期内的买和卖两次交易中，总有一次会难以拿出推翻内幕交易的证据。对于此类举证责任倒置制度，我国证券市场管理部门也正在引进和完善。

如何管制住机构投资者是一项任务，而如何引导其能力正向发挥是另一项重要任务。从美国的经验看，早期机构投资者主要用"脚"投票，随着机构投资者规模的壮大以及相关法规的调整，20 世纪 80 年代开始，机构投资者参与公司治理的事件明显增多，引发机构投资者"股东积极主义"的兴起。[151] 所谓的"股东积极主义"，指的是股东直接向公司管理层施压，通过用"手"投票影响公司的决策并实现自己的诉求。相较于个人股东，机构投资者具有较好的监管条件。他们持股额较多，完全用"脚"投票的成本也高，具有积极监管公司的动机。他们与公司董事、经理的正式、非正式沟通渠道较为畅通，信息不对称程度较低。同时，他们由职业人士构成，专业能力强。在这样的条件下，机构投资者可通过多种方式积极参与公司治理。他们可以通过在股东会议上的股东提案和股东表决、与公司董事会和经理的私人谈判、参与董事会、参加公司内外的控制权争夺，以及通过媒体舆论呼吁等方式，[151] 成为积极股东。

对于股权结构评价的股东身份维度，这里集中解释了家族企业和机构投资者的情况,另外一个重要、独特的情况是内部人持股下的股权分享制度,这将在后续章节单独论述。另外,股权结构评价的第三个维度,即终极控制权结构,将在下一章中用来引出剥夺型公司治理问题产生的根源。

> **讨论案例** 雷士照明的三次控制权争夺战

雷士照明(02222.HK)创立于1998年,2001年上市,是国内照明行业领军企业。公众对雷士照明的注意,来自其创始人吴长江的"几进几出"。

一、第一次控制权争夺

1998年底,吴长江出资45万元,其两位同学杜刚、胡永宏各出资27.5万元,创立了雷士照明。创业之初,三位股东分工明确,各尽其责,2005年销售额突破7亿元。随着企业的发展壮大,三位股东在很多事情上意见不一致,不仅经常导致会议中断无法进行,还让下属无所适从。为了缓和矛盾,吴长江向其他两位股东无偿转让股份,达成33.4%、33.3%、33.3%的均衡状态。虽然调整了股权,但是矛盾并没有得到根本解决。2005年,为拓宽销售渠道,吴长江想选择部分信得过的经销商在全国成立运营中心,但另外两位创始人认为运营中心权力过大,会带来较大风险,激烈反对,矛盾全面爆发。在董事会的激烈争吵后,吴长江同意以8000万退股费离开雷士照明。然而三天后,事情随即发生戏剧性的转变,雷士照明全体经销商集体"倒戈",全国各地200多家供应商、经销商纷纷赶来表态,雷士照明的主要中高层管理人员也全部要求吴长江重归企业,另外两名股东各拿8000万元被迫离开企业。这一事件使得雷士照明一度面临资金链断裂的危险,吴长江也因此开始求助资本投资者募集资金,这为吴长江与资本投资者在2012年展开的控制权争夺埋下伏笔。

二、第二次控制权争夺

雷士照明2006年经历了多轮融资并引发了股权结构的显著变化,较为重要的有三次。软银赛富、高盛、施耐德电气先后投资,2011年7月股权变动后,吴长江持股15.33%,仍为第二大股东;软银赛富18.48%,施耐德9.22%,高盛5.65%,分别为第一、第三、第四大股东;从董事会席位比例来看,代表吴长江利益席位和代表投资方利益席位的比例为2∶4。2012年5月25日,雷士照明发布公告,称吴长江因个人原因辞去公司一切职务,由软银赛富的阎焱出任董事长,来自施耐德的张开鹏接任CEO。随后,吴长江和阎焱对辞职事件分别向媒体作出相应说明,然而各执一词,甚至隔空互相指责。阎焱提出了吴长江回归董事会的三个条件,而吴长江对此表示无法接受,并声称自己"被骗"辞职。

这里需要说明,吴长江辞职的个人原因在坊间有各种传言,我们难以采信。但是,请注意阎焱表示的三条吴长江回归条件:第一,须跟股东和董事会解释清楚"被调查事件";第二,处理好所有上市公司监管规则下不允许的关联交易;第三,须严格遵守董事会决议。

2012年7月12日,在"雷士集团高管会暨集团董事见面会"上,雷士员工、经销商和供货商都提议改组董事会,请吴长江回归,并要求施耐德出局。7月13日,雷士员工开始罢工、经销商停止进货、供应商停止供货。7月24日,雷士照明36家运营中心表示将结成联盟,另立门户成立新品牌。

7月27日,在吴长江的斡旋下,雷士员工与董事会达成临时复工协议。然而8月14日,雷士照明发布公告称"重新委任吴先生为本公司董事长及董事并不妥当",因调查发现,经吴长江承认,在雷士照明IPO时,曾协助一些员工和经销商购买大量股票,员工和经销商将钱汇入他的私人账户,并且从经销商处获得了个人贷款。公告发布之后,吴长江、经销商不满意,继续施压。9月4日,吴长江终于以临时运营委员会负责人的身份回归雷士。随后,吴长江增持股份至22.07%,再度成为第一大股东。随后德豪润达通过场内及场外交易购入股份,占总股本的8.24%。12月26日,德豪润达与NVC(吴长江持有的离岸公司)签署附生效条件的《股份转让协议》,NVC将持有的占总股本11.81%的股权转让给德豪润达。德豪润达由此变成第一大股东,吴长江直接及间接持有的股权则只剩下6.86%。作为交换,德豪润达向NVC定向增发,吴长江成为德豪润达的第二大股东。有了德豪润达的帮助,吴长江终于夺回了控制权,吴长江被任命为雷士照明CEO,德豪润达董事长王冬雷任董事长。

三、第三次控制权争夺

2012年入主雷士照明的德豪润达曾被视为创始人吴长江的"白衣骑士",然而随后不久,双方开始出现纷争。2014年4月20日,德豪润达收购吴长江的股份,持股比例上升至27.03%,吴长江个人持股仅剩下1.71%。2014年7月14日,雷士照明发布公告,对董事会人员进行重点调换,王冬雷、朱海等接替吴长江及其管理团队的职位。2014年8月29日,雷士照明股东大会上,29家省级经销商以签署声明的方式表示支持罢免吴长江,雷士照明和经销商共同成立了下属运营委员会协助公司运营,设立独立调查委员会调查吴长江的违规违法行为。2014年10月28日,警方介入,对吴长江涉嫌挪用资金立案侦查。2015年1月12日,惠州市公安局正式逮捕吴长江。

2016年12月22日晚间,广东省惠州市中级人民法院对外公告称,该院已对雷士照明原法定代表人、董事长吴长江挪用资金、职务侵占案作出一审判决。因挪用资金罪、职务侵占罪,吴长江被判处有期徒刑14年,没收财产50万元,并责令吴长江向重庆雷士照明有限公司退赔370万元。惠州市中院认定,在2012年至2014年间,吴长江为筹措资金建设雷士大厦项目,在未经董事会决议的情况下,将存于银行的流动资金存款转为保证金存款,为其本人实际控制的重庆无极房地产开发有限公司等五家公司提供质押担保,向银行申请9亿元贷款。

资料来源:章铁生,徐德信,周蕾.关系资本与财务资本的博弈及其机制化难题——雷士照明控制权争夺的案例研究[J].安徽师范大学学报(人文社会科学版),2017,45(5);曾宪聚,林楷斌,张雅慧.创始企业家身份演变、控制权配置与控制权私利的抑制——雷士照明控制权争夺案例的再剖析[J].西安交通大学学报(社会科学版),2019,39(4).

讨论以下问题：

（1）在几次争斗中，吴长江凭借员工、经销商、供应商的支持反败为胜，如何理解控制权与股权不一致的情况？

（2）吴长江存在哪些不当行为，剥夺了公司的利益，或者让公司处于风险之中？

（3）随着公司的创立和发展，创始人在公司中应该如何定位？公司又应该如何"治理"创始人？

讨论问题

（1）基于产权内涵的三重视角，产权保护所体现的公司治理价值是什么？

（2）基于产权的三个基本属性，论证我国股权分置改革的必要性。

（3）相关公司法规日渐完善，公司章程也可以采用统一标准的模板。这种观点对吗？

（4）混合所有制改革，有利于解决哪些公司治理问题？要提防哪些公司治理问题的发生？

（5）请评价家族企业制度的优劣。

第 7 章
剥夺型公司治理的制度体系

导读

本章是第三篇"股东与公司治理——剥夺型公司治理专题"的核心部分,共分三节,按照问题识别、原因分析、对策设计的逻辑展开。在问题识别环节,在认识到剥夺型公司治理问题普遍存在的前提下,将控制股东的剥夺行为按滥用公司资源和占用公司资源划分,后者也被称为"隧道"或"掏空"行为。在原因分析环节,以终极控制权结构为考察对象,从中归纳出剥夺型治理问题产生的根源——控制股东权利与责任的不匹配,以及控制股东身份与行为的隐蔽性。找到根源后,治理剥夺问题的制度体系就具备了建构依据。由此,本章建立了一个解决剥夺问题的治理架构,其中包含权力制衡、责任隔断、信息披露三大机制。

引导案例 黑榜上市公司的"黑"

为了净化市场环境、保护投资者权益,《大众证券报》于 2011 年末推出了年度"十大黑榜上市公司"评选活动。以下为每年度榜单中各摘录的一家黑榜上市公司或其候选公司。

2011 年度上榜公司:*ST 大地(002200)。上榜理由:欺诈上市多人被判刑。情况概述:被告人登记注册了一批由*ST 大地实际控制或者掌握银行账户的关联公司,并利用相关银行账户操控资金流转,采用伪造合同、发票、工商登记资料等手段,少付多列、将款项支付给其控制的公司、虚构交易业务、虚增资产、虚增收入。

2012 年度候选公司:佛山照明(000541)。上榜理由:隐瞒关联交易被立案调查。情况概述:佛山照明于 2009 年至 2011 年间,分别与公司董事长钟信才之子所控制的佛山施诺奇加州电气有限公司、佛山市斯朗柏企业有限公司、上海亮奇电器有限公司等进行关联交易,合计金额为 5302.81 万元、7578.19 万元及 8607.61 万元,上述行为均未及时履行临时公告及定期报告披露义务。

2013年度候选公司：勤上光电（002638）。上榜理由：关联交易未披露。情况概述：勤上光电被曝出在招股说明书中隐瞒其与品尚光电、芭顿照明的关联交易及关联关系，虚增2011年上半年业绩。

2014年度上榜公司：獐子岛（002069）。上榜理由：八亿扇贝不翼而飞。情况概述：从预计盈利7565万元到突然称2014年前三季度净利润巨亏8.12亿元，150万亩养殖海域颗粒无收。

2015年度候选公司：深康佳A（000016）。上榜理由：内斗致业绩巨亏。情况概述：从2015年5月中小股东取得深康佳A董事局四个董事席位，占据优势地位开始，公司内斗一直不断。

2016年度候选公司：延华智能（002178）。上榜理由：掌门人泄露内幕信息被捕。情况概述：董事长、总裁胡黎明因涉嫌内幕交易、泄露内幕信息被上海市人民检察院第二分院批准逮捕。

2017年度上榜公司：乐视网（300104）。上榜理由：实控人借款承诺爽约，IPO时发审委委员被抓。情况概述：乐视网实控人贾跃亭及其姐姐贾跃芳承诺减持后的资金将全部借给乐视网，不收任何利息。2017年上半年，乐视网资金紧张情况下，贾跃亭未能按照此前承诺将减持资金继续借予乐视网使用。2017年11月3日，证监会发言人表示注意到多位涉及乐视网IPO的发审委委员被查报道。

2018年度候选公司：ST冠福（002102）。上榜理由：被实控人"坑"逾20亿元。情况概述：ST冠福的控股股东林氏家族以上市公司名义借高利贷和"豪爽"关联担保，同年10月起，由于公司承担连带责任，开始面临相关纠纷与诉讼。

2019年度上榜公司：ST辅仁（600781）。上榜理由：分红"爽约"，曝出大股东违规占款。情况概述：因无法按时分红，曾经的"白马股"辅仁药业被推上风口。公司承认向控股股东及关联方违规拆借资金余额16.36亿元及违规担保1.4亿元，且担保中6202万元已经逾期。

资料来源：《大众证券报》各年度报道。

本章集中讨论剥夺型公司治理问题，首先要直观感受其问题表现，判断其危害程度。以上列示了《大众证券报》各年度评选出的"十大黑榜上市公司"或其候选公司。读者可初步掌握剥夺型公司治理问题的概貌。由此，可提出这些问题产生的根源是什么这一问题。这里提醒一下，关于代理型问题，我们从委托—代理理论中挖掘出"目标不一致"和"信息不对称"两大根源。

7.1 剥夺型公司治理的问题表现

7.1.1 现代公司中的控制股东

传统上，公司治理的研究主题仅是代理型治理问题。这与公司治理的研究起点有关，在伯利—米恩斯的研究命题下，公司治理问题的产生前提是股权分散，后果表现是经理腐败。然而，在 2000 年前后，大量研究发现，控制股东的存在也是真实世界的常态，对应着的控制股东剥夺现象也是公司治理必须处置的问题。进而，公司治理问题二维化了，其一是对应伯利—米恩斯命题的代理型公司治理问题，其二是对应 LLSV 命题的剥夺型公司治理问题。

一、LLSV 对控制股东的发现

LLSV 是四位著名经济学家拉波特（La Porta）、洛佩兹（Lopez-de-Silanes）、施莱弗（Shleifer）和维什尼（Vishny）的姓名首字母的组合。之所以将剥夺型公司治理问题的讨论框架称为 LLSV 命题，是因为正是这四位经济学家的贡献，证实了控制股东的广泛存在，以及控制股东的剥夺行为。在 2000 年前后几年时间里，他们发表了数篇经典论文，证实了剥夺型公司治理问题的严重性。当然，将这项开创性研究的功劳全部归于他们四人不甚准确。一是这四人组合并不是完全固定的，有的论文来自其中两三人的小组合，有的论文加入了其他学者。二是其他学者对剥夺型治理问题的贡献也不能忽略，比如早在 20 世纪 80 年代已有研究对伯利—米恩斯的股权分散命题提出质疑，[131]包括四位学者中的施莱弗和维什尼，[152]另外在随后的研究中其他作者也贡献了多篇极其重要的论文，比如郎咸平。

许多文献都引用 1999 年拉波特、洛佩兹和施莱弗的一篇论文中的数据（维什尼缺席该研究），来证明控制股东的广泛存在。[137]该论文中的样本来自 1995 年全球 27 个有着较为成熟股票市场的市场经济国家或地区。三位学者指出，在大多数情况下，要达到控制一家公司并不需要超过 50% 的股权，因为大多数中小股东对控制权不感兴趣，并不会参与股东大会表决。因而，一名股东拥有 20% 甚至 10% 的控制权，就足以控制该公司。这里的控制权或称表决权，与一般的股权有差别，其间存在若干隐蔽控制的问题，将在下一节专门研究。该论文将没有一名控制权超过 20% 或 10% 的股东的公司，称为分散持股型公司。而根据控制股东的性质，将其他公司分为家族（个人）型、国有型、金融机构型、非金融机构型，以及其他型。根据论文中的数据，大型公司按照 20% 的标准，只有 36% 的公司是分散持股型，按照 10% 的标准，分散持股型公司占比下降到 24%。而对于中型公司，两个标准下分散持股型的公司只有 24% 和 11%。

随后，克拉埃森、詹科夫和郎咸平对中国香港、台湾地区以及东亚 7 国的上市公司进行了调查，发现除日本外，超过 2/3 的公司都存在控制股东，家族经营控制的痕迹很明显。[153]法克乔和郎咸平对西欧的 13 个国家的上市公司的调查结果显示，除了英国和爱尔兰外,也有一半左右的公司存在控制股东,也具有家族经营和控制的特点。[154]

对于中国,"一股独大"被认为是普遍情况,表7-1展示了一项研究的调查数据。[28]可见,国有控股占主导的情况正在转变,但股权集中度较高的特征依旧鲜明。

表7-1 中国上市公司的控制股东

年度	第一大股东平均持股比例(%)	国有控股公司占上市公司数量的平均比例(%)	第二到第十大股东平均持股比例(%)
2009	36.61	44.7	20.05
2010	36.67	40.4	22.24
2011	36.29	38.0	22.99
2012	36.42	38.4	22.57
2013	35.38	25.6	20.70
2014	34.57	25.1	20.62

资料来源:郑志刚.中国公司治理的理论与证据[M].北京:北京大学出版社,2016.

二、系族企业

在中国,系族企业的存在不可忽视。系族企业并非中国特有,但其引发出的剥夺行为对中国资本市场曾产生多次轰动性影响。对系族企业的发现与1997年爆发的亚洲金融危机有关。此前,东亚、东南亚多国的经济发展被称为亚洲经济奇迹,为世人所关注,亚洲国家的公司治理方式也吸引着西方学者的眼光。然而一场金融危机,将企业系族、系族企业间的关联交易、关联交易的剥夺本性大白于天下。系族化模式将公司利益置于控制股东的股掌之间。一般认为,系族企业往往出现在资本市场不够发达和有效的地方。[35]

企业系族是企业集团的一种形式,是指由相同的实际控制人控制的多家企业所组成的关联企业体系。相比较一般企业集团,企业系族在形态上更强调受到同一个实际控制人控制,即"一控多"。从2000年开始的近3年的时间里,中国资本市场上掀起了一场"造系运动",有近40家系族浮出水面,关联上市公司达200余家。[155]但是其中有很多企业已不复存在,其缔造者或者锒铛入狱,或者出逃国外。而案例7-1所述"德隆系"是它们的典型代表。

案例7-1 "德隆系"的缔造与轰塌

唐万新及其兄弟控制的"德隆系",在中国资本上演出了一场"绝世"好戏。

唐氏兄弟1986年下海,1992年涉足中国股市。1996年、1997年通过受让公司法人股,先后成为合金投资、屯河股份和湘火炬三家上市公司的第一大股东,形成"德隆系"的"三驾马车"格局。1998年到2001年,以"三驾马车"为基础,

"德隆系"开始了快速的扩张,一度控股与参股的实业企业有262家之多,涉及水泥、重型汽车、汽车零配件、农业及相关产业、旅游业等,其中正式控股的上市公司一度达到6家。(见图7-1)同时,德隆先后控股与参股了20家金融机构,包括证券公司、租赁公司、信托公司、商业银行等。

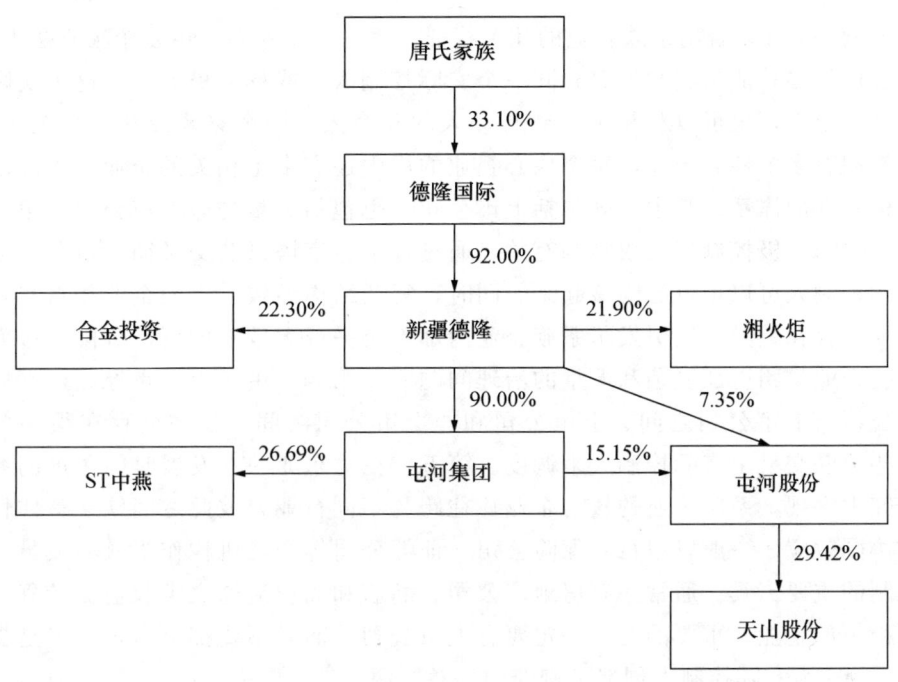

图 7-1 "德隆系"关联结构

资料来源:郑军,付强."金字塔"式股权结构、最终控制权与中小股东利益——以德隆系为案例[J]. 企业家天地(理论版),2008,(3).

德隆的神话在2004年4月13日破灭,新疆屯河、合金投资和湘火炬相继连续数天跌停,流通市值从最高峰时的206.8亿元降到2004年5月25日的50.06亿元,蒸发了156亿元之巨。与德隆相关的ST重实、天山股份、ST中燕等近十家上市公司相继披露出来的各项资金黑洞就达数十亿元。"地雷"开始全面引爆,德隆黑洞殃及的池鱼越来越多。一批与德隆存在直接或间接关系的金融机构不得不走到台前,中富证券、健桥证券、德恒证券、恒信证券相继曝出与德隆有染,一批由上述券商委托理财的上市公司也深受其害。其中包括渝开发、上工股份、江苏琼花等多家公司。2004年8月,华融资产管理公司开始接管德隆资产,2004年11月,华融资产管理公司人马正式进驻德隆旗下上市公司董事会。

2006年春节前,对外逃后回国自首的唐万新的审判在武汉市中级人民法院进行。唐万新因非法吸收公众存款和操纵证券交易价格罪,被判处有期徒刑8年,并处罚金人民币40万元。"德隆系"的"三驾马车"总计处罚金103亿元。根据公诉材料,"德隆系"在三只股票上操纵股价非法所得101亿元,余股市值113亿元,余股成本

162 亿元。另经公布,"德隆系"总负债 570 亿元,其中金融领域负债 340 亿元,实业负债 230 亿元。

资料来源:根据相关文献与网络资料整理。郑军,付强."金字塔"式股权结构、最终控制权与中小股东利益——以德隆系为案例 [J]. 企业家天地(理论版),2008,(3).

从案例 7-1 可以看出系族企业的几个特征:第一,企业系族由多个独立法人构成,但这些公司最终总能追溯并汇总到同一个实际控制人,或称终极股东。这个实际控制人可以是一个人,也可以是构成一致行动人的几个人、一个家族或几个家族。第二,企业系族拥有多个核心企业,每个核心企业的周围还有多个相关的企业,构成多个金字塔结构并存的体系。其中,既包括上市公司,也包括大量的非上市公司。第三,系族企业往往与终极控制权股权结构有关,通过多个金字塔以及交叉循环持股等复杂结构,实际控制人可以把自己隐藏起来。同时,复杂结构导致了不同企业相对实际控制人的重要性存在差异,这引发了系族企业内部不公平或无效率的资源分配,进而产生远比传统企业集团更加复杂和严重的治理问题。[156] 第四,由于上一点原因,系族企业的上市公司与上市公司之间、上市公司和非上市公司之间,往往会存在很多关联交易,这些关联交易由实际控制人来调度。第五,在对东亚一些发展时间久远的系族企业的研究中发现,系族企业的核心企业往往跨越不同行业,彼此之间缺乏整体性、契合性和协同效应。一般以银行、保险公司、证券公司等金融机构作为核心成员,这是实施控制的重要工具。通常还有房地产公司、酒店和商业流通之类收益比较好、现金流比较稳定的企业。重要的是,一定要有上市公司,而且不要都上市,一定是少数企业上市。[35] 这为实际控制人创造了剥夺的利益之源。

小贴士 7-1　系族企业的正当与非正当盈利行为

(1) 资产套现。造系者控股上市公司后,把原先自己控制的资产以高价出售给上市公司,由此实现原有资产的高价和快速套现。

(2) 资产置换。造系者使自己原来控制的优质资产或概念性资产以资产置换的形式进入上市公司,把上市公司的劣质资产或非营利资产置换出来,在这笔交易中,造系者可以通过高估自己的资产、低估上市公司的资产来获得资产置换的额外收益。

(3) 炒作股票。即使资产置换本身不一定给造系者带来额外收益,但造系者还有另外的、甚至是主要的盈利渠道——由于上市公司有并购题材、置入了优质或概念性资产,利用这个概念炒作二级市场上该上市公司的股票,往往能够获得巨额的超额收益,而炒作股票所需资金通常来自上市公司或其下属公司和银行贷款。

(4) 抵押贷款。造系者以所持有的上市公司股权向银行抵押,或者利用上市公司及其下属子公司的资产(包括土地)向银行抵押,获得银行贷款资金,由造系者实际支配。

(5) 相互担保。造系者通过所控制的公司之间相互担保,各公司分别向银行申请贷款,然后把这些分散的资金通过多种途径转移到造系者直接控制的账户上,由此造系者就能掌控大量的信贷资金。

（6）关联交易。造系者旗下各公司之间进行大量的关联交易，运用高买低卖等手段把上市公司或其他公司的利润转移到造系者自己的私人公司。

（7）直接融资。造系者通过各种合法或非法的手段使得控股的上市公司达到配股、增发或发行可转债的资格，然后通过在证券市场进行再融资获得资金，这些资金同样会经过各种手段转移到造系者能直接控制的账户。

（8）资金转移。上市公司以对外投资的名义把资金转移到造系者直接控制的项目或公司里（国内或国外），这些投资通常都是有去无回，不了了之。

（9）投资实业。造系者进行合法、合规的实业投资，并经营这些实业，以此获得相应的经营利润，但这种方式的盈利模式对大部分造系者来说都显得费时费力。

（10）资源整合。造系者通过对旗下控股上市公司、子公司的资源进行重新整合，扩大生产规模，加强经营管理，提高系族企业经营绩效，从而可以获得资源整合带来的额外收益。

（11）政府优惠。造系者通过造系把企业规模做大，利用企业品牌效应，向政府要优惠政策、优惠土地，再利用土地的开发、抵押贷款获利。

（12）转手卖壳。如果造系者已经用完其他手段，那么他还有最后一招——转手出售壳公司，即使不能卖得比当初收购价更高，但造系者至少也不会有什么亏损。

资料来源：李映东. 造系运动：资本枭雄的帝国梦想［M］. 成都：西南财经大学出版社，2006.

三、大股东治理机制

本章的主题是讨论控制股东的剥夺问题，但按照 6.3 节所论述的股权结构评价思路，控制股东的存在也具有一定积极效果，这被称为大股东治理机制。它作用于经理代理问题，是公司治理的基本手段之一。[152] 以下用一个博弈过程来说明大股东存在的积极意义。

假设一个公司有两个股东和一名职业经理人，股东的任务是治理经理以避免其腐败。假设一项治理手段的总成本是 10 个单位，花时间和精力去监管经理的决策活动，其总收益是 20 个单位，经理在被监管下不敢受贿。先假设情况 1，这两名股东各占50%的股份。那么，如图 7-2 所示：当两个股东共同治理时，每人收益和成本均分，各获得净收益 5 个单位；当两人都不治理时，净收益为 0；当仅一人治理时，根据股

		股东B	
		治理	不治理
股东A	治理	5, 5	0, 10
	不治理	10, 0	0, 0

图 7-2　两个制衡股东治理的情况

权分配，治理者收益为10，成本付出为10，净收益为0，而不参与治理者，白白分得10个单元的收益。可以分析得出：当股东A治理的情况下，股东B不参与治理的收益是10，大于参与共同治理的收益5；当股东A不治理的情况下，股东B治理的收益是0，若也不治理，收益还是0；反过来，若股东B治理的情况下，股东A只会选择不治理；若股东B不治理，股东A治理或不治理的净收益都是0。综合来看，双方是不会共同治理的。

图7-2的数据假设是一种特殊情况，当我们考虑一般性后，结论会更加有启发性。情况1.1：在假设成本为10、收益为20的前提下，如果公司不止两个股东，还有哪怕一个最小的股东，这时股东A和B的治理收益分配下来都小于10，那么，当另一方不治理而仅自己一人承担治理成本时的净收益一定小于0。这种情况还不如大家都做"甩手掌柜"。这就是缺乏大股东时，股权分散对代理型问题的无奈之处。情况1.2：如果还是两个相制衡的股东，如果收益比成本的效率小于原假设的20：10，同样会出现各方都不治理的情况。情况1.1和情况1.2反映的就是"囚徒困境"。情况1.3：如果收益比成本的效率变高，这意味着公司治理制度体系更为优良，那么就会出现一个混合均衡的情形，或者仅A治理或者仅B治理，双方各以50%的概率去治理经理。

可见，当没有大股东时，在最普遍的情况1.1中，"搭便车"是最理性的选择。然而考虑另一种情况2：仍然假设治理成本为10个单位，收益为20个单位，但有一大一小两个股东，股权比为3：1。那么，如图7-3所示：当两个股东共同治理时，大股东收益为15，成本为5，净收益为10，小股东收益为5，成本为5，净收益为0；仅大股东治理时，大、小股东的净收益分别为5；仅小股东治理时，大、小股东的净收益为分别15和-5；两人都不治理，净收益均为0。此时，大股东治理时小股东不治理的收益更高，大股东不治理时小股东还是不治理的收益更高。总之，小股东是不会治理的，大股东还是独自治理的收益更高些。可见，最终的唯一的最优策略是，大股东负责治理，而小股东坐享其成。

		小股东	
		治理	不治理
大股东	治理	10, 0	5, 5
	不治理	15, -5	0, 0

图7-3 大股东治理的情况

所以，相对于股权分散的情况，大股东治理的价值在于总有人会有动力去治理经理（以及董事会）。大体说来，大股东治理机制表现在两个方面。首先，通过对经理层或董事会的决策制衡、激励约束和监察督导，直接处理代理人的腐败行为。现有文献的实证研究表明，大股东治理能够抑制公司的不合理投资动机、能够提高经理变更概率、能够抑制公司盈余管理行为并提高信息披露质量等，而且由于大股东治理的积极效应，往往会引起正向的资本市场反应。[151]其次，大股东通过发出"用脚投票"的信号或威胁，也可以约束代理人行为。因为大股东能够更多地获取公司私有信息，其市场交易行为包含了更多的对公司经营情况的判断，成为引发治理行动的有效信号。另外，大股东退出可以通过对被并购概率的影响以及对股价波动的影响等来发挥治理作用。[151]

7.1.2 控制股东的剥夺行为

上一节指出了控制股东存在的普遍性，也表明了其存在的价值。事实上在本书的逻辑中，公司治理的任务就是发现公司优势制度的负面效应，所以，接下来将总结控制股东可能的剥夺行为。

当然，不能因为公司存在控制股东就认定一定会出现剥夺行为。但是，一项现实指标表明剥夺可能真的很普遍，这就是所谓的"控制权溢价"。基于控制权溢价研判剥夺严重程度的逻辑是：如果控制股东能通过剥夺小股东的利益而获得私利，那么在自由交易的市场环境下，控制股东的私利就会被"标价"。进而，控制股权转让价格相对于市场股价的溢价就计量了控制权的价格，也间接表明了控制股东剥夺的严重性。一项对美国1972年到1982年间63起大宗股权（控制股权）转让的研究，比较了控制股权转让价格与转让公告后一日市场价格之间的差额，发现控制股东平均多支付了20%的溢价。[135]而后，有研究采用类似办法对1990年到2000年间39个国家进行了分析，发现控制权私人收益平均为市场价格的14%，[157]并发现控制权私人收益与法律制度、资本市场发展程度、股权结构等因素有关。沿用该思路，一些文献研究了中国的情况，发现中国上市公司控制权转让中也存在溢价现象，[158]考虑到中国资本市场的特殊性后，计算出的平均溢价值为27.9%。[159]而进一步的研究发现，当年为获得控制性股份支付的控制权溢价越高，控制股东未来的剥夺行为越严重，企业之后的长期绩效表现就越差。[160]

那么，控制股东的剥夺行为有哪些呢？剥夺型公司治理问题在多数文献中被称为第二类委托—代理问题，在这里，全体股东（以及全体利益相关者）是委托人，控制股东的是代理人。正如2.1.3节的论述，是信义义务将委托人与代理人连接在一起，代理人要向委托人尽到忠实义务和勤勉义务。所以，如果认为剥夺是指一切利用控制股东身份侵犯公司资源，进而损害其他股东（以及其他利益相关者）利益的行为，那么，全体剥夺行为也可分为两类。一类是对应于忠实义务，占有公司资源的剥夺，将公司资产转移至自己名下的损人利己行为；另一类是对应于勤勉义务，滥用公司资源的剥夺，指并非以占有公司资源为目的，但也未按照公司整体目标为行动导向的行为。

目前，学术界比较关注占有公司资源的剥夺，并以"隧道"（tunneling）为名，[161]国内文献多采用"掏空""转移""输送"等译法，也十分贴切。隧道之所以被命名，因为它形象地刻画了控制股东为了自身的利益将公司的财产和利润转移出去的行为，中文译作掏空也很形象。在隧道或掏空问题的最初研究中，将其分为两类：其一是经营性隧道行为,包括各种基于偷窃与欺诈的直接占有公司有形和无形资产的剥夺行为,也包括各种非市场化的产品和资产买卖、费用和成本分摊等关联性交易活动;其二是金融性隧道行为,包括各种操纵股权结构和转移公司利润的金融性手段。[161]

一、滥用公司资源的剥夺

尽管占用公司资源的掏空行为在形象上更贴近"剥夺"二字,滥用公司资源的情况也不容忽视。首先,问题出现在异质性股东的异质性追求上。这里的异质性股东,强调的是股东身份的不同。当以英美公司治理模式为讨论模板时,这个问题不突出。然而,在英美国家以外,在控制股东出现频率高的地方,控制股东往往具有家族性和国有性的特点。这两类股东的行为基础与西方理论中的经济人假设有差别,从而表现出公司经营宗旨和战略指导思想的变化,简单说就是,股东经济利益最大化的目标并非适用于所有企业。比如对于家族企业,也许"更大""更强"根本不是其追求的,它寻求的是"更长命"。而对于国有企业,也许社会性职能才是其偏好的。在宗旨、战略的变化后,自然引发企业家行为的变化,特别是在风险态度上的变化。常常听到家族企业的家族外人士会用"小富即安"来批评控股家族的不作为。确实,在经营的某些时段,家族理性是超越经济理性的。另一类常见的控制股东滥用公司资源的事件是安插管理岗位。尤其在家族企业,为了家族利益的考虑,控制关键岗位的情况已成特色。这种安排,本意并非要侵占其他利益相关者的权益,但在客观上造成了控制股东对公司经营目标的干涉,甚至扭曲。这就是滥用公司资源的控制股东剥夺行为的核心思想,即主观上并非剥夺,但客观上侵犯了其他股东的权利,并有可能侵占其利益。

其次,控制权使用过度也可归为一种滥用公司资源的行为。它指的是控制股东超越其身份定位,过度干涉公司经营,侵犯法人独立性的行为。它不以占用公司资源为目的,常常"好心办坏事"。

与控制权使用过度相反的一类情况也很常见,即控制权使用不足,指的是控制股东未尽其治理职责的情况。控制股东的存在,被认为是解决经理代理问题的重要条件。[152]但是如果控制股东不作为,那么会导致公司所有权在实际意义上的完全缺失。

二、占用公司资源的剥夺——掏空

在以占用公司资源为目的的控制股东剥夺行为中,可以分为直接占有资源、非市场化交易和掠夺性金融活动三类。其中,直接占有资源是赤裸裸的偷盗和抢掠。2005年,中国证监会下发《关于集中解决上市公司资金被占用和违规担保问题的通知》,提出打好集中解决上市公司资金被占用和违规担保问题的攻坚战。可见,资金占用和违规担保问题的严重性。另外,虚假出资也可归为占用资金一类。此外,除了这些一目了然的剥夺之外,控制股东占用公司商标、品牌、专利等无形资产,以及抢占公司商机等行为也是赤裸裸的剥夺。

小贴士 7-2 　　*国有企业分拆上市和整体上市*

国企上市有两种模式:分拆上市和整体上市。

分拆上市是指国有企业的核心业务重组为股份公司并增资扩股上市,原企业变成控股公司的上市模式。截至2003年11月，境内外上市的企业中，95%以上是国企改制上市的，又无一例外都采用了分拆上市模式。分拆上市模式的弊端表现在许多方面，归纳起来主要是两点：首先，分拆上市模式容易产生两种趋势：一是上市公司是存续企业的"抽水机"，二是存续企业是上市公司的"垃圾桶"。其次，分拆上市模式形成的控股公司的经营目标是双重的，既希望上市公司创造良好业绩，又企图向上市公司转嫁负担。正因如此，控股公司的经营理念分裂，行为发生扭曲。

整体上市是指国有企业的全部业务重组为股份公司并增资扩股上市，原企业注销的上市模式。整体上市模式可以从根本上克服分拆上市模式的弊端，解决国企上市公司存在的许多难点问题，应该成为国企上市的主要模式。

资料来源：黄清．国有企业整体上市研究——国有企业分拆上市和整体上市模式的案例分析[J]．管理世界，2004，（2）．

在以下四类活动中可能会发生非市场化交易类的控制股东剥夺行为，分别是关联购销业务活动、资产租用和交易活动、费用负担的分摊活动，以及相关人员报酬支付活动。这些活动本属企业的正常经营管理业务范围，但是如果这些活动都以非市场公允的价格契约为基础，一切都将变成控制股东剥夺的手段。购销业务的剥夺最为普遍，最简单的形式是控制股东以高于市场价格向目标公司销售，以低于市场价格向目标公司购买，还有很多隐蔽性强的复杂形式，但是本质都是利用价差转移利润。资产租用和交易中的剥夺与购销业务中的剥夺具有相似的性质，仅仅是标的物上的区别。租用和交易的资产有厂房、土地使用权、设备、商标、专利。另外，托管经营活动中的非市场交易，也属于这一类。费用负担支付中的剥夺，在我国上市公司中较常见，这与我国大量上市公司与控制股东分拆有关。分拆上市后，上市公司及其控制股东要共同分担一系列费用，比如离退员工费用、广告费用，以及各种医疗、住房、交通等福利费用。这些费用如何公正分摊，也许只有当事人自己知道。最后，控制股东自己，或者派人担任经理、董事以及其他职位后，相关的薪资、奖金、在职消费等，也是控制股东转移利益的渠道。

金融性活动中发生的剥夺问题更为复杂和隐蔽，具有多种表现形式。一度在中国证券市场上发生的上市及再融资活动，被冠以"圈钱"的恶名。特别在股权分置的情况下，常常作为非流通股的控制股东与流通股东相比，权利一样甚至更高，而投资成本却低数倍、数十倍。"同股不同价"不就是一种剥夺吗？当然，绝对不能认为所有的融资活动都是剥夺，但那些通过财务作假以骗取融资资格、虚假宣传以及过度融资的行为，就是剥夺。在股权分置改革后的全流通环境下，内幕交易成为控制股东剥夺的"重灾区"。控制股东往往以内部股东身份出现，利用信息、操纵信息，欺骗其他股东，他们有条件，也可能有动机；在资产重组活动中，控制股东通过资产置换套取公司资金或者剥离不良资产，利用上市公司壳资源进行股权转让获利，以及占据控股地位进行其他剥夺活动，都需要防范；以控制股东需求为导向的股利政策操纵也是一种剥夺。一般情况下，有其他控制权私利来源的股东是不愿意多分红的。当然，也会出现一些控制股东不顾公司发展后劲而突击变现的特殊情况。最后一类剥夺行为可称为控制权整理,其目的是在保证完全把持住对公司的绝对控制的前提下获得更多资金回笼,或者说是以最少的资金获得对公司的控制。比如,一些控制股东在仍能实现控股的额度下,让目标公司回购其股份。又比如,通过交叉持股的方式稀释其他股东的股份。

图 7-4 概括了控制股东可能用到的各种剥夺手段,此外还需要强调,现实中控制股东往往会成为公司的经理人,进而在其身上会发生在职消费、营造个人王国等经理代理问题,而且这些行为可能更加肆无忌惮。但是,它不属于剥夺型治理问题,在分类讨论中应有所区分。

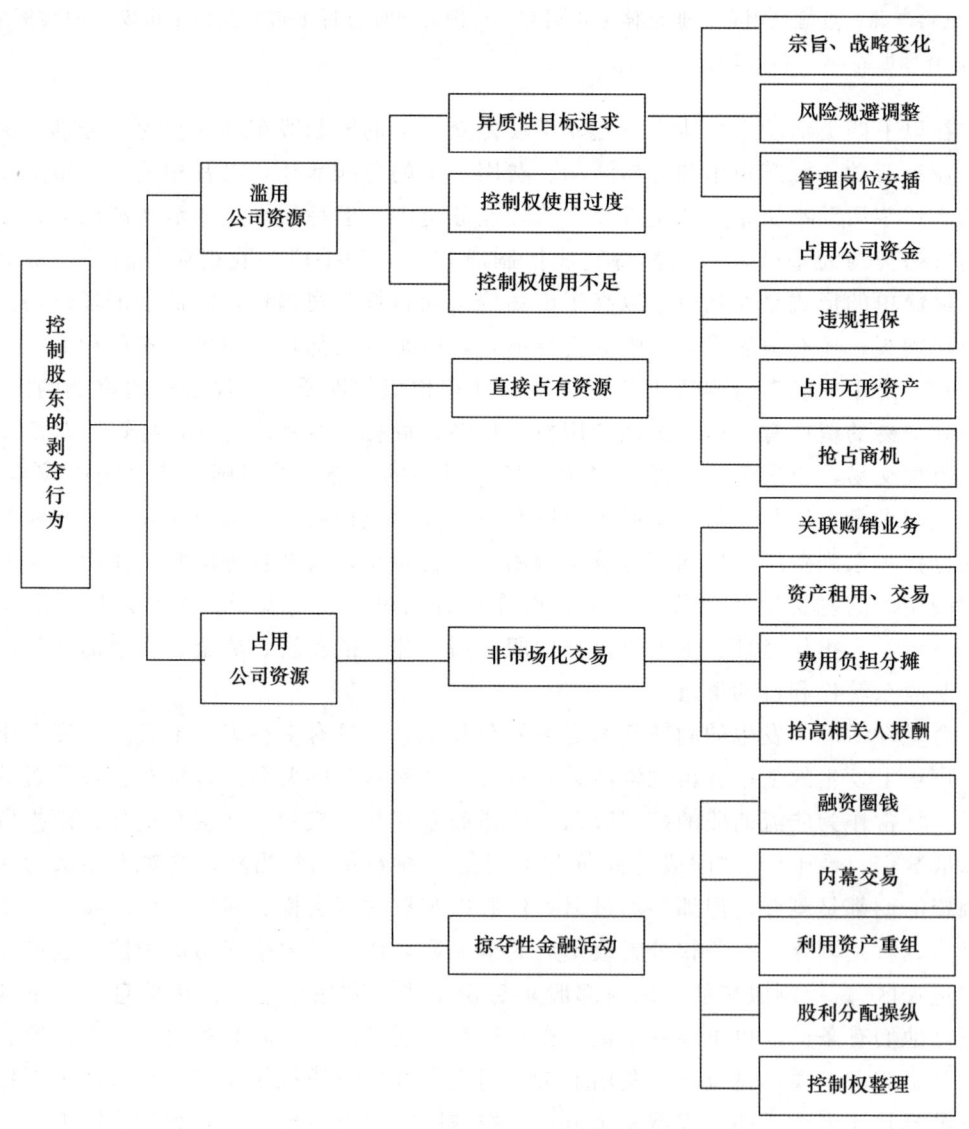

图 7-4　控制股东剥夺问题的具体表现

三、硬币的另一面——支持

在控制股东的利益输送中,掏空只是硬币的一面,另一面是"支持"(propping,或译作支撑)。如果定义掏空是控制股东从公司转移出利益的话,那么支持就是指控制股东向公司转移利益的各种行为。研究发现,只有将这两种行为结合起来分析才可以完整地解释控制股东的活动规律。[162]中国的一家被控制股东"搞"退市的上市公司,即托普软件的案例可以较为清晰地勾勒出支持和掏空的目标、行为及相互关系。

案例 7-2 大股东的支持与掏空

托普软件(000583)的前身川长征,1995年上市。1998年,四川托普科技发展公司(以下简称托普发展)购买原第一大股东自贡市国有资产管理局持有的国家股,成为第一大股东,占总股本的48.37%。重组后,公司的主业由传统的机械制造业变更为软件业,托普软件一度成为成功买壳上市的典范。托普软件于2000年以每股28元增发新股,从证券市场募集资金9.5亿元。然而,托普软件高成长绩优股的形象并未维持太久,2002年开始,公司的业绩开始下滑,并暴露出大股东占用公司巨额资金、公司为关联方提供大量担保等问题。

托普发展购买非流通股权成为大股东,看中的是上市公司壳资源,而壳资源的价值体现在从证券市场融资的功能,在川长征本身的经营业绩无法达到再融资标准的情况下,大股东通过支持行为提高公司业绩。提高公司业绩还可以有另外两方面的好处,一是使公司股价更高,从而在再融资时发行价格更高;二是良好的业绩和公司形象也为公司的债务融资提供了更好的条件。在托普软件的案例中,大股东及关联方利用托普软件的担保,累计从多家银行取得了超过20亿元的贷款。托普软件实施增发的时间是2000年,取得增发资格所需要的业绩年份主要是1998年至1999年。在实施重组的1998年,托普软件的净利润就由上年的-2010万元跃升为2936万元,1999年达到5751万元。通过托普软件的公开资料,可以发现其大股东主要通过下面几种方式实施支持行为,快速提升公司业绩。

一是将大股东所控制的盈利能力强的业务纳入托普软件核算范围,快速提升报表业绩。川长征原主营业务是机床生产销售,该项业务对利润贡献甚微。托普软件快速增长期的主营业务利润几乎全部来自由大股东置入的业务,即计算机软件和硬件的生产销售。大股东还采用股权转让方式,将利润较高的子公司出售给托普软件,纳入托普软件合并报表范围。二是托普软件通过向关联方出售闲置资产取得收益。闲置资产不能为公司创造收益,还要每期计提折旧,抵减公司利润。在交易过程中,还通过较高的定价使托普软件取得当期收益,可谓一举两得。三是托普软件通过向关联方短期投资或融资,取得收益。比如,1998年,托普软件向关联方四川托普集团自贡高新技术有限公司投资8514万元用于研究解决"千年虫",投资期限10个月,双方确定的投资年回报率为20%。四是货物购销中可能发生的利益输送。托普软件1998年从关联方购进7677万元货物,占当年主营业务成本的55%。由于无法获知这些关联交易的详细情况,难以判断其交易定价是否合理,但对于有较强盈余管理动机的托普软件大股东,应该存在通过关联交易操纵利润的可能性。

大股东对上市公司提供支持,其目的在于使上市公司获得更多的资源,而大股东的最终目的仍然是自身利益的最大化,托普软件再融资实施后,在努力维持其业绩的同时,大股东通过各种隐蔽的渠道,实现了资源的转移。其中,大股东主要采用以下几种方式将利益从上市公司转出:

一是在募集资金使用时通过大量关联交易将资金和利益向关联方转移。托普软件2000年实施增发,募集资金9.54亿元。托普软件募集资金投向中除出资设立子公司和补充流动资金外,其他项目几乎都是关联交易,共55775万元资金投向了关联方。二是由托普软件为关联方的银行借款提供担保。截至2004年6月30日,托普软件为17家关联方公司(不含合并报表的子公司)的101笔银行借款提供担保,总金额214568万元。由于关联方公司未按时归还银行借款,托普软件巨额的担保由或有负债逐渐成为沉重的实际债务负担。三是大股东直接占用托普软件大量资金。托普软件的大股东一度通过关联交易和担保方式侵占上市公司利益,这些行为具有较强的隐蔽性。而到了2003年,托普软件经营状况已经每况愈下,大股东似乎已无力支撑公司良好的业绩。既然如此,也就不再有必要顾忌太多,大股东的侵占行为变得更加直接,在某种程度上甚至已经不能再算作隧道行为了,已经成为赤裸裸的强取,比如将资金直接划向关联方。

资料来源:张光荣,曾勇. 大股东的支撑行为与隧道行为——基于托普软件的案例研究[J]. 管理世界,2006,(8).

在对托普案例的研究中,张光荣和曾勇提出,支持行为与掏空行为是大股东为获得自身利益最大化而采取的方向不同的利益转移行为,支持行为的目的在于"做"高上市公司的业绩指标,而掏空行为的目标是实际资源向大股东转移,会对公司价值和小股东利益造成长期损害。[163]当然,现实中更多的是相对于托普案例更柔和一些的支持,它们并非恶意欺骗投资者,而是为了保证控制权及控制权收益的长期持有,降低经营和融资成本。此时,控制股东不仅对自己的掏空行为有所限制,而且用私人资源支持陷入财务困境的公司。此外,当然有一些支持行为具有更多的积极意义,并非是掏空的前奏,比如家族企业出于家族荣誉等非经济目标的支持。

总之,出于谨慎考虑,可以把支持与掏空看作一枚硬币的两面,两者的行为是相互统一的,是控制股东获得长期私人收益的手段。在某种意义上,今天的支持是为了明天的掏空。

7.2 终极控制权结构与剥夺行为根源

在6.3节中,我们提出了评价股权结构的三个维度,并对其中的股权分布维度和股东身份维度进行了充分论述,而暂时跳过了终极控制权结构维度。另一方面,在

7.1 节中我们看到系族企业、分拆上市公司是剥夺型治理问题频发的企业类型,而它们普遍具有终极控制权结构特征。为此,在这一节我们以终极控制权结构的三种主要形态为研究对象,挖掘出剥夺行为产生的根源。

7.2.1 剥夺产生条件的基本判断

一、水平持股结构下一个关联交易例子的判断

终极控制权结构一般指的是金字塔结构、交叉持股结构和类别股份结构,也有学者认为图 7-5 所示的水平持股也实现了控制股东的控制目标。[28] 那么,我们先以结构比较简单的水平持股结构为背景研究一种剥夺行为。

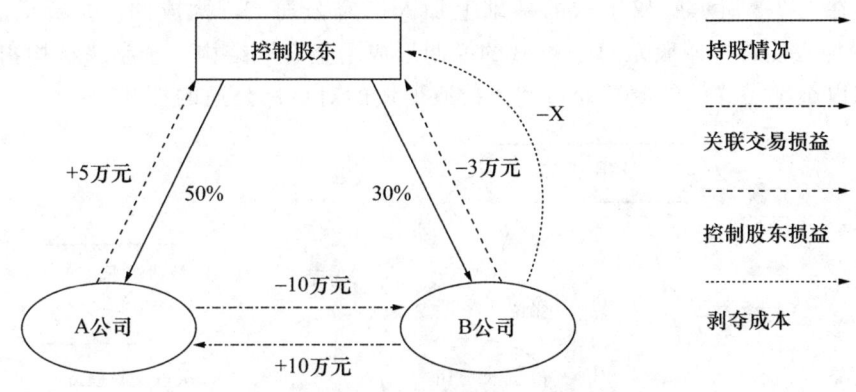

图 7-5 水平持股结构下的关联交易

如图 7-5 所示,假设某股东持有 A、B 两家公司股份,分别为 50% 和 30%,并均成为实际控制人(并非控股才能控制)。假如在该股东的控制下,A、B 公司完成一项非市场化的关联交易,交易中一方损失 10 万元,一方得利 10 万元。这时,应该让谁赢让谁亏呢?显然,持有股份高的 A 公司得利对控制股东有利。因为如此交易后,他在 A 公司处获得的 5 万盈利,大于其在 B 公司处亏损掉的 3 万元。进而,在这项交易上,控制股东有可能净赚 2 万元。当然,这只是一种可能,是该股东的一厢情愿。因为在这样的操纵中,B 公司不会任人宰割。控制股东在与 B 公司及其中小股东的制衡中还会花去一定的成本 X,只有 X 小于 2 万元时,剥夺才可能付诸实施。

在这个简单的例子中,可以见到剥夺形成的几点先决条件。在权和利方面:首先,控制股东能够控制各方公司的行为。假如完全按股权的一股一票原则和简单多数票规则计算,控制股东拥有超过 50% 的投票权就拥有了 100% 的控制权。而在中小股东股权分散的多数情况下,远远不需要 50%。其次,控制股东具有获得私人收益的专有渠道。这个水平持股结构中 A 公司的存在就是控制股东为自己设置的提款机。当然,A 公司并非必须出现,控制股东还可以利用其他复杂股权结构获得专有的私人利益来源。这里的"专有"是个相对概念,强调相对于其他被控制公司,通过某个特定渠道更能将收益纳入自己的私人腰包,尽管控制股东总是希望能独占剥夺收益。在责任或成本方面:首先,控制股东对其行为承担的责任是有限的,进而成本损失是有限

的。B公司发生亏损后，控制股东仅以其出资比例承担30%的责任。其次，控制股东抗衡对其治理所付出的成本低。即例子中的剥夺成本X比较低。当然，控制股东控制权越高，这个成本会越低。

将这几点外在条件归纳到根本上，会发现剥夺行为的产生在于控制股东剥夺的收益大于其剥夺的成本。而收益来源于控制股东所掌控的权利，成本则反映了控制股东对其行为所承担的责任。于是，剥夺问题的本质诱发条件很可能是，控制股东的权利和责任的不匹配。进一步而言，控制股东的权利大于责任时，可能就会诱发剥夺行为。

二、水平持股结构中加入金字塔控制链的情况

现在在图7-5所示股权结构的基础上加入一家公司C，构成图7-6所示的情况。公司C的加入使得控制股东对公司B的控制形成了金字塔结构，金字塔结构指的就是控制股东以金字塔式的控制链通过间接持股形成的对目标公司的控制。

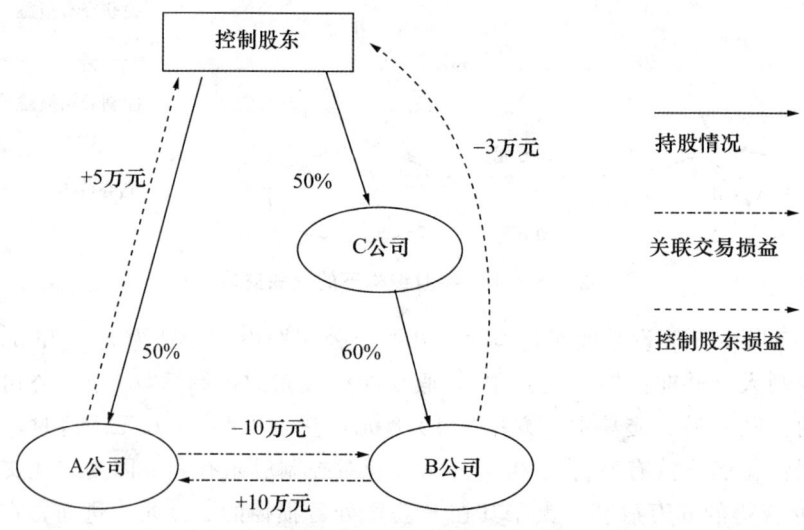

图7-6 水平持股结构中加入金字塔控制链的情况

在图7-6中，同样是A、B公司间的关联交易，同样是B公司损失10万元，同样是控制股东攫取了2万元，却更可能发生剥夺，为什么呢？

首先，C公司的出现让剥夺变得隐秘起来。一方面，剥夺的主体具有隐蔽性，真正的控制股东不直接出现在被剥夺的B公司的股东群体中。另一方面，剥夺的行为具有隐蔽性，如没有强制的信息披露，谁会想到不同大股东控股的A、B公司间的交易其实是与同一个实际控制人有关的关联交易。

其次，C公司放大了控制股东的权力，进而在股权关系上带来了权责的不匹配。在图7-5的例子里，我们假设控制股东控制住B公司是需要一定条件的，比如其他股东太分散、控制股东有社会关系优势等，甚至花费一笔金钱"贿赂"其他股东，这形成了图中所绘的剥夺成本X。然而，在图7-6中这些条件变得不再必要，也不再花费额外的剥夺成本。在图7-6里，控制股东对于B公司的风险或责任承担只有30%，B

公司亏损1万元，控制股东只亏3千元。但是在权利方面，在一层控制一层的控制链上，最少的投票权也有50%（假设一股一票）。所以，这清晰地表明剥夺产生的一个条件就是，控制股东的权利和责任的不匹配，或者说，权利大于责任。

三、控制权与现金流权分离度指标的提出

由此，我们可以初步判断出剥夺产生的条件：一是控制股东身份和行为的隐秘性，二是控制股东权利与责任的不匹配。前者为剥夺的产生提供了外部保证，而后者反映了产生剥夺行为的内在动机。所以，从控制股东剥夺行为动机的最深处考察，发现和评价权责的不匹配程度，是解决剥夺型公司治理问题的起点。对此，学术界提出了一个指标——控制权与现金流权分离度。

在控制权与现金流权分离度这个概念中，控制权是对控制股东的权利的度量，现金流权是对控制股东的责任的度量，分离度体现的就是权利和责任的不匹配程度。其中，现金流权比较好理解，它是股东在股利分配中能收到的现金流的比例。无论是控制股东还是非控制股东，都以其实际出资额来衡量。注意，现金流权不仅是收到利润的权利，在控制权与现金流权分离度这个概念中，现金流权更重要的是体现了对负的利润的承担，即反映了承担损失的一种责任。而这里的控制权，又被称为表决权、投票权，反映的是控制股东实际支配公司资源的程度。在计算中，指的是控制链条上最薄弱环节的投票权。所谓的分离度，就是控制权与现金流权的相对差距，在计算上可以相减，也可以相除。

在图7-6的例子中，对于B公司，控制股东的现金流权是50%×60%=30%，即只承担30%的责任。而其控制权是min（50%，60%）=50%，即最薄弱的地方也有50%的权利。这时的控制权与现金流权的分离度为50%÷30%=167%，或者用相减法，分离度为20%。

控制权与现金流权分离度提供了一个客观的可观测的指标，可大致反映剥夺行为发生的概率。但是，该指标的适用性是有一定条件的。首先，这里仅考虑了基于股权控制一条渠道。正如我国《公司法》的界定，除了股东身份，通过投资关系、协议或者其他安排，能够实际支配公司行为的人也是实际控制人。也就是说，在计量控制权与现金流权分离度中，仅使用股权来测算控制权是有局限性的。其次，即便以股权为测算基础，这里的控制权计算也是较模糊的。我们将控制链中的最薄弱点定义为控制权，其实是忽视了控制链中的委托—代理问题，甚至忽视了沟通中的信息质量损耗。最后，控制链以外的股权结构也被忽视了，显然，除了这个控制股东外，是完全的分散持股还是存在制衡股东，控制股东的控制权是完全不一样的。另外，该指标的应用对象也有一定范围。剥夺可以分为占用公司资源，所谓掏空或者隧道，以及滥用公司资源。对于后者，控制股东并非是不忠实的损人利己，我们很难用控制权与现金流权分离度计算其发生概率。即便在掏空活动中，控制权与现金流权分离度对直接占用资源和非市场化交易行为的预判也更适用一些，但对某些掠夺性金融活动稍显无力。

所以，在一个大样本研究对象里，控制权与现金流权分离度可以作为剥夺问题的测度指标,而对于一个具体公司,其预判的准确度受到多种因素的干扰。因而,学术研究中常用于实证统计分析。但是,控制权与现金流权分离度背后的内涵是深刻的,其体现的理论意义是具有普遍性的。这个普遍的理论含义就是,当控制股东的权利大于其责任,或者说,其收到的利益大于其承担的风险或损失时,该控制股东就具有了剥夺的动机。即所谓绝对的权力导致绝对的腐败。

7.2.2 三种终极控制权结构下的剥夺

一、金字塔结构下的剥夺

图 7-6 的模型相对于图 7-5 更易诱发剥夺行为说明,剥夺往往伴随着某些诱发结构的存在。而金字塔型股权结构就是一种最常见的诱发结构。金字塔结构是以控制关系为纽带的公司网络结构的形象表示,也是控制股东以多层级的持股方式完成对目标公司的实际控制的隐蔽结构。当控制股东具有多条持股链条后,其金字塔形状更趋明显。

控制股东的逐层控制是金字塔结构的核心特征。在图 7-7 中即便控制股东只有一条从 A 公司到 B 公司再到 C 公司的持股链,其他公司在图中没有出现,也是金字塔结构。有人称其为"糖葫芦公司",更为形象。在这条控制链上(以下简称 ABC 控制链),控制股东通过持有 51% 的股份而直接控股 A 公司,而后通过 A 公司 51% 的绝对控股间接控制 B 公司,最后通过 B 公司 51% 的绝对控股实现对 C 公司的完全控制。当然,在图 7-7 中,控制股东还有一条控制链,就是直接对 D 公司的控制。但是,仅就这条控制链而言,它不是金字塔结构,是水平持股结构。不过,当这条控制链与 ABC 控制链汇聚到同一个控制股东手中时,一个隐藏着剥夺风险的金字塔结构就"完美"了(见图 7-7)。

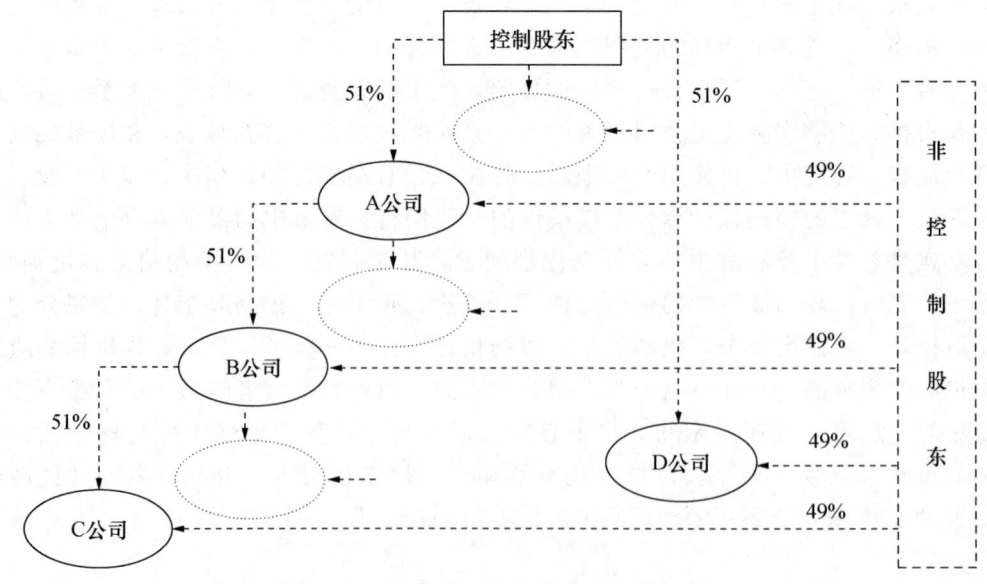

图 7-7 一个金字塔持股结构

金字塔结构，首先是一种融资结构，是控制股东"四两拨千斤"以实现融资放大的持股工具。假设在图 7-7 中的 ABC 控制链上，控制股东自有资金是 100 万元。而通过金字塔控制，他可以控制 100÷0.51＝196 万元资产的 A 公司，进而是 196÷0.51＝384 万元资产的 B 公司，最终是 384÷0.51＝753 万元资产的 C 公司。

金字塔结构更像是一种利益转移机构，充斥着控制股东剥夺他人利益的"隧道"。现在反过来看，A、B、C 公司盈利后，控制股东的分成是多少？假如，C 公司拿出 100 万元来分红，那么一层一层分配后，控制股东可以得到 100×0.51×0.51×0.51＝13 万元。如果这 100 万元拿给 B 公司去分，控制股东可以得到 100×0.51×0.51＝26 万元。如果这 100 万元由 A 公司分，控制股东则可得到 100×0.51＝51 万元。为什么控制股东在三家公司中获得的收益不同呢？这就是现金流权的差异，控制股东对 A、B、C 三家公司的现金流权分别是 0.51、0.51×0.51＝0.26、0.51×0.51×0.51＝0.13。现金流权越高，分红比例越高。于是，假如这时候 C 公司盈利了 100 万元，控制股东就有动机让这 100 万元出现在 B 公司、A 公司，甚至他自己的账上。这里的手段或者是进行非市场化的购销交易，或者是借口广告费的重新分摊，甚至直接的资金占用。总之，一切我们可以想到的和想不到的剥夺行为都有可能发生。事实上，在很多境况下剥夺不仅仅是盈利的转移，很多赤裸裸的破坏性掠夺一样时常发生。比如，C 公司损失 100 万元，利益转移给 A 公司。控制股东在 A 公司上的获益是 51 万元，在 C 公司上的损失是 13 万元，净获利是 38 万元。当然，现实中更常见的剥夺会更隐蔽，掏空的渠道会架设在 C 公司与 D 公司之间。D 公司来自另一条控制链。控制股东的隐蔽性由此会更强。而这一切的剥夺行为之所以会发生，就在于金字塔结构可以在缩减现金流权的同时，不对控制权产生太大影响。在 ABC 控制链上，控制股东对每家公司都有 51% 的投票权（前文介绍了控制权的计算，是测量控制链条上最薄弱环节的投票权）。由此也可看到，随着金字塔层级的增加，现金流权与控制权的分离度变大，进而剥夺的意愿更强烈。

在图 7-7 的例子中可以看出：第一，控制权与现金流权的分离度越大，剥夺的可能性越大。或者从根本上说，权利与责任的不匹配越严重，剥夺越严重。第二，剥夺中，利益会从现金流权低的地方流向现金流权高的地方。现金流权低意味着损失小，现金流权高意味着获利大。第三，金字塔结构因为多层级性，实现控制权与现金流权分离。又因为多层性和多链性，具有剥夺的隐蔽性。第四，在剥夺中，控制股东得利了，受损失的是被剥夺公司的非控制股东，往往就是人微言轻的广大中小股东。所以，剥夺的本质是控制股东对非控制股东的剥夺。

最后，对控制权与现金流权的计量公式进行详细解释。根据拉波特、洛佩兹、施莱弗和维什尼的研究，控制股东的控制权（vote rights，简写为 VR）是其对公司的每条控制链各层持股比例最小值的加总，其公式为：

$$\text{VR} = \sum_{i=1}^{n} \min_i(vr_{i1}, vr_{i2}, \cdots, vr_{im})$$

而控制股东的现金流权（cash flow rights，简写为 CR）是其对公司的每条控制链各层持股比例乘积的加总，其公式为：

$$CR = \sum_{i=1}^{n} \prod_{j=1}^{m} cr_{ij}$$

在两个公式中，$i=1, 2, \cdots, n$ 是控制链数，$j=1, 2, \cdots, m$ 是持股层级数。

最后，现金流权与控制权分离度（separation difference，简写为 SD）为控制权与现金流权之差，其公式为：

$$SD = VR - CR$$

或者，分离度用两者之比来表示，即：

$$SD = VR \div CR$$

二、交叉持股结构下的剥夺

交叉持股结构是指多个公司之间相互或者循环持有对方的股份而形成的公司网络结构。在终极控制权股权结构里，它又特指这些公司的背后是相同的控制股东。它同样是一种实现现金流权与控制权分离度的方法，与金字塔结构一样均为"少数股权控制结构"，即控制股东只拥有较少的股份即可获得公司的控制权。不同于金字塔结构的纵向分离方式，交叉持股在形象上是一种横向的分离方式。

图 7-8 显示了一个最简化的形式。P 公司持有 Q 公司 S_{pq} 份额的股票，反过来，Q 公司持有 P 公司 S_{qp} 份额的股票，这形成交叉持股的基础格局。而终极控制权结构里的交叉持股，重点强调 P 公司和 Q 公司的背后都会联系到某个相同的股东。这样的结构在公司战略层面具有构建战略联盟，进而规避相互间交易风险、抵制敌意收购，甚至获取垄断利润的优势；在融资层面，具有扩大融资能力、稳定股价，提高资本效率的优势；在公司治理层面，具有通过大股东的积极行为，降低经理代理成本的优势。所以，交叉持股在某些制度条件下比较盛行，比如日本（见小贴士 7-3）。不过，随着日本"泡沫经济时代"的结束以及新会计基准的导入，交叉持股比率开始下降，从 1991 年的 23.8% 急落至 2006 年的 5.9%，并且维持在了 5%—6% 这一较低水平上。[164]

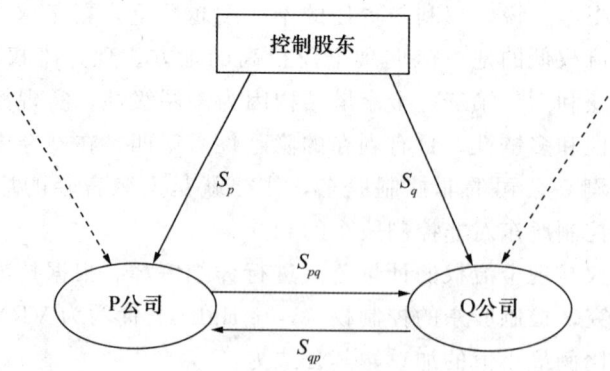

图 7-8 一个交叉持股结构

小贴士 7-3 日本企业交叉持股背景

第二次世界大战结束后,美国占领军为了削弱大财阀对日本社会的影响,实施了"解散财阀"政策。但是,由于朝鲜战争的爆发,为了使日本能够成为美军的后方补给基地,占领军又逐步放松了对财阀的控制。"解散财阀"政策的草草收场,使得财阀解散工作进行得并不彻底,很多财阀被拆散后,又更换名称重新组合,而更多被解体的财阀则是在成立了许多新的小企业后,以"交叉持股"的方式保持了相互之间的紧密联系。

1953年,日本政府对原有的《独占禁止法》进行了修正,对于企业间为了应对激烈竞争而采取的共同应对行动给予了法律上的保证,也大幅度松绑了企业持股人的身份限制,实际上鼓励了企业之间的"交叉持股"行为。1964年,日本加入了OECD,大量外国资本随即进入日本资本市场,日本企业的经营者笼罩在"被外国人收购"的危机感之中。由于当时日本企业的国际竞争力还无法与欧美企业抗衡,"交叉持股"成为大部分企业对抗"被收购"的唯一选择,"交叉持股"现象在企业界得到了迅速普及。1965年,东京证券交易所上市公司的法人持股比率为41.8%,到1970年该比率则上升到了54%。

资料来源:苏剑.论日本企业交叉持股的经验与教训[J].证券市场导报,2010,(6).

回到图7-7的情况,根据此前知识,关注控制权和现金流权的问题。首先,假如S_{pq}股份与S_{qp}股份具有相同的价格。这就意味着,P公司和Q公司虽然相互成为对方的股东,但其实并没有实际出资。如果S_{pq}占Q公司股本的30%,其实意味着Q公司其他股东的股份被稀释了30%。如果Q公司打算分红100万元,实际的出资人只能拿到70万元。其次,如果S_{pq}和S_{qp}均达到控股份额,则Q公司和P公司互为对方的控股股东。更重要的是,如果Q公司和P公司背后是同一个实际控制人,那么这个控制股东,就实际控制了两家公司。如果没有一定的政策限制的话,当这个控制股东让Q公司和P公司相互控股后,他减少对Q公司和P公司的直接持股,并不影响其控制地位。这时他对Q公司的控制是通过P公司间接实现的,而对P公司的控制又是通过Q公司间接实现的。于是,就完成了"空手套白狼"的操纵。

正是这个"空手套白狼",让交叉持股结构产生了严重的剥夺型公司治理问题。案例7-3的"力霸案"号称中国台湾史上最大的经济案件,其典型特点就是利用交叉持股建立起复杂的股权结构,以此为掩护,进行了大量的虚假交易和内幕交易,在七年的时间里大肆掏空上市公司的资产,共计达到427.8亿元新台币。[165] 如此一来,一方面将控制人及其剥夺行为隐秘起来,另一方面实现权利与责任的分离。这就是剥夺产生的根源,与金字塔结构存在的公司治理隐忧是一样的。力霸集团股权结构的另两点特征也值得重视:一是将交叉持股与金字塔结构结合,这将形成更隐蔽、剥夺动机更强的掏空行为。二是将银行、证券等金融公司纳入企业集团,并作为核心企业,成为控制和剥夺的工具。在这一点上,中国大陆较严格的金融管制对防范类似"力霸案"的发生是有积极意义的。除此之外,交叉持股还具有引发资本泡沫、破坏市场公平竞争格局、滋生操纵股价和内幕交易、诱使交叉持股高管间相互包庇等问题。

案例 7-3　中国台湾力霸集团交叉持股

力霸集团成立于 1959 年,是一多元化经营的企业集团,其行业涉及制造业、服务业、金融业和电信业等,集团旗下主要的核心企业有力霸股份有限公司、嘉新食品化纤股份有限公司、友联产物保险股份有限公司、中华商业银行股份有限公司、力华票券金融股份有限公司和亚太固网宽带股份有限公司六家上市公司,其简称见图 7-9,除此之外集团内尚有数十家未公开发行股票的子公司。

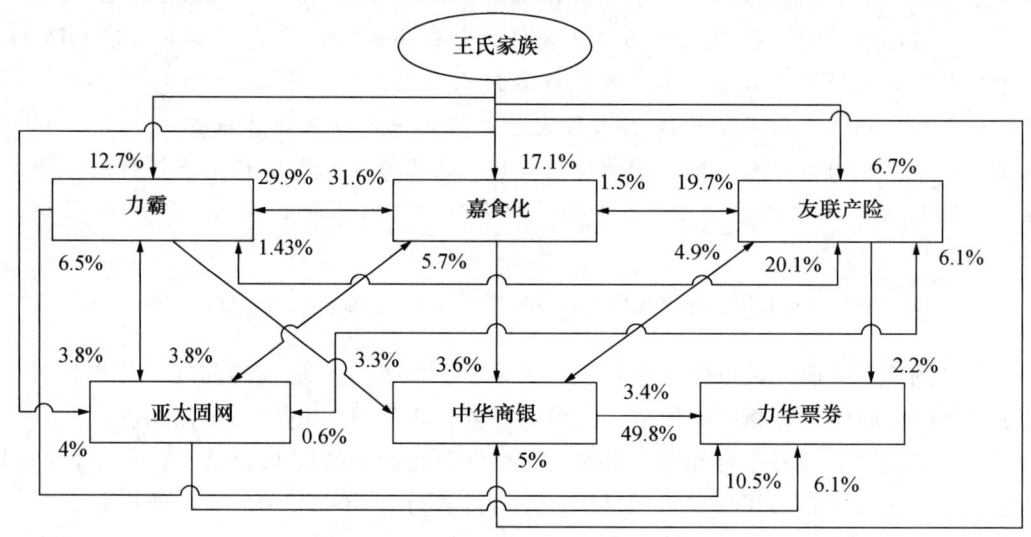

图 7-9　力霸王氏家族核心企业的交叉持股

2006 年末,由于力霸企业集团旗舰企业"力霸"及"嘉食化"的巨额亏损及负债,向法院申请企业重整,引发了集团所属中华商业银行爆发挤兑,主管机关下令接管中华商业银行,相关单位亦着手进行调查,发现力霸集团涉嫌大规模违法掏空及超额贷款,交叉持股是力霸案发的罪魁祸首之一。王氏家族是力霸集团的实际控制人,力霸与嘉食化大比例交叉持股,同时它们又各自持有友联产险 20.1%和 19.7%的股份,王氏家族再利用力霸、嘉食化和友联产险的资金,成立了亚太固网和中华商银两家公司,后两者又反过来对前三家公司进行了投资。此外,力霸集团共计成立了超过 70 家投资公司,每家投资公司的资金或来自控制家族,或来自集团内的上市公司和大型公司。这些投资公司又会投资成立新的公司,或对集团内其他公司投资,甚至成立新的投资公司,不断繁衍,构成了交叉持有、层次繁多的复杂股权网络。通过交叉持股,王氏家族仅使用较少的自有资金就控制了六家上市公司,形成了复杂的交叉持股网络。

通过交叉持股,王氏家族仅使用较少的自有资金就控制了六家上市公司,形成了复杂的交叉持股网络。按照图7-9从左到右、从上至下排序，在25%控制标准下，王氏家族对六家企业的控制权分别为：44%、50%、47%、12%、15%和13%，现金流权分别是：21%、24%、16%、6%、7%和6%。通过交叉持股，力霸集团的控制权牢牢掌握在王氏家族手中，控制权市场的监督作用完全失效。力霸集团利用交叉持股控制了集团内的三家金融机构，王氏家族从这些金融机构掠取资源就如同从自己的口袋取钱一样轻松自如。据检察机关的报告，三家金融机构共被挪用资金分别达到了110亿、31亿和47亿新台币。另外，力霸集团存在大量互为董事或监事的情况，例如嘉食化的林姓主管担任了集团内33家的董监事，集团内的一位任姓主管担任了24家公司的董监事，这些人要么是王氏家族的成员，要么是他们的亲信。

2008年12月31日，力霸案一审宣判，王家第二代8名子女中的6人遭13年到20年重判，1人获缓刑，1人未涉案。创始人王又曾潜逃赴美近10年后，89岁遇车祸身亡。

资料来源：冉明东. 论企业交叉持股的"双刃剑效应"——基于公司治理框架的案例研究[J]. 会计研究，2011，（5）.

鉴于交叉持股结构会如此明显地诱发剥夺问题，各国对交叉持股都有所限制。比如，德国为防止公司经营者借交叉持股控制公司的股东会，规定如果两公司之间交叉持股的，则一公司对他公司的表决权不得超过他公司股份总额的25%。法国规定，一公司持有另一公司10%以上的股份时，该另一公司不得持有前者的股份。[166]即便在交叉持股最盛行的日本，相应的管制也在展开。比如，2005年新修订的《日本公司法》规定，除非特殊情况，当母公司持有子公司半数以上的股份时，子公司不得取得母公司的股份。还规定，一公司持有他公司股份超过25%时，后者所持前者股份即丧失其表决权。[167]我国较长一段时间以来，交叉持股的相应立法基本上处于空白状态，实践中对交叉持股的监管也处于盲点状态，导致因交叉持股带来的诸如"内部人控制""虚增资本"等弊端无法被规制和纠正。[168]但该问题近年来已逐渐引起重视，相关立法正在建设中。

小贴士7-4　我国对交叉持股的规定

2019年4月30日，沪深交易所又一次修改了《股票上市规则》，这一次修改的重点中值得关注的是，关于上市公司交叉持股终于有规可依了，算是弥补了空白。

以深圳交易所为例，其《股票上市规则》第11.8.4条和《创业板上市规则》第11.8.5条分别增加一款：上市公司控股子公司不得取得该上市公司发行的股份。确因特殊原因持有股份的，应当在一年内消除该情形，在消除前，上市公司控股子公司不得对其持有的股份行使表决权。深圳证券交易所表示，明确上市公司不得形成交叉持股，鉴于交叉持股可能会引致资产虚增、股权结构不清晰等问题，根据现行监管规定和监管做法，这次修订明确上市公司控股子公司不得取得该上市公司发行的股份，并要求因司法划转、被动持有等特殊原因形成的交叉持股在一年内予以消除，且在消除前不得行使表决权。

此后,《股票上市规则》虽历经修订,但以上原则和规定被坚持下来。

资料来源:近一年第四次!深交易所再改《上市规则》交叉持股有规可依了[Z]. 2019-04-30. https://www.sohu.com/a/311254311_677092.

权利与责任的分离是剥夺问题的根源,下面解释在交叉持股结构中控制权与现金流权分离度的计量方法。以图7-8为例,在交叉持股的公司追溯到同一个控制股东的情况下(这里有一个控制股东的界定问题,比如案例7-3中算作控制股东的控制权必须超过25%),控制股东对于P公司的控制权VR_p为:

$$VR_p = vr_p + \sum vr_{qp}$$

其中,vr_p为控制股东对P公司直接或多层级纵向持股的控制权。如果是如同图7-8的直接持股,vr_p就是S_p的占股比。如果采用的是金字塔形的多层级方式,其计算方式与金字塔结构下的计算方式一样。而vr_{qp}是将Q公司作为控制方(而不用追溯到最终控制股东)算出的其在一条控制链上获得的对P公司的控制权,它也是控制股东对P公司的间接控制权。在图7-8的简单结构中,$\sum vr_{qp}$就是S_{qp}的占股比。当控制股东的VR_p超过50%时,就拥有了对P公司的绝对控股。

对于控制股东对于P公司的现金流权CR_p,则为:

$$CR_p = cr_p + cr_q \sum cr_{qp}$$

其中,cr_p和cr_q分别是控制股东通过直接或多层级纵向持股P公司和Q公司获得的现金流权。而cr_{qp}是在Q公司持股P公司的一条控制链上获得的现金流权,它也是控制股东对P公司的间接现金流权。

在以上基础之上,相减或相除就得出控制权与现金流权分离度,这一步与金字塔结构的计算公式是一样的。

三、类别股份结构下的剥夺

另外一种实现控制权与现金流权的分离,而且其手段既不隐蔽也不复杂的剥夺诱发结构是类别股份结构。所谓类别股份,是指公司同时发行两种以上不同权利义务关系的股份,它们代表了不同的利益索取要求和不同的控制权力配置。

类别股份根据其上附着的收益权和控制权可以分为多种形式。首先,根据股利分配的优先性可以分为优先股、普通股和劣后股。相对于普通股,优先股的"优先"二字体现为红利获取和公司解散后的剩余财产分配上享有的优先权利。当然,对应着,优先股相应放弃普通股具备的大多数表决权。优先股在国际上比较普遍,发展出了多种特殊的形式,我国的应用相对滞后,直到2013年的《国务院关于开展优先股试点的指导意见》公布后,优先股的相关立法才开始完善。劣后股不如优先股普及,其含义也刚好相反,是指在股利分配上滞后于普通股的一种股份。其次,根据投票权的不同可以分为无投票权股份、限制性投票权股份、一般投票权股份和多数投票权股份。对应于持有1份股票,其上附着的投票权分别为0、小于1、等于1、大于1。这种差别化的投票权安排又被称为"双重投票权结构"（dual-class voting structure），狭义地称为类别股份结构的就是专指这类结构。当然，不一定要限制在"双重"上，三种以上的投票权安排在实践中也并不罕见。这种安排与一股一票原则相悖，直接产生了控制权与现金流权的分离，因而备受争议。

类别股份设置的价值在于满足不同投资者的差异化需要，拓宽公司融资渠道。有的股东关心的是把控公司发展，在公司的长远发展中获取利益；有的股东则仅关心资金的安全性和回报的稳定性；有的股东则希望在股海的辗转腾挪中，获得超额利益。面对多样化的需求，类别股份就类似于融资活动中的差异营销策略。类别股份的另一重要功能是实现或保持控制股东对公司的控制，这也是双重投票权结构的主要功能。如福特汽车公司在1946年上市时同时存在三种股票：一股一票的普通股，由公众投资者持有；没有表决权的A股，由福特基金会持有；具有超级投票权的B股，由福特家族持有。按公司章程的规定，只要福特家族持有的B股股数不低于6070万股，就拥有40%的表决权；如果福特家族持有的B股股数在3370万股至6070万股之间，投票权为30%；如果B股股数低于3370万股，则B股将等同于普通股。类别股份的这一功能在封闭公司及家族色彩浓厚的部分公众公司中最为常见，[168]近来在互联网高科技企业中也相对较多地被应用。统计发现，2004—2013年全球上市的互联网公司中有超过20%的公司采用了双重股权制度，[169]2014—2019年144家赴美上市的中国企业中，有72家选择双重股权结构。[170]因为将控制权保留在创始人和经营者手中，有利于满足高科技企业必需的"高能激励"和"缓解短视"的要求[171]。

由于类别股份鲜明地制造出现金流权与控制权的分离，是否会引起控制股东的剥夺存在很大争议。一些学者认为在家族和实际控制人非常清楚、信息比较流畅的情况下，家族往往不会以牺牲自己名誉的代价去进行剥夺。[35]但毫无疑问，双重股权结构下的类别股份降低了来自控制股东之外的制衡压力，不可避免地产生了治理隐忧。同时，一些实证研究也注意到了类别股份结构下的剥夺现象，包括修订薪酬契约、坐享投票权溢价、套利"股票统一化"、减少现金股利派发等货币性剥夺，以及安享安逸生活、回避投资风险等非货币性剥夺。[171]

案例7-4 小米A、B股上市

由于此前寻求在内地和香港以双重股权结构上市未果，我国一些优质的创新型科技企业纷纷前往美国采用双重股权结构上市。为了留住这些企业，港交所于2018年4月发布了IPO新规，《新兴及创新产业公司上市制度咨询总结》允许企业采用双重股权结构上市。2018年5月，小米公司向港交所提交招股说明书；同年7月，小米公司成为在港交所上市的首家采用双重股权结构的公司。小米公司股权结构分A类股份和B类股份。除一些保留事项外，A类股份持有人每股有10票的表决权，而B类股份持有人每股有一票的表决权。

据招股说明书披露，雷军（创始人、董事长）持有约占公司股份20.51%的A类股份，以及约占总股份 10.9% 的 B 类股份。林斌（联合创始人、总裁）则拥有约占总股份 11.46% 的 A 类股份和约占总股份 1.87% 的 B 类股份。雷军拥有的股份总比例为 31.41%，拥有的投票权总比例为 55.7%。此外，根据公司其他股东和雷军签署的投票权委托协议，雷军作为受托人可实际控制另外 2.2% 的投票权，因此实际表决权比例为 57.9%，可以对小米进行有效控制。林斌拥有的股份总比例为 13.33%，拥有的投票权总比例为 30%。

资料来源：根据相关网络资料整理。

所以，世界不同国家对待类别股份的态度是不一致的。在中国内地，目前法律上有允许类别股份存在的空间，比如，2004 年修正的《公司法》规定，有限责任公司股东会会议由股东按照出资比例行使表决权。而 2005 修订的《公司法》改为，股东会会议由股东按照出资比例行使表决权；但是，公司章程另有规定的除外。我国证监会在 2019 年初发布《关于在上海证券交易所设立科创板并试点注册制的实施意见》，明确允许科技创新企业发行具有特别表决权的类别股份，每一特别表决权股份拥有的表决权数量大于每一普通股份拥有的表决权数量，其他股东权利与普通股份相同。2024 年施行的《公司法》中明确规定，公司可以按照公司章程的规定发行与普通股权利不同的类别股。但总体上，中国法律对引入双重股权结构还是非常谨慎的。另外，我国逐渐去除的股权分置制度，在本质上应该算是一种类别股份安排，而且也曾产生剥夺问题。

目前，高科技企业对激发创始人的企业家才能的需求比较强烈，由此导致双重股权结构得到普遍重视，以发挥其保护创始人控制权方面的优势。因而，关于双重股权结构的相关论述将在 8.2.3 节中继续讨论。

7.3　剥夺型公司治理制度的结构体系

7.3.1　剥夺型公司治理问题的治理架构

剥夺型公司治理问题发生在公司制度体系下，对其治理"不能头疼医头、脚疼医脚"，应在公司治理的完整制度框架下对其进行治理。第 2 章所论述的公司治理的内外系统结构，既是经济制度演进对各种治理问题处置的一揽子方案，也是目前法律既定的治理体系。也就是说，现有的经市场选择的公司制度中包含了对剥夺问题的解决方案，但是，其对应关系是怎样的？其依据是什么？需要进一步明确。了解了这一点，我们建构的剥夺问题治理架构，才能摆脱"花瓶"形象，才能有针对性地提供治理策略，才能有侧重地设计制度体系。

一、从剥夺的产生根源到治理策略

上一节的论述表明，剥夺型治理问题产生的内在原因在于控制股东权利与责任的不匹配，而控制股东身份与行为的隐蔽性是引发剥夺行为的外在条件。图 7-10 反映出这两点就是剥夺问题的产生根源。

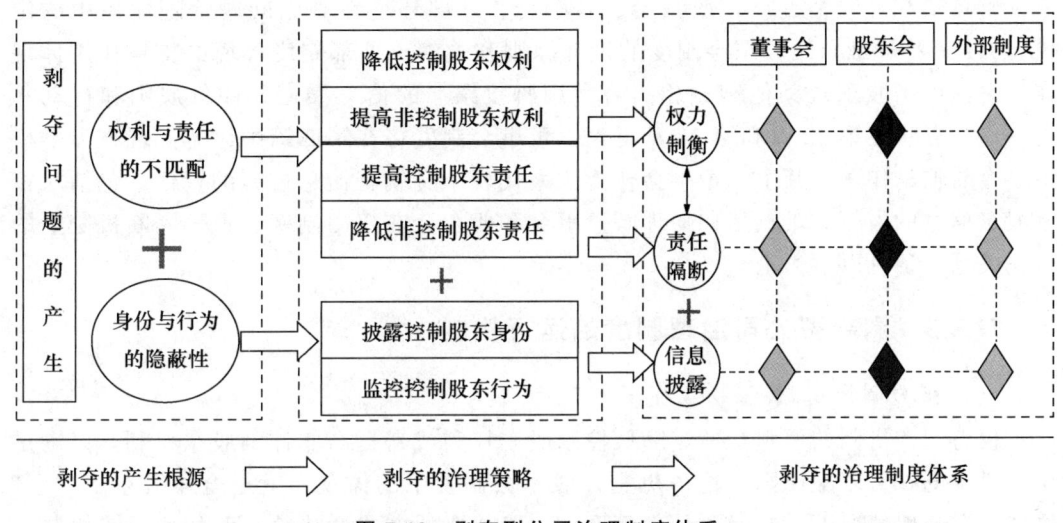

图 7-10 剥夺型公司治理制度体系

于是，剥夺问题的治理原则策略就来自这两方面。首先，针对权责不匹配问题，治理对策依照剥夺主体和客体，即控制股东和非控制股东划分为：在控制权方面，或者降低控制股东的权利，或者提高非控制股东的权利；在责任风险承担方面，或者提高控制股东责任，或者降低非控制股东责任。其次，针对行为隐蔽性方面，既要披露控制股东身份，又要时刻监控控制股东行为。

需要注意的是，本书所称剥夺型公司治理问题在多数文献中被称为第二类委托—代理问题。控制股东与非控制股东的关系也可以理解为一种委托—代理关系，它们之间的矛盾也表现为委托—代理冲突。之前我们证明委托—代理问题的根源是目标不一致和信息不对称，事实上这一结论在剥夺问题中也是成立的，不过被具体化为权利与责任的不匹配和身份与行为的隐蔽性。

二、从剥夺的治理策略到制度体系

如图 7-10 所示，治理剥夺型问题的制度体系由两个维度构成，一是治理机制维度，二是治理机构维度。

治理机制维度上的三个模块，对应着两方面的治理策略，其中权责方面的治理策略被细分为两个领域。在权利领域，对应的治理机制可概括为"权力制衡机制"。也就是说，降低控制股东权利或者提高非控制股东权利的治理策略的目的，在于实现决策活动中的权力制衡。在责任领域，对应的治理机制可概括为"责任隔断机制"。进一步看，提高控制股东责任的治理策略所产生的治理效果是，将产生于有限责任制度的控制股东与公司隔断抽离掉。而降低非控制股东责任的治理策略所产生的治理效果是，在非控制股东与公司之间增加隔断，以降低非控制股东的风险与责任。信息披露机制所对应的治理策略自然针对的是有关控制股东的身份和行为的信息不对称现象。

治理机构维度上有三种制度安排与解决剥夺问题有关，核心是股东会制度。该制度向内有董事会制度辅助，向外有外部制度环境支撑。这里的"核心""辅助""支撑"解释了在一般情况下，股东会、董事会、外部环境在剥夺问题治理体系中的定位。8.1 节将详细介绍股东会制度的设计原则和方法。外部制度环境的支撑作用体现在，它提供了股东及其他利益相关者"用脚投票"的信息渠道、评价规则和行动平台，这一点将在第 12 章和第 13 章讨论。董事会制度将在第四篇中讨论，现在需辨析董事会的辅助作用。其中，董事会作为法人代表本身就有信息披露的责任，包括对控制股东信息的披露。难点是如何理解董事会和股东会在权力制衡、责任隔断机制上的合作关系，请见以下讨论。

7.3.2 剥夺型公司治理制度的运行机制

一、权力制衡机制

权力制衡机制的原则是适当降低控制股东权利或者提高非控制股东权利，以满足全体股东的权责匹配原则。这一机制在股东会制度中的体现，就是全体股东用"手"投票。在一般情况下，或者说从表面看，一股一票的方式意味着一股的现金流权与一票的控制权实现了权责匹配。但是，此前有关终极控制权结构的讨论充分表明，事情没有那么简单，我们将在 8.1 节股东会制度中重点介绍如何设计表决权制度才能真正实现权责匹配。

> **小贴士 7-5**　"代表性董事会"是非论
>
> 代表性的董事会制度安排，先天地削弱了董事会的整体性，其必然结果就是董事会战略决策职能的缺失。董事会更多的是一个各方面进行谈判和利益博弈的场所。在股权集中度很高、股东人数不多的非上市公司里，这种代表性董事会的负面影响也许不是很大，因为这种公司的主要战略决策（比如公司从事什么业务的决策）职能还是由股东来承担的。然而在上市公司中，即使股权集中度很高、大股东持股比例在 50% 以上，但是股东人数已经很多，公司性质上已经完全属于公众公司，代表性董事会的负面影响就很大了。缺乏董事会作为一个整体承担对全体股东及整个公司（其他利益相关者）的受托责任的概念，导致上市公司的独立性和独立发展空间都受到限制。往往上市公司只是被其母公司作为融资工具而已。
>
> 资料来源：仲继银. 公司治理机制的起源与演进［M］. 北京：中国发展出版社，2015.

小贴士 7-5 论述了中国公司治理实践中一种常见的董事会制度，仲继银定义其为"代表性董事会"，并对其"谈判和利益博弈的场所"的定位进行了严厉批判，[172]这反映出他不认同把股东的权力制衡机制引入董事会制度中的观点。不过，他也指出了"代表性董事会"在一些非上市公司中存在的有益性。那么，如何系统地将理论与现实联系在一起呢？图 7-11 反映了我们的思考。

本书强调"不审势即宽严皆误"，这里的"审势"从第 1 章开始重点考察的对象就是企业的公司化程度，当决策管理权交给职业经理人、全部股东的风险责任均被限

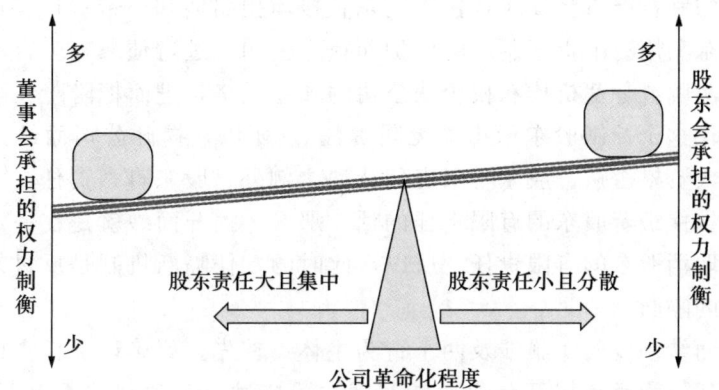

图 7-11　股东会与董事会在股东权力制衡上的分工

定后,可判定一家公司为现代公司。对于现代公司,有两项理由决定股东间的权力制衡更应该发生在股东会而非董事会。其一,当决策的拟定是由经理而非个别股东负责时,股东的任务只是抉择,此时就可通过股东会以表决形式完成权力制衡。其二,股东群体的扩大是股东责任降低的重要条件,大群体的股东决策显然无法在董事会完成。或者反过来看,如果公司化建设不完善,决策的拟定由股东承担,权力制衡体现在决策方案的拟定过程中,同时有意参与决策的核心股东规模不大,那么,通过权力制衡以解决剥夺问题的"阵地"倒可以是董事会。

这段描述也反映出图 7-10 里权力制衡机制与责任隔断机制间的关系,即总体上,权与责要保持平衡。董事会承担较多股东权力制衡任务的前提是,董事会同时要求这些股东承担较多的决策风险和责任。反过来,在现代公司里,股东会以表决权实现权力制衡的前提是,全体股东的风险责任都平等地被隔断。进一步看,如果说现代公司的特征就是尽可能隔断股东的风险责任,那么,在权责匹配的原则下,股东的权力也要相应缩减。所以,在真正的现代公司里,董事会层面的权力制衡不是通过增加弱势群体的权利以达到制衡,而是让所有人的权力都降低以实现制衡。因此,在现代公司里,无论从权利还是责任方面看,董事会都是一个隔断股东与法人直接关系的装置。

二、责任隔断机制

第一章中,我们把剥夺型公司治理问题理解为有限责任的副作用,其原因在于,有限责任制度通过法律法规将股东的责任隔断并固定在一个值上,即有限责任公司的股东以其认缴的出资额为限对公司承担责任;股份有限公司的股东以其认购的股份为限对公司承担责任,但股东的实际权利由于终极控制权结构和"资本多数决"优势等原因,却并非与责任相匹配。所以在责任隔断机制方面,相应治理制度的设计就是对这个有限责任制度的漏洞进行弥补,其基本原则是提高控制股东责任或者降低非控制股东责任。此时,股东会和董事会工作就是执行这些制度安排。

(1) 提高控制股东责任的治理制度

关于提高控制股东责任的治理制度,集中反映为"揭开公司面纱原则"。揭开公司面纱原则是指,控制股东滥用公司法人独立地位或股东有限责任,导致公司债权人等利益相关者的利益严重受损时，控制股东直接承担赔偿和连带责任。也就是说，当公司的控制股东利用有限责任制度的保护而掏空公司、逃避债务，为自己谋取控制权私人收益时，法院或仲裁机构有权否认公司的独立人格，进而把隐藏在幕后的控制股东拉到前台，让这个控制股东承担"无限责任"。所以，揭开公司面纱又称公司人格否认、公司法人资格否认、股东有限责任待遇之例外、股东直索责任。如果说，法人独立是一层面纱保护着股东的有限责任的话，那么，揭开面纱就是在一定条件下否认法人的人格而取消股东的有限责任。所以，此时的责任隔断机制是反过来抽掉控制股东与公司之间的隔断。

揭开公司面纱制度的实施涉及两个行为主体。首先，要确认责任主体，即面纱揭开后谁承担责任。为避免揭开公司面纱制度"矫枉过正"和"滥杀无辜"，揭开面纱严格限制在积极股东的范围之内，只有滥用公司人格的股东（一般是控制股东）才是隐藏在面纱后的"黑手"，而消极股东是不承担连带责任的。控制股东滥用公司人格的行为主要分为三类：一是人格混同，即股东与公司的人事、财务和资产关系高度混同。"一套人马、两块牌子"的公司就很可能存在人格混同。二是过度控制，即公司实际上丧失独立表达意思的能力，被控制股东完全操控。一般当存在关联交易且对公司造成重大侵害后，才认定为过度控制。三是资本显著不足，即实际注资与经营规模和经营性质相比显著不足。

其次，要确认请求权主体，即谁去揭开公司面纱。从我国《公司法》的规定看，完整意义上的揭开公司面纱原则仅适用于遭受了实际损害的债权人。因为设置揭开公司面纱规则的目的就是保护债权人的债权能够实现。现在的问题是非控制股东受到侵害时，可否揭开公司面纱。对此，国内较多的学者持有否定态度，并认为非控制股东可以直接向侵害其权益的控制股东提起损害赔偿的申诉，但这不是揭开公司面纱之诉，因为股东与股东之间不存在"公司的面纱"。在法律方面，我国《公司法》规定，控制股东滥用权利时，对于债权人承担"连带"责任，而对于公司或者其他股东承担"赔偿"责任。"连带"责任和"赔偿"责任是不同性质的责任。不过，从揭开公司面纱制度是提高控制股东责任的角度看，对于公司或者其他股东承担的"赔偿"责任，与对于债权人承担的"连带"责任在本质上又是一致的。另外，在一些国外的实践中也不排斥非控制股东和其他利益相关者提起揭开公司面纱之诉。

(2) 降低非控制股东责任的治理制度

关于降低非控制股东责任的治理制度，集中反映为"股东退出机制"。所谓降低非控制股东责任，就是降低非控制股东对公司不良经营绩效所承担的责任，当公司被控制股东把持时，也就是降低非控制股东的投资风险，降低其受掠夺的程度。当在"资本多数决"原则下，作为少数派的非控制股东无法实现其诉求时，退出就成为非控制股东降低风险的最后退路。股东退出机制，包括两类方式，一是转股，二是退股。转股是指股东将股份转让给他人从而实现退出公司的目的，常被称为"用脚投票"；退股是指在特定条件下股东要求公司以公平合理价格回购其股份从而退出公司，这来自异议股东股份回购请求权制度。在我国《公司法》中，有限责任公司的股权转让以及股份有限公司的股份发行和转让的相关条文专门规范了这两种股东退出机制。

小贴士 7-6 　股东退出机制的部分法律规定

关于转股机制，2024 年施行的《公司法》列明了有限责任公司的股权转让规则：有限责任公司的股东之间可以相互转让其全部或者部分股权。股东向股东以外的人转让股权的，应当就股权转让的数量、价格、支付方式和期限等事项书面通知其他股东，其他股东在同等条件下有优先购买权。股东自接到书面通知之日起三十日内未答复的，视为放弃优先购买权。两个以上股东行使优先购买权的，协商确定各自的购买比例；协商不成的，按照转让时各自的出资比例行使优先购买权。公司章程对股权转让另有规定的，从其规定。

关于退股机制，《公司法》也列出了几项有限责任公司收购股权的条件：有下列情形之一的，对股东会该项决议投反对票的股东可以请求公司按照合理的价格收购其股权：（一）公司连续五年不向股东分配利润，而公司该五年连续盈利，并且符合本法规定的分配利润条件；（二）公司合并、分立、转让主要财产；（三）公司章程规定的营业期限届满或者章程规定的其他解散事由出现，股东会会议通过决议修改章程使公司存续。自股东会决议作出之日起六十日内，股东与公司不能达成股权收购协议的，股东可以自股东会决议作出之日起九十日内向人民法院提起诉讼。《公司法》还特别规定：公司的控股股东滥用股东权利，严重损害公司或者其他股东利益的，其他股东有权请求公司按照合理的价格收购其股权。

股东转让股份的权利，是现代公司的基本特征，是股东减少投资风险，促成公司化大规模生产得以实现的根本。由于股份转让本质上是股权的转让，变更的是股权主体，不会影响公司的实际资本和注册资本，对公司经营的影响不大，因而是降低非控制股东风险的基本策略。在具体实施上，对于股份有限公司而言，证券交易市场的建设是重点内容，关键点是减少股份转让的壁垒和降低股权交易的成本。对于有限责任公司则囿于其一定的封闭性和人合性特征，股份转让要受到一定限制，要强调现有股东的优先权利，对此，我国《公司法》有特别规定，见小贴士 7-6。但是，这个封闭性和人合性特征在事实上提高了非控制股东的风险和责任。为此，一方面，《公司法》有关的"三十日内未答复的，视为放弃优先购买权"等保护非控制股东权利的规定要应用充分；更重要的另一方面是，"公司章程对股权转让另有规定的，从其规定"也要用好，通过公司章程保护了全体股东的利益。

关于股东退股的问题，则要复杂一些。小贴士 7-6 列示了我国《公司法》中关于股东退股的一些规定，可见股东退股属于"原则禁止，例外允许"的范畴。在一般情况下，公司的资本维持原则决定了公司的资本具有恒久性的特征，退股与之相背离，侵害了法人及其财产的独立性。所以，我国《公司法》明确规定"公司成立后，股东不得抽逃出资"。但是，在"资本多数决"的公司决策原则下，控制股东往往会滥用其控制地位而侵害中小股东的利益。赋予异议股东股份回购请求权，不仅有利于保护非控制股东的利益,而且可在一定程度上治理控制股东的剥夺行为。异议股东股份回购请求权,是指公司股东会基于"资本多数决"就有关公司的重大行动作出决议后,少数股东有权表示异议,并享有请求公司以公平价格回赎其股份从而退出公司的权利。异议股东股份回购请求权的股东退出机制,对于有限责任公司的制度设计更为重要,因为在这里股东转股的流动性更弱一些。如何在公司章程中实现股东之间的制衡,维护公司和全体利益相关者的利益,需要考虑每家公司的具体情况。不过,有一点必须清楚,股东退出机制的设计,以实现股东的权利与责任的匹配为目的。此外,8.1.3节介绍的公司司法解散请求权制度,也能起到通过非控制股东退出的效果。

三、信息披露机制

这里的信息披露是对控制股东应尽的说明责任的要求。所谓"阳光是最好的防腐剂",信息披露是众多治理手段发挥的前提,尤其对于资源占用类剥夺,即掏空行为,起到积极的控制作用。正如此前所说,剥夺的诱发条件之一就是控制股东身份和行为的隐蔽性。于是,关于控制股东的信息披露,主要包括两方面,一是必须披露公司的实际控制股东的身份;二是必须披露控制股东的有危害公司利益之虞的行为,如关联交易。此方面内容请参见第13章论述,本章不再赘述。

讨论案例 国美夺权战

"国美夺权战"指的是2010年至2011年间,发生在国美电器控股有限公司的创始大股东黄光裕家族和以陈晓为代表的经理层之间的公司控制权之争。事件的主角之一黄光裕是国美创始人,于1987年创办国美电器,长期位列同行业企业榜首。2008年11月,黄光裕因经济犯罪被调查,2010年5月一审被判有期徒刑14年,罚金6亿元,没收财产2亿元。事发期间,黄光裕仍是国美电器最大股东。另一主角陈晓,于1996年创建永乐家电,一度位列同行业企业第三名,是国美主要竞争对手。2006年永乐被国美收购之后,陈晓任国美总裁。2008年11月黄光裕被调查后,陈晓兼任董事会主席。2011年3月,陈晓辞职。

一、事件始末

(1) 第一阶段(2006年7月—2008年11月),黄光裕收购永乐电器,陈晓担任国美电器CEO。

2006年7月,国美电器宣布以52.68亿港元"股票+现金"的形式收购永乐(中国)电器90%股权。7月25日,香港联交所发布公告,国美电器(HK.0493)与中国永乐(HK.0503)正式启动合并。8月28日,国美电器发布公告称,公司以8.11亿元人民币向总裁兼董事陈晓等购入永乐(中国)电器余下的10%股权。交易完成后,永乐(中国)电器成为国美电器的全资子公司。在两公司组建的新公司中,黄光裕持有新公司51%的股份,陈晓通过合并公司和管理层持有12.5%的股份,摩根士丹利持有 2.4% 左右。2006 年 11 月 22 日，新国美集团正式成立，黄光裕担任董事会主席，陈晓则担任 CEO。经过短短两三年的发展，国美拥有了 1200 家门店、占据了 18% 的市场份额，而排在行业第 2 位的苏宁拥有 650 家门店，只及国美门店数的一半。

（2）第二阶段（2008 年 11 月—2010 年 5 月 11 日），黄光裕入狱，由陈晓任董事局主席，同时引入贝恩资本。

2008 年 11 月 17 日晚，黄光裕因涉嫌经济犯罪被警方带走。随后，陈晓出任代理董事局主席，2009 年 1 月 18 日，黄光裕正式辞职，陈晓出任董事局主席，并初步完成了权力过渡。黄光裕入狱以后，国美电器的股价一路直跌，资金缺口巨大。为解决国美电器的资金问题，2009 年 6 月 22 日，国美电器召开董事会，全票通过了贝恩资本注资国美电器的方案：贝恩资本向国美电器注入资本 15.9 亿元购买其发行的于 2016 年到期的可转换公司债券。但国美电器同时与贝恩资本签订了黄光裕认为"极为苛刻"的绑定条款和索赔条款：委任贝恩资本的 3 名人选担任非执行董事；同时，如果现任董事会中陈晓、王俊洲、魏秋立 3 个执行董事中两个被免职，属国美电器违约；如果国美电器违约，贝恩资本有权要求国美电器以 1.5 倍的代价即约 24 亿元回购债权。

黄光裕认为，融资条件未能第一时间通知大股东，贝恩资本要求董事席位过多且与管理层捆绑，已经超出了财务投资者对投资安全的需求，有明显控制公司的意图。为表达对管理层不满，在 2010 年 5 月 11 日国美电器股东周年大会上，黄光裕夫妇连投 5 票否决票，其中包括否决董事会任命贝恩资本竺稼等 3 人为非执行董事。而管理层认为，贝恩资本要求更多的董事席位来确保其投资利益是一个相对合理的条件；且融资决策在董事会的职权范围内，无须第一时间通知大股东。随后，国美电器紧急召开董事会会议否决了股东大会的决议，宣布委任竺稼先生、Ian Andrew Reynolds 先生、王励弘女士为非执行董事。

（3）第三阶段（2010 年 5 月 11 日—2010 年 9 月 28 日），双方围绕股权和董事会的控制权进行一系列的较量。

2010 年 5 月之后，大股东和管理层通过公开信的方式展开论战。2010 年 8 月 4 日，黄光裕致函董事会。在信函中，黄光裕提出 5 项动议：撤销公司 2010 年股东周年大会通过的一般授权；撤销陈晓公司执行董事及董事局主席职务；撤销孙一丁公司执行董事的职务，但保留他为公司行政副总裁职务；提名邹晓春为公司执行董事；提名黄燕虹为公司执行董事。对于黄光裕 8 月 4 日的信函，国美电器管理层作出了反击，8 月 5 日国美电器起诉黄光裕要求其为违规行为赔偿。8 月 17 日，国美电器的大股东 Shinning Crown Holdings Inc. 发布了《致国美全体员工的公开信》，对陈晓进行了公开谴责。8 月 19 日，国美电器董事局也发布了《致国美全体员工的公开信》，对大股东的批评进行了逐一反驳。

8 月 23 日，国美电器在香港联交所发布通告，宣布将于 2010 年 9 月 28 日在香港召开股东特别大会，并提出届时将就 8 项提议进行表决：① 撤销公司 2010 年股东周年大会通过的配发、发行及买卖本公司股份之一般授权；② 撤销陈晓的公司执行董事及董事局主席职务；③ 撤销孙一丁的公司执行董事的职务，但保留他为公司行政副总裁职务；④ 委任邹晓春为本公司执行董事；⑤ 委任黄燕虹为本公司执行董事；⑥ 重选竺稼先生为本公司非执行董事；⑦ 重选 Ian Andrew Reynolds 先生为本公司非执行董事；⑧ 重选王励弘女士为本公司非执行董事。于是，控制权的争夺双方开始为9月28日的股东特别大会作准备，双方都在努力加大自己的筹码。

9月28日，国美电器特别股东大会如期召开，在大会上就8项议案进行了一一表决，黄光裕提出的5项决议案除撤销一般授权外，其他4项都被否决。

(4) 第四阶段（2010年9月28日至今），陈晓出局，国美电器进入大股东（黄光裕）与贝恩资本共同执掌的时代。

在2010年9月28日的股东大会上，黄光裕未能如愿。但是，大股东并没有完全失去对董事会的影响力。2010年11月10日，国美电器公告表示，国美电器已经与黄光裕的控股公司 Shinning Crown 订立了具有法律约束力的谅解备忘录。根据备忘录，双方约定将许可的董事会最高人数从11人增加到13人。新增加的两名董事人选均是大股东方面的提议人员，其中邹晓春被任命为执行董事，黄燕虹（黄光裕胞妹）被任命为非执行董事。

2011年3月10日，国美电器发布公告称，陈晓辞去国美董事会主席、执行董事、执行委员会成员兼主席及授权代表职务。公告还称，国美董事会宣布委任张大中先生为国美电器非执行董事及董事会主席。

至此，黄光裕在2010年9月28日股东大会上提出的5项提案基本实现。在国美电器大股东与管理层之间的控制权之争基本结束之后，创始股东、跨国资本乃至管理层和离职者，每个角色都找到了自己新的位置。

二、旁观者说

"国美夺权战"的另一精彩之处是各方人士的评判。从发展公司治理理论的角度看，这些观点的价值甚至超过事件本身。以下观点摘录于主流网络媒体，发言人均为有一定学术和社会地位的公众人物。但由于经媒体转述，以下内容不一定是其原话，为表示尊重，隐去发言人名字。

(1) 国美之争的榜样意义

这次的争执中双方各自公开提出了自己的理由与主张，还要以不断调整的策略来拉票，因此这次小股东们的选择成了最后双方取胜的关键。以往大股东只需要表达自己的意志，这次他们需要不断调整自己的立场，甚至需要争取围观公众与媒体的同情票。设想，如果黄光裕未入狱，下面人可能连发表点异议的机会也没有；如果没有当局政策的调整，黄光裕能够指挥这样一场复杂的博弈也是不可能的；而如果不是因缘际会，陈晓也不大可能策动这样一场大的对抗战。没有所有这些因素，本来无论如何都会以黑箱解决的问题，却在众目睽睽的关注之下了结。

(2) 现代企业制度要优先保护小股东

或许有人会问：难道百分之零点零零零几的小不点股东的利益会比黄总百分之三

十几的利益更重要吗？是的，保护小股东和少数者是整个现代企业制度和资本市场，甚至也是整个文明社会的基石。现代企业制度和资本市场的出发点不是为了成全企业和创始人关门打狗，而是为了推动企业和创始人开门迎客。如果我们不能有效地尊重和保护小股东，最终的结果一定是大股东的权力滥用。这是因为：对小股东好的事，对大股东至少不会更坏，因为大股东一定可以确保自己获得与小股东同样的权益；但是反过来却不一定。或许还有人会问，一家公司如果连大股东的利益都保证不了，它又如何保护小股东？

(3) 所有者控制才是公司治理核心

有很多人将现代公司制度常挂嘴边，但是对现代公司制度的核心并没真正领会。作为职业经理人，要尊重股东利益，服从股东意志；要承担信托责任，受人之托，忠人之事。股东利益至上是公司治理的根本原则。股东利益至上，全部利益相关者的利益才有最终保障。当然，大股东是股东，小股东也是股东，股东之间利益不一致怎么办？这就要求一股一票，而不是一人一票。资本市场提供了协调他们之间利益的机制，用"脚"投票，不行开脚走之。

(4) 黄光裕事件是中国公司治理的失败

黄光裕没有证明他管理了国美能如何保护中小股东利益。目前，国美有一些非上市店面，这是一个很让人费解的情况，这些非上市的店面可能存在着关联交易。不理解为什么有那么多人同情黄光裕。个人不看好国美前途。黄光裕事件是中国公司治理的失败。居然有人认为犯罪的人可以对股东负责，这着实令人费解。如果黄光裕是一个对大家负责的人，那么像他这么精明的人，绝对不会因为失误而被判14年，黄光裕入狱很大程度上是故意犯错。这样的人，怎么值得中小股东信赖？从另一个角度来讲，一个上市公司的大股东只信任自己的家人，黄光裕在关键时刻总是把自己的家人派出来为其代言，这是极其悲哀的。

(5) 陈晓十宗罪

黄光裕进了监狱，但是罪罚否定不了黄光裕是国美老板这个事实。陈晓要挑战的是中国自古以来的基本伦理和基本商业秩序。在日本社会，背叛老板的陈晓，是要被唾弃的，是没有立足之地的。陈晓十宗罪之三：野心无所不用其极。引入贝恩资本时，陈没有知会黄，并进行了绑定：贝恩资本的董事人选中的两个被免职就将以1.5倍的代价即24亿元回购债权。还规定，陈晓如果离职，只要出现1亿元的不良贷款，贝恩即可获得24亿元；陈晓十宗罪之五：低俗、庸俗、媚俗。趁火打劫，是为低俗；明义暗利，是为庸俗；引狼入室，是为媚俗。

(6) 家族企业面临的公司治理问题

家族企业向现代企业转型需要的基本外部条件之一是健全的法治环境，特别是对私有产权的有效保护。西方商业史上关于创业股东与职业经理人的博弈并不鲜见。在"个人财产神圣不可侵犯"的理念下，美国法律界已经形成了一种惯例，即在合同条款如公司章程和协议的设计中，体现对创始股东的保护条款，创业股东的股权不管被稀释到什么程度，都要占据董事会，或由其提名的人占据董事会的多数席位。在另一方面,从现实经验看,发达国家普遍股权相对分散,而落后国家普遍股权高度集中,其背后的原因是发达国家的公司法制健全和公司治理良好,使公司能够有效地通过股权分散来实现资本的积聚和企业的扩张。

资料来源:第一部分摘自祝继高,王春飞.大股东能有效控制管理层吗?——基于国美电器控制权争夺的案例研究[J].管理世界,2002,(4);第二部分根据新浪财经、搜狐财经频道相关报告编辑。

讨论以下问题:

(1) 请预测国美在2011年后的控制权变动趋势。随后,查阅相关资料,核查自己的预判。

(2) 对于以上各方人士的评论,你赞同谁?反对谁?(此题是该案例的讨论重点,也是对本书前半部分知识的一个总结性检查)

(3) 你对国美夺权战的完整观点是什么?

讨论问题

(1) 系族企业容易诱发剥夺行为,但其也有许多正面价值。那么,在我国目前的社会经济条件下,国有企业发展系族企业是利大于弊还是弊大于利?

(2) 小贴士7-2介绍分拆上市和整体上市,并介绍一些学者更倾向于支持整体上市。你的观点是怎样的?

(3) 本章总结的剥夺型公司治理问题的根源,与代理型公司治理问题的根源有何联系?

(4) 双重投票权结构直接产生了控制权与现金流权的分离。若某家族企业以这种股权结构上市,你会避开购买这家公司的股票吗?

(5) 在剥夺型公司治理制度的结构体系中,外部制度环境的优化极其重要。但由于章节规划原因,本章对其没有做更多介绍,你能补充些什么?

第 8 章

股东权益保护与分享

> **导读**
>
> 本章在股东权益保护与分享的主题下讨论两类制度安排。首先,概述股东会制度。说明其基本运行体系,并以股权保护为重点,论述表决权制度的特别设计,以及股东法律救济的特别安排。其次,分三部分介绍股东权益的分享制度。先是一般性的员工持股制度,再细化到针对经理的股权激励制度,最后是针对企业家的控制权保护制度。在这部分学习中,要仔细体会各类制度的实际功能和适用条件,避免盲目乐观。

引导案例 蚂蚁集团的控制权配置

> 支付宝的母公司蚂蚁科技集团 2020 年 7 月宣布将在 A 股和 H 股同时发行上市(而后并未成功)。9 月 7 日晚,上交所披露了蚂蚁集团首轮问询回复,公司表示:马云能够实际支配杭州云铂股东会与行使蚂蚁集团股东权利相关事项的表决结果,并通过杭州云铂控制的杭州君瀚及杭州君澳间接控制发行人 50.5177% 的股份,为发行人的实际控制人。
>
> 有学者研究了蚂蚁集团的股权结构,[173] 见图 8-1,主要股东的持股比例与公司官方最终上市公告略有差别,但基本结构与关系无误,其控股股东仍是杭州君瀚和杭州君澳,持股比例分别为 29.8621%、20.6556%。蚂蚁集团控制权结构的基本特点是:
>
> ① 企业组织形式选择。杭州云铂成立之初采用一人有限责任公司的组织形式,由马云出资 1010 万元全资拥有(2020 年 8 月发生工商变更,马云持股比例由 100% 下降至 34%,新增股东胡晓明、蒋芳、井贤栋分别持有 22% 的股份。但在杭州云铂股东会相关决议事项上,井贤栋、胡晓明及蒋芳为马云的一致行动人)。杭州君瀚、杭州君澳采用有限合伙企业的组织形式,其唯一普通合伙人(GP)为杭州云铂。蚂蚁集团为股份有限公司,是业务实体与募资主体,其股东为杭州君瀚、杭州君澳及参与各轮私募的机构投资者。

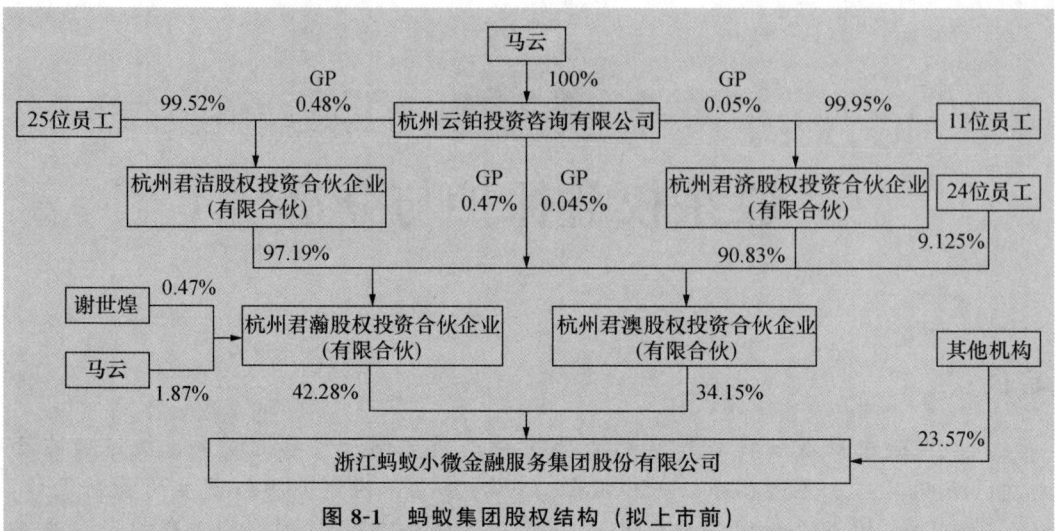

图 8-1 蚂蚁集团股权结构（拟上市前）

② 员工持股平台。杭州君瀚、杭州君澳、杭州君洁与杭州君济为阿里巴巴及蚂蚁集团员工持股平台，采用有限合伙企业的组织形式，其唯一普通合伙人为杭州云铂。对阿里巴巴及蚂蚁集团员工的股权激励都是通过这四家员工持股平台实施的。

③ 一致行动人。杭州君瀚、杭州君澳为一致行动人，它们具有相同的普通合伙人，即杭州云铂，并最终受蚂蚁集团创始人马云的控制，为蚂蚁集团控股股东。

④ 三层控股结构。蚂蚁集团的实际控制人马云通过一人有限责任公司（杭州云铂）和有限合伙企业（杭州君瀚与杭州君澳），最终控制了业务实体蚂蚁集团。杭州君瀚与杭州君澳为蚂蚁集团的前两大股东，合计持有蚂蚁集团 76.43% 的股权，为蚂蚁集团的一致行动人。至此，马云通过三层控股结构和有限合伙企业的设计控制了杭州君瀚与杭州君澳，并最终拥有蚂蚁集团 50% 以上的表决权。

资料来源：胡锋，高明华，陈爱华. 控制权视角的合伙企业与股权架构设计——以蚂蚁集团为例 [J]. 财会月刊，2020，（17）.

在本书知识结构中，一直使用控制股东的概念，而不是更常见的控股股东的提法。上一章关于终极控制权结构的论述说明，即使是很小的股权投资也能实现对公司的控制，并且由此造成的权责分离是诱发剥夺型公司治理问题的内在条件。本章的引导案例，则展示了一个利用有限合伙制度掌握控制权的范例。不过，本案例不是讨论支配控制权的负面问题（因为存在隐忧，上市程序被叫停），而是说明在一定条件下一股一票原则被打破的可能性。随着知识经济和智能工业的发展，新兴企业的核心资源已非金融资源独霸，创始人的企业家才能、经理团队的经营素养、核心员工的人力资本成为企业必须保护和激励的对象，新兴企业的治理课题转向避免金融投资人对智力投资人的剥夺。蚂蚁集团的股权结构中出现权力制衡和责任隔断的新模式，建立起股权激励的新平台。其积极意义是本章第 2 节将要讨论的主题,在此之前,第 1 节将介绍股东会制度,这是公司制企业保护股东权益的最基础的制度体系。

> **小贴士 8-1　有限合伙企业**
>
> 合伙企业是以人为核心的企业形式。与公司相对偏向资合性质不同,合伙企业更加强调人与人之间的相互信任与组合,因为合伙企业的建立往往以合伙协议为基础。而有限合伙企业,则是合伙企业为了适应经济发展的需要而建立起来的特殊合伙企业制度。在经济市场中,资源的分配不是恒定的,掌握资本资源的主体往往不愿参与管理和承担无限连带责任。因此,在有限合伙企业中,合伙人分为普通合伙人和有限合伙人两种。普通合伙人管理合伙企业,承担无限连带责任,而有限合伙人不参与合伙企业的管理,仅仅以其出资额为限对企业债务承担有限责任。这种管理权与责任承担相配合的企业形式,兼具了合伙企业与公司的优势:它既有合伙企业的灵活运作模式,也具备类似公司的优秀融资能力。
>
> 资料来源:夏兴宇.中外有限合伙企业制度推进与创新[J].财经科学,2013,(1).

8.1　股东会制度与股东权益保护

现代公司可分为有限责任公司和股份有限公司,在较早的《公司法》中,股东会制度的核心组织机构分别用"股东会"和"股东大会"来表示。由于法条明确规定,关于有限责任公司股东会职权的规定,适用于股份有限公司股东大会,所以这样的差别表达是没有必要的。在 2024 年施行的新《公司法》中,股东大会退出历史舞台,统一称为股东会。当然,名称的统一不代表内容无差别,事实上任何一家公司的股东会制度都是不可复制的,都体现了"不审势即宽严皆误",只是它们之间的差异不是用有无"大"字来反映的。

8.1.1　股东会的运行

一、股东会的形式

股东会由全体股东组成,是公司的权力机关,是股东行使股东权利的会议体机构。股东会具有四项基本特征:第一,股东会是公司制企业的必设机构。在中国,只有两种特殊公司可以不设股东会,一是一人有限责任公司和一人股份有限公司,二是国有独资公司。第二,股东会由全体股东组成。无论所持股份的多少,每名股东都有参加股东会议的权利。股东会不是股东代表会。第三,股东会是公司内部的最高权力机关。作为公司最核心的利益相关者,在公司正常经营状态下,公司的发展要体现股东的意志。但是,股东会无权对外代表公司。第四,股东直接表达其意志、行使其权利的渠道是股东会会议。

股东会的职权在《公司法》中被清晰定义(有限责任公司股东会与股份有限公司

股东会的职权规定完全一致），见小贴士8-2。

小贴士 8-2　　股东会的法定职权

2024年施行的《公司法》规定股东会行使下列职权：（一）选举和更换董事、监事，决定有关董事、监事的报酬事项；（二）审议批准董事会的报告；（三）审议批准监事会的报告；（四）审议批准公司的利润分配方案和弥补亏损方案；（五）对公司增加或者减少注册资本作出决议；（六）对发行公司债券作出决议；（七）对公司合并、分立、解散、清算或者变更公司形式作出决议；（八）修改公司章程；（九）公司章程规定的其他职权。

注意，在最新的《公司法》施行之前，《公司法》还曾经规定股东会要决定公司的经营方针和投资计划，以及审议批准公司的年度财务预算方案、决算方案。这两款的最终删除，赋予了经理和董事会更大的经营决策权，反映了公司制度异质性的特点，强调了公司治理定位的要求。

股东会会议分为定期会议和临时会议。定期会议又称为股东大会年会，每年召开一次。我国《上市公司股东大会规范意见》规定，上一会计年度结束后的6个月内必须召开。股东大会年会所要议定的议题，在法律法规和章程所规定的范围之内，一般是以一个或数个会计或日历年度为计量单位的常规且重大的事项。股东会临时会议是由于发生了涉及公司及股东利益的重大事项，无法等到股东大会年会召开而临时召集的股东会议。此外，对于公开招股的股份公司，发起人应当自股款缴足之日起三十日内主持召开公司创立大会。创立大会由发起人、认股人组成，审议公司筹办、通过公司章程、选举董事会成员等。

二、股东会的运行制度

股东会是会议体机关，股东的意志通过股东会议实现。而股东会的运行制度，由会议召集制度、会议议事制度和会议效力制度构成。

第一，股东会会议召集制度，由会议召集人、召集条件、召集程序等安排构成。首先，我国《公司法》对类别股的规定，为限制性表决权股份和多数表决权股份的采用提供了制度保障，增强了我国企业表决权制度设计的灵活性。但严肃公司治理秩序的底线没有突破，仍规定"对于监事或者审计委员会成员的选举和更换，类别股与普通股每一股的表决权数相同"。首次股东会会议由出资最多的股东召集和主持。此后，股东会会议由董事会召集。董事会不能履行或者不履行召集股东会会议职责的，监事会应当及时召集。监事会不召集和主持的，连续九十日以上，单独或者合计持有公司百分之十以上股份的股东可以自行召集。不设董事会的有限责任公司，股东会会议由执行董事召集。其次，关于召集临时股东会的条件，我国《公司法》认为有下列情形之一的，应当在两个月内召开：董事人数不足本法规定人数或者公司章程所定人数的三分之二时；公司未弥补的亏损达实收股本总额三分之一时；单独或者合计持有公司百分之十以上股份的股东请求时；董事会认为必要时；监事会提议召开时；公司章程规定的其他情形。最后,关于股东会的召集程序,我国《公司法》的相关规定是:召开股东会会议,应当将会议召开的时间、地点和审议的事项于会议召开二十日前通知各股东;临时股东大会应当于会议召开十五日前通知各股东。

第二,股东会会议议事制度,包含对主持、提案、表决等事项的规定。首先,在会议的主持人认定上与召集人基本一致。由董事会召集的会议,由董事长主持。若董事长不能履行职务或者不履行职务的,由副董事长主持。若副董事长不能履行职务或者不履行职务的,由半数以上董事共同推举一名董事主持。由监事会召集的会议,由监事会主持。由股东召集的会议,由该股东主持。其次,股东会会议议题,由董事会组织。监事会也有权提出提案。对于股东提案,《公司法》的规定是:单独或者合计持有公司百分之一以上股份的股东,可以在股东会召开十日前提出临时提案并书面提交董事会;董事会应当在收到提案后二日内通知其他股东,并将该临时提案提交股东会审议。临时提案的内容应当属于股东会职权范围,并有明确议题和具体决议事项。最后,关于股东会的表决制度,是股东会运行制度的核心,关系到如何制衡股东间关系、股东与公司的关系等问题,尤其与治理控制股东、保护小股东有关。以下专门讨论。

第三,股东会会议效力制度,对会议出席率、会议表决通过率和会议记录制度作出管理。首先,在会议出席率的制度安排方面,存在难点。一方面,提高对会议出席率的要求,有利于保护小股东的利益。但是另一方面,多数股东对公司事务保持"冷漠"是现代公司的一大特点。所以,法律很难对出席率作出高标准规定,我国《公司法》仅要求,成立大会应当有持有表决权过半数的认股人出席,方可举行。其次,在会议表决通过率方面,《公司法》的规定是:股东会作出决议,必须经出席会议的股东所持表决权过半数通过。但是,股东会作出修改公司章程、增加或者减少注册资本的决议,以及公司合并、分立、解散或者变更公司形式的决议,必须经出席会议的股东所持表决权的三分之二以上通过。最后,关于会议记录制度,《公司法》也作出要求:股东会应当对所议事项的决定做成会议记录,主持人、出席会议的董事应当在会议记录上签名。会议记录应当与出席股东的签名册及代理出席的委托书一并保存。

8.1.2 表决制度设计

一、表决制度设计的意义

股东表达其意志,一是在证券市场上"用脚投票",二是在股东大会上"用手投票"。所以,股东会表决制度的设计关系到股东最基本权利的保护。股东表决权,常称为投票权,是股东基于股东资格而享有的对股东会的议决事项表示可否的意思表示的权利。股东通过表决权表示对公司的"所有"。在表决制度设计中,计票规则安排十分重要。案例8-1表明,在相同的意志下,不同的规则会产生不同的结果。

案例 8-1 ▶ **计票规则的重要性**

甲、乙、丙、丁、戊五名投票人对A、B、C三名候选人投票。表8-1反映了投票人对候选人的评价。比如，甲认为最好的是 A，其次是 B，然后是 C。假如有三种计票规则。规则一是投票人仅推举出他认为的最佳候选人。无疑，A 三票，B 两票，A 胜出。规则二是投票人排序列出三名候选人，计分办法是，第一名 3 分，第二名 2 分，第三名 1。统计发现，A 得 11 分，B 得 12 分，C 得 7 分，B 胜出。规则三是计分办法不变，但投票人只需排序列出两名候选人（或者用更差的候选人替下无望获选的 C），结果是 A 得 13 分，B 得 12 分，A 胜出。

表 8-1 投票人对候选人的评价

	甲	乙	丙	丁	戊
第一名	A	A	B	B	A
第二名	B	B	C	C	B
第三名	C	C	A	A	C

关于表决的计票规则，在早期采取过"一人一票"的民主制原则，如今在有些国家也认同对象征性的、不容易引起争议的议案使用一人一票原则。不过，多数情况下，比如我国，实行"一股一票"原则。所谓一股一票，是指股东原则上享有与其持有的股份数相等数量的表决权。一股一票中的"股"被认为是现金流权，"票"就是控制权。一股一票实现了现金流权与控制权的对应，体现了资本民主的公平公正的表决制度。

但是，简单地认定一股一票的公正性是有前提的，没有考虑控制股东的存在，没有考虑控制股东本身对权利配置结构的破坏。此前 6.2.2 节在论述股权时，将股权分为知情权、提案权、表决权、收益权和诉讼权。而图 6-4 形象地说明，控制股东在知情权、提案权、收益权和诉讼权方面具有天然优势，或者反过来说非控制股东具有天然劣势。另一方面，7.2 节也说明控制股东存在着权利大于责任的不匹配情况。对此的治理策略是，或者降低控制股东的权利，或者提高非控制股东的权利。总而言之，要保护好非控制股东，反而要对一股一票制作出适当的调整。而调整的方针分为两类，一是表决权计票规则调整，二是表决权行使方式调整。

二、表决权计票规则的特别设计

（1）无表决权股份

一般在三种情况下，股东所持股票没有表决权，一是优先股，二是公司自有股份，三是表决权排除制度要求下的股份。

此前介绍过类别股份，即公司同时发行两种以上不同权利义务关系的股份，它们代表着不同的利益索取要求和不同的控制权力配置。其中，在红利获取和公司解散后的剩余财产分配上享有优先权利的股份，称为优先股。既然优先股在收益权上占有"先机"，那么在控制权上有所"退让"，自然属于保持股东平等的基本要义的范围。当然，优先股也不是绝对没有表决权，在一些特殊的情况下，比如其收益权受到侵犯或潜在侵犯时，或者其股东主动放弃优先权利时，优先股可以依法获取一定的表决权。

对于公司自有股份,《公司法》规定,"公司持有的本公司股份没有表决权"。公司自有股份的产生一般源于股票回购,公司利用盈余积累的资金以一定价格购回本公司发行在外的一部分股份,用于调整资本结构、兑现股权激励、抵御恶意收购、稳定市场信心,或者接纳异议股东的请求等。世界各国对回购、回购后的股份管理要求有所不同。法国规定只有特例下才能回购,德国要求公司自有股份不得超过股本10%,英国要求回购股份必须予以消除,美国倒是允许公司继续持有自有股份,并称其为库藏股。[46]

但不论何种情况,公司自有股份不享有表决权是世界通例。如果公司具有表决权而成为真实的股东的话,就一身二任了,既作为股东对公司行使权力,又作为公司向股东履行义务,公司就具有公司法人和股东的双重人格,造成了公司与股东权利义务的混乱。同时,公司对自己行使股东权利,说到底其实是公司的某个代理人在行使权力,或者是经理、董事会,甚至是控制股东。他们在这类股份上并无责任和风险,他们的现金流权为零。而此前有关现金流权与控制权分离的论述告诉我们,这就形成了剥夺的诱发条件。另外,从实质上看,交叉持股、循环持股,特别是子公司持有母公司股票的交叉持股,可以视作公司自有股份的衍生形式。所以,在许多国家的实践中,交叉持股不享有表决权。

最后,当实施股东表决权排除制度时,规定范围内的股份暂时不具表决权。股东表决权排除,也称为股东表决权回避,是指当股东与公司在股东会的某项表决事项上存在利益冲突时,该股东或其代理人不得就其持有的股份行使表决权的制度安排。排除潜在的危害公司利益的股东的表决权,在于防止控制股东对资本多数决的滥用,防止剥夺的发生,确保股东之间的实质平等。各国法律对股东表决权排除制度都有安排,我国的制度安排也在不断地完善。我国证监会曾规定,股东会就关联交易进行表决时,涉及关联交易的各股东应当回避表决,上述股东所持表决权不应计入出席股东会有表决权的股份总数。《公司法》规定,公司为公司股东或实际控制人提供担保的,应当经股东会决议。

(2) 限制性表决权股份

限制性表决权股份是指股东所享有的表决权少于其所持有的股份数。这一制度是防止控制股东滥用资本多数决原则,借助股份比重优势,以个人意愿完全替代股东会意愿。一些国家、地区规定,对持股超过一定数额的股东可依据章程规定限制其表决权。我国台湾地区的公司法就规定,持有已发行股份总数3%以上的股东,应以章程限制其表决权。[46]而在今天将一股一票奉为圭臬的美国,早期较为广泛地采用分段表决权限制制度。比如1849年弗吉尼亚州对所有公司表决权的规定是,1—20股,1股1票;21—200股,2股1票;201—500股,5股1票;500股以上,10股1票。[174]

以下案例来自大生纱厂第一届股东会的会议记录,讨论的就是限制性表决权的设定问题,其设立动因及制度细节跃然纸上。关于大生纱厂创建的基本背景,可以参见第2章末的讨论案例。

案例 8-2　大生纱厂的累退表决权制度的决议过程

议长宣告议案第 15 条:"选举权及议决权,拟定一股至百股,每股一权;一百一股以上至五百股,每二十股加一权;五百股以上至无限度股,每四十股加一权。"官股代表王绍延、陆太守同云:"如是则大股太吃亏,而官股尤甚。"张澹如君云:"官股股数多,非商股所能敌,故股多则权数必递减,保护小股,不得不然。"陆太守云:"安见官股不能保护小股?"郑苏堪君云:"公司律不分官、商,凡入股者皆称股东,股有大小之别,无官商之别,会场上不可提'官股''商股'字样。"王观察云:"因商股无五百股以上之股东,所定五百股以上每四十股加一权,明明为官股而发。"刘厚生君云:"浙江铁路公司权数用递加之法,江苏铁路公司权数之多不得逾二十五权,两公司并无官股,然大股皆有限制,可见此是公例,非为官股而发。"王观察云:"既如此,应将五百一股以上每四十股加一权删去。自一股至一百股每股一权,一百一股以上至无限股,每二十股加一权。"股东多数赞成。张右企君云:"但官股不得分拆,多占权数。"王观察云:"如官股有多占权数之意,今日又何必多此一争?"即定议。

资料来源:《大生纺织公司年鉴》,转引自潘必胜.中国的家族企业:所有权与控制权(1895~1956)[M].北京:经济科学出版社,2009.

(3) 多数表决权股份

与限制性表决权股份相反,多数表决权制度赋予某些股东的表决权多于其所持有的股份数。多数表决权股份的存在是为了维护某些股东在某项事项上的持久控制力。下一节将讨论的"双重投票权制度"就是以多数表决权股份为基础的。西方国家的国有企业私有化浪潮中的"黄金股"也是一种多数表决权股份。

黄金股又称特权优先股,是英国、西班牙等国在推行国有企业私有化道路中,用于保留控制权的一种特殊工具。在这一批改制国有公司中,一些国企关系到国计民生和国家安全,如果政府完全对其不加控制,就有可能出现重大的不利影响。这时,政府保留特殊一股(或少数股),即"黄金般价值"的股份,并通过特别章程赋予黄金股特别的权利,让黄金股在一些特定的事项上具有一票否决权或最终审批权。这些事项与公司日常经营管理无关,主要涉及所有权的转移(尤其是被外国公司并购),以及政府政策特别规定的重大战略规划等。

以上这些表决权计票规则的特别设计,主要为的是调整控制股东与非控制股东间的权利平衡,尽可能确保各类股东的权利与责任的匹配。但是,这些制度如果应用不当,为控制股东所"窃取",反而会成为控制股东进一步剥夺的手段。比如,案例 8-2 中,在限制性表决权制度下,真正投入了多数资金的"官股"成为了小股东,而私股股东通过分拆户头等手段用较少的资金成了控制股东。所以,也有一些文献认为还是一股一票制度最为公平。

三、表决权行使方式的特别设计

"用手投票"是一项耗费成本的事情,许多股东不愿亲自出席股东会。于是,就有了四种既提供股东表达意愿的渠道，又降低股东表决成本的解决方案。

（1）通讯表决制度

通讯表决制度，早期专指书面表决制度，指不出席股东会的股东在书面投票用纸上就股东会的有关议案表明赞成、否定或弃权，并将该书面投票用纸在股东会召开前提交公司以产生表决权行使效果的法律制度。[46]证监会于2000年就已对通讯表决作出规定，一方面承认这种方式，另一方面对其适用领域加强了限制。随着网络信息技术的发展，通讯不再专指书面方式，网络、电子邮件等电子表决方式被一些国家逐渐采用。2004年，证监会对网络投票制度的具体安排作了详细规定。有研究发现，从2005年到2009年，深圳交易所上市的公司所召开的股东大会上，实施网络投票的占17.50%。在实施网络投票的股东大会上，会议参与人数平均为920人，出席率为1.94%，而未采用网络投票的股东大会的出席率为0.033%，每个会议平均参与人数为8人。[175]

（2）表决权代理

表决权代理，是指股东以委托书方式书面授权他人出席股东会，并就该股东所持股份进行表决的制度。我国《公司法》明确规定，股东可以委托代理人出席股东会会议，代理人应当向公司提交股东授权委托书，并在授权范围内行使表决权。根据代理人的身份，世界各国的表决权代理制度呈现两种模式。一是以英美国家为代表的模式，获得代理权的一般是个人，或者是其他股东，或者是公司的高级经理、董事，也可以是其他任何人。二是以德国为代表的模式，银行常常成为股东委托的代理人。我国《公司法》对此的规定比较模糊，在《上市公司治理准则》中有这样的规定："上市公司董事会、独立董事和符合有关条件的股东可向上市公司股东征集其在股东大会上的投票权。"似乎只有董事会、独立董事和其他某些股东可以成为表决代理人。

表决权代理制度依照要约方的不同可以再次划分，一是股东本人主动委托他人代为行使表决权，二是他人劝诱股东将表决权委托给自己代为行使。后者引出了一种有价值的公司治理工具，称为股东表决权征集。所谓表决权征集，是指通过签订表决权委托代理合同，由表决权征集人将分散的公司股东持有的表决权集合起来，并代表这些股东在股东大会上集中行使表决权的制度安排。如果这种表决权征集是有偿的，则称为表决权收购，或委托书收购。一般情况是，当不满意公司现状的股东想要直接表达自己的意见，或者在表决中占据多数地位，而自身所持股份又不够时（比如我国规定，持有百分之三以上股份的股东才可以提出临时提案），他就会向公司其他股东征集代理表决的委托书，当他征集到足够多的表决权时，就成为公司举足轻重的治理者。这种情况下，中小股东可以将他们分散的股权集中起来，用以监督经理的行为、影响公司决策，也形成了对控制股东的制衡力量。另一种情况是，公司为了避免因参与表决的份额达不到最低要求而影响股东会的法定效力，由公司的内部股东进行表决权召集。正是由于公司内部人员包括经理也可以进行召集，表决权征集制度就成了把"双刃剑"，可能成为经理或控制股东巩固其地位的"堡垒"手段。

(3) 表决权信托

与表决权代理类似的制度是表决权信托，它是指股东作为委托人根据表决权信托协议，以不可撤回的方式将其股份的表决权以及和表决权紧密相关的附属权利转让给一个或数个受托人，受托人根据协议约定和法律规定行使该表决权，股东或股东指定的受益人享有收益权的制度安排。表决权代理与表决权信托二者的共同点是均将小股东的不积极的表决权释放并集中起来，转变为积极的、规模化的表决权，从而提高小股东的话语权。表决权信托与表决权代理的差别在于：权利的让渡程度不同，表决权信托介于表决权代理和股份转让之间；撤回的自由度不同，一般情况下，表决权信托是不可撤回的，进而，表决权信托协议成了一种有价证券。鉴于我国法律尚无表决权信托的专门规定，这里展开论述。

(4) 累积投票制度

我国《公司法》明确规定："股东会选举董事、监事，可以按照公司章程的规定或者股东会的决议，实行累积投票制。本法所称累积投票制，是指股东会选举董事或者监事时，每一股份拥有与应选董事或者监事人数相同的表决权，股东拥有的表决权可以集中使用。"也就是说，当股东应用累积投票制度行使表决权时，每一股份代表的表决权数不是一个，而是与待选人数相同，并且股东可以将与持股数目相对应的表决票数以任何集中组合方式投向他所选择的对象。

累积投票制度的价值目的在于纠正传统直接投票制度的弊端，防止大股东利用表决权优势操纵选举。这里用一个简单的例子说明累积投票制的操作及其价值。假如公司有两位股东，A股东有70股，B股东有30股。现在要选举5位董事。若采取传统直接投票制，A股东提名的5位候选人每人可以得到70%的票选，而B股东提名的候选人全部没有胜算。而若实行累积投票制度呢？此时，A股东有70×5=350张选票，B股东有30×5=150张选票。B股东如果把150张选票都投给一位他自己心仪的候选人，A股东是无法阻止的。因为A股东要想让自己提名的5个人都当选，必须要有超过150×5=750张选票；B股东如果把150张选票平均投给两人，每人得75张。这时，A股东也要谨慎地认清现实，不要妄自尊大地将选票平均分给5人，每人70票，这样A股东只能获选3人。

可见，累积投票制度让小股东可将其表决权集中投给一个或几个候选人，通过这种局部集中的投票方法，能够使小股东选出代表自己利益的人，或者选出控制股东不希望被选上的人，从而对控制股东形成制衡，避免其权利的膨胀。注意，累积投票制度的有效性还在于小股东的表决权不能太少，上例中，如果A股东有85股，而B股东只有15股，A股东还是会控制全局。另外，候选人数也不能太少，如果只选2名董事，B股东也还是会对A股东无可奈何。这也给了A股东操纵的机会，比如A股东让董事会错期选举，每年仅选举2人，就可把持全局。

8.1.3 股东权益的法律救济

以上介绍的表决权计票规则的特别设计以及表决权行使方式的特别设计，对事前预防、事中管控剥夺问题起到一定作用。但在仍无法保护非控制股东时,股东权益保障的事后防线——法律救济——就显必要了。

一、股东诉讼方式

股权可以分为知情权、提案权、表决权、收益权和诉讼权,当前面的四项权利没有得到维护时,诉讼权赋予股东利用法律武器保护自己的权利。诉讼权在公司治理机制中扮演着补缺者的角色,它在特殊的情况下才会被使用,其主要影响是威胁。[35] 股东诉讼的过程与一般法律诉讼活动并无本质差异,但它的两类特殊诉讼方式反映了非控制股东寻求法律救济的不易。

(1) 直接诉讼

直接诉讼是指股东以自己的名义作为原告提起的诉讼,被告可以是公司或者是公司的控制股东、董事、经理等,诉讼的目的是直接弥补股东受侵害的权益。受侵害原因可能是剥夺问题,也可能是代理问题。"直接"二字体现为诉讼是为了维护股东自身的利益而以个人名义提起的,也体现为和解或判决结果归属于原告股东。直接诉讼又分为单独诉讼、共同诉讼、集体诉讼。

单独诉讼就是股东完全以个人身份而单独对公司或其代理人提起的诉讼。即使某一公司行为侵犯了多个股东的相同权益,每一次单独诉讼也都是该股东的独自行为。可以想见这是一项高成本的活动,法庭和原告不得不因为一件事不断重复开庭和应诉,而某些股东也可能因为上诉成本和收益的权衡而选择放弃。于是,共同诉讼就出现了,即多个股东联合在一起起诉。共同诉讼在其他法律活动中并不少见,但在股东诉讼事件中的可行性会降低,特别是,共同诉讼对于公众的股份公司基本不具备操作性,仅仅是因为股东群体的体量太大。这不仅存在成本的问题,"人上一百,形形色色",根本无法综合不同的、变化的诉讼请求。

于是在西方国家,集体诉讼出现了。集体诉讼是指原告群体成员具有共同利益,而由其中一个或数个首席原告为全体利益提起的诉讼。在股东集体诉讼过程中,全体股东的诉求保持一致并由首席原告代表,首席原告参与诉讼整个环节,而和解或判决结果归属于全部原告股东。我国法律此前仅允许股东进行单独诉讼和共同诉讼,未对集体诉讼作出规定,但 2020 年 7 月,最高人民法院正式发布《关于证券纠纷代表人诉讼若干问题的规定》。至此,中国版的证券集体诉讼制度正式落地实施,权利受损的中小投资者将拥有便利、低成本的维权渠道。

案例 8-3 集体诉讼再次考验中概股

2020 年,中美贸易摩擦加剧,中国公司难以独善其身,在美国政界、资本市场频频遇阻。盘点过去两年美国的律师事务所对中概股的企业发起的集体诉讼,知名企业无一不在其名单上,包括京东、拼多多、蔚来汽车、跟谁学等。如果把时间再拉长一点,阿里巴巴、微博、好未来、新东方、中通快递等无一幸免。与中国法律环境不同,证券集体诉讼在美国司空见惯。过去三年,美国证券集体诉讼案件每年超过 400

多件,平均不到一天就发生一起。这些案件多围绕上市公司财务文件虚假或者误导性陈述、违反反欺诈规定等展开。

美国的集体诉讼,其法律依据是1966年《联邦民事诉讼规则》第23条:当诉讼人员人数众多、全体出庭不太现实、诉讼成员面临共同的诉讼事项、诉讼代表的诉讼请求可以代表其他人的诉讼请求,且诉讼代表能够公正代表其他人的利益时,就可以提起集体诉讼。

集体诉讼主要应用于受害群体分散、规模庞大,但同时个体因为成本问题不愿意起诉的情况。这对于证券市场再适合不过了。证券集体诉讼采取风险代理的模式收费,这种模式让当事人(投资者)先期不需要承担任何费用和风险,只需要填表签字即可,前期费用由代理人(律所)垫付,风险由律所承担,一旦达成和解或者赔偿,律所获得巨额回报,零成本付出的投资者也有收益。

拼多多上市五个交易日即遭遇集体诉讼,起因是中国媒体报道第三方商家在拼拼多平台上售假,国家市场监督管理总局对拼多多展开调查的新闻,导致拼多多股价大跌。

资料来源:2020,集体诉讼再次考验中概股[Z]. 2020-08-21. https://new.qq.com/omn/20200821/20200821A0SHRP00.html.

(2) 派生诉讼

股东派生诉讼,又称股东代表诉讼、代位诉讼或间接诉讼,是指当公司权益受到控制股东、董事、经理等的侵害,而公司对此又不采取行动或怠于行使诉权时,符合法定条件的股东以自己的名义代表公司对侵害人提起诉讼,追究其法律责任的诉讼制度。这里,符合法定条件的原告在中国《公司法》中是指有限责任公司的股东,以及股份有限公司连续一百八十日以上单独或者合计持有公司百分之一以上股份的股东。

如果原告股东败诉,则原告股东独自承担全部与诉讼有关费用,甚至若因诉讼而使公司遭受了损失,公司还有权对原告进行追偿。若胜诉,所得补偿或赔偿也归公司所有,原告股东与其他股东共同间接分享所得利益。在派生诉讼中,原告股东不能直接获得利益的原因在于公司的独立法人性质。独立性的一个方向是,股东的资产不是直接交给控制股东、董事、经理等代理人,而是汇聚成法人财产;独立性的另一个方向是,控制股东、董事、经理等获得的资产经营权是受公司法人而非股东的委托(可参见图2-1的解释)。所以,如果简单把股东与代理人的关系理解为委托—代理链结构,股东与代理人之间其实隔着公司这层"面纱"。更何况公司的契约关系里还有股东之外的各类利益相关者,它们也可能因公司治理问题遭受损失。所以,派生诉讼又称代位诉讼,股东虽以自己的名义起诉,但是出于维护公司利益的真正目的,股东只享有形式意义上的诉权,公司享有实质意义上的诉权。诉讼结果归于公司而非直接归于原告股东,也说明股东派生诉讼体现的是一项股东共益权。[176] 同时这也表明,当代理人出现侵害行为时,无论是代理问题还是剥夺问题,首要的负责人应该是公司而不是股东。所以,股东若提出诉讼,先要执行"竭尽公司内部救济手段",向公司股东会或董事会、监事会提出惩戒请求,若公司权力机关采取了行动,甚至直接以公司名义诉讼,就无须股东代位诉讼了。

二、特别救济制度

(1) 公司决议瑕疵诉讼救济制度

我国《公司法》明确了公司决议瑕疵诉讼救济制度,相关条款规定了"公司决议的无效或被撤销"事项。即规定了公司股东会、董事会的决议内容违反法律、行政法规时无效;也规定了股东会、董事会的会议召集程序、表决方式违反法律、行政法规或者公司章程,或者决议内容违反公司章程的,有关请求人民法院撤销的程序。

可见,公司决议瑕疵是指在内容和程序两方面,股东会、董事会通过的决议违反了法律、行政法规和公司章程规定的情形下,股东可以通过民事诉讼的司法救济方式予以救济,可提起决议无效和决议撤销两种诉讼类型。

(2) 异议股东股份回购请求权制度

异议股东股份回购请求权,是指公司股东会基于"资本多数决"就有关公司的重大行动作出决议后,少数股东有权表示异议,并享有请求公司以公平价格回赎其股份从而退出公司的权利。异议股东股份回购请求权的实质是提供了中小股东退出公司的渠道,是股东保护自己的最后一道屏障。不过,股东退股属于"原则禁止,例外允许"的范畴。异议股东股份回购请求权一般用于公司并购、资产出售、章程修改等重大事件,公司章程应对其适用范围作出规定。[177] 7.3.2节对该制度的缘起有详细介绍。

(3) 公司司法解散请求权制度

与异议股东股份回购请求权相似,公司司法解散请求权也可起到非控制股东通过退出公司来释放风险和责任的目的。我国《公司法》"请求法院解散公司"的条款赋予了股东公司司法解散请求权:公司经营管理发生严重困难,继续存续会使股东利益受到重大损失,通过其他途径不能解决的,持有公司表决权百分之十以上的股东,可以请求人民法院解散公司。这里的"经营管理发生严重困难"却"通过其他途径不能解决的",体现了该制度的使用前提是出现了"公司僵局"。在法院介入前,公司解散与否是股东会的决策事项。而当出现"公司僵局"时,意味着股东与公司之间陷入"僵局",股东已完全失去对公司的控制,或者意味着非控制股东与控制股东之间陷入"僵局",股东之间的矛盾已难以调和。

8.2 股权分享制度

一方面,企业是一系列契约的联结,缔结企业契约的各类利益相关者在企业协作中都有保护自己权益的基本要求。另一方面,不同利益诉求难以加总等现实困难,使得利益相关者直接共同进行公司治理在操作上漏洞明显。于是,是"利益相关者合作"还是"股东至上"作为公司治理的逻辑起点成为学术讨论的重点和难点。本书2.4.2节对此有完整讨论,并指出现实世界对这一问题的三项解决方案,其中之一是"身份转换,股权治理",这正是本节股权分享制度产生的理论缘由。

"身份转换,股权治理"对应的现实背景是,在德日公司治理模式中,银行、战略伙伴等利益相关者承担了重要的治理职责,但他们都有一个身份转换的过程,都持有一定的公司股份。也就是说,他们通过身份转换,基于股权基础参与了公司治理。对于员工,目前常见的技术入股、管理入股等现象,也体现了"身份转换,股权治理"的特点。这些利益相关者通过分享股权,转变为股东身份,降低利益相关者之间的目标冲突,保证了公司治理体系的简洁化,维护了公司治理逻辑的一致性。另外,需要说明一点,第五篇将讨论"外部利益相关者与公司治理"专题,涉及经理、股东、董事之外的其他利益相关者。显然,多数公司治理文献中,员工被认为是最重要的其他利益相关者。因而,本节的主要内容也涉及其他利益相关者参与公司治理的主题,第五篇将不再重述。

8.2.1 员工持股制度

员工持股制度,狭义的理解专指员工持股计划,简称 ESOP (employee stock ownership plans),从其发端地美国的实践来看,是指通过员工拥有本公司股票而基于股票分红和税收优惠的角度增进员工福利的制度安排。从 ESOP 随后在世界各地的发展来看,员工持股制度的形式逐渐多样化,其功能更希望突出激励和治理双效能。[178]即一方面将员工持股和利润分享作为改革员工福利的一种经济激励手段,另一方面通过公司治理关系、经济组织形态和社会政治关系的重构,起到完善公司治理和社会治理的效果。而后一功能,相对更流行于美国之外的其他地区的员工持股实践中。[178]所以,广义的员工持股制度不再以原生态的美国模式为标准,而是发展成基于各种目标和形式的实现员工分享公司股权的制度安排。在中国的公司治理实践中,员工持股制度更被赋予了员工参与公司治理的使命,因而以下先从员工参与公司治理谈起。

一、员工参与公司治理的非持股模式

员工是否应该参与公司治理,如 2.4.2 节所述,学界没有统一答案。支持者从进入权理论[179]、剩余控制权和利益相关者理论[25]、资产专用性理论[18]等角度,给出了经济学甚至社会学、政治学等方面的解释。[180]然而,反对的意见也比较强烈,员工的风险规避倾向、员工在团队生产中的自律缺失、相对低的资产专用性等原因,否定了"劳动雇佣资本"的理论基础。[181]但是,在世界范围内普遍存在的实践活动表明,我们的讨论不能忽视对员工参与治理的客观要求的关注,也不能忽视对员工参与治理的形式多样化的关注。

第 1 章的论证指出,公司治理是为协调各方利益相关者的合作关系,针对公司制度的不完备之处,有关公司控制权配置与行使的制度系统。在这个概念中,各方利益相关者都有参与公司治理的动机,他们要面对公司制度中对自己的不利之处,通过掌控一定的控制权保护自身的投资回报。于是,员工参与公司治理的前提是,有充分投资,且投资回报有被他人剥夺之虞。所以,在以通用型的、可计量的劳动力投入为主的传统企业里,员工参与治理的动机确实不强。但在当下劳动分工细化的知识经济、智能经济时代，2.2.2节的论述给出了员工参与公司治理动机增强的两点理由：一是员工的激励性、风险性收入比例变高，进而从剩余索取权的逻辑判断员工应掌握更多控制权，二是员工的人力资本、社会资本的专用性程度变高，进而从资产抵押的逻辑判断员工应掌握更多控制权。此外，本篇此前对控制权的讨论反映了控制权的多种实现方式，表明了员工参与公司治理的多样性。

（1）共同决定制及中国实践

共同决定制的典范是德国，在形式上是一种名副其实的共同治理模式，由员工选举出自己的代表，依法进入公司的监督委员会（常被译作监事会，但这与中国的监事会完全不同），与股东代表共同构成公司最高决策控制机构。小贴士8-1说明了德国共同决定制的设立渊源和基本内容。从共同决定制下员工参与决策的实质来看，日本员工在其特殊企业雇佣制度下获得的企业管理和治理的高度话语权，也产生了共同决定制的效果。

小贴士 8-3　德国的共同决定制

德国的共同参与决定制（mitbestimmung），常被译为共同决定制、共同负责制或共同管理制等。在德国，共同决定制是一个悠久传统的产物。1848年，德国首届当选国会试图通过被称为德意志国家工商业管理条例的法案，该法案第一次提出在企业中设立工人代表。该法案虽然当时未获得通过，但其思想影响了随后若干法案的制定。到了1922年，德国通过了一项新的法令，规定企业的监事会必须有1—2名雇员代表。该项法令是德国第一个关于共同决定权制度的法令。而后，德国在1951年、1952年和1976年分别颁布了煤钢法、企业宪法法案和共同决定法，这三部法律构成了当今德国职工参与企业管理的基本框架。

其中的共同决定法的实施对象包括所有雇员超过2000人的大企业，规定每个企业的监事会由12名成员组成，其中6名是股东的代表，6名是雇员的代表，各占一半代表权，监事会主席由股东推选的人员担任。监事会采取多数表决制，如遇议案赞成票和否决票各占一半，由监事会主席裁决。监事会的职权是负责企业执行机构的任免和监督等。

资料来源：周茂荣，聂文星. 德国共同决定制的起源、演化及其在战后德国经济发展中的作用[J]. 世界经济与政治论坛，2000，(5).

我国《公司法》规定，股份有限公司和有限责任公司可设监事会，其成员不得少于三人（规模较小或者股东人数较少的公司，可以设一名监事，不设监事会）。监事会应当包括股东代表和适当比例的公司职工代表，其中职工代表的比例不得低于三分之一，具体比例由公司章程规定。监事会中的职工代表由公司职工通过职工代表大会、职工大会或者其他形式民主选举产生。董事、高级管理人员不得兼任监事。员工通过监事会，参与对公司的监督。

更具中国特色的是，员工代表可以直接进入董事会，以员工身份获取并行使决策控制权。我国《公司法》规定,职工人数三百人以上的有限责任公司,除依法设监事会并有公司职工代表的外,其董事会成员中应当有公司职工代表,并规定该条款也"适用于股份有限公司"。董事会中的职工代表由公司职工通过职工代表大会、职工大会或者其他形式民主选举产生。

然而,中国的职工董事和职工监事的就任和履职情况并不理想,员工参与公司治理的功能实质上被边缘化了。[62]事实上,德国的共同决定制度赋予员工参与治理的层面也不高,基本职责局限于与股东的协调和监督,认定其实现共同治理目的的看法过于乐观了,它其实具有一定程度的"系统互补,协调治理"的特点。

(2) 民主组织及中国实践

利益相关者的"系统互补,协调治理"指的是,各种利益相关者与公司处于不同的经济协作系统之内,这些经济协作体系也通过各种形式的契约联结而成,其中包含的相关协作问题不必都上升到公司产权制度层面去处置,在各自的体系内也可以治理得当。[75]于是,员工参与公司治理可以不经由一般的公司治理机构,如股东会、董事会,不用与股东共同处理那些股东更关心的问题。也就是说,员工可以建立某种民主组织,保护自己的权益,这方面的典型案例是美国的工会制度。美国的公司治理模式里没有德国的共同决定制,也没有我国的职工董事、职工监事,但我们不能得出美国职工权益保护弱的结论。在劳资关系体系里,工会代表职工的利益,同样管制着公司的行为、调整着公司的制度,起到与公司治理系统异曲同工的妙用。这样的民主组织参与公司治理的形式一般是集体谈判,在与股东的权益平衡中保护自身,这与以下的员工自治模式不同,在那里员工成为控制权主体。

在中国,员工的民主组织更显丰富。我国《公司法》规定:公司职工依照《中华人民共和国工会法》组织工会,开展工会活动,维护职工合法权益。公司应当为本公司工会提供必要的活动条件。公司工会代表职工就职工的劳动报酬、工作时间、福利、保险和劳动安全卫生等事项依法与公司签订集体合同。公司依照宪法和有关法律的规定,通过职工代表大会或者其他形式,实行民主管理。公司研究决定改制以及经营方面的重大问题、制定重要的规章制度时,应当听取公司工会的意见,并通过职工代表大会或者其他形式听取职工的意见和建议。

中国公司员工不仅可通过工会、职工代表大会等直接保护自己的劳动权益,而且可对公司重大决定起到一定的直接的决策控制。另外,以上介绍的职工董事、职工监事等也是通过这些民主组织选举产生的。

(3) 员工自治及中国实践

在世界各地的员工参与公司治理的实践中还有一些特殊的,甚至略显极端的情况,其中西班牙的蒙德拉贡合作社被认为具有"工人所有制"性质。蒙德拉贡合作社诞生于西班牙北部的蒙德拉贡山区小镇,其企业形态与性质体现为三点:一是在股权上均衡持有。每个社员入社必须缴纳一定资金,数量相当于一个年轻社员一年的收入。社员既是劳动者,又是所有者。二是分配上兼顾公平和效率,表现为资本分红和工资支付两方面。三是在治理和管理上充分民主。最高权力机构是一人一票的社员大会，另有其常设的由9—12人构成的管理委员会，委员会主席是合作社法定代表人。还有社员委员会，由社员选举构成，对管理委员会和总经理的决策提供意见。[182]

小贴士8-4 ▶ 鞍钢宪法

计划经济时期的员工参与更像是一项政治任务，在职工的"主人翁"意识和高度的政治敏感与响应双重推动下，自上而下的管理运动总是能够得到迅速普及。"鞍钢宪法"就是这种政治动员的典型体现。1960年3月，鞍钢将《鞍山市委关于工业战线上的技术革新和技术革命运动开展情况的报告》上报中央，将推行新的企业管理的经验要点进行了总结。当月即得到毛泽东的批示，中央批复将鞍钢所进行的企业管理改革运动正式命名为"鞍钢宪法"。随后，该管理办法的主要内容被进一步明确为五点，即加强党的领导、坚持政治挂帅、大搞群众运动、两参一改三结合、开展技术革新和技术革命。

其中的两参一改三结合被认为是"鞍钢宪法"的核心内容，即：干部参加劳动、工人参加管理；改革不合理的规章制度；工人群众、领导干部、技术人员三结合。可以说"鞍钢宪法"是对民主管理或员工参与的一次重要探索。

资料来源：吴思嫣，崔勋．中国国有企业员工参与的演进路径［J］．现代管理科学，2013，(5)；张申．"鞍钢宪法"的管理思想：成因、机理与价值［J］．上海经济研究，2018，(5)．

在计划经济时代，中国的企业治理活动中具有一定的员工自治特征，在某些历史时期还占据重要位置，小贴士8-4介绍的"鞍钢宪法"是实现员工自治的中国范本。从中提炼科学经验，重塑有中国特色的企业民主仍需不断的理论与实践探索。

（4）利润分享制

利润分享制是企业提取一部分利润在员工与公司之间进行再分配的制度形式，分配情况与公司业绩和员工表现密切相关。利润分享制可以以员工股权分享为基础，这就转化为狭义的ESOP，也可以是直接的企业利润提成，构成员工工资制度的一部分。利润分享制下，员工与公司激励相容，员工参与公司治理的意愿会提高，但该制度并未提供特殊的公司治理渠道。

当然，除了以上员工参与公司治理的内部手段外，员工还拥有"用脚投票"的权利，核心员工的集体流失对公司的影响甚至是终结性的。

二、员工持股制度的功能定位

狭义的ESOP是指通过员工拥有本公司股票而基于股票分红和税收优惠的角度增进员工福利的制度安排。从广义来看，基于任何目标和形式的实现员工分享公司股权的制度安排都可称为员工持股制度，以下从广义的员工持股制出发论证其制度功能。

（1）员工持股制的治理功能

以上解释了四种员工参与公司治理的基本形式，理论上每种形式都可以假设以员工持有股票作为制度设立前提，也就是说，广义的员工持股制可以分为四种模式。图8-2从权利配置的角度解释了四种模式的差异。

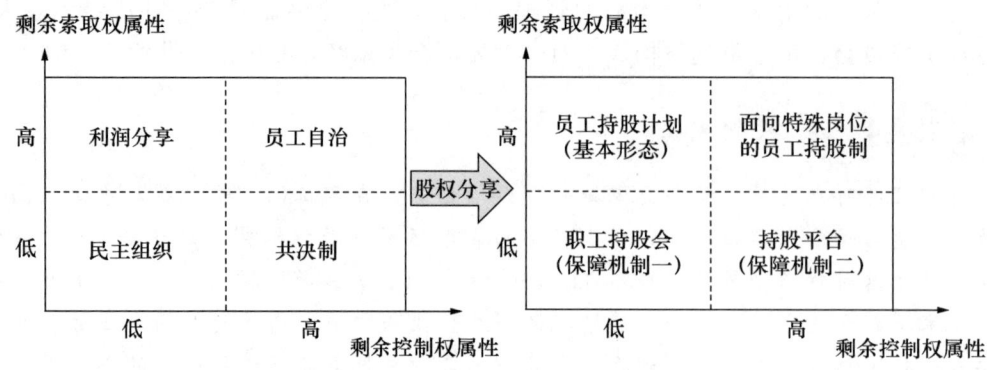

图 8-2 员工持股制的治理功能定位

"员工自治"强调了员工的所有者地位,强调其对剩余控制权的掌控,因为剩余控制权等同于企业所有权。[183]同时,如果员工收益的主要来源也是剩余收入,那么基于剩余索取权与剩余控制权相对应的效率最大化要求,[12]"员工自治"是一种可行模式。但是,从另一些角度看,全员性的配置剩余索取权与剩余控制权又是不现实的。因为对于大多数企业的大多数员工而言,过高比例的风险性薪资是无法接受的,同时其人力资本的专用性程度也不会普遍偏高。所以,全员的"员工自治"模式的成功经验非常少见,西班牙蒙德拉贡合作社勉强算上一个,但小贴士 8-5 中的我国在股份合作制上的试错过程说明其没有普遍意义。这提醒我们,基于"员工自治"逻辑的员工持股制度只适合特殊岗位,以下将讨论的经理股权激励制度与创始人控制权保护制度,可以认为是员工持股的特殊形态。

小贴士 8-5　股份合作制企业

股份合作制在 20 世纪 80 年代于浙江、山东等农村地区出现,并在 90 年代得到政府和社会的广泛认可,在中小企业改制中得到迅速推广。股份合作制企业是集体所有制性质的企业,是一个集体范围内的全体劳动者对企业股权的共同拥有。典型的股份合作制企业的全体员工都是企业股东,全体股东都是企业员工,每个企业内部员工都不同程度地拥有企业的股权。在股份合作制企业中,所有者和其具有的企业成员身份密切联系,任何不属于企业员工的人士都不得拥有企业股份。企业内部没有严格意义上的雇佣关系,员工之间是身份平等基础上的分工协作关系,这同合伙制企业中合伙人与员工之间突出的资本雇佣劳动关系具有本质的区别。[184]1997 年,原国家经济体制改革委员会(以下简称原国家体改委)还曾下发《关于发展城市股份合作制企业的指导意见》,对股份合作制企业作了基本解释:股份合作制是采取了股份制一些做法的合作经济,是社会主义市场经济中集体经济的一种新的组织形式。在股份合作制企业中,劳动合作和资本合作有机结合。劳动合作是基础,职工共同劳动,共同占有和使用生产资料,利益共享,风险共担,实行民主管理,企业决策体现多数职工的意愿;资本合作采取了股份的形式,是职工共同为劳动合作提供的条件,职工既是劳动者，又是企业出资人。劳动合作与资本合作相结合有利于共同劳动条件的改善、企业竞争能力的提高和劳动者长远利益的增加。股份合作制是能够促进生产力发展的公有制实现形式，是现阶段劳动者创造就业机会、走向共同富裕的一条重要途径。

然而很快，股份合作制中不符合经济规律的问题逐渐凸显，目前仅在农业经济如农村土地经营等少数领域保持活力。一般认为股份合作制的历史价值体现在"过渡性"上——在特定的历史条件下我国私营经济发展的避风港，对国有集体中小企业民营化改制起到缓冲的作用。[185] 其"资合"与"劳合"的高度统一反而产生了问题：首先，造成了股权流动固化和劳动力流动固化，这违背了产权可转让的经济属性。其次，典型的股份合作制企业"一人一票"制，产生了权责的不匹配，这是剥夺型治理问题的源头，产生"工资侵蚀利润"现象。而实行"一股一票"的股份合作制企业，资本与劳动间的冲突也较普遍。最后，员工成为出资人后，或者出现员工干预企业正常经营管理的角色错位现象，或者出现员工无法、无力参与治理而"所有者缺位"的角色缺位现象。[184]

"利润分享"赋予员工一定的剩余索取权，实现了员工与公司的激励相容，其具有的激励效应使其也可划入薪酬制度体系。在治理效应上，它缓解了劳资矛盾，协调了员工与公司、股东的关系。因而，在美国等西方国家被政府通过税收优惠等措施加以大力推广，并直接演变为ESOP。所以，ESOP的基本形态是以利润分享为目标的，而不是强调员工"当家做主"，员工并没有获取足够的剩余控制权。理论上，没有相应的剩余控制权支撑，剩余索取权没有保证，员工分享利润的权益就有可能被剥夺。于是在西方国家，政府会通过税收优惠的外部治理手段鼓励资方设立和实施ESOP，确保劳资双方之间不是"羊毛出在羊身上"的零和博弈。如今条件下，在中国推行员工持股制度也要考虑员工持股的权益保障问题，而"共决制"和"民主组织"提供了相关渠道。

共同决定制引入员工参与公司决策控制，但没有赋予员工剩余索取权，在经济人假设的社会环境下，制度履行效果和推广价值是打折扣的。但是，在"利润分享"思想演变出的员工持股制度里，辅以共同决定制的决策参与渠道，可以填补ESOP的权益保证缺口。目前，中国在实践中逐渐摸索出了多种形式的"员工持股平台"，将零散的难以流动的股权（这也是员工持股的弱点）集中起来参与公司治理，起到共同决定制作用。这种"员工持股平台"的实践已得到官方的认可，《关于国有控股混合所有制企业开展员工持股试点的意见》规定：持股员工可以个人名义直接持股，也可通过公司制企业、合伙制企业、资产管理计划等持股平台持有股权。

"民主组织"是员工参与公司治理的传统渠道，它就某些约定事项（特定控制权范畴），如工资奖金、劳动环境、养老计划等进行集体谈判。承袭"民主组织"治理思想，我国的员工持股制度发展出了"职工持股会"的社会法人，其中依托于公司工会的"职工持股会"更是体现了借助传统"民主组织"渠道保障员工持股权益的作用。

图 8-2 的左半部分解释了员工参与公司治理的四类非持股形式，而当员工分享股权后，对应到图的右侧，则产生了多种形态的员工持股制度，也展现了它们各自的治理功能。首先，以提高员工治理地位为目的的员工持股活动不是面对全体员工或多数员工的 ESOP，它对应的是经理股权激励或技术入股、管理入股等特殊制度安排。狭义的 ESOP，是以利润分享为主要目标的，其治理价值是缓和劳资矛盾。为了解决 ESOP 下员工权益保障问题，可以丰富员工持股制度内容，建议通过持股平台组织获取剩余控制权并参与公司决策控制，也可以通过职工持股会以集体判断的方式争取员工权益。

（2）员工持股制度的福利与激励功能

由上可见，一般情况下的员工持股制度是从"利润分享"制度中演化出来的，ESOP 的核心功能不是参与公司治理，而是提供增进员工福利的新渠道。通过股权分享实现激励相容，从而调动员工工作的积极性和主动性，实现公司业绩与员工福利的增加，是 ESOP 的美好愿望。但是，从理性的收益—成本的角度分析，一般员工从极低的持股比例中感受到"主人翁"地位，履行"主人翁"职责是比较理想化的设想。所以，强调激励效果的员工持股制度往往不会面对一般企业的一般员工，而只面向核心员工的稍小范围，或者只适用于急速成长阶段的新兴知识型企业。

不过，一种特殊形式的激励效果却是员工持股制度基本可以保证的，这就是保留人才。这样做不仅日常情况下可在心理感受上加强员工凝聚力，关键是在员工确实有离职意向时能有效避免人才流失。

（3）员工持股制度的资本结构调整功能

在许多员工持股制度的实施中，员工的股份是需要员工购买的，尽管会有一定的市场优惠。于是，一次 ESOP 的实施不啻于一次集资活动，甚至某些 ESOP 被定义为集资型。

员工持股引入了新的资本，改变了公司原有的资本结构，还对公司反并购起到了积极作用。一方面，公司部分股份固定在员工手中，减少了市场流通股票的份额，提高了敌意收购的难度。另一方面，员工可能会担心公司并购对自己岗位的影响，成为反并购的主要抵制力量。

员工持股对资本结构的调整，在中国当下的国有企业改革中还起到特殊作用。员工持股为国有股减持提供了一个通道，成为国有企业实现混合所有制结构的一项重要策略，2016 年，国资委专门发布了《关于国有控股混合所有制企业开展员工持股试点的意见》。

事实上，员工持股制度在我国经济体制改革早期，就已伴随着企业的股份制改造而出现，承载着国企改革的重任。但改革进程中出现的问题也很突出，基本上政府部门的"试点"与"禁止"的文件交替出现，如 1993 年的《关于立即制止发行内部职工股不规范做法的意见》，1997 年的《深圳市国有企业内部员工持股试点暂行规定》，1998 年的《关于停止发行公司职工股的通知》，2012 年的《上市公司员工持股计划管理暂行办法（征求意见稿）》，而到了 2014 年 6 月，为推动混合所有制改革，《上市公司实施员工持股计划试点的指导意见》发布,该文件标志着中国员工持股制度步入深化提升的新阶段。[178]之所以不断试错,一方面在制度总体定位上,我们对员工持股制的治理功效看得过重,赋予太多的改革期望,如上所述,员工持股计划的治理功效本身并不显著。另一方面在制度要点设计上,兼顾一般经济规律和我国改革目标的制度建设本身就要"摸着石头过河"。

三、我国员工持股制度的设计要点

在我国目前的法律法规、经济社会条件和改革开放目标下,要重点处理好以下几项工作。

（1）制度目标的确定

在早期的研究中,人们就发现员工持股计划可划分为福利型、风险型和集资型三大类。[186]而根据以上的功能定位分析,可进一步从制度设定目标方面将员工持股计划细分为七类:

第一,以福利为目标的ESOP,是ESOP的狭义"原型"。但请注意"羊毛出在羊身上"的道理,美国等国的ESOP得以普及的前提是政府提供了某些税收优惠,员工福利的增进不是来自公司的让渡,而是政府出于缓和劳资矛盾、稳定社会秩序的财政服务。

第二,以激励为目标的ESOP,强调激励相容的作用,以"做大蛋糕"为导向。如果全员的激励目标可以实现,那么这种ESOP可以与以福利为目标的ESOP完全对接。但是全员持股下,微小份额的股权收益是否有激励效果是存在很大疑问的。所以,以激励为目标的ESOP往往演变为面对管理层核心、技术层核心的较小范围的股权激励制度,或者特殊的处于急速成长阶段的新兴知识型企业,这些情况下员工的股权收益相对于薪资收益非常可观。

第三,以集资为目标的ESOP,却是一种面向较大员工范围的员工持股制度。以融资为目的,反映了股权的最本质属性。

第四,以留人为目标的ESOP,体现员工持股与一般股东持股的重要差别。对于核心的技术、管理人才,此目的下的股权分享方式常被采用。

第五,以反并购为目标的ESOP,与"毒丸""白衣骑士"（见小贴士12-2）等策略一样,成为公司反并购策略的常用形式。

第六,以股改为目标的ESOP,是我国国有企业改革的基本策略之一。小贴士8-5介绍的股份合作制是我国早期的初步探索,目前的混合所有制改革中员工持股制度被重新重视。面对国有股一股独大的情况,该制度确实可以改进股权结构。但正如6.3节的讨论主题所揭示的——没有什么最优股权结构,虽然通过股权结构调整可以解决一些公司治理问题,但也会带来另一些类型的公司治理问题。

第七,以控制权为目标的ESOP,强调某些人力资本投入者相对于物质资本投入者掌握更多的控制权,有部分"劳动雇佣资本"的意味。其适用面相对较窄,本章最后讨论的创始人控制权保护制度属于此类。

可见,员工持股的目标是多元的,在不同目标下,员工持股的对象设定、力度选择、程序安排等各有不同，进而ESOP的类型也是多样的。重点是不同类型的ESOP，可能有相容的部分，但常常会相互排斥。事实上，我国早期员工持股制度改革历经波折的一个原因是过于强调一举多得，对它寄予了太多方面的期望。

(2) 员工入股环节的安排

对员工入股环节的一些事项规定是ESOP的工作难点之一，不同的安排也代表了不同的计划类型，体现了不同的计划目的。一般而言，此环节的主要任务有以下四方面：

第一，持股对象的选择。员工持股计划面对的必然是本公司的员工，非本公司的员工不得以任何方式参股（我国早期试点，曾出现过职工股发售对象有违员工持股逻辑的情况）。而具体是全体员工，还是有一定工龄、级别的员工，或者指定范围的核心员工，以及是否排除政府任命的领导人员等，依ESOP类型而定。一般而言，狭义的ESOP面对的范围还是比较宽的。而对于认购数额，通常按照员工的岗位、职称、贡献等来确定。《关于上市公司实施员工持股计划试点的指导意见》规定：所持有的股票总数累计不得超过公司股本总额的10%，单个员工所获股份权益对应的股票总数累计不得超过公司股本总额的1%。

第二，购股资金的来源确定。这里可以区分出两类ESOP——非杠杆型和杠杆型，即分别用自有资金和借款购股。非杠杆型员工持股计划是员工通过自有资金购买股票，但不一定用一次性现金成交，可扣除员工一定比例的薪酬用来购买股票。若采用杠杆型，则员工的购股资金来自某种形式的融资方式，一般是公司提供的员工持股专项贷款资金，员工借款的本息一般从分红中扣回。这两种形式之外，也可以在公司的公益金中划出部分资金借给员工购股（也可以认为是杠杆型），还可以直接用公司的奖励基金购股，以奖励形式发放股票，即所谓送干股或分红股。

第三，购股价格的设定。认购价格一般有三种设定方式：其一是以每股净资产适当浮动一定比例定价，其二是以股票二级市场的交易价格为依据定价，其三是以每股净收益乘以某一市盈率定价。[187]

第四，股票的来源确定。《关于上市公司实施员工持股计划试点的指导意见》对此有明确规定：上市公司回购本公司股票；二级市场购买；认购非公开发行股票；股东自愿赠予；法律、行政法规允许的其他方式。

(3) 员工权利的配置与行使

第一，员工股权的权能配置。根据所有权的权能构成，当员工持有一定股份而获得占有权后，使用权、收益权、处置权的配置有一定特殊性。首先，对于使用权，每一名持股员工并不能独立地行使"用手投票"的权利，而是需要通过"员工持股计划持有人会议"选拔出代表，或者通过设立员工持股会间接地行使使用权，甚至授权某些资产管理机构。其次，对于收益权，基本原则是按照持股股份参与分红，并且与其他股东享有同等权益，并无优先权。最后，对于处置权，多数员工持股计划是不希望员工股份自由流转的。ESOP一般会设置一定期限的锁定期，以及可转让比例，比如《关于国有控股混合所有制企业开展员工持股试点的意见》规定的锁定期是36个月，锁定期满后高管的每年可转让股份不得高于所持股份总数的25%。可当员工离开本公司后，其所持股份在一定时间内又必须由公司收购，或者在公司内部转让。

第二，职工持股会的地位。职工持股会是代表持股员工参与公司治理，保障员工利益的直接渠道。根据图8-2中的理论逻辑，员工只有掌握对称的控制权后才能保障自己的剩余索取权，而其控制权的行使形式有两类。首先，对应于"民主组织"的治理逻辑，职工持股会往往依托于工会，进而基于传统渠道以员工集合体身份与公司展开"集体谈判"，保障持股员工和全体员工的权益。其次，对应于"共同决定制"的治理逻辑，全体员工以一个较大股东的统一身份参加股东会、选聘董事，进而参与公司治理，掌握部分决策控制权，这是基于持股平台的ESOP保障模式。

第三，第三方的持股平台。职工持股会是员工直接参与公司治理的渠道，此外还有许多借助第三方机构的持股平台。一类是各种资产管理机构，《关于上市公司实施员工持股计划试点的指导意见》规定了可以接受员工持股计划委托的具有资产管理资质的机构包括信托公司、保险资产管理公司、证券公司、基金管理公司，以及其他符合条件的资产管理机构。当采用常见的信托公司托管方式时，公司或员工持股会是委托方，信托公司是受托方，而员工持股计划持有人是受益人，《中华人民共和国信托法》则提供了基本的法律支持。另一类持股平台是专设的持股企业，可以是公司制企业，也可以是合伙制企业。本章讨论案例中，华为投资控股有限公司就是一家公司制企业，专门作为华为技术有限公司的持股平台。而在本章引导案例中，杭州君瀚、杭州君澳、杭州君洁与杭州君济都是蚂蚁集团的员工持股平台，它们都采用有限合伙企业形式。

第四，对员工持股计划的监管。首先，对员工持股计划的设立要建立全角度控制体系。职工代表大会等民主组织是征集员工意见的渠道，董事会是计划设计者，股东会完成对计划的表决，独立董事及监事会要发表独立意见，外部律师事务所要出具法律意见书。其次，要建立员工持股的信息披露制度。对员工、对股东、对资本市场要及时披露相关信息，包括员工持股计划主要条款、股票购买情况、员工股份的重大变动等。特别对于上市公司，其定期公告要向市场披露持股计划的实施情况，接受市场监督。最后，要严格遵循法律规范，遵守资本市场交易规则，上市公司要接受证监会监管。

8.2.2 经理股权激励制度

在广义的员工持股制度中，经理股权激励是其中的一种形式，且更为常见，为此本节专门讨论股权激励。其实施对象一般面向公司经理人，但某些技术骨干、专门人才也常常被一并包含其中。所以，本节所指经理股权激励，并不限于经理，也面向企业各类核心人员。但为行文方便，我们主要以经理股权激励为讨论对象，也常常简称为股权激励。另外，需要注意本节的标题，这里称"经理股权激励"，而不是"经理持股"。虽然从激励相容的角度看，经理人持有一定比例的公司股份，有利于提高经理人的工作投入。但本节最后部分有关经理持股负面影响的讨论则说明，股权激励绝不是通过某种方法让经理最终持股，而是通过让经理持股的过程产生激励效果。所以，经理股权激励是一种比较复杂的制度安排，在企业实践中可细分出十数种甚至数十种不同的形式。不过大体上主要都与两种基本模式有关，即限制性股票制度和股票期权制度。比如，《上市公司股权激励管理办法》第2条明确指出，"上市公司以限制性股票、股票期权实行股权激励的,适用本办法"。

一、限制性股票制度

限制性股票制度和股票期权制度的基本区别是,前者的激励标的是实实在在的股票,后者则是有关股票的某种权利。所以,基于ESOP或者通过接受某类"干股"而实现的经理持股,也大致可以包含在限制性股票制度的范围内。

小贴士8-6　干股与"收受干股型"受贿罪

干股是指没有实际出资而取得的股权,是股份无偿赠予的结果。由于实践中没有明确干股法律概念,故在其操作中存在多种形式。学界对干股的界定尚有较大争议,主要包括两种观点:一是认为干股股东具备股东的形式特征并实际享有股东权利,但并没有实际出资,一般是因其他股东或公司赠予股权而获取股东资格。在这种观点中,干股股东除不缴纳出资外,与其他股东享有同等权利,具有事实股东资格。二是认为由企业董事会作出决议,给予高级管理人员一定的股份分红权,即干股获得者只有分红权,没有所有权。这种干股以"虚拟股票"的形式存在,是一种激励机制,以公司收益和价值的共同分享为宗旨。

2007年7月8日,最高人民法院、最高人民检察院印发的《关于办理受贿刑事案件适用法律若干问题的意见》第2条专门作出了以下规定:"干股是指未出资而获得的股份。国家工作人员利用职务上的便利为请托人谋取利益,收受请托人提供的干股的,以受贿论处。进行了股权转让登记,或者相关证据证明股份发生了实际转让的,受贿数额按转让行为时股份价值计算,所分红利按受贿孳息处理。股份未实际转让,以股份分红名义获取利益的,实际获利数额应当认定为受贿数额。"

资料来源:费艳颖,闫晓辉.我国实行人力资源型干股制度的思考[J].黑龙江社会科学,2008,(4);魏东."收受干股型"受贿罪的刑法解释适用[J].法学论坛,2015,30(1).

(1) 限制性股票制度的基本形式

《上市公司股权激励管理办法》定义的限制性股票是指,激励对象按照股权激励计划规定的条件,获得的转让等部分权利受到限制的本公司股票。这个定义说明限制性股票的激励标的是公司的股票,但是这类股票具有"受限制"的特点:一是在获得条件上"受限制",要满足一定的计划目标;二是股票的产权是不完整的,通常在股票转让的处置权上"受限制"。其中第二点反映了限制性股票的基本属性。

首先,限制性股票计划要重视授予环节的制度设计。经理人获得限制性股票应该满足一定的激励条件,如将公司的经营业绩目标作为实施限制性股票计划的前提,有时也可以设定某一专门目标,激励经理人实现某一特定工作。不过在我国的具体实践中,这一限制性要求在公司公告中体现得不是很清楚,许多方案跳过了激励实施条件的环节,直接宣布激励对象和激励力度。一方面确有计划本身设计不周全的原因,另一方面公司在确定激励对象时可能已将业绩与职位等因素考虑在内了。

在授予环节要重视的另一项工作是经理获得股票的方式。在一些案例中有公司直接赠予限制性股票的情况，此时对业绩目标实现情况的考核就显得重要了，这可称为业绩奖励型。在多数情况下是折扣购买型，即以低于市场的价格授予激励对象一定数量的股票。从《上市公司股权激励管理办法》的相关条款看，我国在对上市公司的管理中仅允许折扣购买型股票。

其次，限制性股票计划要重视对限售期的管理。限制性股票的"限制"二字重点体现在该股票在一定期限内的相关权利是不完整的，或者说是受限制的。受限范围包括不能用于担保、不能用于偿还债务，甚至在一些案例中是没有投票权的，但最重要的特点是不能转让，因此这个限制期限的最初阶段被定义为禁售期。《上市公司股权激励管理办法》中规定禁售期不得少于12个月。然而，禁售期结束后，并不意味着经理人就可以转让股权，以及获得其他被限制的权利，还需要考核其工作业绩，如某些经营指标。达到目标后可以转让股票，但仍然有一个解锁期。解锁期的设置是为了避免经理人抛售全部股票，在解锁期内如何分批解除限制性股票的限制也需要周密的制度设计。《上市公司股权激励管理办法》有这样的规定："在限制性股票有效期内，上市公司应当规定分期解除限售，每期时限不得少于12个月，各期解除限售的比例不得超过激励对象获授限制性股票总额的50%。"注意，解锁期内的分批解除限制也是有绩效目标要求的。达不到条件的，解锁期递延至下期解除限售，直到公司完全回购股票。

可见，限制性股票制度不单是一个让经理人获得股票的制度，而且是通过经理人获得股票的过程激励他们努力工作。如图8-3所示，限制性股票通过限售期和解锁期的设置，拉长了经理获得股票的过程，也因此具有长期激励的效果，符合经理工作的性质。另外，股票授予及解禁的激励目标的设置，为经理人提供了努力的方向，可促进公司持续成长。当然，在现实实践中，并不一定要求下一阶段的业绩一定要好于前一阶段，经营环境是多变的，图8-3仅是一种美好愿望。此外，在限售期内经理人离开公司，无论是辞职还是被辞退，其手中尚未解除限制的限制性股份，将没有升值空间，只有请求公司回购（公司也应该回购）。也因此，限制性股票制度成为一种"金

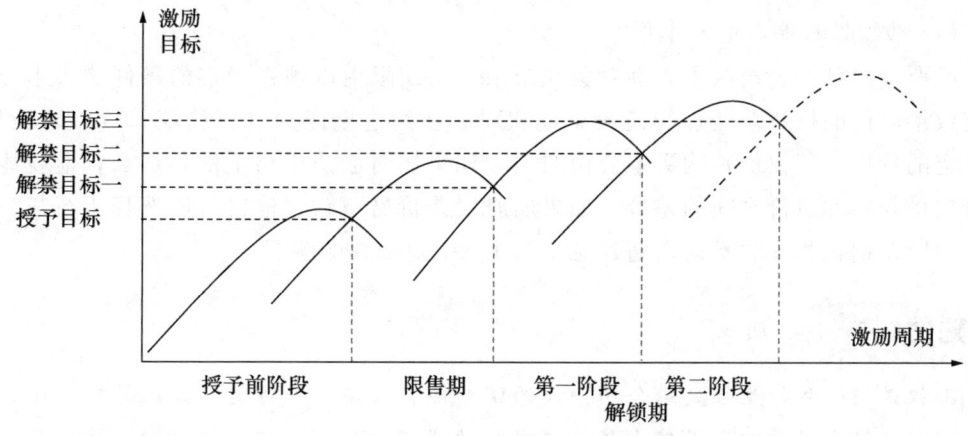

图8-3 限制性股票的激励性

手铐"。

进一步看,图8-3还表达了限制性股票制度的两个关注点。当注意力更多地投向纵坐标,则强调了限制性股票的激励作用,强调对公司业绩的推动。但若仅仅关注横坐标,甚至不强调纵向的绩效目标,限制性股票计划也可以成立。此时,通过尽可能拉长限售期,限制性股票计划对于保留公司关键人才也有显著效果。事实上,美国2003年安然事件发生前,限制性股票计划主要用于这一目的。[105]

(2) 限制性股票制度的类似形式

限制性股票的激励标的是实实在在的股票,从这一点看,除了ESOP和干股奖励,还有其他一些股权激励形式与限制性股票制度相仿。

① 业绩股票。这是一种近似于限制性股票的股权激励模式,是指在期初为激励对象确定一个绩效目标,如果期末时实现该目标,则公司授予一定数量的股票或提取一定的奖励基金购买公司股票。以此来看,业绩股票是一种用股票代替现金的年度或更长期的奖金制度。对于非上市公司,业绩股票制度也具有可行性。在一些案例中,公司对业绩股票的转让权作出时间和数量上的限制时,就更接近限制性股票计划了。

② 延期支付计划。在这种模式下,公司将激励对象的部分薪酬作为股权激励收入,但这部分股权激励收入不在当年发放,而是存入公司专门设立的延期支付账户中,并将其按公司股票的某一公平市场价格折算成一定数量的股票。在一定期限后(通常比较长,如5年),或者该激励对象退休以后,再把账户中的股票支付给他,或者以当时的某一公平市价以现金方式支付给他。延期支付计划中,激励对象的一部分激励收入来自计划执行期间的股票升值。这促进了经理决策的长期性,这正是延期支付的本意。而从这个股票升值的角度看,延期支付计划同时也具有较显著的股票期权制度的特点。

从原则上看,相对于图8-3表示的限制性股票的特点,业绩股票强调纵坐标方向上的限制,而延期支付计划强调横坐标方向上的限制。

二、股票期权制度

(1) 股票期权制度的基本形式

股票期权是指公司授予激励对象在未来一定期限内以预先确定的条件购买本公司一定数量股份的权利。经理行使股票期权时,在约定期限内(行权期),可以按照预先确定的价格(行权价)购买本公司股票。如果届时股票价格上涨,那么,他就能赚得行权价与实际股价之间的差价。如果届时股票价格下跌,他也可以选择不行权。这里,与股票期权相关的术语,请参见小贴士8-7对期权的解释。

小贴士8-7 ▶ 期权

期权是指一种衍生性金融合约,合约赋予持有人在某一特定日期或特定期限内以某一固定价格和数量购进或售出某一特定标的资产的权利。期权的"权"字说明,它赋予持有人买卖的权利,但不必承担必须买卖的义务。期权持有人的"权"指的是

"购买"资产的权利，即为看涨期权，若是"出售"资产的权利，则是看跌期权。按期权的交割时间划分，有欧式期权和美式期权之分。对于欧式期权，买方持有者只能在到期日选择行权；对于美式期权，买方可在成交后、到期日之前的交易时段选择行权。这里的"行权"是指依据期权合约买卖标的资产的行为，而约定的买卖价格即为"行权价格"。

股票期权计划需要考虑的要素包括激励对象的选择和期权授予数量的确定，这方面的工作依公司具体情况而定。要说明的是，激励对象一般针对公司关键人才，但近年来的国内外实践显示有激励范围扩大的趋势。《上市公司股权激励管理办法》中规定，激励对象可以包括上市公司的董事、高级管理人员、核心技术人员或者核心业务人员，以及公司认为应当激励的对公司经营业绩和未来发展有直接影响的其他员工，但不应当包括独立董事和监事。单独或合计持有上市公司5%以上股份的股东或实际控制人及其配偶、父母、子女，不得成为激励对象。对于股票期权的授予数量，实践中也有越来越多的趋势。一般而言，新上市的高科技公司留存的股票期权比较多。[177]《上市公司股权激励管理办法》的规定是，上市公司全部在有效期内的股权激励计划所涉及的标的股票总数累计不得超过公司股本总额的10%。非经股东大会特别决议批准，任何一名激励对象通过全部在有效期内的股权激励计划获授的本公司股票，累计不得超过公司股本总额的1%。

另一项股票期权计划需要考虑的要素是行权时间。根据股票期权的激励过程，可以分出这样几个时间段：（1）等待期，是从期权授予日到最早可行权日之间的一段时间。这是股票期权计划面向未来的长期激励性质的最基本体现。等待期一般为3到5年，《上市公司股权激励管理办法》规定的最低标准为12个月。（2）行权期，是期权最早可行权日到其失效日之间的时间段。行权期可以有两项特别安排：一是行权期可以分割成多期，激励对象只能分期进行行权。《上市公司股权激励管理办法》将其制度化，指出在股票期权有效期内，上市公司应当规定激励对象行权期，每期时限不得少于12个月，后一行权期的起算日不得早于前一行权期的届满日。每期可行权的股票期权比例不得超过激励对象获授股票期权总额的50%。二是可以设立窗口期。这是为了避免股票价格操纵的制度安排，在整个行权期内设置一些窗口期，所有的期权行权和股票出售只能在窗口期内进行。比如美国的证券交易法规定，窗口期是每季度收入和利润等指标公布的第3个工作日到该季度第3个月的第10天止。[177]（3）有效期，这是等待期与行权期之和，是股票期权的寿命周期。《上市公司股权激励管理办法》的要求是不超过10年。（4）禁售期，是股票期权行权后，对激励对象进行股票自由交易所作的限制期限。这相当于在股票期权计划之上又叠加了限制性股票计划的要求，是一项可选择的条款。

行权价格是股票期权计划需要重点考虑的要素，它是股票期权持有人未来行使购买权利的股票购买价格。原则上，以计划实施当时的股票市值为基准，等于、高于、低于都可以。但我国对上市公司的管理比较严格，《上市公司股权激励管理办法》的

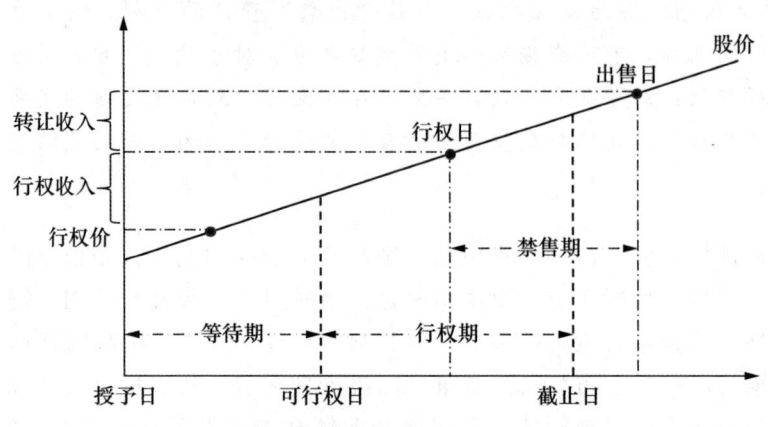

图 8-4 股票期权的激励过程

规定是行权价格不得低于股票票面金额,且原则上不得低于下列价格较高者:(1) 股权激励计划草案公布前1个交易日的公司股票交易均价;(2) 股权激励计划草案公布前 20 个交易日、60 个交易日或者 120 个交易日的公司股票交易均价之一。这个行权价与激励对象行权时的股票市值之差再乘以行权数量,就是激励对象的行权收入。当然,当这个差额为负数时,完全可以不行权。此外,图 8-4 说明,激励对象的激励收入还有一部分转让收入,即未来出售股票所得。

此外,股票期权计划还有其他一些注意事项。对于股票来源,是发行新股、留存股票账户还是回购股份,需要周密规划。对于激励时机,是长期持续计划、一次性奖励计划还是临时特别计划,也需要充分筹划。另外,在如何授予期权、如何购买股票等方面,股票期权计划还有许多差异化的设计,这进一步衍生出了多种多样的相关长期股权激励方式。

(2) 股票期权制度的衍生形式

① 股票增值权。在股票期权计划中,如果激励对象行权的同时立即出售即将到手的股票,这其实就是股权增值权计划的基本形式。股票增值权也是公司授予激励对象的一种权利,如果行权日股价超过行权价格,激励对象可以选择行权,并获得相应数量的股价升值收益,激励对象不用为行权付出现金。行权后激励对象可以获得一笔现金,或者等值的公司股票,或者两者的组合,这由公司激励方案而定。

② 虚拟股票。所谓"虚拟",是指公司授予激励对象的不是实实在在的股票,而是股票上的收益权,是"虚拟"的股票。激励对象可以根据获得的虚拟股票享受对应的分红和股价升值收益,但没有所有权和表决权,也不能转让和出售。虚拟股票在员工离开公司时自动失效。小贴士 8-6 介绍了"干股",一般是指无偿赠送的股份,但也有人把虚拟股票称为干股。当然也有观点认为这种干股仅有分红权,虚拟股票还可享受股票的升值收益。[105]

③ 账面价值股票。为避免资本市场上股票价格的无效、多变,也为了方便非上市公司开展股权激励,公司可以用股票的账面价值,如每股净资产来衡量股票价格。当

基于这种计价基础来实施股权激励时,就是账面价值股票计划。账面价值股票不是真正的股票,一般没有所有权、表决权和转让出售的权利,又分为购买型和虚拟型两种。对于前者,激励对象要购买该类股票,其激励收益是公司回购其股票时股票账面价值的升值。对于后者类似于虚拟股票计划。

④ 影子股票。在影子股票计划中,公司股票不是激励的标的物,激励对象获得的仍然是奖金,但这笔奖金的计算要与股票市场表现挂钩。也就是说,股票在这里仅仅是一个"影子",是计算激励对象报酬的依据。一般情况下,如果在一定时期内公司的股票升值了,则激励对象就会得到与股票市场价格相关的一笔收入。

小贴士8-8 ▶ 中国特色的期股

期股是介乎于限制性股票和股票期权之间的一种股权激励模式,是中国没有解决股权激励的法律问题之前的一种变通做法,在西方国家也能找到一些类似的实践。期股经理人购买的是实实在在的股票,不过是"按揭"购买,即经理人先购买期股的首付,然后再分期付款。首付后即获得相应的表决权和分红权,全款付清后拥有全部所有权。首付款项一般来自经理人本人,分期所付款一般来自期股各年的分红。经理人在获得期股激励后要努力工作,如果期股分红不足以偿付分期付款,则需要自己用现金补足。

三、经理持股的一些反思

通过以上对各种股权激励形式的介绍,应该可以看出,股权激励更加强调过程,而不是经理人获得股票的结果。这是因为简单的经理人持股并不一定能自动产生激励相容的效果。

(1) 两种效应的共同作用

在伯利—米恩斯命题下,公司治理问题产生的起点是掌握公司实际控制权的经理人并没有所有权,委托—代理理论进一步给出了这一假设的理论解释。于是,经理人持股被认为是解决代理问题的重要手段。然而,现实情况没有这么简单。德姆塞茨提出过股权结构内生性的理论,认为股权结构不是简单地影响公司绩效的先决因素,而是公司最大化其收益过程中的内生结果。[188]进一步的研究更在实证上给出了详细的证明,[131]说明经理持股并不一定会促进公司业绩的提高。这就是所谓的内部人持股无关论。[35]而后的研究则细化到各种公司治理绩效,比如经理人持股与会计稳健性、恶意并购活动等,发现了问题的复杂性。

目前认为有一正一反两种效应影响着经理人持股的效果。从正面看是所谓的"利益协同效应",它揭示了经理人持股的激励相容效应,反映了股权分享产生的利益共享、风险共担的激励能力。这反映了人们支持经理人持股的最初意见。与此同时,经理人持股导致了所谓"堑壕效应"的负面影响。堑壕效应解释这样一种现象:公司治理受多种机制共同作用,当经理人持股不多时,市场上的监管力量会迫使其追求股东利益最大化,但是当其拥有足够股份时,也有了足够的表决权可以保证自己的职位和薪酬的安全，这时经理人更可能为了个人私利而行动。[104]

在这两方面效应作用下，经理人持股很可能出现 U 型的治理绩效。有学者曾以董事会成员的总持股额作为变量来检验经理人持股的效果，发现持股额在 5% 以下时，董事会持股与公司业绩正相关，在 5% 到 25% 之间则是负相关，超过 25% 以后再次正相关。当然，这个 5% 和 25% 仅仅具有参考价值，它说明的是在经理人持股的中间水平，堑壕效应会更加显著。利益协同效应和堑壕效应的共同作用让经理人持股变得非常复杂，经理人是否为创始股东、在公司中的地位如何等因素，都使得经理人持股的效果呈现出非单调性的特点。[151]

（2）股权激励计划的操作障碍

利益协同效应和堑壕效应的共同存在说明，绝不可以把股权激励简单地理解为让经理人持股的制度，而要从加强激励计划实施过程管理的角度设计激励方案。此外，股权激励方案本身也比较复杂，充满着各种障碍。图 8-5 以股票期权计划为例说明了这个道理。图 8-5 说明股票期权制的激励作用来自：经理的努力工作，能影响公司产出的增加；公司产出的增加，能促使公司股价上涨；公司股价上涨后，经理对股权期权的行使能进一步推动经理努力工作。[5]这一行为逻辑说明，要引导经理人的正确行为还要依赖另两方面，一是资本市场的有效性，二是激励计划的有效性。

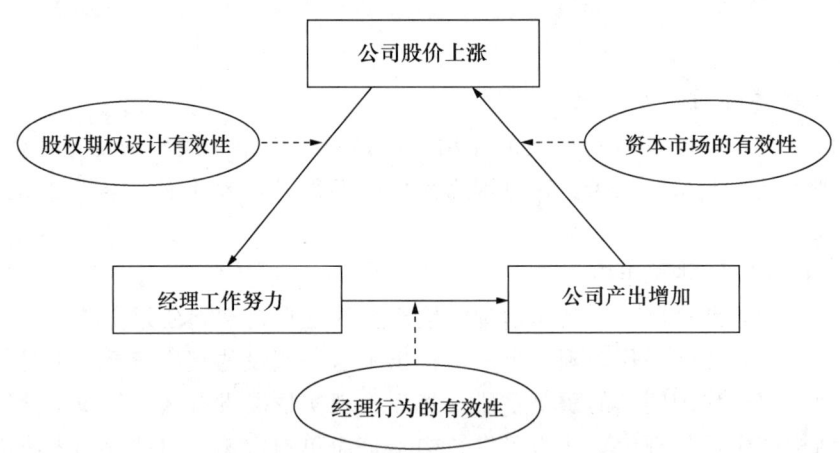

图 8-5　股票期权的实施逻辑与条件

首先，多数股权激励计划要以股票的市场价值为基础，但是，股票的市场价格是否是其价值的真实反映？资本市场是否有效？这决定了许多股权激励的逻辑前提是否存在。其次，激励计划本身的有效性也是一道难题。如何选择正确的激励形式，如何细致、正确地设计具体方案，正如此前讲述的，是一件比较复杂的工作。这里要另外强调的是以股票作为激励标的物本身存在的问题。一方面，当公司把经理的注意力转移到股票的市场表现时，就有可能引导他们忽略其他应重视的工作，导致公司文化的不健康以及发展的不均衡。另一方面，更可怕的是可能反而诱导出腐败行为，比如选择不适当的会计政策影响股价，财务报表造假以欺骗股东。

8.2.3 企业家控制权保护制度

在3.1.2节中，本书提出了"企业家理论视角下的公司治理"的观点，指出公司治理的一项具体目标也可以表达为保证企业家精神的永存。在公司发展的一般情况下，企业家精神的保持是通过职业经理人替代无法胜任的股东来实现的。然而，在股东不具备企业家精神的前提下，还有两种情况要特殊处置。

第一种情况是考虑股东群体的异质性问题，即股东中的一部分缺乏企业家的商业判断能力和承担不确定性风险的意志，而拖了另一部分股东后腿的情况。其中，最具代表性的情况是，公司创始人仍是当仁不让的企业家，但其他股东，特别是公司为再融资而引入的股东，很有可能会阻碍企业家决策。这时如何保护创始人对公司的控制权就成为公司治理目标，以下讨论的"双重投票权制度"是对应于此的制度安排。

第二种情况下，公司经理（也许是职业经理人，也许是公司股东中的一员）的企业家抱负完全被其他股东抑制。这时的一种出路就是颠覆公司控制权结构，将经理人的身份转变为控制股东的身份，以下讨论的"管理层收购"就是这样的制度安排。

一、双重投票权制度与创始人保护

双重投票权制度，也常被称为双重股权结构、二元股权结构，指的是一种同股不同权的股权制度，公司发行不同类型的股票，其对应的投票权各不相同。鉴于这种"同股不同权"主要与投票权相关，而在收益权方面并无差异，所以称其为双重"投票权"制度比称为双重"股权"结构更为直接清晰。另外在实践中，相异的投票权类型以两种居多，因而习惯称为"双重"投票权制度。

双重投票权制度的一般实践操作是公司发行两类股票，即次级投票权股票和超级投票权股票，或称次级股、超级股（也可对应称为A、B股，但要注意到实践中一些公司的A、B股的类型与其他公司可能是相反的）。次级股也称为一般股，多数情况下是一股一票，但也有不赋予投票权的实践。超级股每股对应数倍于次级股的投票权，一般为10倍，极端的甚至可达150倍。[171] 超级股一般是不可以公开流通的，或者仅限于在特定创始团队或家族内转让。超级股一般可以转换为次级股，但不可反向操作，超级股转换为次级股后，就可以公开交易了。

从以上操作规则中，可以总结出双重投票权制度的三点特征：第一是投票权相异。通过现金流量权和控制权的直接分离，使企业家用少数投资实现对公司的控制。第二是流通权受限。强调超级股的不可公开交易性，表明双重投票权制度保护的是企业家，进而是整个公司的权利，而非基于投资者身份的利益。但是，超级股也绝非完全不可转让，而是仅可在限定范围内转让。请注意，国外一些家族企业使用双重投票权制度来实现家族世代对企业的控制。如果说一般情况下双重投票权制度反映了公司对特定企业家精神的承认，那么如果家族企业对双重投票权制度的应用得到了其他股东的认可，体现的是该家族的某些特定资产对公司的价值，比如人脉网络、家族声誉、经营诀窍或技术技艺等。第三是收益权相同。在剩余收益请求权、剩余财产清偿权方面,双重投票权制度还是强调同股同权,其他诸如知情权、提案权和诉讼权等股权也无差异。

双重投票权制度的优劣权衡一直影响着它的实践,最早出现双重投票权制度的美国也对其废立数次。在理论上,双重投票权制度的优劣对应是十分明显的。其优势发挥出来的话,企业家精神将被保护。那些具备企业家才能和品质的经营者将避免受到短视的、回避风险的普通投资者的"骚扰",那些将家族愿景与企业前程联系在一起的家族控制者也将避免外人的"骚扰"。但是,如果以避免"骚扰"为由消除外部"监管"或"治理"的话,那么躺在"堑壕"(见上一节介绍的堑壕效应)里的经理人的代理问题随时有爆发的可能,更直接的是,控制股东的剥夺行为也就具有便利的实施条件。所以,正如本书把公司治理理解为公司制度革命的副作用一样,双重投票权制度也是"成也萧何,败也萧何",其优劣都来自通过投票权差异产生的对特定企业家精神的保护效应。

总之,双重投票权制度的制度缺陷是,为剥夺型公司治理问题,也包括代理型公司治理问题创造了爆发的条件。那么,一方面,公司治理制度提供了解决这些问题的方法,这是减少其"弊"的思路;另一方面,则是尽可能发挥其"利"的思路,也就是说,双重投票权制度是保护企业家精神的制度,所以其实施的前提是选出真正的企业家。那么,谁才是应该被保护的企业家呢?环顾当前世界范围内双重投票权制度的应用浪潮,可以发现如今其保护的对象一般都是第四次工业革命下的互联网、人工智能等新兴技术企业的创始人。对此,从2.2节关于控制权配置的理论框架中,可以发现规律。

首先,控制权配置的第一条评判逻辑是基于剩余索取权的逻辑,简单说就是,谁的收益更多来自剩余收入,或者谁的收益的风险更大,谁应该掌握更多的控制权。这就解释了新兴技术企业偏好双重投票权制度的原因。在这里首先要认识到创始股东与非创始股东的异质性。创始股东投入公司的是金融资本和人力资本,金融资本所附着的"信号机制"使得其相对难以自由流通(创始人都抛股票了,谁还会看好公司的前景)。而非创始股东,特别是新兴技术企业的风险投资者,在组合投资战略下往往在意的是一个满意收益,对超额收益有较强的风险控制机制,进而对剩余收入的偏好是有限的。更重要的是,创始股东还投入了人力资本。不可否认,新兴技术企业的创立往往依赖于创始人独到的企业家见识或者领先的科技水平,而超级股的授予给予了他们高能激励。但是,激励是为了影响未来的行为,是否要特别保护创始人,关键在于创始人的人力资本是否需要持续投入。双重投票权制度适用于新兴技术企业,重要原因并非是新兴技术的稀缺,而是新兴技术的快速发展。注意,这个快速发展的背后意思是快速淘汰,意味着如果某种技术或商业模式脱离了持续的创新,将难免落后。也就是说,创始人对于新兴技术企业其他利益相关者的独特地位在于,面对未来产业的发展,其人力资本的收益更具风险性。他们只有不断发挥企业家功能,才能避免不进则退,才能保证企业不被淘汰、自己不被淘汰。这意味着在这类新兴技术企业中,这类创始人是全体利益相关者中最有能力面对未来不确定性的,更是最有动力去面对未来不确定性的。而在其追逐个人利益过程中，其他利益相关者，包括非创始股东同时也保障了自己的收益。即所谓，"能攻心则反侧自消"。

其次，控制权配置的第二条评判逻辑是基于资产抵押的逻辑。即谁投入的资产越容易被抵押，越将自己与企业绑定在一起，谁获得越多的控制权。从这一点看，双重投票权制度限制超级股的流通权也是一种治理手段。创始人人力资本的专用性是解释其获得控制权的理由之一，另一个重要的原因是创始人的理想与声誉直接与企业绑定。在这一点上，要特别解释双重投票权制度的另一类适用对象——家族企业。家族企业以家族的世代传承为目标，更在意企业的可持续性。因而，企业和家族的声誉，甚至反映家族或创始人名字的品牌，就成了企业的重要资产。这也是一种完全专用性、完全被抵押的资产。另一方面，与以上论述的新兴技术企业相反，已发展成为百年老店的家族企业往往是技术更新比较慢的企业。所以，需要额外保护家族企业的控制家族的核心原因是，在技术淘汰慢的行业里，企业控制者的声誉更为重要。保护这类企业的企业家，其实是保护企业最重要的声誉资产，也是保护全体相关者。

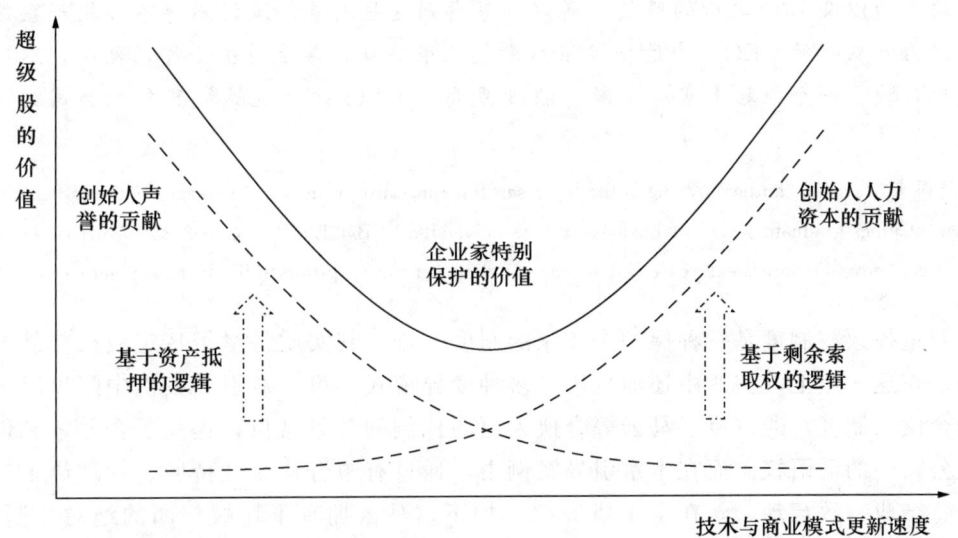

图 8-6 双重投票权制度的适用逻辑

图 8-6 总结了双重投票权制度的适用逻辑，强调了行业技术与商业环境对内部治理制度安排的影响，说明了老字号企业适合家族化治理，以及当前互联网企业需要保护创始人的一项重要原因。但是无论如何，双重投票权制度创造出的现金流权与控制权的分离，是公司治理问题爆发的条件之一。所以，要慎重使用该制度，一是看是否有利于公司整体价值的提升，二是以帕累托改进为标准判断是否满足公司治理的道德基准。以下案例 8-4 提供的信息表明，切记不可陷入为了保护创始人而保护创始人的简单逻辑。

案例 8-4 换帅

当风险投资者对一家创业公司大量投资后，风投会积极主动地参与管理，确保他们的投资能够得到回报。2017年，优步共享车各类丑闻不断，联合创始人之一特拉维斯·卡兰尼克被迫辞职，这也是风投不得已而采取的措施。莱斯大学商学院张燕教授的研究发现，对于创业公司的CEO来说，在上市前被换掉实际上是司空见惯的事。最近的一项研究分析了美国1995年至2013年1156家受风投支持的创业公司的IPO数据。在该样本中，有472家创业公司（占比40.8%）在第一轮风险融资和IPO之间更换了CEO。

张燕教授指出，风投经常有充分的理由去换掉创业公司的CEO。当一家公司从初创阶段进入上市阶段往往要经历一条巨大的学习曲线，公司管理层必须精心考虑来自人力资源、运营效率、政府监管、公共关系等方面的挑战。这些挑战即便是对最成功的创业者来说也都很难应对。创业公司CEO在这些方面的短板极有可能会损害公司IPO的成功以及IPO之后的股价。所以，考虑到这些因素，风投不得不替换那些经验不足、力不从心的CEO。中途换帅虽然看起来很混乱，甚至打击士气，然而，这项研究发现，换上一个经验丰富、受教育程度更高的CEO往往能够提高创业公司的IPO估值。

资料来源：Yan "anthea" Zhang is the fayez sarofim vanguard professor of management—strategic management at jones graduate school of business at rice university ［EB/OL］. (2021-02-22). https://business.rice.edu/wisdom/peer-reviewed-research/when-venture-capitalists-likely-to-replace-ceos.

双重投票权制度是一种保护企业家的制度安排，其实质是赋予特定股东额外的控制权。在这一点上，实践中还涌现出了多种变异模式。第6章引导案例中阿里巴巴集团的合伙人制度，通过授予马云等合伙人更高比例的董事席位，提高了企业家和创始人在公司中的话语权。而在本章引导案例中，通过有限合伙企业持股、管理员工持股平台、结成一致行动人，在金字塔股权结构下，马云拥有了蚂蚁集团的绝对控制权。而在更早些时候，腾讯的马化腾通过与大股东的协议，获得了更多的董事席位、CEO的提名权和对重大事件的实际上的一票否决权。

二、管理层收购

管理层收购（management buyouts，简称为MBO），是目标公司经理层利用所融资本购买本公司资产或股份，从而改变公司的股权结构、控制权结构和资产结构，实现管理者以所有者和经营者合一的身份主导重组公司，进而获得产权预期收益的一种收购行为。比较通行的做法是由经理层先控股一家旧公司或注册新设一个壳公司，再由这个收购主体去募集资金，然后利用所融资金去收购目标公司。MBO的实质是公司的剩余控制权从原来股东手中转移到经理手中，实现所有权与控制权的两权合一。MBO的本质是资产重组，是杠杆收购方式，MBO后的公司具有高负债的特点。

由于 MBO 在实现激励相容机制上的积极作用，其在我国一度流行。这与"十五大"前后国有企业实行"抓大放小"改革战略密切相关，各级地方政府一度把 MBO 当作"放小"的主要形式之一。同时，一些上市公司也尝试进行 MBO。然而在此过程中，国有资产流失严重。于是，2003 年到 2006 年国资委和证监会等部门密集出台了一系列管理规定，先是直接暂定，后又明文规范了国有企业的 MBO。目前阶段，MBO 不再是人们注意力的焦点，但 MBO 仍不失为保护和激发企业家精神的重要工具。

讨论案例　华为员工持股计划的演进

华为技术有限公司（以下称华为）是我国较早实行 ESOP 的非上市民营高科技公司。华为从 1987 年的小公司发展成为现在的世界 500 强，其 ESOP 的运用非常具有代表性。

阶段一：实股配股制（1990—1997 年）

1990 年，华为公司成立三年之际，正由贸易公司转型为自主研发型的企业，研究开发需要投入大量的资金，然而华为作为一家小型的民营企业，很难获得金融机构贷款。在资金紧张、筹资困难的情况下，华为公司创始人任正非首次有了通过员工持股筹集运营资金的想法，并将该理念付诸实践。

华为首次推行的 ESOP，股票授予对象是工龄在 1 年以上的所有职工，派发的股票数量根据员工的工作绩效、职位级别以及可持续贡献等多方面要素核定，员工用工资、年终奖购买派发的股票。本次发行的股票面值为 1 元/股，参股价格为 10 元/股，这段时间内每股净资产为 4 元、5 元左右。得到股票的员工，每年可以根据股权比例分享企业税后利润的 15%，对员工具有较大吸引力。

阶段二：规范改革（1997—2001 年）

1993 年、1994 年，国务院和原国家体改委两次发文，要求"立即停止内部职工股的审批和发行"；1997 年，深圳市出台《深圳市国有企业内部员工持股试点暂行规定》。在这样的背景下，华为开始对 ESOP 进行规范改制，职工股权统一由华为工会代持，工会代替员工股东在股东大会上行使表决权，这一改制使得华为股权结构相对简单化。

这段时期华为的经济效益逐步提升，资金比较充裕，为了更好地激励人才，华为加大了员工配股力度，参股价由 1990 年的每股 10 元降到 1 元，吸引了大量职工参与购股，同时还规定员工可以通过公司担保向银行贷款来解决没有足够资金购股的问题。

阶段三：虚拟受限股（2001—2003 年）

2001 年，由于互联网泡沫，绝大部分企业都很难从外部筹集资金。处于网络危机期的华为，一方面急需大量资金去完成 2000 年收到的大量巨额订单，同时开拓国际市场；另一方面，现阶段的 ESOP 使得公司享有股份的老员工懈怠，未获得激励的骨干员工走出华为。与此同时，深圳市当局为了规范 ESOP，出台了《深圳市公司内部员工持股规定》地方性法规。为了筹集资金、对员工实行有效激励并规范股权结构，华为重新设计了有效的 ESOP。

2001 年 7 月，华为提出了虚拟股制度。虚拟股是公司派发给职工的一种虚拟股票，每年公司将依据职工的级别、绩效、可持续贡献等来决定其可认购的股份数，然后职工根据本年度公司每股净资产价值来进行认购。激励对象开始倾向于骨干员工，在员工的持股范围和持股比例上也加大了激励幅度。持有虚拟股的职工可以享受股票增值收益和年终分红，在职期间内不可以将虚拟股售出，只有在离职时由工会回购。在虚拟股制度下，持股员工的权利仅限于分红和股价增值收益，不涉及产权，而掌握实际权力的是华为控股股东会。在涉及华为控股增资扩股、分红和人事任免等问题时，其股东会议历次只有两人参加——任正非和孙亚芳，他们才是华为真正控股的两家股东代表。

本次 ESOP 的主要特征有：一是不再派发 1 元/股的长期股票。二是将老员工所拥有的 1 元股票根据 2001 年华为每股净资产 2.64 元换算成虚拟股。三是员工除了获得分红收益，还可以享有对应资本增值权。四是规定虚拟股每年最多可以兑付 1/4，所以对员工还具有一定的约束作用。

2003 年诉讼事件

2001 年，《深圳市公司内部员工持股规定》中指出，员工持股的股票的回购价格是上年的每股净资产价格。但是，华为公司因为长期实行 1 元每股的认购价格，因而也长期实行了每股 1 元回购的做法。

2003 年，华为公司的两位资深员工，将华为告上法庭。原因之一就是，华为公司是根据双方合同中约定的以每股 1 元的价格，而不是以每股净资产价格回购股票。两位员工还认为，华为用作增资的应付红利中也应有自己的利益，他们应按照同股同权的原则享有股权的增值。华为员工与华为公司所签署的《参股承诺书》中明确规定，员工辞职或因违反公司的规章制度被辞退等丧失持股资格之一的情况下，需要将所持股份以原值退回公司。这一规定有违相关法律规定的同股同权原则。

最终，深圳市中院和广东省高院判两位员工败诉。有专家指出：该案的认定意味着，华为员工与公司之间只是合同关系，而非股东与公司的关系。从华为公司股票发行起，华为员工手中的股票与法律定义的股权就不相同，员工不是股东，而工会才是股东，员工享有的只是某种意义上的合同利益或者权益，而非股权。此时的"员工持股制度"更近乎一种分红激励和融资手段。

阶段四：虚拟股修订期（2003—2008 年）

2003 年，华为的出口业务受"非典型肺炎"疫情的影响而严重下滑。2003 年 1 月，思科正式起诉华为侵犯其知识产权，这场官司直接影响到华为的全球市场销售情况，还使得华为部分核心人才跳槽到思科。在内外交困时期，华为再一次修订 ESOP，意识到当下最重要的任务是稳住员工队伍，共同渡过难关。

2003 年，华为的持股制度再一次升级，可以概括为以下四点：第一，从配股额度上作出改进，加大了配股力度，在员工已有的股票数额基础上，再增加基本相同的配股数给员工。第二，股权的套现形式也发生了变化，不同于以往离职时也可以得到一定比例的套现的情况，此次调整后的激励计划要求员工每年只能兑现持有的总股数中的 1/10。第三，这次派发的股票有一个 3 年的锁定期，即 3 年内不能进行兑现，如果在这期间内离职则股票作废。第四，此次配股倾向于管理层，其持股比例明显高于一般职工。华为通过此次配股计划，让职工意识到只有在公司长久地工作下去才可以充分享受股票收益，从而为公司留住了人才，稳定了核心队伍，令员工与公司携手渡过困难时期。

2003 年的另一变革是组建新的员工持股平台，深圳市华为投资控股有限公司（以下称华为控股）宣告成立，任正非持股 1.0708%，华为公司工会持有余下的股份。此时，华为（指华为技术有限公司）股东就由原来的该公司工会持股 98.92%、任正非持股 1.07%，变更为华为控股持股 99.98%、华为创业元老副总裁纪平持股 0.01%。一年之后，华为技术有限公司的股东再变更为华为控股和任正非，任正非持股 1%。后来，历次增资，华为公司、华为控股、华为工会、任正非繁复的股权关系比例小有调整，但框架未再有大的变更。

阶段五：饱和配股制（2008—2013 年）

2008 年，国际金融危机的爆发对全球各地的经济都造成了恶劣的影响，华为员工对股票的价值产生了质疑，由此员工开始大量兑现公司股票。在这一困难时期，华为为了稳住老员工并吸引新员工，对原有的虚拟股制度进行改进，于 2008 年 12 月推出了饱和配股制的模式。

饱和配股制是指公司按照员工职位等级分别规定持股上限，到达限额后不可以继续增持股份。这一制度使得已经持有大量股票的老职工的持股数额受到了限定（但 6% 的年化收益依旧能够吸引他们继续持股），但是有助于对华为公司的新进职员形成有效激励。本次认购价为 4.04 元/股，年利率为 6%，配股数额约 16 亿，配股规模较大。

2010 年，原银监会发布《流动资金贷款管理暂行办法》等相关管理办法。在 2010 年管理办法颁布之前，华为员工可以向银行申请贷款购买企业的虚拟股票，相当于加杠杆买虚拟股票。通过加杠杆的作用，华为内部融资，使华为保持高速的增长。但在 2010 年之后，员工只能自己筹钱购买虚拟股票。华为的融资规模力度降低。

阶段六：时间单位计划（Time Unit Plan）（2013 年后）

华为于 2013 年推出时间单位计划（Time Unit Plan），简称 TUP 计划。TUP 计划是一种简单的现金递增奖励，从短期看，TUP 计划可以快速解决公司外籍职工的长期激励问题（2016 年的《上市公司股权激励管理办法》解决了外籍员工的股权激励政策限制），强调所有奋斗者的一致贡献。从中长期看，TUP 计划会逐渐稀释虚拟股所占的比重，使得劳动收入相对资本收益的比值逐渐上升，从而杜绝虚拟股导致的老职工坐享高额收益的现象。

华为 TUP 计划根据每位职工的可持续贡献和饱和配股额度决定给其分配的期权数，TUP 属于饱和配股的范畴，与虚拟股享有相同的权利。这个期权规定了一个五年的有效期，即五年为一个周期，在持有期满五年时进行结算清零。期权不需要花钱认购，由公司直接分配给员工，工作两年以上的外籍员工也包含在内。期权持有者在五年内都能得到分红收益且该数值由公司拟定，增值收益在持有期满五年时才可以获取。华为 TUP 计划的本质是一种特殊的奖金，是基于员工历史贡献和未来发展前途来确定的一种长期但非永久的奖金分配权。TUP 计划是华为 ESOP 的补充或补漏。

资料来源：朱梦梦. 华为员工持股计划研究［D］. 江西师范大学，2018；为什么任正非持股1％却能控制华为？［Z］. 2018-08-15. https://www.sohu.com/a/247244599_205354.

讨论以下问题：

（1）华为各阶段的 ESOP 有何不同的功能定位？不同功能定位下，员工如何保护自己的权益？

（2）ESOP 中，不同类别员工的目标差异是如何协调的？如果华为增长速度长期放缓，这个冲突如何调和？

（3）任正非如何借助员工持股计划把握住创始人控制权？在员工持股计划的大框架下，任正非的控制权如何传承？

讨论问题

（1）限制性表决权制度所体现的公司治理价值是什么？

（2）保护股东权益的集体诉讼与共同诉讼有何区别？

（3）除了激励作用外，员工持股制度还有哪些功能？

（4）为什么说，绝不可以把股权激励简单理解为让经理人持股的制度？为什么要从加强激励计划实施过程管理的角度设计激励方案？

（5）什么样的企业适合采用双重投票权制度？

第四篇

董事会与公司治理

第 9 章

董事会的功能范畴与功能定位

导读

第四篇专题讨论董事会制度，董事会是公司治理体系的运转枢纽，本章对董事会功能定位的探讨，也就为整体解决公司治理的"不审势即宽严皆误"问题提供了基本思路。第一节考察董事会角色的历史演进，从中厘清董事会各项功能之间的逻辑联系。第二节从两个维度概括董事会的全部功能，一是基于董事会身份的经营权委托功能和所有权代理功能（以及外生的法人代表功能），二是伴随公司制度演进而内生的原生功能（包含决策制定功能和利益仲裁功能）和本质功能（包含监管经理功能和法人独立功能）。第三节则是本书创新的重点，提出了一个董事会功能定位模型，把董事会划分为四种类型，强调现代董事会制度绝不是公司治理的范本。此外，从可操作的角度，提供了一个 3×3 的董事会功能定位扩展模型。

引导案例 **央企董事会嬗变**

以下分别是 2005 年和 2009 年两篇关于央企董事会的报道，仔细阅读可以发现，四年间央企董事会的构建与运行原则发生了重大的变化。这是试错过程中的反复？还是理性的回归？

一、2005 年的报道：《央企嬗变：第一家董事会浮出水面》

2005 年 10 月成立的宝钢集团董事会，成为第一家国有独资公司规范的董事会，4 名内部董事加 5 名外部董事的结构更是开创性尝试。它能否有效运作，将影响其余 168 家中央企业的选择。

一个人的董事会

从 2003 年成立伊始，国资委已将推动所属企业成立董事会列入工作日程。当时，董事会已是所有中国股份公司和上市公司的法定权力机构，"董事"一词已成国人的日常语汇。但在占国有资产 60%、GDP 40% 的央企中，董事会却踪迹罕见——央企仍绝大部分实行总经理制，没有董事会，或者董事会虚设。

国资委业绩考核局局长李寿生对此感受颇深:"国资委成立以后我到企业去调查,碰到一件很有意思的事。公司老总递来一张名片,我一看是董事长兼总经理,我问你们董事会有几个成员?他回答没有成员。我说没有成员怎么有董事长呢?他说你不是国资委的吗?我不敢再问下去了。"

169家国资委所属央企中,绝大部分是按照企业法注册,只有为数极少的是按照公司法注册。原有的厂长经理制难以摆脱"内部人控制"痼疾,有些企业经营者大权独揽,一人说了算,导致决策失误甚至以权谋私。企业决策权和执行权不分,一些企业负责人"自导自演",或"自己考核自己"。

"董事会建设相对滞后,不能很好地发挥作用,是大型国有独资企业亟待解决的问题。"李荣融在内部讲话中指出,建立和完善董事会制度正是治愈国有企业种种病症的一剂良方。

外部人来了

国有独资公司出资人只有国家一方,是否有必要建立董事会?如果仍是由"自己人"组成董事会,只是多了一个机构而已,并不能避免诸多弊端。质疑的潜台词在于,如果选择外部人进入董事会,能够信任他们,把企业的决策权交给他们吗?2004年6月,争论以国资委发布《关于国有独资公司董事会建设的指导意见(试行)》告终,宝钢、中国诚通集团等7家央企被选为试点企业。

与以往不同,境外人士和特大型企业退休的优秀负责人被列入备选范围。宝钢5位外部董事中,包括2位国内大型中央企业原负责人和1位财会高级专家,以及2位境外企业高管:吴耀文,原中国石油天然气集团公司副总经理;杨贤足,原中国联通公司董事长;夏大慰,上海国家会计学院院长、中国会计学会副会长;冯国经,全国政协委员,香港利丰集团董事局主席,香港机场管理局主席及香港大学校务委员会主席;李庆言,新加坡港务集团董事局主席,大马纺织品制造有限公司执行董事,新加坡全国雇主联合会会长。

"这次引入的是真正意义上的外部人。"财政部财政科学研究所研究员周放生详细分析了宝钢的试点思路。"首先,执行层和决策层是两拨人,而且决策层的董事会以外部人为主,外部人分两种,一种是外部非执行专职董事,这次宝钢中有两名是原国企的老总,一个是联通的,一个是中石油的,虽然他们原来不从事钢铁行业,但他们在大公司当老总的经验很丰富;并且他们在位置上做得有成效,有业绩;而且他们因为退休了,也有充足的时间和精力,来履行他的职责。选择他们是因为董事会的决策更需要的是一种宏观的分析能力,不是专业的分析能力。而另一种是外部非执行兼职董事,像会计学院院长有财务会计方面的经验。新加坡的港务集团董事局主席有国际大公司的管理经验。"

"这个设计能够真正实现决策权与执行权的分权制衡,保证董事会能够作出独立于经理层的判断与选择;而且外部董事不负责企业的执行性事务。这个角色有利于外部董事更好地代表出资人的利益。"国资委企业改革局局长刘东生谈道。

对于宝钢集团董事会"5+4"结构,李维安的概括言简意赅:"以后的情况是,如果外部董事不同意的事都办不成。"

国资委归位

新成立的董事会将决定宝钢的未来命运,对于国资委而言,这次改革同样"意义非凡"。

国资委的职责被定义为"履行出资人职责"。但在所属央企没有董事会的现实下,国资委不得不把主要精力放在企业的具体经营事务上。因此,规范的董事会成立,国资委就可以充分授权,摆脱双重角色,实现角色回归,真正履行自己作为出资者的监管职能。

外部董事库已建立

李荣融曾表示,"优秀的总经理不好找,优秀的董事、董事长更难找,这是我们搞董事会快不起来的一个很重要的原因。"按照国资委3年在全部中央企业中建立董事会的时间表,以目前169余家中央企业计算,大约需要数百名外部董事。李荣融还曾表示,未来董事会中外部董事数量要超过内部董事,央企需要的外部董事数量更多。如此规模的外部董事从何而来,将是很重要的一个问题。

记者从企业改革局得到了最新消息,选拔外部董事的工作主要放在国资委下属的企业干部管理局,外部董事来源的三个渠道已经明确。第一,退下来、有业绩的前任老总。第二,部分退休官员,包括部长,司局级干部,他们也曾经长期在企业工作过,有丰富的企业经验,又有宏观经济部门工作的经验。第三,通过社会招聘,专职董事不一定是退休人员,可以是40—50岁年富力强的,现在可能正在某岗位上工作的人。

二、2009年的报道:《"多用自己人"新一轮央企董事会试点启动》

央企新一轮董事会试点已经全面启动,日前,7家试点央企中,5家央企的董事会成员已悉数到位。和前一轮17家董事会试点央企相比,在新一轮试点央企外部董事配备中,国资委"多用自己人,少用外面人"的思路开始更加明晰,同时,国资委也开始着力培养"自己的"专职化董事队伍,以为今后更多的董事会试点企业提供经验和人才储备。

少用"外人"

杜胜利,清华大学会计研究所副所长。近日,他又多了一个新的头衔:中国钢研科技集团公司的外部董事。"我已经去开过两次董事会了,不过因为董事会试点才刚刚开始,现在还在建章建制的阶段。"他说。近日公布中国钢研科技集团公司外部董事名单中还有原北京有色金属研究总院院长屠海令、原中国冶金建设集团公司董事长、党委书记杨长恒,以及原中国卫通集团总经理张海南。相对于其他三位浓厚的央企"血缘",杜胜利的身份显得多少有些特殊。"这次进行董事会试点的央企,希望有一个财务、会计、金融背景的人。"杜胜利说。

不过，根据此次公布的21名外部董事名单不难发现，国资委正在收紧对"外人"的任用，在已经公布名单的5家试点企业中，每家央企都只起用一名"外人"担任外部董事，而在上一批第一家董事会试点企业宝钢集团5名外部董事人员中，非央企背景的外部董事就有3名。国资委董事会试点办公室副主任秦永法此前曾经统计过，以往试点的17家企业中，外部董事总人数达到63人，其中，中央企业原负责人39人，境内大学和科研院所的财务会计、金融等专家12人，境外大公司董事和高级管理人员6人。

"央企的人是国资委直接管的人，管理上可能更容易一点，所以国资委还是更愿意用央企退下来的人。"一位国资委相关人士直言。

已经启动四年多的央企董事会试点工作，在防范企业"一长制"和"内部人控制"上取得了显著的成绩。国资委相关领导也多次表示，"通过董事会试点，企业的决策权和执行权实现了基本分离。""眼下外部董事虽然不和经理人是一伙的了，但是也要防止出现外部董事和国资委坐在一条板凳上，一个鼻孔出气的现象发生，以免影响整个董事会的独立性。"安林表示。不过，在新一轮的试点中，安林所谓的这种外部董事选聘的"自闭化"倾向似乎更为确定。

"专职化"加速

在减少非央企背景的外部董事比例的同时，国资委也在暗中发力，开始培养一批"自己的"专职外部董事队伍，以为今后更多的董事会试点企业提供经验和人才储备。在此批新的7家董事会试点企业中，吴耀文被国资委聘为中国中煤能源集团公司的外部董事、董事长。翻开吴耀文的履历表，2004年1月，他从中石油副总经理职务退下后，2005年受聘于国资委成为央企第一家董事会试点企业宝钢集团外部董事。2008年底，吴耀文又以外部董事身份出任中煤能源集团公司董事长。"他不负责企业具体运营，而是主要负责制定企业的战略规划。"相关人士透露。

就在最近，国资委又高调宣布，现任中国建材集团董事长、党委书记的宋志平同时担任国药集团外部董事、董事长。国资委企干二局副局长张志强当时表示："董事会试点就是要建立职业化董事和董事长队伍，宋志平现在是中国建材集团的董事长，又担任国药集团的董事长，是职业化董事和董事长。"

业内人士也认为国资委正在通过这种探索，尝试建立一支职业化的外部董事队伍，为今后更多国有企业改革提供经验和人才储备。国资委上述人士表示："我们央企里面有一批人，在央企做过副职，可以出来给国资委专门做外部董事，同时给几个企业做外部董事都可以，做得好的还可以做董事长。"

另注：2009年10月，国资委印发《董事会试点中央企业专职外部董事管理办法（试行）》。

资料来源：康怡，王宝宁．"多用自己人"新一轮央企董事会试点启动［N］．经济观察报，2009-08-07．其余内容为作者根据网络资料自行整理。

如果引导案例中的两篇报道基本准确的话，央企董事会的构建原则其实发生了重大的变化。至少在董事应该选择外部人还是内部人的问题上，存在根本性的分歧。2005年，还以"外部人来了"作为改革的标志，而到了2009年，"少用外人"却成为新的动向。这是试错过程中的反复？还是理性的演化？

本章关于董事会制度的研究告诉我们，多用还是少用外人，无所谓对错，关键是这一做法与董事会定位是否匹配，以及董事会定位是否准确。2005年，央企最初试点董事会制度时，直接借鉴了所谓的现代公司制度的"规范化模板"。然而，本书此前章节反复解释了这种"规范化模板"起到的仅仅是"标尺"中的"基点"的作用。如何在现实世界中实践，需要根据"标尺"重新定位，再设计对应的制度安排。本章讨论董事会的制度定位问题，将为这一思路的实现提供具体的原则和方法。同时，这些原则和方法也完全可推广到整个公司治理制度设计，毕竟董事会是公司治理系统的运转枢纽。

9.1 董事会角色的演进

各国对上市公司的信息披露制度均有较为严格的要求，因此有关上市公司的数据既全面充分又容易获取，而且一般质量也有保证。这为公司治理的研究提供了方便，然而，上市公司是一种极端的公司形态，在公司制度的演进路径上，它是最为"现代化"的制度安排。所以，要全面审视公司治理的完整视图，还需要同时考察图谱的另一端——公司制度起源时的情况。

一、董事会的"今生"——现代公司治理体系中的董事会角色

此前讨论说明，现代公司制企业的公司治理问题集中在两方面，一是代理型公司治理问题，即股东与经理的冲突问题，二是剥夺型公司治理问题，即控制股东与非控制股东之间的冲突问题。前者源自经理革命，如果公司要利用职业经理人，就要有一种机制可以控制住经理的代理问题。后者是有限责任制度和法人独立制度的副作用，当股东投资的责任或者风险足够小时，也需要有一种机制能限制住他的权利。

这一机制在现代公司内部就集中反映在董事会的制度安排上。首先，对于代理型公司治理问题，董事会扮演着监管者的角色。当股东将公司的法人财产交给经理人后，股东面临着如何确保法人财产上的资产经营权不被经理滥用的问题。如果这时的股东只有少数几个，董事会是不必要的。股东会就可以承担起监管的职责，将经理的行为控制在允许的范围内。但是，如果股东人数众多，受到参会成本的限制，受到决策能力良莠不齐的限制，受到集体决策中从众心理和责任感下降的限制，股东会的会议数量和会议质量不可能满足监管的需要。因此，公司需要一个相对常设的机构受托于股东来履行监管职责，这个机构就是董事会。法玛、詹森等人的研究认为，董事会是监督经理的成本最低的内部治理手段[33, 189]。

其次，对于剥夺型公司治理问题，董事会扮演着保护者角色。当股东将其个人财产投于公司后，这笔财产就成了公司法人的独立财产。在这样的制度安排中，股东享

受到有限责任带来的风险的有限化，相关法律保护机制就像一道屏障，屏蔽了超过股东投资额的风险。尤其是如果股东还可以自由地转让股份，每个股东的投资风险将急剧减少。换言之，股东机会主义行为的成本被限定了。这时候就需要一种对应机制，避免股东侵犯公司的独立性。当公司股东成员较少时，股东间的相互博弈和力量制衡可以相对较好地完成这一功能。所以，《公司法》允许股东人数较少的公司不用设立董事会。但是，如果股东人数众多，股东群体内部的相互管制就会遇到两个问题，一是难以预测剥夺公司利益的"黑手"出自哪里，二是难以保证管制"黑手"的治理者本身的公平性和有效性。这时候，董事会作为公司法人的保护者出现了，它成为隔断股东与公司之间的一层"面纱"，起到屏蔽功能，以确保公司法人的独立性。在"现代"公司中，董事会不是代表各自股东"选民"的"竞技场"，而是维护全体股东利益的保护者。其保护行为通过董事会的屏蔽功能完成，这个功能就将个别股东伸向公司之手隔开，让公司法人真正独立起来。所以，目前多数国家的法律规定，股东不可以越过董事会直接做出决策。

二、董事会的"前世"——公司制度最初演进中的董事会角色

现代公司要满足两点特征，一是在财产权上法人的真正独立，二是在决策权上经理的真正独立。这样的现代公司的董事会的核心身份是"监管者"和"保护者"。然而，从董事会的起源看，这两种身份的实现伴随着公司制度的发展，经历了漫长的演进变异过程。其起点是早期的特许公司。早期特许公司发源于欧洲，开始于公元 14 世纪前后，盛行于 16 世纪至 19 世纪中叶，由国王凭其特权或议会通过特别法令，以授予特许状的方式而设立。[190]特许公司可分为规约公司（regulated company）和合股公司（joint-stock company）两类。规约公司也称管制公司，其每个成员以自身的资本进行贸易，受其所属团体所制定的共同规则约束；而合股公司的成员以一个集体的身份进行贸易，作为股东共同分享赢利或分担损失。[191]下面考察从规约公司发展到合股公司再到现代公司的基本演化路径，从中体会董事会最初角色及其变迁。

规约公司是现代公司的萌芽形态，可以从案例 9-1 对商人探险家公司的介绍中看出其基本特征。当然，规约公司本身也传承有序，其产生的组织基础是中世纪的行会，商业模式是合伙经营。当时的欧洲存在着一些同业协会，又称基尔特，由同一行业的技能工匠或贸易商人组成，以共同获得某种垄断优势，并保护成员个体利益。当时，合伙经营模式已较普及，称作索塞特斯和康孟达，其中的康孟达已允许有限合伙。合伙模式在意大利语中写作 compagnia，这正是今天公司的英语单词 company 的起源。随着海外扩张的经济、政治和技术等条件的成熟，以皇家特许权为合法性基础的规约公司在欧洲出现了。特许权保护了行会组织模式和合伙经营模式产生的垄断优势，响应并促进了重商主义经济体系。在特许权的正式联结下，规约公司成为一种新的组织形式，但本质仍属行会性质。其内部各个成员在交纳一定的进入费并接受某些管理条件后，各自的经营仍是独立的，成员之间没有共同账目，亦不彼此共享利润或共担风险，仍然各自经营、各负盈亏。[190]但是，成员之间活动需要协调。

于是，从边界来看规约公司确定了行会的规模，从功能来看规约公司就是这个行

会的协调机构。而这些规约公司选择的正是董事会治理方式，案例9-1介绍的商人探险家公司在1505年设立了董事会，而董事会的主要职责包括对外代表规约公司支持下属商人的贸易行为，对内裁决成间的纠纷。所以，可以认为董事会制度是与公司制度一同诞生的。尽管董事会的职能及其在治理体系中的位置随着所在组织的不同而有所变化，也是一个不断进化的过程，但基本原则始终沉淀其中。[192]

案例9-1　商人探险家公司

十六世纪和十七世纪英国特许贸易公司对"助理（董事）会"或"委员（董事）会"的采用，来自最早的两家英国外贸商人组织——斯坦普商人公司（The Company of the Merchants of the Staple）和商人探险家公司（the Company of Merchant Adventurers）。

"商人探险家"是指从事英国纺织品以及其他英国制造货物出口业务的商人。十五世纪早期，亨利四世授予英国商人一份向英国以外，主要是低地国家（荷兰、比利时、卢森堡）进行出口贸易的特许章程。该章程准许商人们在他们自己之中选举产生一位总督（governor）。这些早期公司的主行政官通常被称为总督，而不是总裁（president）或者更为现代的CEO。总督的职责是，裁决英国商人自己内部的争议，并在英国商人与外国商人的争议中帮助英国商人。总督在得到商人们同意的情况下，可以建立其团体内部的规则和律令，并对违反这些规则的商人施加惩罚。

在整个十五世纪，英国国内的出口贸易商人都没有正式单独的组织。作为替代，他们大多数是绸布商公司的成员，这是一个伦敦商人的基尔特（行业协会）。十五世纪中期时，他们开始作为一个单独团体举行会议。到十五世纪后期，伦敦的出口商人们开始把自己看作是一个冠以"商人探险家"头衔的独特团体，并且明显是通过与低地国家的英国商人建立联系而进行其业务。在1485年向英国王室的请愿中，伦敦的出口贸易商人们称他们自己为进入到荷兰、泽兰、布拉班特和佛兰德斯的商人探险家。

1505年，亨利七世授予了商人探险家公司特许章程，给该公司在英国制造业出口贸易上的垄断权，不过公司的成员资格必须向所有支付了费用的英国商人开放。这个特许章程规定总部将设在欧洲大陆而不是在英格兰的公司，选举"24位最睿智、谨慎和忠实的人"作总督的"助理"。总督和助理们的职能是解决商人之间的纠纷，并制定规则监管公司的成员们。

资料来源：仲继银．董事会治理：从管制公司到合股公司的发展［J］．中国新时代，2014（06）．

规约公司集中了各成员商户的力量，产生出一定的规模效应。然而，由于各成员的业务决策与经营是分散做出的，面对新大陆发现带来的巨大商机，规约公司内部合伙式的协作形式基本无法承担。1.3.1节关于合伙制企业的评判，完全适用于对规约公司发展前景的担忧。于是，合股公司出现了。小贴士9-1关于股票起源的第一种说法应该是比较可信的，"股"来源于"货"（都是stock），"合股"本义是"合货"，即把大家的货物放在一起统一经营，"合股"二字从名称上就解释了合股公司的产生及其特征。之后发展中，合股公司的成员构成不再是必须拥有存货（stock）的商人（stockholder），购买股票（也是 stock）也可以成为股东（也是 stockholder）。可见，合股公司相较规约公司的显著差异是资产上的"合"，这解决了大航海时代贸易活动对巨额资本的需求。所以，以股份概念的出现为标志，一般认为 1600 年成立的英国东印度公司以及同时期的一批合股公司（谁是第一家合股公司，仍是一个学术问题）是现代公司制度的起点，而不是更早的规约公司。合股公司资产上的"合"带来了相关经营决策上的"合"，而承担此项任务的正是规约公司那里过渡而来的董事会。在规约公司，董事会主要裁决分散的商户之间的冲突。合股公司面对集中起来的资产，董事会的功能便发展了，"集中管理"成为董事会的重要任务。"集中管理"是公司制度的基本特征之一，[34] 从其起源看，该制度强调的是"管理"而不是"治理"，强调董事会对公司资产的经营决策。所以，最初的合股公司董事会承担着经理的决策管理职责。从英国东印度公司 1698 年的特许状（因而合股公司仍属于特许公司）中可以看到例证，"任何 13 人以上的董事（半数以上）即有权在任何方便的地方召开董事会议，有权按照公司章程、规则、条例或命令等，就事关公司的任何商业事务进行管理，有权就每次航行事务如航海前准备、货物销售以及返还船舶等直接进行管理，有权聘用代理及雇佣人员并决定他们的薪水与津贴"。[190]

小贴士 9-1 ▶ 股票起源

说法一：在合股公司中，不再是每个商人以其自己的存货（stock）进行贸易，而是商人们认购一个基金，由该基金支持联合或合在一起（combined or join）的货物之存储，并通过公司代理进行贸易——由此产生了"合股公司"（joint stock company，合并货物的团队）这一名称，正是从"合股"（joint stock）一词衍生出了今天的股东（stockholder）一词。

说法二：股票市场最初的起源是由于欧洲在 17 世纪、18 世纪的时候到处连年征战，各国都打得民穷财尽。怎么办？一些国家就开始发行战争债券，发行了以后还不起就开始打白条。打白条还是还不起，就发明了股票市场。股票市场英文怎么讲？stock，原来的意义叫作白条，白条市场。我们翻译成股票，实际上就是欠债不还打的白条。但股票市场赋予了白条新概念：这些白条很有价值。价值在哪里？那就是白条带来的未来现金流。

资料来源：第一部分摘自，仲继银．董事会治理：从管制公司到合股公司的发展［J］．中国新时代，2014，(6)．第二部分摘自，郎咸平．中国百年股市教训［N］．乌有之乡网刊，2008-09-09. http://www.wyzxwk.com/Article/shidai/2009/09/45695.html.

合股公司发展之初，仍然被英国的习惯法视为合伙制企业，而不是法人实体。[193]并且由于许多特许状是有期限的，因而公司的存续时间是间断的，如英国的东印度公司获得的特许状，要么是以一次航行为限，要么以几次航行为限。[193]有学者认为，1602 年成立的荷兰东印度公司才是现代公司制度的起点，其原因就是它不同于英国东印度公司,它获得的是相对永久的特许(最初 20 年左右特许状更新一次,而后更长),具有相对永久化的生命,具备相对独立的法人地位。在随后公司制度演进的长河里,现代公司的有限责任、法人地位、集中管理等特征逐渐成形,各国开始出台《公司法》对公司制度的设立和运行作出规则要求,其中也包括董事会的有关条款。英国颁布的《合股公司法》是第一部成型的公司法,对董事制度进行了初步的规制。然而在这段时间,董事会的设立不是被强制要求的,对其认识也在不断探索和发展。到了 1896 年的《德国商法典》,对董事会提出独立性要求,确认董事会对公司的领导不再受股东及国家监督组织的影响,要独立指挥公司运行。[46]其实,董事会作为公司必设机构的要求是较近的事件。在美国,1943 年的《示范商业公司法》也才规定,除另有股东协议外,每个公司必须有董事会。在英国,直到 1947 年的公司法才规定董事会是公司必设机关。[46]如果说公司法是有关公司制度的一套"通用"契约(公司章程属于特殊契约),反映了人们对公司运行的某些环节的共同认识,那么,董事会存在的必要性、董事会制度设计的合规化要求,也是当代才达成共识。

三、董事会、股东、经理间关系的演进

以上考察了公司制度的起源,而董事会制度的演进始终与之相伴。进一步看,公司治理模式演进,实质上体现了董事会、股东、经理间关系的演进。[194]从董事会与股东、经理之间关系的转变中,可以发掘出董事会功能的范畴及其演变。

首先,从董事会与股东的关系看,这里的关键改变,或者称为"公司革命",发生在规约公司向合股公司的发展过程中。在规约公司,股东是作为不同的个体与董事会联系的,股东之间的冲突在董事会那里被仲裁。而在合股公司,股东成为一个整体与董事会建立联系,股东之间的冲突由股东会之类的组织机构处理,为避免个别股东的剥夺行为,董事会与任何个体都保持距离。促成这一变革形成进而制度化的"公司革命"就是"法人独立"。"法人独立"让董事会截断任何个别股东与公司之间的直接连接,让公司不受任何个别股东的控制。

董事会与经理间关系的革命性变化发生了两次。从规约公司向合股公司的发展过程中,经理人出现,其身份是全体股东的代理人。在规约公司那里,对于个别股东,准确讲是各分散的商户,可以选择经理人代理其业务,当然更多的是亲力亲为。但在合股公司,由于集中管理的需要,经理人的出现成为必然。不过此时的经理一般还并不是真正的职业经理人,按照图 9-1 的概念框架,多数仅仅是负责执行董事会决策的"前台经理人"。对于公司治理制度建设而言,董事会与经理间关系变革的关键点来自"经理革命"。经理革命所带来的现代公司,[76]意味着决策管理权由经理掌握,董事会负责的是决策控制权。也就是说,在从合股公司向现代公司发展的过程中,董事会相对于经理的功能发生了变化,此前以决策为主监管为辅,而在现代公司,董事会以监管为主决策为辅。

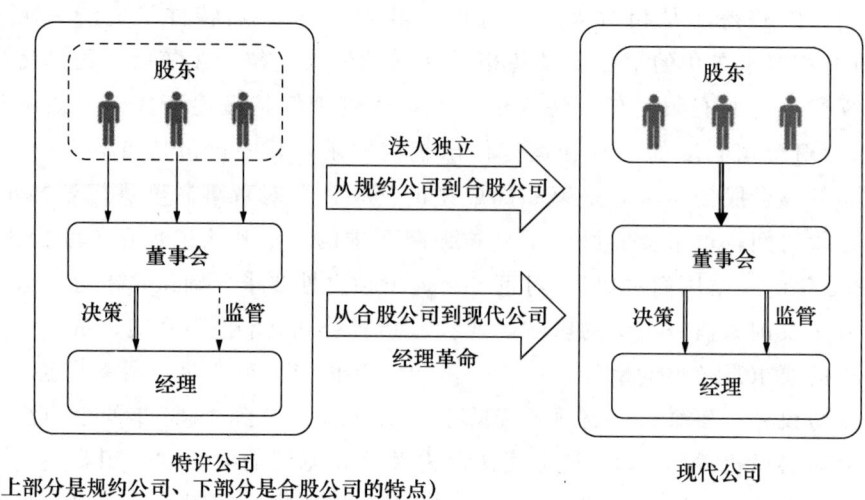

图 9-1 董事会与股东、经理关系的演变

四、董事会角色的演进

根据以上有关董事会起源、演进的分析，可以发现董事会在其出现的早期，其功能与基于公司治理视角对现代董事会的认识有较大出入。第一，董事会最初不是以监管者而是以决策者的身份出现的；第二，董事会最初的另一重身份不是保护者而是仲裁者。

董事会制度的发展变迁历程中，一共存在着四种角色：决策者、监管者、仲裁者和保护者。决策者角色反映了董事会在公司经营管理活动中的任务，董事会要负责公司的战略性决策活动；监管者角色体现了董事会对经理的管治作用，董事会要对经理及其行为履行监督职责；仲裁者角色认为董事会要平衡好公司各方投资者的利益，董事会作为解决股东间纠纷的处理机关；保护者角色说明董事会要代表全体股东利益，董事会成为屏蔽各方私利而确保公司独立性的保护装置。

这四种角色安排构成了董事会的功能空间。更为重要的是，这四种角色在董事会制度演进的不同时期，"戏份"明显不同，且具有密切联系。图 9-2 显示了这四种角色在董事会制度演进中的相互关系。首先，决策者角色和监管者角色都与公司的资产经营活动密切相关，是法人财产使用权和处分权的不同配置结果。但是，随着经理人经营管理的职业化发展，也就是在经理革命的推动下，董事会的决策者角色渐渐淡化，其监管者身份日渐重要。其次，仲裁者角色和保护者角色都与公司的利益划分密切相关，反映了法人财产收益权的不同规制方式。但是，随着股东投资风险的减少，或者说是股东责任的有限化，即在有限责任制度和法人独立制度的推动下，董事会的仲裁者角色变得不合时宜，其保护者角色的重要性日益凸显。

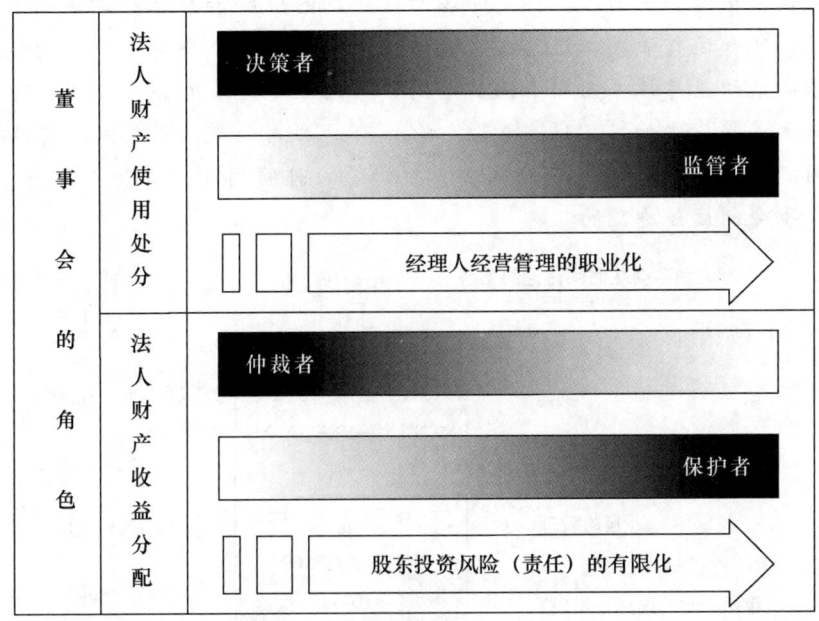

图 9-2 董事会的四项角色

9.2 董事会的功能范畴

以上基于董事会制度演进历程发现，董事会在公司中的角色是多元的，特别是发展的。根据这个发展的线索，有利于把握董事会功能的全貌，并理解各项功能之间的区别与联系。

9.2.1 董事会的三重身份及其功能

一、"凌乱"的实践与"模糊"的政策

在第 2 章，我们将董事会的身份确定为公司治理的枢纽，在内部治理体系它既是公司治理的客体也是公司治理的主体，在外部治理体系它作为法人代表成为公司治理对象。本节将基于此前在董事会演进路径上发现的线索，对董事会身份进行更深入的考察。这样的考察有极大的必要性，正如案例 9-2 所示，现实世界中董事会实践是五花八门的。

案例 9-2 ▷ "凌乱"的董事会实践

图 9-3 来自 1993 年一项基于 495 家公司的调查，它揭示了董事会花在不同问题上的时间比例，请注意：一是董事会活动内容的丰富性。从战略管理到运作管理，大大小小若干事务由董事会负责，甚至还有 10% 的时间用于"其他"事务。二是董事会任

务的低层次性。根据公司治理与公司管理的区分，图中所示内容有许多属于具体的经营管理活动，比如运作管理，这怎么能够体现董事会是一个公司治理机构呢？三是不同公司董事职能的差异性。图中右侧"范围"一列显示，各家公司在同一事务上的关注度具有极大差异，比如在"财务管理"上，有的公司仅花1%时间，有的却要花费90%的时间。特别有趣的是，有公司竟然100%的时间用于"其他"事务上。显然，实践中的董事会制度是凌乱的。

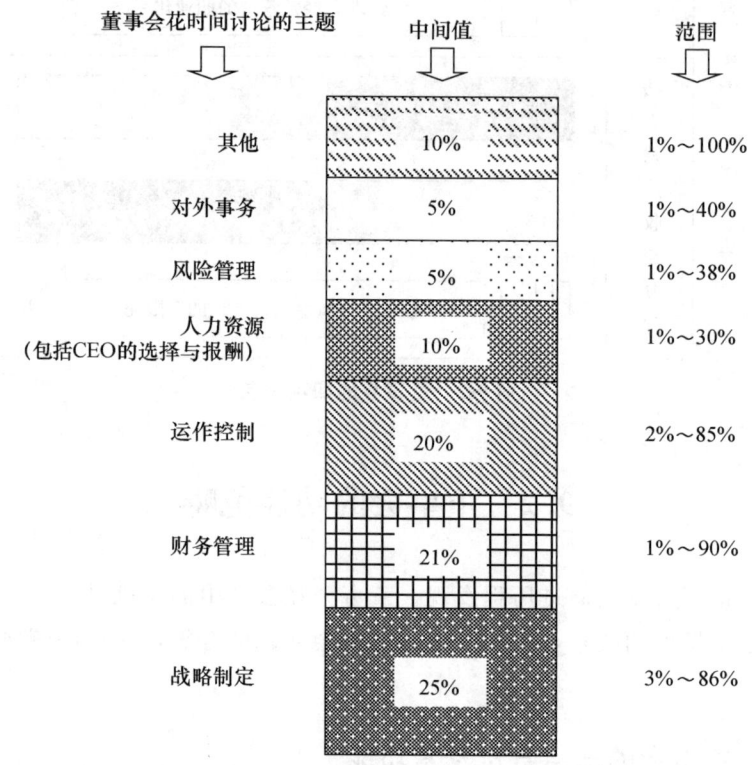

图9-3 关于董事会会议时间分布的一项调查

资料来源：宁向东. 公司治理理论，第2版［M］. 北京：中国发展出版社，2006.

对于这样凌乱的董事会实践，各个国家的政策指导机构也没有就董事会的功能范畴达成统一意见，见小贴士9-2。

小贴士 9-2 "模糊"的董事会政策

许多国家和组织都成立有专门的公司治理政策指导机构，会基于已有的理论认识对公司治理实践出台相关的法律和政策指引。以下是剧锦文教授的总结：[180]

表 9-1　部分国家关于董事会职责的规定

美国商业圆桌会议	① 任免经营者，确定经营者报酬，审核经营者继任计划；② 审核批准重大战略、公司规划；③ 就重大事项为经营者提供咨询；④ 审核评估公司内部控制、风险管理、财务报告程序的适当性；⑤ 董事提名，评估董事会结构、治理原则、组成、议事程序等的正常运行，且能够顺应形势变迁
英国《凯德伯瑞报告》	① 确定公司的战略目标，为其实施提供领导；② 监督经营者并向股东汇报情况；③ 确定财务政策的方式并负监督实施，包括运用财务控制和过程，以便向股东提供公司活动和发展情况
英国《韩培尔报告》	每个公众公司均应该由有效的董事会进行控制和领导，其首要责任就是确定公司广泛战略，并确保其实施
澳大利亚投资经理协会	① 确定公司战略；② 继任计划，包括任命、培训、监督经营者；③ 为公司提供投资者关系计划；④ 内部控制和信息系统的完整性；⑤ 确定与公司业绩挂钩的报酬政策
爱尔兰投资经理协会	① 批准公司战略；② 任免经营者；③ 监督和评估经营者业绩
法国《维也纳特报告》	① 确定公司战略；② 任命实施该战略的经营者；③ 控制经营者；④ 确保年度报告和在发生重大交易情况下向投资者和市场披露情况的质量
OECD《公司治理》	① 审查和指导公司战略、重大经营计划、风险政策、年度预算和经营计划，确定制定绩效目标，监督公司业绩，审核主要资本开支、并购和分拆活动；② 任免经营者，激励经营者，审核经营者继任计划；③ 审核主要经营者和董事报酬，确保董事提名程序的正式化、透明化；④ 监管和管理董事会成员、经营者及股东在关联交易、资产处置等方面的潜在利益冲突；⑤ 通过外部审计、风险监控、财务控制等措施来保证公司会计和财务报告的完整性、合法性及可信性；⑥ 监督公司治理系统在实践中的有效性，必要时进行改进；⑦ 监督信息披露过程

资料来源：剧锦文. 企业与公司治理理论研究［M］. 北京：中国经济出版社，2018.

我国《公司法》的较早版本中有专门条款规定了董事会职权。在 2021 年到 2023 年的新版修订过程中，情况发生了变化。在 2021 年的第一版修订征求意见稿中删除了相关全部条款，进一步"模糊"了董事会职责，全文是：董事会是公司的执行机构，行使本法和公司章程规定属于股东会职权之外的职权。

可是，在 2022 年的第二次审议稿中相关条款又被部分加回，2024 年施行的最终版本中规定："董事会行使下列职权：召集股东会会议，并向股东会报告工作；执行股东会的决议；制订公司的利润分配方案和弥补亏损方案；制订公司增加或者减少注册资本以及发行公司债券的方案；制订公司合并、分立、解散或者变更公司形式的方案；决定公司内部管理机构的设置；决定聘任或者解聘公司经理及其报酬事项，并根据经理的提名决定聘任或者解聘公司副经理、财务负责人及其报酬事项；制定公司的基本管理制度；公司章程规定或者股东会授予的其他职权。"

很难有一个抽象的理论结构对董事会功能加以框定，为董事会制度建设提供具体的指导思路，这很可能是因为我们对董事会的身份缺乏系统性辨识。图 9-4 表明，董事会同时具有三种身份——所有权代理机构、经营权委托机构、法人代表机构。案例 9-2 和小贴士 9-2 中的董事会活动，展示的是三种不同身份功能的混杂。

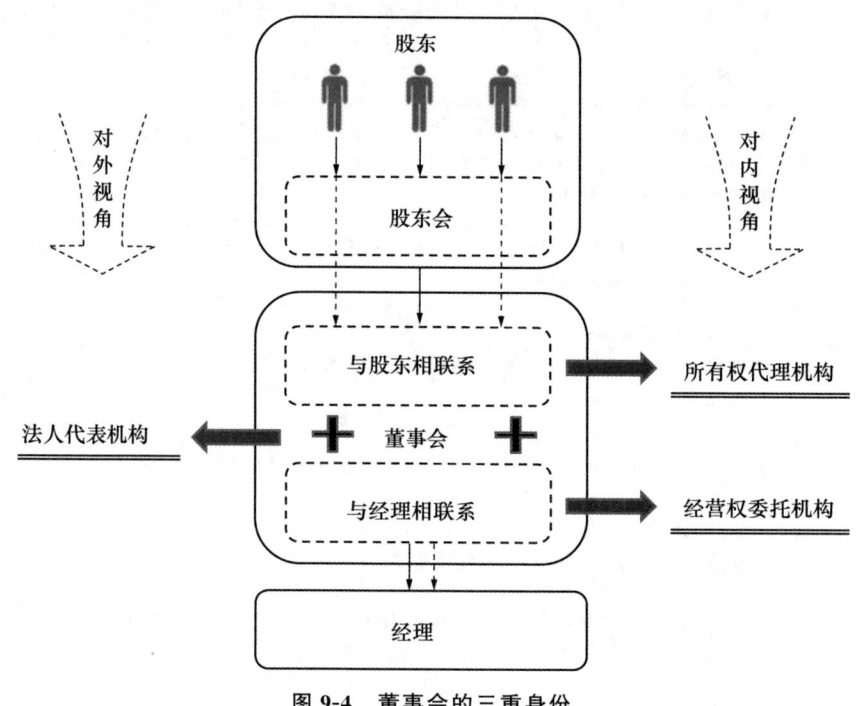

图 9-4　董事会的三重身份

二、作为经营权委托机构的董事会

在伯利—米恩斯命题下，公司治理的传统课题主要讨论对经理人的治理，即本书所指的代理型公司治理问题。在这里，董事会是作为经理的委托人出现的，董事会存在的必要性是经理掌握着公司的资产经营权。这样的董事会可确定为经营权的委托机构。

在这样的身份之下，有关董事会功能的研究比较充分，相关的政策指导也比较丰富。在小贴士 9-2 中，大致有三分之二的董事会活动来自其经营权委托机构的身份。这一身份建立在董事会与经理的关系之上，面向代理型公司治理问题。根据图 4-5 模型中的代理型公司治理制度体系，董事会是解决经理腐败的重要防线，其相关治理活动分为人员选聘、权责划分、决策制衡、激励约束和监察督导五个方面（在图 5-1 的模型中，对应了五种经理治理机制）。于是在经营权委托机构身份下，董事会的功能可细分为：① 选聘任命经理。② 行使一部分决策管理权。这是可授予而未授予职业经理人的权力，主要涉及公司战略或其他重大决策事项的拟定。③ 实施必要的决策制衡。这是董事会决策控制权的部分，与董事会保留的决策管理权相互对应（决策控制活动加上决策管理活动构成了决策活动整体）。常见的内容包括战略的审核批准、重大决策的咨询、危急时刻的接管等。④ 激励约束经理，特别要重视经理薪酬制度的设计和实施。⑤ 监察督导经理以及整个公司，包括内部控制与风险管理。

以代理型公司治理制度体系的架构为线索,可以将董事会在经营权委托机构身份下的功能分为以上五类。读者可以以此梳理小贴士 9-2 中董事会与经理相关的各项活动,应该能清晰地勾勒出在这重身份下董事会的功能范畴,然而也应该发现各国对董事会的功能定位是有差异的。比如,在公司战略方面,美国商业圆桌会议表达的是"审核批准"重大战略,OECD 组织说的是"审查和指导"公司战略,而英国、澳大利亚、法国等的报告中写的是"确定"公司战略。以此为线索,更进一步抽象,可发现这五类功能能够划分为两个层面。一些学者称其为董事会的两大职能,一是监管职能,或称监督职能,二是参谋职能,或者战略咨询职能。[28,35] 以上所谓的"审核批准"战略可划为监管职能,而"确定"战略则当属参谋职能。那么,董事会的定位究竟是监管职能还是参谋职能呢?这正是本章的核心问题,随后逐步论述。

三、作为所有权代理机构的董事会

董事会作为委托—代理链的中间节点,同时与经理和股东发生联系,而经理、控制股东身上发生的"腐败"行为正对应着公司治理的两大问题——代理型公司治理问题和剥夺型公司治理问题。所以,董事会是两类公司治理问题的解决枢纽,至少具有双重功能。读者已通过此前论证了解,身为经营权的委托机构,董事会在处理代理型公司治理问题上的功能。然而,有两点原因让董事会在处理剥夺型公司治理问题方面的功能还有待挖掘,小贴士 9-2 中有关董事会针对剥夺问题的政策指导也因此仍比较单薄。其一,整个剥夺型公司治理问题的理论研究尚不充分,学术界尚处在搭建系统的剥夺型公司治理制度框架的工作之中;其二,剥夺问题产生在股东与股东之间,考虑的是股东的异质性。然而,目前关于董事会的多数研究视股东为一个完整的群体,将董事会理解为这个完整群体的代理机构。这样的处理建立在完全保障法人独立性和完全实现现代公司集中管理等特征的假设之上,而忽视了现实中公司制度的多样性。事实上,特别在中国,哪怕是上市公司,"代表性董事会"制度仍十分普遍,甚至以为这体现了正确和规范。[172] "代表性董事会"强调董事会中要有各个方面股东的代表,他们在董事会中形成制衡关系。这先天地削弱了董事会的整体性,将董事会变为一个谈判和利益博弈的场所。[172]

因此,董事会作为股东所有权的代理机构,需要面对比想象更为复杂的治理问题。它究竟是一个完整股东群体的代理者,还是几个股东代理者的综合体,甚至是某一个控制股东的代理者,是董事会制度设计的不同前提。假如在一个标准地完成了公司革命的现代公司里,股东之间的冲突在股会里解决了,没有引发剥夺型问题的控制股东的存在,那么董事会的功能就是隔断全部股东的直接干预,此时小贴士 9-2 中的政策建议基本可以直接指导现实。但是,如果董事会事实上成为"代表性董事会",甚至在某种情况成了某一控制股东的代表,就不得不面对更为复杂的董事会功能。

根据图 7-10 模型建立的剥夺型公司治理制度体系,剥夺问题产生于控制股东权利与责任的不匹配,以及控制股东身份与行为的隐蔽性。同时,一般情况下,股东会是解决剥夺问题的核心机构,董事会起到的是辅助作用。所以,董事会对剥夺问题的解决是相对间接和迂回的。进而,董事会作为所有权代理机构的身份,需要承担的功能包括：第一，选聘任命董事。不仅要考虑董事能力、品行等胜任力因素，重要的是要考虑董事的代表身份，是代表某位股东还是完全独立。这其实是个董事会定位问题，是下一节的讨论重点。第二，行使一部分决策管理权。在对董事会的经营权委托机构的考察中，也提出了这一功能。这其实反映了这一功能的两面性，其定位一方面要考虑对经理的放权，另一方面也反映出股东直接干预公司（或避免其干预）的手段是在董事会里影响公司决策。第三，实施必要的决策制衡。同样，这一功能也具有两面性，一方面是董事会对经理决策的制衡，另一方面，也是当多位或一位董事成为多方或一方股东的代表时，为避免剥夺问题发生而进行的决策制衡。以上这三点也可综合为对董事会的人员构成、组织形式、权力范围、议事程序、决策原则等的自我治理。第四，信息披露。解决剥夺问题产生的一项基本原则就是披露股东在董事会中的身份与行为。

四、作为法人代表机构的董事会

以上两种董事会身份的认定是把董事会放在公司委托—代理链的中间节点上，基于内部治理视角得出的结论。附于这两种董事会身份上的功能，是公司制度自我完善过程中内生出的解决代理问题和剥夺问题的功能。然而，当董事会"演进"出来之后，特别是在各国的法律制度下被赋予法人代表的地位后，当公司本身作为单独的经济体受到外部利益相关者或社会的治理时，董事会将自然地代表法人承担被治理或自我治理的任务。

基于法人代表身份，董事会的功能可以概括为：① 代表法人履行法律义务。第一，要确保公司行为符合法律法规要求；第二，要促使公司承担社会责任，成为整个社会系统下的"好公民"；第三，要代表法人确定、陈述并遵行经营使命和宗旨；第四，要向利益相关者和潜在的利益相关者，进而向全社会披露信息，履行说明责任；第五，处理突发、重大事件，行使剩余控制权。② 强化自我治理。严格说董事会是几乎不受外人的直接管制的，自我治理既包括对每个董事的治理，涉及选聘、制衡、激励、监察等，也包括对董事会整体的治理，涉及组织完善、程序保障、自我管控等。③ 引入和利用社会资源。董事会成立后，引入了本公司之外的外部董事，他们身上的社会资源，均是公司可以利用的外部条件。

> **小贴士 9-3**　**公司治理制度建设中的合法性机制**

本书以企业理论为理论基础，企业理论虽然突破了契约的不完备性和信息不对称性等传统经济学假设，但总体上仍然强调理性分析原则，把企业看作理性系统。以下对董事会制度内生过程的分析，更是坚持理性原则。然而，随着组织社会学、经济社会学的发展，组织的自然属性、开放属性被逐渐认知，发展出了组织研究的新制度学派。

新制度学派的组织理论从组织间的制度趋同现象开始考察，认为组织行为受到组织环境的制约和控制，而来自制度环境的作用是通过合法性机制实现的。合法性是在由规范、价值观、信念和概念组成的社会建构体系中，某一实体的行为被普遍认为是可取的、正当的或适合的感知或假定。[196]也就是说，来自社会环境中的合法性压力，让组织不得不采用社会认为应该采用的制度安排。这个合法性一般包括规制合法性、规范合法性和认知合法性。[197]规制合法性与人们日常生活中理解的"合法"关系更近些，是那些具有强制性的正式的法律、法规以及非正式的有奖惩效果的风俗、规则等。规范合法性源自反映社会或某个集体所共有的价值观和行为规范。认知合法性强调社会的文化认知框架为人们的行为提供了一个"脚本"，人们只是按照惯例来行事。

所以，一家公司的公司治理制度建设不得不面对社会环境中的合法性压力，常常不得不按照社会上人们认为应该有的样子设计制度，尽管这个样子并非是正确或高效的。在董事会制度设计中，其"法人代表"身份受到的合法性压力最大，本书直接假定这一身份下的董事会功能设计完全是一种外生过程。而"经营权委托"身份和"所有权代理"身份虽然在本书以下讨论中以经济理性为内生选择原则，但在实践中建议企业家还是要策略性地向环境"低头"。

9.2.2 董事会的两类内生功能的界定

一、董事会功能的内生因素

以上分析将董事会身份一分为三，其中的法人代表身份是董事会后天成立后，在被法律界定为法人代表的事实上，代表法人接受外部利益相关者和全社会治理而承担的身份。在这重身份上，董事会是"被"治理的对象，承担外生功能，其对应的制度安排是遵守外部法律法规监管的被动执行结果。在这一外生的身份上，是可以存在"最优的""规范的"模式的。然而在另一方面，现实世界中的董事会形态是多样化的，这反映了其另一部分功能的内生性，体现了董事会是依据公司条件和治理任务而内生出来的。[198,199]从此前对董事会的经营权委托机构和所有权代理机构的身份看，前者体现了与经理的关系，后者体现了与股东的关系，关键点是这两种关系的实际状态直接决定了两种身份所附着的治理功能的异质性。所以，这两种身份下，董事会的对应功能是内生的。

对于经营权委托机构的身份，董事会功能的内生因素就是公司经理制度的演进。显然，只有当外聘经理的代理人身份确定后，董事会的委托人身份才建立。这里需要进一步探究的前提是，经理的代理人身份是变化的。图9-5的横坐标解释的现象是，在外部经理人引入的初期，特许公司阶段，经理更多的职责是执行董事会的决策，他从事的资产经营活动相对是特定的，不甚灵活。这时影响公司成长的障碍可能是股东对一线经理决策的制约，如果这也可以认定为公司治理问题，则属于泛公司治理的范畴，权力制衡的方向是从经理到股东（见图5-2模型关于公司制度建构逻辑和制度优化逻辑的权力制衡方向的辨析）。而在经理革命的推动下，经理人掌握了越来越多的控制权，其中，剩余控制权比重越来越高，发生代理问题的概率和危害也越来越大，这时的公司治理任务属于公司治理的核心范畴，权力制衡的方向是从股东到经理。

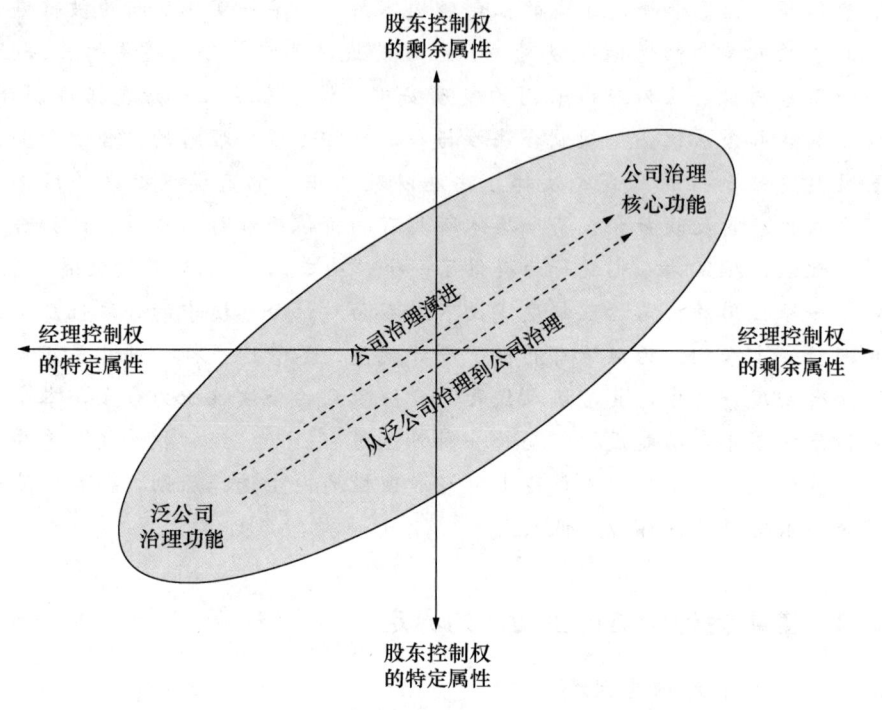

图 9-5 董事会功能的内生性

图 9-5 的纵坐标解释的现象与董事会的所有权代理机构身份有关，考察了股东保留控制权的情况。纵坐标的最下端对应的是 9.1 节介绍的规约公司的情况。这时股东手中各自仍保留着对资产的经营权，导致的问题有两方面，一方面无法形成合力，另一方面冲突难以处理。由此，凸显出董事会的价值，如果此时的行为功能也可判定为公司治理的话，那么可算作泛公司治理范畴，相关权力制衡活动引入到董事会内完成（见图 5-2 模型关于公司制度建构逻辑和制度优化逻辑的辨析）。在当前的社会经济制度环境下，对应的情境是股东对公司的一般决策仍具有影响，并且这种影响不能在股东会层面上达成统一。然而随着公司革命的推动，在合股公司和现代公司阶段，法律逐渐要求法人的独立性，这意味着股东作为一个整体存在，并且必须尊重法人财产权。这时的股东掌握的控制权一方面更多的具有剩余权力属性，主要保留对无法预见的重大事件的决策控制权，另一方面这种权力在资本多数决和少数股东"理智冷漠"的背景下，更多地向控制股东手上集中。如果此时的控制股东在事实上侵害了法人的独立性，则会出现剥夺型公司治理问题。这是公司治理的核心任务之一，制度设计上要保障权力的制衡发生在董事会边界之外，或者说董事会整体成为权力制衡的屏障。

回想本书第 1 章对公司治理任务的理解，公司治理是有关剩余控制权配置和行使的活动。那么，董事会的内生功能与剩余控制权在董事会和经理、股东之间的转移有关。从这一点理解公司制度革命，可以发现：所谓的经理革命就可以理解为经理拥有的控制权的剩余权利的属性达到某个拐点，经理角色不再是决策的执行者，而是决策的拟定者，拥有足够的并应该被管制的自由裁决的权利。而所谓的有限责任制度革命，其实质是股东控制权的范畴被大大限制，限制的拐点是股东控制权中的特定属性的权利基本剥离，进而法人独立，而剥离后剩余下的自然就是剩余权利。可见，经理革命是经理"获得"剩余控制权，有限责任革命是股东只"剩下"剩余控制权。所以，从剩余控制权与特定控制权配置的这一内生因素考虑，董事会的功能还有9.2.1节所论述以外的另一个判别维度，即以下论证的两类内生性功能的划分维度。

二、董事会的两类内生功能

图9-5对董事会功能的内生演变过程的刻画，反映出董事会不仅仅从事核心的公司治理功能，当股东"仍保留"特定控制权时，以及当经理"未获取"剩余控制权时，董事会还要履行股东间矛盾的仲裁者和经营任务的决策者的角色，而这正是9.1节论述的公司制度早期董事会的角色。所以，我们必须意识到董事会制度的多样性，看到董事会在核心的公司治理活动之外，还从事着泛公司治理工作。泛公司治理涉及公司制度（本书所指的作为研究标尺的全面完成公司革命的现代企业制度）建成之前，处理利益相关者协作的活动。根据图1-3，泛公司治理处于"治理"与"管理"的交叠之处，甚至有可能处理"管理"事务，比如合股公司的董事会要进行一些非常具体的业务决策。另一方面，泛公司治理也要处置控制权的不断配置，比如规约公司董事会的基本职责就是不断地就具体活动中的权力和利益分配做出裁决。

于是，上一节看到的董事会实践的"凌乱"与政策的"模糊"就可以得到解释，正是在泛公司治理范畴内从事的活动让董事会功能无法聚焦。而不理解这一点，就容易出现认识上的董事会狭义化倾向与公司治理泛化倾向。所谓董事会狭义化，是指人们在概念上习惯于仅仅把董事会理解为公司治理的机构。事实上，9.1节关于董事会起源的介绍所透露的思想是，历史上董事会所从事的任务与今天的公司治理核心目标无关，甚至相抵触。董事会狭义化思路下，为了对现实情况自圆其说，进而同时发生了所谓的公司治理泛化的倾向，即把董事会一切的活动都"扔"到公司治理这个"筐"里。这样理解的结果是公司治理的本质被模糊了，进而公司治理的理论体系就充满了矛盾。为此，要充分理解董事会制度，就要把董事会的公司治理核心功能与泛公司治理功能区分出来。为清晰表达，董事会的公司治理核心功能以下称为"本质功能"，泛公司治理功能以下称为"原生功能"。

（1）公司治理的核心内涵与董事会的本质功能

推动现代公司制度产生和发展的力量主要来自于两次革命，一是经理革命，二是有限责任制度的确立。这两次革命的划时代意义无须赘述，可是这两次革命也有明显的副作用。

经理革命赋予了职业经理决策管理权，导致所有权与经营权的一定分离，诱发委托—代理问题。哈特认为，所谓公司治理就是为了解决代理问题。[24]这种思路就是公司治理研究的传统脉络，本书称其为代理型公司治理问题；而有限责任制度的副作用主要来自事实上的"无限"权力与法律上的"有限"责任的矛盾。现实中，存在着被称为控制股东的一种人，他们可以通过金字塔结构完成关联交易，可以通过交叉持股稀释他人的股权，也可以通过分类股份实现同股不同权。当公司经营尚可时，他们的行为是剥夺，当公司难以为继时，他们则"享受"有限责任，一走了之。这反映了股东之间的矛盾。一些学者称其为第二类代理问题，而本书称其为剥夺型公司治理问题。

所以，是经理制度和有限责任制度的革命促成现代公司制度的确立，但其本身也有副作用，它诱发了公司治理问题。于是，公司治理本质上不是对人的治理，也不是对事的治理，而是对公司这种企业制度的治理，治理的是公司制度的先天缺憾。

因而，公司治理的核心功能是明确的：一是监督、管制、激励经理，降低代理成本，治理经理制度，称为监管经理功能；二是确保公司的独立性，避免剥夺行为，治理有限责任制度，称为法人独立功能。由于董事会是公司治理机构的核心枢纽，因而，可把董事会的本质功能确定为其所承担的公司治理的核心功能。

（2）董事会的起源与董事会的原生功能

董事会的形成有两种方式，一是作为制度演进内生出来的，二是《公司法》强制要求设立的。首先，9.1节有关董事会起源的分析表明，在董事会出现的早期，其角色是决策者和仲裁者，而非监管者和保护者，其功能也与董事会所承担的公司治理本质功能无关，即与监管经理功能和法人独立功能无关。所以，当我们接受这样的观点——"董事会是市场对组织设计问题提出的解决方案"[200]，以及"董事会是作为一种控制工具而内生地出现的"[18]，就要认识到初始的董事会制度与当时的特许公司制度是相对应的，解决的是特许公司的问题，而非现代公司面临的问题。其次，"公司法是一个通用性的合约，是一个标准的合同，类似公共产品，可以降低交易成本"[37]。当建立董事会等公司治理机构的必要性被普遍接受后，政府出面了，通过公司法对公司治理机构做统一的、一般性的安排，公司法起到了正的外部性作用。于是，现在一家企业要注册为公司，都要受到公司法的管治，都要有统一的公司治理机构。在我国，除非是规模较小的有限责任公司，都要设立董事会。换言之，在今天，一些公司设立董事会并非是公司治理制度建设的内生性要求。

这样，一个问题的答案就清晰了。这个问题是，所有的董事会都在从事公司治理的核心任务吗？或者，董事会做的事情都是关于核心的公司治理吗？显然，从董事会的起源来看，答案是否定的。首先，作为制度演进内生的董事会，产生在经理革命之前，也产生在公司治理问题被伯利和米恩斯在1932年正式认识并提出之前，它的最初功能就不可能是前文所界定的公司治理的本质功能。[4] 其次，目前许多被冠以"公司"并按照法律要求设立了形式上完备的董事会的企业，其实并不满足现代公司的基本特征，它们或者并未完成经理革命，或者股东（至少一部分股东）的责任并不是真正的有限。也就是说，这些公司并未面对严重的代理型或剥夺型公司治理问题，也就没有强烈的公司治理意愿。于是，这些公司的董事会就会借鉴历史上的做法，去执行其他职责，至少执行一部分其他职责。

以上分析说明，现实中的董事会不仅仅承担公司治理的本质功能，还要承担"原生功能"。第一项原生功能，我们称为决策制定功能，即董事会要承担制定经营决策的职责，至少要在决策制定中发挥参谋作用。但是，从公司治理的核心任务来看，公司治理是没有这项功能的。可现实中许多董事会都在执行经营决策制定的功能，这又如何解释？一种解释是董事会的功能发展了，衍生出了战略领导功能。[201]宁向东则认为董事会有两大职能——监管职能和参谋职能，但为了不与公司治理的本质产生矛盾，他表明只有财产托管责任的董事会才是现代公司意义上的董事会，仅仅具有参考价值的董事会不是现代公司意义上的董事会。[35]

我们对此的解释结合了所谓的"衍生"和"现代公司意义"。首先，决策制定功能不是公司治理的本质功能，而是赋予董事会的一种原生功能，或者前文所称泛公司治理功能，是有关特定控制权而非剩余控制权的活动。其次，董事会执行这项功能对于已经完成经理革命的现代公司而言不合理，经理革命导致的企业家职能的分解已将这种职责交给了经理，即已经完成了制度建构逻辑的泛公司治理活动。但对于经理革命不彻底，进而未建立起委托—代理关系的所谓公司而言，由公司法既定的董事会承担某些经营决策的制定却是合理的，符合劳动分工的效率原则。换言之，现实中的董事会并不完全负责公司治理的核心任务，它甚至可被认为是公司管理系统中的组织结构的一部分。

第二项原生功能，我们称为利益仲裁功能，即董事会负责处理股东间的利益纠纷，或者是大股东寻求额外风险溢价而控制公司的机关，或者是制衡股东间利益斗争的场所。但严格地说，公司是一个具有独立资格的法人，经理的责任是服务于这个法人，而不是某些股东。董事也是全体股东的代表，而不是某些股东的代言人。即"公司中股东权利的托管对象是董事会而非某个董事成员"[35]。于是，在一个已经完成制度建构逻辑下的现代公司制度改造后的公司里，董事会就不应该是利益群体的讨价还价场所，更不应该是某些股东控制公司的枢纽。股东间关于利益控制和利益分配的议事机关是股东大会。

这种关于董事会必须独立的观点恐怕不一定被很多人所接受，因为现实中许多董事会在扮演着大股东控制机制的角色。但这其实反映出：第一，剥夺型公司治理问题普遍存在，而人们对该问题的认识是不足的。事实上，至今对剥夺型公司治理问题的研究还不充分。第二，现实中的一些董事会承担原生的利益仲裁功能也具有一定的合理性。仲裁的前提是有冲突的发生，而冲突发生的前提是某些股东存在个人的利益诉求，寻求个人利益的维护。的确在现实世界里，股东对公司的付出是不一样的，尤其是股东承担的责任和风险是不一致的，甚至某些股东是单边承担经营风险。某些股东的责任相对于另外一些股东并非是真正"有限"时，公司的有限责任特征就是不完全的，这时一定的个人利益维护就合理了，而围绕个人利益维护的纠纷和仲裁就会发生。比如某些股东的股份转让壁垒高的时候,又比如有承担其他社会责任的国有股东存在时,这些股东一定会竭力保有一定的特定控制权,甚至希望成为控制股东,一定会竭力影响甚至控制董事会。这时的董事会仲裁或维护的是这些股东的特定控制权及其所附的利益,相关的活动属于泛公司治理范畴。这其实是个风险内部化的过程。当然,如果在股东完全具备有限的、平等的责任和风险后,董事会仍维护个别股东的利益,那么就会出现剥夺型公司治理问题。

9.2.3 董事会的两类内生功能的关系

一、董事会制度与公司治理制度的功能外延

如前所述,现实中的董事会承担着两类四项内生功能:第一类是本质功能,包含监管经理功能和法人独立功能两项,第二类是原生功能,包含决策制定功能和利益仲裁功能两项。

其中的本质功能反映出,董事会是为公司治理核心任务服务的,是公司治理功能实现的组织机构载体。它通过一系列的权责分配,保证经理的决策行为始终处于良好的监管之下,保证公司不受任何个体利益的摆布而处于独立状态。这意味着,在核心的公司治理意义上,董事会的功能外延要小于公司治理的功能外延,公司治理的实施除了内部结构的要求之外,还需要外部治理机制和中介治理机制等方面的补充,以及融资结构体系和说明责任体系等方面的优化。

董事会的原生功能则说明,该组织架构还承担着泛公司治理职责。对于经理革命未完成,进而代理型公司治理需求不强烈的公司而言,它是公司决策体系的一部分,是经理决策机制的延伸或者补充;而当股东承担较大风险责任且其分配不均时,公司的内部治理机构就应该是风险承担者的利益维护机构。所以,在现实中,我们往往看到的董事会的外延又大于公司治理的外延(如图9-6所示)。

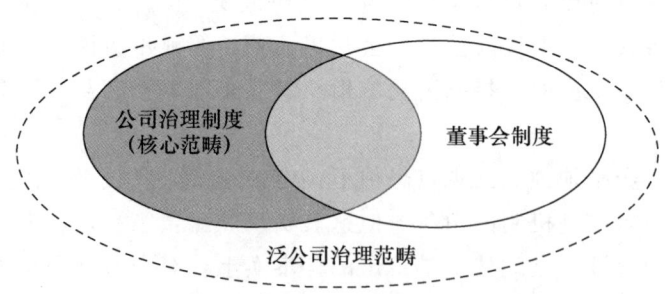

图 9-6 董事会制度与公司治理制度的功能外延

图 9-6 反映出董事会制度与公司治理制度的功能外延既不重合,也不相互包含。如果公司治理的功能边界包含了董事会的功能边界,就会发生所谓的公司治理泛化。如果反过来,董事会的功能边界包含了公司治理的功能边界,则忽视了其他的公司治理机制。当然,这里指的公司治理是核心任务下的公司治理,如果在泛公司治理范畴

之内，董事会制度当然会被公司治理边界包围。

二、董事会本质功能与原生功能的关系

尽管关于董事会本质功能和原生功能的定义由作者首次提出，[19,38,202]但这两类功能的客观存在却早已为人所洞悉。但在几乎所有的研究中，这两类功能被表述为一种互补性的关系，甚至将原生功能作为"公司治理功能系统的发展和更新"[201]。

可是，从这两类功能的起源来看，两者不是互补的，而是替代的，甚至是互悖的关系。首先，按照之前的论证，没有经理革命就没有代理型公司治理问题，而经理革命的目的就是让公司的决策权向经理集中，这是经济制度进化的效率要求和基本规律。既然决策是经理的职能，再让董事会制定决策，不是自相矛盾吗？其次，当公司的所有出资人的责任都是平等的"有限"，进而公司法人应该独立，但事实上又未独立的时候，就产生了剥夺型公司治理问题，所以董事会的法人独立功能与利益仲裁功能（背后是个人的利益维护和权力斗争）更是一种矛盾。在我们看来，目前的公司治理理论不成熟的一个重要表现就是没能解决好这样的矛盾。我们对此的解释是：

第一，我们不能把董事会的功能等同于公司治理的功能。当董事会的设立作为一种法律既定的要求时，它是解决核心公司治理任务的组织机构安排，对于非现代公司也可以是公司管理的组织机构或维护个别股东权力和利益的场所，至少处于泛公司治理的范畴。

第二，从公司制度演进的时序过程看，董事会的原生功能在前，本质功能在后。而所谓的公司革命，其实就是本质功能对原生功能的替代。不将决策权交给经理，就不能实现经营管理的优化分工；不实现满足独立法人资格要求的有限责任制度，就难以促进资本规模的扩大。当然，革命也有副作用，这就要求董事会发生功能上的跃变式转移，执行本质功能，从事公司治理的核心任务。

三、公司治理核心范畴与泛公司治理范畴的总结

在以上关于董事会本质功能与原生功能的讨论中，将其与此前本书界定的公司治理核心范畴与泛公司治理范畴进行了一定的联系。事实上，本质功能与原生功能提出后，公司治理核心范畴与泛公司治理范畴的边界得到了进一步的明晰。在此前论述中，公司治理核心范畴与泛公司治理范畴的区别在于其各自涉及的控制权属性与活动。前者重视剩余控制权，强调控制权的行使活动；后者重视特定控制权，强调控制权的配置活动。

表9-2表明，在公司治理核心范畴内，公司治理任务围绕剩余控制权的制衡展开，前提是特定控制权已配置稳定。或者说，在控制权分离的现代公司制度建构完成后，公司治理的任务是注重治理控制权滥用问题；而在泛公司治理范畴内，公司治理的前提是剩余控制权未脱离资产提供者，其任务是摸索更优的包括特定控制权在内的控制权制衡模式。也就是说，控制权配置活动是泛公司治理的重心，关于其优化行使的目标尚未明确。

表 9-2 公司治理核心范畴与泛公司治理范畴的功能区别

		公司治理核心范畴				泛公司治理范畴			
		监管经理功能		法人独立功能		决策制定功能		利益仲裁功能	
控制权属性	特定控制权	前提	集中于经理	前提	股东整体放弃	任务	经理与股东之间的制衡	任务	股东之间相互制衡
	剩余控制权	任务	股东与经理之间的制衡	任务	控制股东与股东整体间制衡	前提	经理未获得	前提	集中于股东
控制权活动	控制权配置	前提	独立于股东的经理制度已建构	前提	独立于股东的法人制度已建构	任务	建构股东与经理的合作制度	任务	建构股东之间的合作制度
	控制权行使	任务	股东治理经理的活动需优化	任务	股东整体治理控制股东的活动需优化	前提	经理仅负责执行的角色未变化	前提	股东及股东之间的关系未明确
控制权制衡		从上向下制衡的制度优化逻辑				从下向上制衡的制度建构逻辑			

监管经理功能嵌入在公司治理核心范畴的依据是：一方面，在控制权属性维度上，公司治理的前提是经理掌握了几乎全部的特定控制权，进而股东以及受股东委托的董事会如何制衡经理，避免不确定环境下的"经理腐败"是公司治理重点。另一方面，在控制权活动维度上，公司治理的前提是职业经理制度已经建立，如何优化这个职业经理制度的实行是公司治理任务。

法人独立功能嵌入在公司治理核心范畴的依据是：一方面，在控制权属性维度上，公司治理的前提是股东作为整体几乎全部放弃了参与具体经营管理活动的权力，进而如何避免股东间的权责匹配不平等，即如何在存在实质上的控制股东时避免不确定环境下的"控制股东剥夺"是公司治理重点，这也对董事会的独立性提出了要求。另一方面，在控制权活动维度上，公司治理的前提是法人独立制度已经建立，董事会已到位，如何优化法人独立制度的实行是公司治理任务。

决策制定功能嵌入在泛公司治理范畴的依据是：一方面，在控制权属性维度上，在经理未获得剩余控制权的前提下，公司治理（准确讲是泛公司治理活动）的任务是分配特定控制权以发挥经理的专业特长，或者说制衡股东以避免过度集权。另一方面，在控制权活动维度上，泛公司治理的前提是经理革命尚未完成，经理无须对环境的不确定性负责，于是公司治理任务是如何建构适合具体公司特点的股东与经理的合作决策制度，对此，董事会制度肩负重任。

利益仲裁功能嵌入在泛公司治理范畴的依据是：一方面，在控制权属性的维度上，在剩余控制权基本仍保留在股东整体手中的前提下，需要注意避免股东之间的权力利益不平衡，而此时治理任务的重要性表现在股东之间的冲突往往涉及具体的经营管理活动，董事会负有仲裁股东矛盾的责任。另一方面，在控制权活动维度上，泛公司治理的前提是股东之间的权利义务关系尚不明确、不稳定，于是公司治理的任务是建构促进股东合作、解决股东冲突的制度。

表 9-2 还反映出公司治理前提与任务之间的关系，可以看出，不同的公司治理任务的界定是以不同的公司治理前提为依据的。那么，这些前提是否可以成为所谓的公司治理定位的依据，提供解决"不审势即宽严皆误"问题的思路？这就引出了以下 9.3 节将论述的董事会功能定位的思路。这里需要注意的是，表 9-2 从控制权的属性和活动两方面体现公司治理前提与任务的关系，但在 9.3 节对董事会功能定位的讨论中，董事会的存在，无论是出于主动的内生要求还是被动的法律规定，都是既定的事实，即董事会制度的配置已经完成。所以，9.3 节重点关注的仅是控制权属性这一特性。事实上，表 9-2 反映出控制权属性与控制权活动在确定公司治理任务时，并没有冲突。

表 9-2 中的公司治理前提与任务之间的关系，在公司治理核心范畴与泛公司治理范畴内还存在着控制权制衡方向上的差异。在公司治理核心范畴里，在从股东到董事会再到经理的委托—代理链已经建立完备的情况下，控制权的制衡是从上向下的，这种制衡是为了优化这套委托—代理制度，公司治理的基本逻辑是制度优化。但是在泛公司治理范畴内，公司治理的基本逻辑是制度建构。如果说制度建构是长期动态任务的话，那么制度建构的基本趋势是建立起从股东到董事会再到经理的委托—代理链，而这套委托—代理制度的建立从控制权配置的角度看，恰恰是自下而上的制衡方向。

9.3 董事会的功能定位

9.3.1 董事会功能定位模型

以上两节概括了董事会的功能范畴，这是一个总括性的范畴，得出了一个囊括各种类型公司的董事会功能的"并集"。但这不是这项工作的重点，我们通过观察董事会制度的历史发展路径，通过分析董事会身份的经济学和法学含义，得出了两点结论：一是在一个维度上将董事会全部功能划分为三类——外生的法人代表功能、内生的所有权代理功能和经营权委托功能；在另一个维度上探索出董事会功能的内生演变规律——从原生功能到本质功能。当这两点规律挖掘出后，一个董事会的功能定位模型就自然地呈现出来，见图 9-7。

图 9-7 正中的菱形图案，代表董事会的"法人代表功能"。这是一项外生功能，是法律上将董事会认定为法人代表后，董事会代表法人承担的被治理或自我治理的功能。这基本无关乎定位要求，是可以"规范化"或"标准化"处理的（见 9.2.1 节所述），包括代表法人履行法律义务、强化自我治理等。当然，一些公司会通过董事会引入某些外部董事，进而引入和利用社会资源，并导致公司间的一些差异的存在，但这基本与公司产权制度层面的设计关联不大，不在本书讨论的公司治理核心范畴之内。所以，图 9-7 表达的意思是，无论定位为何种董事会类型，董事会都要承担"法人代表功能"。所以，下文讨论中，不再提及董事会的"法人代表功能"。

图 9-7 的董事会功能定位模型说明，董事会制度的完整空间可从两方面刻画经理

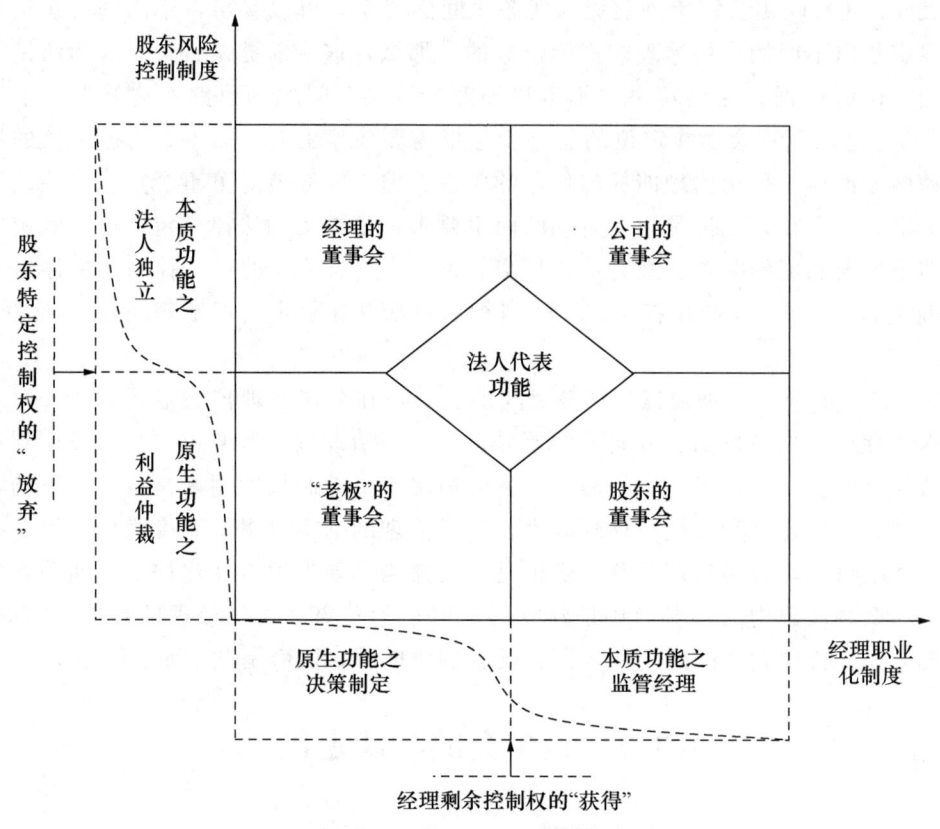

图 9-7　董事会功能定位模型

职业化制度与股东风险控制制度。在反映经理职业化制度的横坐标上，对应的是董事会的经营权委托功能。当经理职业化程度不断提高，经理获得了较多的剩余控制权后，董事会的一类原生功能被本质功能替代；在反映股东风险控制制度的纵坐标上，对应的是董事会的所有权代理功能。当股东风险不断被分散平摊，股东手中的权利仅剩下剩余控制权属性的权利后，董事会的另一类原生功能被本质功能替代。

　　可见，董事会的功能定位与两项公司制度的变革有关，这正是本书从第一章就铺陈下来的线索。在第一章的论证中，两次"公司革命"催生出现代公司制度。一方面，是经理革命解决了企业成长的企业家需求问题，而后的论证进一步说明，经理革命的标志是职业经理人掌握决策管理权，本章此前的论证更指明决策管理权的性质是剩余控制权属性的增强。于是，在经理获得了足够的剩余控制权之前，董事会并没有委托出较多的经营权，董事会要承担"决策制定功能"。但当经理获得了较多的剩余控制权之后，代理型公司治理问题出现，董事会就必须承担"监管经理功能"。另一方面，是有限责任制度解决了企业成长的资源需求问题，而进一步的讨论说明，有限责任制度与法人独立制度不可拆分，两者通过降低股东的风险解决融资问题，而法人独立强调任何股东不应该将自己的个人意志直接地放置在公司的具体业务运作上。于是，在股东风险控制方面，当某个股东或少数股东由于主客观的股份转让壁垒较高时，或者说其风险不对称地高于其他股东时，一定会也应该会通过一定方法保障自己的利益，这在董事会制度层面就是让董事会承担"利益仲裁功能"。此时，这些个别股东还掌握着较多的控制权，包括一部分没有委托给经理人的特定控制权。但是，当股东的风险分散、平摊、有限时，确保每位股东的利益不被其他股东剥夺，解决剥夺型公司治理问题的方法就是让董事会承担"法人独立功能"，通过董事会这道"防火墙"屏蔽任何股东的特定权利。

于是，董事会的制度空间就被这两大制度路径及其之上的两项制度革命划分为四个空间。董事会的功能定位，就是这四个空间的选择和锚定。

（1）当董事会同时承担两项本质功能时，董事会在代理型公司治理问题上要监管住经理，在剥夺型公司治理问题上要保证法人的独立性。由于此时的董事会既要独立于经理又要独立于股东，其服务的对象是完整的公司，所以可称为"公司的董事会"。

（2）当董事会在经营权委托机构身份上承担本质"监管经理功能"，但在所有权代理机构身份上承担原生"利益仲裁功能"时，则意味着董事会主要面对的是代理型公司治理问题，剥夺型问题并不突出。这时的董事会要独立于经理，但并不需要独立于股东，甚至要成为个别高风险股东的利益维护机构，处理他们之间的利益冲突。如果这时的高风险股东是唯一的，这个"利益仲裁"就包含"利益定向"的意味，董事会成为其内化投资风险的机构。所以，定位在这种功能组合下的董事会是"股东的董事会"，是主要服务于高风险股东的董事会，保护这类股东既免遭其他股东的侵害又避免经理人的腐败。

（3）当董事会在所有权代理机构身份上承担本质"法人独立功能"，但在经营委托权代理机构身份上承担原生"决策制定功能"时，则意味着董事会主要面对的是剥夺型公司治理问题，而非代理型问题。这时的董事会要独立于股东，而非独立于经理，因为这时的经理并非真正掌握了剩余控制权的职业经理人，这时的董事会工作重点不是决策控制而是决策管理，董事会成为公司业务活动的决策机构。所以，定位在这种功能组合下的董事会是"经理的董事会"，是承担经理功能的董事会，既帮助经理决策又与经理一同抵御控制股东的剥夺。

（4）当董事会同时承担两项原生功能时，公司的代理型和剥夺型公司治理问题都不突出，或者说本身的现代公司制度特征尚不具备。董事会的服务对象是那个集投资风险和经营风险于一身的所谓"老板"，此时的董事会可称为"'老板'的董事会"。

这里需要注意的是，图 9-7 模型的建构基础是此前论证的一个观点，即本质功能是对原生功能的替代。所以，图 9-7 模型没有考虑两种不合理情况，一是本质功能和原生功能共同缺失的情况，二是两者共同作用的情况。事实上，这两种情况在现实世界里并不少见，在随后以表 9-3 为中心的讨论中，我们将解释这或许正是公司治理问题产生的原因，或许正是传统的计划经济体制下国有企业无法处理的难题。

在图 9-7 所示的董事会功能定位模型提出之前，学界已发现了现实世界里董事会所行使的职责具有很大差异，并基于这些差异表现将董事会分为多种类型。一种分类是将董事会划归四类：立宪董事会——仅具有形式上意义；咨询董事会——负责决策指导；社团董事会——利益团体的讨价还价场所；公共董事会——公有制下的利益控制机构。还有一种分类与其类似，分别为底线董事会、形式董事会、监督董事会和决策董事会。[46] 这样的分类是对现实世界的良好模拟，也客观地细分了董事会的制度空间，但遗憾的是缺乏相应的理论支持。而图 9-7 的模型为董事会分类找到了理论基础。所谓的咨询董事会大致对应于"经理的董事会"，社团以及公共董事会大致对应的是"股东的董事会"，立宪董事会从好的方面看对应于"'老板'的董事会"，但也可能是不在图 9-7 的模型中的形同虚设的董事会，而一些文献所称的现代董事会就是"公司的董事会"。

总之，董事会的功能定位方法可归纳为"三步走"。第一步，明确公司在经理职业化制度与股东风险控制制度上的建设情况，判断经理获取剩余控制权和股东留存剩余控制权的情况。第二步，根据公司制度情况，进而根据公司治理问题的潜在发生类别，分别在原生的决策制定功能与本质的监管经理功能之间，以及原生的利益仲裁功能与本质的法人独立功能之间进行选择。第三步，将两类功能进行匹配，就可对董事会的功能类型进行定位。

以上关于董事会功能定位的思想，完全可以扩展到整体的公司治理制度建设。不仅董事会本身就是公司治理的枢纽机关，董事会就处在公司内外利益相关者关系的节点上，董事会的功能边界清楚了，公司内外利益相关者的权利边界也就清楚了（第 1 章就论述了，公司治理的前提是各方利益相关者的合作关系存在着协调需要）。

9.3.2 董事会功能定位模型的扩展

一、董事会功能定位的 3×3 扩展模型

图 9-7 所示的董事会功能定位模型是一个高度的理论抽象，说明的是定位的原则和思路，从实用性上看并不直接，仅是提供了一种研究性地解决问题的策略，如何能准确地对经理职业化制度与股东风险控制制度作出判断是该模型使用的前提。所以，如果要寻找直接解决问题的方法，图 9-8 提供的一个 3×3 的扩展模型可能更加具象，操作性更强。但是，强调操作性的模型往往比较死板，忽视了对问题本质的把握，可能出现理解上和应用上的偏误。所以，使用图 9-8 的 3×3 模型的前提是必须透彻把握图 9-7 模型的理论精髓。

在图 9-8 模型中，横纵坐标的内容刻画更加具象。在经理职业化坐标上分出三段，分别对应三种类型的经理人——名义经理、联合经理和职业经理。其中的联合经理较少被提及，但在现实世界里并不少见，许多标榜使用职业经理人的公司实质上仅仅处于联合经理阶段。也就是，虽然聘请了外人来担任经理，但经理的决策受到太多的条件约束，缺乏被足够信任，或者经理人仅仅在某一部分的专业业务活动上有决策管理权。在股东风险控制坐标上也分出三段，分别对应股权分散、股权制衡和一股独大三种股权结构，也就是说这里仅仅用股权结构来反映股东的风险分布。虽然在统计上可以得出股权结构与股东风险的对应关系，但是具体问题还要具体分析。比如，对于某个一股独大的公司，这个大股东并没有太大的股权转让壁垒，同时也没有长期持股的意愿和责任，那么这家公司股东的责任和风险都是平等的也是有限的，法人的独立性就是要维护的，董事会就不应该偏袒大股东的利益，反而要极力避免大股东的剥夺行为。另一方面，股东的风险分布也不完全仅由股权结构决定，外部的治理环境、公司的所有权属性等也会产生影响。不过一般说来，股权结构确实是相对重要的，也是便于观测的影响因素。最后再次强调，这里的股权结构是表象，股东的风险分布才是实质。一方面，实质内涵才是应用该模型的基础，另一方面，当表象与实质相背离时，公司治理问题发生的可能性更高、危害更大。

在图 9-8 模型中，对应横坐标上经理职业化制度的变化，董事会的经营权委托功能也随之变化。在最右端，职业经理掌握决策管理权的情况下，董事会承担本质的"监管经理功能"。在最左端，经理人仅仅名义上存在时，董事会承担原生的"决策制定功能"；对应于纵坐标上股东风险控制制度的变化，董事会的所有权代理功能也随之变化。在最上端，股东风险分散且有限的情况下，一般来说股权分布也更为分散，董事会应承担本质的"法人独立功能"。纵坐标自上而下反映了股东的风险逐渐集中于个别股东，在最下端更集中于某一个大股东，不仅这些股东股权转让的客观壁垒变大，主观上如国有企业、家族企业一类的公司的控制股东也有其特定的永续持股意愿。这种情况下的董事会则应承担本质的"利益仲裁功能"。

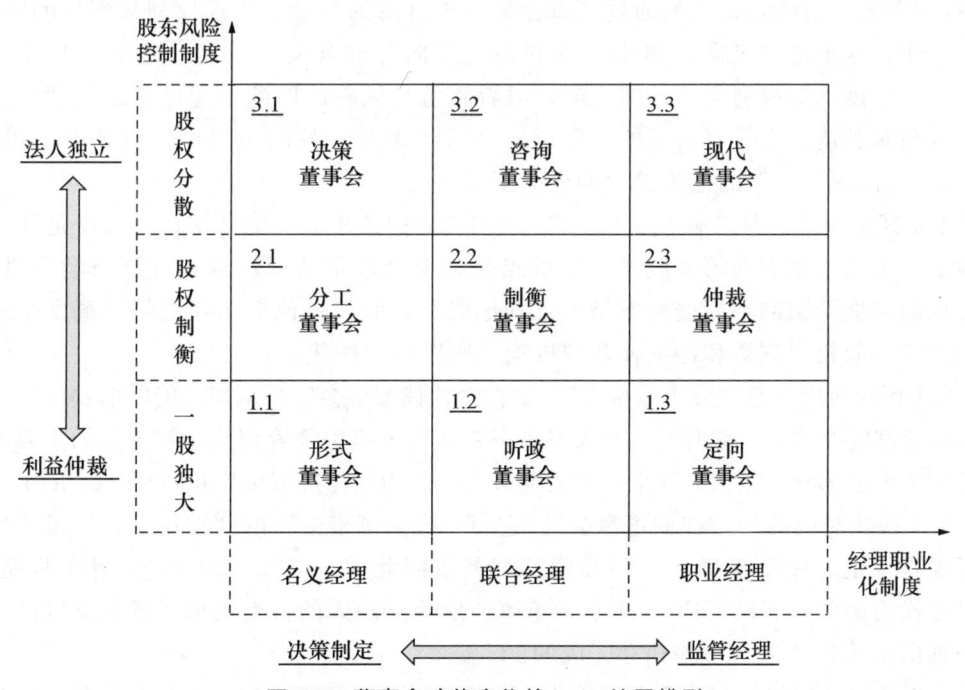

图 9-8　董事会功能定位的 3×3 扩展模型

3.3 区域对应的是"现代董事会"。在公司制度层面，一方面公司由真正的职业经理人决策和经营，另一方面公司股权一般高度分散，关键是每位股东相比其他股东并没有更高的风险。对应在董事会制度上，董事会一方面要解决代理型公司治理问题，承担监管经理的职责,另一方面要防备剥夺型公司治理问题,保障法人的独立性。

1.1区域对应的是"形式董事会",它与"现代董事会"是两个极端。在公司制度层面,这仅仅是名义上的而不是产权意义上的公司制企业,往往有一个"老板",既是资本的主要来源,也肩负具体经营工作。这种情况下设立的董事会,完全是形式上的董事会,不承担核心的公司治理任务。

3.1区域对应的是"决策董事会"。在公司制度层面与3.3区域的区别是,公司并没有聘任真正的职业经理人,决策由投资者全权负责,可能聘任的名义上的职业经理仅仅是一个决策执行者。这种情况下,如果公司设立了董事会,那么一般这个董事会就成为公司的决策机构,因而称其为"决策董事会"。然而,千万不要忽视,虽然"决策董事会"没有太多的代理型治理任务,但剥夺型治理问题的隐忧相对严重,董事会必须确保法人的独立性,避免决策活动被有私利的股东摆布。

1.3区域对应的是"定向董事会"。在公司制度层面上,实行了真正的职业经理制度,然而却存在一个唯一的大股东。这个大股东的持股集中仅仅是必要条件之一,或者是表面现象。此时的董事会若定位为"定向董事会",需要满足一个充分条件,即这个大股东相对于其他股东承担着公司主要风险,比如某些国家不可能退出的国有企业,或者某些家族不可能退出承载着家族世代荣耀的家族企业。这样的大股东是被"抵押"在公司的股东,它们通过董事会来维护自己的利益,实现权利与责任的匹配,无可厚非。这正是"定向董事会"的利益"定向"的含义。当然,这里的利益"定向"有一个度,即权利与责任的匹配,或者利益与风险的匹配。超过了这个度,侵害了其他股东利益,也是要防备的。所以,公司治理是一种制衡机制,更是平衡机制。此外,"定向董事会"的监管经理的任务不可忽视。

2.3区域对应的是"仲裁董事会"。它与"定向董事会"的区别,不仅仅是从一个大股东变为几个相制衡的大股东,关键点是几个大股东共同承载着投资与经营风险,并且他们可能受到的利益侵犯不是来自其他股东,而来自他们相互之间。董事会成为他们相互之间权力制衡和冲突仲裁的机构,所以称"仲裁董事会"。

2.1区域对应的是"分工董事会"。它在"仲裁董事会"所承担功能的前提下,还要承担决策制定的功能。这时的几个大股东需要共同承担决策管理活动,公司的主要业务由这几个大股东分工完成。这个"分工董事会"成为集体决策机构和利益分配机构。

3.2区域对应的是"咨询董事会"。它与"决策董事会"的区别在于,公司还是赋予了经理一定的决策管理权,但程度不高。按照此前3.1.2节对CEO制度的理解,就是还没有聘任真正的CEO。于是,董事会成为经理人的咨询机构或者参谋机构,强调经理的决策管理活动不是独立完成的。

1.2区域对应的是"听政董事会"。类似于"咨询董事会",经理的决策活动并不独立,牵制他的不是几个大股东,而是一个"老板"。所以,"听政董事会"的"听证"取自"垂帘听政"。经理人的决策活动被帘子后的一双眼睛随时监控,一旦有不同意见,帘子一掀,"老板"走上前台。

2.2区域对应的是"制衡董事会"。这是以上各种模式的折中形式,强调制衡股东之间、制衡股东与半职业经理之间的相互配合以及牵制。

以上划分出的九种董事会制度，只要定位准确都可以发挥适宜的作用。要特别留意的是，每一个定位都是两种功能的组合，而在以上叙述中为了突出各个定位之间的差异，往往仅强调了某一方面的功能。另外，现实世界里还存在本质功能和原生功能共同缺失以及共同作用的情况，这些不恰当的匹配正是公司治理要面对的问题。

二、董事会功能匹配的不恰当与公司治理问题

在本质功能是对原生功能替代的逻辑前提下，不论是 2×2 模型还是 3×3 模型，董事会制度本身无所谓好坏对错，好坏对错发生在定位方面。当然，如果本质功能和原生功能的匹配不恰当，就会直接导致公司治理问题。这种匹配的不恰当发生在经营权委托功能组合方面，以及所有权代理功能组合方面，详见表 9-3。

表 9-3　功能定位的当与不当

			本质功能			
			监管经理功能		法人独立功能	
			强	弱	强	弱
原生功能	决策制定功能	强	传统国有企业（经营权委托功能冲突的董事会）	古典企业（经理的董事会）	—	—
		弱	现代公司（公司的董事会）	代理型治理问题（经营权委托功能缺失的董事会）	—	—
	利益仲裁功能	强	—	—	剥夺型治理问题（所有权代理功能冲突的董事会）	古典企业（股东的董事会）
		弱	—	—	现代公司（公司的董事会）	传统国有企业（所有权代理功能缺失的董事会）

(1) 在经营权委托功能的匹配方面。当监管经理功能强但决策制定功能弱时，即定位在图 9-7 模型的右侧，一方面发挥职业经理人的优势，另一方面经理处于严密的监管之下，这是现代公司的基本特征。当监管经理功能弱但决策制定功能强时，即定位在图 9-7 模型的左侧，该公司不是现代意义上的公司制企业，经理仅仅是决策的执行者；当监管经理功能和决策制定功能都弱时，并不符合图 9-7 模型的定位逻辑，经理处于放任的状态，代理型公司治理问题难免会发生；监管经理功能和决策制定功能都很强的组合也不符合图 9-7 模型的定位逻辑，此时没有过多监管经理的必要。但是计划经济时代的国有企业会发生类似的情况，企业的经营不能由厂长负责，同时厂长的一切行为都被监控，这是完全没有活力的企业形式。

(2) 在所有权代理功能的匹配方面。当法人独立功能强但利益仲裁功能弱时，该公司不受任何个体利益的控制，独立地行使法人权利，符合现代公司的基本运作原则，即定位在图 9-7 模型的上方。当法人独立功能弱但利益仲裁功能强时，该公司不是产权意义上真正的公司制企业，因为它不完全满足现代公司的法人独立特征，是事实上隶属于某些自然人的企业，即定位在图 9-7 模型的下方；当法人独立功能和利益仲裁功能都强时，不符合图 9-7 模型定位逻辑。一方面，利益仲裁的发生意味着股东群体的整体性被打破，且利益配置出现了不公平情况。另一方面，法人独立又让既有利益股东享受有限责任，并屏蔽其他股东的干涉，这就是剥夺型公司治理问题的严重性和隐蔽性；法人独立功能和利益仲裁功能都弱的情形在一般逻辑上是不成立的，在图 9-7 模型中找不到定位点，因为它意味着应该有人承担企业权责，但事实上又无人承担企业权责。

讨论案例 "宝万之争"主角与时间线

宝能系针对万科发起的控制权之争事件中，真正引起关注是在 2015 年 7 月第一次举牌，直到 2017 年 6 月万科新一届董事会完成换届选举，历时近两年，其中相关行动者主要包括万科与王石、宝能系（包括姚振华控制的前海人寿和钜盛华）、华润以及监管方（包括原保监会、证监会）等。

一、各方主角

1. 万科企业股份有限公司

万科企业股份有限公司成立于 1984 年，在 1988 年股份化改制后正式进入房地产行业，1991 年公司 A 股在深圳证券交易所挂牌交易。经过三十多年的发展，万科成为具有国内乃至全球影响力的住宅开发企业，其市值超过 2000 亿元。2000 年，华润集团有限公司在经过深圳经济特区发展集团公司 15.08% 的股权转让后，成为万科第一大股东长达 15 年之久，其间万科与华润关系良好。由于华润持股比例始终维持在 15% 左右，因此一直没有对万科形成实际控股，而主要以财务投资人的身份参与万科的治理。在 2015 年 7 月宝能系第一次举牌之前，万科前三大股东分别是华润（占比 14.89%）、万科事业合伙人资管计划（4.14%）、GIC PRIVATE LITIMTED（1.38%），前三大股东合计持股才到 20% 左右。

2. 王石

王石是万科创始人，是中国企业家群体的领袖人物，1951 年出生于广西柳州，兰州铁道学院给排水专业毕业。1983 年到深圳经济特区发展公司工作，1984 年组建现代科教仪器展销中心，任总经理。1988 年，企业更名为万科，王石任董事长兼总经理，同年 12 月，万科发行我国第一份《招股通函》，发行股票 2800 万股，集资 2800 万元，开始涉足房地产业。1991 年 1 月 29 日，万科正式在深圳证券交易所挂牌上市。

1999年辞去公司总经理一职，任公司董事长，总经理一职2001年后由郁亮担任。受宝万之争影响，2017年6月21日，万科发布公告，66岁的王石宣布退休，郁亮继任董事长。2018年8月，王石正式出任华大集团联席董事长。

3. 宝能系

宝能系主要是指深圳市宝能投资集团有限公司及其相关子公司共同组成的资本集团。宝能集团成立于2000年，下辖宝能地产、前海人寿、钜盛华等多家子公司，其中钜盛华股份有限公司67.4%的股权被宝能集团持有，前海人寿保险股份有限公司51%的股权由钜盛华持有，而作为宝能集团的控股股东及实际控制人，姚振华同样也是宝能系的实际控制人。宝能系集团中的钜盛华和前海人寿是其进行资本运作的核心，由此也决定了宝能系资金运作注定带有"险资"性质。

姚振华，1970年出生于广东。1992年毕业于华南理工大学，获工业管理工程和食品工程双学士学位，同年在深圳创业，时任深圳市宝能投资集团有限公司董事长。

4. 华润（集团）有限公司

华润（集团）有限公司创始于1938年，前身是中国共产党为抗日战争在香港建立的地下交通站。1948年改组更名为华润公司，1952年隶属关系由中共中央办公厅变为中央贸易部（现为商务部）。1983年，改组成立华润（集团）有限公司。1999年12月，与外经贸部脱钩，列为中央管理。2003年归属国务院国有资产监督管理委员会领导下的中央企业。主营业务包括消费品制造与分销、地产及相关行业、基础设施及公用事业三块领域，旗下共有17家一级利润中心，在香港拥有6家上市公司。在《财富》杂志发布的2020年世界500强排行榜中，华润集团以营业额947.6亿美元名列第79位。

5. 监管方

中国保险监督管理委员会，简称保监会，是统一监督管理全国保险市场，维护保险业的合法、稳健运行的国务院原直属正部级事业单位。2018年3月，国务院组建中国银行保险监督管理委员会，不再保留保监会。2023年3月，中共中央、国务院印发《党和国家机构改革方案》，在中国银行保险监督管理委员会基础上组建国家金融监督管理总局。

中国证券监督管理委员会，简称证监会，是国务院直属正部级事业单位，其依照法律、法规和国务院授权，统一监督管理全国证券期货市场，维护证券期货市场秩序，保障其合法运行。

二、时间线

1. 宝能系逐渐增持万科股权，王石高调反对（2015年7—12月）

2015年7月，宝能系对万科的收购首次达到举牌线。7月10日，前海人寿买入万科A股5%的股权，第一次举牌就一举成为仅次于华润的第二大股东。随后宝能系旗下前海人寿和钜盛华在7月24日、8月26日分别进行两次举牌，宝能系累计持股占万科总股权15.04%，超过华润占比0.15%，首次成为万科第一大股东。此时华润不甘示弱，在9月1日增持万科股权并达到15.23%，再次夺回万科第一大股东的位置。然而三个月之后，2015年12月4日，宝能系钜盛华第四次举牌，再次买入万科4.97%的股份，持股比例达到了20.01%，以更加明显的优势再次成为万科第一大股东。12月17日，就在宝能系刚刚坐稳万科第一大股东的位置后，王石在北京万科的内部会议上表态"不欢迎宝能系成为万科第一大股东"。次日，宝能系在官网上发布声明回应王石的言论，并表示将尊重市场规则，相信市场力量。由此双方正式开始资本力量的对决。

2. 万科谋求深铁支持，华润宝能联合反对（2016年1—6月）

宝能系成为万科第一大股东之后的第二年3月14日，万科发布公告称已于3月12日与深铁集团签署合作备忘录，打算通过发行股份的方式收购深铁集团下属公司全部或部分股权，这意味着万科开始转而谋求深铁集团的支持。然而，万科的这一举动遭到了原第一大股东华润的反对。2016年6月18日，万科发布公告称将向深铁集团以发行股票的方式收购深铁下属的前海国际100%股权。当日凌晨，华润同时发布声明，认为万科这一方案不具备法律效力，其理由是董事会投票中应加上回避票共11票，其中7人同意，7/11小于2/3，因此决议不生效，而万科则认为不应计算回避票，7/10大于2/3，决议生效。尽管华润和万科的争执没有定论，但是由于重组预案真正通过还需股东大会投票表决，而宝能和华润两大股东都公开表态将在股东大会上投票反对，并且两者持股占比达39.53%，意味着该预案即使获得董事会通过也得不到股东大会2/3以上股东的支持，因此万科与深铁的重组已经不能成为现实。

3. 宝能系提议罢免王石，证监会首次谴责双方（2016年6—7月）

2016年6月26日，宝能系向万科提请召开临时股东会议的议案，审议罢免万科全体董事及两名监事，其中就包括王石、郁亮等万科核心管理人员。7月1日，宝能系提请召开临时股东会议的议案后被万科董事会全票否决。在提议罢免王石等核心董事失败后，宝能系继续增持万科股份。7月7日，宝能系第五次举牌，其持股占比已达到25.4%，牢牢占据第一大股东之位。7月19日，面对宝能系持续且强劲的股权收购，万科希冀监管部门予以制止，因此将《关于提请查处钜盛华及其控制的相关资管计划违法违规行为的报告》提交至证监会，质疑宝能系收购资金的合规性。7月22日，证监会连用三个"不顾"对涉事双方进行谴责：万科相关股东与管理层之争已经引起社会高度关注……置资本市场稳定于不顾，置公司可持续发展于不顾，置公司广大中小股东利益于不顾，严重影响了公司的市场形象及正常的生产经营，违背了公司治理的义务。同时，深圳市证监局也约谈万科和宝能系主要负责人，要求双方妥善解决争端，对广大投资者负责。

4. 监管层频频发声，宝能系遭到重罚（2016年12月）

2016年12月3日，原证监会主席刘士余表示："（某些资产管理人）用来路不正的钱从事杠杆收购，从门口的野蛮人变成了行业的强盗，这是不可以的"。由此标志着监管层对于险资入市开始全面收缩政策。12月13日,原保监会召开专题会议强调坚持"保险业姓保,保监会姓监"不动摇;(保险机构)要做A股市场的友好投资人,而非成为"野蛮人",更不能让保险资金成为资本市场的"泥石流"。与此同时,原保监会针对宝能系前海人寿存在提供虚假材料、违规使用保险资金等重大违法事实,对其处以顶格重罚:前海人寿罚款80万元,6名涉事高管被警告并总计罚款56万元;而作为宝能系实际控制人的姚振华则被罚10年内禁止进入保险业。而此时宝能系仍旧持有万科25.4%的股份,华润持股15.24%,恒大持股14.07%,万科管理层事业合伙人计划持股4.14%。尽管受到重罚,宝能系还是维持着自身第一大股东的位置。

5. 华润恒大转让股份,深铁入主万科(2017年1—6月)

2017年1月12日,华润将自身所持万科的全部15.31%的股份转让给深铁集团,后者由此取代华润成为万科的第二大股东。紧接着3月16日,恒大也表示将自身持有万科14.07%的表决权不可撤销地委托给深铁集团。由此深铁集团将拥有万科29.38%的股权(15.31%+14.07%),一跃超过宝能系股权,成为第一大股东。与此同时,3月底万科被划归为深圳市属国资房企。6月30日,万科董事会完成换届,王石退位,郁亮接棒。值得一提的是,董事会中没有宝能系人选,但在股东大会上,宝能虽未到场,仍投了赞成票。最终深铁集团强势入主万科,宝能系低调收场,此次宝能系与万科间的控制权之争最终得到"圆满"解决。

资料来源:第一部分为作者根据网络公开资料自行整理。第二部分摘自:刘长喜,吴明星. 政治与市场的互构——宝万之争的并购逻辑转变研究 [J]. 社会学评论,2021,9(1).

讨论以下问题:

之后章节的5个引导案例和讨论案例,都是关于"宝万之争"的。它们是对相应章节知识的引导和总结,更特别的是,它们构成一个完整的"学习伴随案例"。学习伴随案例用一个完整的案例背景将全书的理论重点凸显出来、知识框架搭建起来,强调知识的系统性和连贯性。将学习伴随案例放在董事会一篇,也是因为董事会制度位于公司治理制度的枢纽位置,其制度设计需要在对公司治理理论基础的系统理解之上。所以,"宝万之争"这个案例可以是董事会一篇的学习伴随案例,我们更把它设计成全书的学习伴随案例。读者在全书的学习中,伴随每一篇理论知识的铺垫,可以在"宝万之争"案例中找到对应主题。

本章的讨论案例是这个学习伴随案例的背景介绍部分,读者可以基于以上介绍(更希望读者能自行搜索更全面的信息)试着回答以下问题,读者也可以在分析完学习伴随案例后续部分后再回头回答这两个综合性的问题。

(1)你认为万科的董事会事实上定位在了什么位置?应该定位在什么位置?

(2)万科一直存在的公司治理潜忧是什么?为什么在"宝万之争"爆发之前,万科甚至被看作公司治理的典范?

讨论问题

（1）从董事会的历史角色上看，为什么说今天的许多公司并不是真正意义上的现代公司？

（2）如何理解，在董事会的众多功能中只有"法人代表功能"才是基本可以规范化的？

（3）满足什么条件后，现代董事会制度才是定位恰当的公司治理制度？

（4）为什么说，计划经济下传统的国有企业不符合公司制度建设的基本逻辑？

（5）董事会功能定位的思想、方法如何应用于整个公司治理制度的定位？

第10章

董事会制度设计

导读

本章集中讨论董事会制度框架的设计问题。首先,需要明确董事会的主要任务,这是上一章董事会功能定位知识在操作层面上的应用。随后,先后介绍董事会的组织结构和议事规程方面的常见制度安排。最后,本章的重点是建构了一个董事会制度设计模型,它由功能维度、链接维度、个体维度、结构维度和过程维度组成,其制度设计的核心思想仍然体现了"不审势即宽严皆误"。

引导案例 "宝万之争"前的"万科模式"
——暨第一篇的学习伴随案例

万科是深圳证券交易所最早上市的五家企业之一,是中国房地产业的翘楚,在"宝万之争"之前广受赞誉,其"国有大股东不控股、不干预,经营者保持强烈企业家精神"的公司治理制度被冠以"万科模式"美誉。

一、"万科模式"的特征

1988年,万科进行股份制改造,国家股占60%,内部职工股占40%,公开募集社会股本2800万元,总计股本达4100万元。王石放弃应得的股权,相信自己作为一名职业经理人,不通过股权控制公司,仍然有能力管理好万科。1991年,万科A股在深圳证券交易所挂牌,上市后由于经过多次增发、配股,万科公司股权结构逐渐分散。另外,万科从成立之初一直将人才作为公司发展的重要资本,较早建立了职业经理人制度。在万科股权由集中到分散的过程中,以王石为首的职业经理人团队始终坚持和控制着万科专业化、规模化经营的发展战略。2000年,万科向华润配股融资,华润收购深特发成为万科第一大股东,2000—2015年,尽管华润作为万科公司的第一大股东,但华润与万科管理层团队似乎达成了某种默契,在公司持股从未超过20%,也从未以大股东的身份干涉万科的经营管理决策,长期以来充分信任万科管理层,只做万科背后的"甩手掌柜",将公司经营管理权交付于管理层。例如,在万科A第十七届董事会中,尽管第一大股东华润占有3个董事会席位，但均为非执行董事。王石、郁亮和王文金作为管理层核心成员分别占据3个关键的执行董事席位。这样一来，以王石为代表的管理层团队实际上在万科董事会治理中处于核心地位，是公司控制权的实际拥有者。

在管理层的经营管理下，万科自1991年登陆A股市场以来，经营业绩连年攀升，并连续25年持续为股东分红。其中，2016年分红方案为10派7.9元，刷新了自1991年万科上市以来最大比例的分红纪录。从万科公司历年股利分配情况可以看出，万科股利分派呈逐年递增态势，现金股利从1998年的0.50亿元增至2016年的79.48亿元。另外，万科公司的市值曾一度达3000亿元，以华润为首的广大股东可谓赚得盆满钵满。由此可以看出，万科管理层通过专业、有效的经营管理，为公司股东带来了巨额的投资回报，尽管王石等管理层年均近千万的薪酬引来不少争议，但从另一个侧面也说明了万科广大股东对管理层出色管理能力和敬业精神的充分肯定。

从公司控制权配置状态来看，资本力量在万科公司并不掌握实际话语权，管理层凭借卓越的房地产行业经营管理能力以及强大的社会资本，在公司股权由集中到分散的过程中，掌握了公司的核心控制权。同时，万科公司的广大股东甘愿将公司实际控制权让渡给万科管理层，而仅坐享丰厚的投资收益，货币资本和人力资本形成了平等、共赢、相互信任的和谐共生关系。因此，万科公司治理模式具备"董事会中心主义"的典型特征。万科"董事会中心主义"的治理模式重构了职业经理人和公司组织之间的关系，实现了货币资本和人力资本从雇佣和被雇佣关系向相互雇佣甚至反向雇佣关系的转变。以王石为首的万科管理层有效降低了外部投资者对万科投资价值判断的信息不对称，实现了与投资者不完全合约下的风险共担，节约了交易成本，促进了公司价值的可持续增长。

二、"万科模式"的批判声音

在万科的成长过程中，华润公司给予了非常重要的扶持。当然，华润公司的最初目标是希望借助万科的发展来丰富自己的房地产版图。然而，由于多种原因，华润并没有如愿实现预先设想的目标，只是长期作为万科的第一大股东而存在。这个第一大股东持股数量并不大，只占15%左右。万科的经理层持有大约8%的股份。但就凭着这23%的股权，万科的管理层牢牢地控制着自己的命运，并通过内部的合伙人计划，把公司发展成销售额2000亿元的行业翘楚。

万科的发展得益于企业家精神，更得益于中国房地产市场蓬勃发展的大环境。在这样的情况下，华润没有理由去干涉万科内部的管理细节，而只作为一个外部的持股者和监督者默默地存在着。让企业家可以放手去做，在中国证券市场上并不多见，也正因为此，万科多年来得到"治理结构优异"的美名。

> 这里，请读者思考一个问题：万科的公司治理真的就那么好吗？直到今天，在中国证券市场上，股权比较分散，三会健全，同时公司业绩好，就会被很多人认为是治理结构优异的标准。但这样下结论，未免把复杂问题简单化了。万科是典型的内部人控制，只不过这个内部人在较长时间里，保持着强烈的成长动机和企业家精神罢了。
>
> 对于内部人控制，也不能全盘否定，应该一分为二地看待和判断。内部人控制有助于让组织获得权威性。但内部人控制的效率性并不能和好的公司治理画上等号。好的公司治理不仅是在企业顺风顺水的时候发挥作用，更重要的是在企业遇到危机时，其机制可以发挥保护企业法人利益的作用；当创业者或经理人的企业家精神衰退了，它依然可以起作用，可以助力企业家精神的迭代和不断改善。
>
> 资料来源：张华，胡海川，卢颖．公司治理模式重构与控制权争夺——基于万科"控制权之争"的案例研究［J］．管理评论，2018，30（8）．宁向东．宁向东讲公司治理：共生的智慧［M］．北京：中信出版社，2021．

引导案例第一部分将万科的公司治理模式界定为"董事会中心主义"，就是把有关"宝万之争"的几方面讨论集中在董事会这一篇的原因。在"宝万之争"爆发前，万科的公司治理模式饱受赞誉，被称为"万科模式"。然而，随着事件的发展，这个"万科模式"又成为负面典型。在这样的毁誉之间，以上案例作为本章的引导案例，请读者思考，董事会与股东、经理层的关系如何设定？董事会如何避免大股东的干扰和内部人的控制？进而如何设计一个适合的董事会制度？本案例也可以作为本书第一篇的学习伴随案例，请读者思考，公司治理的功能是什么？如何把握现代公司制度是"天使恶魔混合体"的认识？"万科模型"存在何种主要的治理问题？董事会应当向股东承担何种义务？

10.1 董事会的主要任务

上一章讨论了董事会的基本功能，接下来将其进一步具体化，归纳董事会的主要任务，以便在实践层面上更便于操作。这里将董事会的主要任务划为三个层次，一是协调任务，二是合规任务，三是自治任务。

一、协调任务

协调任务的"协调"二字来自公司治理的前提。在第 1 章，我们将公司治理定义为"为协调各方利益相关者的合作关系，针对公司制度的不完备之处，有关公司控制权配置与行使的制度系统"，这里强调公司治理的前提是各方利益相关者的合作关系存在协调需要。所以，董事会的协调任务是董事会作为公司治理枢纽存在的原因，是董事会的核心任务。

全部协调任务又可分为三个部分，其一是协调与股东关系的所有权代理任务，其二是协调与经理关系的经营权委托任务,其三是协调与其他利益相关者关系的代理任务。显然,前两项任务正来自前一章重点讨论的董事会的内生性功能,是公司治理的核心任务。相关讨论表明,这两项任务的具体内容是无法统一和规范的,是需要根据公司制度的具体定位而权变设定的。其相关内容在前一章已充分解释,这里不再赘述。

公司不仅依靠股东与经理构成,也是其他利益相关者联结的枢纽,董事会的第三项协调任务就是协调与其他利益相关者的关系。但并非所有的利益相关者都需要董事会独立关照,董事会需要特别协调的是成为内部利益相关者的那一部分。比如,对于中国公司,在我国法律的特别安排下,职工群体就是董事会的独立协调对象之一,他们通过监事会或者获得职工董事席位,在董事会中保障自己的权益。

第三项任务中一种特殊却更加普遍的任务是社会资源渠道任务,是董事本身作为利益相关者身份而产生的任务。当董事个体投身于董事会活动,也就成为公司契约的缔结者。董事个人的某些资源,诸如个人的信息资源、个人的社会网络资源,甚至个人的品牌资源等无形资产,也投入了公司中,间接地成了公司法人财产的一部分。这些外来资源的投入和使用,并非董事会创设的内生目标和必须完成的任务,但是,间接地为公司向外界打开了窗口,使得董事会成为公司吸纳社会资源的桥梁,进而使董事会具有了社会资源渠道职能。

可见,董事会的协调任务来自董事会在公司契约中的枢纽地位,与接下来讨论的合规任务不同。首先,这种协调是一种两两协调,是有具体协调指向的,或者协调公司与股东的关系,或者协调公司与经理的关系,或者协调公司与其他利益相关者的关系,而合规任务无须考虑其活动对象具体是谁。其次,协调任务主要来自内部治理活动,因为协调对象实际拥有或应该拥有剩余控制权,可以"用手投票"表达自己的意愿、影响公司运作。所以,协调任务也可以称为内部治理任务,而合规任务也就可称为外部治理任务。

二、合规任务

在董事会被赋予了相应的法律身份后,作为法人代表,董事会就要承担一系列合规任务。与协调任务不同,合规职责无所谓定位要求,每一家公司的董事会都要遵照完成,是法律规范下的强制性安排。

第一,法律遵行职责。董事会要确保公司章程等制度安排以及各项经营管理活动符合一国的法律法规,确保公司行为的合法性。

第二,社会责任担当职责。公司行为除了满足法律底线外,还有道德标准的问题,这也是董事会的分内职责。如果把独立的法人看作是社会环境系统的一员,法人影响社会公正和可持续发展的"腐败"必须遏制。

第三,使命陈述职责。公司存在的意义、公司发展的方向,这些基础性的使命、宗旨,由董事会负责确定和陈述。

第四,信息披露职责。董事会要代表公司对外履行必需的说明责任,及时、准确、完整地披露信息,这是董事会履行信义义务的题中之意。

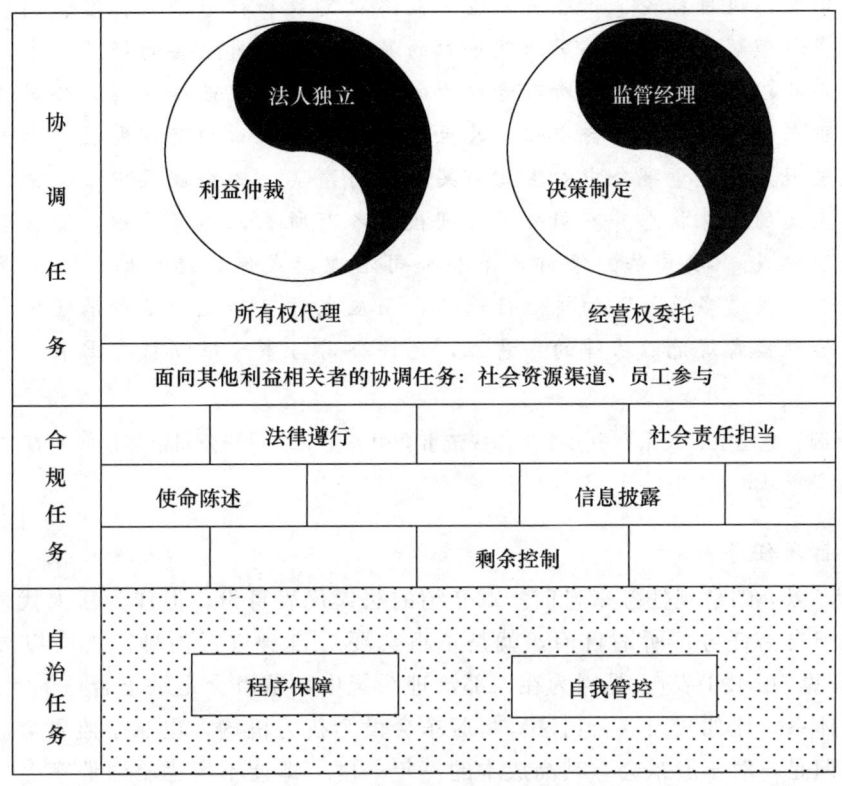

图 10-1 董事会的主要任务

第五，剩余控制职责。在股东会、董事会、经理层之间配置剩余控制权时，仍然有一部分无法分配，甚至是事前根本没有想到的。那么，这些事情发生后由谁处置呢？如果由股东会处置，这样的制度安排被称为"股东会中心主义"。但目前主要国家采用"董事会中心主义"，即董事会掌握这些剩余权力。比如，美国《标准公司法》规定，除本法令或公司章程另有规定外，公司的一切权力都应由董事会行使或由董事会授权行使。[35]现实中许多董事会在危机管理中的主动作用，就来自董事会的剩余控制职责，因为危机的基本属性就是不可预测性。剩余控制职责的内容体量与协调任务相关，剩余控制职责一般处理的就是协调任务的模糊之处。虽然不能严格称超脱的董事会是好的董事会，但"东一榔头西一棒子"而疲于奔命的董事会一定不是健康的董事会，或者这可能意味着公司出大事了。剩余控制职责属于合规任务，意味着它不是要求董事会负责某些具体事务，而是让董事会可以成为随时处理突发、例外、重大问题的平台。

小贴士 10-1 ▶ **股东会中心主义抑或董事会中心主义？**

采用股东会中心主义还是董事会中心主义是公司治理研究与公司法制度设计必须作出的理论回应和立法选择。中外公司法学理对于股东会中心主义和董事会中心主义的界定有终极目标论、代理关系论、最终决定权和权力独立标准、剩余权力归属标准等多种理解和主张。公司治理中心的界定应以公司主要的经营者事项和经营者权力，而非以所有者事项和所有者权力的分配为依据。世界各国的公司治理模式经历了从股东会中心到董事会中心，甚至再到经理层中心的交错发展，中国的公司治理模式呈现为法定董事会中心主义与某些公司事实上的经理层中心主义，或控股股东中心主义的特殊状态。不同公司治理模式各有所长，各有其短，没有尽善尽美的最佳治理模式。《公司法》修订改革和公司治理模式优化选择的使命不是对其进行"二选一"或"多选一"的排他性选择，而应在肯定和设计多种治理模式的基础上，赋予治理模式规范以法律的任意性，允许公司当事人根据自身需求和不同情况自主选择。

资料来源：赵旭东. 股东会中心主义抑或董事会中心主义？——公司治理模式的界定、评判与选择 [J]. 法学评论，2021，39（3）.

三、自治任务

显然，以上的合规任务来自前一章介绍的法人代表身份，但作为法人代表，董事会还要承担自治任务。所谓自治，就是董事会要对自身进行治理。之所以要求自治（详细论证见10.4.6节），是因为在内部治理系统中，董事会是缺乏合适的治理者的。按照法律体系，比如我国《公司法》将股东会设为权力机构，也赋予监事会监督董事的权力。但是，对于股东会，其高成本的一年一度（即便不考虑临时股东会）的运行特点，降低了对董事会的治理力度和范围。而监事会的实践表现让人对其监督董事会的功能不敢恭维，况且谁来监督监事会呢？所以，一方面对董事会的治理要极大地依靠外部治理系统，这强调了本书的一个核心观点——现代公司制度是社会文明的产物，另一方面就要求董事会加强自我治理了。

自治任务包括两项内容。其一是程序保障任务，董事会作为公司治理的枢纽机构，必须推动治理活动的正常开展，履行程序保障职责，如按期召集董事会议和股东会、整理议题议案等。其二是自我管控任务，董事会要加强自我完善工作，严格董事会评估、及时更替董事、规范董事行为等。

10.2 董事会的组织结构

10.2.1 董事会的模块系统

我国董事会的组织架构更多来自对国外成熟模式的借鉴和组合。第二章中的图2-13、图2-14、图2-15分别刻画了英美、德国和日本董事会的模块系统，为节省篇幅，这里将其简化绘制在图10-2中。图10-3则是《公司法》等相关法规所描述的我国公司的董事会模块系统。

第 10 章 董事会制度设计

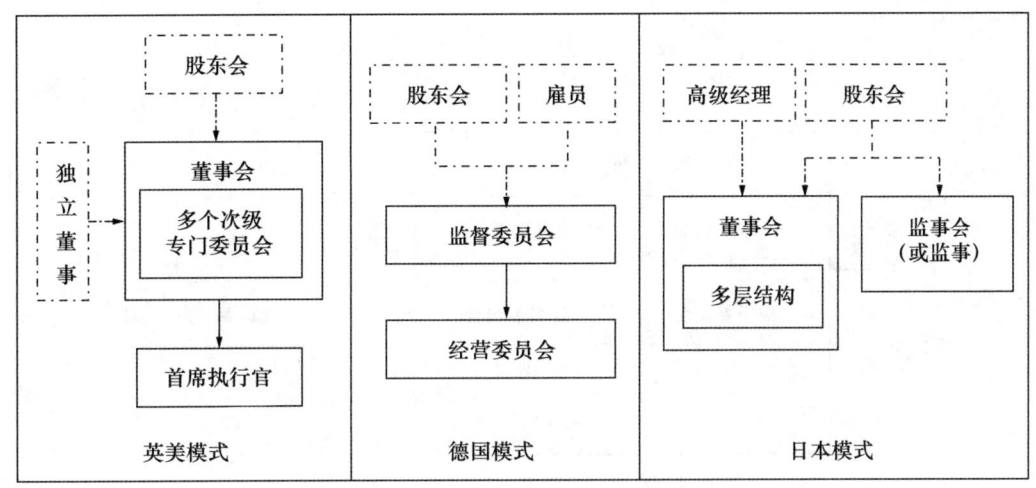

图 10-2　世界主要公司治理模式的董事会模块系统

（1）日本模式的特征及其在中国模式中的体现

日本模式的主要特征表现在三方面：第一，董事会中的部分监督职能单独出来，设立监事会，仅设立独立监察人（监事）也可以。在权力层级上，监事会与董事会平行。第二，董事会与经营层高度结合，大量高级经理进入董事会，董事会的决策制定功能很强大。第三，董事会规模极大，为便于组织，往往会形成多层结构。

中国设立单独的监事会，其相关情况请见 2.3.1 节的介绍。简单地说，监事会的监管对象一是董事会，二是经理。其中对经理的监管与日本模式一致。中国董事会规模远不及日本庞大，也不会有太多高级经理进入董事会。但是，我国在法律层面上允许，甚至在特殊情况下要求职工进入董事会，这是日本模式的体现。

（2）德国模式的特征及其在中国模式中的体现

德国模式是双层董事会制度的典型代表，不仅在德国，欧洲大陆国家的董事会系统均与此相似，其主要特征表现在两方面：一是设立监督委员会，也常被简称为监事会，其监管对象是经营委员会；二是监督委员会中的职工代表较多。德国实行共同决定制度，它要求各类工商业公司的监督委员会中，职工代表必须达到一定比例，如对于员工超过 2000 人的大公司，监督委员会中股东席位和职工席位各占一半。

德国监督委员会与经营委员会的权力配置关系在中国模式中的体现是，监事会不仅监管经理，还要监管董事会。中国监事会制度还规定职工代表的比例不得低于三分之一，这大概也是借鉴德国模式。

小贴士 10-2　德国双层董事会的翻译

德国双层董事会的两个机构在本书中被翻译成监督委员会和经营委员会，这并非是目前的标准译法。事实上，目前也没有统一的翻译。本书所称监督委员会在德语中

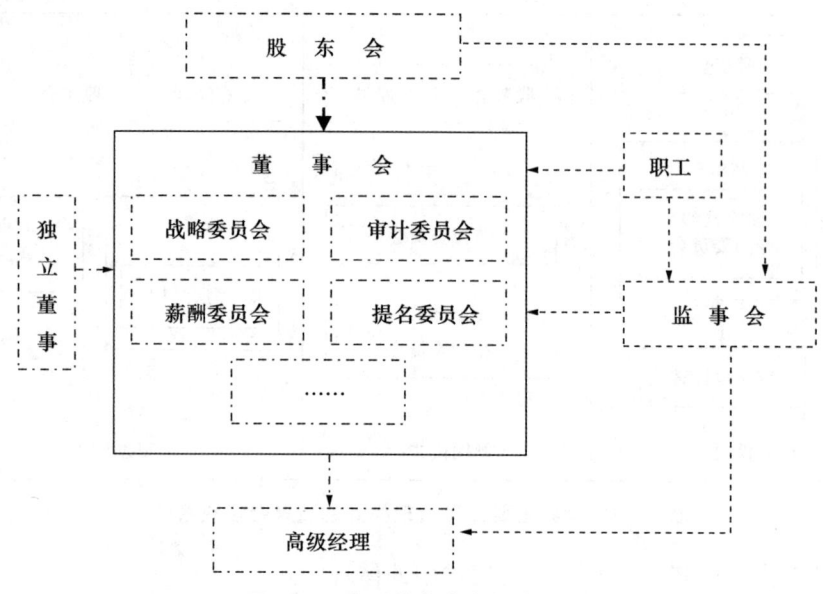

图 10-3 中国的董事会模块系统

写作 aufsichtsrat，谷歌翻译为 supervisory board，直译过来就是本书第一版所称的监督董事会，但这样会造成一家公司有多个董事会的错觉。所以将这里的 board 译为委员会，称 aufsichtsrat 为监督委员会。另外，目前有比较多的文献直接简称其为监事会，这是我们不认同的，因为它与我国的监事会有非常大的差别。[203] 本书所称经营委员会在德语写作 vorstand，谷歌翻译为 board，如果直接称其为董事会，或者本书第一版的执行董事会，也容易导致多个董事会并存的混乱。大概也是这个原因，一些文献称其为管理委员会。我们赞同委员会的译法，但是用"管理"二字降低了其在公司系统中的地位，所以本书第一版用了"执行"二字，取自首席执行官和执行董事中的 executive。然而正如此前所述，我们并不赞同目前普遍的"执行"的翻译，executive 的本意应该是"经营"。所以，本书将 vorstand 翻译为经营委员会。

（3）英美模式的特征及其在中国模式中的体现

英美模式是单层董事会制度，也称为盎格鲁-撒克逊模式，加拿大、澳大利亚等国也采用，其特征是：第一，不设立单独的监督机构，也正因此称为单层结构。第二，大量独立董事进入董事会。所谓独立董事，就是除了担任董事外与公司没有任何利益关联的董事。第三，董事会内部设立了较多的次一级的专门委员会。每个委员会规模不大，专职某一特定领域，如审计管理、经理监管、董事会自治，等等。第四，运行较成熟的首席执行官制度。相比较德日模式而言，英美的首席执行官握有半个董事会的决策权力。所以，将英美的首席执行官制度列入董事会系统，也有一定道理。

中国近些年的公司治理实践和研究中，一方面吸纳了大量的英美模式的制度安排，如在上市公司强制执行独立董事制度，同时董事会的次级专门委员会也被广泛推广。另一方面，令人尴尬的是，中国的监事会制度"虚置"，实践中发挥的作用很小。

但许多文献表明，监事会在德国、日本模式中的监督作用也不显著。于是，如果把图 10-3 中与监事会相关的虚线绘制部分删除，中国模式与英美模式就没有什么差别了。事实上，在法律层面，一些改变已经出现。在 2023 年修订的《公司法》中，对于有限责任公司和股份有限公司，均有这样的专门条款，一方面建议公司通过章程安排在董事会设立审计委员会，另一方面说明如果设立了审计委员会，就可以不设监事会或者监事。

10.2.2 董事会的成员构成

董事会工作的正常开展，需要董事会成员之间协作、配合，同时，在董事会内部也应设置一定的组织架构并进行岗位配置。这里首先说明几个重点岗位的情况，随后再介绍专门委员会的情况。

（1）董事长

董事长，或者称董事会主席，由董事担任，是董事会的统领人、召集人和代表人。作为统领人，董事长负责领导董事会的运作，确保董事会各项职能有条不紊地运行；作为召集者，董事长要负责召集和主持董事会会议，检查董事会决议的实施情况，并主持股东会，这是我国《公司法》对董事长仅做出的强制性要求。作为代表人，董事长对外代表董事会甚至整个公司。在董事会授权下，通过公司章程认定，董事长可以在董事会闭会期间行使董事会的部分权利。中国的法定代表人制度将董事长的代表人身份推向极致。

小贴士 10-3　中国的"法定代表人"制度

"法定代表人"是极具中国特色的制度安排。2023 年修订的《公司法》规定，"公司法定代表人按照公司章程的规定，由代表公司执行公司事务的董事或者经理担任"。而在 1993 年版的《公司法》里指定董事长为公司的法定代表人，除非有限责任公司不设董事会的，执行董事为公司的法定代表人。在实践中，这使得多数公司的法定代表人是董事长。

由于法人是一种组织，本身并不具有意志力和行为能力，因此，各国公司立法确立了不同的法人代表制度。但是，国外普遍将法人代表的身份赋予董事会或多个董事，甚至每一名董事。中国的法定代表人制度，即由某个具体的自然人成为法人的代表，可能会导致董事会和其他董事的权利被架空。从剩余控制权配置的角度看，如果法定代表人来自公司内部，则"内部人控制"问题难以处置，如果是外部大股东的代表，则法人的独立性难以保证。

由于董事会毕竟是会议体机关，工作强度并不高，而如果董事长又仅作为统领人、召集人和代表人身份，那么，他工作起来还是比较超脱的。因为从国际规范看，股东的托管对象是董事会而非某个董事会成员，作为董事会的成员之一，董事长的权利是与其他董事平行的。[35] 然而，现实中董事长兼任 CEO 或总经理的情况很多，这一方面造成董事长，连带着董事会的决策制定、利益仲裁类活动繁忙，另一方面给公司治理提出新的课题，董事长同时成为被治理的对象。

（2）副董事长和首席董事

《公司法》规定公司还可以设副董事长。副董事长可以作为董事长的副手，一般情况下，其核心价值不在于助手作用，而是替代作用。法律规定，当董事长在某些特殊情况下不能履行职务或不履行职务时，副董事长将代行董事长职务，如董事长在关联交易中必须回避时，或者兼任内部经理的董事长要接受监管时。另外，在公司处于变动的情况下，董事长事实上缺位的时候，副董事长的作用就更体现出来了。但是，以下关于华为的轮值董事长的案例显然不是一般情况，它既适应我国目前公司制度环境和华为具体的企业特征，又体现现代公司治理制度特质的一种安排。

另外，在英美国家的董事会中常常会设置 Leading Director，即所谓首席董事，基本由独立董事担任。一般当董事长兼任总经理或 CEO 时，在某些议题上会要求内部董事回避，这个首席董事就起到临时统领董事会的作用，甚至在某类活动中，决策、监督等活动均由首席董事控制。

案例 10-1　华为的轮值董事长制度

2018 年 3 月 23 日，华为发布了新一届董事会选举公告，梁华任公司董事长，任正非担任董事和 CEO，郭平、徐直军、胡厚崑当选为公司副董事长，同时担任公司轮值董事长。新一届董事会延续集体领导模式，但轮值 CEO 制度将不再运作，改为轮值董事长机制，轮值董事长轮值期为 6 个月，并已排班 5 年。对于轮值董事长的地位，公告称，轮值董事长在当值期间是公司最高领导者，领导公司董事会和常务董事会。此外，还有一名副董事长是孟晚舟，丁耘、余承东、汪涛担任常务董事，加上其他一些董事，董事会共计 17 名成员，另外还有三名候补董事。公告称董事长梁华同时担任持股员工理事会理事长，副董事长孟晚舟为机关平台运作的协调管理人。

对于轮值董事长的法理基础，郑志刚教授的意见是：董事会受股东委托，代股东履行经营管理股东资产的职责，以确保股东投资安全和按时收回的常设机构。通常董事会是按照多数决规则，以集体表决的方式来对股东通过《公司章程》、股东大会相关决议授权的相关事项作出决议，集体履行作为股东代理人的相关权利和义务。理论上，董事长和其他董事在法律上对股东的代理地位是平等的，都是"一席一票"。在一些国家，董事长仅仅是董事会的召集人，甚至没有普通董事所拥有的投票表决权。鉴于董事长在法理方面的上述功能角色，理论上，任何具有董事资格的人都能成为董事长。在我国国企公司治理实践中，董事长是由公司上级组织部门任命，并在干部管理中对应一定行政级别。因此，尽管名义上只是董事会的召集人，但除了履行董事长在法理方面的功能角色，其往往对国企日常经营管理决策拥有最终的裁决权。应该说，国企的上述实践很大程度影响了我国非国企董事长行为。在中国，董事长看上去更像是在扮演成熟市场经济下首席执行官（CEO）的角色，而使得公司设立的 CEO（总经理）一定程度上退化为董事长的"行政助理"。在一个企业发展的早期，将更多经营管理决策权集中到董事长手中，也许会有利于提高企业整体营运效率。然而，在企业进入成熟期后，一方面由于董事长在治理实践和企业文化中逐渐形成的"权威"和广泛的影响，另一方面由于其他董事的提名、面试和薪酬制定受董事长职权的影响，两方面因素的叠加使董事长的职权至少在董事会内部无法形成有效制约，这往往是引发各种内部人控制问题的导火索。

进一步，高明华教授表示虽然反对轮值CEO制度（见案例3-2），但基本认同轮值董事长制度：从公司治理规范化角度，实施轮值董事长制度是可行的。基于严谨的程序，公司所有董事（不包括职工董事）必须由股东大会选举产生，从而组成董事会，并由所有董事推举一位董事担任董事长，总经理则由董事会选聘产生。股东大会与董事会之间、董事会与高管层之间都是委托—代理基础上的契约关系，各方都有独立的权力和独立的责任，由所有董事推举产生的董事长不是其他董事和高管的领导者，并不具有凌驾于其他董事和高管的权力，选聘总经理并向其授权的是董事会而非董事长，董事长的职责定位是董事会和股东大会的召集人和协调人。当董事长不能履职时，可再推举其他任何一位董事承担该项职责。很显然，如此严谨程序下定位的董事长，是任何一位董事都可以担任的，这也可以说是轮值董事长制度可行的依据。

必须注意，在我国，并非所有企业都可以实施轮值董事长制度，因为我国对董事长职位的误解很深，董事会和经理层之间的关系存在着严重错位。华为实施轮值董事长制度是具备条件的，因为华为的治理体系基本上与国际接轨，它较好地厘清了董事会和经理层之间的关系。董事会作为战略决策的治理机关，是一种会议体制，通过这种会议体制，批准和确定经理层提出的战略决策方案。由于战略决策属于方向性和目标性决策，具有相对稳定性，因此，每年的董事会会议次数是相对有限的几次，既然如此，作为召集人的董事长就不一定固定于某一人，甚至董事长可以同时兼任几家公司的董事长。不过，董事长也并非只是召集董事会会议，在董事会会议闭会期间，董事长或单独，或组织其他董事，有义务进行充分的市场调研，与不同的利益相关方进行充分沟通，为战略决策提供充分的依据。考虑到每位董事的时间、能力、知识结构等因素，轮值董事长制度可以比较好地实现互补，从而更有利于实现战略决策的科学性。

任正非是华为总裁，而非董事长，这与我国绝大多数公司不同。很多人提出疑问，作为华为创始人的任正非，为什么不担任董事长这一在国人心目中的"一把手"职务？其实，在市场经济发达国家，人们更重视的是有能力讲诚信的总经理（或总裁或CEO）人才，总经理是走在"前台"的企业家，而董事长则经常是"幕后"的协调者，具体就是董事会和股东大会的召集者，并与其他董事共同构成对经理层的监督者。二者分工明确，非常有利于总经理能力的发挥。

资料来源：郑志刚. 有助于缓解内部人控制隐忧[J]. 董事会，2019，(3). 高明华. 认同轮值董事长，反对轮值CEO[J]. 董事会，2019，(3).

(3) 董事会秘书

董事会秘书在英美公司法上被称为公司秘书，是公司必设的法定机构。[204] 董事会秘书一般由自然人担任，是公司的关键人物，由董事会任命、领导并对其负责。我国《公司法》定义为高级管理人员，是指公司的经理、副经理、财务负责人，上市公司董事会秘书和公司章程规定的其他人员。许多公司的董事会秘书由公司高级经理兼任，也有一些公司设立全职的董事会秘书，还为其再配备助手，成立董秘办公室。在许多公司，董事会秘书也具董事身份。

董事会秘书是公司董事、经理和股东之间的联络人，是董事会、经理层和股东会之间的中介机构。董事会秘书的主要职责是负责公司股东会和董事会会议的筹备工作以及相关服务管理和文书工作，管理公司股东信息，办理信息披露事务，支持董事会工作等。从董事会秘书又称公司秘书的角度看，董事会秘书绝对不是董事长秘书。

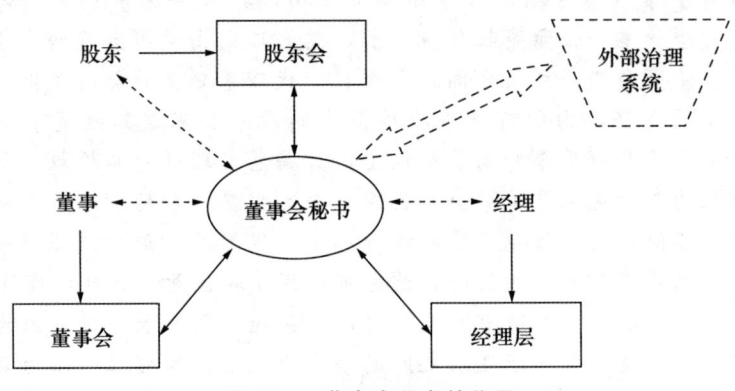

图 10-4 董事会秘书的作用

案例 10-2 ▶ 王石任联席董事长

2018 年 8 月 5 日，华大集团官网发布正式公告：经华大集团董事会决议，王石先生正式出任集团联席董事长。他将发挥在经营管理、制度建设、商业运作等方面的丰富经验和卓越能力，协助汪建董事长管理华大集团。华大集团执行副总裁朱岩梅接受采访表示，王石联席董事长，不是"虚职"，也不是"全职"。同时她明确指出，王石加盟华大集团，无关乎地产，华大集团专心技术研发，不做商业性房地产开发的承诺不会改变。

我国的《公司法》并无"联席董事长"的法律地位，设立联席董事长属公司自治过程中的自发创新。关于这个公司治理舶来品，经调查发现，尽管称谓相同，但不同的企业状况仍决定了设置联席董事长背后差异化的治理动机。在中国，公司董事长至今仍被视为公司最高领导人、一把手，设立联席董事长可以有助于打破权力过于集中的局面，实现权力制衡，促进决策更民主。2003 年，段永基出任新浪联席董事长，新浪董事长权限内的事务须由董事长姜丰年和段永基一致同意才能执行，制衡意味很浓。仅有制衡，并不是公司治理的全部，在某些企业中，设置联席董事长更偏重协同、辅助的目的。2013 年，刘永好从一手创立的新希望集团退休，女儿刘畅接任董事长，为了保证平稳过渡，新希望选举知名管理学家，并且有企业经营成功实践的陈春花教授出任联席董事长兼 CEO，即是此类典型案例。

资料来源：作者根据相关网络资料自行整理。

10.2.3 董事会的专门委员会

一、专门委员会的设置与运行

董事会专门委员会是指由董事会设立并由董事组成的,行使董事会部分职责或者为董事会行使职责提供帮助的,内设于董事会的次一级组织机构。过去主要存在于单层董事会制度之中,而今已被广泛应用。常见的专门委员会有审计委员会、报酬委员会、提名委员会和执行委员会等,表10-1反映了部分主要国家和机构设置这些专门委员会的情况。这些委员会一般都具有一些相似的特征:专门委员会的构成成员一般仅限于董事,目前越来越多地要求独立董事会加入,甚至某些特殊委员会完全由独立董事组成,而总人数比较多地集中在3到5人之间。同一董事兼任两个或两个以上专门委员会成员的情况并不少见。在性质上,专门委员会一般具备的是审议功能而非审定功能。它们会借助其专业知识在某些专业领域深入讨论,并出具审议报告。审议报告所列内容是否成为董事会意见,还需要董事会全体会议裁定。

表10-1 部分国家和机构对董事会专门委员会设置的相关规定

公司治理原则、准则	审计委员会	报酬委员会	提名委员会	执行委员会	公司治理委员会	其他
美国商业圆桌会议	√	√	√			
美国 CalPERS	√	√	√			√
美国 CII 的《核心政策》	√	√				
美国 TIAA-CREF	√	√				
美国纽约证券交易所	√	√				
通用汽车公司				√		√
英特尔公司	√	√	√	√	√	
Hample 报告	√	√				
澳大利亚投资总经理协会	√	√	√			
爱尔兰投资经理协会	√	√				
德国股东协会	√	√				
日本公司治理协会	√					
荷兰《比特报告》	√	√	√			
法国《维也纳特报告》	√	√	√			
中国公司治理原则						
上海证监会董事会秘书协会	√	√	√	√		

资料来源:李维安,牛建波.CEO公司治理[M].北京:北京大学出版社,2011.

专门委员会设置的必要性来自董事会规模扩大和职责细化的要求,也来自董事会地位独立性的要求。首先,如同所有群体决策方式一样,董事会在规模选择上会遇到一个两难问题。一方面,复杂多变的经营环境、强势且自利的职业经理和控制股东的存在,要求董事会具有丰富的实战经验、多领域的专业知识和广泛的信息来源。同时在一个具有利益仲裁功能的董事会里，也需要多方利益代表的加入，这都推动了董事会规模的扩大。另一方面，规模扩大后发生的董事个体责任感的下降，以及沟通渠道几何级数般增加而导致的沟通和协调的障碍，又限制了董事会规模的成长。而专门委员会的出现极大地缓解了这一两难问题。专门委员会的专业化分工设置，满足了董事会对各类职能的专业化需要。同时，专门委员会的"闭门"审议活动又规避了大规模群体决策的缺陷。

其次，专门委员会的普及也与人们对董事会独立性的呼吁有关。在表10-1所示的几个专门委员会中，最多被设置的是审计委员会、报酬委员会和提名委员会。简单地讲，这些委员会都是直接监管经理、控制股东和董事会自身的专门机构。而要完成监管任务，内部人监管内部人是不可行的，"法治规则"要求监管人必须处于被监管人团队的边界之外。所以，以英美模式为例，一方面，这些委员会基本均由独立董事组成，另一方面它们也是最普及的专门委员会。在中国，《上市公司独立董事管理办法》中规定，上市公司董事会应当设立审计委员会，并可以根据需要设立战略、提名、薪酬与考核等相关专门委员会。独立董事有权参与上市公司董事会下设的审计、提名、薪酬与考核等专门委员会工作，按照相关规定担任召集人并在委员会成员中占有二分之一以上的比例。

案例 10-3　中国上市公司董事会专门委员会设置情况

甫瀚咨询与中国社会科学院世界经济与政治所公司治理研究中心，自2004年起连续多年共同发布《中国上市公司100强公司治理评价》，在2012年的报告中，关于董事会专门委员会的调查情况如下表所示。

表10-2　中国上市公司董事会专门委员会设置情况

			2012（年）	2011（年）	2010（年）
董事会专门委员会的数量分布（%）	1—2个	严重不足	4	8	9.1
	3个	略有不足	23	24	26.3
	4个	比较合适	48	50	44.4
	5个及以上	合适	25	18	20.2
	平均数（个）		4.01	3.84	3.84
审计委员会的人数（人）			4.30	4.18	3.87
审计委员会的会议次数（次/年）			4.28	3.74	—
薪酬委员会的人数（人）			4.18	4.19	3.85
薪酬委员会的会议次数（次/年）			2.23	1.73	—
提名委员会的人数（人）			3.87	3.61	2.78
提名委员会的会议次数（次/年）			2.40	1.88	—

该表反映了中国上市公司董事会专门委员会的建设情况。不过,该报告关于委员会设置数量的评价是值得商榷的。难道是设置得越多越好吗?如果是这样,根据表10-3反映的欧洲13国2009年的情况,只有德国优于中国吗?所以,本书的观点是,没有什么"规范的""最优的"公司治理模式,公司治理的制度设计有一个定位和选择的问题。董事会专门委员会的设置完全要以每家公司各自的内外制度环境以及特定的公司治理目标为前提。另外要清楚,不设某专门委员会不是说该内容在董事会职责中就空缺了,仅是行使中不采用委员会这种形式而已。

表10-3 欧洲公司董事会专门委员会设置情况

国家	德国	英国	瑞士	法国	瑞典	荷兰	比利时	葡萄牙	奥地利	芬兰	意大利	西班牙	丹麦	平均
个数	4.5	3.8	3.5	3.3	3.2	3.0	2.9	2.8	2.7	2.3	2.3	2.3	1.1	3.0

资料来源:国际金融公司,深圳证券交易所.有效董事会——董事培训手册[R].深圳证券交易所,2012.

二、主要专门委员会的职责

小贴士10-4列示了我国《上市公司治理准则》关于董事会专门委员会的相关规定,其中有关审计委员会、报酬委员会和提名委员会的职责规定与国际通行规则基本一致。

小贴士 10-4　董事会专门委员会职责的法定范围

我国《上市公司治理准则》规定,上市公司董事会可以按照股东大会的有关决议,设立战略、审计、提名、薪酬与考核等专门委员会。专门委员会成员全部由董事组成,其中审计委员会、提名委员会、薪酬与考核委员会中独立董事应占多数并担任召集人,审计委员会中至少应有一名独立董事是会计专业人士。

战略委员会的主要职责是对公司长期发展战略和重大投资决策进行研究并提出建议。

审计委员会的主要职责是:(1)提议聘请或更换外部审计机构;(2)监督公司的内部审计制度及其实施;(3)负责内部审计与外部审计之间的沟通;(4)审核公司的财务信息及其披露;(5)审查公司的内控制度。

提名委员会的主要职责是:(1)研究董事、经理人员的选择标准和程序并提出建议;(2)广泛搜寻合格的董事和经理人员的人选;(3)对董事候选人和经理人选进行审查并提出建议。

薪酬与考核委员会的主要职责是:(1)研究董事与经理人员考核的标准,进行考核并提出建议;(2)研究和审查董事、高级管理人员的薪酬政策与方案。

各专门委员会对董事会负责,各专门委员会的提案应提交董事会审查决定。

审计委员会是设置最多的专门委员会。2002年,安然事件后,美国出台了《萨班斯-奥克斯利法案》,其中规定,禁止未设立审计委员会的任何公司在任何交易所上市交易。审计委员会之所以重要,在于其特殊的功能定位以及独立的运作形式。在功能上,一方面它是内部治理系统中专职监督职能的董事会构件,它通过对公司财务控制和审计程序进行检查，进而监控公司的整体运转，最终实现对经理和控制股东的监督。另一方面，通过对财务报告真实性的负责，审计委员会处于公司说明责任体系的核心，也成为外部治理系统连接公司的枢纽。所以，审计委员会是强调治理公司整体的委员会。在形式上，各国均规定审计委员会的多数成员甚至全部成员必须是独立董事，这确保了审计委员会的独立性，使得其监督功能和信息传递功能得以无碍展开。

报酬委员会，常常被薪酬与考核委员会的名称所替代，也是一个较多被设置的专门委员会。从我国《上市公司治理准则》中关于薪酬委员会职责的规定看，它的工作重点似乎仅是薪酬管理和业绩考核，对象包括董事和经理。但其实，薪酬委员会的工作重点是全面处置与经理激励约束和监督考评相关的一切事务，是治理经理的专职委员会。而对于董事的薪酬和考评管理，并不是设置该委员会的核心目的。由于薪酬委员会的治理对象是经理，所以其成员中的独立董事比例也很高。

提名委员会，或者名称与之相似的提名与治理委员会、治理委员会，实践中的设置率也较高。同样，从我国《上市公司治理准则》中关于提名委员会职责的规定看，它的工作重点似乎仅是提名和选任管理，对象包括董事和经理。这同样是一个误解，提名委员会的"提名"主要针对的是董事。研究表明经理或控制股东控制董事会的常用手段就是控制董事的人选，而提名委员会就是将董事提名权力乃至对董事会的控制权力从经理和控制股东的手中剥离出来，保证董事会的独立性。所以，提名委员会是治理董事会自身的专职委员会。它除了负责提名董事、调整董事结构组成外，也负责各专门委员会的设置活动，此外提名委员会还有一项重要工作是负责对董事会的考评。在实践中，经理层的提名和选任，也常由该委员会负责。但鉴于总经理、CEO选聘的重要性，往往需要设立特别小组，并由董事会全面负责。

在我国的实践中特别重视战略委员会的设置，这其实反映出我国职业经理制度的不成熟，多数董事会仍然需要自己全面掌握和使用资产经营权。而在美国的实践中，战略委员会，以及性质类似的执行委员会的设置比例远低于前述三种委员会。除此之外，公司根据自身行业特征和商业模式，还可以设置公共政策委员会、财务委员会、环境委员会等。另外，为解决某个特殊问题还可以特设一些临时委员会，比如上面提到，对于新CEO的提名和聘用，就可以设置一个特别委员会，而不在提名委员会中处理该项工作。

10.3　董事会的议事规程

董事会的组织构成是董事会发挥作用的前提，此外，作为会议体机关的董事会，其功能的实现还有赖于议事规则和程序的设计。

一、董事会会议的类型

董事会的正式会议分为定期会议和临时会议。定期会议由法律和公司章程确定，往往与公司的周期性工作有关，对于上市公司而言更与定期的信息披露活动相联系，诸如对季报、半年报、年报等的审核是定期会议的召开原因。在定期会议之间，公司遇到应由董事会审定的紧急和临时事务时，还可以召开临时董事会。在一些情况下，董事会还可以召开非正式会议，一般属于静修会性质。非正式会议的"务虚"性色彩重一些，以研讨为主，一般不牵涉审定活动。非正式会议的组织安排相对宽松，会议范围也可扩大到非董事的公司高管，甚至是外部专家顾问。

对于正式的董事会会议，我国《公司法》对股份有限公司的规定是，每年度至少召开两次。这是法律要求的底线，根据公司经营情况和董事会职责安排，应该再高一些。一些针对中国上市公司数据的调查统计，每年召开董事会会议的均值约为9次，标准差为3，最大值达到30次。[205]但是，一家公司召开太多次董事会往往也不是一个好现象，它其实传递了一个信息——公司遭遇了重大问题。

良好的公司治理实践倡导董事会应制定年度的会议计划，包括一年内董事会会议的时间表以及每次会议的议题安排。董事会会议的年度计划有助于确保董事会对公司事务的持续关注和监控，也有助于董事提前做好参会准备，提高会议的出席率和参与度。[206]案例10-4是一家美国销售额达56亿美金的制造型企业的董事会年历。

案例10-4 ▶ 董事会年历示例

表10-4 董事会年历示例

二月	四月	六月
董事会 • 年度评估 • 红利公告 • 发展战略探讨 • 战略回顾	审计委员会 • 内外审计报告 • 下一财年外部审计聘任建议 • 无形资产审查 • 外审费用审查财务委员会 • 审查经营计划的财务状况 • 融资状况更新 • 长期借款授权董事会 • 基金捐款授权 • 下一财年经营计划审查	薪酬委员会 • 公司激励分级 • 经理激励计划的奖励 • 经理激励计划分级指引 • 可变激励计划（401K）的变量匹配 • 股票期权存入准予 • 审批CEO个人目标 • 代理人信息 • 评估CEO公司绩效提名委员会 • 公司治理回顾 • 新任董事候选人董事会 • 第一商业单元的战略回顾 • 董事长个人目标的回顾 • 红利公告 • 年度会议的决议 • 下一年度的会议安排
九月	十月	十二月
董事会 • 第二商业单元的战略回顾 • 年度的组织事项（如：委员会、执行层的选举） • 股利公告 • 年度股东大会	董事会 • 探讨战略计划的"闭门静修会"	审计委员会 • 内审报告和外审报告 • 风险评估/合规审查 • 管理人员及董事的开支审查 • 高级财务/高级审计人员的审查薪酬委员会 • 股票期权的授予董事会 • 管理层发展更新 • 红利公告 • 战略回顾

资料来源：国际金融公司，深圳证券交易所. 有效董事会——董事培训手册[R]. 深圳证券交易所，2012.

二、董事会会议的组织

根据我国《公司法》的规定,关于董事会会议组织的相关事宜,主要涉及四大方面:

第一,在会议召集、主持和通知方面。一般由董事长召集会议,特殊情况下由副董事长或者推举出的董事召集和主持。关于临时董事会,代表十分之一以上表决权的股东、三分之一以上董事或者监事会,有权提议召开,而董事长自接到提议后十日内,要召集和主持该次临时会议。证监会颁布的《上市公司建立独立董事管理办法》中另外规定,全体独立董事的二分之一以上同意的,也可提议召开董事会。另外,要做好会议通知工作。不仅要通知会议的时间、地点和议题等,还要同时送达议题的背景资料、议案的论证信息,以及其他有助于董事提高审议质量的材料。

第二,在会议出席方面。首先,出席率是董事会会议效力和质量的基本保障。各国都规定了董事出席率的法定比例的底线。我国《公司法》对于股份有限公司的规定是出席人数过半,会议方才有效。而对于上市公司,更要求在排除了与议题有关联关系的董事后,无关联关系董事必须过半数出席,会议可举行,而无关联关系董事人数不足三人时,相关议题交股东会审议。其次,关于出席方式问题上,一般要求董事本人到场出席。董事因故不能出席的,可以书面委托其他董事代为出席,委托书中应载明授权范围。选择委托出席方式时要注意,只能委托本公司其他董事,只能采用书面委托形式,必须载明具体授权范围和明确指示,不得采用"全权行使表决权"方式。一般规定,一名董事不得同时接受两名及以上董事的委托,独立董事应委托独立董事,与议题有关联关系的董事不得委托于他人,对表决事项应承担的责任不因委托于他人而免除。目前,电子通信方式日渐便捷,可否、如何采用多媒体参会方式,需要公司文件作出具体规定。最后,对于多次不出席会议的董事,要及时予以撤换。《上市公司章程指引》规定,董事连续两次未能亲自出席,也不委托其他董事出席董事会会议,视为不能履行职责,董事会应当建议股东会予以撤换。

第三,在会议记录方面。董事会会议记录是有关董事会全部正式活动的真实和完整记载。特别重要的是关于表决活动的记载,要准确记录下投赞同票、反对票和弃权票的董事的名字,并尽量记录董事在表决时所表明的投票意见。在董事会召开后,会议记录要经过出席董事、董事会秘书和记录人的共同签名。签名后,会议记录就成了公司正式文档,并作为重要档案妥善保存。会议记录除了文档性资料的价值外,也构成了董事责任的追溯机制。根据《公司法》规定,在需要追究董事责任的董事会议定事项上,如果某董事在表决时曾表明异议且会议记录有所记载,则可免除责任。

第四,在会议支持方面。董事会秘书是运转枢纽的润滑剂,在公司治理系统中的地位十分重要。在日常时间,董事会秘书是公司董事、经理和股东之间的联络人,是董事会、经理层和股东会之间的中介机构。在董事会会议的准备、召开、总结活动中,董事会秘书推动了整个议事流程的进行,是董事会会议的管理者和服务者。在多数上市公司,会为董事会秘书建立专门办公室。由于信息渠道以及知识结构等原因,董事会召开时会邀请一些列席人员,他们或是公司的高级经理和专门职能的负责人，或者是审议事项的执行者，也可能是来自公司外部的专家。

三、董事会会议的议程设计与表决制度

（1）董事会会议的议程设计涉及三个问题，即审议什么议题、如何安排议程和由谁确定议程。首先，根据图10-1所显示内容，董事会要承担协调任务、合规任务和自治任务，这也就延伸出三类议题。对于后两类议题，一方面大多是公司必须依法完成的规定任务，另一方面公司之间并不存在太多的异质性要求。所以，建议董事会充分借鉴有关法律法规以及商业惯例，将其程序化，纳入定期举行的董事会正式会议议程。对于协调任务衍生出的议题，需要董事会必须事先定位好董事会的性质和功能，而后有针对性地选择议题，做到有所为有所不为。其次，在议程安排方面，要考虑议题的数量、议题的排列顺序、各议题的讨论和表决时间分布等问题。这也就引申出会议的时间跨度设计、会议主题安排、研讨参与度设计等事项。最后，关于议程的确定者，实践中由董事长决定的居多，在中国特色的法定代表人制度下更是如此。然而，议程安排应该是一个互动和民主的过程，全体董事都要参与议题选择的讨论和确定过程。理想状态下，董事会还应该开放性地听取公司经理和股东的建议。事实上，董事长强加个人意见于董事会之上的一个途径，就是对会议议程的把控，这是一个需要治理的问题。

（2）董事会会议的表决制度。董事会的决定是集体决策的结果，于是表决制度就显得十分重要了。首先，董事会的表决采用一人一票的民主模式，实现董事之间的平等。董事长并没有特殊权力，不过当全体董事一半对一半形成均势时，有的国家规定董事长赞同的一边获胜。其次，在表决方法上，通常有举手表决和记名投票两种方式。对于简单、难有分歧的形式性议案，举手表决即可。但是，记名投票更能无障碍地反映每名董事的独立意见和真实观点。再次，在计票规则上，我国《公司法》规定，董事会作出决议，必须经全体董事的过半数通过。这是一种简单多数的计票规则。对一些重要的审议事项，公司也可以在章程上作出更为严格的规定。最后，需要严格执行表决权排除制度。我国《公司法》规定，上市公司董事与董事会会议决议事项所涉及的企业有关联关系的，不得对该项决议行使表决权。在实践中，不仅要排除关联交易关系董事的投票权，中途要求其退场应该成为一种规则。

案例 10-5 ▶ 小天鹅董事会的表决

江苏小天鹅集团董事会有一个特殊的章程，就是3票也能否决12个席位的董事会决议。1995年9月已改组为股份制企业的小天鹅通过转让法人股，主动引入1992万美元海外资本，并选任了3位分别代表3家外国基金的董事进入12人的董事会。重要的是，小天鹅在董事会表决制度上，给自己套了一个"箍"：所有重大决策，必须经董事会12名成员中的10名以上同意方可施行。

为寻求产业规模迅速扩张，小天鹅曾有意收购国内一家效益相当不错的摩托车集团。当时该集团销售额已达39亿元。当他们把可行性报告交到董事会时，遭到了3

名外方董事的一致反对。他们认为，国内摩托车行业已进入高度竞争阶段，而小天鹅并不具备这一领域的核心技术和营销经验，兼并也许能够获得一次机会，但再往前发展则缺乏基础，没有基础必定没有未来。1995年以来，由于遭3名外方董事反对而"黄"掉的项目还有多个，比如生物工程、制药、DVD等。科学决策使小天鹅获得了一份难能可贵的清醒，始终以一种理性的态度专注于洗衣机的相关领域并全力扩张。

资料来源：贾品荣. 参与文化：董事会治理核心[J]. 中国中小企业，2004，(6).

(3) 董事会常见议题的审议流程示例。对于重大经营决策：先在经理组织下制定决策方案，提交董事会后，由董事会（或者下设委员会）进行审议，并出具审议报告，然后董事会根据报告形成决议，最后在董事会监控下由经理组织实施。对于高级经理的任免：先由董事会（或者下设委员会）或经理提名，随后董事会（或者下设委员会）以及公司人力资源部门进行评估，根据评估报告，董事会讨论并作出决议。对于财务公告和财务预决算：先由董事会委托经理拟定报告，提交董事会后由审计委员会（不设立审计委员会的，由董事会负责。但建议公司一般都要设立以独立董事会为主的、具有财务知识基础的审计委员会）出具审计报告，董事会根据报告制订公告或方案，并提请股东会审议。可见，董事会在决策分工上以决策控制为主，审议活动中充分发挥专业委员会和独立董事的专业、独立的作用，不过最后的决议仍由全体董事作出。

10.4　董事会制度设计

10.4.1　董事会制度设计模型

上文说明了董事会构建和运转的一般情况，依据这些内容可以"依葫芦画瓢"地建立"形式上"的董事会制度。但这样的董事会的工作绩效如何，就无从知晓了。于是，在学术研究上，董事会的某些具体特征（本书称为设计维度）与董事会工作绩效的相关性就成为一项重要课题，这方面的研究可谓汗牛充栋，而在了解这些成果之前，我们必须搭建一个系统化的董事会制度设计模型。这样做一方面可以系统性地概括所有设计维度，尽量避免遗漏和重叠；更重要的另一方面是，有助于理解这些维度因素之间的相互关联性和作用机理，从而有理有据地指导公司治理实践。

为此，我们借鉴了有关团队管理效能的研究模型，[207]从影响董事会绩效的五个子系统入手理解董事会建设维度，这五个维度是链接维度、个体维度、结构维度、过程维度和功能维度，见图10-5。各维度下，图10-5模型归纳了当前关于董事会制度设计构建因素的研究成果，这里有两点说明：第一，它以董事会制度设计维度为主，一些过于微观的团队行为因素没有纳入模型，比如董事的角色、地位安排，董事群体的规范、凝聚力建设，董事间的冲突处置、搭便车管理等。这些属于团队管理范畴，可以从相关知识体系中获得知识。第二，该模型以目前的研究成果为依据，而科学是不断进步的，模型中一定有遗漏的因素，已被解释的因素中也一定有可进一步挖掘出的信

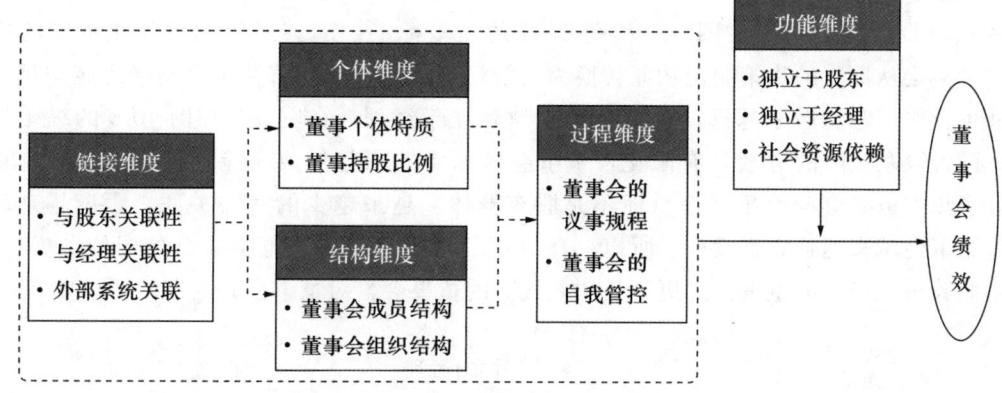

图 10-5　董事会制度设计模型

息。不过，这一模型应该把握住了董事会制度设计的基本思路，涵盖了董事会制度建设的要点。

模型最左端的链接维度是与原团队管理效能模型差异最大的部分。[207]在这里，原模型以及其随后的发展完善要考虑团队外部的组织、环境等因素，显然这些外部条件也全面影响董事会绩效。不过本模型更关注董事会本身的制度建设，于是仅保留了外部因素与董事会相链接的"接口"部分，所以称为链接维度。可见，这个"链"取的是委托—代理链中的"链"字，包括作为所有权代理机构与股东的链接、经营权委托机构与经理的链接，也包括作为法人代表机构与公司治理外部系统的链接。

另外，董事个体及其形成的董事会结构也会直接影响董事会绩效。前者归纳成董事个体维度，包括个体的特质、背景身份及其异质性因素等。后者归纳成董事会结构维度，常见的因素有董事会规模、内部结构等。此外，董事会的行为过程因素，例如，会议次数及其出席率、董事会的评估、激励等，归为过程维度，也将产生不同的董事会绩效。

最后，所有的这些因素没有一个"最优的"或者"规范的"的标准，它们与董事会的制度定位匹配良好后才能发挥作用，所谓"不审势即宽严皆误"，而董事会的制度定位反映在功能维度的设计上。董事会的功能定位如同调节变量，影响着董事会的行为绩效。由此可见，从各维度的性质上看，链接维度、个体维度、结构维度和过程维度组合在一起构成影响董事会绩效的自变量，而功能维度是这个模型中的调节变量。自变量因素应该如何事先安排以产生最好的结果，其前提是先解决功能维度的安排。

10.4.2　功能维度的设计

在图 10-5 模型的各维度中，功能维度为先，它决定了董事会要"干什么"，随后其他维度再决定董事会"如何干"。所以，功能维度的各要素又可以理解为董事会制度设计的关联性权变变量。

功能维度，顾名思义，就是对董事会进行功能定位，用到了第 9 章的知识体系。

这里从董事会独立性的视角，对第 9 章最核心的图 9-7 的董事会功能定位模型，进行一些相对具象的分析。在图 9-7 和图 10-6 的横坐标上，随着经理的职业化程度的提高，董事会从原生的决策制定功能转换为监管经理功能，意味着董事会与经理越来越少的业务合作，距离越来越远，董事会越来越独立于经理。在图 9-7 和图 10-6 的纵坐标上，随着股东风险的分散且有限化，董事会从原生的利益仲裁功能转换为法人独立功能，意味着董事会与个别股东（而不是股东群体）越来越少的利益关联，距离越来越远，董事会越来越独立于股东。所以，在真正的现代公司中，董事会是公司的董事会，而不是股东、经理的董事会，更不是"老板"的董事会，对董事会独立性的要求更高。

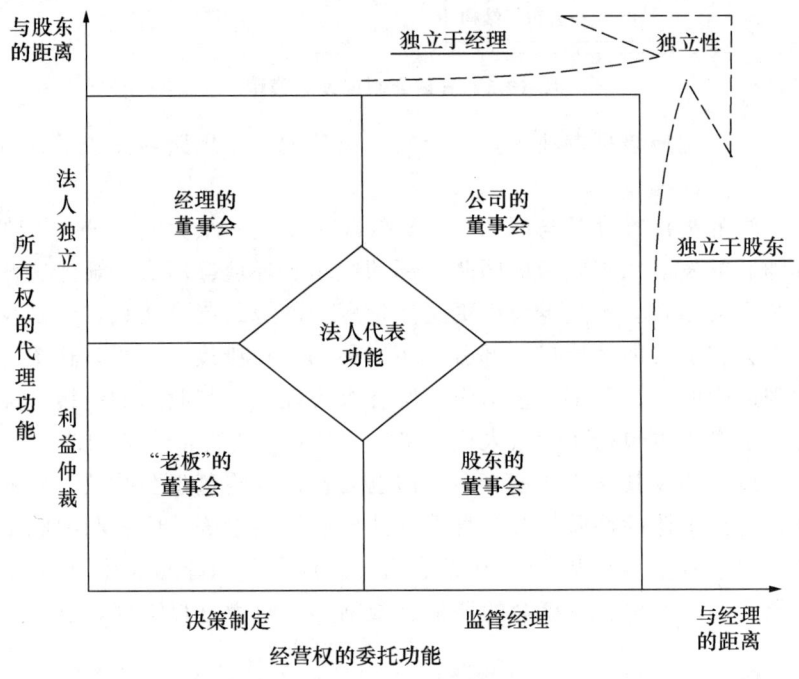

图 10-6　董事会功能定位与董事会的独立性

但是，并不是所有的公司全部都是真正意义上的现代公司，甚至现代公司也并不是所有公司的建设目标。于是，董事会制度设计中首先要考虑功能维度的定位，其关键变量是两个有关董事会独立性的变量——独立于经理和独立于股东。是否独立于经理决定于董事会在对经理制度的治理上，是"监管经理"还是"决策制定"。显然，如果董事会定位为"监管经理"，那么是否独立于经理的制度选项就为"是"。为什么"监管"必须与"独立"相联系，想一想各类比赛的裁判工作就知道了。生活常识告诉我们，裁判最重要的工作标准是公正公平。而如何保证公正公平？法治的基本精神说明，执法者必须独立，不能"既是裁判又是运动员"。所以，董事会的设计要发挥"监管经理"功能，要点是保证董事会与经理间的相互独立。反过来，如果公司的经理革命不彻底，董事会的功能定位是"决策制定"，反而要建立董事会与经理之间的联系。另一方面，董事会是否独立于股东，决定于董事会在对股东风险控制制度的治理上，是"法人独立"还是"利益仲裁"。基于同样的道理，如果董事会彻底实现了有限责任和有限风险而选择"法人独立"功能，独立于股东就是董事会在功能维度设计上的选择。

董事会选择独立于经理还是股东，反映了公司治理任务在代理型问题和剥夺型问题上的不同侧重。然而，董事会除了公司治理及其相关活动外，董事个体投身于董事会活动中，也成为了公司契约的缔结者。根据资源依赖理论，董事会被看作是某些资源的提供者和引进者。这些资源包括董事个人的信息、知识和声誉等人力资本，更包括借由董事的社会网络关系获得的社会资本。进而，董事会具有社会资源渠道功能，是董事会法人代表功能的一部分。董事会对于此类功能强弱的安排，要依据公司的经营环境与战略选择而定，也是设计董事会其他维度的前提。

除了这三点重要因素外，具体到特定的公司还会有一些更细微的董事会功能的考量，比如是否要独立于职工等。当功能维度各变量确定以后，根据此定位就可以依次设计其他维度变量。举例来说，如果选择了对经理的较强的独立性，则意味着董事会的一项工作重点是解决代理型公司治理问题，因而其他维度的设计原则是：在链接维度上，必须降低与经理的关联性，适当增加与股东的关联性；在董事个体维度上，董事的能力重点在于监管而非经营；在结构维度上，加大独立董事比例，设立监管类机构，如审计、薪酬、提名委员会；在过程维度上，要避免经理对董事会会议组织、董事管治上的反向控制。当然，董事会制度设计中还要注意对外部环境的响应。

10.4.3 链接维度的设计

董事会的运行受到其边界外部大量因素的影响，大到一国的法律、文化系统，小到公司各利益相关者的信任因素、业务复杂性因素等。但是，本书所称董事会设计的链接维度并不广义地包括这些内容，我们仅从公司内部制度建设的角度关心董事会制度本身的设计问题，这里仅考虑董事会直接与外界环境相衔接部分的设计维度，这在本书第1版中称为边界跨越，也十分形象。而评判链接情况的基本指标，是董事会与某些特定利益相关者的人际关联，因此将链接维度称作关联维度也较形象。

一、与股东的关联性

董事会是所有权的代理机构，受股东委托下对公司的法人财产负责，自然要处理好与股东的关系。在这方面，董事会制度设计常常要考虑的因素有两个，一是董事长是否是第一大股东（尤其是控制股东）的派出人员，二是主要股东派出的董事代表比例。本篇的重点案例"宝万之争"的冲突就是在这两个问题上达到高潮的。

第一大股东或控制股东（以下简称为大股东）派出董事长、执行董事和其他董事，是发挥大股东控制机制的重要手段。大股东派出人员进驻董事会，有利于大股东直接向董事会和经理表达其意愿，从而促进委托人和代理人的目标一致性，也有利于加强对董事会和经理的监督，从而降低委托人和代理人的信息不对称性，最终能较好地处理代理型公司治理问题。在实证研究上，国内外文献均证明了这方面的积极意义，在数量上，第一大股东派出董事比例与公司发生财务困境的概率显著负相关，[208]

在职位上，控股股东通过委派执行董事有利于降低公司的盈余管理水平、增强薪酬—业绩敏感性。[209]而对于一些特定的公司，比如家族企业，家族董事席位的增加也有利于抑制企业过度投资。[210]然而，大股东派任董事长和董事，也加强了大股东控制机制的负面效果，有可能造成大股东堂而皇之地利用董事会这个"隧道"转移公司利益，使剥夺型公司治理问题恶化。在对中国上市公司的实证研究方面，也得出了第一大股东派出的董事的比例与其掏空行为正相关的结论。[211]另外，在大股东通过董事会参与或干扰公司治理方面，近年来第一大股东或控制股东的超额委派问题（超过其持股比例派出董事）成为新的研究变量，然而实证结论也是两方面的，有的研究发现实际控制人超额委派董事促进了企业创新，[212]有的研究认为实际控制人超额委派董事往往对董事会履行监督职责构成严重干扰。[213]

非第一大股东派驻董事，则强化了股东间制衡的治理机制。这是股东间关于公司控制权的"近身肉搏"，理想状况下可以形成权利的平衡，并限制大股东的机会主义行为，进而保障全体股东的利益。在股东数量少、持股比例相近、股东风险规避机制缺乏的有限责任公司中，董事席位的分配成为公司剩余控制权配置的核心内容，也是剩余控制权行使的前提。而在股份有限公司，特别是上市公司里，股东在董事会中的控制权制衡的理论效果存在与否，以往相关的实证支持并不丰富，但随着我国混合所有制改革的发展，经验数据愈发充分。当然，非国有股东参与治理的数据一般是正面的，特别是一些研究发现，单纯的非国有股东持股比例增加并不能减少国有企业高管腐败，只有当非国有股东通过委派董事积极参与治理时才会产生显著效果。[214]但是，也有一些研究发现董事会层面的控制权制衡会引发控制权争夺，而控制权争夺不但制衡股东两败俱伤，也导致公司价值一落千丈。2010年，国美电器发生的大股东与职业经理的控制权之争，起点也是制衡股东拟派任三名董事。[215]

显然，以上的这些实证研究结论无法对董事会与股东的关联性是好是坏作出判断，事实上，"不审势即宽严皆误"正是本书的基本观点。我们首先要从董事会功能维度的设计入手，当董事会以代理型问题为治理目标时，董事会在功能上不要求独立于股东，大股东进驻董事会是有益的。但是，如果董事会以剥夺型问题为治理目标，那么董事会在功能上必须增强对股东的独立性，必须降低大股东在董事会的影响力，或者增加其他股东的制衡力。

二、与经理的关联性

董事会与经理在资产经营的决策权上存在一条分界线，笼统地讲董事会掌握决策控制权，经理拥有决策管理权。但是，这条分界线具体划到哪里，或者说决策控制权和决策管理权具体内容有哪些，每家公司是不同的，需要根据不同情况专门设计。而在董事会制度设计方面，目前文献中有关董事会与经理关联性的设计维度主要是董事长与经理（指CEO或者总经理）的两职设立，是两职合一还是两职分离。人们对该因素的关注由来已久，常常又被称为董事会的领导权结构因素。如果两职由同一人担任，称为"一元领导权结构"，反之是"二元领导权结构"。但是，"一元"还是"二元",并未有统一的意见。

一派观点认为,两职分离有利于形成董事会与经理间的权力制衡,避免经理对董事会"反客为主"的控制,进而提高董事会的独立性、公正性和监督效果,最终提高公司决策质量和经营绩效。[33]这派观点的理论基础主要来自委托—代理理论,强调经理的机会主义动机的天然存在。也有观点认为两职合一会促使公司形成统一的领导核心,促使真正站在经营一线的经理拥有充分的创新自由度和决策自主度,从而有利于决策的效率,也有利于公司战略的稳定和持续。特别是,当以管家理论作为理论基础时,更能得出两职合一有利于公司适应瞬息万变的市场环境的结论。[216]在实证研究方面,究竟哪种两职设立方式更能带来较高绩效,也没有得到经验证明。此外,也有一种观点认为一个有效的董事会制度安排是随着环境的改变而发生变化的,不能简单地确定董事长与经理两职是分离好还是合一好,而是要根据企业具体面对的环境来确定。[217]最后一种观点与本书所依据的原则相同,我们认为不能把董事会功能同质化了,不同的董事会功能定位要求不同的董事会制度安排。所以,这里再次强调本书此处做的是董事会制度设计维度的介绍,而"设计"二字强调没有一个最佳结论,所有变量都要依情况而定。具体在图10-6的董事会制度设计模型中,其他各项制度维度设计最终都要与功能维度的设计相匹配。

将两职设立维度的外延扩大,经理不再专指总经理一人,而是多个高级经理,董事会的席位也由董事长扩大到一般董事,即从更宽的视角看待经理层与董事会的重叠性,也可以认为产生了一个新的设计维度。在现实世界里,多个高级经理进入董事会是一种非常普遍的情形,在日本模式中更达到极端,但是学术研究上专门讨论其的文献不多,大概是因为一方面从其反面视角,即从独立董事的研究中可以得到相近的结论,另一方面它与董事长和总经理两职设立的设计,在功能、优势、劣势和适用性上基本一致。

三、与外部治理系统的关联性

董事会不仅仅是内部治理的枢纽,也直接与外部治理系统相连接。当一家公司的董事会引入了来自战略伙伴的连锁董事,或者引入了具有政治、金融关联性的外部董事后,这家公司就与其外部的治理单位链接在一起,嵌入一个广泛的社会网络系统之内。进而,一方面公司经由董事会直接接受外部治理系统的协调,另一方面也引入了外部治理系统提供的信息、关系、品牌资源。

所谓连锁董事,是指同时在两家或两家以上公司的董事会任职的董事会成员。连锁董事的存在十分普遍,一项对中国上海、广东两地314家上市公司的研究发现,与其他公司有连锁董事关系的公司占全部样本的73.2%,如果剔除那些因在两家或两家以上公司同时但只担任独立董事而引起的企业间的连锁董事关系,仍有38.9%的公司聘有连锁董事。[218]支持设立连锁董事的一方认为,公司通过与战略伙伴建立连锁董事关系,有利于协调各方的竞争和合作关系、共享专业知识及声誉,从而减少经营环境的不确定性。[219]而更多的研究站在资源依赖理论的角度,认为连锁董事有利于公司从其社会关系网络中获取资源，便于创新和知识信息的扩散。[220]但在实证研究上，聘任连锁董事的积极作用并未得到完全的证明。另外，也有一些文献认为，连锁董事关系的建立更多地决定于连锁董事个人的理性选择，是进入"精英俱乐部"、巩固其在"上流社会"的地位，从而获取个人收益的手段。[221]

董事会还可以通过聘任特殊关联董事，与公司外部系统发生直接联系。这里的特殊关联董事，专指那些来自特殊资源单位的董事，也包括那些能为公司与特殊资源单位建立紧密关系的董事。在目前的研究中，人们主要关心的是政治关联董事和金融关联董事。所谓政治关联董事，是指具有或曾经具有政府任职背景的董事。公司建立政治关联，是一个世界性现象。对于其利弊的讨论也结论不一。总体说来，公司通过政治关联董事与政府建立紧密的联系，就构建了一条获得政府帮助的渠道，有利于获得政府的信息支持和政策支持，甚至有可能会影响政府的政策制定和执行。[222]然而，从政府的角度来看，政治关联董事的设立将加强政府对企业进行干预，而政府的干预往往与非效率投资等问题联系在一起。[223]

金融关联董事，是指具有银行、证券、信托、保险、基金等金融背景的董事，他们为公司与金融机构建立起了金融关联。在一定条件下，金融关联有助于公司解决外部融资问题：第一，有利于公司与金融机构建立紧密的关系网络，进而影响金融机构的决策。第二，金融关联是一种基于声誉的隐性担保机制，有利于解决金融机构与公司间的信息不对称问题。第三，具有专业技能背景的金融关联人员，有利于公司提高融资方案的质量。[224]

在董事会与外部系统链接的通路上，董事会秘书扮演重要角色，董事会秘书及其办公室的设立是董事会制度设计的必要环节。董事会秘书办公室是董事会的日常办事机构，是董事会与内、外部治理系统连接的组织保障，是董事会获得工作资源支持的重要通道。董事会各项工作的开展需要董事会秘书及其办公室提供信息、提供服务，甚至负责实施。董事会应该依据其工作任务要求，为董事会秘书及其办公室设立相匹配的权力和责任。

10.4.4 个体维度的设计

一、董事个体的特质维度

小贴士10-5介绍了高阶理论，它从决策者的身份出发，从人口统计学特征角度，寻找决策者的认知模式和工作绩效的差异性。[225]而在董事会制度建设中，高阶理论同样适用对董事个体特质的研究。在董事会的团队运作中，董事个体的能力、价值观、人格等个体因素影响着董事会的工作绩效，然而，鉴于这些因素的私人信息特征难以被测量，于是人们用一些人口统计特征变量代替这些因素。并且在随后的大量实证研究中也证实了这些特质因素对董事会行为和绩效的统计学意义。

小贴士 10-5　高阶理论

高阶理论（upper echelons perspective）反对过去把战略决策仅看作是纯经济技术分析的做法，而考虑了决策者自身的行为因素，以人的有限理性为前提，从决策者的人口统计学特征角度，寻找其认知模式和工作绩效的差异性。[225] 高阶理论认为，经理、董事的个人特质（人口统计学特征，及其决定或影响的价值观、人格等）影响着他们对公司经营环境的认知和分析倾向，也影响着他们对公司战略的选择，进而通过战略选择对公司绩效产生影响。高阶理论还发现，经理和董事团队的集体人口统计学特征（个体构成和结构分布）对现实具有更强的解释力和预测力。

高阶理论在公司治理研究和实践中具有广阔的应用空间。首先，有助于解决经理、董事选聘活动中的逆向选择问题。经理、董事的某些个人特质是否具有信号功能，拥有何种信号功能，成为关注的重点。比如，经理、董事的军旅经历是否会影响其认知模式，该认知模式是否适合于某类情境下的决策活动，也许一个统计分析就能给出答案。其次，高阶理论有助于揭示不同特质的经理、董事更可能表现出的哪种不同类型的代理问题有助于公司治理定位。比如，经理、董事任期变长后，会越来越腐败吗，还是会越来越保守，这也可以通过相关的实证分析给出答案。最后，高阶理论对团队行为的分析，有助于解决经理班子和董事会各自的搭建问题，也有助于理解经理与董事会的配合问题。

第一，性别。男性董事和女性董事的认知模式和行为模式存在差异吗？相对来说，目前研究一般认为这种差异是存在的。整体而言，男性董事偏向于理性思维，女性董事偏向于感性思维，男性董事更多关注整体与趋势，女性董事更多关注细节与变化，两者结合就具有互补效应。[226] 一些国家，如挪威、西班牙，甚至立法要求公司增设女性董事份额。[227] 从董事会性别构成异质性的效果看，虽然有一些证据表明董事会中女性比例的增加有利于提高公司价值，[228] 但也有研究没有发现性别异质性与公司业绩之间的关系。[227] 如今的研究向更深的层次发展，考虑到董事会功能、行为与董事会构成之间的关系，较多证据表明在工作态度、道德规范、决策方式和风险规避方面，女性优于男性，性别上的多元化更有利于发挥董事会的监督功能。[229]

第二，年龄。一些研究表明，董事的年龄应该处于中间区段。[230] 一方面，过于年轻的董事，由于社会阅历和经营经验尚浅，把握公司情况及履行监管职责的能力较弱，因此可能对公司的贡献不大。小贴士 10-6 说明了直觉决策的理性基础，对于董事会这样的会议体机关，其行为绩效与其成员的经验积累密切相关。另一方面，年龄过大的董事，由于其在经理市场的声誉机制的逐渐弱化，其责任感会有所下降，而在能力方面，其社会关系、知识、商业经验等也存在迅速老化的可能。另一些研究对董事会成员的年龄异质性结构进行了分析，结论也较复杂。[231] 异质性的好处在于其带来了多元化的知识和信息，异质性的问题是形成"代沟"并阻碍沟通。

小贴士 10-6　直觉决策的理性基础

人们的许多决策并不是来自有条不紊的理性抉择，而是来自直觉。直觉决策是一种潜意识行为，与人们的经验、能力、价值观、情绪等有关。其中，经验起到重要作用。直觉决策不同于理性决策，但是多数直觉决策以理性决策为基础，来自以往理性经验的积累。一个经验丰富的决策者，面对特定情况或熟悉的环境，无须调集完整信息就可作出较为有把握的判断。

基于经验的直觉决策在一定的环境下，会更显必要。研究领导行为的认知资源理论认为，无压力的情境中，领导者的智力与绩效成正相关，但在高压力情境下，工作绩效就依赖于工作经验了。董事会会议就是一个典型的高压力情境，决策时间有限、决策信息有限。

第三，教育水平。学历是一个信号，统计上大致可以反映一个人的能力和智力水平。于是从道理上讲，高学历的董事应该意味着高知识存量、强认知能力，以及由此衍生的宽眼界、广社会网络等。的确，一些实证研究发现，董事的学历水平对公司业绩具有显著的正向影响。[232]但也有一些研究并未发现这一规律，特别是中国的独立董事群体，公司业绩无关乎独立董事的学历，[233]当然这也许是对中国独立董事制度存在问题的揭示。另外，董事的学科专业也是需要考虑的，不过这方面的共识性结论不多。对于中国的特殊情境，董事的海外求学经历成为重要考量因素。有研究发现，具有海外学习背景的董事，特别是非独立董事，对企业创新有促进作用，不过海外工作背景的影响更大。[234]

第四，职业背景。职业背景反映了董事的专业能力和从业经验，尤其在独立董事制度的实践中，比教育背景更被人们关心。在中国，上市公司有聘请大学教授作为独立董事的偏好，然而，实证研究表明教授董事的聘任并未对公司绩效产生影响，这主要因其企业运营经验的匮乏。[233]但在推动公司创新方面，有学术背景的独立董事可以起到促进作用。[235]在国外，上市公司更倾向于聘请其他大公司的在任或退休高管人员担任独立董事，以利用这些人在企业管理和经营决策等方面的实务经验。相关研究也建议中国公司增加对实务界董事的聘任，虽然目前在统计上他们的作用也不明显。[233]我国证监会在《上市公司独立董事管理办法》中有一项规定，要求董事会中至少包括1名会计专业人士，这与董事会负责财务监管和披露的职责要求有关，也符合国际惯例。国外的实证研究证明，会计专业背景董事的聘任与财务报表质量呈正相关关系。[236]在董事的职业背景方面，人们还关心董事与政府、银行的关联背景，以及在多家公司兼任董事的整体背景。对于这类董事，本书将其理解为公司联系外部环境的渠道，纳入在链接维度中考虑了。另外，关于董事职业背景的研究有一项基本达成共识的观点，即董事的多元化构成有利于吸纳多样性的信息和知识，从而提高董事会绩效。

第五，任期。董事的在任时间是一个需要注意的维度。较长的在任时间有利于提高董事对公司的承诺程度,将其个人利益和荣誉与公司联系在一起,也有利于董事熟悉公司的内外经营环境,因而较长的在任时间常常与更高的责任感和勤勉度相联系。[237]但是,董事在位时间过长,与公司经理走得过近,势必会影响其独立性。所以,独立董事连任多届后,应仅将其理解为非独立的外部董事。可见,董事任期对其胜任能力和独立性的影响是相对的。将两者综合起来,有实证研究发现独立董事的有效性随任期的延长以边际递减的方式不断提高。[238]但依照上一章功能定位的思路,笼统地将两种效应加总在一起考虑是不合适的,不同定位下的董事会应选聘不同类型的董事。

除了以上所罗列的董事个体特质外,随着研究的深入,人们挖掘的变量越来越多,比如在柳传志、任正非、王健林、王石等有过军旅生涯的企业家的影响下,人们开始思考高管从军经历对其经营行为的作用。[239]此外,在以上分析中可以看出,人们对各项特质的关心,不仅在意均值情况,还留意方差的影响,即考察所谓董事会成员结构的异质性问题。

二、董事的持股比例

首先必须明确,董事会是受托于股东会而设立的,但并不是股东会的派出机构。虽然常常有主要股东的派出人员进入董事会,但并不是要求必须如此。所以,董事与股东是不同的身份,董事是否持有股份、持有多少股份,并不妨碍其进入董事会。

理论上,董事持股可以实现董事与股东的利益一致性,从激励相容的角度促使董事关注公司业绩、履行监管职责。尤其在代理型公司治理问题上,董事持股可以激励董事直接从股东的视角,控制经理的代理问题、关心公司的长远发展。这就是所谓持股的协同效应。但在另一方面,董事持股又会破坏董事会的独立性。当董事持股达到一定比例,以至于成为公司的内部人并"自然"地获得剩余控制权后,董事本身又成为公司治理问题产生的根源。在持股形成的堑壕效应下,董事的剥夺型公司治理行为难以被处置。一项经典的实证研究发现,董事会持股比例在5%以下时,托宾q值与董事会持股比例正相关;董事会持股在5%到25%的范围内,托宾q值与持股比例负相关;超过25%以后,二者又正相关。[104]这里的托宾q值是衡量公司业绩表现和公司成长性的重要指标,它等于公司资产的资本市场价值与该资产的重置成本之比。

10.4.5 结构维度的设计

一、董事会成员结构

在董事会制度设计上,其成员结构维度主要涉及两个问题:一是全体成员的数量,即董事会规模问题;二是各类成员的比例,尤其是独立董事的比例。作为主要股东或其他利益相关者派出人员的董事比例,以及经理兼任的董事比例问题,虽也可属于此维度范畴,但我们认为它们更反映了董事会在委托—代理全链条中的衔接划分,而将其纳入链接维度考虑。此外,在个体维度中考察到的不同特质的董事的比例分布,放在结构维度中也可以自圆其说。

第一，董事会规模。作为影响董事会效率的关键因素，董事会规模已被研究多年。总体来看，关于董事会规模的大小问题的讨论中，支持董事会小型化的观点略占上风。利普顿和洛尔施[240]以及詹森[241]等学者的研究针对董事会小型化提出建议，他们认为有两方面因素造成大规模董事会的低治理效率。一是群体决策中的责任感递减和搭便车问题，造成董事的投入程度降低，董事会更可能被经理所"俘获"，董事会成为一种制度摆设；二是大规模董事会的会议沟通存在障碍，达成共识的困难较大。最终决策往往是不同意见相妥协的结果，董事在会议室的优雅和谦让是以真理和坦率为代价的。[241]利普顿和洛尔施建议，董事会最佳规模为8至9人，最大规模不应超过10人。詹森认为当董事数量超过8人时，董事会就发挥不出应有的作用，并容易受到CEO控制。

反对董事会小型化的意见主要来自资源依赖理论的支持者。他们认为，董事会是公司与外部环境相联系以获取关键资源的渠道，大规模的董事会可以得到更多知识和信息、意见和建议、认同和声望，甚至外部资源的直接支持。[217]综合正反两方面意见，对于大型公司，一些研究认为，董事会成员为12至13人是较佳的规模。[242]

也有一些研究认为董事会规模是内生的，是其他因素构成了董事会规模。即便有统计认为业绩不佳的公司的董事会规模略大，但与其说大规模董事会造成公司运转不佳，不如说不良公司治理体系造成了董事会的大规模特征。[243]在美国的实践中，大公司董事会平均人数长期保持在15人左右，近年来虽略有下降，但在过去200年间只发生过细微变化，且各家公司人数出奇地一致。[244]

在了解了规模对董事会效率的正反影响后，公司的董事会规模设计一方面要权衡这些利弊，另一方面还要考虑自身的特点，特别是对于大量的非上市公司。首先，要符合法律要求。我国《公司法》规定的董事会规模是3人以上。其次，要考虑董事会的功能与任务要求。是否足以制衡控制股东及其派出的董事代表、是否对经理形成控制力、是否调集了所需要的资源等是需要考虑的问题。再次，要考察公司的内外运行环境，比如，行业性质和行业惯例、市场的不确定性、公司的多元化战略导向、公司的规模和发展阶段等。最后，要与其他治理制度相匹配，比如，董事会的专门委员会设置、领导权结构、市场治理机制的力量等。

第二，独立董事比例。无论是面对代理型还是剥夺型公司治理问题，要发挥董事会的治理功能，关键在"独立"二字。前者要独立于经理，后者要独立于控制股东。图10-6充分表明了独立性在董事会制度设计中的统领性地位。增加独立董事在董事会中的比例，就是实现董事会独立的核心制度安排。除了监管功能外，独立董事还可以引入公司所需要的关键资源和专家建议。所以，多数实证研究发现，独立董事的比例与多项治理指标的优化正相关，但对直接提高公司业绩的作用不明显。本章最后一节将专门讨论独立董事制度，这里不再赘述。

二、董事会组织结构

关于董事会组织结构，我们主要讨论关于各种专门委员会设置以及监事会设置的问题。从理论上看,专门委员会解决了董事会作为会议体机关存在的"先天"缺陷,促进了董事会内部的分工与协作,有利于调查和研究的深入以及专业化,也避免了大规模董事会议的搭便车和沟通困难问题。在实证研究方面,既证明了设置专门委员会的积极效应,也发现了一些"形式主义"的低效率情况。[245] 对此,第一,要避免为了设置而设置的"形式主义"行为,首先要从董事会功能定位的角度分析设置的必要性。10.1.3节中介绍了各类专门委员会的职能,案例10-3也说明了我国的专门委员会有"泛滥"的迹象。第二,要明确许多专门委员会的功能行使对独立性要求很高,常设的审计、薪酬、提名委员会都是直接用来制衡内部人的。如果不能保证它们的独立性,一切就只是摆设。第三,作为董事会的次级机构,其制度建设很重要。本节关于董事会制度设计的各维度内容,同样也是建设专门委员会必须考虑的。

在我国的法律规范下,一般的公司都必须设立监事会,但目前的公司实践和理论研究都普遍对监事会不甚重视。我们认为,在理论和实践未有突破性创新之前,我国公司监事会的制度安排应以满足合规合法性作为基本目标。

10.4.6 过程维度的设计

一、董事会的议事规程

作为会议体机关,董事会的议事规程设计自然是保证董事会效率的关键要素。该要素下主要包括会议频率及任务设置、会议组织管理、会议议程与表决制度,共三项主要内容。10.3节对此有完整探讨,这里仅强调几点重要事项。在会议频率及任务设置方面,董事会制度设计的重点是制定年度会议计划,根据任务要求事前将定期会议确定下来。在实证研究中有一点需要注意的问题,即许多研究发现董事会会议频次与公司表现负相关。但这并不是证明董事会制度的无效性,反而说明许多公司在经营困境下会寻求董事会提供帮助,或将责任推卸给董事会。在会议组织管理方面,在例行的会议记录、会议支持等任务被确定后,重点工作是确保会议出席率,可否应用多媒体方式参与会议、对缺席董事的处置安排,需要事前作出制度安排。在会议议程与表决制度方面,需要每家公司"量身定做"的制度较多。对于议程设计,重点要解决董事长"一言堂"问题,避免内部人通过控制会议议题而左右董事会行为。对于表决制度,需要在公司章程中明确规定重要事项的特别计票规则、关联交易关系董事的投票权排除制度等。

案例 10-6 ▶ *回避还是弃权?*

2016年6月17日的董事会会议是"宝万之争"的高潮(详见本章讨论案例),"宝万之争"实质上转变为"华万之争"。华润与万科的"笔墨官司"的焦点是独立董事张利平在此次会议的关键表决事项中,是应"回避"还是应"弃权"。万科的意见是回避票不应计入总数,因而7票同意占全部10票的比例大于2/3,决议通过。华润

认为张利平是弃权,该票要计入总数,7/11 小于 2/3,决议不通过。另一位独立董事华生事后回忆了当时的情景:

  他上来的原话是:第一个声明是我新的工作在黑石,目前对两大股东都有交易,特别是,目前有一项数额较大的交易正在和万科进行,所以我已征求我律师的意见,我有利益冲突,所以我弃权。

  万科的高管何等精明,知道回避利益冲突与投弃权票有天壤之别,可决定重组预案的命运,说得含糊不清怎么行?张利平话音刚落,董秘朱旭马上追问:那您这样的话,属于利益关联,您就属于回避表决,是这样吗?张利平答:没有错。朱旭又确认:回避表决?对吗?张利平回答:对。朱旭再跟进:那我要提醒您的是作为独立董事,您做出回避表决的话,必须给我们书面回避理由,签字,然后我们会在公告里公告。张利平最后答:"就是我刚才讲的理由,因为利益冲突,所以我必须回避表决。我会提供书面意见,你们给我一个时间,我会提供。"

资料来源:华生. 万科模式:控制权之争与公司治理[M]. 北京:东方出版社,2017.

二、董事会自我管控

  董事会要强化自身的管控。一方面是对董事会整体的管控,主要与董事会的评估问题相关。另一方面要加强对董事个体的管控,涉及董事的提名与选聘、薪酬与激励等内容,下一章将对此单独介绍。

  董事会评估是指对照董事会的职责目标和评价标准,运用一定的评价方法,确定董事会的职责履行程度、任务完成情况和机构发展状况的管理过程。董事会评估是董事会自我监管、自我督促的积极行为,也是董事会履行说明责任的重要内容,有利于明确董事会责任,有利于校正董事会行为,有利于提高董事会效率,有利于董事会与投资者的沟通。

  董事会评估存在两大难题。首先,董事会评估的内容难以确定。从评估内容看,评估方法一般可分为基于投入产出的输入端的系统资源评估法、基于中间行为过程的内部过程评估法以及基于输出端的目标评估法。无疑,目标评估法是最普遍的评估方法,然而这一方法在董事会评估中遇到困难。董事会尽管是公司法人代表,但是公司资产经营权主要由经理行使,因而很难直接用财务指标来要求董事会。而董事会的直接行为,例如对经理的监督、对控制股东的制衡,又无法量化,甚至无法行为化。于是,对董事会的评估必须重视系统资源评估法和内部过程评估法的应用,主要考评董事会职责履行的条件以及职责履行的过程。

  其次,董事会评估的主体难以确定。从内部治理机构设置看,董事会的监管者应该是股东会,在委托—代理的逻辑结构上,股东会是董事会的委托方。但是,股东会却无法承担评估责任。一方面,如果这是一个股东分散的公司,那么没有任何一个理性的股东愿意额外承担一项吃力不讨好的任务,而靠股东会整体来负责评估工作,其成本也过高。另一方面,如果这是一个存在大股东的公司,这个大股东会有参与治理的意愿，然而一般情况下这个大股东本身就在董事会里，或者即便大股东不在董事会，董事会也会以避免控制股东剥夺的合理理由，拒绝大股东的考评。鉴于此，监事会的制度经设计出现，德国模式中的监督委员会、中国的监事会都有监督董事会的职责。但是，至少中国的监事会在多数实践中对董事会的监管仅仅流于表面。中国的监事会由职工监事与大股东代表构成，前者本身自己就是董事会的"下级"，后者也遇到如上所述的大股东任"考官"的问题。于是，由于难以找到合格的"上级"，董事会评估就以自我评估为主了。

自我评估会遇到过于宽松的问题，而不以目标为导向的评估也会遇到不客观的问题，所以，董事会评估系统的事先设计非常重要。第一，要建立董事会评估及评估报告的披露制度。向股东会或公众披露董事会评估的过程和结果，将董事会评估推动成一种"公开述职"的活动，如果股东会（也可以包括监事会）在董事会述职后还可以对其述职情况给予评价和反馈，则公开述职前提下的董事会评估就会相对注重客观和严格。第二，事先明确董事会的任务安排和议事规程。每一年度董事会要完成的工作，要一条一条地事先列明，每一工作要达到的目标也要有事先预期，甚至每一工作的时间计划也要事先安排。此前案例10-4所示的"董事会年历示例"是一个很好的样本。这些事先既定的职责就是董事会评估的重要内容。另外，要严格制定董事会的议事规程，会议组织、议程管理和表决管理等既定安排是否被执行，是董事会评估的重要部分。第三，董事会设计是否合理也是评估董事会的重要内容。本节所论述的董事会制度设计模型给出了完整的董事会设计原则，每家公司要事先明确，我们需要一个什么样的董事会，与外部系统的链接如何？董事个体具备何种特质？董事会结构如何安排？第四，要关注董事会履行职责的资源是否得到满足，主要包括信息、时间、权力等。所谓信息，指的是董事会要评估其决策信息是否得到充分提供、是否得到及时提供、其质量如何。所谓时间，包括会议次数、会议延续时间、会议准备时间等。所谓权力，评估的是董事会的权力范围如何？决议的效力如何？决策中是否受到经理和控制股东干扰？第五，要评估董事会内部运行情况。董事会及各专门委员会是否有清晰的带头人？董事成员之间是否能友好合作？特别是外部董事与内部董事之间是否能友好相处？董事会评估是否促进了董事会内部运行情况的改善？第六，董事会对其成员的管理也一样重要。主要包括，董事的提名与遴选是否规范？是否对新董事进行了培训？是否对董事个人履行勤勉义务和忠实义务进行了评估，如出席率、参与度、合作情况等？是否对评价结果较差的董事给予了帮助？董事的薪酬结构如何，是否存在激励不足或过度的情况？第七，公司的业绩表现也是反映董事会绩效的指标。虽然它仅是董事会工作的间接结果，但却是董事会工作的终极任务。

最后，本节所论述的董事会制度设计的各维度及其关系体系归纳见图10-7。

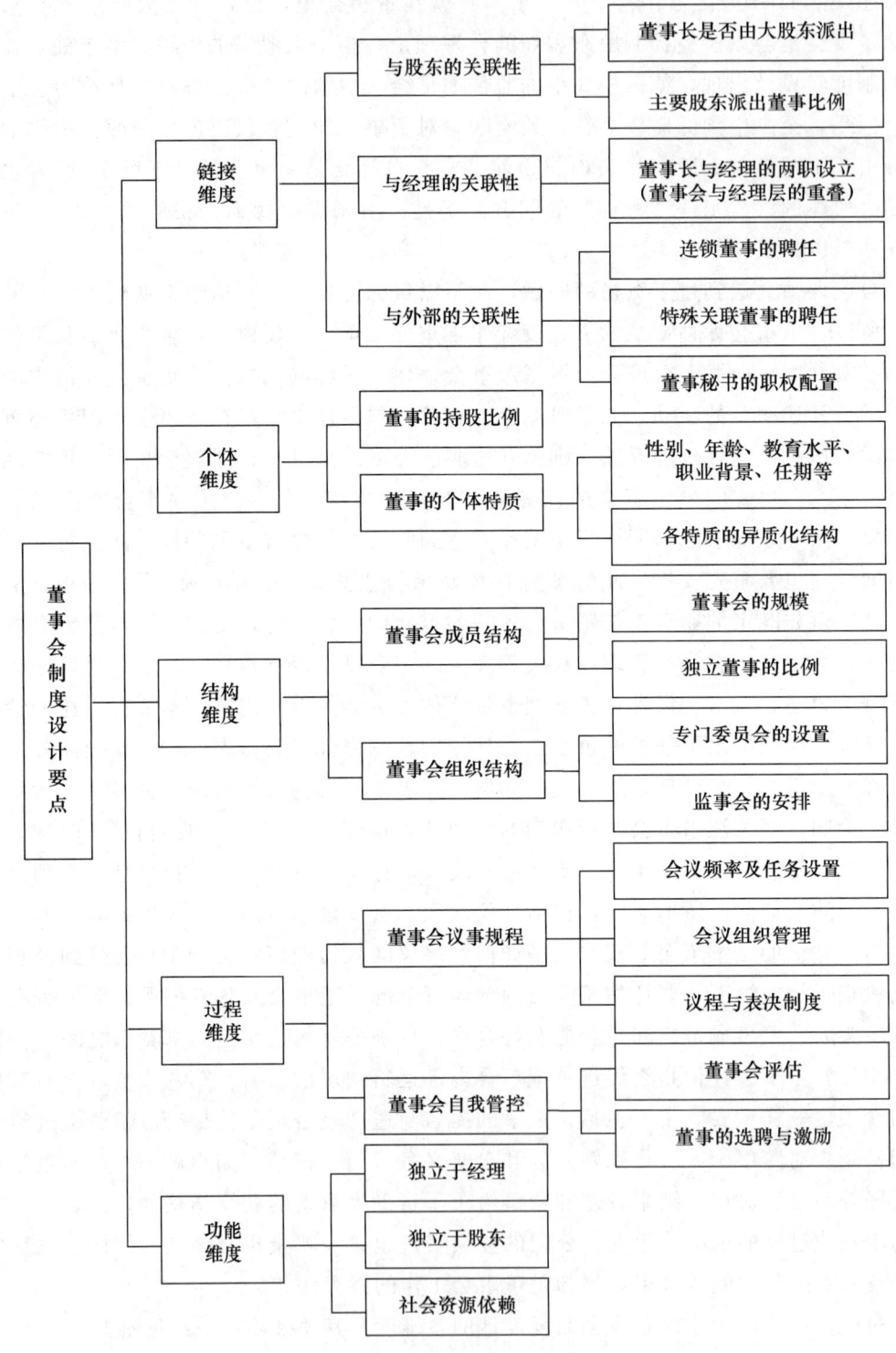

图 10-7 董事会制度设计维度

讨论案例：“宝万之争”中的万科董事会
——暨第四篇的学习伴随案例

正如本章引导案例中所述，"万科模式"是典型的"董事会中心主义"。"宝万之争"中，万科董事会也成为控制权争夺的主战场，其中的几次董事会会议值得关注。

一、万科董事会的构成

"宝万之争"中，万科的董事会轮转到第17届，其起始日期为2014年3月，终止日期为2017年6月。一般认为第18届董事会的选举之日，是"宝万之争"尘埃落定之时。以下是17届、18届万科董事会的构成。需要注意的是，万科公司章程第77条规定：董事候选人名单以提案的方式提请股东大会决议，其中的非独立董事候选人名单由上届董事会或连续180个交易日单独或合计持有公司发行在外有表决权股份总数3%以上的股东提出。

表10-5 万科董事会构成

	第17届（2014.03—2017.06）		第18届（2017.06—2020.06）	
管理层代表	王石	董事会主席、执行董事	郁亮	董事会主席、执行董事
	郁亮	执行董事（万科总裁）	王文金	执行董事（万科副总裁）
	王文金	执行董事（万科副总裁）	张旭	执行董事（万科副总裁）
大股东代表	乔世波	董事会副主席、非执行董事（华润总经理）	林茂德	董事会副主席、非执行董事（深圳地铁董事长）
	魏斌	非执行董事（华润CFO）	肖民	非执行董事（深圳地铁总经理）
	陈鹰	非执行董事（华润CSO）	陈贤军	非执行董事（深圳地铁CFO）
独立董事	张利平	黑石集团大中华区主席	康典	新华保险前董事长
	华生	中国社科院教授	刘姝威	中央财经大学教授
	罗君美	香港执业资深会计师	吴嘉宁	毕马威中国前副主席
	海闻	北京大学教授	李强	前海金融董事长
其他	孙建一	非执行董事（平安保险副董事长）	孙盛典	非执行董事（赛格集团董事长孙盛典）

二、"宝万之争"中万科董事会的会议情况

在本章引导案例中，在"宝万之争"前，万科的"董事会中心主义"治理模式被夸赞为"万科模式"。那么，对于"宝万之争"，这个决定万科基本命数的公司治理问题，董事会理应成为冲突爆发和冲突处置的主战场。而董事会作为会议体机关，在会议决议必须披露的政策要求下，董事会会议公告显然理应是公众了解，进而是参与这一治理活动的基本渠道。然而，现实情况却如表10-6所示：

表 10-6　万科董事会会议

日期	董事会会议	会议内容与"宝万之争"的相关性	出席情况
2015 年 8 月 14 日	第 17 届董事会第 7 次会议	无关	3 人授权表决
2015 年 10 月 27 日	第 17 届董事会第 8 次会议	无关	5 人授权表决
2016 年 1 月 25 日	董事会决议	万科 A 股股票继续停牌。此前停牌公告，由董事会签发，但未见表决情况	电子邮件提交，通讯表决
2016 年 3 月 11 日	第 17 届董事会第 9 次会议	无关	4 人授权表决
2016 年 4 月 27 日	第 17 届董事会第 10 次会议	无关	2 人授权表决
2016 年 6 月 17 日	第 17 届董事会第 11 次会议	涉及"宝万之争"的关键问题——深圳地铁重组	2 人授权表决；1 人回避
2016 年 7 月 1 日	第 17 届董事会第 12 次会议	否决宝能方召开临时股东大会的提案	未见详细说明
2016 年 8 月 19 日	第 17 届董事会第 13 次会议	无关	4 人授权表决
2016 年 10 月 27 日	第 17 届董事会第 14 次会议	无关	3 人授权表决
2016 年 12 月 12 日	董事会决议	终止发行股份购买资产事项的董事会决议	电子邮件提交，通讯表决。1 人回避
2017 年 3 月 24 日	第 17 届董事会第 15 次会议	无关	5 人授权表决
2017 年 4 月 27 日	第 17 届董事会第 16 次会议	无关	4 人授权表决
2017 年 5 月 15 日	董事会决议	召开 2016 年度股东大会的董事会决议	电子邮件提交，通讯表决
2017 年 6 月 21 日	董事会决议	深圳地铁提名（并在此后股东大会上通过）11 名新一届董事	电子邮件提交，通讯表决
2017 年 6 月 30 日	第 18 届董事会第 1 次会议	新一届董事会组成，并委任王石为名誉主席，但不参与公司治理	11 人均亲自出席

资料来源：万科官方公告。

三、2016 年 6 月 17 日董事会会议上发生了什么——华生的披露

2016 年 6 月 17 日的董事会会议是"宝万之争"的高潮，也是转折点。这次会议上，原第一大股东华润（或者说华润委派的三名董事）与万科（或者说代表万科管理层的王石等三名董事）公开决裂。万科希望用深圳地铁来阻击宝能系的重组预案，结果却被华润否定，虽然万科凭借独立董事的支持勉强过关，但这却带出了随后华润与宝能的联合。至此，"宝万之争"实质上转变为"华万之争"。形势可谓急转直下，不仅外部人一头雾水，就是董事自己也充满疑惑，以下摘录万科独立董事华生教授披露的当时在会议上提出的质疑，通过该质疑，可直接感受当事人对万科公司治理制度的评价：

在董事会开始不久讨论重组预案时，华润方面的董事代表首先发言，宣布他们已决定要对议案的主要内容投反对票。这使我（以下第一人称均为华生）极为震惊。故在华润董事代表发言后，我首先要求发言说："我想发表一点意见。我刚才听华润董

事代表发言感到非常惊讶，跟我们原来外面的想法、看法相差很远。我现在有两个问题，分别是给我们的管理层董事和华润董事。"

第一，对管理层董事，我从来不当任何上市公司的独立董事，到今天为止，也只当过万科这一家。当时是因为深圳监管局张云东局长专门给我打电话动员了几次，动员的主要理由就是这个公司管理得非常规范，股权结构比较好，而且是中国上市公司中一家很特殊的，符合现代管理架构的上市公司，希望我支持。后来我同意了，但是有一个条件，不拿任何报酬。但是今年以来这个情况，让我非常奇怪，应该说也比较失望。在宝能举牌以后，我们董事会一直没有就宝能举牌举行过任何正式会议进行讨论，我认为是不应该的。无论是管理层还是华润作为大股东，都应该要提出召开董事会。因为在成熟市场，我们看到在有人举牌特别是举牌方已经成为大股东的情况下，唯一有权威的发言人是董事会。但我们的董事会一直没有开会研究。反过来，管理层却以个人名义发表意见。我对管理层一些做法是有公开批评的。

现在我想问的是重组搞到现在，管理层跟大股东华润有过沟通没有？尽过努力没有？怎么会到今天表决议案的时候，大股东表示反对。这很荒唐，是管理层过于高傲或者太过疏忽，不去沟通，激怒了华润，就像外面传得沸沸扬扬的那样，把个人关系搞坏了，还是怎么回事？在这当中，究竟跟华润进行过哪些沟通，这些沟通分别都是什么结果？为什么会走到今天这个地步？因为如果今天这个议案表决出来，将整个社会哗然，对万科的形象、品牌都有很大打击，包括我们，作为董事会的成员，也都要面临着中小股东无数的问题，所以本着对广大股东负责任的态度，我希望今天管理层能详细解释。

第二，深圳地铁是深圳市全资子公司、大国企，能够跟他们达成协议，说明深圳市政府对这件事是全力支持的。我们万科的董事有没有在自己沟通不力或者无效情况下，通过深圳市政府和华润进行过磋商和沟通？是没有还是磋商沟通无效？无效的原因又是什么？

另外，对华润方面的董事。我说："我在接受媒体采访的时候说过，万科能取得今天的发展，华润作为第一大股东的同时又不直接干预公司的经营，与这个公司有一个现代企业的框架是有莫大关系的。所以华润虽然平时在万科发展当中不怎么发声，但是它的作用和功劳是巨大的，这是我以前的第一印象。但是，这次从宝能举牌以来，华润的表现让大家摸不着头脑，不知道他们到底是什么意思。一开始宝能不断举牌，而且显然就是要夺万科控制权，华润作为第一大股东，除了最初做了一个很小的增持以外，没有做任何的表示，也没有采取任何反击性措施，或者提请董事会研究，让大家知道其真实意图，华润似乎是要放弃这个企业。而宝能，我不认识宝能的任何人，但是作为同行业中比万科要差很多的地产企业，他来收购控股，会给万科带来同业竞争、关联交易、利益冲突等一系列问题，华润为什么不站出来表明自己的态度？

另一问题，当宝能似乎退缩以后，管理层经过努力找到深圳地铁这样的合作伙伴，根据我看到的材料和他们今天的介绍，我认为从万科广大股东利益出发，现在引进深圳地铁对于万科的长远发展意义重大。刚才华润方面说的道理,市场上也有不同分析判断。同时,这个得失绝对不是一两块地的价值多一点、少一点。我们这些董事都有商场上的实践经验。一笔交易根本不是一个土地多一点、少一点的价值,而是说你跟这个合作伙伴将来有多大的战略协同,能不能抓住今后十年、二十年中国经济发展的机遇,特别是房地产市场发展的新机遇。这是关键。

刚才华润代表的发言给我的感觉是,就像前一阵提程序等问题一样,不知道其真实的目的是什么。现在华润反对整个重组,是准备欢迎宝能坐实第一大股东的位置呢,还是说你们自己要牢牢控制这个公司?我作为独立董事都不清楚,我更不知道广大投资者会怎么想。如果华润非要做第一大股东不可,那一直到今天为止,你们在干什么呢?你们完全可以增持、完全可以做许多工作,你们现在什么都不干,只是反对、反对。如果华润态度是欢迎宝能做大股东,那要给出为什么欢迎,说出宝能进来对万科的发展、对广大股东有什么好处。要说清楚这个道理。如果是华润要自己坐实第一大股东,即使过去错失了机会,那今天要拿出实际行动来,你用什么样的战略性的资产,你用什么样的资源能够保证万科在今后十年、二十年有一个更好发展,比深圳地铁作为战略伙伴时的发展更好,这样才能够给广大中小投资者带来实际的利益。如果说今天预案被否决,复牌后,投资者肯定会受到巨大损失,而对这个前景,对万科向什么方向发展,谁是第一大股东、谁准备做什么,大家都不明白。不要说广大投资者疑虑重重,我作为一个独立董事也几乎什么都不清楚,不知道你们葫芦里面卖的什么药。信息披露是证券市场的生命。我们当时看中万科这个品牌和形象,同意担任独立董事,现在陷入其中,我认为非常不应该,特别对广大投资者是不公平的。我建议今天我的提问以及公司管理层董事和万科董事的答复要全面在媒体上披露,让广大投资者充分了解这个信息,到底万科发生了什么情况,下一步会向什么地方发展,这样才是对市场和对投资者负责任的态度。

资料来源:第三部分摘自华生. 万科模式:控制权之争与公司治理[M]. 北京:东方出版社,2017.

讨论以下问题:

本章讨论案例是"宝万之争"学习伴随案例的一部分,请读者留意此前案例提供的信息。另外,作为学习伴随案例,本章讨论案例是服务于整个第四篇的,请读者在回答以下问题时综合本篇其他两章的重要知识:

(1)从董事会成员的换届情况看,万科董事会制度有何进步?能实现董事会的何种功能?

(2)如何评价万科董事会的会议管理?如何评价万科独立董事的表现?

(3)你如何整体评价万科的董事会制度?"宝万之争"的爆发与万科董事会制度有何关系?

 **讨论问题**

(1) 如果要建立一个统一的董事会制度评价指标体系，那么，哪些董事会任务可以纳入其中？

(2) 中国《公司法》规定的董事会组织模块借鉴了其他国家的哪些做法，有无相冲突之处？

(3) 董事长与其他董事相比，有何特殊的功能和权利？

(4) 如果在功能维度上董事会选择无须对股东具备较强的独立性，那么其他维度的设计要点是什么？

(5) 为什么说对董事会的治理是一种自我治理？其治理活动包括什么？

第 11 章

董事与独立董事

导读

基于委托—代理理论，本章首先论证了董事治理的必要性，提出董事治理的两项基本要求，一是强调董事的独立性，二是强调董事对信义义务的承担。从后一点出发，本章第一节介绍董事的忠实义务和勤勉义务，并基于此从人员选聘机制、权责划分机制、决策制衡机制、激励约束机制和监察督导机制五方面说明了董事治理制度的建构思路。第二节则围绕着独立性，讨论独立董事制度的要点，包括独立性认定、独立性定位，以及独立与激励的两难问题等。

引导案例 "宝万之争"中的王石
——暨第二篇的学习伴随案例

王石不仅是万科的标杆人物，也是中国企业家群体的标杆人物。审视"宝万之争"前后王石的言行，有利于对中国职业经理制度作出准确判断。

一、王石：我才是中国第一职业经理人

《王石：我才是中国第一职业经理人》全文内容为："在中国职业经理人中，王石是一个特殊的符号。最近因去哈佛求学而成为媒体关注焦点。回顾历史，万科上市前，王石拥有公司40%的股权。1989年万科上市时，王石放弃了万科的原始股份，从而放弃了成为万科老板的机会，成为一名职业经理人。在中山大学EMBA班的一次讲座中，王石称，'其实我才是中国第一职业经理人，现在媒体上都说是唐骏，就是因为他赚钱多，我是不太服的'。作为深企职业经理人的代表人物，王石曾撰文分析深圳企业现象，试图为深圳企业找到一种共同的基因：'由职业经理人式的企业家主导，由管理层推动，是这些深圳优秀企业的特色。企业领导者有创业、变革的使命感和理想主义精神，又有市场化、制度化的理念和勇气。在他们带领下，企业逐渐摆脱国有企业的行政束缚，又不像家族企业那样热衷封闭和权谋，公司管理相对透明规范，公司发展比较稳定，也更容易接受新技术和新管理的变革。'"

无疑，王石取得了令人瞩目的成就。这里简述王石对万科持股的两点情况，一是王石早期放弃股份的情况，二是"宝万之争"前期万科的事业合伙人制度的情况。

现在许多报刊都会谈及当年王石在万科股改时放弃40%股份的事情，但也有人对这个40%表达了不同的意见。王石在他的自传《我的改变》中是这样写的：1988年，万科进行股份制改造时，我放弃了应得的个人股份。那次股份制改造，4100万股的股份中，万科职工股应得的股票约为500万出头。按规定，这部分股票只能有10%允许量化到个人名下，其余的由集体持有。我放弃应得的个人股份，有三点理由：一是讨厌暴发户形象；二是家族没有掌管财富的DNA；三是"不患寡，患不均"是中国社会根深蒂固的传统观念，社会也向来有种仇富心态。个人突然有了钱，会把自己摆在一个极其不利的地位，尤其像我这样，爱出风头，天马行空，独来独往，如果有了钱，弄不好会惹来杀身之祸。我当时的想法是，名利之间只能选择一项，或默不出声地赚钱，或两袖清风实现一番事业。我选择了后者。

2014年3月，万科推出了"事业合伙人"制度，在一年后"宝万之争"全面爆发。2015年7月，万科事业合伙人通过一些资管计划持股达4.14%，为万科第三大股东。在2014年5月的公告中解释道：事业合伙人制度是公司为进一步激发经营管理团队的主人翁意识、工作热情和创造力，强化经营管理团队与股东之间共同进退的关系，为股东创造更大的价值，而于今年推出的举措。2014年4月23日，公司召开事业合伙人创始大会，共有1320位员工自愿成为公司首批事业合伙人，其中包括在公司任职的全部8名董事、监事、高级管理人员。当时的新闻媒体的普遍观点是：万科正在进行一系列新十年的变革，在制度层面探讨事业合伙人制度，拟提升管理层、员工和公司的黏合度，防止"门口的野蛮人"闯入和公司控制权旁落，同时这也是万科对自我的颠覆、进化。

二、王石谈自己的董事长身份

1999年，王石主动辞去了总经理职务，在万科的身份是董事长，他对自己的新角色是这样认识的："辞去总经理时，有一个非常明确的分工，作为董事长，我就把握三件事：第一，我关注公司不确定的事，主要是决策。比如，在剑桥期间，为了确定第四个十年规划，万科聘请的麦肯锡团队曾三去剑桥，与我彻夜长谈，征求我的意见。我也回来参加商讨。第二，人事安排。第三，承担责任，尤其是公司出了负面事情的时候。"

2008年汶川地震，万科最初捐出200万元，不足万科前一年利润的万分之四，进而万科陷入舆论漩涡中。王石最初博客里的表态是："对捐出的款项超过1000万的企业，我当然表示敬佩。但作为董事长，我认为：万科捐出的200万是合适的。这不仅是董事会授权的最大单项捐款数额，即使授权大过这个金额，我仍认为200万是个适当的数额。中国是个灾害频发的国家，赈灾慈善活动是个常态，企业的捐赠活动应该可持续，而不成为负担。万科对集团内部慈善的募捐活动中，有条提示：每次募捐，普通员工的捐款以10元为限。其意就是不要慈善成为负担。"对此言论，王石事后多次做出了无条件道歉，万科也通过临时股东大会通过了捐款亿元的董事会动议。

王石担任董事长期间，一年中有近1/3的时间在外登山、跳伞，玩极限运动等，由此有股民批评他"不务正业"。"不要把我当个工头来要求！不要这样要求一个董事长。"王石亦大力反击"不负责任说""不务正业说"。他道，"作为董事长要扮演三种角色，在决策上要确定公司的方向，第二是决策监督任务，第三，有责任去培养新人。如果一旦王石离开万科，万科就稀里哗啦，那这就是一个病态的企业"。

王石在其自传《我的改变》分享会上回顾了"宝万之争"，并进行了两点解释。其一，关于反对民营企业做万科的大股东。王石说，作为创始人，一直希望万科的第一大股东是国企。"万科是典型的混合所有制企业。从1988年股份化改造到第一次大股东转让，再到宝万之争后华润退出第一大股东，一直是这样。"王石表示，这是选择，不是错对。因为选择国企做第一大股东"既有畏惧，又有渴望"。王石畏惧的是，"在中国传统中，官家一直扮演着重要角色，包括商场上。民企做大，一定要混合所有，而且国企要占大股东"。他进一步解释道，这无关对错，只是自己坚持的一种风格。其二，对宝能系的坚定反对。这是因为，"你可以不同意，可以和风细雨，没必要剑拔弩张。"王石认为，在宝万之争中，宝能系的态度是剑拔弩张的，是"恶意的"。从而引发了王石和其他万科高管的强烈反对。他解释说，这种"恶意收购"是资本市场的术语，是相对于善意收购而言的，意为"不商量，不尊重管理层意见，直接收购"。

三、"宝万之争"漩涡中的王石

华生教授作为万科独立董事亲历了"宝万之争"全过程，披露了大量的细节信息以及其个人的判断，在《我为什么不赞成大股东意见》的长文中，总结了公众对王石的态度：

在与万科事件并无或很少利益关联的人当中，这次也明显地分为两个观点对立的阵营，可称为情怀派与规则派，即可归结为情怀与规则之争。

据称，情怀派认为，王石等万科公司管理层创造了独特的万科文化，使万科成为中国公司治理的典范，并使万科在地产界脱颖而出，几十年来成长为最优秀的龙头企业和业内唯一一家即将进入世界500强的巨人企业。因此，王石并不是一般的职业经理人，他还是万科的创业企业家。破坏这样一家标杆企业的公司治理结构、炒掉管理层有违常情，不符合万科公司和股东利益，也会产生不良的社会影响和示范，乃至加剧经济脱实向虚的蜕化。有人强调，蔑视资本权利是可悲的，只讲资本话语是可怕的。

与此对立，规则派则认为，即便承认情怀派的全部或大部分的理由，但规则就是规则。遵守现行法律和规则是现代市场经济健康运行的基础。王石作为创业企业家在股改时放弃了股权，选择当职业经理人，无论当时是情怀高尚还是犯了错误、留下今日之隐患，现在就得承担这种选择的后果。

规则派认为，别说王石近年来行为不像经理人而像老板一样去四处招摇，去年在遭遇敌意收购后仍然自我作大、言语伤人、失误不断，就是什么毛病也没有，只要大股东或外来资本依法取得控股权，不管管理层或个别人有多重要，不管你是不是创始人，想换就可以换，这就是游戏规则，人人都得遵守。

有人把规则派观点发挥得淋漓尽致，"再说彻底一点，包括宝能在内的任何一个股东，无论他出于什么目的，干掉万科也好，赶走王石也好，高位套现也好，抑或是为了其他利益——只要不违背法律，这都是可以的。这是上市公司的规则赋予股东的权利。不管这个公司缺了王石之后是衰落，还是比以前更好，这都是法律赋予股东和其他利益相关方的权利。"当然，在这两种观点之外，也有些人游离于这两派之间，采取调和态度，希望有个各方妥协的结果。

资料来源：王石：我才是中国第一职业经理人［EB/OL］．中国新闻网．https：//www.chinanews.com/cj/2011/03-30/2940553.shtml．王石．我的改变：个人的现代化40年［M］．北京：三联书店，2019．华生．万科模式：控制权之争与公司治理［M］．北京：东方出版社，2017．其余内容为作者根据相关网络资料自行整理。

在"宝万之争"前，万科的王石是中国优秀企业家的典范，极少被诋毁和质疑。然而，当"宝万之争"爆发后，王石的行为，包括其一贯的行为，却被摆在放大镜下审视，人们开始重新评价王石。你认为王石作为董事（长），是否合格？制度上又该如何治理一名董事呢？王石作为职业经理，是否合格？制度上又该如何治理一名经理呢？当回答后面的两个问题时，本章的引导案例其实是作为本书第二篇的学习伴随案例的。

11.1 董事的治理

郑百文，一家早已被重组的上市公司，是中国早期公司治理"乱象"的典型代表。案例11-1，来自郑百文"闹剧"的一个片段。这里，并非讨论郑百文的公司治理问题，而是透过记者对案例主角言语的记录，给读者呈现一个真实的董事会运作情况。请读者在阅读时思考这样一些问题：具备什么样的条件才适合担任董事或独立董事？在年龄、学历、政治身份、专业背景等方面有无要求？董事或独立董事对自己的行为应该承担何种责任？如何在激励董事或独立董事时，又保持其行为和判断的独立性？

案例 11-1　郑百文"花瓶董事"陆家豪的迷惑

今天，71岁的陆家豪在河南郑州大学的教师宿舍里，等待来自北京的确切开庭时间。这位原"郑百文"的独立董事，最近把中国证监会告上了法庭。

今年5月，同是老师的儿子请假陪他去北京递诉状，不久就得到北京第一中级人民法院已经立案的消息；6月5日，陆家豪收到了法院寄来的中国证监会的答辩状。

"现在，快开庭了。"他说。

让这位大学外语老师走进法庭的，是中国证监会一张10万元的罚单。那是去年9月，中国证监会对郑百文公司的行政处罚内容之一。他是这个上市公司的独立董事。

"10万元！我们家6年不吃不喝，也拿不出来。"目前，陆家豪每月有1600元的退休金。今天他对记者说："我太冤枉，我成了一些人的替罪羊！得到消息，当时我就火冒三丈。"

他的夫人王老师在电话里，用河南俗语来形容丈夫的冤枉命运——"掏力还得挨磨杠"，说他是"老知识分子稀里糊涂当了什么独立董事，像驴子一样出力辛苦拉磨，结果还得挨（磨杠）打"。

和郑百文扯上关系之前，陆家豪是一所大学教公共外语的老师。他在上海长大，早年到北京外国语学院读书，毕业后支援新成立的郑州大学，在这里成家。

陆家豪是在1995年当上郑百文的独立董事的。"我在政协做了一个关于股份制的发言，被李福乾看上了。"当时，陆家豪是河南省政协委员。作为人大代表的李福乾，是郑百文的董事长。

陆家豪对记者说："他要我当独立董事，说这是好事。原来董事会里都是中专毕业戴的大专帽，让我这个大学老师来提高公司的素质，对公司有好处，也不用我参与经营。我想，人家是头上有那么多牌子帽子的'明星企业'，看得起我这个60多岁的退休老知识分子，我还推让什么？再说，这不也是给社会做贡献？"很快，材料被证监会批下来了。

陆家豪的夫人委屈地说："到今天，他连独立董事的聘书都没看到，也没有拿过郑百文一分钱的报酬。当了独立董事，家里反而还贴进不少钱。在重组时，70多岁的人找政府，找各个部门；小股民来到家里，我们只好自己招待吃饭。"

陆家豪现在持有2.2万股郑百文股票。他说："为买这些股票，我前后投进了4年工资。"

他介绍，当独立董事前的1992年，他在社会上买了1万股，当时花了家里3年的工资，后来配股到现在这个数，又花了1年的工资。在股价最高时，因为自己是董事，不能卖。"现在，变成了一无所有。"

说起独立董事，这位老人语透无奈："说千遍，说万遍，都是空的。上市公司里，真正起作用的只有3个人——董事长、总经理和财务经理。我这个独立董事的作用就是一年开两次会。"

他反问记者："你说，当时，郑百文该有的桂冠都有了，我能够凭什么怀疑一切？

再说，交易所、证监会审查过的年报，上面还有会计师的签名。我不是学财经的，在两个钟头的会议里，我能从年报里看出什么东西？我能负起这个责吗？"

他说，一个当过独立董事的知识分子有很多话，要在法庭上说。

资料来源：王尧. 告证监会的"花瓶董事"陆家豪[N]. 中国青年报，2002-06-11.

11.1.1 董事治理要求

一、董事的委托—代理问题

董事会的一重身份是所有权的代理机构，这是相对于股东的代理人而言的，那么，董事会会发生委托—代理问题吗？答案自然是肯定。正如第3章所论证的，委托—代理产生的必要条件是"目标不一致"和"信息不对称"，这里就从这两方面着手讨论。此外还需要明确一件事情，董事会是会议体机关，在制度设计上服务于全体股东，向股东会负责，董事会发生的代理问题是由自然人董事所引发的。

（1）董事委托—代理问题发生的必然性

在"目标不一致"问题上，首先要考虑到董事的"出身"。所谓"出身"问题，考察的是董事会里的重要席位或多数席位是否本身就是代理型问题或剥夺型问题的治理对象。当职业经理人进入董事会并控制董事会后，或者当低风险的控制股东进入并控制董事会后，"既当裁判员又当运动员"，让公司治理问题难以避免。读者可以从这个角度思考本篇的"宝万之争"案例，万科的董事会是否一直存在发生公司治理问题的潜忧？注意，这里绝非要求所有的董事会都必须以现代董事会（图9-7模型的"公司的董事会"）要求自己，还是要找准定位。当公司的控制股东为其他股东承担公司主要风险，当经理人就是这类股东甚至全部股东的利益一致者时，董事会可以在"公司的董事会"以外的定位下进行制度建设。否则，经理或控制股东与全体股东之间的"目标不一致"问题，就转变为董事会与全体股东间的问题。董事会如何确保不被治理对象控制，一种根本方法就是保证董事会里的重要席位或多数席位的独立性。其实，这背后的理论基础就是降低代理人与委托人的"目标不一致"。

当以上问题没有发生，在董事会没有被经理人和控制股东控制后，即不考虑董事叠加控制者身份的情况，董事与股东间的"目标不一致"问题依然存在。第一，如果董事不独立于公司管理层，比如董事是经理的下属，那么难免与经理沆瀣一气；第二，如果董事本身也有较多股份，那么虽然不是控制股东，也会影响公司决策，损公肥私；第三，如果董事之间拉帮结派，那么利益集团内部的相互利用、相互包庇难免发生；第四，如果董事与公司存在业务往来，那么本身就是公司利益关联者，有其专门的利益往来渠道。所以，强化董事的独立性是治理董事的基本任务，其前提是董事与股东间存在着的"目标不一致"。

另外，"目标不一致"还有另一形态。"能攻心则反侧自消"将"目标不一致"区分为两类，一类是"反"，一类是"侧"。我们可以通过董事会的独立性设计处理"反"的问题，但"侧"的问题却难以解决，甚至有所恶化。例如，有些董事虽然没有直接侵占公司利益的盘算，没有和股东目标不一致，但也没有和股东目标一致，一切行为就是让自己避开风险、满足权力欲、享受清闲，如此等等。因为独立性特征也意味着这类董事并没有恪尽职守的个人经济动力，这种尸位素餐的问题也是董事代理问题的主要表现。另外，严格来说，董事会作为法人代表，也不仅仅是股东的代理人，还要代表公司向其他利益相关者负责，进而要求董事必须公正公平地处理利益相关者之间的关系，单单从经济利益角度出发是难以解决利益不相容的加总问题的。

案例 11-2 有人既当裁判员又当运动员

中央纪委监察部网站发布的《派驻监督要"敢"字当头》一文中指出，派驻机构的主业是监督，派驻干部必须强化派驻意识。有的干部忘了自己是上级纪委派的，拿着纪委的工作证，却不干纪委的活，同驻在部门同志一团和气，"混个好人缘"，不敢真正板起脸来监督执纪问责。有的纪检组长在党组中参加本职以外的业务分工，甚至兼着部门的行政副职，既当裁判员，又当运动员，种了别人的地、荒了自己的田。

文章称，监督缺位的背后，是党性观念的弱化、责任担当的缺失。有纪检组的同志讲，"端着人家的饭碗，不太好挑人家的毛病"。这是一句典型的缺乏党性的话。"端人家的饭碗"，这个饭碗是谁家的？是党和国家的，是人民的！决不能错误地认为办公经费、工资福利从哪个部门开支，就是端那个部门的饭碗，认为加强党内监督就是给"人家"挑点毛病。

资料来源：中纪委发文揭派驻机构监督缺位：有人既当裁判员又当运动员[N].人民网—中国共产党新闻网，2015-09-08. http://fanfu.people.com.cn/n/2015/0908/c64371-27554633.html.

在"信息不对称"问题上，恐怕只有通过自我治理的方式来解决董事会制度的先天不足。这里，再次强调以下讨论的董事会是作为研究基点的现代董事会，是处于图9-7模型右上角的董事会，董事会的功能就是监督，既监督经理也监督控制股东。那么，这个监督为什么不直接由股东或股东会进行呢？答案是成本太高。事实上，如果股东可以自己监督，是可以不设董事会的，《公司法》也规定有限责任公司可以不设董事会。于是，当股东监督不了经理或控制股东时，他们又怎能监督得了董事会？要知道《公司法》认定股东会每年只召开一次年会，其余的都算作临时股东会。所以，显然如果董事会不自我披露，外部人是很难获得法律规定之外的相关信息的。"信息不对称"就是股东与董事会之间关系的常态。再进一步，董事会以集体决策的形式实现其功能，那么，隐藏在集体之中的每一名董事，其行为动机、个人判断等更是其私人信息。

案例 11-3 华生谈披露"宝万之争"董事会内幕

这次通过电话出席万科董事会并参与投票，事后无端地被拉进矛盾漩涡，还有人威胁我泄露了内幕信息，半只脚已经进监狱。我的蛮劲就又来了，天天半夜起来写文章。现在监管部门将信息披露视为头等大事。按《证券法》的规定和要求，上市公司的董事等应当保证上市公司所披露的信息真实、准确、完整。从我的文章可以看出，这次万科董事会会议公告的信息实在少得可怜。大量对公众股东和市场投资者至关重要的信息均未公布。故我当时就要求公开董事会会议记录，但大家显然意见不一。然而公司股票很快将复牌，这种对信息披露得不准确、不完整，不能全面真实的情况，只会有利于少量知情者，对广大公众股东和潜在投资人极不公平。在一时激情的正义感推动下，我觉得即便个人付出点代价也要打破上市公司这种普遍存在的对关键信息披露的不准确、不完整因而也很难真实的局面。因此，我才选择了《上海证券报》这一指定披露信息媒体刊登了这一系列文章。

资料来源：华生．万科模式：控制权之争与公司治理［M］．北京：东方出版社，2017。

如此看来，董事身上发生委托—代理问题的必要条件是存在的，或者说股东将法人财产委托给董事会，其实是将自己置于风险之中。这种风险一方面是间接的、低频的，"间接"表现在法人财产经营权掌握在经理或控制股东手中，"低频"体现在董事会的集中会议决策特点上，因而不像经理的代理问题和控制股东的剥夺问题带来的冲击那么明显。但是，董事委托—代理问题的另一方面风险特点是重大而长远，这是由董事会的决策内容所决定的，比如一个错误的 CEO 遴选将对公司造成致命打击，因而必须认真对待董事的治理问题。

（2）董事治理的基本要求

图 11-1 是对以上论述的总结，从中可以提炼出董事治理的基本要求。首先，当董事会被经理或控制股东控制后，会出现两类情况。一是从公司和董事会定位的角度看，这种控制是有益的，那么，董事会被定位为"经理的董事会"或"股东的董事会"（见图 9-7 董事会功能定位模型），强调决策或仲裁功能。另一种情况是从公司性质看，董事会应定位为"公司的董事会"，却被职业经理或低风险控制股东把控，这将极大地使代理型或剥夺型公司治理问题恶化，这是公司治理制度设计必须避免的。但在以下的讨论中，我们暂且剥离开这两种董事身份叠加的情况，仅仅考虑纯粹的董事的治理问题，这有利于抽象出董事治理的基本要求。

从"目标不一致"的风险看，可以把董事的私人目标划分为"反"的目标和"侧"的目标（取自"能攻心则反侧自消"）。首先，对于"反"的目标，董事治理的基本要求就是强化董事的独立性，消减其在公司中的私利。第一，管控其与公司的业务关联，第二，隔断其与经理间利益与人情关系，第三，隔断与重要股东间利益与人情关系，以及对董事自己所持股份的监控，第四，消除董事之间的利益与人情的小集团化。

其次，对于"侧"的"目标不一致"问题，应用正式契约的方法是难以处置的。一方面，"侧"的目标太多。如果说股东的方向是 0 度角，"反"的方向则是 -180 度角，那么除此之外的所有角度，所有与股东目标不一致之处都是"侧"。另一方面，董事会由多名董事构成，每名董事有其自己"侧"的目标。在这样的目标不定的前提

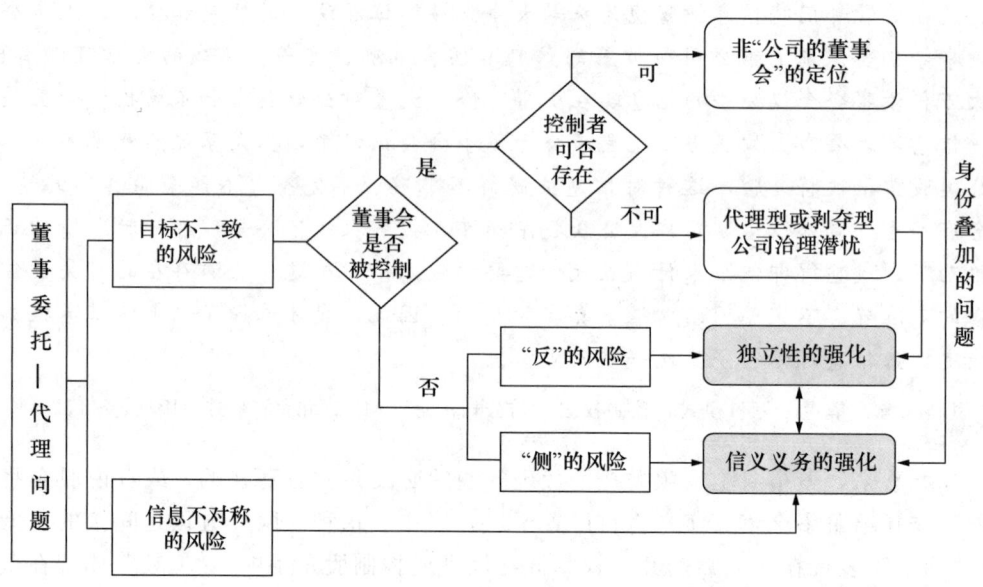

图 11-1 董事委托—代理问题与董事治理要求

下,建立正式的委托—代理契约将难以入手。所以,董事的委托—代理问题发生的风险是客观存在的,而如何在风险既定的前提下,保障董事会制度的建立和执行呢?这就突出了董事承担信义义务的重要性。在第 2 章中,我们详细论证了信义义务在公司治理体系中的连结作用,说明了公司制度是社会文化的产物。信义义务要求委托人对代理人信任和信赖,使其怀有最大真诚、正直、公正和忠诚的态度,为了前者最大利益行事。同时,代理人有义务为了委托人的利益无私地行为,并不得利用对委托人的优势损害后者的利益。[44]在我国的公司法律体系中目前使用信义义务的下一级概念来组成信义义务的内容范畴,即忠实义务和勤勉义务。

另外,从"信息不对称"的风险看,正式的强制性契约对于董事治理也显力有未逮。强制性契约与常见的"加强监管"的治理策略相关,指的是在获取监管对象的行为动因、过程、结果的情况下,采用双方既定的奖惩方案来保证预料行为的发生。但是,董事与股东之间天然的信息不对称性,难以让这样的监察加奖惩的方式得以履行,于是这进一步强化了对董事信义义务的要求。

可见,在不考虑董事叠加其他角色的前提下,对董事的治理强调两点,一是强调董事身份和行为的独立性,二是强调信义义务对董事责任的要求。对此,本章分为两节,第二节专门讨论独立董事问题,而在第一节对一般董事的治理制度设计问题上,先从忠实义务和勤勉义务开始。需要注意的是,独立性和承担信义义务是对董事治理的两项并重要求,并不相斥,图 11-1 中不同路径体现的是对不同要求的侧重。

二、董事的忠实义务

信义义务作为上位概念在我国法律体系下被分解为两项——忠实义务和勤勉义务。信义义务的内涵和价值在之前章节已有论述,鉴于董事治理对信义义务的强调,故而对其内容的详述放在本章。首先讨论忠实义务。

董事所应承担的忠实义务（duty of loyalty），又被译为忠诚义务、诚信义务等，是指公司董事（也包括经理、控股股东等，以下不再另作说明）不能利用公司的资源来谋取个人的利益，即董事要忠实于公司的利益，不得将董事或董事关联人的个人利益置于公司利益之上，当其自身利益与公司利益发生冲突时，董事必须以公司的最佳利益为重。

小贴士 11-1　　董事义务的法定范围

我国《公司法》一直有专门条款要求，即董事、监事、高级管理人员应当遵守法律、行政法规和公司章程，对公司负有忠实义务和勤勉义务。在2023年修订的《公司法》中更给出了定义，忠实义务是指应当采取措施避免自身利益与公司利益冲突，不得利用职权谋取不正当利益，勤勉义务是指执行职务应当为公司的最大利益尽到管理者通常应有的合理注意。

随着《公司法》的日臻完善，关于忠实义务的相关条款趋向完备，增加了对于关联交易、利用商机、竞业禁止的具体条款，当然也包括以往已关注了的"反腐"方面的内容。但遗憾的是，有关勤勉义务的条目仍显缺失，当然这也是由勤勉义务的性质所决定的。

小贴士11-1解释了我国《公司法》对董事（也包括对经理）义务的一些规定，不过略显零散，这里结合国外经验，进行归纳说明。

第一，关于董事关联交易的规定。当董事代表公司与自己或者与同自己有利益关系的其他人或企业交易时，就发生了关联交易，也称自我交易。关联交易的风险是，在交易中公司利益可能失去代表方，公司有可能在这种交易中受到不公平的对待。所以，各国早期对董事的关联交易采取严格禁止的态度，无论该交易对公司是否公平，都一概无效。但是随着公司集团化经营的普遍化，以及董事社会资源渠道职责的被接受，关联交易中公司一方并不一定是受害者。于是，各国立法对关联交易的态度从严格禁止转变为有条件的允许，其条件一般是：股东会批准；或者公司章程含有授权条款，允许董事这样做；或者董事向董事会全部披露其个人利益。[246]

第二，关于董事篡夺公司商机的规定。董事把属于公司的商业机会转归自己利用而从中取利，是董事与公司利益冲突的另一形态。信息、知识是公司竞争力的主要源泉，商业机会的流失是公司财富和资源的重大损失。而董事作为公司决策控制机关，对公司商机往往有全面深入的了解，甚至可以利用公司资源主动对商机进行评估和判断。因此，忠实义务要求董事不得篡夺公司机会。但是，在实际商业世界里，公司无法也不能去利用每一个商机。对于公司从自身利益考虑而主动放弃的商机，严格禁止董事对其进行利用，于情于理似有不妥。所以，对其有条件允许是普遍立法原则，一般要求董事在利用商机前要充分披露，同时在一定程序下才被正式允许，我国对此的要求是经股东会同意。

第三，关于竞业禁止的规定。它要求董事不得为自己或他人的利益从事与公司业务相竞争的活动。一般认为，董事竞业禁止义务是忠实义务派生出来的义务，因为广义地看抢夺公司机会和进行关联交易，也有竞业行为的特征。所以，这里取其狭义含义，专指董事为自己或者为他人进行属于公司营业范围内的行为。显然，当董事与公司有竞争关系时，无法同时要求董事把公司的利益放在首位。但是，要求董事的个人活动完全规避公司经营范围，也似有不妥。随着公司多元化战略的普及，以及特殊关联董事、连锁董事的价值的发现，"竞合关系"成为商界常态。鉴于此，同以上两类行为的规定一样，对董事的竞业行为采取有条件允许原则。

第四，关于董事薪酬管理的规定。随着公司实践中股东会中心主义向董事会中心主义的转移，董事薪酬管理的职责全权落在董事会自己的身上，变为了自己给自己发工资的格局。于是，如何管理董事薪酬就成为忠实义务的一部分。在这方面的忠实义务规定，重点是判别该薪资与市场价格相比是否公平合理，以及信息披露的程度如何。同时，该类义务还要关注董事在制定经理薪酬制度时，是否沆瀣一气。

第五，若干对公司资产的禁止性义务。除了以上董事将其个人利益凌驾于公司利益之上，需要权衡处置的限制性行为外，忠实义务也对若干禁止性行为有所要求。董事不得侵占公司财产，既包括有形资产，也包括公司专利、商标等无形资产；董事不得利用职务之便收受贿赂，或者进行内幕交易；董事不得泄露公司商业秘密；董事不得将公司资金借贷给他人，或者用公司资产为他人债务提供担保，如此等等。

第六，关于公司秘密的规定。正如之前论述，董事与股东，特别是公众股东存在着的信息不对称问题是诱发委托—代理问题的必要条件之一，而解决这个信息不对称问题是困难的，难点之一就是在披露信息与保守秘密之间如何平衡。我国《公司法》规定董事不得擅自披露公司秘密，这就提出了两点判断原则。其一就是所谓的"擅自"，董事代表董事会和公司，受董事会和公司之托，发布消息是可以的，但"擅自"就不行。其二是对"公司秘密"的认定。一些文献将公司秘密理解为商业秘密，是那些能为权利人带来经济利益并被采取保密措施的技术信息和经营信息。[247]那么，案例11-3中万科独董华生所披露的董事会决策内幕，不算公司秘密也有一定道理，当然也有人不这么认为，这就是披露信息与保守秘密之间的度难以把握的问题。也正是这个难以计量的"度"，让有关公司秘密的忠实义务具有以下所述勤勉义务的特征。

三、董事的勤勉义务

董事的勤勉义务（duty of care），也称注意义务、善管义务，是指董事处理公司事务时必须付出适当的时间和精力，并按照公司的最佳利益谨慎行事。简单说，勤勉义务要求董事必须"尽心"和"尽力"，这是对董事工作态度的要求。如果忠实义务的规定是对董事损人利己行为的防治，那么，勤勉义务的规定则是避免发生损人不利己的行为。

所谓"尽心"，就是董事要谨慎地为公司和股东的最佳利益而工作。谨慎，就是不粗心、不鲁莽，工作出现问题后不能以一时疏忽作为借口；所谓"尽力"，就是董事必须付出必要的时间和精力来关注公司事务。即便董事对公司没有功劳，也必须付出"苦劳"。我国《公司法》对勤勉义务的内容没有详细规定，但在《上市公司章程指引》中有一些条文设定，见小贴士 11-2。

小贴士 11-2　董事勤勉义务的法定范围

我国《上市公司章程指引》第 98 条规定：董事应当遵守法律、行政法规和本章程，对公司负有下列勤勉义务：（一）应谨慎、认真、勤勉地行使公司赋予的权利，以保证公司的商业行为符合国家法律、行政法规以及国家各项经济政策的要求，商业活动不超过营业执照规定的业务范围；（二）应公平对待所有股东；（三）及时了解公司业务经营管理状况；（四）应当对公司定期报告签署书面确认意见。保证公司所披露的信息真实、准确、完整；（五）应当如实向监事会提供有关情况和资料，不得妨碍监事会或者监事行使职权；（六）法律、行政法规、部门规章及本章程规定的其他勤勉义务。

在该条款的注释中规定：公司可以根据具体情况，在章程中增加对本公司董事勤勉义务的要求。

董事必须尽心尽力，显然是最基本的要求，但其执行起来会遇到三大问题。第一，来自董事工作的依赖性问题。董事会是会议体机关，也不具体负责公司业务，董事会职责履行所必需的决策信息、财务报告等资料，高度依赖于经理或审计人员所提供的资料。面对这些信息资料，董事如何"尽心"做到谨慎？要求经理完整地证明所有信息细节的可靠性，显然会干扰公司的正常经营管理活动。而若不核查信息的准确性，如果经理有意提供虚假资料，进而使董事作出错误决定，算不算董事不谨慎？鉴于此，英国曾经规定董事无须因没有察觉经理的欺诈行为而承担责任。第二，来自所谓"尽心尽力"的主观性。读者应该注意到我们在解释勤勉责任时，还大量地用到"适当的""必要的"等形容词。这些形容词的存在，说明我们无法拿出一个客观的评价指标，如要求董事付出时间来关心公司发展，那么是每周付出 10 小时呢，还是 2 小时就够呢？人到心不到，又怎么考核？第三，来自董事能力的异质性问题。董事的能力是有差异的，不仅平均值上有高低，每人擅长的领域也有差别。举一个例子，面对经理出示的融资报告，财务专家出身的某执行董事发现了其中的寻常之处，而某技术出身的独立董事对此茫然不知。与经理沆瀣一气的那个执行董事签字后，独立董事也签了字。现在的问题是，如果监管部门发现了欺诈行为，董事们是否承担违背勤勉义务的责任。如果要承担，那位独立董事很冤枉。如果不承担责任，显然那位执行董事钻了空子。

由于这些问题，勤勉义务存在一个执行标准的障碍。各国法律在解决这一问题上进行了多种尝试。作为大陆法系代表的德、法两国，采用一种最严格的模式，认为董事本身应该具备专家能力，即使发生轻微的过失，也应承担责任；日本模式较德法模式宽松一些，董事出于善意的一般过失，可减轻或免除赔偿责任；普通法系下的英国和美国模式进一步宽松。美国的标准是"要像一个正常的谨慎的人在类似的处境下应有的行为那样注意"。这是指，对于一个正常人，如果为自己办事，尽心尽力也不过如此，那么他就尽到了勤勉义务。英国规定了分类管制的方法，从宽到紧分别按三类标准对待不具有专业资格和经验的非执行董事、具有专业资质的非执行董事，以及执行董事。[248]也就是在前例中那位执行董事要对其过失负责，而那位独立董事则无须承担责任。总之，英美模式的标准似乎仍比较"主观"，但在英美的判例法下，其操作性反而更强一些。

案例11-4 15件有关勤勉义务的诉讼

自2001年陆家豪案以来，被中国证监会及其派出机构行政处罚的独立董事，先后有18位提起了15起诉讼，均以独立董事败诉而告终。从诉讼案件的情况看，独立董事均因未勤勉尽责而被要求承担相应法律责任，且均是由于上市公司信息披露违法而被认定为未勤勉尽责。被处罚的独立董事均在上市公司存在虚假记载、误导性陈述或者重大遗漏的定期报告上签署了书面确认意见。而上市公司信息披露违法行为，则主要是因为财务造假而虚假披露、未如实披露公司关联交易、担保、诉讼等重大事项。

独立董事有关自己不应当承担法律责任、不应当受到处罚的理由，集中体现为以下四种：第一，主张自己已经勤勉履职。具体的理由包括：亲自参加了公司董事会等相关会议、就相关事项询问了公司相关人员并得到了合理解释、对相关问题提出了改进建议，等等。第二，认为不具有可归责性。具体的理由有二：其一，公司管理层刻意隐瞒，自己不知情，客观上无法防范；其二，自己未参与相关违法行为，不具有主观过错。第三，认为具有免责事由。具体的理由主要为：公司经营环境因素，包括不参与经营、不了解公司经营状况等；专业能力因素，包括自己不具有经营管理、财务等方面的专业知识和能力等；合理信赖因素，包括出于对公司管理层、财务报告、政府公文的信任等。第四，其他一些不常见的事由。比如未领取薪酬、甘愿充当"花瓶"等。此外，也有独立董事对证明责任分配提出异议，主张不能采过错推定原则，"未勤勉尽责"的事实以及责任大小均应由处罚机关举证证明。

资料来源：张婷婷.独立董事勤勉义务的边界与追责标准——基于15件独立董事未尽勤勉义务行政处罚案的分析[J].法律适用，2020，(2).

在我国，上市公司独立董事受处罚而"喊冤"的诉讼均与勤勉义务有关，其原因还在于勤勉义务的法律规定较为原则，缺乏细化要求。这些案件也反映出我国目前实践中对勤勉义务的判定还是较为简单刻板的"签字责任"标准，即信息披露违规被发现后，只要当时独立董事未提出异议并签字同意相关决议就构成对违反勤勉义务。目前，我国理论研究、法律规定和实践积累正在积极改变这一结果导向的评判标准，强调勤勉义务是一种过程性义务，体现在持续关注和了解公司事务、审慎调查核实、有效表达意见等方面。[249]

11.1.2 董事治理制度

一、董事治理机制与治理制度的基本框架

遵守忠实义务和勤勉义务,以及保持独立性,是对董事提出的要求,而如何实现还需要建立配套的制度体系。这一治理制度体系的建构,体现了相关治理机制的指引。此前论述表明董事治理的必要性来自董事发生委托—代理问题的可能性,而对于委托—代理问题的治理机制的构成在第 4 章有详细的论证。根据图 4-5 的模型,解决经理代理问题的治理机制可划分为五项,同样,董事治理机制也由这五项构成,分别是人员选聘机制、权责划分机制、决策制衡机制、激励约束机制和监察督导机制。(见图 11-2)

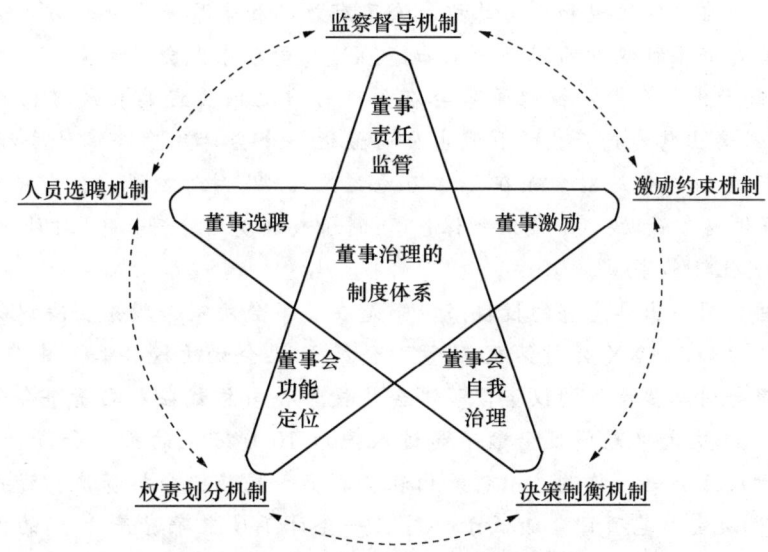

图 11-2 董事治理机制与治理制度体系

第一,人员选聘机制来自公司治理的控制权配置任务。第一章界定的公司治理是指,为协调各方利益相关者的合作关系,针对公司制度的不完备之处,有关公司控制权配置与行使的制度系统。所以,公司治理要解决的第一项任务就是确定谁拥有和拥有多少控制权。于是,董事治理首先要考虑人员选聘机制的问题,董事治理制度的第一个模块就是董事选聘制度。由于董事工作绩效的间接性,很难以公司绩效结果来要求董事,而严重的信息不对称性,使得基于过程的董事治理非常困难。于是,强化输入端的治理就显得十分重要。另外,现实中经理人和控制股东操控董事会的常见手段就是派自己人进入董事会。所以,董事治理要高度重视董事选聘。之所以董事会中的提名委员会是最常见的专门委员会之一,提名委员会又可以被理解为专门的董事会自治理的委员会,就是这个道理。以下章节将专门讨论董事选聘制度问题。

第二,与董事控制权配置任务相关的另一项重要工作是权责划分。第 9 章我们讨论了董事会的功能定位问题,其实质就是讨论在不同公司制度下董事会的整体权责配置。对于个别的董事,原则上没有任何董事有额外的权利,而正副董事长、首席董事、董事会秘书(常常由董事兼任)的细微职责区别在10.2.2节也有论述。所以,虽然董事的权责划分机制及其对应的董事会功能定位制度十分重要,但以下不再专门重述。另外,不同的董事会功能定位显然会直接影响其他制度模块的设计,为保证论述的清晰性,以下采用的是本书基本的假定,即以标准的现代公司制度为讨论基点,这时的董事会定位为"公司的董事会",而不是"经理的董事会"或"股东的董事会"。在企业实践中,公司可以通过制定《股东会对董事会授权书》或《董事会对总经理授权书》等,完成正式的权责划分。

案例 11-5　《授权书》授什么权?

授权依据来自法律法规和公司章程,除了有效期和未尽事宜处理方式等个别条款外,主要内容是若干种权责的划分。比如,《XX公司股东大会对董事会授权方案》包括:① 购买或者出售资产:授权董事会在如下标准之内决定购买或者出售资产事项(比如,购买或者出售资产产生的利润占公司最近一个会计年度经审计净利润的50%之内,或虽超过50%但绝对金额在500万元之内);② 对外投资(含委托理财、委托贷款);③ 提供财务资助;④ 提供担保;⑤ 赠予或者受赠资产;⑥ 对外借款;⑦ 关联交易;⑧ 其他交易事项。

也有一些公司不出具完整的授权书,而是在董事会决策、股东会决议的相关条款中对外公示。比如,《XX公司第X届董事会第X次会议决议公告》中有一条公示:通过关于董事会对总裁授权的议案,董事会将授予公司总裁在本届董事会任期内,行使以下职权:① 决定单笔项目金额不超过人民币1000万元的投资和资产处置方案,包括但不限于设立公司、收购、出售、出租、剥离、置换、分拆资产、资产抵押等事项及其他;② 决定单笔项目金额低于公司上一会计年度末净资产10%的固定收益类证券投资方案;③ 决定并处理在银行授信额度内的相关银行业务。

资料来源:根据相关网络资料整理。

第三,决策制衡机制在董事治理制度中体现在两个层面上,一是董事会与股东、经理之间的决策制衡,二是董事会内部董事之间的决策制衡。在第一个层面上,相关的制度安排就是保障董事会与股东、经理的权责体系有效运转,涉及董事会会议、股东会会议的计划安排、议题整理、董事会及其专门委员会的会议程序设计,例外事件的救助,董事会信息披露等。在董事会内部的董事层面上,包括集体决策流程、表决方式方法、个人工作考评等。这些任务基本属于董事会的自我治理范畴,第10章董事会制度设计的有关内容已解释了这部分自治过程,以下不再赘述。

第四,董事激励制度的必要性来自委托—代理问题产生条件之一,即目标不一致问题。尽管激励机制可以体现在多方面,但显然薪酬激励最直接,效果最显著。以下章节将专门讨论董事的薪酬与激励问题。

第五,产生委托—代理问题的另一条件是信息不对称,于是,董事的监察督导机制不可或缺。显然，在制度上尽可能保障信息披露的及时、完整、准确是一项基本要求，但由于监管者在事实上的普遍缺位，以及董事会内容的保密要求，董事会和董事的信息不对称问题往往成为常态。于是，基于事后消息的董事责任追究制度就显得十分必要。以下章节将专门讨论董事的责任与免责问题。

再次说明，公司治理机制中的权责划分机制对应的董事会功能定位制度、决策制衡机制对应的董事会自我治理制度，此前已有详述，以下不再重复。但要理解完整的董事治理制度，必须包括这些环节。

二、董事的选聘

(1) 董事任职资格

什么样的身份适合担任董事？这里有几个人们常常提到的要素：第一，法定消极资格。消极资格是指担任董事不得具备的情形。我国《公司法》否定了一些有经济犯罪、过失的人和高债务负担者担任董事，见小贴士 11-3。此外，对于上市公司，证监会和证券交易所还有一些关于市场禁入的严格规定。另外，监事会成员不能兼任本公司董事，公务员不能担任公司董事（现实中存在公务员委派为国企董事的情况）。

小贴士 11-3 ▶ 董事消极资格的法定范围

我国《公司法》规定有下列情形之一的，不得担任公司的董事、监事、高级管理人员：(一) 无民事行为能力或者限制民事行为能力；(二) 因贪污、贿赂、侵占财产、挪用财产或者破坏社会主义市场经济秩序，被判处刑罚，或者因犯罪被剥夺政治权利，执行期满未逾五年，被宣告缓刑的，自缓刑考验期满之日起未逾二年；(三) 担任破产清算的公司、企业的董事或者厂长、经理，对该公司、企业的破产负有个人责任的，自该公司、企业破产清算完结之日起未逾三年；(四) 担任因违法被吊销营业执照、责令关闭的公司、企业的法定代表人，并负有个人责任的，自该公司、企业被吊销营业执照、责令关闭之日起未逾三年；(五) 个人因所负数额较大债务到期未清偿被人民法院列为失信被执行人。

第二，年龄。首先，董事有无退休年龄？多数国家立法对此没有规定。在实践中也常常见到，一些高龄的创始人或者创始家族成员担任董事甚至董事长，有利于公司的稳健经营。不过，一般非正式的看法是，70—75 岁应该是一个退休的门槛。关于担任董事的最低年龄，我国是有规定的。我国《公司法》称，"无民事行为能力或者限制民事行为能力"的人不得担任董事。从年龄看，限制民事行为能力的人，指的是 10 周岁以上，18 周岁以下的公民。

案例 11-6 ▶ 董事长多少岁退休？

2019 年 9 月 10 日，55 岁的马云正式辞去了阿里巴巴董事局主席一职，由阿里现任集团 CEO 张勇接任。

比马云退休更早的一位董事长是段永平，他是小霸王和步步高品牌的创始人，步步高的两个业务板块后来发展为手机品牌 OPPO 和 VIVO。段永平在 40 岁以投资人身份退居幕后。

当然，很多董事长退休会晚一些，比如邵逸夫。邵逸夫叱咤娱乐圈大半个世纪，捐建了六千座逸夫楼，他宣布退休时，已有 104 岁。新任董事局主席是 71 岁的梁乃鹏，邵逸夫的妻子方逸华留任副主席兼总经理。

资料来源：根据相关网络资料整理。

第三，持股。从立法的角度看，多数国家包括中国，并不要求董事持有公司股份。但是，董事持有一定的股份，有利于实现激励相容，有利于董事与股东的目标一致性，却是一个普遍认识。因而，一些国家建议甚至要求各公司在其章程中，制定董事持股的最低标准和管理规范。比如，法国一些公司根据法律要求在公司章程中规定，董事任职时可以不持股，但此后 3 个月内必须持有某一定数额的股份，否则视为辞职。

第四，能力。能力自然是董事履行好职责的前提，但显然这是各家公司的"家务事"，各家公司根据其董事会的功能定位和运作现状，可以有针对性地对董事提出能力要求。鉴于能力的不可测性，对能力的要求常常会转变为一些统计变量，如教育水平和职业背景等。另一方面，在这些能力要求中，如果存在各家公司的共性指标，进而从立法角度对其制定规则，也顺理成章。我国《上市公司独立董事管理办法》规定，独立董事中至少包括一名会计专业人士，一般指具有会计高级职称或注册会计师资格的人士。

此外，对于独立董事还有若干强调其独立性的任职资格要求，这将在下一节中详述。另外，法人作为股东时，可以选为董事，但必须指定自然人代表行使职务。我国还规定董事会成员中可以有公司职工代表，其通过职工代表大会、职工大会或者其他形式民主选举产生。

（2）董事的选任

董事的选任工作涉及两项关键制度设计，一是提名制度，二是表决制度。我国《公司法》并未对董事的提名工作作出详细规定，因而设计董事提名制度就是公司章程制定的一项重要工作。前文叙述了董事会内常设的一个专门委员会是提名委员会，由其主要负责董事的提名管理。但是，提名委员会的设置本身就是一项制度的选择。让提名委员会真正全权负责董事提名，是屏蔽控制股东和经理人的一项举措。然而，如果董事会的定位并不强调公司对股东的独立，那么就还要考虑股东直接提名董事的制度设计。在制度设计中要考虑的主要事项有：① 提名股东的持股资格。它规定了股东要获得提名资格，应具备怎样的持股数量要求和持股时间要求。② 提名人数的限制。这涉及是否规定（以及如何规定），每满一定数额的股份可增加一定的提名人数，也就是可否让大股东多提名候选人。如果可以，在这种制度下董事会就具有明显的利益仲裁的性质。③ 小股东的提名资格。前两项内容的不同设计，就反映了对小股东的不同尊重程度。此外，在现实世界里，经理积极提名董事也是常见情况。这其实是一个两难问题。从积极的角度看，经理是最了解他需要怎样的决策参谋和公司需要怎样的资源渠道的；从消极的角度看，经理提名董事是经理反过来控制董事会，是恶化代理问题的常见手段。所以，提名制度设计不仅要关心谁有权提名，还要加强提名的过程管理，而其中的重点是提名信息披露制度。它涉及是否在董事选举之前披露董事候选人信息？向谁披露？提前多少时间披露？披露哪些信息细节？如此等等。

董事选任的第二项关键制度是选举表决制度。董事选举的表决权归股东所有，这在《公司法》中有明确规定，而且《公司法》还对表决中的选票计算规则给出建议。《公司法》规定，股东会选举董事、监事，可以按照公司章程的规定或者股东会的决议，实行累积投票制。本法所称累积投票制，是指股东会选举董事或者监事时，每一股份拥有与应选董事或者监事人数相同的表决权，股东拥有的表决权可以集中使用。在管制标准更高的《上市公司治理准则》中更明确要求，在董事的选举过程中，应当充分反映中小股东意见。股东大会在董事、监事选举中应当积极推行累积投票制。单一股东及其一致行动人拥有权益的股份比例在30%及以上的上市公司，应当采用累积投票制。采用累积投票制的上市公司应当在公司章程中规定实施细则。累积投票制度是一种提高小股东权益的制度安排，其详细规则见8.1.2节的介绍。

（3）董事的离任

董事有任期的限制，设置任期有利于保持董事会中"新鲜血液"的流动，也是保证独立性的措施。《公司法》规定董事任期由公司章程规定，但每届任期不得超过三年。董事任期届满，连选可以连任。连任的次数没有限制，但是对于独立董事而言，持续任职难免会影响其独立性。所以，我国规定独立董事连任6年后，不再认定为独立董事。

任期的存在就引发了换届的问题。在换届制度中，有一种交错任期的制度安排。它指的是全部董事的任期是错开的，每年届满的董事只占一部分。比如在常见的3年一届的董事会中，如果采用交错任期制，那么一般每年只更替三分之一的董事。可见，交错任期的好处是在促进更新和保持稳定间创造了平衡。然而，交错更替的问题是董事会更易被控制股东或经理所控制，对公司并购也起到一定的阻碍作用。

如果董事没有尽到应尽的职责，那么在任期届满前就应该主动对其免职。小贴士11-3所示的《公司法》规定的条款，是罢免董事的法定依据。此外，公司章程也应该事先作出规定，详述董事违背忠实义务和勤勉义务而应被免职的条例。既然存在免职，就应该有补选的规定。一般无论临时补缺的规定如何，下一次的股东会上都要进行正式选举。

三、董事的薪酬与激励

在委托—代理理论的平台上，董事的激励约束制度包含薪酬激励、控制权激励、声誉激励、外部环境激励四大子系统，在构成上与经理激励约束制度并无差别。其中，薪酬激励制度同样是人们关注的重点，以下专门讨论。控制权激励对董事的影响不如对经理的影响。由于原则上董事不能直接行使资产经营权，董事从控制权中获得的物质性收益并不多,更多的是来自权力需求满足的心理效用;声誉激励对于独立董事的激励作用十分明显,我们将在下一节关于独立董事的问题中集中讨论该问题;外部环境激励的价值是,一方面构成其他激励的基础,另一方面更多的是产生约束力量,包括法律规范、政府管制、舆论媒体监督等。

董事的薪酬包括三个组成部分。第一部分是董事津贴,是公司贴补给董事的车马费,一般以年薪形式发放。在结构上,一些公司会将该津贴分成两部分,一部分是固定的年度聘用金,另一部分由每次参会的会议津贴构成。对于同时担任专门委员会的董事,一些公司还会给予额外的专门委员会委员津贴。此外。一些公司还会对董事长、专门委员会主席等增加一部分岗位津贴。关于这类董事津贴水平的决定,要考虑职务内容、责任范围、履职频次、业务复杂性、公司业绩、员工薪资、行业特征等因素,但最重要的是要与当前的董事市场价格相当。一方面,如今上市公司董事的薪酬被要求必须披露,董事薪酬已成为公开的市场信息。另一方面,单纯履行董事职务,即不考虑兼任公司经营管理者的履职情况(注意,这里所指董事薪酬也是将内部董事担任管理职务的薪资排除在外的),相似公司间董事的职责内容和职责水平是大致相当的。所以,以市场价格为导向,是决定董事薪酬的基本原则。

一项样本为2005—2014年间中国A股上市公司的实证研究分析了独立董事的薪酬情况,见表11-1。独立董事的报酬相对稳定,也最能反映董事津贴的水平,因为独立董事除了担任董事,与公司没有其他的利益瓜葛。从表中的薪酬总额与津贴总额之间几乎不存在的差距可见,独立董事的薪酬以津贴为主。该研究还发现,无论是在一定地理范围内、同行业里或一定规模上,上市公司在独立董事薪酬决定时均存在显著的"互相看齐"效应,即出现向地理上的中间距离、同一或相关行业或中等规模公司看齐的现象。[250]

表 11-1 我国独立董事薪酬情况(一项研究的结果)

	平均值	中位数	标准差	最小值	下四分位数	上四分位数	最大值
薪酬总额(元)	55774	50000	28794	11500	36450	62750	180000
津贴总额(元)	55711	50000	28727	11465	36383	62500	180000
平均持股数(股)	197	0	2904	0	0	0	147333
总持股数(股)	766	0	10841	0	0	0	482587

资料来源:沈艺峰,陈旋. 无绩效考核下外部独立董事薪酬的决定[J]. 南开管理评论,2016,19(2).

董事薪酬的第二部分来自股票类报酬,与对经理的股权激励一样,也包括股票期权、限制性股票等多种形式。在理论上,股票类报酬被认为是从激励相容的角度,解决委托—代理问题的基本手段。鉴于此,一些公司甚至规定了董事持股的最低限额,这些股票不仅来自公司对董事的激励性给付,还有一部分是公司要求董事自己出资购买的。股票类报酬的激励作用严重依赖于股票市场的质量,表11-1显示其在我国的应用并不普遍。

第三类董事薪酬包括金色降落伞、董事责任保险等特别薪酬计划。金色降落伞和董事责任保险的内容见小贴士 11-4、小贴士 11-6，这些安排是针对董事职责的特殊性而设计的。

小贴士 11-4　金色降落伞

金色降落伞（golden parachute）是指聘用合同中的公司控制权变动后，对董事、经理等高层人员进行补偿的规定。其最初的设计与公司并购有关，它无疑提高了并购的壁垒，可以避免一部分恶意收购。从另一个角度看，金色降落伞所提供的补偿也可以促使公司高管放弃不利于公司的反收购抵制。如今，金色降落伞计划的应用扩展到各种原因的董事、经理退职补偿中，减少高管抵制退职的交易成本。比如，应用于创业者在公司"守业"阶段的功成身退，以及避免临退休高管的"59 岁现象"等。

董事薪酬安排在实践应用中是否具有激励性，是人们设计这些制度的基本起点。然而，实证答案很模糊。提高董事津贴单元中的基本聘用金，是否有利于激励董事恪尽职守，并没有定论，甚至可能是经理拉董事"下水"的手段。[251]且即便发现了董事津贴与公司业绩间的相关性，其因果关系也很难确定。而对于"计件"性质的参会津贴，具有怎样的激励作用也有不同意见。一种观点认为，董事并不在乎参会津贴的物质刺激，如果参会津贴会促使董事不缺席会议，董事更多的是基于个人声誉的考虑和对公司要求的响应。公司发放参会津贴的作用，是发放了一种公司意愿的"信号"。[252]还有一种观点认为，如果参会津贴发放的力度不够，不如不发，因为它会成为董事逃避职责的价格。[253]对于理论上认为具有激励相容作用的股权激励，多数的实证检验是支持的，但其激励强度，即薪酬—业绩敏感度相对于经理而言要低得多。

因此，不能把薪酬计划作为董事激励制度的唯一主体，需要综合地调动声誉激励、控制权激励等多种手段。而且，完全从代理人的角度定义董事也需要反思，如何激发董事的"管家"精神（见小贴士 11-5 所介绍的管家理论），需要进一步探索。此外，从行为科学的双因素理论理解，董事的薪酬计划更可能是一种保健性因素而不是激励性因素，做好对董事的薪酬管理的作用是避免董事的不满情绪和随之而来的卸责行为。

小贴士 11-5　管家理论

本书讨论公司治理问题的理论基础之一是委托—代理理论，它从经济人的人性假设出发，认为代理人的行为目标是寻求自我利益的最大化，行为过程存在着机会主义和个人主义的倾向。然而，经济人假设完全不能概括完整的世界，于是，与代理理论相反的管家理论被推出。管家理论（stewardship theory）一度也被译为乘务员理论，它从社会人、自我实现人的人性假设出发，认为经理、董事具有对尊严、信仰和自身价值实现的追求，是值得信赖的，进而经理、董事与股东的目标是一致的。经理、董事就像管家一样，本身具有尽到受托责任的意愿，对经理、董事的治理不是监控，而是提供服务和建议，合作是公司治理的重点[216, 254]。管家理论相信"性本善"，认为经理、董事受社会动机和成就动机的驱动，以实现公司（股东）福利最大化为首要目标，在维护公司利益的前提下，实现个人利益并满足成就需要。

　　管家理论的提出并非理论空想，也有大量的现实基础。比如，在大量对家族企业的研究中，发现委托—代理理论无法解释家族经理与家族董事间的相互信任、利他主义现象，也无法解释家族企业的非财务目标为何可以被执行；又比如，基于公司发展历程，委托—代理理论和管家理论有不同的适用性。一项对风险投资公司的研究发现，在公司创立早期，管家理论更具解释力，而随着公司的成熟，经理的行为更能在代理理论中找到依据；[255]此外，不同文化下委托—代理理论和管家理论的适用性也不同。

　　最后，要加强董事薪酬的管理制度的建设。根据我国《公司法》规定，股东会决定有关董事的报酬事项。在其他的一些实行双层董事会制度的国家，董事的薪酬管理由监事会负责。公司章程中事先制定详细的董事报酬管理制度，甚至可以事先设立董事报酬基于公司业绩或者员工收入的换算公式也是加强董事薪酬管理制度的方式之一。国外的另一经验是加强董事薪酬管理的信息披露机制，是通过强制性的薪酬披露政策，让市场机制发挥治理作用。

　　四、董事的责任及免责

　　解决委托—代理问题的激励约束机制和监察督导机制分别处理目标不一致和信息不对称问题。激励约束中"约束"和监察督导中"督导"的区别在于，这里的"约束"强调在信息不对称情况下反方向实现目标一致性，而这里的"督导"强调在获得代理人私人信息后的跟进处置。董事的责任追究制度就来自监察督导机制，加大基于事后信息的处置力度，产生董事治理的震慑作用。

　　董事的责任是董事信义义务的延伸，若董事违反法律法规和公司章程所规定的各项义务就要承担相应的法律责任。虽然董事会决议采用集体决策原则，但是这些决议的议案提出、最终决定，反映了董事个人的意思，董事行使了意思决定权。所以，董事要对董事会行为承担个人责任。在我国现行法律制度下，公司董事法律责任的规定，依据其行为人违反法律的性质分为行政、刑事和民事三类法律责任。[256]

　　董事承担的行政责任指公司董事违反国家行政法规的规定，由国家行政职能部门追究的责任。我国《公司法》专列了"法律责任"一章，对行政处罚的形式进行了规定，包括罚款、没收非法所得、取消资格、责令停止违法行为等。[256]此外，《证券法》、证监会部门行政规章等对上市公司董事的证券交易行为作出更严格的义务和责任的规定。

　　董事承担的刑事责任指因董事违反国家刑法中关于董事侵占、损害公司财产等方面的规定，由司法、审判机关所追究的法律责任。目前，董事所承担的刑事责任主要集中在欺诈上市和财务造假等方面。

我国法律也对董事向公司承担的民事责任有明确的规定，如《公司法》规定："董事、监事、高级管理人员执行职务违反法律、行政法规或者公司章程的规定，给公司造成损失的，应当承担赔偿责任。"但在以往的司法实践中，却几乎没有公司董事因违背受托责任而承担有实际意义的民事责任，董事民事责任的承担客观上被虚化。[256]直到2021年11月的"康美案"这一状况得到改变，让董事责任监管机制产生了震慑效果。

案例 11-7 ▶ "康美案"或引发独立董事辞职潮

作为 2019 年修订的《证券法》确立中国特色证券特别代表人诉讼制度后的首单案件——"康美案"一审判决要求在报告中签字的 5 名独立董事承担上亿元的连带赔偿责任。受此震慑，近期 A 股掀起一波独立董事"辞职潮"。

根据广州中院 11 月 12 日的一审判决，康美药业需对投资者承担 24.59 亿元的赔偿责任，在定期报告中签字的独立董事江镇平、李定安、张弘在公司 2016 年年报、2017 年年报、2018 年半年报中签字，被判承担 10% 的连带赔偿责任，对应金额 2.46 亿元；郭崇慧、张平两人在 2018 年半年报中签字，被判承担 5% 的连带赔偿责任，对应金额 1.23 亿元。

原本看似"肥缺"的独立董事职务，陡然变成"高危职业"。近期不少 A 股公司独立董事递交辞呈。11 月 17 日，A 股首例因财务造假被罚款逾千万的广东榕泰收到独立董事冯育升的辞呈；11 月 12 日，ST 光一收到独立董事周友梅的辞呈。此外，11 月 12 日至 19 日间，富春环保、开山股份、真视通、华电能源、辽宁成大、漳州发展、广田集团、大恒科技、中马传动、星源材质等公司独立董事纷纷递交辞呈。昨晚，金花股份更是公告称，收到独立董事张小燕提交的要求公司尽快披露辞职事宜的书面文件。

资料来源：张曌．"康美案"效果显现，A 股市场掀起独董"辞职潮"[N/OL]．大众证券报，2021-11-19．

董事违章违纪、违反忠实义务的行为是无法免除其责任的，但出于避免监管过度和调动董事的企业家精神的考虑（董事消极保护自己的极端做法是永远投反对票），在一定情况下董事责任是可以得到豁免的。另外，董事责任保险也是一种降低董事积极工作风险的办法。与董事责任保险的功效类似，避免董事行为过于保守的另一项公司治理手段是在董事责任追究中引入商业判断规则。商业判断规则在小贴士 3-7 中有过介绍，它关注董事行为过程中对信义义务，特别是勤勉义务的遵守，而"不以成败论英雄"，避免使用商业结果来推定决策动机。

小贴士 11-6 ▶ 董事责任保险

董事责任保险是指由公司或者公司与董事共同出资购买，对被保险董事在履行职责过程中，因被指控工作疏忽或行为不当（其中不包括恶意、违背忠诚义务、信息披露中故意的虚假或误导性陈述、违反法律的行为）而被追究其个人赔偿责任时，由保险人负责赔偿该董事进行责任抗辩所支出的有关法律费用，并代为偿付其应当承担的民事赔偿责任的保险。董事责任保险是一种特殊的职业责任保险，也扩展应用至经理和监事。

11.2　独立董事制度

11.2.1　独立董事的界定

一、独立董事的由来

（1）独立董事制度发展的外部制度环境

独立董事制度创立于美国，逐渐成为英美市场控制型公司治理模式的标志性特征。随后，强烈影响着全球各国公司治理模式的发展，各国都在模仿或借鉴美国的独立董事制度。美国证券交易委员会早在20世纪30年代就开始建议公众公司设立"非雇员董事"，以促使董事会能切实监督高级经理的行为。90年代，《密歇根州公司法》首先确立了独立董事的任职标准，并规定了独立董事的任命方法和特殊权力。1992年，英国发布世界第一份公司治理实践指导书《凯德伯瑞报告》，提倡广泛吸纳独立董事。2002年，为应对"安然事件"，美国出台《萨班斯-奥克斯利法案》，规定美国所有上市公司都必须设立审计委员会，并且全部由独立董事组成。[257]

中国引入独立董事制度是从赴境外证券交易所上市的公司开始的。1993年青岛啤酒发行H股，按照香港联交所的规定设立了两名独立董事，成为第一家引进独立董事的内地公司。1997年，我国证监会发布《上市公司章程指引》，建议性地规定公司根据需要，可以设立独立董事。里程碑式的制度安排是2001年颁布的《关于在上市公司建立独立董事制度的指导意见》（已失效）。其中明确规定各境内上市公司应当按照本指导意见的要求修改公司章程，聘任适当人员担任独立董事，其中至少包括一名会计专业人士。在2002年6月30日前，董事会成员中应当至少包括2名独立董事；在2003年6月30日前，上市公司董事会成员中应当至少包括三分之一独立董事。2005年通过修订的《公司法》将聘任独立董事作为上市公司的法定义务。[5]

（2）引入独立董事的内在功能要求

引入独立董事是以实现董事会的独立性为内在需求的，而保证董事会的独立性来自两方面功能要求。其一是满足董事会功能定位上的独立性要求。10.3.2节讨论了董事会功能维度的设计问题，提出了董事会制度越趋向于"公司的董事会"或"现代董事会"（见图9-7、图9-8的董事会功能定位模型），董事会的基本特征越应该强调独立性，不仅独立于经理，也要隔断股东对公司的控制。因为只有保持独立，才能履行好监督职能，而"公司的董事会"或"现代董事会"的任务就是监督经理以解决代理型治理问题，同时监督控制股东以解决剥夺型治理问题。那么，如何实现董事会的独立性呢？最直接的手段就是聘任更多的独立董事，大量实证研究证明了独立董事在监督活动中的有效性。[151]

另一方面对董事会独立性的要求，则来自对董事治理上的考量。本章开篇论证了董事委托—代理问题发生的可能性，说明了信息不对称问题难以消减的客观前提下，要尽量处置董事会与股东间的目标不一致问题。对此，一项基本措施就是消除董事会及每一名董事的私利，就是让董事没有从公司处得到个人利益的渠道。要做到这一点，彻底的方式就是让董事除了在公司任职董事之外，与公司没有其他任何关系，而这正是独立董事的定义。

二、独立董事外延辨析

独立董事是指不在公司担任除董事外的其他职务，并与其所受聘的公司及其主要股东不存在可能妨碍其进行独立客观判断的关系的董事。与独立董事相近的概念有外部董事、非执行董事。厘清三者之间的关系，有利于深刻理解独立董事的含义。

外部董事是相对于内部董事而言的，是那些不是内部董事的董事。而内部董事的"内部"两字说明，内部董事除了具有董事的身份，还是公司的内部人，是公司的受聘经理、职员，以及控制股东或其代表。一般情况下，内部董事比较多的是公司的高级经理，但也不尽然，比如我国建议设立的职工董事。排除掉内部董事外，外部董事也不全是独立董事。外部董事中还包括非独立的外部董事，它们与公司、公司经理、公司控制股东等具有千丝万缕的利益关系或人情关系，比如可以是公司的较大股东、战略伙伴、法律或财务顾问、退任经理等，或者是公司经理、控制股东以及上述这些人的亲属。这类非独立的外部董事在履行董事职责时无法做到人情面子上的超脱和经济利益上的独立，它们与公司之间的界限是模糊的和非透明的，是灰色的，这类董事也被形象地称为"灰色董事"。灰色董事中有一类交叉任职的交叉董事需要注意，它指的是不同公司的高级经理同时担任对方公司外部董事的情况。比如，A 公司的经理担任 B 公司的董事，同时 B 公司的经理又反过来担任 A 公司的董事。这就构成一种"互抬轿子"的格局，为相互包庇、相互吹捧，甚至共谋恶行埋下条件。总之，外部董事是由独立董事和灰色董事构成的，他们再加上内部董事构成董事会的全体成员。

非执行董事也是相对于执行董事而言的，是那些不是执行董事的董事。执行董事译自 executive director，"执行"二字对应的是 executive。executive 自然可以翻译成执行，但其另一层含义——经营的、行政的，也许更为准确。也就是说，经营董事的称呼更能直接体现执行董事的本质。所以从功能性质上看，执行董事就是那些来自公司经营管理团队的董事，是高级经理人兼任的董事。在设立专门的执行委员会、战略委员会或类似赋予决策功能的机构的董事会中，执行董事往往就是这些委员会的成员。但现实世界里，执行董事还有一个被正式聘任的过程，个别暂时未担任公司高级经理职务的董事也会被聘为执行董事，个别高级经理担任董事却未被聘为执行董事的也不少见。另外，我国规定，股东人数较少或者规模较小的有限责任公司，可以不设立董事会而设一名执行董事，执行董事可以兼任公司经理。所以，执行董事与内部董事的重叠性很高。日常生活中，人们常常会探究执行董事与非执行董事权力大小的问题。如果在董事会层面，全体董事具有一样的权力，甚至在某些利益相关问题上，执行董事因为其兼任身份反而要回避一些活动。如果在公司经营管理层面，执行董事的行政职位决定了它们在公司业务活动中的领导地位和领导权力。

图11-3说明，独立董事是一个外延较小的概念，它加上非独立的外部董事，即灰色董事，构成外部董事群体。外部董事加上不是经营管理团队成员的内部董事（或者未被聘任为执行董事的内部董事），组成非执行董事群体。最后，非执行董事和执行董事构成全体董事。

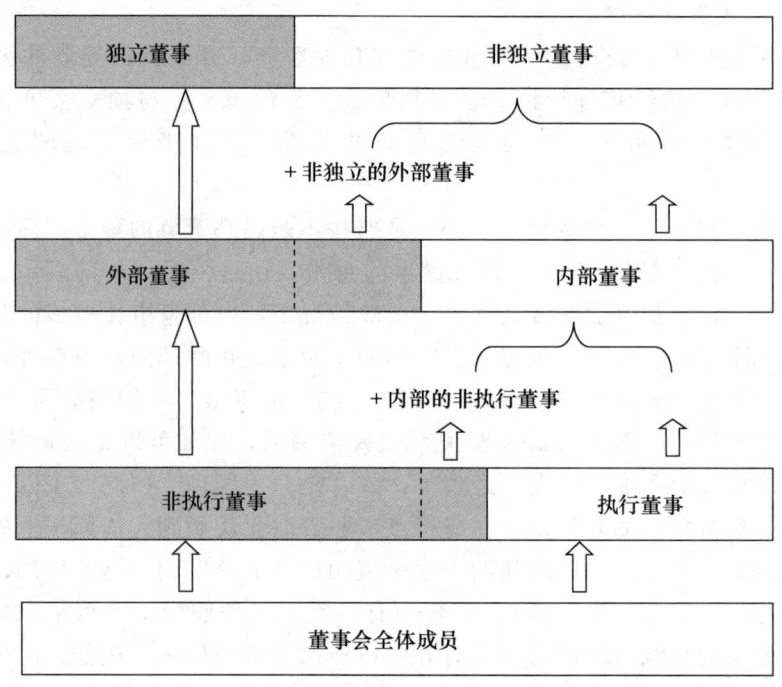

图11-3　独立董事外延辨析

三、独立董事内涵解读

独立董事的存在价值来自董事会的独立要求。从董事会的功能看，当董事会或通过监管经理解决经理的代理问题，或监管控制股东以解决控制股东的剥夺问题，甚至两者皆重时，公平公正就成为董事会监管活动的基本行为原则。而从法治建设中得到的经验是，公平公正的一切前提是独立，没有独立就不可能实现真正的公平公正。所以，独立性是独立董事制度的灵魂。让独立董事保持独立性，是推行独立董事制度的必要条件。[257]

第一，利益关联的独立性。面对公司治理行为客体，即经理、控制股东等，独立董事不得与他们有利益上的瓜葛。俗话说，吃了人家的嘴软，拿了人家的手短。独立董事不能从经理、控制股东等处获得财务利益上的好处，是对独立董事最基本的要求。

第二，人情网络的独立性。在一些社会文化中，人情网络被视为重要的社会资本，因此对人情网络独立性的要求对独立董事显得格外重要。只有"独立"董事、经理和控制股东不在同一个圈子里，才能真正"独立"。

第三，能力结构的独立性。独立董事需要在决策上保持独立的判断，这首先要求独立董事或独立董事群体具有完整的知识结构，有能力独自作出判断，而无须依附于他人以期帮助。当监管是独立董事的核心功能时，具备财务审计知识是对独立董事群体的基本要求。而在会议体的决策活动中，具备实际工作能力和经验是独立董事的任职前提，一些研究建议独立董事应该是商业专家、支持型专家和共同体内的意见领袖。[151]

第四，运作空间的独立性。为了保持判断的独立性，独立董事要有独立的运作空间。一方面，独立董事虽然需要从公司内部人那里获得信息，但是不能被动地依附于内部人，独立董事需要有主动出击的行为空间。另一方面，独立董事与非独立董事，特别是执行董事之间构成一定的制衡关系，因而独立董事在董事会内部应该有独立的运作空间，比如全部由独立董事组成的审计委员会、薪酬委员会等。

以上四项内容构成了独立董事的独立性内涵，见图11-4。前两项可归纳为基于身份的独立性，强调独立董事没有主观性的非独立利益诉求。后两项可归纳为基于行为的独立性，强调独立董事在客观条件上能独立地行使职能。

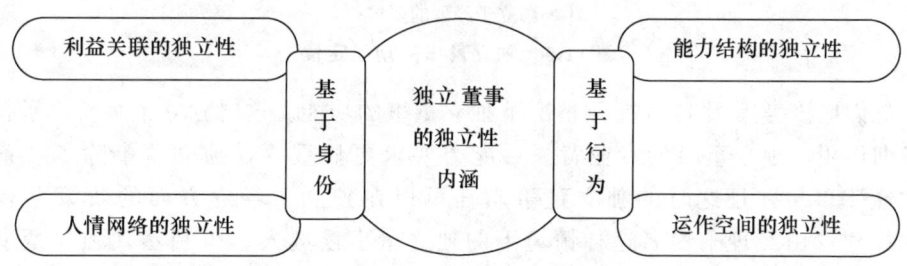

图 11-4 独立董事内涵解读

11.2.2 独立董事制度运行

一、独立董事的功能定位

如前所述，独立董事的核心价值是独立于经理并监督经理，独立于（控制）股东并监督（控制）股东。然而现实中，不仅真正的现代公司会聘任独立董事，由于法律要求、制度环境压力等原因，大量的所谓公司也会采用独立董事制度。而且，独立董事的本质身份还是董事，也具有并需要承担董事的一般功能。所以，独立董事制度的良好运转还有赖于其功能的精准定位。

图11-5反映了独立董事的功能定位情况，显然是图9-7董事会功能定位模型的一个应用。在横坐标上，随着经理职业化程度的不断发展，独立董事的功能体现了"监督经理"对"决策咨询"的替代。事实上，在董事会没有太多的独立于经理的要求之前，独立董事并不比一般董事更有优势。但是，当公司因外部压力而执行独立董事制

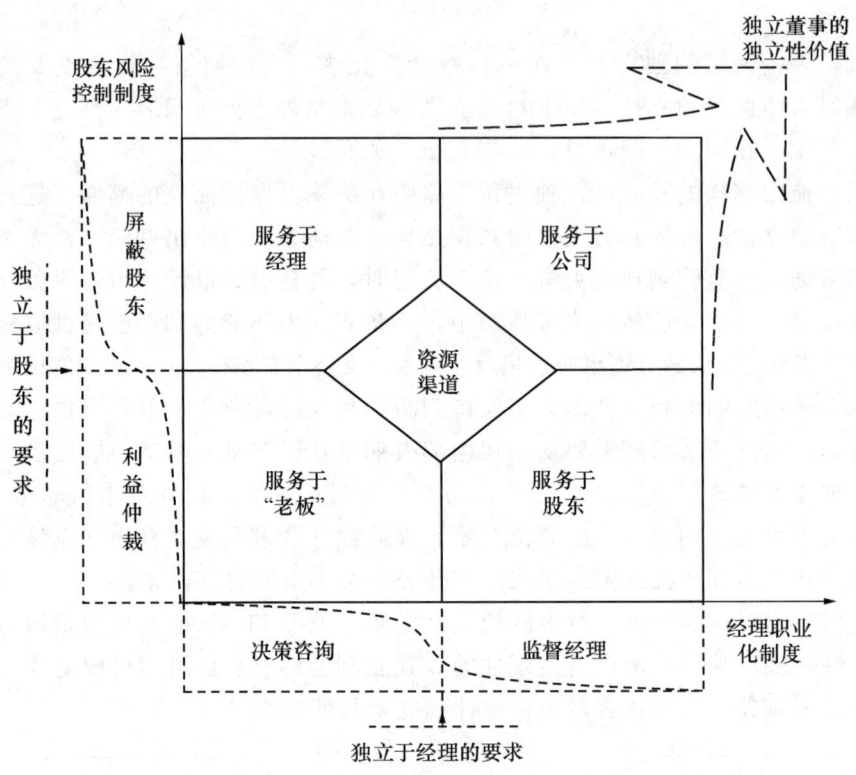

图 11-5　独立董事的功能定位

度后，我们应该考虑图 11-5 左侧情况下独立董事的功能。这时独立董事可以承担较多决策咨询作用，独立董事的专业背景、能力要求更显重要，独立董事除了"董"事还要"懂"事。并且这时的独立董事聘任可以在独立于经理方面的政策上有所缓和，比如建议由经理来提名这种情境下的独立董事候选人。[151] 当然，独立董事的监督功能更能体现其独立性价值，而强调监督功能时，独立董事的"董"事比"懂"事更重要。如小贴士 11-7，董事里的"董"字，在中文的基本含义就是监督。

小贴士 11-7　"董"之说文解字

监督——董之用威，出自《尚书·大禹谟》。

正、修正、管理——余将董道而不豫兮，出自《楚辞·九章·涉江》（董，正也；豫，犹豫也）。

深藏、资历老道——年六十以上，气当大董，出自《史记·扁鹊仓公列传》（董谓深藏）。

董事的英文是 director，可译为导师，有指引方向的含义。

董事的日文是取缔役，取缔——管理、管制，役——官员、官吏。

资料来源：仲继银．董事会：公司治理运作精要［M］．北京：企业管理出版社，2020.

图 11-5 的纵坐标反映，随着股东投资风险的不断分散，独立董事的功能应该由"利益仲裁"转化为"屏蔽股东"的替代。当公司存在几个风险突出的股东时，董事要保护这些股东的利益，化解它们之间的矛盾。甚至当公司由单个股东为其他股东承担时，董事要维护这位股东的权益。在这种情况下，相对一般董事，独立董事有其存在的特殊价值，特别在公司控制权纷争中，作为既熟悉公司情况又具有第三方地位的独立董事，可以扮演重要的居中调停作用。[259]当然，最能体现独立董事价值的定位还是存在于图 11-5 上半部分，独立董事的功能是屏蔽股东，特别要注重监管控制股东，避免当前的或潜在的控制股东的剥夺行为。

此外，图 11-5 居中的位置反映了独立董事的资源渠道功能，即当董事就任后，会将其个人的信息资源、关系资源、品牌资源等间接地投入到公司法人财产中。而这一功能对于独立董事显得比较重要。这是因为，独立董事本身在定义上就与公司、公司经理、公司大股东不存在人际网络上的联系，于是独立董事所掌握的或者能联系到的社会资源，与公司资源的交叠并不大。独立董事给公司引入冗余程度较低的资源，其价值更显重要。在社会经济学领域，大量概念强调了这种非冗余社会联系的重要性，比如"弱联系"（交流和接触少、联系较弱，但所传递信息更加重要的人际交往纽带）[260]、"结构洞"（指的是社会网络中个体之间存在的拥有互补资源或信息的空位）[261]、"社会桥"（社会网络中一个行动者关系丛与另一个行动者关系丛之间的联系）[55]。其中，社会桥的桥梁形拟态形象地将独立董事刻画为公司与外部世界相联系的桥梁。一项对独立董事社会桥功能的研究不仅验证了公司通过独立董事这个社会桥可以获得更多外部资源，进而促进研发积极性，还发现社会桥功能的强弱与构成社会桥的独立董事群体的规模、非冗余构成和活动密度等指标显著相关。[262]

总体来看，不同公司制度之下独立董事的功能定位区分出四种情况。图 11-5 的右上角象限最能体现独立董事制度的特殊价值的定位，独立董事是全面的独立，其服务对象是完整的独立的法人，以全面监督为任务。在图 11-5 的左上角象限，独立董事强调对股东的独立，屏蔽股东对公司利益的剥夺和对经理工作的干扰，但对经理的独立要求稍弱，独立董事的参谋咨询作用是经理希望获得的。所以，可以称为是服务于经理的独立董事定位。图 11-5 的右下角象限，是服务于股东的独立董事定位。独立董事一方面要为全体股东负责，监管住经理人，另一方面，要保护好那些为公司承担额外风险的股东的利益，处理他们之间的冲突。最后，在图 11-5 的左下角象限，独立董事存在的特殊价值不大，更多的仅仅属于制度环境压力之下的形式上的存在，他服务的是所谓的"老板"。另外，在这四种情况中，独立董事的资源渠道功能都可以单独存在。

二、独立董事的特殊权利

独立董事的核心作用在于监管经理和屏蔽控制股东或其他大股东，而经理和控制股东是公司控制权的"天然"获得者。所以，要真正实现独立董事的价值，必须给予独立董事特殊权力，以抗衡经理和控制股东的特权。实施独立董事制度的国家都会从立法的角度赋予独立董事特殊权利，而我国的相关规章最初来自证监会 2001 年发布的《关于在上市公司建立独立董事制度的指导意见》,2014年中国上市公司协会还制定了《上市公司独立董事履职指引》,进行了制度补充和细化。2022年,证监会出台《上市公司独立董事规则》,开始了新一轮的修订工作。2023年4月,国务院办公厅颁布《关于上市公司独立董事制度改革的意见》,而2023年9月则开始施行更完善的《上市公司独立董事管理办法》。由于上市公司是公司制度现代化改造相对完全的公司,基本处于本书所指的研究标尺的基点位置,若对应在图11-5中,指的是右上象限的情况。因而,其他类型的公司若需聘任独立董事,可以以下内容为依据,应用图11-5模型在实践中作出适当调整。《上市公司独立董事管理办法》中规定,独立董事除了参与董事会决策、提供公司经营发展建议以及履行其他法规和章程规定的职责之外,上市公司还应当赋予独立董事以下特别职权:

(1) 对关键治理问题发挥独立性作用。《上市公司独立董事管理办法》明确在一些关键性的问题上,独立董事需要对上市公司与其控股股东、实际控制人、董事、高级管理人员之间的潜在重大利益冲突事项进行监督,促使董事会决策符合上市公司整体利益,保护中小股东合法权益。本书第一章定义公司治理时就指出,公司治理的前提是各方利益相关者的合作关系存在着协调需要,而《上市公司独立董事管理办法》则进一步将这种容易发生利益冲突的关系界定在上市公司与其控股股东、实际控制人、董事、高级管理人员之间,并赋予于独立董事居中独立协调的职责。而对潜在的关键治理问题,《上市公司独立董事管理办法》认定了几类。一是必须经上市公司全体独立董事过半数同意后,方可提交董事会审议的重大活动。包括应当披露的关联交易,上市公司及相关方变更或者豁免承诺的方案,被收购上市公司董事会针对收购所作出的决策及采取的措施,以及其他法规和章程规定的事项。二是审计委员会全体成员过半数同意后,方可提交董事会审议的审计委员会专门重要任务。根据10.2.3节,审计委员会是专职监督任务的委员会,必须由半数以上的独立董事组成,因此,其治理角色鲜明,任务包括披露财务会计报告及定期报告中的财务信息、内部控制评价报告,聘用或者解聘承办上市公司审计业务的会计师事务所,聘任或者解聘上市公司财务负责人,因会计准则变更以外的原因作出会计政策、会计估计变更或者重大会计差错更正,以及其他法规和章程规定的事项。三是提名委员会的重要专门任务,负责拟定董事、高级管理人员的选择标准和程序,对董事、高级管理人员人选及其任职资格进行遴选、审核,并就提名或者任免董事、聘任或者解聘高级管理人员等事项向董事会提出建议。四是薪酬与考核委员会的重要专门任务,负责制定董事、高级管理人员的考核标准并进行考核,制定、审查董事、高级管理人员的薪酬政策与方案,并就一些重要事项向董事会提出建议,包括董事、高级管理人员的薪酬,制定或者变更股权激励计划、员工持股计划,董事、高级管理人员在拟分拆所属子公司安排持股计划,以及其他法规和章程规定的事项。

(2) 独立聘请中介机构,对上市公司具体事项进行审计、咨询或者核查。独立董事有权对公司的财务报表、分红方案和内控系统等进行全面监管,确保公司行为的合法性和合规性,并符合公司和全体股东的利益。要实现这一任务,独立董事必须有权独立地聘请审计、咨询等中介机构，实现监管的独立性和主动性。

（3）向董事会提请召开临时股东会。我国《公司法》规定，三分之一以上的董事提议召开临时股东会的，应当召开临时股东会。而《上市公司独立董事管理办法》进一步赋予了独立董事更大的权利，全体独立董事中只要二分之一以上同意，无须考虑其他董事意见，就可提请召开临时股东会。鉴于股东会是公司的权力机关，独立董事在此项权利上的加强，就等于赋予了独立董事对内部人更高的制衡权，从而有利于减轻公司的内部人控制问题。

（4）提议召开董事会。董事会的权力效力来自董事会集体决策，独立董事在监管中发现了突发问题，一般也不可独自行动。所以，必须给予独立董事提议临时召集董事会的权利，而行使该职权需要经全体独立董事过半数同意。

（5）依法公开向股东征集股东权利。投票权代理，是股东以委托书方式书面授权他人出席股东会，并就该股东所持股份进行表决的制度。这种制度安排，可以促使中小股东将他们分散的股权集中起来，用以监督经理的行为、影响公司决策，也形成了对控制股东的制衡力量。但是，如果这些投票权被经理或控制股东获得了，则适得其反，成为经理或控制股东巩固其地位的"堑壕"手段。有鉴于此，让独立董事向股东征集投票权，可以一举两得。

（6）对可能损害上市公司或者中小股东权益的事项发表独立意见。在2022年《上市公司独立董事规则》及之前的相关制度中，以列举方式规定了需要独立董事发表独立意见的事项，包括提名、任免董事，聘任、解聘高级管理人员，批准公司董事、高级管理人员的薪酬，以及审核关联交易等。但在2023年的《上市公司独立董事管理办法》中，由于内容重复等原因，去除了对应条款。但在独立董事特别职权中保留和强化了一条，就是"对可能损害上市公司或者中小股东权益的事项发表独立意见"。这里的"可能"二字其实是赋予了独立董事更高程度的治理功能。根据第一章和第二章的讨论，剩余控制权体现着的是真正的权威，赋予了掌权人面对未来不确定情境的自主行动的权力。这一条款充分反映了独立董事的核心功能，就是保护上市公司及其中小股东的权益。

三、独立董事的选聘标准

独立董事功能存在定位要求，不同定位下的独立董事的选聘标准存在差异。以下以一个具有完全现代公司制度特征的公司为例（即图11-5模型的右上象限，上市公司更符合这种情况一些），说明独立董事的选聘标准。这仅仅是一个参照基点，是实践活动展开的标尺，而不是目标。在这个基点上，独立董事的选聘是以独立性为考量原则的。

关于独立董事的选聘标准，有三点说明。第一，独立董事的首要身份是董事，所以其必须满足董事的任职资格，这在11.1.2中已有介绍，这里不再赘述。第二，图11-4模型所述独立董事的独立性可归纳为基于身份的独立性和基于行为的独立性。其中，基于行为的决策判断上的独立性主要涉及独立董事制度运行过程中的机制设计，因而，独立董事的选聘标准主要考察基于身份的利益关联的独立性和人情网络的独立性。第三，判定独立董事，主要采用消极资格的判别标准，即列举不适合做独立董事的条款。独立董事的消极资格可以归纳为四类。

首先，独立董事必须独立于公司管理层。其次，独立董事不能是公司（及其子公司）的职员，更不能是高级经理本人。甚至不能是一定期限内的前任雇员，比如，我国证监会对上市公司规定的期限是1年。再次，也不能是这些职员、经理的亲属。在国外，所谓亲属一般指的是直系亲属，而中国对上市公司的规定中还包括主要社会关系。显然，在中国的家文化观念下，这一扩充是理智的。最后，近期也不能与上述人有重大业务往来。对于这个业务往来，一般会有时间间隔和数额高低的规定。不过，我国对此没有具体规定。

小贴士 11-8 独立董事的法定任职资格

我国2023年施行的《上市公司独立董事管理办法》规定，独立董事必须保持独立性。下列人员不得担任独立董事：

（一）在上市公司或者其附属企业任职的人员及其配偶、父母、子女、主要社会关系；（二）直接或者间接持有上市公司已发行股份百分之一以上或者是上市公司前十名股东中的自然人股东及其配偶、父母、子女；（三）在直接或者间接持有上市公司已发行股份百分之五以上的股东或者在上市公司前五名股东任职的人员及其配偶、父母、子女；（四）在上市公司控股股东、实际控制人的附属企业任职的人员及其配偶、父母、子女；（五）与上市公司及其控股股东、实际控制人或者其各自的附属企业有重大业务往来的人员，或者在有重大业务往来的单位及其控股股东、实际控制人任职的人员；（六）为上市公司及其控股股东、实际控制人或者其各自附属企业提供财务、法律、咨询、保荐等服务的人员，包括但不限于提供服务的中介机构的项目组全体人员、各级复核人员、在报告上签字的人员、合伙人、董事、高级管理人员及主要负责人；（七）最近十二个月内曾经具有第一项至第六项所列举情形的人员；（八）法律、行政法规、中国证监会规定、证券交易所业务规则和公司章程规定的不具备独立性的其他人员。

第二，独立董事必须独立于主要股东。一方面，独立董事本身不能是大股东，其持股比例有上限要求。这里有绝对和相对两重标准，我国对上市公司的绝对指标是直接或间接持股不超过1%，相对指标是不能为前十大股东。另一方面，独立董事也不能是大股东的代表，不能是大股东单位的雇员。认定大股东单位分为绝对和相对两重标准，但标准略宽；此外，独立董事同样不能是这些主要股东的直系亲属，或者近期有重大业务往来关系的人员。

第三，独立董事要独立于其他董事。这类规定相对而言的主要目标是实现人情网络的独立性。首先，独立董事不能是现有其他董事的亲属，也不能与之有业务关系。由于独立董事以实现董事会整体独立为目标，而董事之间的相互独立，没有利益小团体，才能实现整体的独立性。其次，特别强调不能与公司经理、执行董事交叉任职，而互为独立董事。再次，独立董事任职一定时间后，如果留任，将不认定为独立董事。我国对上市公司的规定是，独立董事连任时间不得超过6年。最后，离任的公司高级经理只能是灰色董事，甚至有的监管部门认定其为内部董事。

第四，独立董事必须独立于公司业务。独立董事不能是公司的利益关联者。首先，独立董事个人不能直接或间接与公司在近期有重大的交易关系，独立董事所供职的单位也不能直接或间接与公司在近期有较重大的交易关系。其次，独立董事不能是为公司服务的律师、投资、财务及其他管理咨询顾问。再次，独立董事或其供职单位近期不能从公司获取较大捐赠。最后，独立董事不能是上述人员的亲属。

以上讨论的独立董事选聘标准是基于身份的独立性而界定的，而基于行为的独立性则可以延伸出独立董事的履职要求。可将《上市公司独立董事履职指引》视为一个模板，它的核心内容有四章，分别是独立董事的义务、独立董事的职权、独立董事职权的行使、参加董事会会议的履职要求。相关条款比较详细，这里不再赘述，但必须强调这是针对中国上市公司的一个通用模板，不同公司的履职要求要体现其功能定位和任务要求。

四、独立董事的激励

激励，往往会被狭义地理解为薪酬激励。然而，薪酬激励在独立董事制度中存在着两难悖论。首先，在独立董事"独立性"的要求下，独立董事在个人收入上不能依赖于公司，不能被公司"收买"。于是，依据传统，独立董事制度设计者一般要求公司不得向独立董事支付"车马费"以外的报酬。我国《上市公司独立董事履职指引》也将独立董事的收入定性为"津贴"。但问题是，如果不给独立董事薪酬激励，不实现激励相容，如何吸引优秀的董事？如何促使其努力工作？如何补偿其承受的风险？于是，所谓的独立董事激励的两难悖论出现了：一方面，如果没有相应的激励，独立董事难免成为"橡皮图章""花瓶董事"；另一方面，如果独立董事从公司获得了可观的报酬激励，又如何保住其独立身份？

为了解决这个两难问题，一些文献努力寻求独立与激励的平衡点，设计所谓"最佳"的薪酬模式；另一些学者则力图设计多种"巧妙"的制度方案，比如，建议设立第三方的"独立董事协会"来承担独立董事的薪酬激励，或者直接由证监会来承担此职责。这样的理论探索仍在继续，但均未得出经实践证明了的达成共识的结论。于是，难道独立董事的激励机制是不可能完成的任务？

案例11-8关于美国公司的独立董事制度的运行情况，可以给我们以启示。但在阅读案例前，需要先了解独立董事制度中的"门当户对"的原则。即一家公司聘请的独立董事，其能力、经历需要与公司经理大致相当，甚至更高，否则如何监管经理，甚至指导经理？举例来说，A公司的某独立董事来自B公司，那么B公司就应该与A公司具有大致相当的市场地位，而且该独立董事在B公司也应从事经理级工作。在此逻辑下考察案例11-8中的数据：一家成熟公司的独立董事的年收入是6万美元，那么他在其主业单位的收入是多少呢？按照"门当户对"原则，应当是1030万美元的水平。这种情况下，如何激励这个独立董事？给他涨十倍工资，激励力度足够强了吧！

可是也仅仅是从 6 万变为 60 万,而他主业的收入是 1030 万。同样,案例中的成长公司,一样是这样数量级的比例关系。这个案例告诉我们的道理是,在独立董事制度的发源地,薪酬激励多少有点伪命题的意思,至少薪酬激励不是推动独立董事制度的主要动力机制。纠缠在薪酬激励问题上,可能会陷入自己给自己制造的两难悖论中拔不出来。

案例 11-8　美国的董事会是什么样?

表 11-2 显示了 2001 年《财富》杂志评选的美国 500 强中两类公司的董事会特征指标。其中,所谓成熟公司是排名前 20 强的公司,包括通用汽车、沃尔玛、IBM 等。所谓成长公司是这 500 强中发展最迅速的前 10 家公司。

表 11-2　美国大公司的董事会

指标	成熟公司	成长公司
平均股票资本市值	1320 亿美元	40 亿美元
董事平均人数	14 人	7 人
董事会内部董事的比例	19%	36%
多元化(性别及种族)	中	低
董事平均年龄	60 岁	52 岁
董事平均任期	9 年	6 年
董事平均年收入	6 万美元	1 万美元
董事会委员会数量	5 个	1 个
董事来自同一行业的倾向	低	高
董事会会议频率	9 次/年	6.5 次/年
委员会会议频率	4 次/年	2.5 次/年
CEO 的平均年度现金报酬	1030 万美元	97 万美元
CEO 与董事长的关系	75% 相同	80% 相同
CEO 的平均年龄	59 岁	48 岁

资料来源:小约翰·科利等. 公司治理 [M]. 李维安,译. 中国财政经济出版社,2004.

事实上,关于独立董事的激励问题,早在 1983 年的经典研究中,法玛和詹森就直接指出,建立和维护独立董事的声誉,是独立董事制度的核心激励机制。[33] 大部分公司的独立董事都是其他公司的主要决策者或在其他组织扮演专家角色,这是他们的主业。主业中获得的薪酬,是其经济收入的主要来源。但是,由于信息不对称引发的逆向选择问题,这些经理、专家在其主业领域,面对着其人力资本不能被市场识别的难题。于是,根据信号传递机制的启示,他们需要一个信号来表明自己的价值,这个信号就是担任独立董事的声誉。首先,是否担任独立董事,担任何家公司的独立董事,就是一种信号。在一项关于独立董事的跳槽(辞去一家公司的独立董事一职,去另一家公司任职)的行为研究中发现,跳槽的动机主要是公司的知名度和任职风险等声誉因素，而不是薪酬收入和现实成本等经济因素，跳槽是为了获取更大的声誉激励，而不是更多的经济收益。[263]其次，独立董事任职后，声誉信号继续发挥作用，声誉是促进独立董事忠实、勤勉的重要动力。一项针对破产重组公司的研究发现，当破产重组发生后，不仅半数以上的董事失去了他们的职位，他们在其他公司获得董事合约的机会也大大减少。[264]可见，独立董事声誉的获得和维护在本质上是一种人力资本投资，投资的效果是产生一种信号，这个信号可以解决独立董事的人力资本定价的逆向选择问题，进而为其获得更多在其主业领域的经济利益。[265]

当然，独立董事声誉激励机制发挥作用具有一定前提。首先，必须有完善的经理人市场。一方面，经理和董事的人力资本价值是由市场机制决定的，而不是来自所谓上级部门的指定。另一方面，董事及其公司的行为可以被市场识别，并且该信息可以被市场较长时期记忆。其次，独立董事选聘的"门当户对"原则必须坚持。这其实提高了独立董事的任职条件，表面上只有那些较高社会地位和较强经济实力的人才能任职独立董事，而内在逻辑是：在"门当户对"原则下，独立董事才能抵御小恩小惠的诱惑，切实保持独立性。更重要的是，只有"门当户对"才能让声誉变成一种有效的信号，让独立董事可在其主业领域获得更高的经济收益。我国独立董事制度的实施情况有一点与美国有很大不同，我国的独立董事群体中占相当大比例的是高校教授，而美国独立董事的主要来源是其他公司的高级经理。一项研究发现，美国独立董事中46%担任过CEO、COO、总裁，21%是其他高级经理人，18%是CFO、银行家等金融背景者，而来自学术界和其他非营利机构的仅占4%，[266]这种情况符合"门当户对"原则。而中国的教授们却让声誉机制大打折扣。这也反过来使得独立董事薪酬激励的两难悖论，在中国真正成为一个问题。这也说明，完善公司治理是一项系统工程，引进国外的制度安排，要全面考察该制度运行的机理，以及其与相关制度子系统之间的联系。

当认同独立董事的声誉激励的核心作用后，另一个问题是如何对独立董事的薪酬进行管理。首先，要认识到董事的薪酬计划是一种保健性因素，而不是激励性因素，做好对董事的薪酬管理的作用是避免董事的不满情绪和随之而来的卸责行为。因此，独立董事定薪的一项原则是不能低于经理市场上对同行业、同地区、同规模公司独立董事的市场定价。其次，意图在市场标准之上增加独立董事的薪资，在"门当户对"原则下，不但不能起到激励作用，还会破坏经理人市场的市场规律，继而破坏原有的声誉机制的激励作用。[265]若未遵守"门当户对"原则，经济刺激的作用，就不是激励，而是"贿赂"。总之，严格遵照市场定价，就是独立董事薪酬管理的基本原则。

以上对独立董事声誉的讨论中，仅仅考虑了声誉的经济价值。但是，这仅仅是理论上的简便处理，许多独立董事的行为确实是由责任和道德来推动的，本书的一个重要观点是"公司制度是社会文明的产物"。

最后需要说明，无论独立董事有何特殊性，其作为董事会成员必须遵守董事会治理和一般董事治理的基本守则。所以，独立董事制度的其他环节就不赘述了。

> **讨论案例** "宝万之争"中的华润
> ——暨第三篇的学习伴随案例

华润是"宝万之争"的主角，宝能系最初争夺的正是华润在万科的第一大股东地位，而在宝能系的控制意愿被抑制后，整个故事的后半场实质上是"华万之争"。

一、华润最初的游离

"宝万之争"前的"万科模式"之所以让人津津乐道，原因在于国有大股东对以王石为核心的管理层的信任与放手。时任华润董事长的傅育宁在2017年3月全国两会接受记者采访时仍满意其角色：

"针对万科股权之争，全国政协委员、华润集团董事长傅育宁回应财新记者表示，做万科第一大股东这些年，回报是令人满意的（笑）。华润当了万科近17年的'甩手掌柜'，这些年分红累计逾30亿，华润转让万科价格高达371.71亿元，简单估算其收益在400亿元左右。当财新记者问及，华润在万科扮演一个什么样的角色，傅育宁简单称'过去是股东'。"

"值得注意的是，傅育宁在万科股权之争中曾提及'公司治理'问题，财新记者就此提问：作为央企管理人，在整个万科的事件中，怎么才是一个好的公司治理机制？'公司治理机制核心的应该是一种制衡的机制，经理人和股东之前是要有制衡的关系的。'傅育宁回应表示：'当企业经理人发挥的好的时候呢，就应该支持他好好做，激励他做得好。当他和公司的发展方向出现偏离的时候或者决策环节出现一定问题时，股东的制衡的机制就要体现出来，这才是一个公司长期健康的发展。'"

有一点需要说明，傅育宁是2014年4月调任华润的，此前担任招商局集团董事长职务。傅育宁在华润的前任是宋林，宋林是涉嫌严重违纪违法而被免职的，2017年1月被判有期徒刑十四年。

确实如傅育宁所讲，在"宝万之争"前半段，准确讲是2016年6月17日董事会会议之前，华润一直扮演"甩手掌柜"角色。然而，不同于傅育宁的自夸自赞，独立董事华生的意见是尖锐的：

"其实，万科股权控制权之争发生开始的近一年中，我除了对万科的公司治理模式表示肯定、对高杠杆资金收购表示疑问、对王石的某些言行提出批评之外，并没有发表什么有倾向性的意见。直到2016年6月17日的万科董事会上，华润方面在3月的股东大会上引入深圳地铁的重大资产重组已投下赞成票后，突然坚决反对深圳地铁进入的重组预案，让我大为惊讶，也很不理解。其会后高调声明质疑董事会决议的合法性，更是有违央企行事的常规。华润作为万科原第一大股东，在遇到他人频频举牌、意欲强行夺取万科的控制权时，正常的反应是全力阻击。以华润作为主力央企的实力和影响，这本来并非难事。但华润其间除了只做了一次象征性的增持外，一直没有任何实际动作，反而在态度含糊和长期拖延后，要万科管理层接受宝能已成为第一大股东的现实。其实华润如果真欢迎宝能入主，只要能说清其对公司发展确有好处的道理，也不是不可以，同样可能获得董事会多数包括独立董事的支持。但华润对宝能不断举牌态度暧昧，而一旦听说别人要进入，就又坚称自己仍要当第一大股东。特别是对万科管理层引入深圳地方国资即深圳地铁集团的努力，令人费解的百般阻扰，甚至不惜以董事会的分裂和万科及华润自身的形象受损将分歧公之于众。这种不与敌意举牌者争夺、非与深圳地铁争第一大股东的事，确实让人费解。"

二、华万之争

2016年6月17日董事会会议前后，"宝万之争"实质上演变为"华万之争"，在所谓"万科模式"里被认为相互信任并共同进退的大股东与管理层逐渐"撕破脸"。其中的几次重要交锋是：

（1）对安邦入股的不满和抵制。2015年12月，在管理层的联络下，安邦举牌进入万科，一度持股超过7%，成为第三大股东。2016年初，华润要万科管理层承认现实，接受宝能系作为万科新的控股股东，华润又将华润前海公司的控制权转交给宝能系，并由宝能出任公司董事长、法人代表，华润方面转为交叉任职的副手。华润态度的反转，致使华润与宝能系被外界质疑构成一致行动人。2016年6月27日，深交所发函，指出华润与宝能系存在诸多接触密谈，双方同时宣布联手否决引入深圳地铁的预案，要求华润与宝能系说明是否互为一致行动人。事后双方均公开否认一致行动人关系。

（2）对万科深圳地铁合作提出异议。2016年3月18日，万科股东大会结束后华润表示，"万科与深圳地铁签订合作备忘录，没有经过董事会讨论通过，存在程序问题"，并称"华润派驻万科的董事已经向有关监管部门反映了相关意见，要求万科经营依法合规"。2016年6月17日，万科召开董事会审议发行股份购买深圳地铁预案，其中华润派驻万科的3位董事与其他董事意见不同，集体投了反对票。

（3）不同意罢免万科管理层。2016年6月30日，华润声明，不同意宝能系提出的罢免万科王石、郁亮等董事的提案，表示华润会从万科长远发展的角度考虑未来万科董事会、监事会的改组。2016年7月1日，万科董事会召开会议，全票通过了"关于不同意深圳市钜盛华股份有限公司及前海人寿保险股份有限公司提请召开2016年第二次临时股东大会的议案"。

（4）华润退出万科。2017年1月12日，万科发布公告称深圳地铁与华润集团签订万科股份受让协议，深圳地铁拟受让华润集团所属华润股份有限公司、中润国内贸易有限公司所持有的全部15.31%万科A股股份。不久恒大将合计持有万科14.07%的股份也转让给深圳地铁。

三、华润的国企身份——华生的思考

宝万之争或者华万之争引起的反思是全面的，万科独立董事华生在他的《我为什么不赞成大股东意见》长文中，面对华润以及万科的国企身份，思考了国企改革面临的"一抓就死，一放就乱"的两难困境：

"万科之争引出的更深层的意义是关于国企改革。因为万科长期以来的第一大股东央企华润，多年来采取的大股东不经营、监督不控制的态度，即使国资获利极其丰厚，也成就了万科这一被誉为业内标杆的上市公司。正是因为华润在万科控制权之争中令人困惑的左右摇摆和反复，使华润既丧失了第一大股东地位，又与经营管理层走向对立。因此，国资国企如何当股东，不仅是一个万科的个案，更是一个大的战略定位问题。"

"中国的国企改革，从20世纪80年代初的放权松绑、政企分开、承包经营的尝试，经历90年代的股份制改革和现代企业制度的探索，以及新世纪之初国有资产监督管理系统的建立和政资分开的努力，最后到2013年十八届三中全会提出的以管资本为主的混合所有制经济，时间不可谓不长，创新不可谓不多，进展也不可谓不大。但国企改革的任务并未完成，国有资本作用的发挥还远不尽如人意。更尖锐一点说，即便今天重新提出30多年前国企改革伊始'放权松绑、政企分开'的口号，恐怕也并不过时。"

资料来源：吴红毓然，武晓蒙．傅育宁回应万科股权之争：回报令人满意［N］．财新网，2017-03-06．http：//finance.caixin.com/2017-03-06/101062663.html．华生．万科模式：控制权之争与公司治理［M］．北京：东方出版社，2017．张华，胡海川，卢颖．公司治理模式重构与控制权争夺——基于万科"控制权之争"的案例研究［J］．管理评论，2018，30（8）．

讨论以下问题：

本章讨论案例是"宝万之争"学习伴随案例的一部分，请读者留意此前案例部分提供的信息。请应用本章知识思考：

（1）华润在万科有多个董事席位，在"宝万之争"前后承担信义义务的表现如何？

（2）从董事治理的五项机制看，你如何评价万科的董事会制度？

（3）你对万科的独立董事在"宝万之争"前后起到的作用，如何评价？

另外，作为学习伴随案例，本章讨论案例也可以服务于整个第三篇——股东与公司治理，请思考以下3个问题：

（1）华润作为万科的原最大股东，在"宝万之争"前后有哪些需要被治理的问题？

（2）宝能系如果能稳固其第一大股东地位，会比华润对万科做得更好吗？

（3）华生说"国企改革面临的'一抓就死，一放就乱'的两难困境"，你认为国有企业治理的出路和前景如何？

讨论问题

（1）根据委托—代理理论，如何判定董事发生委托—代理问题的可能性和危害性？

（2）为什么在我国法律体系下，评判董事对勤勉义务的履行存在一定困难？

（3）你认为对于一般上市公司，担任董事者应该具备什么条件？

（4）除了作为第三方监督，独立董事相对一般董事还有什么功能优势？

（5）为什么说经理人市场的不完善是导致独立董事激励与独立两难问题的关键点？

第五篇

外部利益相关者与公司治理

第 12 章

公司治理的市场力量

导读

本篇开始讨论外部治理系统,在本书重点旨在搭建内部治理制度体系的目标下,本篇内容也可以理解为公司治理的环境基础,而从参与方的角度看则有关于"外部利益相关者与公司治理"。在常见的理论体系中,公司的重要其他利益相关者必然包括员工,这部分知识在 8.2 节已经论述。于是,本章主要讨论市场机制的公司治理作用,下一章关注公司治理的外部监管环境和服务中介环境。本章首先讨论广义资本市场中的两个重点,一是证券市场中的股票市场,重点关注其控制权市场机制及其应用前提,二是信贷市场中的商业银行,通过几种国际模式的比较,提供相关借鉴思路。随后,讨论产品市场和经理市场,前者治理力量主要来自竞争机制,后者主要来自声誉机制。

引导案例 为何来到中国就不安分?

2013 年底至 2014 年初的短短两个月内,世界第一大零售企业沃尔玛在中国门店事端不断。

【济南狐狸肉事件】 2013 年 11 月 28 日,一位王姓市民在泉城路沃尔玛超市购买了五香驴肉。食用后觉得口感不好,怀疑产品存在质量问题。12 月 4 日,将肉品送到山东省出入境检验检疫局进行检测。检测结果显示,送检肉品中未检测出驴肉成分,却检测出了狐狸肉。2014 年 1 月 2 日,沃尔玛宣布召回其在中国一些门店销售的驴肉产品,并对购买了涉嫌造假产品的顾客予以合理补偿。1 月 6 日,山东省食品药品监督管理局行政约谈了沃尔玛中国区高层。

【海外反贪调查】 2013 年 12 月 5 日路透社报道,沃尔玛卷入美国政府的海外反贪调查事件中,涉及 30 多名高级管理人员。美国司法部正在调查沃尔玛是否在墨西哥贿赂官员以获取在当地开设新店的许可,以及该公司的高管是否掩盖了一次有关支付贿赂的内部调查。值得关注的是,美国司法部还在调查沃尔玛在巴西、中国和印度可能涉及的贿赂行为。事实上,此前,沃尔玛中国方面对记者证实,就其内部有关于贿赂外国官员的调查已经从墨西哥扩展到了中国。

【特批潜规则】 2014年1月23日,中央电视台焦点访谈栏目报道,沃尔玛存在特批入场的潜规则。即一些没有生产许可证、没有检验报告、没有食品流通许可证等不符合入场销售条件的商品,通过沃尔玛管理方的自行特批,堂而皇之地进入市场销售。而沃尔玛公司的内部资料显示,沃尔玛全国几百家门店近几年因违规销售不合格产品被相关部门查处的情况并不少见,其中包括销售假冒飞天茅台等名牌产品。以2011年为例,沃尔玛因此受到相关部门的经济处罚达250多万元。知情人称,从政府的报告上面显示行政处罚是对沃尔玛罚款,但沃尔玛并不会出这笔钱,它会让供应商来出。

资料来源:根据相关新闻报道整理。

设计这篇案例的初衷正是为了证明此前章节一直强调的,如果没有相应的公司治理系统去填补漏洞,公司制度是一个有缺陷的制度。但是,仅依靠公司的内部治理制度去填补漏洞是远远不够的。沃尔玛作为来自西方成熟市场经济体制下的跨国公司,其内部治理制度应该不会太不"规范"和"先进",但为什么来到中国就不安分了呢?

本篇讨论公司制度的外部治理系统,根据第2章对公司治理体系的划分,外部治理系统由外部利益相关者构成,而一般情况下,内部治理系统正是由此前篇章讨论过的经理、股东和董事会构成的。所以,本篇以"外部利益相关者与公司治理"为题。在第2章中,我们将外部利益相关者(以及相机利益相关者)参与公司治理的方式归纳为三类:"状态依存,相机治理""身份转换,股权治理",以及"系统互补,协调治理"。在以下对于每一类利益相关者的讨论中,我们将其在理论上拆分为单独的一个治理子系统,因而本篇主要是基于"系统互补,协调治理"的视角来归纳其他利益相关者与公司治理关系的。

在多数公司治理文献中,谈及其他利益相关者,首先被人关注的是企业员工,他们与公司的利益关联更紧密、更显著。但是,由于全书章节布局的原因,已经在第8章中对其进行了充分讨论。第8章的后半部分的主题是股权分享制度,而员工参与公司治理的一个重要渠道正是"身份转换,股权治理",对此,8.2.1节"员工持股制度"进行了专题探讨。当然,员工不仅仅只有获得股权才能掌握治理手段,因而8.2.1节的第一部分首先讨论的是"员工参与公司治理的非持股模式"。

在本篇学习中,一方面,要掌握从哪些方面推进社会文明发展,才能保证现代公司制度的健康运行。另一方面,更要清楚在具体的外部环境条件下,公司如何有针对性地作出制度设计,才能与不同的利益相关者相协调,避免引导案例中的"规范"和"先进"的公司制度水土不服的现象。注意,这里"规范""先进"都打上了引号,是因为恰恰没有什么"规范"和"先进"的公司制度。所以,必须强调内外部治理是不可分离的,不仅外部治理机制要通过内部治理或者同内部治理一起发挥作用,而且内部治理系统的构建也要以外部治理环境为权变因素。此外,一些治理手段,如来自银行等信贷机构的治理、金融中介中的机构投资者的积极股东行为，也很难完全划在内部治理的边界之外。

在所有的外部治理因素中，市场环境系统对公司治理的影响最深刻、最复杂，我们就首先从市场谈起。市场，从表面看，可以定义为一些资源的交易场所，也可以指向交易活动本身。比如，说起股票市场，可能指的是股票交易场所，更常指的是股票交易本身。而对不完善的股票市场的认定，常常有交易网点太少、交易规模太小等方面，但恐怕更多的是指向股票市场的市场机制不完善。所以，市场这个概念的核心是市场机制。市场是否存在、是否完善的判断标准在于市场机制的构建情况。因此，市场是市场机制的实现过程或场所。而市场机制指的是通过市场竞争来配置资源的机制，它通过市场价格的波动、市场主体对利益的追求、市场供求的变化，通过自由竞争与自由交换来实现资源的优化配置。如果说以下所讨论的各种公司外部市场存在所谓的外部治理机制的话，那本质可以归为一点，就是市场机制。不过，对于不同的市场类型，市场机制会从不同侧面对公司制度运行产生不同治理作用。

12.1 资本市场及其治理机制

12.1.1 资本市场的结构与治理机制

公司生存和发展自然少不了"钱"，金融市场的发展状况自然就是公司运行的重要外部环境因素，也构成了外部治理力量的重要来源。金融市场是一个复杂系统，更随着金融衍生品的层出不穷而日趋庞杂，要了解金融市场对公司的影响，恐怕不是一节、一章，甚至一本书的内容可以尽述的。所以，人们在研究公司治理整体系统时，去芜存菁，重点关注金融市场的两方面影响。其一是信贷市场对公司的影响，这其实是关注商业银行作为资金提供人在公司治理中的参与问题，这留待12.1.2节中讨论。其二是资本市场对公司治理的影响，在有的文献中不用资本市场一词，而称为证券市场。事实上，在这些文献中，无论称资本市场还是证券市场，都是一个不精确，甚至有意模糊的概念。以下小贴士12-1说明了金融市场的结构组成，从中可以了解资本市场或证券市场的概念边界。

小贴士12-1 ▷ 金融市场的构成

金融市场是指资金供应者和资金需求者双方通过信用工具进行交易而融通资金的市场。从市场机制的角度定义，金融市场是交易金融资产并确定金融资产价格的一种机制。金融市场为公司的设立和运行提供了资金支持，是公司的资金市场。金融市场按照融资交易期限可以划分为短期资金市场和长期资金市场。前者又称为货币市场，是一年以下的短期资金的融通市场，如同业拆借、票据贴现、短期债券及可转让存单的买卖。后者可称为资本市场，主要供应一年以上的中长期资金，包括中长期信贷市场和证券市场。中长期信贷市场是金融机构与工商企业之间的贷款市场，证券市场是通过证券的发行与交易进行融资的市场，包括债券市场、股票市场、基金市场、保险市场、融资租赁市场等。所以，股票市场包含在资本市场的概念范畴内。股票市场又可分为股票发行市场和股票交易市场两部分，前者又称一级市场，后者是二级市场或流通市场。而二级市场又可分为证券交易所市场和场外交易市场。人们常常所称股票市场一般指的是证券交易所市场，是交易上市公司股票的市场。场外交易市场的主要交易对象则是未在交易所上市的股票。

公司治理系统中，资本市场是重要的组成部分。但在不同的文献中，学者所指的资本市场并不统一。最广泛的一类界定，是将资本市场与整个金融市场等同，这其中就包括货币市场，如图12-1。由于货币市场并非公司运营资金的基本来源，并且毕竟融资时间很短。所以，学术界讨论货币市场的公司治理作用的文献较少，并非是公司治理力量的重要直接来源。

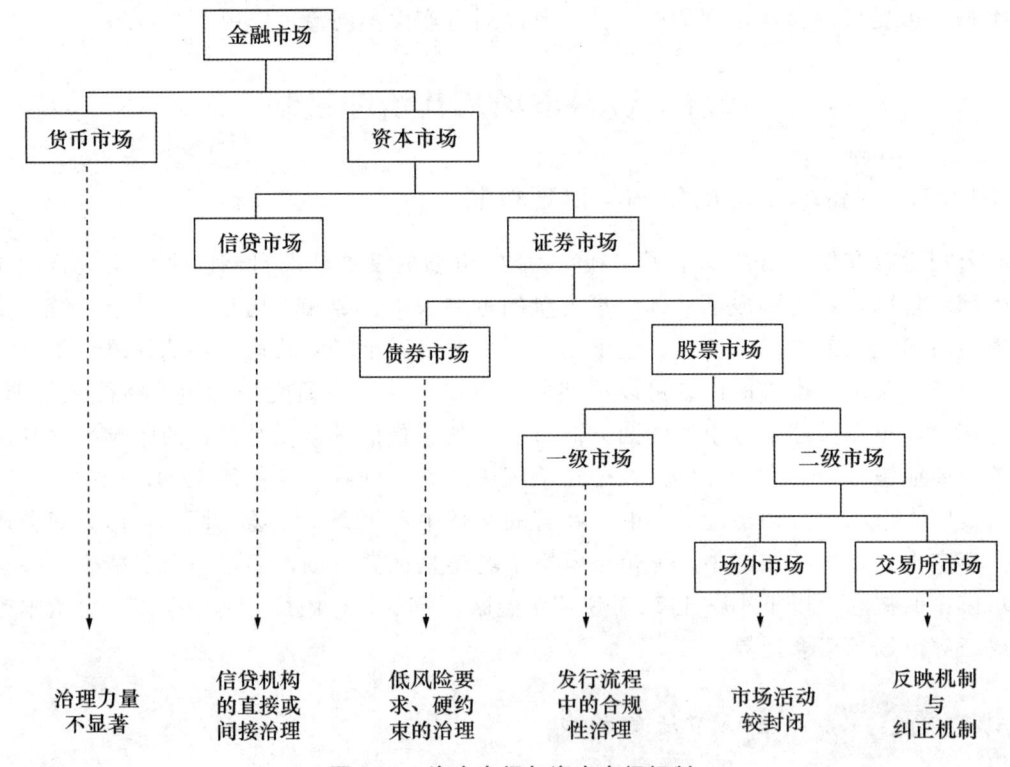

图 12-1 资本市场与资本市场机制

理论上关于资本市场较常见的界定，指的就是小贴士 12-1 中所定义的中长期资金的融通市场。这里又包含两大类分支，一是以商业银行为市场主体的中长期信贷市场，二是由股票市场和债券市场为主组成的证券市场。前者进行的是间接融资，体现为银行作为企业与投资人之间的桥梁，后者则是直接融资。总体而言，资本市场起着沟通资金提供者和企业间的信息，在企业间配置资金的作用，同时决定着资金提供者对企业进行监督的方式与企业风险及经营成果的分配方式。[61] 其中，信贷市场以及债券市场不同于股票市场的特点是，债务存在还本付息的概念。这对于公司而言是强大的硬约束，如资不抵债，公司就面临破产的危险。当然，这种硬约束的治理也相对简单，体现为债权人对公司的要求简单——只要能还本付息，不会在意公司能否锦上添花，一般也不会在意公司是否有长远发展后劲。然而，信贷市场与债券市场存在差异，所承担风险要大许多。一般来说，一家公司的借贷银行不会太多，特定银行对特定公司的资金输送量会较大，且往往会形成较长期的合作。于是，银行就比一般债权人有更多的积极性不间断地监督公司财务质量甚至经营细节。换言之，银行具有治理公司的动力和能力。所以，无论是研究层面还是实践层面，银行是否应该参与公司治理，以及如何参与公司治理是一项重要课题。我们将在下一节专门讨论借贷市场的治理问题。

此外，一些公司治理文献在讨论资本市场的时候，其实指向的是证券市场。证券市场主要包括债券市场和股票市场。正如刚刚所说，单独来看债券市场的治理力量虽然强大但是简单，所以学界对其关注度不太高。导致这一现象的另一层原因是，长期以来公司的运行原则被人为地设定为股东利益最大化。然而，股东和债权人之间存在利益矛盾，主要是两者对待风险的态度不一样。债权人希望公司选择风险小的项目，只要公司能还本付息即可。而股东却更渴望高风险高回报一些，因为在有限责任制度下股东的风险被限定了，但是回报在扣去了债权人的固定部分之后却由股东独享。面对这一矛盾，债权和股权的匹配成为一项重要的公司治理课题，涉及资本结构的优化。事实上，公司治理理论构建阶段的标志性起点，1976年詹森和麦克林的《企业理论：经理行为、代理成本与所有权结构》就讨论了这一问题。[87]

当然，很多研究资本市场或证券市场的文献其实专指的是股票市场，特别是上市公司的股票二级交易市场。详细区分，股票市场还包括一级股票发行市场和二级股票交易市场，而公司治理一方面要根据公司条件选择相应的治理制度安排，另一方面要在信息披露制度、程序保障制度等方面完成合规任务和自治任务。这后一方面的工作，则是一级股票发行市场的主要治理功能。一家公司的上市发行会经历改制阶段、辅导阶段、申报阶段和股票发行及上市阶段。公司股票能否在一级市场发行并被合理定价，一个关键因素是公司的制度安排是否合规。实证研究也发现，经历过一级市场治理的公司，即所谓IPO直接上市公司，比通过二级市场买壳上市的公司，明显有更好的公司表现。[267]在二级股票交易市场方面，人们一般仅关注交易所市场的情况，即上市公司的股票市场。这也好理解，毕竟场外市场较为封闭，市场机制的竞争性特质还不充分。

公司治理研究有一个传统，特别关注上市公司的公司治理，因为上市公司的数据最公开、最易获得，也因为上市公司代表了公司制度的"典范"，是科学研究的"理想坐标"。所以，大量的有关资本市场或证券市场的公司治理研究专指上市公司的股票二级交易市场。本书以下也将重点讨论这类市场对公司治理的影响。

一般来说，除了完成融资活动外，股票市场的公司治理机制体现在两方面。一方面是股票市场的反应机制。它指的是一个有效率的股票市场可以准确地用股价反映公司的经营情况，表示公司的价值，进而有利于股东降低监管公司的信息成本。另一方面是股票市场的纠正机制。它指的是如果股票市场具有足够的流动性，则公司的控制权就会由效率低的所有者转向估价比较高的收购者。[35]这就是通过变更股东，继而变更经营者的方式，彻底扭转公司行为。这一机制又可称为接管机制。在接管机制下，股票市场又可以称为控制权市场，即配置控制权的市场。针对英美等上市公司股票市场发达的国家，《新帕尔格雷夫货币金融大辞典》的"公司治理"条目下写道，接管被看作是过去25年英美公司治理的有效的、简单的和一般的方法，它的本质是使经营者忠于职守。[46]

12.1.2 股票市场的效率

在融资机制之外，股票市场的反应机制和纠正机制成为治理公司的重要手段，但前提是这个股票市场是有效率的或者基本有效率的。那么，什么是有效率的？如何测定股票市场的效率？实证测定后，现实中的股票市场是有效率的吗？

对于股票市场效率的研究，突出贡献者当首推2013年的诺贝尔经济学奖得主尤金·法玛。法玛于1965年正式提出了资本市场效率研究的有效市场假说（efficient market hypothesis，简称EMH），并随后在1970年和1991年的两篇文献中进行了重要完善。[268-270]有效市场假说认为资本市场效率取决于股票价格对市场信息的吸收程度。所谓的有效，体现在当股票投资者得到公司价值的有关信息后立即行动，并且所有投资者都如此行动，则市场上的股票价格将正确反映所有这些与公司价值有关的信息。也就是说，如果市场是有效的，则企业的真实价值层面和市场价值层面就具有即时的、同步的变化关系。[35]有效市场假说理论是衡量市场信息分布、信息传递速度、交易的透明度和规范程度的重要标志，反映了市场调节和分配资本的效率，是判断资本市场资源配置效率的一种可行的途径。[271]

当然，现实世界不可能都是理想化的，法玛把有效的资本市场分为弱式有效、半强式有效和强式有效三种。所谓弱式有效，是指股票价格已充分反映出所有过去历史的股票价格信息，包括股票的成交价、成交量、卖空金额、融资金额等。这时使用历史价格的技术分析无助于发现价值被低估的股票。所谓半强式有效，是指股票价格不仅反映了历史价格所包含的信息，而且反映了所有其他公开的信息，包括盈利情况、管理状况及其他公开披露的财务信息等。这时在市场中利用技术分析和基本分析都失去作用，但内幕消息有可能获得超额利润。所谓强式有效，是指股票价格反映了所有公开信息和内幕信息，任何人都不可能持续地发现价值被低估的股票。

现在的关键问题是，实证测定的结果表明股票市场是有效率的吗？对于国外情况，研究基本表明，美国的纽约证券市场至少是一个半强式有效的市场，甚至它还能通过一些强式效率的检验，英国的伦敦证券市场则是一个弱式有效的市场。[35]而对于中国的情况，研究分歧较大。在较早的研究中，有文献认为中国股市的效率在动态成长中，从1997年开始呈现弱式有效，[272]但也有研究虽然赞同中国股市的有效性确在提高，但还没有达到弱式有效。[273]2005年中国启动股权分置改革后，一些研究证明股权分置改革对提升股票市场效率有重要贡献。[271]"市场趋于有效"。[274]除了市场效率作为股市质量的评价指标外，市场公正性、系统性风险等指标被应用于评价股票市场，一项研究发现我国股票市场质量总体上呈现明显改善趋势，其中市场公正得到持续改善，市场效率在2012年之前呈现出显著改善趋势，但之后呈现一定的下降趋势，而系统性风险呈现明显的周期性变化特征。[275]

在股票市场质量不断提高的前提下，相关公司治理应用也随之有效，其中最突出的公司应用有两类，其一是充分利用股票市场的反应机制，应用股价作为指标的各种股权、期权激励，其二是下文将要讨论发挥股票市场的纠错机制的控制权市场活动。于是，摆在人们面前的课题从实证问题变为规范问题，也就是如何提高股票市场的效率。从根本来说，所谓股票市场的有效性，本质是接近完全竞争状态，让资源配置是有效的及接近最优的。[276]因此，有效的方法就是让市场回归市场的本质，通过市场配置资源，发挥市场的基础性作用。而市场的根本又在于"竞争"二字。有效市场假说理论实质上体现了参与人对市场信息利用的一种竞争均衡。有效市场的形成是竞争的结果，不同的竞争程度带来不同有效程度的市场。[271]所以，建设股票市场要尊重市场规律，更多地让市场的"无形的手"自我调节、自我约束，管制和干预的力量应放在维护市场公开、公平、公正的竞争方面。

首先，保证股票市场的流动性。股票市场本身就应该具有高流动性特征，这是股票市场更接近完全竞争市场的原因。流动才能促进市场均衡的形成，使市场更有效率。其次，完善信息发现和传递机制。信息不对称约束的弱化是不断提高资本市场资源配置效率的必要条件。要强化上市公司信息披露的及时性和平滑性。一些突发信息的披露要及时、真实、充分，而定期信息披露要平滑、完整、客观。要建立外部投资者信息共享机制。由政府和上市公司带头，通过互联网或其他中介手段建立外部投资者信息共享平台。要规范和强化券商的代理功能。券商要无偏见地及时提供可读性强、综合程度高、真实性可靠的信息。[277]最后，规范市场参与者行为，特别要杜绝内幕交易。股票市场的强式有效本身就包含了消灭内幕交易的含义，必须加大对内幕交易的监管、处罚力度。

12.1.3 控制权市场机制

股票市场的反应机制和纠正机制得以发挥的基础是有效的股票市场，它将公司的经营绩效传递在股价之上，进而对内传达股东"用脚投票"的结果，决定经理或董事股权激励的收益，对外释放接管信号，将股票市场转变为控制权市场。事实上，能够发挥股票市场的反应机制和纠正机制的最大效用之处，就是控制权市场机制，至少在英美市场环境之下如此。拉波特、洛佩兹、施莱弗和维什尼指出在美国等以市场为中心的公司治理模式中，控制权市场扮演核心的治理角色。[57]甚至，股票市场就可直接称为控制权市场。[37]

一、控制权市场的作用机理

企业理论指出，企业是一系列契约的联结，但契约却具有不完备性，那些无法通过契约明确分配给企业参与各方的剩下的权力就是剩余控制权，剩余控制权进而可以理解为企业所有权。[24]这个剩余控制权或者企业所有权，就是控制权市场上所交易的控制权。但是，这样的定义在现实生活中无法操作，于是就要寻找相应的替代工具。在现实世界里，公司主要由经理经营，经理由董事会选择，董事会由股东会确定。因此，归根到底，在形式上公司控制权就表征为在股东会上的表决权，或称投票权。进一步，在多数情况下，股东表决权由股东持股额多少来决定。所以，一般情况下，往往直接用控股权来代表控制权。也因为此，股票市场的另一面就是控制权市场。但是，以上逻辑说明的是一般情况，比如，在存在表决权代理、表决权信托等情况下，投票权与控股权就是分离的，此外还有各种影子董事、契约控制等例外情况。以下主要从控股权方面来阐述控制权市场的市场机制。

  曼尼是最早提出公司控制权市场问题的学者。[278]曼尼认为公司应该追求股东价值最大化，股价则反映了公司实现这一目标的状况。当企业经营不善，偏离了本应达到的收益状态时，其股价就会下降，反映出公司价值被市场价格低估，收购该企业便有利可图。这时，资本市场上就会有人以等于或略高于市场的价格向股东收购股票。在达到控股额，进而具有足够的股东会投票权比例后，就会改组董事会，任命新的经理，使公司重新回到正常的经营轨道上，创造正常的利润，继而股价上升，接管者从中受益。

  从公司控股权的接管和被接管的意义上看，这类控制权市场机制可称为接管市场。接管有善意和恶意的区分。善意接管下，接管方和被接管方以协商的方式就转让股价、资产重组、人事安排等问题进行谈判，平稳友好地实现企业控制权转移。而恶意接管则存在被接管公司及公司经理、董事会、大股东或其他控制者抗拒的情况，接管者会仍以强硬手段完成接管，如在股市公开招标收购股票。接管市场，特别是恶意接管的公司治理功能在于，最终替换不称职的经理和董事会，使公司重新回到正常运营状态。当然，接管也有不成功的情况，但即便如此接管也有积极作用。[151]因为公司一旦成为被恶意接管的目标，在位的经理和董事会犹如被"踢了一脚"，会引来资本市场上最严苛的目光。并购尝试甚至对整个行业的公司都会产生约束作用。[151]

  完整说来，控制权市场的公司治理机制可归纳为三点。第一，控制权转移将直接导致公司内部权力结构的重整。如果发生恶意接管，一般会出现董事会的重组，也会伴随着被接管公司经理，甚至是整体经理层的离职。如果是善意接管，有可能会出现某些或明或暗的契约，被接管方经理也许会暂时保住职位，但其具体资产经营权内容会发生变化。第二，控制权转移有利于公司资产的重组。一般情况下，接管发生后往往会紧随着公司全方位的整改，包括使命目标重新定位、经营战略调整、组织结构整合，以及公司资产的重组。某些业务单元可能会被放弃，另一些业务单元可能会被发展。从宏观角度看，控制权转移引起的资产重组活动正是资本市场的重大价值所在，这时的资本市场成为一国经济的过滤器，透过资本市场的过滤，夕阳产业逐渐被淘汰。第三，控制权市场构成激励约束经理的持续压力。此前两点直接体现了控制权市场的纠正功能，但是即便直接的纠正行为未发生，控制权市场对公司经营状态的反映同样具有治理功能。也就是说，如果接管未获成功，被资本市场"踢了一脚"的管理层也会受到原股东群体的质询和调整。此外，依赖于资本市场的各种激励方案也能促使经理恪尽职守，降低代理成本。

可见，控制权市场的治理功能是很强大的。其价值的发挥在于控制权的两个特征，一是控制权的可流动性，二是控制权的可收益性。股权只有发生流动才能实现控制权的转移，才能实现自由竞争，才能体现市场机制的作用。然而，我国过去存在的、其负面效应如今犹存的股权分置制度，阻碍了控制权的流动。此外，控制权的可收益性是利用市场经济杠杆的基础。控制权的收益包括三项——红利收益、控制权买卖价差收益以及控制权私人收益，其中的私人收益往往就是控制股东剥夺公司利益的来源，来自关联交易、违规占用、在职消费等。所以，正确地发展控制权市场，应该处理好控制权的收益来源。然而在过去，不分红成为上市公司的"默契"，股权分置也消除了控制权转移的价差利润，那么，控制权市场反而不是公司治理的积极工具，却成为作恶手段。研究发现，在股权分置的制度背景下，经历过控制权转移的上市公司的经济绩效以及其他公司治理表现远远不及IPO上市公司。[279]

二、公司并购

以上从股权接管的角度说明了控制权市场的作用机理，这种接管方式可称为公司并购。实际上控制权的获取、保护不仅局限于直接的股权转移，除了并购之外，还有代理权竞争、托管运营和司法裁定等。[5]以下重点介绍公司并购的活动特点。

并购是兼并和收购的总称。兼并是指两家或者更多的独立公司合并组成一家新公司，在我国公司法中的对应名称是公司合并，包括采取吸收合并或者新设合并两种方式。一个公司吸收其他公司为吸收合并，被吸收的公司解散；两个以上公司合并设立一个新的公司为新设合并，合并各方解散。收购则指一家公司用现金或者有价证券购买另一家公司的股票，以取得该公司大部分股权，从而占据控制地位。收购不强调公司合为一体，仅要求一方对另一方的控制。兼并和收购同属公司接管机制的范畴，但收购更能体现公司控制权的转移，直接反映了公司控制权的争夺。收购一般包括要约收购和协议收购，还有杠杆收购等。

要约收购的形式是，收购方通过向目标公司的所有股东发出购买其所持该公司股份的书面意见表示，并按照依法公告的收购要约中所规定的收购股份、价格、期限以及其他规定事项，收购目标公司股份。要约收购是美国上市公司采用的最主要的收购形式，其优点在于能平等地对待所有股东，中小股东也能了解公司被收购的信息，而且通过公平交易制约了收购方和目标公司的股东或高级管理人员之间的欺诈行为。[5]

协议收购是发生在证券交易场所之外控制权转移活动，收购方与目标公司的控股股东或其他大股东就股票价格、数量等方面进行场外协商，达成并签订股份收购协议，以期达到控制目标公司的目的。协议收购具有程序简单、收购成本低等特点，但是其场外交易的性质决定了其市场机制的弱化，难免发生低效率交易，甚至幕后行为。

杠杆收购是传统公司收购的衍生形式，是投资银行家和战略投资者面向价值低估公司，争夺公司控制权的重要方式，具有显著的公司治理力量。杠杆收购下，收购方通过大量债务融资获得资金而收购目标公司。而债务融资，或者是向各种金融机构举债，或者是大量发行各类债券，但一般都会利用收购目标的资产及未来收益作为债务抵押。8.2.3节介绍的管理层收购就是杠杆收购的一种，其收购方是目标公司本身的经理层。

小贴士 12-2　并购浪潮

20世纪，美国企业先后经历了横向并购、纵向并购、混合并购、融资并购和跨国并购等五次并购浪潮。贯穿一个世纪的并购潮，不仅适时调整了美国的产业结构，而且奠定了美国在全球经济中的主导地位。诺贝尔经济学奖获得者施蒂格勒曾经说过："没有一个美国的大公司不是通过某种程度、某种方式的并购成长起来的，几乎没有一家大公司是靠内部扩张成长起来的。"

20世纪70年代中期开始的十几年里，美国发生了第四次并购浪潮。这次并购浪潮不仅规模比以往任何时期都大，还出现了大量的金融创新，开发出的各种并购和反并购手段成为今天控制权市场上的基本策略组合。比如，杠杆收购和垃圾债券的普及使用就发生在这一阶段。垃圾债券的发行，可以使小公司用杠杆融资方式筹到巨款，完成收购活动。1988年亨利·克莱维斯为了收购雷诺烟草公司，发行垃圾债券筹资，结果以250亿美元的高价买下了雷诺烟草公司，其中99.04%的资金是靠发行垃圾债券筹得的。并购浪潮席卷下，为了防止被并购，开发出"毒丸计划""绿色邮件""白衣骑士"等反并购措施。

在小贴士12-2中，我们见到"毒丸计划""绿色邮件""白衣骑士"等术语，这大部分是20世纪80年代在美国率先出现的防范公司被并购的应对措施。小贴士12-3是对反并购策略的简要介绍。需要注意的是，在许多并购与反并购的博弈中，中小股东、公司职工、债权人等有可能搭了便车，但常常利益被侵犯，成为"资本大鳄"游戏的"炮灰"。

小贴士 12-3　反并购策略

绿邮包（greenmail，又常译为绿色邮件）：企业的经理人以高于市场价值的价格买断潜在的接管者手中持有的股票，以换取其放弃进一步收购的计划。它相当于经理人支付给潜在收购者一个溢价的好处，而作为条件，收购者要放弃收购的计划。

毒丸计划（poison pill）：是一种股东购股权计划，即目标企业赋予其股东以折扣价格购买股票的权利，或溢价出售股票的权利。在前一种情况下，毒丸计划可以提高股东在收购中愿意接受的最低价格，从而提高收购者收购企业的成本；在后一种情况下，目标公司以很高的溢价购回其发行的购股权，而敌意收购者不在回购之列，这样就稀释了收购者在目标公司的权益。

公平价格条款（fair price provision）：接管者必须以相同的价格购买所有股票，而不是只对获得控制权的股票支付溢价。当收购方收购一家企业时，他可能只需要购买该企业20%的股票就可以获得企业的控制权。公平价格条款规定收购方不仅要对获得控制权的股票支付溢价，而且要以相同价格购买所有的股票。

白衣骑士（white knight）：在敌意收购发生时，目标公司的友好人士或公司作为第三方出面购买相当数量的股票，从而解救目标公司、驱逐敌意收购者。

售卖"冠珠"（crown jewel）：将公司最有价值的资产售卖或抵押出去，从而消除收购的诱因，粉碎收购者的初衷。

帕克曼防御术（Packman defense strategy）：当公司遭受到收购袭击的时候，不是被动的防守，而是以攻为守，通过收购收购方公司的方式进行反收购，从而实现抵御收购的目的。

资料来源：张维迎. 产权、激励与公司治理［M］. 北京：经济科学出版社，2005.

三、控制权市场的其他市场机制

除了直接针对股权的并购接管方式之外，控制权市场尚有其他一些市场行为。其中代理权竞争更为人们所重视，甚至可以简单地将控制权市场活动分为两种，一是并购，二是代理权竞争。

代理权竞争是公司股东中的持异议者或群体，通过争夺其他股东的委托投票权，以获得股东会控制权，进而达到控制董事会、掌握公司控制权的目的的一种行为。代理权竞争的客体不是公司股票，而是附着在股票上的投票权。如果说公司并购中存在非治理因素的话，如接管者出于自身战略布局、规模经济等方面的考虑，那么，代理权竞争的治理功能更单纯一些。一般情况下，代理权竞争发生的原因主要是由于持异议股东对公司的绩效表现、发展战略等经营状况存在不满，并且与管理者协商后，双方意见无法调和。如果说公司并购是大股东的游戏的话，则代理权竞争更需要中小股东的广泛参与。因为代理权竞争的发生就在于持异议股东没有足够资本达到直接控股的目的，需要更多的股东共同参与。如果说公司并购在公司治理中有可能发生"才出狼口又入虎穴"的风险的话，则代理权竞争的长期性风险会降低很多，因为表决权委托书的有效期决定了代理权的阶段性。所以，代理权竞争是一种十分重要的公司治理举措，并且具有目标明确、成本较低、风险较小、信息披露更公开、更能反映中小股东意愿等特点。

案例12-1介绍了发生在1994年的一起代理权竞争事件。如果此事没有发生，今天万科公司在中国房地产市场上的旗帜地位不知道是否会有不同。该案例说明了代理权竞争对公司治理的积极意义。然而，任何事物都具有其两面性，代理权竞争以及公司并购也有其一定的弊端：可能会诱发公司管理者的短视行为，挑战者的机会主义行为问题会较突出，公司重组可能不利于公司战略的长期稳定[280]和组织文化的延续[28]。

案例 12-1　从"君万之争"到"宝万之争"

"君万之争"和"宝万之争",都属于公司控制权市场范畴,都可归为公司控制权之争,但是二者的源起和性质有很大不同。

1994年的"君万之争"中,君安证券是因为在1993年承销万科的4500万B股中有1000多万股砸在自己手中,成本(12元)高于市价(9元),对万科公司管理层产生不满,通过取得委托授权的形式,联合持有深万科总计达12%股权的四大股东突然向原董事会发难,提出对公司经营决策进行全面改革,但随后不久,"挑战者同盟"中的一名大股东临阵倒戈,撤销了对君安的委托授权,并表明支持原管理层,最终使君安改组万科的计划不了了之。尽管代理权竞争没有成功,但是万科在后来的发展中却表现出对部分君安所提建议的逐步吸收。君安建议的主要内容是:收缩战线,放弃贸易、零售、投资、工业等活动,集中力量发展房地产业。

"君万之争"本质上属于股东委托代理权争夺,2015年的"宝万之争"则是一场典型的敌意并购。股东委托代理权争夺主要靠游说能力,公司管理层通常具有优势,除非其业绩实在太差。敌意并购是真刀真枪的战斗,是资本说话,公司管理层并没有太多优势。君安是被迫成了万科的股东,宝能则是主动要做万科的股东,并且是要做第一大股东。

资料来源:李维安、牛建波. CEO公司治理[M]. 北京:北京大学出版社,2011. 仲继银. 从"君万之争"到"宝万之争"[J]. 清华管理评论,2016,(Z1):30-33.

控制权市场还存在着所谓托管经营的活动。托管经营在所有权不变的条件下,以契约为形式,在一定条件下将公司法人财产权的部分或全部让渡给其他公司或自然人经营。托管经营本质上属于一种信托关系。托管经营一般分资产托管和股权托管两种形式。前者让渡的是资产经营权,后者让渡的是股权。此外,控制权市场上还存在着行政管理色彩较浓的行政划拨,以及法律强制下的司法裁定等行为。

12.2　商业银行的公司治理参与

中长期信贷市场也属于上一节讨论的资本市场范畴,然而因长期以来的学术习惯,在公司治理命题下讨论资本市场时,人们往往狭义地专注于股票市场,基本不涉及信贷市场问题。另外,信贷市场所涉及的重要问题,即商业银行在公司治理中的参与深度和方式,也与股票市场所考虑的控制权市场机制差异较大。所以,本节单独讨论信贷市场中商业银行的公司治理参与问题。另外,从利益相关者的角度看,本节主题的另一个视角是债权人与公司治理的问题。债权人包括企业债持有人、短期商业信用持有人等等,当然最主要的也最有代表性的是商业银行。

小贴士 12-4 商业银行与投资银行

商业银行经营间接融资业务，通过储户存款与企业贷款之间的利息差额赚取利润。投资银行是经营直接融资业务的，它在资本市场上为企业发行股票、债券，也提供资产重组、公司理财、基金管理等业务服务，并从中抽取佣金。投资银行是在美国的名称，在中国、日本称为证券公司。所以，在中国，提及银行一般指的都是商业银行。

12.2.1 银行参与公司治理的必要性辨析

本书第 2 章讨论了公司治理的制度架构，其中的重点是论述各类利益相关者可否以及如何参与公司治理的问题，并建立了相应的理论分析框架。以下应用该理论框架，专门说明银行参与公司治理的理论基础以及条件、方式等问题。

企业是一系列契约的联结，[10]这一系列契约的订立者是企业的利益相关者。利益相关者向企业投入各种资产——股权资本、人力资本，也包括债权资本等，而利益相关者从企业获得各种利益——红利、工资，也包括债务利息。如果这一系列契约是完备的，那么，利益相关者只有两件事情。第一件是按照契约投入资产，"有钱出钱，有力出力"，第二件是按照契约"坐收渔利"。在两件事情的中间，是一个周期的资产经营活动。资产经营活动由企业经营者负责。在现代公司中，企业经营者是所谓的职业经理，当然在很多情况下其实直接或间接由控制股东担任。企业经营者一方面按照契约规定行使资产决策权，另一方面成为企业的"中心签约人"，从利益相关者那里按约收取资产，再按约分配利益。也就是说，如果契约是完备的，利益相关者在资产的经营活动中是没有职责的，也没有什么公司治理的任务，除非他成为那个资产经营者。

但是，契约是不完备的，资产的投入、经营、分配契约都是不完备的。这集中反映为企业经营者收取资产、经营资产、分配利益的权利不完整。总有一些决策权无法在契约中完全规定，总有一些权利被"剩下"。这些"剩下"的权利就是剩余控制权，谁拥有了剩余控制权，谁就拥有了企业所有权。[41]在现实世界里，如果没有所谓的公司治理的制度安排，这些剩余控制权就落在了企业经营者手中，对于现代公司，就落在了经理或者控制股东手中。为了避免经理或者控制股东滥权，一些利益相关者就要主动掌握剩余控制权，也就是要参与到公司治理活动中，成为公司治理的主体。那么，哪些利益相关者应该掌握剩余控制权，也就是应该参与公司治理呢？我们提供了两项便于考察的评断原则：其一，这个利益相关者获得的收益是否来自剩余收入。剩余收入是公司收益中扣除了全部已被契约完备规定的并必须完全履行的支付之后的收益。显然，谁的收益来自剩余收入，谁的收益最没有保障，谁最应该参与公司治理。其二，这个利益相关者投入到公司的资产是否容易被抵押。利益相关者的利益一旦受到侵犯，最简单的保护措施就是收回投入、撤出契约。于是，那些越不容易撤走的利益相关者越应该参与公司治理。显然，这里的参与公司治理，指的是获取剩余控制权,成为公司的"主人"而"用手投票"。

按照上述两条原则,银行是否应该参与公司治理呢?假如公司能够正常经营,未来就没有还本付息的问题。那么,银行就没有主动参与公司治理的动机。可以付息,意味着收益的固定。可以还本,意味着投入不会被抵押。在这种假设前提下,银行自身没有必要参加公司治理,而且,银行对公司决策的影响还会打乱公司的正常经营。其中的根本原因在于,银行与公司或者公司其他利益相关者的偏好是存在差异的,存在利益相关者利益加总的障碍,即不能在企业决策时对应该以什么样的目标为决策目标作出明确的回答。[37]对于银行,能确保还本付息就是其基本利益诉求,还本付息后公司是否有剩余给付红利、吸引人才、扩大生产、创新扩展等与其无关。在此目标下,公司现金流越高越好,投资项目风险越低越好,只要到期公司能还本付息。于是,公司的长期发展、公司的创新突破就会受到银行的压制。另一方面,强调银行在公司治理中的参与还会抵消掉其他公司治理力量的发挥,比如,在银行参与公司治理较普遍的日本、德国,控制权市场的发展程度就不高。所以,在公司治理的正常经营阶段,让银行扮演主动的公司治理角色会扰乱公司经营的合理秩序,也不符合市场机制的基本原则,它必然会导致资源配置的低效率。[35]

假如公司确实存在着无法还本付息的风险,银行参与公司治理就符合理论逻辑了。因为在有限责任制度对股东的保护下,在公司资不抵债后,银行就实际成为公司剩余的索取者,借贷出去的本金也事实上被抵押了。而且,一旦银行与股东构成利益博弈,银行就处在下风,输在了"起跑线上"。首先,股东通过控制董事会、经理间接地,甚至自己直接地掌控着公司的经营,具有信息的优势和行动的主动权。其次,在股权证券化的条件下,股权的自由转让可以基本随时地让具体的股东个体撤离,以最小化损失。所以,银行又存在着参与公司治理的需要。

问题的复杂性在于谁能够确保公司长期盈利下去,没有财务风险呢?所以,这里构成了一个两难困境。银行不参与公司治理,自己利益有风险。而参与公司决策,又会影响公司经营。这一困境其实是所有利益相关者普遍面临的问题。然而,市场总是最有智慧的,真实的世界其实早已创造出了解决方案。大体说来,银行参与公司治理的渠道有三类,一是"状态依存,相机治理",二是"身份转换,股权治理",三是"系统互补,协调治理"。

"状态依存,相机治理"指的是根据公司经营状态而选择对应的治理策略。简单说,公司正常经营时,银行与公司就是简单的债权债务关系,而一旦出现财务风险,则主动参与公司治理,并依据风险程度选择不同的治理原则。这种治理方式的典型代表是日本的公司治理模式。"身份转换,股权治理"指的是利益相关者通过获取公司股权,以股东身份来提出自己的要求。股权的获得既可以是直接持有公司股份,也可以是征集表决权委托书而获得投票权。在这方面,德国公司治理模式是典范。"系统互补,协调治理",指的是并不通过获取公司剩余控制权参与公司的内部治理,而是在自己与公司的专属契约系统内保障自己的权益。这是一种特别强调市场机制的公司治理模式,美国就是其典型代表。为了详细理解银行的这三种公司治理策略,以下通过美国、德国、日本的国际实践比较来阐述。而我国在商业银行参与公司治理方面，尚需摸索更适合我国制度环境的理论与实践体系。

12.2.2 银行参与公司治理的国际实践借鉴

一、美国的分业管制与债权治理

美国长期以来执行对金融机构业务范围的分业经营制度，其管制分为三个层次，其一是指金融业与非金融业相分离，其二是金融业中的银行、证券和保险机构相分离，其三是银行、证券和保险业内部有关业务进一步分离。20世纪后期，美国的分业银行制度有所突破，但商业银行持有非金融公司股票的管制依然比较严格。银行若干涉及公司的行为，将受到多种法律管制。在中国，也执行分业银行制度。

小贴士 12-5 格拉斯-斯蒂格尔法案与美国银行管制

《格拉斯-斯蒂格尔法案》，也称作《1933年银行法》，是美国在反思1929年华尔街股灾所引起经济危机后的立法。该法案将商业银行业务与投资银行业务严格划分开，保证商业银行避免承担证券业务的风险。该法案禁止银行包销和经营公司证券，只能购买由美联储批准的债券，但允许商业银行以信托的名义代客买卖公司股票。随着时间的推移，在银行业的游说下，20世纪后期，美国逐渐废除了《格拉斯-斯蒂格尔法案》的部分内容，1999年立法允许一个公司可以同时控制一个商业银行和一个投资银行。然而，2007年起席卷美国及全球金融市场的次贷危机，让部分学者认为是银行管制放松的结果，部分政客再提重塑《格拉斯-斯蒂格尔法案》。

在美国金融业的分业管制制度之下，可以确定美国银行与公司的治理关系是一种消极的距离型治理。[5]银行主要通过其债权人身份，在信贷契约系统内保护自己的权益。在信贷契约订立前，银行必须识别贷款公司的信用风险以及相关项目的经营风险，期间贷款公司有责任提供必要信息，规范自身行为。一般贷款公司与银行会有长期的合作，这时银行就可以建立合理的信贷结构，通过长、短期的信贷搭配，以及循环借贷结构，持续要求贷款公司提供相关信息和降低经营风险；在信贷契约订立和执行过程中，银行可以通过信贷契约规定来约束公司的行为。银行建立完善的风险管理程序和方法，同时在信贷契约中规定严格的保障条款，对公司的债务资金的使用和管理形成一定的限制。一旦公司违约，银行可以及时采取措施，保证贷款的回收；在信贷契约到期后，执行强硬的履约机制。债务到期的还本付息是债权区别于股权的基本特征，其对公司的要求是一项硬约束。要发挥此项约束，"硬"是基本条件。美国执行强硬的破产保护机制，进入破产阶段，银行将先于股东握有公司所有权。这也是一种相机治理的机制。在银行发挥相机治理作用时，公司面临着破产，经理面临着失业，这比控制权市场上的接管对公司及其经理的压力都要大。

美国银行的距离型治理，当然是嵌入在美国特有的社会、市场、法律环境之中的。美国社会文化对自由平等和契约精神的价值观追求，让人们相信信贷契约的完全履行是社会行为底线。美国股权市场发达，让控制权市场机制能充分发挥外部治理作用。事实上，相对其他国家，美国公司资金较多来自直接融资而不是依赖银行的间接融资。另外，法律体系的完善也弱化了银行主动参与公司治理的愿望。比如，"揭开公司面纱原则"的实施在一定程度上避免了股东对银行的利益剥夺。

二、德国的全能银行与委托投票权治理

不同于美国对金融机构的分业经营要求，德国执行的是全能银行制度。德国的银行不仅仅承担商业银行业务，还经营证券、保险以及各种金融衍生品业务，而且还能持有非金融公司的股份。德国全能银行制度的产生有一定的历史原因。德国资本主义制度的建立以及工业革命的发生晚于英法等欧洲邻邦。这样的后发展国家要追赶现代国家，需要政府的大力推动，而政府往往比市场会更在意发展速度，也更在意标志性成果的出现，进而政府更希望能将本来就稀缺的资金集中起来使用。于是，政府在政策法规方面就倾向于让银行对企业的支持更有力一些。二战后，德国面临的在废墟上腾飞的要求也与之类似，这再次强化了德国的全能银行制度。

德国的全能银行对公司的支持体现在特殊的主办银行制度上。德国公司往往会有一家主办银行，即对公司发放贷款最多，为公司办理经常性业务，也往往持有公司股份的银行。首先，主办银行与公司建立了密切的信贷关系。在主办银行的支持下，公司无须直接融资就可满足资金需求。事实上，德国全能银行的发达与股票市场的疲软是相互影响而共同存在的。其次，主办银行的另一特点是持有公司股权。其中一部分股权是债权转化而来的。当一些公司贷款到期后，银行并不一定要收回本金，而是把自己的债权转化为股权，并向大众销售，从中银行还可赚取承销佣金。据统计，在早期，很多银行25％的净利润来自承销等业务。[35]再次，银行不仅持有公司股票，更多的股权来自表决权代理和表决权信托。德国一些中小股东获得股份后，会把表决权留给银行。俾斯麦政府曾经颁布过一条法令，如果股票放在银行信托账户中，可以在税收上有减免优惠。[35]银行通过表决权代理或信托而间接持有公司股权是德国银行制度的重要特征。1992年的一项调查发现，德国银行在最大的24家上市公司年度股东大会上的实际投票权平均为60.95％。[64]

简言之，德国银行具有大债权人和事实大股东合二为一的身份。更关键的是，两者互为条件。事实上，大股东身份是维护大债权人利益的基础，大债权人身份也为发挥事实大股东作用的提供了帮助。首先，大债权人意味着与公司利益关系的持续绑定，这种契约上的锁定也就是风险上的锁定。美国那种依靠市场契约减轻风险的方式在德国无法实现，银行不仅随时有可能成为剩余索取者，而且投入会被抵押。于是，掌握剩余控制权，积极参与公司治理就是德国银行的选择。其次，由于银行与公司的长期信贷合作，银行对公司及其经理的行为比较了解，信息不对称程度较低。这为大股东积极地发展开展治理创造了条件，有利于缓解股东与经理之间的委托—代理冲突，降低代理成本。

所以，德国银行对公司的治理是通过债权和股权两条渠道完成的。虽然债权治理不及美国模式强硬，但通过股权治理得到补充。这里还必须强调的是，德国银行进入公司内部治理系统,并不是简单的利益相关者的"共同治理",而是通过"身份转换"后的"股权治理"。银行在行使剩余控制权时,其身份是股东或者是股东的代理人,其利益追求与其他股东没有太多的差异。因为如果违背中小股东意愿,将无法获得委托投票权,也将难以进一步获得以后的股票承销业务收入。银行代表公众对公司的治理与公众对银行的治理,是环环相扣的。

三、日本的主银行制与相机治理

日本的银行制度,在形式上介于美国和德国之间。日本也执行分业银行管制,然而不如美国严苛,日本允许商业银行持有非金融公司股票,但要在5%以内。日本也有主办银行,但是不像德国银行能够从事股票承销业务。在这样的情况下,日本银行形成独具特色的主银行制和相机治理模式。

日本的主银行制并不是简单地存在一个主办银行,而一整套包含了银企关系、企业集团关系、金融集团关系,甚至政商关系的经济模式。从公司的角度看,日本的主银行制体现六项特点:第一,与德国类似,公司会选择一家银行作为主办银行,公司贷款主要来自主办银行,也由主办银行处理经常性业务。较少的情况下,个别大公司会有两家以上主办银行。第二,主办银行会持有公司的股份。但不同于德国的是,没有获取其他股东委托表决权的习惯,因而其实际股权要弱于德国。第三,主办银行会更深入地影响公司实际运营,会派员参与公司财务管理。第四,同一家主办银行下的多家公司,以主办银行为中心,形成企业集团结构。第五,公司也可以从其他银行处得到贷款,但往往由主办银行牵头协调。第六,公司经营危机一旦发生,或者即将发生危机,主办银行将积极行动,根据事态发展对应地采取行动,这就是主银行制下的相机治理。此外,日本的主银行制还表现为银行与银行间、银行与政府关系密切。

日本的主银行制的产生同样有其特殊历史背景,特别是受第二次世界大战(以下简称"二战")的影响。二战之前的一系列事件,以及二战中的备战活动,加强了政府对银行的管制,并形成了银行规模较大且地域内竞争较弱的特点(所谓一县一行)。二战之中,日本政府将各军需企业与银行配对,这一配对关系是此后主银行制中银企关系的基础。二战后,日本企业大部分濒临破产,银行不得已派人在各家公司处理不良债权。在银行直接干涉公司财务处理的过程中,未预料到战后的通货膨胀竟然销蚀了这些不良债权。通过清理账目,银行派驻公司的人员掌握了公司财务活动,与公司管理人员建立了密切的联系,加之二战后财务人员短缺,即便不良债务清理了,很多银行人员仍在公司兼任了职务。这种做法得到银行、公司,甚至政府的支持。主银行制就是在银行清理不良债权的过程中建立起来的。[281]

日本的主银行制下,银行参加公司治理的模式可以概括为相机治理。这个相机治理包含两个层面的含义,一是根据公司经营状况决定介入程度,二是根据财务危机程度决定介入后的金融援助方式。

首先,在公司经营处于良好的状态下,主办银行通常并不主动干预公司的内部管理事务。这时主办银行作为最大的债权人,在与公司的密切信贷往来中,发挥债权治理的功能。而债权治理内容与美国模式无大的差别,不再赘述。当然,这里所谓的不主动干预，与美国银企间的距离相比要近得多。这种近距离的主要功能是减少银企间的信息不对称程度，其方式主要是银行向公司派驻外部人董事和财务审计。日本的董事会规模较大，其中包含外部人董事，而主办银行是外部人董事主要提供者之一。派驻财务审计则是日本主银行制的传统。通过外部人董事和财务审计，银行可以近距离跟踪公司的财务与经营状态，这是主办银行自身财务风险预警的基本机制。外部人董事和财务审计也对公司的财务计划和方案提供专业建议。此外，虽然日本主办银行也会持有银行股票，但不同于德国的股权治理，这些股票在日本的主要功能只是强化银企的关系。

其次，一旦公司经营出现问题，陷入财务困境，主办银行的金融援助的相机治理模式就会启动。主办银行会根据财务危机程度，选择各种金融援助手段，包括推迟支付利息、降低贷款利率、减少或豁免企业应付的利息、推迟或暂停偿付贷款本金、向企业注入新的资金等。主办银行在实施金融援助时，同时会要求公司提出恢复计划。计划的内容甚至可能包括更换经理层或者业务结构的完全重组等，严重时计划还可包含由银行主导的公司接管行动。该计划在与主办银行的磋商、协助下制定，并且得到主办银行批准后才能执行。除了金融援助，根据财务困境的严重程度，有可能主办银行会直接向公司派遣经理人员，直接干涉公司经营。

以上分别介绍了美国、德国、日本银行参与公司治理的情况，从中可得出：没有什么规范的公司治理模式，一国的社会发展进程决定了其公司治理的选择。也没有什么最优的公司治理发展方向，在全球化的今天，事实上各国的银行制度和公司治理模式都在发生变化。中国银行参与治理机制的完善，需要在自己的社会文化经济背景下，有所选择地借鉴国际经验。

12.3 产品市场和经理市场的治理力量

在公司治理理论的构建过程中，当人们把注意力放在内部治理系统里，考虑诸如两权分离命题、委托—代理问题时，法玛提出，公司所有权并不是唯一重要的因素，市场机制也能有效地监督与激励经理，降低代理成本，其中包括产品市场和经理人市场等。[189]

12.3.1 从超产权理论看产品市场的竞争机制

一、超产权理论

公司首先是一个盈利组织，其创造的产品，包括实体产品也包括服务、品牌等，可否盈利反映了公司基本使命的完成情况，是公司治理绩效的最终反映。于是，公司在产品市场上的竞争力，体现了消费者和竞争者对公司治理状况的最终裁决。超产权理论的出现，充分表达了产品市场的竞争机制对公司治理的影响。

超产权理论的提出与国有企业改革出路的争论有关。曾经在一段时间里，西方一些学者认为私有化改造是国有企业制度建设的唯一出路。因为根据产权理论，产权的排他性存在是实现财物经济价值的基本前提。国有企业事实上形成的"所有者缺位"格局,使企业缺乏具有内在动力以提高企业效益的最终利益主体。在这样的逻辑下,20 世纪 80 年代以来西方国家掀起了一股国有企业私有化的浪潮。然而,浪潮过后,结果却并不完全遂人愿。一项针对英国国有企业私有化的经营成效的研究发现了权变的规律:在竞争比较充分的市场上,企业私有化后的平均效益有显著提高。但在垄断市场上,企业私有化的效益改善却不明显。通过比较,该研究发现在竞争较充分的市场上,企业面临着生死抉择,而经理本人也面临着人力资本贬值、信誉下降,甚至丢失职位的压力,因而经理在企业的市场竞争面前,不得不加倍努力。但在相对垄断的市场上,经理无须增加投入,只需提高产品价格就可获得额外利润,这种"坐地收租"的"金饭碗"不会因为产权改变有更大的改善。所以,企业效益与产权的归属变化没有必然关系,而与市场竞争程度有关系,市场竞争越激烈,企业提高效率的努力程度就越高。[282] 进而超产权理论被提出。超产权理论认为经营者由剩余索取权获得的激励,只有在市场竞争的前提下才能发挥作用,企业的产权私有化改造也只有在市场竞争的条件下才有价值。

超产权理论并不是"反"产权理论,也不否认产权改革的意义,只是认为产权改革的前提是企业环境的市场化。这个市场所发挥的机制是一种强大的外部公司治理机制。从超产权理论中所得到的启发是,只有在市场竞争环境中,才能塑造高效的公司。这也契合了本章的主题——公司制度是社会文明的产物,是社会经济文化协同发展的内生物。事实上,反观西方国家的私有化浪潮,其实不仅仅涉及产权改革,而是企业私有化、经营自主化、市场竞争化的三位一体改革,其中,市场竞争化更是核心。在这里,所强调的市场是企业本身所在的市场,市场上参与竞争的是企业的产品和服务,也就是本节所讨论的产品市场。产品市场的治理力量基本得到学界认同,甚至认为产品市场治理机制比控制权市场机制、机构监管机制更为有效。[151]

二、产品市场治理机制

那么,为什么竞争性的产品市场能产生强大的公司治理力量呢?超产权理论自身的一项理论基础可以给出答案。竞争激励理论认为,竞争能产生一种非契约式的"隐含激励",如图 12-2 所示,其激励来自三个方面。[282] 第一是信息比较动力。产品市场的竞争态势、竞争过程的众多指标,如市场占有率、新产品开发周期、利润率等,可以提供有关经理(也可以扩展到董事会、控制股东)行为、能力的有价值的信息。特别是在与竞争对手的比较中,这些指标包含的信息量更大,这样就可以建立起基于相对业绩比较的激励机制,投资者"用手""用脚"投票也更有依据。而在垄断市场上,横向的相对比较没有了,来自垄断的绝对指标也很难体现经理的努力和能力。第二是生存动力。市场竞争是消费者和竞争者对企业的最终裁决,在充分竞争的市场上,最终的结局是"生"或者"死",只有最有效率的公司才能生存。生存的压力是最强大的公司治理力量,竞争的失败可能造成公司的破产、经理的失业。这一点上,与控制权市场机制的结局是一样的。第三是信誉动力。企业经营者的能力、素质,进而其人力资本定价只有在竞争中才能体现出来,也只有在市场上通过信誉反映出来。产品市场上的信誉是经理人市场上反映最强烈的信号。

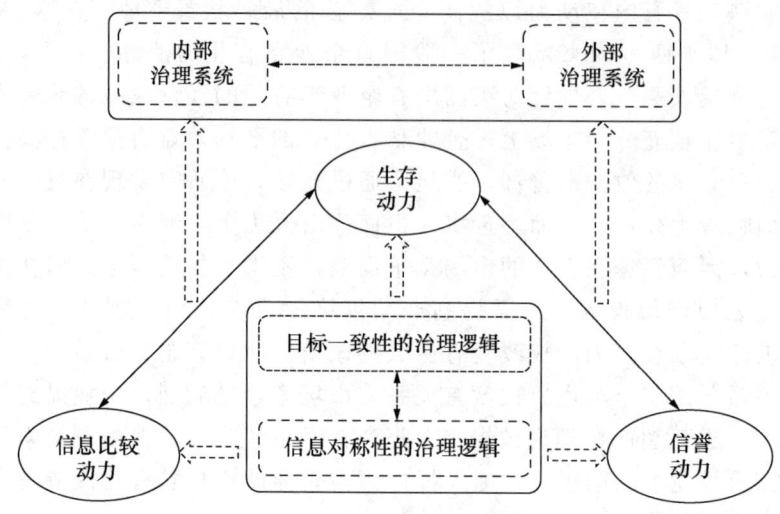

图 12-2　产品市场的治理机制

基于委托—代理理论，这产品市场上的三种机制对公司治理体系的运转起到了基本的支撑作用。首先，市场的"生存动力机制"有利于解决了委托—代理的"目标不一致"问题。对于委托方而言，市场压力下对经济效益的优先追求，有利于公司目标明确简洁地确立和传达。在目标明确简洁性的益处这一方面，中国企业制度的改革历程赋予我们深刻的认识。小贴士 12-6 说明我国国有企业改革中逐渐体现的一点是，当企业被赋予更多职能后，其本质性的目标被掩盖、能力被削弱。对于代理方而言，产品市场的竞争压力是一种"硬"约束。如果说控制权市场的压力来自某些特定的接管方对经理或控制股东的替代，那么产品市场的接管力量就来自整个市场，是消费者和竞争者对公司及其控制人的直接裁决。

小贴士 12-6　企业办社会

所谓企业办社会，主要指传统的国有大中型企业承担了在市场经济体制下不应由企业承担或企业无力承担的社会职能。一类是企业承担了本应由政府承担的职能，如企业办的义务教育、医疗机构等；另一类是企业创办的专供本企业职工使用的内部福利服务部门，如内部商店、后勤服务设施等。企业办社会的直接效果是每个企业都是一个小社会，企业为职工提供"从摇篮到坟墓"的一揽子社会福利。企业办社会是我国计划经济体制下政企不分的产物，计划经济下的企业可以说是国家计划生产中的一个个车间或者物资中转驿站，盈利不是其主职责目标，服从计划生产才是其首要的准则。应该承认的是，计划经济时代的国有企业肩负着历史重任，企业办社会为年轻的中国工业作出了应有的贡献。

随着经济体制的改革的深入，企业逐渐回归了为经济活动主体的本位，国有企业也逐渐转变为市场竞争主体和经营主体，企业办社会已成为国有企业改革和发展的障碍。相关文件的出台以及各类文章的发表使政企分离成为人们普遍关注的重点。党的十四届三中全会提出要"减轻企业办社会负担",十五届四中全会再次提出"要分离企业办社会的职能",十六届三中全会和之后的经济工作会议不断提出分流安置富余人员,分离企业办社会职能,创造企业改革发展的良好环境。

资料来源:曹瑞瑞,卢君.从企业办社会到企业的社会责任[J].管理现代化,2010,(3).王志强.为什么"企业办社会"是低效率的——一个公共经济学的解释[J].中国经济问题,2001,(2).

其次,产品市场机制的另一方面价值在于对"信息不对称"问题的解决。其一,以上所谓的"信息比较动力"描述的是市场机制在内部治理系统中起到的作用,企业在产品市场上的表现成为激励约束代理人的基本依据。其二,所谓的"信誉动力"则是外部治理系统本身运转的基本条件。最初提出该概念时,信誉主要对经理市场起作用。[282]然而,根据第4章对公司治理制度结构层次的理解,其他外部治理系统也应是以市场机制为中介起作用的。政府的管制、公众的监督、中介机构的裁判等无一不与产品市场上的即时信息和长期声誉共同发挥作用。

在实证方面,产品市场的竞争机制对公司治理的贡献得到证明。有研究以中国上市公司为样本,考察了产品市场竞争、公司治理与代理成本之间的关系,研究发现了产品市场竞争对公司代理成本降低的促进作用。[283]更重要的是,研究发现不同的产品市场竞争环境下,公司治理机制的作用有所不同。比如根据样本数据显示,当产品市场企业数目较少、行业集中度较高时,可以利用部分监督机制降低代理成本。随着竞争的逐渐加剧,这些机制的监督作用趋于消失,与产品市场竞争之间形成了完全的替代。而当产品市场竞争到达最高水平时,监督机制与产品市场竞争形成互补。所以,要加强公司治理,应当综合考虑市场环境,结合企业具体问题,配合使用不同的治理机制。[283]这正是本书对公司治理定位的强调,反映了公司治理的制度选择和设计的重要性。

12.3.2 经理市场及其声誉机制

3.1.2节曾论证了在一定视角下,公司治理的目标可以表达为保证企业家精神的永存,确保公司的资产经营权掌握在企业家或企业家群体手中,并确保其有效地执行企业家功能。这样的企业家自然首先来自可称为"起业家"的创始人,也可以随后在公司或家族内部培养,但随着公司的成长,企业家的市场供给渠道不可忽视。这个市场就是经理市场。公司的经理层、董事会,以及其他一些高级管理人才队伍的建设,在一定程度上都要依赖经理市场。

经理市场上交易的人仅仅是一个载体,重要的是其承载的人力资本,包括人力资本中的更为稀缺的企业家精神。既然是市场,经理市场就有着市场机制的配置资源的一般规律,通过市场价格以及供求双方的竞争完成经理人力资本的均衡配置。然而,人力资本的一项基本特征使得经理市场的重要性更加凸显,这就是人力资本供求双方的信息不对称性。

如果以经理聘任契约的订立为标志，在缔约前后分别由于人力资本的信息不对称性，产生逆向选择问题和道德风险问题。这里的逆向选择问题突出的是滥竽充数者的问题，道德风险问题突出的是在经理岗位上的各种代理问题。那么为什么经理市场能够解决这些问题呢？是声誉机制发挥的作用。市场对经理行为进行判断、记忆，并将之转换为声誉，而声誉将经理市场上的一次次交易转变为重复博弈，最终消除经理为收获眼前利益而进行的机会主义行为。以下以一个具体化的例子说明经理市场如何用声誉机制解决逆向选择问题。[265]

案例 12-2 关于经理市场声誉机制的一个博弈分析

考虑这种情形，某人应聘一家公司的经理职位，他知道自己的能力，也知道转换为人力资本的市场定价是多少，但是公司却不知道。假设这个人（以下称其为经理）的策略为二选一，不说谎或者说谎。不说谎就是说出其真实价值，这里假定为10000。而公司不知道经理的人力资本的真实信息，但知道像该经理这样学历、经历的人的人力资本定价在2000到14000之间平均分布。这一信息是双方的共同知识。为了讨论的简便，假设如果经理选择说谎，那么无论其谎称自己的人力资本是多少，被发现的概率都是一样的。于是经理一旦选择说谎，说出的一定是自己所能谎报的人力资本的最高值。同时，假设公司的战略选择是相信或者不相信经理的报价。公司选择不相信时，知道若经理说谎一定是说出其能够说出的最高值。即，当代理人说14000，他则判断为（2000+14000）÷2=8000；当代理人说10000，他则判断为（2000+10000）÷2=6000，并以此给出人力资本定价。假如经理接受契约后会根据公司的定价来决定自己工作的努力程度，其策略原则是如果低于我的真实价值，我会降低努力程度，而且定价越低越偷懒。但当公司开价高于其人力资本价值时，经理最多只能发挥其全能价值。于是形成表12-1所示的效用分布，以及表12-2所示的博弈矩阵。

表 12-1 效用分布

	第一种情况	第二种情况	第三种情况	第四种情况
人力资本定价	6000	8000	10000	14000
总效用	8000	11000	15000	15000
经理效用	6000	8000	10000	14000
公司效用	2000	3000	5000	1000

表 12-2 一阶段博弈矩阵

		经理 不说谎	经理 说谎
公司	相信	5000，10000	1000，14000
公司	不相信	2000，6000	3000，8000

在表 12-2 中，不说谎是代理人的严格劣战略。因为无论给定公司是相信还是不相信，经理说谎的支付均大于不说谎。而在经理一定会说谎的前提下，公司不相信的支付大于相信的支付。所以，在这个博弈中存在一个严格占优战略均衡——（不相信，说谎）。显然，它与公司所希望的（相信，不说谎）相比，并不是帕累托最优均衡，这就是所谓的逆向选择问题。如果引入经理市场，考虑声誉机制，形成签约多次性，即引入重复博弈，结果又会怎样呢？

仅考虑一个两阶段的重复博弈，各阶段的战略空间、支付函数等不变。在第一阶段，经理与公司签订合同，确定人力资本的定价。合同期满后，经理重新进入经理市场，与公司进行第二阶段博弈。注意，第二阶段的公司有可能还是原公司。但为了表述方便，我们在讨论中只用公司这一个名称，因为我们假设两阶段公司的战略思路是一致的。更进一步，可以把这个公司考虑为经理市场的代表，而不是某个具体公司。此时，假定公司的战略为是"冷酷战略"，即公司开始时选择相信，并且在随后的阶段如果公司未发现经理在前一阶段说谎，就仍选择相信，否则，就一直不相信。但是，公司不一定会发现经理曾说谎，这里假设公司能够了解经理在前一阶段是否说谎的概率为 P，不了解的概率为 $1-P$。这个概率与经理市场的信息披露机制有关，信息披露机制越强，概率越大。并且，假设这个信息披露机制仅能披露经理在前一阶段是否说谎，即是否多报，却不能披露出经理的真实人力资本。这样假设，一方面是为了讨论的方便，另一方面是因为，尽管后一阶段的公司可能知道经理从前的人力资本报价，但经理可以谎说从前对自己的人力资本不了解，报价低了，或者谎说自己的人力资本在"干中学"中提高了。

在以上假定条件下，由于第二阶段是最后的选择，经理此时的战略一定是"机会主义"的，一定会选择与原一次性博弈相同的战略，即说谎。而在第一阶段，经理知道自己的行动将会影响公司对自己的判断，因此，经理会综合两阶段的总效用，考虑选择说谎还是不说谎。我们假设经理第一阶段的战略为 X，委托人第二阶段在信息披露机制起作用的情况下的战略为 Y。如果 $X=$ 说谎，则 $Y=$ 不相信；如果 $X=$ 不说谎，则 $Y=$ 相信。根据这些假设建立表 12-3。

表12-3 二阶段博弈战略

	第一阶段	第二阶段	
	战略	信息披露状况	战略
公司	相信	披露	Y
		未披露	相信
经理	X		说谎

如果 $X=$ 说谎，经理的总期望支付是：

$$14000+[P\times 8000+(1-P)\times 14000]=28000-6000P$$

其中，等式左边中括号一项为代理人第二阶段的支付，前一项为第一阶段的支付；如果 $X=$ 不说谎，代理人的总期望支付是：

$$10000+[P\times 14000+(1-P)\times 14000]=24000$$

因此，当下列条件满足时，代理人在第一阶段选择不说谎：

$$24000\geqslant 28000-6000P \Rightarrow P\geqslant 2/3$$

也就是说，如果信息披露的概率大于2/3时，在两阶段的人力资本定价过程中，在第一阶段可以走出人力资本定价的逆向选择问题的困境，达到（相信，不说谎）帕累托最优状态。其实，以上是一个相对宽松的博弈。如果公司对说谎经理的战略是从此不再录用，或重复博弈的次数增加，经理将更不愿意说谎。至此就证明了解决人力资本定价的逆向选择问题的途径之一是引入经理市场，引入重复博弈，而重复博弈起效的关键就是健全信息披露机制，而信息披露的就是经理的声誉。

资料来源：吴炯，胡培，耿剑锋．人力资本定价的逆向选择问题研究［J］．中国工业经济，2002,（4）．

以上博弈分析讨论的是经理契约订立之前的逆向选择问题，对于经理契约订立以后的道德风险问题的分析，也大同小异，都是强调经理与公司之间是一个重复博弈的过程，公司通过经理市场上的声誉给经理定价，经理出于对声誉的关心，继而是对自己长期利益的关心会抑制各种机会主义行为。另一方面，经理市场上不仅有经理的声誉，也传递着公司的声誉。公司违背契约，也将受到市场的惩罚。

以上博弈模型了反映了经理市场声誉机制的构建条件。首先，要保证经理与公司的博弈是重复的。这里的公司不一定是同一家公司，只要在传递声誉信息上处于同一个市场即可。这就要求经理市场的统一性和开放性，经理市场的行业壁垒和区域保护是不可取的。一些大公司还存在着内部经理市场，这自然是有益的实践，但要发挥更大作用，还要建立内外市场的连接渠道。重复博弈还要求博弈双方有足够的意愿在经理市场上保持下去。比如，一些行将退休的经理更可能发生机会主义行为，出现"59岁现象"，其基本解释就是博弈将终结、声誉无所谓。此外，近些年较多见的"行为短期化"价值观，对声誉机制的影响是负面的，人们必须对未来的收入有信心和有耐心。其次，要保证声誉的发现、传递和记忆，也就是以上博弈模型中的P值要大。经理人市场建设质量的核心指标就在于此。要让经理的突出行为，无论好坏都能够被及时发现、迅速传递和长期记忆。最后，公司要积极地对经理的不良行为实施惩罚。我们不能指望说教来提高经理的敬业程度，我们只能通过激励相容让经理从自身利益的角度克制自己的行为。这里公司的惩罚应该是代表市场的惩罚，要在经理市场上形成"社会正气"。反过来也是如此，公司的不良行为也应受到市场的惩罚。

> **讨论案例** "宝万之争"中的监管方
> ——暨第五篇的学习伴随案例

"宝万之争"是场大戏，你方唱罢我登场，最初的主角——王石、宝能系、华润，纷纷出局。然而。从新入局者的身份来看，万科似乎并没有改变什么。而这一切兜兜转转的背后隐藏另一主角——监管方。

一、宝能系的捷径与弯路

"宝万之争"的前半段，宝能系对万科的控制似乎不可阻挡，2015年12月6日，宝能系持股超过20%，坐稳第一大股东宝座。然而峰回路转，12月10日，深交所向宝能系旗下钜盛华发出关注函，其中宝能系借道杠杆资金举牌背后的相关权利行使、资金来源以及信息披露问题成为关注焦点。1天后，媒体曝光钜盛华利用了融资融券、收益互换、股权质押和资管计划4种杠杆手段，涉及4家券商、4家资管公司和1家险企，由于是循环杠杆融资，实际杠杆率难以测算。另外，宝能系旗下前海人寿使用保险资金收购万科股票的做法也被媒体质疑。这里要注意一点，就在宝能系首次持股超5%而举牌（7月11日）之前，原保监会7月8日发布通知放宽了险资投资蓝筹股票监管比例。

这一消息披露，让万科找到了攻击点，王石在12月17日的首次公开反击中指出，宝能通过大量举债强买成第一大股东，会毁掉万科最重要的制度和团队。郁亮在12月18日的首次表态中谈及不欢迎宝能的第一点原因就是，宝能这种杠杆收购是敌意收购，而敌意收购对两方都不利。而此后，宝能系更是不断受到来自监管方的阻击。宝能使用杠杆资金的捷径似乎转为弯路，甚至死路。

2015年12月23日，原保监会发文要求险资举牌需披露资金来源及现金情况；12月28日，原保监会再发文直指高现金价值产品及资产错配风险；12月29日，原保监会在工作会议上批评少数险企控制股东将险企当作融资平台。

2016年3月12日，原保监会主席表示对少数险资举牌保持警惕加大风控，近期将对万能险风险进行排查；5月5日，原保监会要求险企公布投资资金来源；6月27日、28日，深交所向宝能系和华润下发关注函和问询函，调查两家关联和一致行动人关系；7月20日，万科发布公告，已向证监会、深交所等四家部门举报宝能系相关资管计划的违法违规行为；7月21日，原保监会主席表示决不能让公司成为大股东的

"提款机";7月21日,证监会、深交所同时向万科和宝能系下发监管函、对主要负责人进行监管谈话,各打五十大板;7月30日,央视调查发现宝能系为多个资管计划兜底,已现爆仓风险;12月3日,证监会主席突然公开发声痛批"野蛮人";12月5日,原保监会出手整顿险资,重拳整治"野蛮人";12月6日,宝能系下前海人寿被叫停万能险业务并被原保监会处罚;12月13日,原保监会禁止保险公司与非保险一致行动人共同收购上市公司;12月29日,原保监会将派检查组入驻前海人寿;12月30日,原保监会再控中短期万能险,降单一股东持股上限。

2017年2月24日,前海人寿领最大罚单,姚振华禁入保险业10年;2月26日,证监会主席表示不能坐视不管打制度擦边球的"妖精";2月28日,习近平总书记强调防控金融风险;3月2日,银监会主席表示要坚决治理各种金融乱象,解决监管制度缺失问题;3月10日央行行长表示一行三会将加强资管和理财产品统一监管;3月13日,姚振华辞任前海人寿、前海财险公司董事长。

二、僵局的破解

"宝万之争"从幕后到前台的标志是,2015年12月17日、18日王石和郁亮公开反对宝能系入主万科,23日更以公司名义发出《万科公开信》。但鉴于此阶段华润一直几乎无所动作,甚至表态不反对引入战略投资者,万科开始主动寻找其他的"白衣骑士"。对于新的第一大股东,王石本人在自传中明确关于反对民营企业做万科的大股东。几番运作后,深圳地铁浮出水面。2016年3月12日,万科自行与深铁签合作备忘录,华润事后知晓,明显不悦。而在6月17日的董事会会议上,华润方面在表决中反对深铁重组预案。同时,由前述介绍可知,宝能系的扩股能力已难增强,华润与宝能系走到一起,共同抵御万科和深圳地铁,"宝万之争"演变为"华万之争"。博弈各方陷入僵局。

让此僵局更难化解的是新的"野蛮人"来了。2016年8月5日,恒大集团已持万科近5%股份,市场最初的反应是判断恒大很可能是万科、华润、宝能系之间的调停者。然而,恒大的控股意愿逐渐加强,到11月30日,持股已超过14%,至此"恒万之争"已现端倪。鉴于恒大旗下的恒大人寿与宝能系的前海人寿具有同样的融资性质,在随后原保监会、证监会治理"野蛮人"的行动中,恒大的控股愿望同样被抑制。博弈各方在僵局中越陷越深。

最终,深圳地铁替换掉华润,以国有股身份稳坐第一大股东,华润、恒大、宝能系全面退出,又回到之前的"万科模式"状态。而这是如何发生的呢?我们沿着监管方的活动,梳理背后的推动者:

2016年1月4日,万科称资产重组已有潜在交易方,2月18日,王石向深圳市领导汇报深圳地铁参与重组情况;6月2日,深圳国资委组织华润、深圳地铁召开协调会,华润表达希望借助深铁重回第一大股东地位,否则反对重组预案;6月13日,深圳市主要领导与华润董事长会谈,希望华润支持万科与深圳地铁的重组方案;6月16日,深圳国资委、深圳地铁、万科向深圳市领导汇报情况,市领导表示支持万科的重组,支持华润成为第一大股东。随后深圳市政府向国务院国资委汇报了情况;6月28日,国务院国资委主任表示,只要有利于深圳的发展,有利于企业的发展,国资委就支持。据媒体透露,华润被要求不得与宝能一致行动(6月16日董事会会议后,华润与宝能系事实上的一致行动,引起公众对其一致行动人身份的质疑),华润不得再就万科事件随意表态,任何行为要预先征得国资委同意;6月30日,在上层压力下,华润不同意宝能提出的罢免万科全部董监事的提案,之后,在7月3日的董事会上投出了反对票。至此,华润与宝能划清身份,华润也退出了"华万之争",2017年1月13日,华润向深圳地铁转让全部股权。

2016年10月3日,在恒大深度介入万科股权之争后,深圳政府与恒大商谈,政府同意恒大地产通过国资房企深深房之壳登陆A股市场,交换条件是恒大将其所持万科股份转让给深圳地铁;11月8日,原保监会约谈恒大人寿,不支持其短炒股票。2016年12月后刮起监管风暴,整治"野蛮人",宝能系被彻底压制,相关监管对象也包括恒大人寿。12月17日,恒大向深圳政府递交书面报告,做出五点表态:不再增持万科;不控股万科;愿将所持股份转让给深圳地铁;也愿听从深圳市委、市政府安排暂时持有万科股份;后续坚决听从市委、市政府统一部署,全力支持各种万科重组方案。2017年2月25日,原保监会向恒大人寿开出罚单,包括限制股票投资1年;3月16日,恒大将表决权全部让给深铁,6月30日董事会改选,没有宝能系、华润、恒大方面代表。

三、被遗忘的"上帝"

李维安教授在《万科控制权之争:被遗忘的"上帝"》一文中,强调广大中小股东却似乎成为"被遗忘的人",而这恰恰是万科危机的根源所在。这篇文章于2016年第1期《南开管理评论》上发表,此时还处于"宝万之争"的最初阶段。然而,直到一年半后尘埃落定时,中小股东也没有被这些资本大鳄、"中国第一职业经理人"想起。该文提到:

2015年底,由于宝能集团动用巨额资金增持地产龙头万科的股权,超过原第一大股东华润,王石等管理层作出强烈反应,引爆了万科的控制权之争,引起社会的极大关注。然而,这个还在进行的公司治理攻防典型案例,呈现在世人面前的仅是万科管理层与宝能、安邦等的博弈,广大中小股东却似乎成为"被遗忘的人",而这恰恰是万科危机的根源所在。

首先,面对所谓"野蛮人的入侵",要获得中小股东的支持,平时就要做好以中小股东回报为导向的市值管理。作为这些年中国最成功的房企之一,万科以其"工厂化"的高标准、高质量的产品获得了广大客户的青睐,实现了快速发展。但在资本市场,万科股价长期处于被低估状态,其市盈率和市净率指标长期低于地产股平均值,没能让中小股东得到实实在在的回报。先前天津"8·12"爆炸事件后,管理层曾许诺回购100亿元股票以提振快速下滑的股价,最终仅仅落实1.6亿元,使投资者大失所望,也给了收购者低点布局的机会;而宝能、安邦等大举进入,使万科股价快速上涨，让长期持有万科股票的广大投资者看到股价上涨收益的诱惑。所以，做好市值管理，对于防范敌意收购至关重要。

其次，防止敌意收购的制度保障要在中小股东支持的前提下事先设置。万科A股股价在争夺战激化的20天里快速拉升，接近翻倍，追高的散户可能会被套牢；此种杠杆收购带来的高股价不可能长期维持；即使收购失败，受损者也会是中小股东。在"野蛮人"已经攻入家门时，再紧急停牌设置作为防止该种敌意收购得逞的诸如"毒丸计划""驱鲨剂条款"等措施，为时已晚。作为股权高度分散的现代公司，实际控制万科的管理层应做好公司治理制度建设的"事前准备"，即在公司章程、董事会规则中事先预备好"防盗门"，而要达到这些公司治理制度建设的"预先性"，必须事先获得广大中小股东的支持。

再次，要创造有利于作为中小股东重要代表的机构投资者参与治理的机制和环境。从现在的万科股东结构看，有不少于11%的股份为较大的机构持有，尤其是银河、中信、华泰等三家在三季度低位布局的机构，据估算已收获70多亿元的账面盈利。这些机构握有为数不少的股份和表决权，如能发挥其治理作用，而不仅仅只是追求财务投资回报，对于我国公司治理的进一步完善有着积极和重大的意义；遗憾的是，这些机构似乎在该事件中一直没有"发声"。

最后，要提供中小股东可以低成本参与治理的工具和平台。现代公司是广大投资者的公司，投资者才是公司的真正"主人"。在我国资本市场中长期无法表达自己诉求的中小股东，只能"用脚投票"而无法"用手投票"，诸如万科这样股权高度分散的公司，常年股东大会投票率只有35%左右，使得投资者日趋短期化、投机化。移动互联网技术的发展，让中小股东有了更加便于参与治理的手段，借助网络投票维护自身权益的案例也日趋增多。同时，中小股东发起股东诉讼应是其未来维权的重要方式。

资料来源：华生．万科模式：控制权之争与公司治理［M］．北京：东方出版社，2017．李维安．万科控制权之争：被遗忘的"上帝"［J］．南开管理评论，2016，19，（1）．

讨论以下问题：

本章讨论案例是"宝万之争"的最后一部分，作为学习伴随案例，针对的是整个第五篇。思考以下问题，将对下一章的学习有所帮助：

（1）案例说"广大中小股东却似乎成为'被遗忘的人'，而这恰恰是万科危机的根源所在"，你同意吗？

（2）政府在公司治理中的作用应该是怎样的？你满意在"宝万之争"前后相关部门的表现吗？

（3）你如何评价"宝万之争"中媒体起到的作用？

 **讨论问题**

（1）资本市场的基本构成是怎样的？各有何种治理作用？

（2）控制权市场的公司治理机制有何负面效果？

（3）公司的并购与反并购活动会如何影响小股东的利益？

（4）商业银行参与公司治理的渠道有哪些？中国目前的环境下，你对商业银行参与公司治理有何建议？

（5）为什么在垄断环境下，公司治理制度往往会流于形式？

第 13 章

公司治理的监管环境与服务中介

导读

本章继续讨论外部治理问题，关注除了市场系统以外，由外部利益相关者构成的另两类公司治理环境系统。第一节考察外部监管环境系统，其中涉及法律规范、政府管制、舆论监督三方面。第二节考察服务中介系统，其细分为信息中介和金融中介。本章的学习中请深刻体会"公司制度是社会文明的产物"的理念，务必将外部治理环境与内部治理制度结合在一起理解。

引导案例 獐子岛扇贝往哪里跑？

獐子岛扇贝的故事迎来了"全剧终"：证监会公告称，决定将獐子岛及相关人员按涉嫌证券犯罪，依法移送公安机关追究刑事责任。从 2018 年 2 月决定对獐子岛立案调查开始，到今年 6 月认定其存在信息违法披露的行为并作出禁入市场、处罚相关 15 名高管的决定，再到 7 月份正式确认其 2016、2017 两个年度分别虚增利润 1.31 亿元、2.79 亿元，直至最后追究刑责，证监会认定：獐子岛财务造假性质恶劣，影响极坏，严重破坏了信息披露制度的严肃性，严重破坏了市场诚信基础。这场人为操作的资本狂欢，即将得到应有的惩罚。

刚上市的前几年，獐子岛凭借先进的养殖技术，扇贝养殖的投入产出比达到了 1∶2.9，股民的热捧让獐子岛市值迎来了又一波大涨，股价最高时一度达到每股 151.23 元，斩获了"渔业茅台"的美誉。伴随着资本的膨胀，逐利的欲望也开始放大。扇贝问题在 2014 年爆发：獐子岛突然公告称，公司进行秋季底播虾夷扇贝存量抽测，发现存货异常，公司因此第三季度亏损 7.63 亿元，而亏损的主要原因是北黄海异常冷水团导致扇贝"跑路"。这令舆论哗然的事件背后暗藏伏笔。此后不到 6 年时间里，扇贝死了 3 次，跑了 1 次。每逢财报公布，故事就会展开，扇贝或冻死、或饿死、或跑路。更令人玩味的是，獐子岛财务报表里的盈亏收入总与扇贝共进退。

2014年以后的财报显示,獐子岛的业绩总是出现一年亏损,一年盈利的特点。根据深圳证券交易所规定,中小板企业连续2年亏损将被ST,连续3年亏损将被暂停上市,连续4年亏损将被终止上市。獐子岛正是利用扇贝,相应调节库存价值,造成"纸面亏损"或"纸面盈利"的假象,完美地避开了退市。几番折腾下,獐子岛的市值从巅峰时期的200多亿元,跌到27.45亿元。在这场财务造假中,上市公司留下一地鸡毛,坑的却是獐子岛的居民以及被套牢的投资者。

獐子岛财务造假手法之拙劣,对投资者权益侵害之肆无忌惮,在一定程度上也代表了部分上市公司信息披露的侥幸心理——认为即便信息披露失真,只不过是承受少量罚款了事。近年来,部分上市公司业绩造假情况时有发生,除了獐子岛,还有康美药业、康得新等。此次证监会对獐子岛重拳出击,不仅告慰受损投资者,更维护了资本市场法治化建设。对此,证监会协同公安机关不断强化行政刑事执法合作,坚决打击上市公司财务造假等恶性违法犯罪行为。包括獐子岛在内,证监会依法将10起上市公司财务造假等涉嫌证券犯罪案件移送公安机关,也对外释放出强烈的警示信号:试图通过"以小(罚)博大(收益)"的投机游戏已经进入倒计时,财务造假终将迎来监管部门的严惩。当前,我国股市正经历科创板创立、注册制启动、创业板注册制新股上市等一系列重大改革。在信息披露、退市等关系到上市公司合规守法经营的关键环节,法律监管效力进一步强化。打击资本市场造假、欺诈等恶性违法行为不手软,市场才能实现更大程度的优胜劣汰,国内资本市场也才能健康发展。

资料来源:赵剑影. 獐子岛"跑路"扇贝迎来"全剧终"[N]. 工人日报,2020-09-17.

"跑路"的獐子岛扇贝是一出丑剧,从2014年开始,不断循环着"公司说谎——公众不信——监管出手——貌似整改后接着说谎",直到最后相关人等被追究刑事责任。此过程中高科技起到了作用,证监会运用北斗卫星定位系统,复原了公司真实的采捕海域,并据此认定獐子岛在成本、营业外支出、利润等方面财务造假。此过程也体现了外部公司治理系统各环节的协同配合。这些外部治理系统可以分为两大部分,首先是监管环境系统的几方面治理活动,包括法律规范、政府管制、舆论监督等,其次是服务中介环境系统中的信息中介和金融中介。这些外部治理要素将构成本章各小节的内容,请读者思考在獐子岛的案例里,这些治理要素还有哪些改进空间。

若缺乏公司治理体系,现代公司制度是一个不完美的制度,代理型公司治理问题和剥夺型公司治理问题的产生源于其主要制度"缺口"。此前从经理制度、股东会制度和董事会制度的角度,说明了公司自身制度系统的完善,这常常被表述为内部治理系统。此外,解决公司制度缺口的另一体系则是公司治理的外部制度环境体系,由公司的相关外部利益相关者构成。外部治理体系提供了现代公司制度建立和运行的环境,其治理机制体现在两方面:一是减少公司制度的缺口,降低代理型、剥夺型治理问题发生的可能性和破坏性;二是推动内部治理制度的完善,提供公司治理的信息和手段。相对来说,本书将公司治理的目的界定为解决公司制度不完备导致的问题(见

第1章），因而更关注外部治理的后一项功能。但是，硬性地将前后两项功能分割开，仅仅为的是讨论脉络的方便，制度实际运行中两大功能相互影响、协调补充，如图13-1所示。这一外部治理制度体系又可划分为三个模块，首先是上一章论述的市场系统，而本章将介绍另两大模块，分别是监管环境系统和服务中介环境系统。这三大系统相互作用，共同产生治理力量。

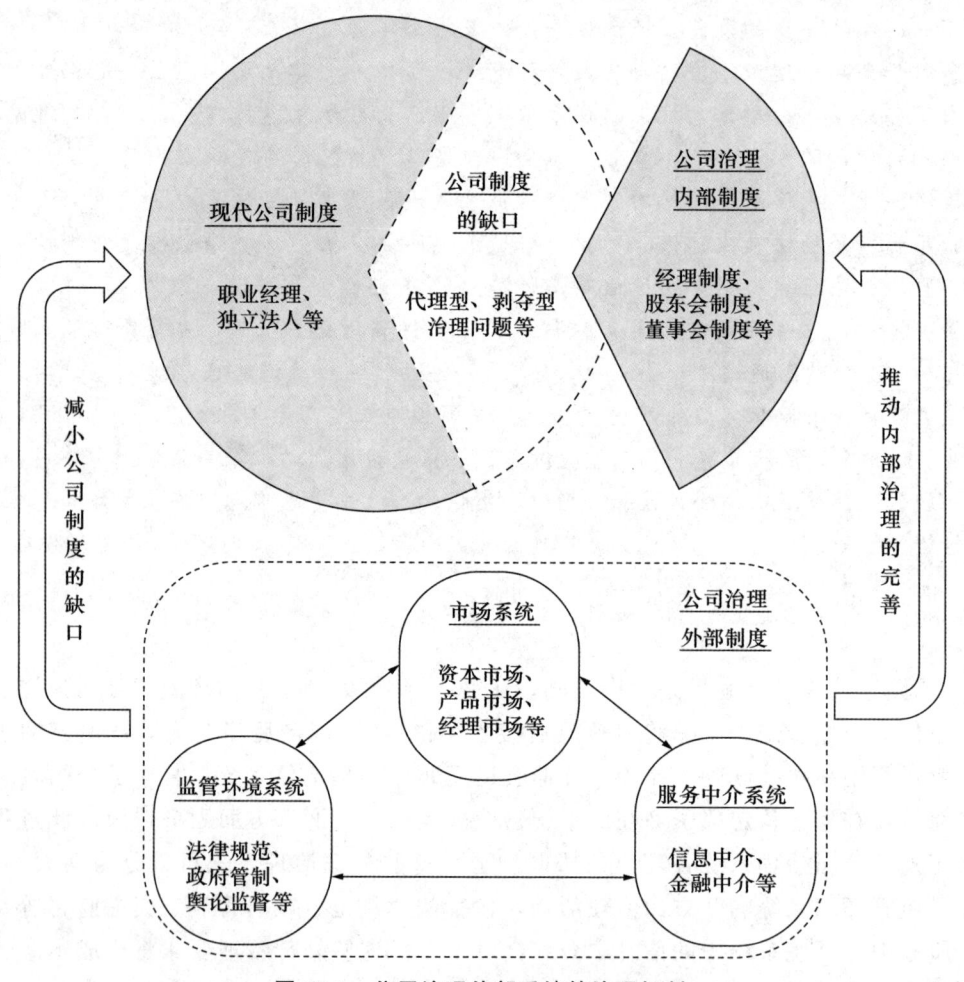

图 13-1　公司治理外部系统的治理机制

13.1　监管环境系统

13.1.1　法律规范

OECD早在2004年就发布了《OECD公司治理原则》，其中第一部分内容为"OECD公司治理准则"，第一条是确保有效公司治理框架的基础。该条指出，公司治理的要求和实践受到公司法、证券规章、会计和审计准则、破产法、合同法、劳工法及税法等一系列法律法规的明显影响,并要求一个法域内,影响公司治理实践的那些法律的和监管的要求应符合法治原则,并且是透明和可执行的。[284]在《G20/OECD 公司治理原则》(2015)中仍重视这一点,其中第一条要求的基本表述是公司治理框架应促进透明和公平的市场以及资源的有效分配。它应符合法治,并为有效的监督和执行提供支持。[60]

法律体系至少在两个层次上影响公司治理活动。其一是作用于公司经营管理活动,通过合同法、劳动法、税法等对公司与其利益相关者的缔约行为进行约束,但这不在本书讨论问题之列。其二是通过公司法、证券法、破产法等,直接规范公司治理系统的建设,其中的一些细节内容已经在此前讨论的许多话题之中有充分体现。以下从较宏观的角度讨论两个论题,一是法律规范的公司治理功能与策略,二是从投资者法律保护的国际比较中体会现代公司制度所匹配的法律环境应具备的特征。

一、法律规范的公司治理功能与策略

狭义地讲,公司法指以"公司法"命名的立法文件,在我国指的自然是《中华人民共和国公司法》。广义上的公司法,是指各种规定公司的设立、组织、活动、解散以及公司对内对外关系的法律规范的总称。在本章中所讨论的法律规范,取的是广义上的公司法含义,甚至更模糊些,凡是直接影响公司制度和公司治理制度的法律法规,都简化称为公司法,这主要为了表述的简便。

汉斯曼和克拉克曼将公司法的功能界定为两项,一是为公司提供所应具备的法律形式,实现法人独立、有限责任、股份自由转让、董事会结构下的授权经营和投资者所有权权能,二是遏制公司的各方利益相关者从事那些减少公司价值的机会主义行为。[285]这两项功能在图 13-1 模型中分别与外部治理的两项机制相对应,而且后一方面的功能是本书讨论的重点,它也是第一方面功能所派生出来的。关于侵害公司利益的机会主义行为,可以分为三类代理问题,即代理型公司治理行为、剥夺型公司治理行为,以及本书未太多涉及而且目前研究不甚成熟的公司对职工、债权人、顾客等其他利益相关者的利益侵犯行为。公司法遏制这些机会主义行为的目标,就是增进公司全体利益相关者的福祉。在不考虑第三类公司治理问题的文献中,或者明示或者暗含着这样的假设,"增进整体社会福利这一宏伟目标的最佳手段是保护股东投资回报的最大化"[285]。

关于公司法实现公司治理功能的路径,可以从公司法的相关内容,或称策略中总结出来。全部的法律策略被汉斯曼和克拉克曼归纳在表 13-1 中。[286]其中,所谓公司法的公司治理策略指的是运用实体法律规范缓解公司代理人机会主义行为的一般方法。

表 13-1　公司法的公司治理策略

	规制型策略		治理型策略		
	代理人约束策略	从属条件	任免策略	决策策略	代理人激励策略
事前	规则	准入	选任	提议	信托
事后	标准	退出	罢免	否决	奖励

资料来源：莱纳·克拉克曼等. 公司法剖析：比较与功能的视角. [M] 刘俊海等译. 北京：北京大学出版社，2007.

汉斯曼和克拉克曼将公司法的公司治理策略分为规制型策略和治理型策略。[286] 规制型策略具有规范性，要求制定具体的规则，以明确委托人与代理人关系的基本内容，以及设立、终止该关系的相关事宜。治理型策略则针对特定的委托—代理关系，通过强化委托人权力、重塑代理人动机等，从而间接地保护委托人。显然，对应于图13-1模型，这里的规制型策略是外部治理"减少公司制度的缺口"机制的体现，而治理型策略则是"推动内部治理制度的完善"机制的体现。根据表13-1，有四种规制型策略和六种治理型策略。

另外，我们将公司治理制度的建设划分为制度建构逻辑和制度优化逻辑两个层面，如图1-4模型的最初描述。而表13-1的汉斯曼和克拉克曼模型中区分的"事前""事后"策略大致对应了这两种制度建设活动。事前策略主要规制着契约关系的建立，事后策略主要规制契约关系建立后运行过程的优化。注意，以上表述中用了"大致"一词，表明两种视角的重叠程度，并不是认定两者一致。汉斯曼和克拉克曼模型的事前、事后，本意仍然是区分契约缔结的前后。

（1）规则与标准。这是两种直接约束代理人行为的法律策略。它明确命令代理人不得实施损害委托人利益的决策行为或交易行为。在委托—代理关系确立前，由规则来划定契约参与者的身份资格和行为空间。一般用于保护债权人和公众投资者，比如世界各国公司法对债权人的保护规则有股利限制、最低注册资本要求和资本维持要求等，资本市场监管机构也会出台要约收购和投票权代理等的详细规则。要注意，由于公司内部关系的复杂，是无法让公司完全依靠一套完整的禁止或豁免的规则体系来运转的，它或者会留下法律漏洞，或者制造出没有任何实效的严苛规则。

于是，事后的标准成为另一类约束代理人的规制策略。标准不像规则那样条文化，内容趋向开放，需要赋予裁判者事后认定是否发生违规行为的自由裁决权。标准也常用于保护债权人与公众投资者，但标准类的法律规范更多与公司内部事务有关，如对董事勤勉义务、关联交易等方面的规制。

（2）准入与退出。这两种规制策略直接规范委托—代理关系的建立和撤销行为。准入策略面对的主要难题是潜在代理人的逆向选择问题。比如，相对于经理和控制股东而言，外部投资者对公众公司的信息是极不充分的。因而为了吸引投资、保障投资者的利益，必须建立面对公众投资者的系统化的信息披露制度。强制这种信息披露的法律规范就是建立在准入策略之上的。

退出策略主要用于为委托人在事后脱离发生机会主义行为的代理人提供条件。在第 7 章中，我们讨论过一种解决剥夺型公司治理问题的策略——股东退出机制。股东退出机制，包括两种方式：一是退股，即在特定条件下股东要求公司以公平合理价格回购其股份从而退出公司，由此建立的法律规定是异议股东股份回购请求权制度。二是转股，是指股东将股份转让给他人从而实现退出公司的目的。这时，降低转股壁垒十分重要，一方面，股份的自由转让正是现代公司的基本特征，另一方面，控制权市场机制的运转以转股为行为基础。

（3）选任与罢免。以上规制型策略主要用于保护公司契约中的弱势主体，而治理型策略则涉及委托—代理关系中的特定活动。顾名思义，选任与罢免有关于公司法人资产的经营管理者的任免问题，包括董事会的组成和经理选聘等。其中，董事会作为公司制度运转的枢纽，处于代理型公司治理问题中股东与经理的中间，也处于剥夺型公司治理问题中控制股东与其他股东的中间，以及第三类代理问题下的公司与利益相关者的中间，董事的任免问题是选任与罢免法律策略的核心。

（4）提议与否决。这是有关公司法人资产的经营决策权的配置策略。在董事会监管下的职业经理制度成为公司制度基本特征的前提下，委托人和代理人的决策权配置已无太多的裁决问题。比如，根据国际惯例，在事前，股东会已无提出经营决策动议的立法，在事后，与其说股东会的表决活动是批准，不如说是否决。

（5）信托与激励。这两类治理型策略用于在激励相容的原则下提高代理人的工作动机。其中，事后的激励策略最为常见。激励策略的安排一般可分为两类：一类是共享策略，通过将代理人与委托人的利益直接挂钩来提高代理人的忠诚度。比如，按股分红就是让控制股东即便从自己的利益考虑也会同时实现小股东的利益最大化。另一类是按业绩付酬制度。比如，各国关于股权激励的立法就是这类策略的法律实现。而事前塑造代理人动机的策略被汉斯曼和克拉克曼称为信托，它在事前消除利益冲突，从而确保代理人的"恶行"不会得到奖励。[286]它一方面涉及切断代理人的利益来源，另一方面也与声誉机制隐性激励策略有关。比如，关联交易中的表决权排除制度，就是事前消除利益诱惑的策略。

二、投资者法律保护的国际比较与国际经验

各国的法律规范都不尽相同，但从策略角度看面向公司治理的公司法都包含以上内容，其目的无非是一方面促进公司的运营效率，另一方面是保护公司关系中的弱者。鉴于经理、董事会、控制股东是天然的公司剩余控制权的获得者，所以保护弱者就是保护中小投资者，或者笼统一点讲就是保护投资者。由于我们大体上赞同"增进整体社会福利这一宏伟目标的最佳手段是保护股东投资回报的最大化"[285]，所以为了表述的简便，以下不再强调关于保护其他利益相关者的内容。

保护投资者是各国公司法立法的应有之义，但是，法律规范是否以及如何起到保护投资者利益的作用呢？第 7 章介绍过的拉波特、洛佩兹、施莱弗和维什尼掀起过一场有关投资者法律保护的国际比较的研究高潮。在 1998 年的名为《法与金融》的文章中，四位学者系统分析了 49 个国家和地区的法律规范对投资者保护程度，以及对应的证券市场和国民经济的发展水平。[66]他们把世界上的法律体系分为了四种：英美判例法系，以美国、英国为代表，以讲英语为特点，也称盎格鲁—撒克逊体系；法国成文法系，以法国、西班牙为代表，包括南美、东南亚一些国家；德国成文法系，以德国、日本为代表，还包括韩国等；北欧成文法系，也称斯堪的纳维亚模式体系，北欧四国采用。随后，这四位学者设置了10项指标来观察这49个国家和地区关于股东保护的立法情况。这10项指标是：① 是否执行严格的一股一票制度（发现只有11个国家是）；② 股东是否可以邮寄委托投票权的代理书；③ 股东会前是否冻结股票；④ 是否采用累积投票制选举董事，或者允许董事会的比例代表机制；⑤ 是否存在特别的少数股东保护权利，诸如诉讼、退股的规定；⑥ 股东是否有新股的优先认购权；⑦ 股东召集临时股东大会时所必需的股本比例（以10%为限作为评判标准）；⑧ 对抗董事能力指数，由以上②至⑦项加总而来；⑨ 是否执行强制分红制度。

根据拉波特等人的分析发现，英美判例法系的股东受保护情况最好，法国成文法系最差，德国成文法系略好于法国成文法系，北欧成文法系又略好于德国成文法系。以第⑧项对抗董事能力指数为例，英美判例法系的得分为4.00，北欧成文法系为3.00，德国成文法系和法国成文法系都是2.33。

利用或者改进这四位学者的研究，大量文献开始讨论法律保护差异下的公司制度、公司行为和公司价值的差别。有学者将主要研究成果进行了总结，汇总在表13-2中。[287]举例来说，在投资者法律保护较差的国家里，投资者为了避免遭受管理层的剥夺，尽量持有大量股权，这造成了法律保护与股权集中度的负相关关系。又比如，当投资者受到法律较好保护时，公司会更积极地分红，这促使投资者有意为股票支付更高的价格，进而法律保护与公司价值正相关。所以，目前相关研究大多认同投资者法律保护在多个公司治理活动领域上起到重要作用，同时在不同的制度背景下，内、外部公司治理机制要产生出互动的合力。[288]

表13-2 法律保护及其效应

	主要研究领域	关系
1	法律保护与股权集中度	负相关
2	法律保护与公司价值	正相关
3	法律保护与控制权私利	负相关
4	法律保护与资本成本	负相关
5	法律保护与股利支付率	正负效应并立
6	法律保护与现金持有	负相关
7	法律保护与营余管理	负相关
8	法律保护与CEO变更	正相关

资料来源：许年行，赖建清，吴世农. 公司财务与投资者法律保护研究述评［J］. 管理科学学报，2008，(1).

在拉波特、洛佩兹、施莱弗和维什尼的研究中，英美判例法系对投资者的保护明显好于各种成文法系的情况，这就引起了法律体系本身的差异对公司治理影响不同的问题。世界各国的法律根据其结构、形式、历史传统等外部特征，以及法律实践的特点、法律意识和法律在社会生活中的地位等因素，可以分为两大法系——判例法系和成文法系。判例法系的更常见名称叫普通法法系，或直接叫英美法系，是以英国普通法为基础发展起来的。英美法系的主要特点是注重法典的延续性，以判例法为主要形式。所谓判例法，就是基于法院的判决而形成的具有法律效力的判定，这种判定对以后的判决具有法律规范效力，能够作为法院判案的法律依据。简单解释就是，以前怎么判，现在还是怎么判。成文法系的更常见名称叫大陆法系，这个大陆指的是指欧洲大陆，大陆法系是以欧洲大陆的罗马法为基础建立起来的。成文法系的主要特点是以比较精确的条文形式作出各种规定。

那么，为什么判例法系看起来比成文法系对股东保护更充分、对资本市场发展更有利呢？此前，讨论法律策略时说明了两种直接约束代理人行为的法律策略，即规则与标准。规则是事前对代理人行为的规制，标准是事后约束代理人的策略。这两种法律策略在不同法系下的空间存在区别。成文法强调事前作出有预见性的判断，判例法则相对灵活地允许事后再依据标准建立具体裁决规则。公司关系是一种集合各种契约的关系，其复杂程度之高以致难以建立一个完美的治理规则。这是判例法系比成文法系在规制公司行为方面更有优势的根本所在。具体来看，在判例法系下，如果发生纠纷且之前已有类似判例，则遵从前例就是裁决的原则，若无先例则在既定的标准下由法官依程序作出判决，重要的是该判例对下级法官和以后的判决产生约束，更重要的是这样的判例会越积越多，法律也会越来越完善。一方面是因为一个个判例就是一个个故事，不仅包含法律标准，细节也十分详细、鲜活，因而判例能促进法律的确定性和可预测性。当事人自己能更准确地预测法官的判决，律师向当事人提供的咨询和帮助也更具体，而且还有助于遏制法官的偏见，从而有助于实现公平正义的法律原则。另一方面随着判例的积累、更新，有助于法律的与时俱进，这也是判例法最重要的优势。[35]

以上关于公司法的国际比较反映出，我国的公司法法律体系的确还有待于不断完善，从中也再次证明了本章的主题——公司制度是社会文明的产物，是社会经济文化协同发展的内生物，更进一步也反映了本书对公司治理定位的强调。具体说来，在我国目前的法律环境下，公司治理要注意两点。第一，不要迎合所谓先进的公司治理模式。比如，股权分散的确是美国股权结构的特点，但这是在美国的社会环境下内生出来的，要避免东施效颦、邯郸学步。第二，每家公司要根据自身情况，加强公司章程的建设。公司法与章程在本质上是通用契约与特殊契约的区别。当通用契约不完善时，必须补充性地加强特殊契约的制定。

13.1.2 政府管制

拉波特、洛佩兹、施莱弗和维什尼应用《法与金融》一文的结论和数据，之后又发表了《投资者保护与公司治理》一文，他们再次强调了法律规范的重要性，指出不能对金融市场放任不管，而监管的渠道不仅包括市场机制本身、法律规范，还有来自政府及其代理机构的管制。[57]同时，在《OECD公司治理原则》中，OECD指出为了确保一个有效的公司治理框架，需要建立一套适当且行之有效的法律、监管和制度基础，更进一步说明监督、监管和执行部门应当拥有相关的权力、操守和资源，以专业、客观的方式行使职责，对它们的决定应给予及时、透明和全面的解释。[284]

可见，来自政府的管制是公司治理的重要力量。广义说来，法律规范也属于政府管制的范围。一般而言，政府对经济组织的监管可划分为法律机制和行政机制。本小节主要讨论政府的行政机制对公司治理的作用，取的是对政府管制的狭义理解，其近似表述是政府干预。当然，其他治理机制的运行也要依靠政府的扶持和引导，如市场体系建设、信息中介管理等，但这里强调的是政府"监管"的治理力量。

一、政府管制的动因与内容

政府管制的必要性首先来自市场机制的失灵，关于市场失灵存在多种视角不同但内容有交叠的解释。第一，自然垄断说。即考虑到自然垄断行业的规模经济性，为避免垄断租金的社会危害，政府对自然垄断行业应当实行进出、价格等方面的管制。第二，信息不对称说。面对市场行为中的信息劣势方，如中小股东、消费者等，政府有义务保护其权益。第三，外部性说。一方面，面对负外部性活动的当事人成本小于社会成本的现象，政府应当对其进行遏制。另一方面，面对正外部性下个人收益小于社会收益而导致的投资不足问题，政府则应主动承担。[289]

其次，法律制度不完备是要求政府管制的另一原因。从法律的性质上看，法律具有一般性、持久性、可测性。一般性要求法律适用对象的普遍，持久性要求法律适用时间的长久，可测性则反映了法律后果便于人们事前判断。但是，由于语言上的歧义、社会经济和技术变化等原因，法律具有内在不完备特征。[64]事实上，法律也是一种契约，而契约本身就是不可能完备的。此外，法律的制定也有一个过程，法律体系在解决市场失灵仍存在一些盲点的时候，依靠政府管制也是顺理成章的事情。

最后，政府自身的功能也包含着监管经济组织的任务。政府要发展经济、促进就业、稳定社会，一方面要通过税收政策影响公司行为，其实从税收角度看政府是公司"最大的小股东"[290]，另一方面，消除公司治理问题引发的强烈的社会冲突和社会动荡，政府也责无旁贷。例如，面对两房危机引起的金融、社会动荡，2008年9月，美国政府不得不接管美国两大住房抵押贷款机构。

从狭义的行政监管的角度看，政府管制是指各级政府行政机关及派出机构，依据法律授权和规定对公司治理中各主体和客体的行为所进行的监督。[64]不过人为地割裂政府的法律监管和行政监管也有不妥之处。因为政府的行政监管具有立法和执法双重职能，对于存在的公司治理制度漏洞，政府行政机关往往会采用制定行政法规，或者通过立法建议的形式，以法律机制来完成管制工作。行政监管在执法上具有主动性和强制性的特征，这对提高法律执行的效率具有决定性意义。[64]

行政监管的主体主要有国务院证券委和证监会及其派出机构、财政部、国资委、国家金融监督管理总局等。证券委和证监会主要负责对上市公司和证券公司的治理组织结构、信息披露、中小股东的保护等的监管；国家金融监督管理总局主要负责对商业银行、保险公司的治理进行监管;国资委主要负责对国有企业的治理进行监管;财政部门主要负责对会计师事务所等中介机构的行为进行监管,并负责会计准则等的统一制定。此外,还有审计、税务、工商等行政机关通过不同的形式对公司治理进行监管。

二、政府管制的力度

对于政府管制,其管制力度是一个必须考虑的问题。事实上,公司治理的工作就是要在"一抓就死,一放就乱"中达到平衡。对此,张维迎教授从企业信誉与政府管制均衡的角度,回答了这一问题。[37]该研究讨论的是信任危机问题,提出过度管制对企业信誉的副作用。企业信誉,在本书的理论框架之下,是企业对其外部利益相关者所承担信义义务的反映。从外部治理的角度看,公司治理的目标就是提高企业信誉,或者应用本书的概念,就是确保企业承担其信义义务,提高企业信义。张维迎教授观察到的现实世界是这样的:在目前市场秩序混乱的情况下,人们首先想到的就是加强监管。但过度的监管对企业信义带来损害,一味地依赖政府管制,忽视其对企业信义可能带来的影响,则产生了更严重的信任问题。以下用三个简单的模型说明这一现象。

(1) 基础模型与管制效果的边际递减

在图 13-2 中,横坐标代表政府管制的力度,纵坐标是企业信义的水平。另外,企业信义与政府管制的关系用需求曲线和供给曲线刻画。需求曲线表示企业信义对政府管制需求的情况,它向右下方向的倾斜说明,企业信义越差越需要政府的管制,这符合人们的基本经验。供给曲线的情况比较复杂。按照经验逻辑,政府管制有助于增强企业信义。一般地说,有助于识别交易主体身份、提高博弈的重复性、传递交易者行为信息和对欺骗行为实施有效惩罚的政府管制,会有助于市场信誉机制的建立。[37]但是当政府管制达到一定程度以后,比如超过图 13-2 中横坐标中的 X 点,管制越多,企业讲信义的积极性就越小。这符合边际递减的一般经济学规律,包括以下三方面原因。

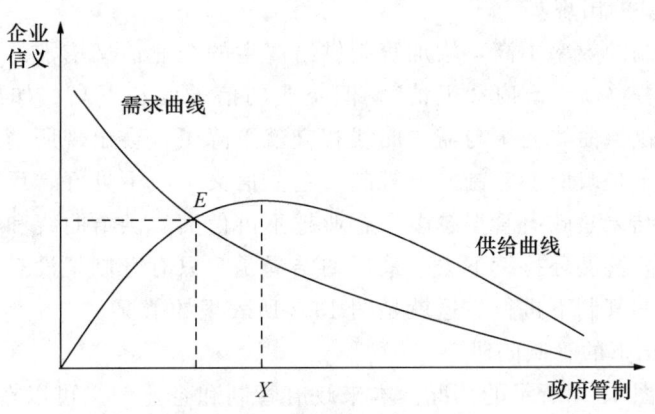

图 13-2 政府管制与企业信义

资料来源:张维迎. 产权、激励与公司治理 [M]. 北京:经济科学出版社,2005.

第一,管制活动本身的能力递减问题。随着管制力度的加强,管制对象的复杂性也在增加,达到一定程度后或者让管制方无法解决信息不对称问题,或者寻找不到适合的管制手段。在管制能力无以为继的阶段,继续依赖政府管制,要么管制手段更加"一刀切""未同意就是禁止",让企业无法履行有益的信义活动;要么企业"创造条件"让信息更加不对称,让管制方投鼠忌器。总之,管制力度无节制增加将会适得其反,"逆反"的企业反而降低了对企业信义的承担力度。

第二,管制对其他治理机制的替代问题。毫无疑问,公司治理是多种机制的综合,过度强调政府管制,势必会影响市场力量、舆论监督等其他治理机制的发挥,进而降低企业信义的市场价值,也降低维护企业信义的内在动力。一方面,过于严格的政府管制可能会扭曲企业信义的综合评价体系,相对单一的管制标准成为企业"迎合"的目标,企业关心的不是真正的信誉,而是"人为"的标准。特别在对市场准入实行管制的领域,管制意味着垄断,垄断带来垄断租金,垄断也造成企业信誉市场价值的消散。迎合管制并取得垄断租金成为企业发展的扭曲动力,企业关心的是垄断租金而不是企业信义;另一方面,管制越多,意味着政府的自由裁量权就越大,在所谓的政府管制其实是某些代理人在具体操作的前提下,管制活动和标准的不可预见性增强。当企业面临的不确定性越大时,企业就会越追求短期行为。关于企业信义的长期博弈的重复性得不到保障,今天的守信不能得到未来的正面回报,企业自然就不会太关心信义问题。

第三,管制引起的腐败问题。面对垄断租金,寻租才是企业的策略。企业最重要的"客户"是政府部门和政府官员时,就没有必要对市场讲信誉了。这是前一问题的自然延伸。

在这样的需求曲线和供给曲线之下,如果政府管制的效率不是太差,如图13-2所示的情况一样,那么政府管制还是有效的。这时需求曲线和供给曲线会有一个交点E,在E点形成政府管制与企业信义之间的一个均衡,达到了社会稳定。

(2) 管制陷阱的出现

如果政府管制的效率不高,增加管制供给产生的企业信义增加的速度不够快,那么,E点就会向右移动。政府"很忙",但企业的信誉度却不高。如果政府管制的效率非常差,差到供给曲线尚未与需求曲线相交就下降了,会出现所谓的"管制陷阱"。企业不讲信义,于是政府要管制,但管制后企业信义不但不见好转反而更差,进而政府再增加管制,结果是政府管得越多,企业越不讲信义。供给曲线和需求曲线永远不相交。如果任凭恶性循环持续下去,最后的结局是,只有管制,没有信义,所有的交易都只能在政府的管制下进行。这就是图13-3所表现的情况。

(3) 多重均衡下的管制陷阱

更复杂的是图13-4所示的情况。本来政府管制和企业信义可以在E点达成均衡。可是,一个"太积极"的政府出现,它想让企业变得更完美,于是加大监管。如果监管力度超过了X点,则新的企业信义均衡点只能出现在F点。但是,F点是不稳定的。假如F点上的企业信义略微向下波动一点,或者政府又"积极"了一下,管制陷阱将再次出现,极端境况是只有管制、没有信义。

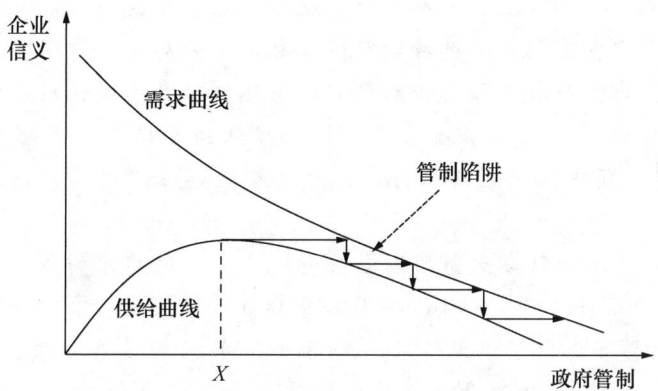

图 13-3　管制陷阱

资料来源：张维迎. 产权、激励与公司治理［M］. 北京：经济科学出版社，2005.

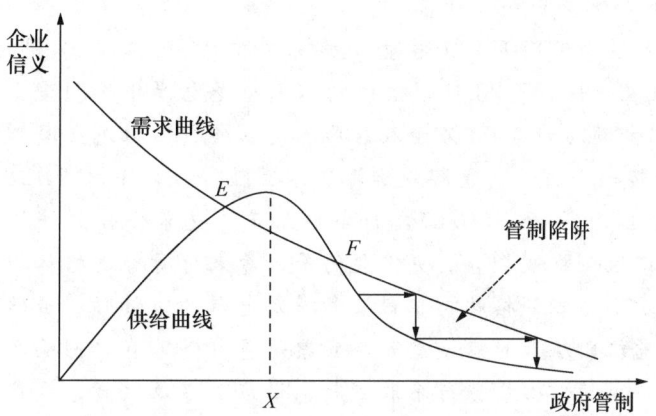

图 13-4　多重均衡与管制陷阱

资料来源：张维迎. 产权、激励与公司治理［M］. 北京：经济科学出版社，2005.

13.1.3　舆论监督

案例 13-1 ▶ 顾雏军的倒下与站起

顾雏军是格林柯尔系的创始人，其旗下控制科龙电器等五家上市公司。2005 年 1 月，顾雏军登上了第二届"胡润资本控制 50 强"的榜首。2005 年 9 月，顾雏军正式被捕，2008 年因虚假注册、挪用资金等罪一审获判有期徒刑十年。那么，这样一个资本大鳄是如何倒下的呢？

2004 年 8 月 9 日，香港中文大学教授郎咸平在复旦大学发表了《格林柯尔：在"国退民进"的盛宴中狂欢》的演讲。他认为，顾雏军先后收购了科龙、美菱、亚星客车以及 ST 襄轴等四家公司，号称投资 41 亿元，但实际只投入 3 亿多元。其间顾雏军采取了多种手法巧取豪夺，郎咸平将顾雏军的巧取豪夺归纳为"七大板斧"——安营扎寨、乘虚而入、反客为主、投桃报李、洗个大澡、相貌迎人以及借鸡生蛋。郎咸平教授宣称发现了顾雏军的"并购神话"的真相,认为后者采取了不正当的财务手段来侵吞国有资产。郎咸平发表该言论后数日,格林柯尔集团委托的香港齐伯礼律师行向郎咸平递送了措辞严厉的律师警告函。这一律师函直接导致了郎咸平将那篇名为《在"国退民进"盛筵中狂欢的格林柯尔》的文章直接在国内门户网站上公布,顿时引起轩然大波。

2004年11月,深圳证券交易所联合香港联交所进驻广东科龙总部对其财务问题进行集中核查。2005年1月25日,香港联交所上市委员会对广东科龙电器(0921,HK)前7位执行董事进行了纪律聆讯。2005年3月29日,香港联合交易所发布了对这7位科龙前执行董事公开谴责的通告,格林柯尔系成监控对象。2005年3月,广东、江苏、湖北、安徽等地证券监管部门对格林柯尔涉嫌违规挪用其控股的上市公司科龙电器资金,收购美菱电器、襄阳轴承以及亚星客车三家上市公司的事件展开联合调查。4月初,联合调查正式展开。

正当各地证券监管部门开始着手查证格林柯尔系企业时,不利的消息接踵而来,危机开始引爆。2005年4月28日,格林柯尔系科龙电器年报预告出炉,公告称,预计2004年度亏损金额约为6000万元人民币。消息传出,科龙在深圳证券交易所挂牌的A股在按例停牌一小时后,复牌股价即直落至跌停板,下滑10.12%;港股方面同样狂泻16.31%。2005年5月10日,科龙电器正式发布公告:科龙公司因涉嫌违反证券法规被我国证监会立案调查。更重要的是,原来负责香港格林柯尔和科龙的会计师事务所德勤表示不再担任格林柯尔科技和科龙电器的审计师。虽然调查结论尚未最终公布,但科龙危机已经开始愈演愈烈,股票一再狂跌,直接影响了金融机构、供货商、经销商等对科龙的信心,银行不敢放款,供应商不敢供货,生产经营趋于严重困难,使科龙在银行融资和赊账方面遇到困难,现金流的紧张对供货商的供货及与经销商的合作构成连锁性冲击,令科龙错过了本年度冰箱及空调的生产和销售旺季,导致科龙2005年5月和6月的营业额较上年同期减少50%以上。

2005年7月12日,一封"致科龙电器全体股东书"把上海律师严义明推到聚光灯下。在"拷问"科龙独董"失职"的同时,严义明联合香港著名律师林炳昌,以及财务专家朱德峰宣布竞选科龙独董,调查科龙危机。作为仅持100股股票的小股东、多次为上市公司中小股东代理证券民事诉讼案件的上海律师,严义明已经展开一场声势浩大的"独董独立运动"。而对于外界对其就此事"自我炒作"的质疑,严义明在接受记者采访时则自称是"中国市场上第一个有意识地推动保护投资者权益的律师"。

2005年7月下旬,证监会首次在北京找顾雏军谈话。7月29日17时左右,在北京奔走公关多时的顾雏军,在北京首都机场被警方带走。2008年1月30日,广东佛山市中院作出一审判决,顾雏军因虚报注册资本罪、违规披露和不披露重要信息罪、挪用资金罪被判12年有期徒刑,执行10年,并处罚金680万元。

2012年9月6日,顾雏军提前获释。9月14日,顾雏军在北京举办新闻发布会,其头戴白纸做成的高高的帽子,上面写着"草民完全无罪"。发布会上,顾雏军向在场多家媒体发放了长达27页的举报信，并附上自己撰写的新闻稿及存储了多份判决书、辩护意见等文件的光盘。2014年1月17日，广东省高院正式受理了顾雏军对于佛山中院和广东省高院判决的申诉。

2019年4月10日，最高人民法院对原审被告人顾雏军等人再审一案进行公开宣判，判决撤销原判对顾雏军犯虚报注册资本罪，违规披露、不披露重要信息罪的定罪量刑部分和挪用资金罪的量刑部分，对顾雏军犯挪用资金罪改判有期徒刑五年。

资料来源：根据相关网络资料整理。

一、舆论监督的媒体效应

在顾雏军案例中，郎咸平发表在各大网站的文章，是推倒顾雏军的第一股力量。在其他中外的公司治理大案中，舆论监督也扮演着重要的角色。舆论监督的实施主体主要分为公众和媒体两个层次。公众是舆论话题的发现者和提供者，其舆论发布的平台是各类媒体。同时，媒体本身也是专业信息的发现者，也可独立地成为舆论监督的源头。[64]而且，媒体也是公众舆论的引导者和推动者，是个别舆论成为社会舆论的转化器。另外，随着互联网技术的发展，微博、微信、短视频等自媒体形式相继出现，媒体和公众已经比较难以分清彼此。所以，关心舆论监督的公司治理作用，核心就在于理解媒体的公司治理力量，包括媒体的治理机理、治理效果等，即所谓舆论监督的媒体效应。

小贴士 13-1　第四权力

三权分立是西方国家基本政治制度的建制原则，是指立法权、行政权和司法权相互独立、互相制衡。在这三权之外，还有一个"第四权力"的比喻，即把新闻媒体理解为与立法、行政、司法并立的一种社会力量，能对这三种政治权力起制衡作用。

在西方国家，新闻媒体有"第四权力"的比喻，强调其在独立性基础上的对政治权力的制衡，说明了新闻媒体力量的强大。一般来说，媒体力量源自于其三项功能，一是信息披露，二是舆论监督，三是引导舆论导向。[64]媒体的力量是如何转化公司治理行为的呢？

第一，声誉机制的作用。在经理人市场上，经理和董事的价格与其说来自其人力资本，不如说来自于其声誉。声誉不仅能实现经理和董事的社会性需要，声誉也是其获得经济利益的基础，给他们带来薪资奖励和职业前景。来自媒体的声誉损害（不考虑媒体被操纵的话，媒体在这方面一般是报忧不报喜的），对那些希望在未来职场有所发展的经理和董事来说，是一个可信的严厉的惩罚，促使他们更加关注媒体，对媒体的报道作出及时反应。[290]在实证方面，国外的一些研究支持了这一结论。比如，公司被美国《商业周刊》评为"最差董事会"，那么公司治理改善往往会随之展开。[292]

当然，媒体声誉机制的效应也受到质疑。一方面，媒体报道的独立、公正、客观性是值得商榷的，特别在某些特定的社会环境下。另一方面，经理市场的发展状况，直接解决了声誉机制是否成立。所以，一些文献并未发现媒体声誉机制的实证效果。[293]另有一些文献，虽然发现了媒体的治理效用，但在中国经理市场尚未成熟的情况下，被证明其作用并非来自声誉机制，而是引导监管部门的介入。[294]

第二，引起监管部门的反应。在市场导向的经济制度下，声誉机制是解释媒体公司治理作用的基本因素。假如监管部门与公司之间没有不正常的关系，而一般情况下监管部门与公司间的信息不对称程度较高，那么媒体的报道将起到一种投诉机制的作用，有助于引导监管部门的介入。假如监管部门与公司之间寻租而关系不正常，则媒体的报道有助于引入更高一级监管部门的反腐行动，或者促使该监管部门出于自身声誉和政治前途考虑而自我修正。

自媒体时代，在微博、微信、短视频等新媒体上，公众自发形成的舆论意见，也会产生类似的投诉或者信访机制。过去，公众舆论只有透过媒体或者引起群体事件，才能触动公司或监管部门。所以，过去的公司治理研究仅考察到媒体层面。然而在当今的社会背景条件下，自媒体治理应该被重视。但是，网络信息碎片化、可靠性低、更新快等特点，使得自媒体治理是否能起到切实的作用还有待考察。

第三，产生市场压力。在这方面，媒体发挥的是一种信息中介的作用。事实上，媒体本质上是信息中介，公司的信息披露渠道是各种媒体，媒体发布的公司点评也是一种信息。媒体越积极、越公正，市场对公司的信息不对称性越小，越有利于市场机制的发挥。特别在资本市场上，没有媒体的存在，股东"用脚投票"的机制无从谈起。实证研究也证明，媒体关注的程度会影响资本市场对股票的定价，甚至不论媒体报道是否准确，高曝光率公司的股票回报都要低一些。[295]所以，媒体的舆论效应可以改善投资者信息环境。

二、学者的专业意见

媒体能够发挥舆论监管的作用，是因为如果能守住职业道德底线，它将是一个独立的第三方。此外，在职业道德假设下的另一个独立的第三方，是学者，而且学者还具备了更加专业的特点。在顾雏军的案例中，最初的推动者就是郎咸平教授。

学者是社会的良心，学者对于社会的影响是巨大的，是潜移默化的。一个社会必须要尊重学者的意见，创造让学者努力研究、发挥作用的机制。[35]学者的专业意见是重要的舆论监管力量，是因为学者有较多时间和专业技能去研究并揭示那些不为常人所见的机制。[4]学者求真、创新的职业特点，决定了学者是最不应声附和或迎合潮流的独立群体。

13.2 服务中介系统

以上主要从舆论监督功能的角度，讨论了新闻媒体的公司治理作用。追本溯源，媒体首先还是一个信息中介，信息传递功能是包括舆论监督功能在内的其他功能发挥的前提。不仅舆论监督需要通过一定的中介机构，其他的外部治理机制，甚至一些内部治理机制的运转，都要依赖各种中介机构。这些中介机构形成了公司治理的服务中介环境系统。

13.2.1 信息中介与信息披露制度

在第 2 章中,我们详细讨论了公司治理的系统构成,强调必须有一种机制能够保证公司治理客体处于主体的治理之下,这种机制就是确保说明责任的履行。所谓说明责任,是指公司治理客体有义务向公司治理主体报告其行为、行为的原因、行为的结果或预期结果。所谓说明也即信息披露,而确保说明责任履行的机制就是实施信息披露制度。

一、强制性信息披露制度

信息披露制度是公司治理制度体系的必要组成部分,是公司资产的受托者向各方委托者汇报必要信息的制度安排。在内部治理系统内,经理向董事会、董事会向股东会尽其说明责任是信息披露制度的内容。非上市的、非股份制的公司也存在信息披露制度的建设问题。不过一般情况下,人们所谈及的信息披露制度更多是面向上市公司外部利益相关者群体的。鉴于这类公司的信息不对称度更高、影响面更广,各国往往会立法规制相关信息披露事宜,称为强制性信息披露制度。以下从介绍强制性信息披露制度入手,说明公司治理制度建设的信息披露部分的特点。

强制性信息披露制度,也称公示制度、公开披露制度,是上市公司为保障投资者利益、接受社会公众的监督而依照法律规定必须将其自身的财务变化、经营状况等信息和资料向证券管理部门和证券交易所报告,并向社会公开或公告,以便投资者充分了解情况的制度。它既包括发行前的披露,也包括上市后的持续信息公开,主要由招股说明书制度、定期报告制度和临时报告制度组成。[64]强制性信息披露制度源于英国。1720 年,由南海公司信息欺诈引起金融危机,导致英国整整一百年里没有发行过一张股票。在刚刚恢复元气的 1844 年,为了避免重蹈覆辙,英国正式颁布《合股公司法》,其中规定了公司制度的三项原则。前两项原则用以推动公司制度的普及,而第三项原则就是强制性信息披露原则,规定公司注册登记情况必须向社会公开,从而防止欺诈,保护公众利益。由此可见信息披露的重要性,没有信息披露制度就没有现代公司制度。

强制性信息披露制度的核心特征在于"强制"二字。"强制"也意味着公司其实并没有进行全面信息披露的动力,将其判定为一件吃力不讨好的事情。"吃力"表现在信息披露是有成本的,不仅信息准备、披露发布要消耗资源,披露还有可能引起争执和分歧,甚至股东诉讼。"不讨好"表现在市场环境下让自己处于竞争的"明处",公开的信息使竞争对手、供应商、客户等对公司的长短处一目了然,甚至在控制权市场上也落在下风。而且,一旦披露的是坏消息,或者让人误解的信息,更是自找麻烦。当然在有的情况下,公司如果出台对自己利好的消息,也类似于向市场发布了一个"信号",有利于解除市场对公司的各种逆向选择问题的困扰,提升市场对公司信心。所以,信息披露制度具有强制性的本质特征,但自愿性的信息披露行为在目前市场上也并不少见。

总体而言，在强制性特征下，信息披露的方式和内容是被确立下来。首先，信息披露被要求在规定的时间，按照规定的统计方法，甚至规定的书写格式向规定的群体发布，公司在其中的自主余地很小。其次，信息披露的内容有严格规定。我国于2007年发布了《上市公司信息披露管理办法》，2021年进行了进一步完善，它规定了公司信息披露的文件包括定期报告、临时报告、招股说明书、募集说明书、上市公告书、收购报告书等。招股说明书、募集说明书和上市公告书的发布可总称为初次信息披露；定期报告包括年度报告和中期报告，凡是对投资者作出价值判断和投资决策有重大影响的信息，定期报告均应当披露；临时报告指的是对重大事项的披露。《上市公司信息披露管理办法》第22条规定，"发生可能对上市公司证券及其衍生品种交易价格产生较大影响的重大事件，投资者尚未得知时，上市公司应当立即披露，说明事件的起因、目前的状态和可能产生的影响。"再次，信息披露事务管理相关事宜也有严格要求。《上市公司信息披露管理办法》对此作出了明确规定，还要求上市公司董事、监事、高级管理人员应当勤勉尽责，关注信息披露文件的编制情况，保证定期报告、临时报告在规定期限内披露。最后，监督管理与法律责任的相关规定是强制性信息披露制度的制度保障。对此，证监会依据《公司法》《证券法》等行使重要责任。

小贴士 13-2　自愿性信息披露

根据2001年美国财务会计准则委员会发布的《改进财务报告：增加自愿性信息披露》，自愿性信息披露是指上市公司主动披露的，而非公认会计准则和证券监管部门明确要求的基本财务信息之外的信息。自愿性信息披露的内容一般包括无形资产管理、运作信息、前瞻性信息、经理人员自我评价信息、环境保护与社会责任信息、公司治理信息等方面。上市公司自愿披露信息的目的是让投资者了解公司的投资价值和潜力，降低资本成本。

在资本市场中，公司和投资者之间存在着信息不对称，公司在信息方面具有优势，而投资者处于信息劣势，由于存在这种信息的不对称，投资者很难对公司作出客观的评价，导致公司价值被高估或者被低估。为缓解公司和投资者之间的信息不对称问题，避免逆向选择等问题的发生，市场中具有信息优势的公司为需要通过适当方式向市场上处于信息劣势的投资者传递有关公司价值的信号，使外部投资者了解公司的真实价值，以此来影响投资者决策。尤其是对于价值被低估的公司，公司更有动力向投资者披露体现公司竞争优势和发展前景的信息，给投资者传递积极信号，减轻投资者的风险顾虑，从而降低融资成本，提高公司价值。

自愿性信息披露尽管是"自愿"的，但不是可有可无的。企业要想获得可持续发展，就必须高度重视自愿性信息披露，而不能仅仅满足于强制性信息披露。尽管自愿性信息披露增加了信息披露的成本，但相对于企业由此获得的投资者信心以及企业的良好声誉和长期发展是非常值得的。

资料来源：高明华，苏然，曾诚. 自愿性信息披露评价及市场有效性检验[J]. 经济与管理研究，2018，39（4）.

二、信息中介及其功能

信息披露当然要依靠相关媒体发布,这些媒体就是从事公司治理服务的信息中介。除此之外,信息中介还有其他一些形式,包括会计审计机构、信用评级机构等,它们是信息披露制度不可或缺的组成部分。

(1) 会计师事务所

会计师事务所是由注册会计师组成,受当事人委托承办有关会计和税务咨询,以及审计等方面业务的中介服务机构。从业务内容看,会计师事务所既是提供公司经营管理服务的会计师事务所,也是为社会公众服务的会计师事务所。前者是为了帮助公司完成相关企业专业职能,包括会计咨询、税务咨询、管理咨询、代理记账等等。后者则是为了确保公司实现信息披露机制,包括审查企业会计报表、验证企业资本、办理企业合并、分立、清算事宜中的审计业务等,该类活动的结论要形成面向社会公众的审计或验证报告。前者可统称为咨询业务,后者可简称为审计业务。谈到会计师事务所的公司治理功能,自然指的是审计业务,即通过审计活动解决公司与公众的信息不对称问题。

为什么社会中要出现一个专门的审计机构呢?因为人们相信自利的公司总会有说谎的可能。那么,为什么会计师事务所不会帮助公司说谎?事实上不是会计师事务所不会说谎,而是制度约束会计师事务所不能说谎。其实,公司发展史上有太多说谎的会计师事务所,让人记忆犹新的是美国安然事件中的安达信会计师事务所,安达信最终的下场是倒闭。究其原因,关键点在于它既帮安然做审计业务,也从事咨询业务,每周的收入达到百万美元。可见,一个不独立会计师事务所是无法保证公正、客观的。所以,维护独立性是治理会计师事务所的基本原则。近年来,呼吁会计师事务所审计、咨询业务分离的呼声很高,这就是基于维护独立性的考虑。

另外,在会计师事务所的制度选择中,不同于工商企业,合伙制的产权形式常见得多。这其实是市场对其治理结构的决定。会计师事务所之类的组织机构主要依靠人力资本运转,这是难以被抵押的资产。因而,如果采用有限责任制度,则破产对于注册会计师们的压力太小,但如果采用无限责任的合伙制,合伙人约束自己行为的动力就会增强,或者说与被审计公司合谋的风险就会增大,公众对其出示的审计报告的信任度就会高一些。

讨论会计事务所的治理力量,就不得不提及律师事务所。律师事务所在两类公司治理活动中也起到重要作用:一是承担公司的合规性建设,比如,上市阶段的公司制度完善;二是承担公司和针对公司的法务工作,是公司信义义务体系不可缺少的环节。

(2) 信用评级机构

信用评级机构由专门的经济、法律、财务专家组成的、对证券发行人和证券信用进行等级评定的组织。信用评级机构主要关心公司偿债的信用,不单独对普通股股票评级,但在评级中会涉及对公司治理的评价。

美国的标准普尔和穆迪是世界最知名和最成熟的两家信用评级机构。以下以标准普尔为例子，说明信用评级机构在公司治理中的信息中介作用。标准普尔的信用评级共十级，通过分别计算全部公司信用影响因素后，加权汇总算出。其中，包含对公司治理因素的评价。标准普尔对公司治理因素的评价基于四项原则：第一，公平性。考察公司对待全体股东的公平程度，注重对剥夺问题的防范治理。第二，透明性。考察公司对其行为的信息披露，包括信息披露的程序规范性。第三，可信性。考察公司控制体系的建设情况。第四，可靠性。考察公司经营的合法性，以及与利益相关者关系的长期稳定性。在此原则下，标准普尔从两个方面计算公司治理分数。一方面基于内部治理系统，分析所有权结构和外部利益相关者的影响、投资者权利和关系、透明度与信息披露、董事会的结构与过程管理共四个维度的情况。另一方面基于外部治理系统，分析市场基础设施、法律基础设施、管制环境系统、信息基础设施共四个维度的情况。

除了这些内外完整市场的信用评级机构，还有一些具有类似功能的机构，也会对特定公司的信用和风险进行评价。本章讨论案例涉及的公司就是一家做空机构，它通过向市场提供其所调查公司的做空信息报告，从而打压股价，并从中牟利。

（3）公司治理评价指数

标准普尔对公司治理的评价，构成了一个公司治理评价系统，是信用评级机构评估证券风险的重要工具。在标准普尔的带动下，以及远溯于20世纪50年代的学术探索，今天国内外一些专门机构和学术团体建立起专门的直接评估公司治理的评价指标体系，甚至将评估结论指数化。其中，南开大学公司治理研究中心2003年起发布的中国上市公司治理评价指标系统，及中国公司治理指数$CCGI^{NK}$，在中国影响最为广泛。2020年起，南开大学进一步发布了中国上市公司绿色治理指数，反映了外部治理环境对企业承担环境、社会和治理责任的整体要求。

南开大学公司治理研究中心认为公司治理评价与治理指数系统的功能在于：加强监管，促进资本市场的完善与发展；为投资者的投资提供评价标准，并指导投资；有利于公司科学决策的完善与诊断控制；有利于对公司形成强有力的声誉制约，并促进证券市场质量的提高；建立公司治理实证研究平台，提高研究水平。[296]可见，公司治理评价与治理指数系统起到的是信息中介的作用。

$CCGI^{NK}$指数的评价指标包括六个一级指标。其中，在股东权益与控股股东行为一级指标下，有关联交易状况、上市公司独立性、股东会状况、中小股东权益保护状况四个二级指标。在董事与董事会治理一级指标下，有董事权利与义务、董事会运作效率、董事会组成结构、董事薪酬、独立董事制度五个二级指标。在监事与监事会治理一级指标下，有监事能力保证性、监事会运行有效性两个二级指标。在经理层治理一级指标下，有任免制度、执行保障、激励机制三个二级指标。在信息披露一级指标下，有完整性、真实性、及时性三个二级指标。在利益相关者治理一级指标下，有公司员工参与程度、公司社会责任履行状况、公司投资者关系管理、公司和监督管理部门的关系、公司诉讼与仲裁事项五个二级指标。从中可以了解$CCGI^{NK}$指数关心的公司治理因素。

13.2.2 金融中介及其功能

除了信息中介，构成公司治理服务中介环境系统的还有金融中介。金融中介是指在经济金融活动中为资金盈余者和资金需求者提供条件、促使资金供需双方实现资金融通的各类金融机构的总称。[297]金融中介是一个弹性较大的概念，广义的理解中各类金融市场都可归为金融中介。即便按照较窄的定义，仅从金融机构的角度界定金融中介，所包含的范围也很宽泛，商业银行、专业银行、财务公司等均属于金融中介，甚至此前所讨论的信用评级机构也属于信息类金融中介。所以，这里所讨论的金融中介是一个最窄的概念，基于"股东至上"视角，专指在股东与公司之间完成金融媒介或桥梁作用的机构。一般而言，在公司治理语境下所讨论的金融中介主要是三类，一是证券公司，二是投资基金，三是股票交易所。

一、证券公司

证券公司是在资本市场上经营证券业务的金融机构。证券公司是中国和日本的称呼，在美国称为投资银行，在英国则称为商人银行。

综合型的证券公司的业务范围较宽，其中证券承销是证券公司最基本、最核心的业务活动，是指证券公司依照协议或合同为发行人包销或代销证券的行为。包销是指证券承销商将发行人的证券按照协议全部购入或者在承销期结束时将售后剩余证券全部自行购入的承销方式。包销的特点由"包"反映，"包"的本质是发行风险由证券公司"包圆"。代销是指证券公司代发行人发售证券，在承销期结束时，未售出的证券将全部退还给发行人的承销方式。

我国《公司法》规定，股份有限公司发起人向社会公开募集股份，应当由依法设立的证券公司承销，签订承销协议。为什么股票发行必须由证券公司完成，由公司自己不行吗？这里除了政府管制和调控的原因，以及对证券公司的专业能力考量之外，还有一个信誉问题使得公司无法实现直接兜售。[37]公司的股票发行往往是一次性的，即便算上再融资活动，也是偶然发生的，同时股东购买股票后，资金不可抽回。所以，股票发行过程中，股票购买者要承担较大风险。如果都是由公司自己出售股票，资本市场将无法形成。理论一些的解释是，公司自己出售股票就是一种一次性的博弈，人们不会有约束自己机会主义行为的经济动力。但如果由证券公司专门承办这项交易，在资本市场上股票承销则构成了重复博弈，所谓"跑得了和尚跑不了庙"。为了长远利益，证券公司就会保证自己当下的信誉，不会欺骗投资者。

把问题再向前推一步，证券公司以及其他机构组成的资本市场上，市场机制能够保证证券发行的正当性，杜绝各类欺诈、内幕行为吗？这就涉及证券发行的核准制与注册制的选择问题，也就是公司治理系统中政府管制和市场机制之间的权衡问题。核准制是指公开相关信息、确保证券发行的实质条件后，由主管机构决定是否予以批准其发行证券的一种审核制度。在2019年科创板开板之前，中国一直是核准制的代表。美国在联邦管制的层面上采用注册制，也称申报制，是指发行人负责向证券主管机构申报注册，而主管机构只负责审查其是否履行了信息披露义务的一种审核制度。目前,中国在科创板、创业板试点了注册制,但总体进展不快,关于注册制是否适合中国资本市场也还存在分歧。[298]一种观点是"市场程度较高的注册制虽能成为我国证券市场新股发行体制改革的目标,但我国证券市场新股发行体制改革的成功与否、进度如何,则取决于与之配套的法律基础制度和环境是否完善。"[299]

证券公司的第二类基本业务是证券经纪,是指证券公司通过其设立的证券营业部,接受客户委托,按照客户要求,代理客户买卖证券并从中收取佣金的业务。由于一般投资者不能直接进入证券交易所进行交易,故此只能通过特许的证券经纪商作中介来促成交易。证券公司的另一类常见业务是自营业务,是以自己的名义和资金买卖证券从而获取差价利润的证券业务。在这个层面上,证券公司可认定为机构投资者。另外,证券公司也是一些投资基金的发起人,是吸纳社会资金的机构投资者。此外,证券公司还常会设立投资咨询的业务,这个层面上,证券公司的身份是信息中介。事实上,严格区分信息中介和金融中介仅是一种教科书式的提法,证券公司在承销、经纪等核心业务上也必须承担信息中介的功能。另外,在证券私募发行、公司并购、项目融资、公司理财等金融活动方面,证券公司都承担着重要的工作。

二、投资基金

投资基金是一种利益共享、风险共担的集合式、间接式证券投资制度,它通过发行基金份额集中投资者的资金,形成独立资产,由基金托管人托管和基金管理人员管理,以投资组合的形式从事股票、债券等证券投资活动,并将投资收益按投资比例进行分配。这是关于投资基金的狭义定义,是对证券投资基金管理公司的简称。关于证券投资基金的公司治理问题,主要涉及机构投资者以及股东积极主义行为问题。有关内容在6.3.3节中已有讨论,这里不再赘述。

广义地理解投资基金,除了投资有价证券,还可投资创业风险项目,所以投资基金也可指创业风险投资基金管理公司。创业风险投资基金,以一定的方式吸收机构和个人的资金,然后向未上市的公司进行股权投资,其投资重点一般是高新技术企业,以期在公司发展成熟的适当阶段,通过转让股权获取资本增值收益。不严格区分的话,VC(venture capital)和PE(private equity)两种常见形式都可归为创业风险投资。如果说证券投资基金是否应该成为积极股东尚有争议的话,创业风险投资基金一定是积极股东。创业风险投资基金既有参与治理的动力,也有参与治理的条件和能力。

从治理动力看:一是创业风险投资不同于一般证券投资,其投入资金比例一般较高,而且在投资契约约束下,被"套牢"的风险程度高。二是所投公司一般属于高新技术企业,且常处于创始人控股创业阶段,加剧了信息不对称程度。三是创业风险投资本身就追求着高风险、高收益,赚的就是风险的溢价,投资风险极高。为了保住自己的利益,创业风险投资者无论如何不愿意成为一名旁观者;从治理的条件和能力看:一是较高的持股比例,提高了创业风险投资者投票的影响力。二是投资契约的订立过程，创造了创业风险投资者确立治理者地位的时机。三是过往多个项目的操作经验，增强了创业风险投资者参与公司治理，甚至决定经营决策的能力。因此，在创业风险投资的实际流程中，参与公司治理成为不可缺少的环节。

创业风险投资基金参与公司治理的常见途径是直接进入公司董事会，直接面向公司创始者，甚至在投资契约和公司章程中规定创业风险投资基金特殊董事会权力的情况也不少见。比如，在重大业务方向变更、重大资产变更等事项上，创业风险投资基金可以要求拥有一票否决权。另外，被投资公司如果尚处于初创阶段，一方面信息不对称性、经营风险性更严重，另一方面创业者也比较缺乏经营经验，创业风险投资基金就会积极派遣专业管理人员进入公司管理层，直接指导和监督公司的各项经营活动。在实证研究方面，有证据表明创业风险投资机构对公司治理的正面影响。[300]

三、证券交易所

证券交易所是依法设立的集中进行证券交易的有形场所。证券交易所本身不从事证券买卖业务，只是为证券交易提供场所和各项服务，并履行对证券交易的管理职能。

证券交易所就是证券交易的市场。从市场的平台形态和交易机制看，证券交易所提供了证券交易的场所，披露了市场交易的信息，形成了市场交易的价格。从证券交易所作为市场的管理主体来看，还有制定市场规则和维护市场秩序的功能。这两大功能对公司行为的影响成为公司治理的重要环境因素。

证券交易所依照相关法律和政府监管要求，会制定上市退市规则、交易规则、信息披露规则、会员管理规则等。这种统一的规范减少了公司自行决定制度的余地，划定了公司的行为边界，有利于降低市场的系统风险。甚至证券交易所会深入公司制度建设中心，直接决定相关公司治理的制度安排。比如，《上海证券交易所上市公司董事选任与行为指引》《上海证券交易所上市公司关联交易实施指引》《上海证券交易所上市公司现金分红指引》等，就直接对上市公司的内部行为作为明确规定，甚至还有更直接的《上海证券交易所上市公司治理指引》。

在市场规则下，证券交易所积极维护市场秩序，对证券交易实行实时监控，并报告、处理异常交易，督促上市公司全面、准确、及时披露必要信息，等等。随着股权分置改革的完成，在全流通环境下，证券交易所对内幕交易的监管成为一项重点工作。2010年8月，上海证券交易所召开监管工作专题会，制定了严打内幕交易的七项措施。

围绕着制定市场规则和维护市场秩序这两大功能，证券交易所还从多方推动公司治理的完善。比如，深圳证券交易所主办了《证券市场导报》，这是全国第一家证券类学术月刊，并入选CSSCI经济学来源期刊。上海证券交易所撰写的《中国公司治理报告》，从2003年开始每年研究一个主题，曾连续了十余年。

> 讨论案例

不止一个瑞幸

一、瑞幸事件始末

瑞幸咖啡公司于2017年成立，总部位于厦门，截至2019年底直营门店达到了4507家，超越了星巴克在中国的门店数量，是中国最大的连锁咖啡品牌。2019年5月17日，瑞幸咖啡公司登陆美国纳斯达克，融资6.95亿美元，成为世界范围内从公司成立到IPO最快的公司。

2020年2月1日，以做空闻名的研究机构浑水研究发布了一份针对瑞幸咖啡公司长达89页的做空报告，其中包括92名全职员工和1418名兼职员工对1832家瑞幸咖啡门店的现场监控，收集小票25000多张，录制视频达11000小时，指出瑞幸咖啡公司从2019年第三季度开始捏造运营和财务数据，夸大了门店业绩，从而营造出盈利的假象。4月2日，瑞幸咖啡公司向美国证券交易委员会提交公告，承认财务舞弊，涉虚假交易额22亿，受此影响，瑞幸咖啡当天开盘后6次熔断，股价暴跌75.57%，报6.4美元/股，市值一夜间缩水354亿元。对此，美国多家律师事务所等均表示，因瑞幸咖啡造假遭受损失的投资者可以与律师事务所联系，讨论相关起诉赔偿事宜。瑞幸事件也导致中概股出现大面积信任危机。4月3日，中国证监会表示高度关注瑞幸咖啡公司财务造假事件，对该公司财务造假行为表示强烈的谴责。2020年6月29日，瑞幸咖啡正式停牌，并在纳斯达克进行退市备案。

二、中概股危机

2010年6月，致力于对中概股公司进行"财务打假"的浑水率先出击，对东方纸业发布了首份做空报告。由此，中概股公司开始遭受来自境外媒体、做空机构、监管者、投资者等多方铺天盖地的质疑，掀起了2010—2012年的第一次中概股信任危机。此次危机直接导致赴美上市的中国企业数量从2010年的63家锐减至2011年的14家，降幅为77.78%；退市企业数量则从2010年的7家增加到了2011年的41家，增幅高达485.71%，是过去20年退市数量总和的两倍。随着第一次中概股危机的持续发酵，2011—2016年共计有150家中概股公司退市，远大于期间的新增IPO总数（68家）。在第一轮中概股危机中，被做空公司的具体诱因如表13-3所示。随着第一轮中概股危机的爆发，2010年以来，全球新增超过40家做空中概股的研究机构，累计做空中概股公司超过130家。其中，浑水共发布20家中概股公司做空报告，其中10家已经退市；香橼先后狙击了20家中概股公司，其中15家股价跌幅超过66%，7家已经退市。

表 13-3　第一轮中概股危机（2010—2012 年）

具体诱因	代表性企业
虚假信息披露（远高于同行的毛利率、伪造财务报表、夸大收入）	东方纸业、中国绿色农业、中国生物、分众传媒、中国高速传媒、旅程天下、奇虎360
隐瞒关联交易或严重依赖关联交易	中国阀门、新泰辉煌、嘉汉林业、多元水务
超低价发行	新博润、泰诺斯资源
管理层问题（内部人士转移资金、可疑交易）	绿诺科技、银泉科技、新华财经、泰诺斯资源、美国超导、新泰辉煌、东南融通
选择信誉不佳的审计师事务所	中国阀门、绿诺国际、哈尔滨电气
过度外包、依赖代理和中间商	多元水务、东南融通、嘉汉林业
更换过审计师、CFO	绿诺科技、中国生物、新泰辉煌、展讯通信
不符合 SEC 上市要求	艾瑞泰克、万得汽车、瑞达电源、盛大科技
境内外报表数据存在显著差异	泛华保险、绿诺科技、哈尔滨电气
经营模式不被国外投资者所认可	同济堂、新华悦动传媒、多元水务

资料来源：韩洪灵，陈帅弟，陈汉文．瑞幸事件与中概股危机——基本诱因、监管反应及期望差距［J］．财会月刊，2020，（18）．

瑞幸事件引发了正在持续发酵中的第二轮中概股信任危机，共有 9 家中概股公司被做空，其被做空的具体诱因如表 13-4 所示。引发两次中概股危机的企业层面基本诱因可归结为以下三个方面：① 财务欺诈问题。中概股公司财务欺诈的手段主要包括欺诈性财务报告和管理层侵吞资产两类：前者主要包括虚增营业收入、虚增利润、虚增资产、虚增价值、虚减费用、虚减成本、虚减负债、提供虚假信息、虚构交易、掩饰交易或事实；后者则主要包括管理层挪用或侵吞公司资产、管理层同主要股东的可疑股票交易、抛售公司股票等。② 公司治理问题。股权结构是公司治理问题的逻辑起点，VIE（可变利益实体）协议控制模式在中概股公司中被广泛使用，但其法律漏洞也会导致管理层恶意转移国内 VIE 公司的主要资产，而美国投资方无法得到中国法律的保护，相关责任人则得不到相应的惩罚。因此，VIE 股权架构、大股东掏空、关联交易等是最为常见的中概股公司治理问题。③ 商业伦理问题。部分 PE、VC 机构对中概股公司进行恶意布局或与创始人进行合谋，共同且"有节奏"地安排融资计划、盈余管理计划及退出计划。这也是商业伦理缺失下的中概股危机的基本诱因之一，瑞幸事件再次拷问着中概股公司商业伦理与会计职业道德的脆弱性及其治理的急迫性。

表 13-4　第二轮中概股危机（始于 2020 年 2 月）

目标公司	做空机构	报告时间	具体诱因
瑞幸咖啡	浑水	2020 年 2 月 1 日	财务欺诈、商业模式缺陷与若干危险信号
康哲药业	杀人鲸	2020 年 2 月 6 日	财务造假、实际控制人腐败交易
58 同城	灰熊	2020 年 2 月 13 日	虚增收入、并购赶集网为虚假交易、管理层进行利益输送
嘉楠科技	Marcus Aurelius Value	2020 年 2 月 20 日	隐瞒关联交易、客户和经销商问题频发、商业模式无法持续
跟谁学	灰熊、香橼、浑水、天蝎创投	2020 年 2 月 24 日—2020 年 7 月 2 日共 9 次做空	虚增收入 70%、多个未披露的关联方、存在大量虚假注册用户
联想集团	GMT Research	2020 年 2 月 26 日	疑似财务造假、管理层风险
中国奥园	匿名人士	2020 年 3 月 3 日	虚增合约、明股实债
晶科能源	博力达思	2020 年 3 月 4 日	财务造假、虚构销售额以及董事长违规行为
爱奇艺	Wolfpack Research	2020 年 4 月 7 日	业绩造假、虚增收入及用户数量

资料来源：韩洪灵，陈帅弟，陈汉文. 瑞幸事件与中概股危机——基本诱因、监管反应及期望差距[J]. 财会月刊，2020，(18).

三、做空瑞幸的浑水公司

关于浑水公司网上公认的说法是：其创始人是一名叫卡尔森·布洛克的美国人。他毕业于南加州大学，主攻金融辅修中文，后攻读了芝加哥肯特法学院的法学学位。卡尔森 2005 年来到上海，在一家美国律所做了一年的律师。这之后，他在中国创办过一家自助储存库公司，但不成功，他还帮助一些对冲基金和他的父亲做研究。

布洛克的父亲是华尔街投资人，2010 年让他帮助调查在美国上市的中国公司东方纸业是否值得投资。调查结果令布洛克大为吃惊。发现东方纸业存在严重数据造假，根本不值得投资。报告虽然没有帮到父亲，但是布洛克却从中发现了巨大的商机。于是 2010 年 6 月，他召集了一批熟悉中国的律师、会计、财务专业人士，在中国香港成立了"浑水调研公司"（Muddy Waters Research）。"浑水"这个名字取自中国谚语"浑水摸鱼"，这里语带双关，既是指公司专门调查在资本市场里"浑水摸鱼"的公司，又指公司"在浑浊的水中更容易摸到鱼"，先把水搅浑，然后再通过做空的方式获利。

浑水的第一个调查对象自然就是东方纸业。2010 年 6 月底至 7 月 22 日，浑水公司连续发布了六份针对东方纸业的报告，报告称东方纸业涉嫌严重的诈骗和造假行为，涉嫌资金挪用、夸大营收和资产估值、毛利润率等。东方纸业股价则从 2010 年 6 月 28 日的收盘价 8.33 美元，到 7 月 2 日暴跌至 1.5 美元，跌幅超过 80%，市值损失 1.7 亿美元。目前该公司股价仍长期处于 1 美元之下，成为"仙股"。浑水公司一战成名。

从 2010 年狙击东方纸业开始，到 2020 年把瑞星咖啡打翻，再到 2021 年 3 月"跟谁学"暴跌，浑水公司先后做空了 20 只中概股，几无失手。

资料来源：第一部分摘自：郑丽萍，赵杨. 上市公司财务舞弊的成因与治理研究——以瑞幸咖啡公司为例[J]. 管理现代化，2020，40（4）. 第二部分摘自：韩洪灵，陈帅弟，陈汉文. 瑞幸事件与中概股危机——基本诱因、监管反应及期望差距[J]. 财会月刊，2020，（18）. 第三部分为作者根据网络资料自行整理。

讨论以下问题：
（1）浑水公司的做空机制是怎样的？其治理价值如何评判？
（2）中概股被打压，是中国公司的普遍问题吗？
（3）防止瑞幸事件的再次发生，你有何系统的公司治理建议？

讨论问题

（1）基于公司治理的目的，如何理解外部治理体系的两方面治理机制？
（2）为什么公司治理中的政府管制活动要适可而止？
（3）在外部治理体系中，"学者是社会的良心"，你是如何理解的？
（4）对于上市公司，为什么要加强强制性信息披露制度建设？
（5）你对金融中介参与公司治理有何建议？

参考文献

[1] 亚当·斯密. 国民财富的性质和原因的研究 [M]. 王亚南译. 北京: 商务印书馆, 1972.

[2] JENSEN M C, MECKLING W H. Theory of the firm: managerial behavior, agency costs and ownership structure [J]. Social Science Electronic Publishing, 1976, 3 (4).

[3] 阿道夫·A. 伯利, 加德纳·C. 米恩斯. 现代公司与私有财产 [M]. 甘华鸣, 罗锐韧, 蔡如海译. 北京: 商务印书馆, 2005.

[4] 李维安, 牛建波等. CEO 公司治理 [M]. 北京: 北京大学出版社, 2011.

[5] 小艾尔弗雷德·D. 钱德勒. 看得见的手——美国企业的管理革命 [M]. 重武译. 北京: 商务印书馆, 1987.

[6] 杨瑞龙, 杨其静. 企业理论: 现代观点 [M]. 北京: 中国人民大学出版社, 2005.

[7] COASE R H. The nature of the firm [J]. Economica, 1937, 16 (4).

[8] COASE R H. The problem of social cost [J]. The Journal of Law and Economics, 1960, 3 (1).

[9] ALCHAIN A A, DEMSETZ H. Production, information cost and economic organization [J]. Academia Economic Review, 62 (5).

[10] CHEUNG S. The contractual nature of the firm [J]. The Journal of Law and Economics, 1983, 26 (1).

[11] 张维迎. 所有制、治理结构及委托—代理关系——兼评崔之元和周其仁的一些观点 [J]. 经济研究, 1996, (9).

[12] GROSSMAN S, HART O. The costs and benefits of ownership: A theory of vertical and lateral integration [J]. Journal of Political Economics, 1986, 94 (4).

[13] WILLIAMSON O E. The economics of governance [J]. The American Economic Review, 2005, 95 (2).

[14] 李维安, 李勇建, 石丹. 供应链治理理论研究: 概念、内涵与规范性分析框架 [J]. 南开管理评论, 2016, 19 (1).

[15] WILLIAMSON O E. The theory of the firm as governance structure: from choice to contract [J]. The Journal of Economic Perspectives, 2002, 16 (3).

[16] 奥利弗·E. 威廉姆森. 资本主义经济制度: 论企业签约与市场签约 [M]. 段毅才, 王伟译. 北京: 商务印书馆, 2002.

[17] 奥利弗·E. 威廉姆森. 治理机制 [M]. 石烁译. 北京: 机械工业出版社, 2016.

[18] 吴炯. 从公司治理起源看其制度治理内涵 [J]. 经济管理, 2007, (19).

[19] MACNEIL I R. Contracts: adjustment of long-term economic relations under classical, neo-classical and relational contract law [J]. Northwestern University Law Review, 1978, 72 (6).

[20] 费方域. 什么是公司治理？[J]. 上海经济研究，1996，(5).

[21] 李维安，郝臣，崔光耀等. 公司治理研究40年：脉络与展望[J]. 外国经济与管理，2019，41（12）.

[22] OCASIO W, JOSEPH J. Cultural adaptation and institutional change: the evolution of vocabularies of corporate governance, 1972-2003 [J]. Poetics, 2005, 33 (3-4).

[23] HART O. Corporate governance: some theory and implications [J]. Economic Journal, 1995, 105.

[24] BLAIR M. Ownership and control: rethinking corporate governance for the twenty-first century [M]. Washington, D. C.: the Brookings Institution, 1995.

[25] MONKS R A G, MINOW N. Corporate governance, third edition [M]. MA: Blackwell Publishing, 2004.

[26] 马克·格尔根. 公司治理[M]. 王世权译. 北京：机械工业出版社，2014.

[27] 郑志刚. 中国公司治理的理论与证据[M]. 北京：北京大学出版社，2016.

[28] SHLEIFER A, VISHNY R W. A survey of corporate governance [J]. Journal of Finance, 1997, 52.

[29] ZINGALES L. Corporate governance [M] //NEWMAN P. The New Palgrave Dictionary of Economics and the Law. London: Stockton Press. 2002.

[30] 郑志刚. 对公司治理内涵的重新认识[J]. 金融研究，2010，(8).

[31] ORHNIAI T. Limited liability and the corporation [M]. London & Canberra: Croom Helm, 1982.

[32] FAMA E F, JENSEN M C. Separation of ownership and control [J]. The Journal of Law and Economics, 1983, 26（2）.

[33] CLARK R C. Corporate law [M]. Boston: Little Brown and Company, 1986.

[34] 宁向东. 公司治理理论（第2版）[M]. 北京：中国发展出版社，2005.

[35] 郎咸平. 公司治理[M]. 北京：社会科学文献出版社，2004.

[36] 张维迎. 产权、激励与公司治理[M]. 北京：经济科学出版社，2005.

[37] 吴炯. 现代公司制度的内涵延伸及治理：一个分析框架[J]. 改革，2006，(11).

[38] SEN A. The impossibility of a paretian liberal [J]. Journal of Political Economy, 1970, 78（1）.

[39] 张银杰. 公司治理——现代企业制定新论（第三版）[M]. 上海：上海财经大学出版社，2017.

[40] HART O. Firms, contracts, and financial structure [M]. New York: Oxford University Press, 1995.

[41] MAYER R C, DAVIS J H, SCHOORMAN F D. An integrative model of organizational trust [J]. Academy of Management Review, 1995, 20（3）.

[42] 郎咸平. 郎咸平开讲：公司是什么[M]. 北京：东方出版社，2018.

[43] 范世乾. 信义义务的概念[J]. 湖北大学学报（哲学社会科学版），2012，39（1）.

[44] 王莹莹. 信义义务的传统逻辑与现代建构[J]. 法学论坛，2019，34（6）.

[45] 李维安，武立东. 公司治理教程[M]. 上海：上海人民出版社，2002.

[46] 柯武刚，史漫飞. 制度经济学：社会秩序与公共政策[M]. 韩朝华译. 北京：商务印书

馆，2000.

[47] 西奥多·W·舒尔茨．论人力资本投资［M］．北京：中国经济出版社，1990.

[48] 黄来纪，谢仁海．推行人力资本出资形式需研究的几个法律问题［J］．社会科学，2006，(2)．

[49] WILLIAMSON O E. Transaction—cost economics: the governance of contractual relations [J]. The Journal of Law and Economics, 1979, 22 (2).

[50] KLEIN B, CRAWFORD R, ALCHIAN A. Vertical integration, appropriable rents and the competitive contracting process [J]. The Journal of Law and Economics, 1978, 21.

[51] 周其仁．市场里的企业：一个人力资本与非人力资本的特别合约［J］．经济研究，1996，(6)．

[52] BARZEL Y. An economic analysis of slavery [J]. The Journal of Law and Economics, 1977, 20 (1).

[53] 杨瑞龙，周业安．一个关于企业所有权安排的规范性分析框架及其理论含义——兼评张维迎、周其仁及崔之元的一些观点［J］．经济研究，1997，(1)．

[54] 林南．社会资本——关于社会结构与行动理论［M］．张磊译．上海：上海人民出版社，2005.

[55] 亨利·汉斯曼．企业所有权论［M］．于静译．北京：中国政法大学出版社，2001.

[56] LA PORTA R, LOPEZ-DE-SILANES F, SHLEIFER A, et al. Investor protection and corporate governance [J]. Journal of Financial Economics, 2000, 58 (1-2).

[57] FREEMAN R E. Strategic Management: A Stakeholder Approach [M]. London: Cambridge University Press, 2015.

[58] 史蒂文·F．沃克，杰弗里·E．马尔．利益相关者权力：21世纪企业战略新理念［M］．赵宝华，刘彦平译．北京：经济管理出版社，2003.

[59] OECD. G20/OECD principles of corporate governance [M]. Paris: OECD Publishing, 2015.

[60] 田志龙．经营者监督与激励——公司治理的理论与实践［M］．北京：中国发展出版社，1999.

[61] 萧伟．被边缘的民主——中国 A 股上市公司职工董监事调查［J］．董事会，2011 (9)．

[62] LA PORTA R, LOPEZ-DE-SILANES F, . SHLEIFER A, et al. Legal determinants of external finance [J]. Journal of Finance, 1997, 52 (3).

[63] 高闯北．公司治理：原理与前沿问题［M］．北京：经济管理出版社，2009.

[64] MOERLAND P W. Alternative disciplinary mechanisms in different corporate systems [J]. Journal of Economic Behavior and Organization, 1995, 26 (1).

[65] LA PORTA R, LOPEZ-DE-SILANES F, SHLEIFER A, et al. Law and Finance [J]. Journal of Political Economy, 1998, 106 (6).

[66] 陈文浩．公司治理（第二版）［M］．上海：上海财经大学出版社，2011.

[67] 李维安．公司治理学（第三版）［M］．北京：高等教育出版社，2016.

[68] 崔之元．美国二十九个州公司法变革的理论背景［J］．经济研究，1996，(1)．

[69] 对 OECD《公司治理结构原则》的注释［J］．经济社会体制比较，1999，(5)．

[70] MITCHELL R K, AGLE B R, WOOD D J. Toward a theory of stakeholder identification

and salience: Defining the principle of who and what really counts [J]. Academy of management review, 1997, 22 (4).

[71] 约瑟夫·马尔特白, 罗伊·威尔金森. 死胡同: 利害相关者社会与英国的公司治理 [J]. 周穗明译. 经济社会体制比较, 1999, (3).

[72] BISHOP M. Watching the boss: a survey of corporate governance [J]. The Economist, 1994, 330 (848).

[73] 罗纳德·多尔. 股票资本主义: 福利资本主义 [M]. 李岩, 李晓桦译. 北京: 社会科学文献出版社, 2002.

[74] 鹤光太郎. 转轨中的日本公司治理结构 [J]. 毛娜译. 经济社会体制比较, 2001, (4).

[75] 小艾尔弗雷德·D. 钱德勒. 看得见的手——美国企业的管理革命 [M]. 重武译. 北京: 商务印书馆, 1987.

[76] 钟凯. 经理制度比较综议——以大陆法系为主要考察视角 [J]. 北方法学, 2010, (3).

[77] 魏杰. CEO 是制度变革的结果 [J]. 企业管理, 2002, (11).

[78] CUERVO A, RIBEIRO D, ROIG S. Introduction [M] //CUERVO A, RIBEIRO D, ROIG S. Entrepreneurship: Concepts, Theory and Perspective. Berlin: Springer. 2007.

[79] MILLER D. The correlates of entrepreneurship in three types of firms [J]. Management Science, 1983, 29 (7).

[80] HÉBERT R F, LINK A N. In search of the meaning of entrepreneurship [J]. Small Business Economics, 1989, (1).

[81] SHARMA P, CHRISMAN J J. Toward a reconciliation of the definitional issues in the field of corporate entrepreneurship [J]. Entrepreneurship Theory and Practice, 1999, 23 (3).

[82] 黄昱方, 赵曙明. 经理人职能与职业化发展研究 [J]. 南开管理评论, 2006, (3).

[83] 张维迎. 企业的企业家—契约理论 [M]. 上海: 世纪文景, 上海人民出版社, 2015.

[84] 李新春. 经理人市场失灵与家族企业治理 [J]. 管理世界, 2003, (4).

[85] 王琨, 徐艳萍. 家族企业高管性质与薪酬研究 [J]. 南开管理评论, 2015, 18 (4).

[86] JENSEN M C, MECKLING W H. Theory of the firm: managerial behavior, agency costs and ownership structure [J]. Journal of Financial Economics, 1976, 3 (4).

[87] 乔治·亨德里克斯. 组织的经济学与管理学: 协调、激励与策略 [M]. 胡雅梅, 张学渊, 曹利群译. 北京: 中国人民大学出版社, 2007.

[88] 张维迎. 博弈论与信息经济学 [M]. 上海: 上海三联书店, 上海人民出版社, 1996.

[89] 赛特斯·杜玛, 海因·斯赖德. 组织经济学 [M]. 原磊, 王磊译. 北京: 华夏出版社, 2006.

[90] 弗兰克·H. 奈特. 风险, 不确定性与利润 [M]. 安佳译. 北京: 商务印书馆, 2010.

[91] 戴维·贝赞可, 马克·德雷诺夫马克·尚利. 公司战略经济学 [M]. 武亚军总译校. 北京: 北京大学出版社, 2003.

[92] HOLMSTROM B, MILGROM P. Aggregation and linearity in the provision of intertemporal incentives [J]. Econometrica, 1987, 55 (2).

[93] AKERLOF G. The market for "lemons": quality uncertainty and the market mechanism [J]. The Quarterly Journal of Economics, 1970, 84 (3).

[94] SPENCE M. Job market signaling [J]. The Quarterly Journal of Economics, 1973,

87(3).

[95] ROTHSCHILD M, STIGLITZ J. Equilibrium in competitive insurance markets: an essay on the economics of imperfect information [J]. The Quarterly Journal of Economics, 1976, 90 (4).

[96] 倪敏,黄世忠. 非机会主义动机盈余管理：内涵分析与实证研究述评 [J]. 审计与经济研究, 2014, 29 (1).

[97] SCHIPPER K. Commentary on Earnings Management [J]. Accounting Horizons, 1989, (3).

[98] 李维安,郝臣. 公司治理手册 [M]. 北京：清华大学出版社, 2015.

[99] 黄速建. 国有企业改革的实践演进与经验分析 [J]. 经济与管理研究, 2008, (10).

[100] MODIGLIANI F, MILLER M H. The cost of capital, corporation finance and the theory of investment [J]. The American Economic Review, 1959, 49 (4).

[101] BERTRAND M, MULLAINATHAN S. Enjoying the quiet life? corporate governance and managerial preferences [J]. Journal of Political Economy, 2003, 111 (5).

[102] FAMA E, JENSEN M. Agency Problems and Residual Claims [J]. Journal of Law and Economics, 1983, 26 (2).

[103] MORCK R, SHLEIFER A, VISHNY R. Management ownership and market valuation: an empirical analysis [J]. The Journal of Financial Economics, 1988, 20 (1).

[104] 马永斌. 公司治理之道：控制权争夺与股权激励 [M]. 北京：清华大学出版社, 2013.

[105] 谢志华. 内部控制、公司治理、风险管理：关系与整合 [J]. 会计研究, 2007, (10).

[106] 柳木华. 美国COSO委员会：借鉴与启示 [J]. 当代财经, 2006, (8).

[107] 阎达五,杨有红. 内部控制框架的构建 [J]. 会计研究, 2001, (2).

[108] 李连华. 公司治理结构与内部控制的链接与互动 [J]. 会计研究, 2005, (2).

[109] 白华. 内部控制、公司治理与风险管理——一个职能论的视角 [J]. 经济学家, 2012, (3).

[110] 郑志刚,郑建强,李俊强. 任人唯亲的董事会文化与公司治理——一个文献综述 [J]. 金融评论, 2016, 8 (5).

[111] 潘越,翁若宇,纪翔阁,等. 宗族文化与家族企业治理的血缘情结 [J]. 管理世界, 2019, 35 (7).

[112] 胡晓明,许婷,刘小峰. 公司治理与内部控制,第2版 [M]. 北京：人民邮电出版社, 2018.

[113] 吴敬琏. 现代公司与企业改革 [M]. 天津：天津人民出版社, 1994.

[114] 文宗瑜. 现代公司治理：董事会与CEO的较量与制衡 [M]. 经济科学出版社, 2005.

[115] 小约翰·科利,华莱士·斯特蒂纽斯,乔治·洛根,杰奎琳·道尔. 公司治理 [M]. 李维安等译. 北京：中国财政经济出版社, 2004.

[116] 颜辉庭,吴炯. 董事会危机管理职能的界定 [J]. 经济师, 2009, (9).

[117] 罗伯特·A.G.蒙克斯,尼尔·米诺. 公司治理（第五版）[M]. 北京：中国人民大学出版社, 2017.

[118] 黄群慧. 企业家激励约束与国有企业改革 [M]. 北京：商务印书馆, 2022.

[119] JENSEN M C. Agency costs of overvalued equity [J]. Financial Management, 2005, 34 (1).

[120] R. 科斯等. 财产权利与制度变迁——产权学派与新制度学派译文集. 刘守英等译. 上海：上海三联书店, 上海人民出版社, 2014.

[121] 斯韦托扎尔·平乔维奇. 产权经济学——一种关于比较体制的理论 [M]. 蒋琳绮译. 北京：经济科学出版社, 1999.

[122] 约拉姆·巴泽尔. 产权的经济分析 [M]. 费方域等译. 上海：格致出版社, 1997.

[123] FURUBOTN E G, PEIOVICH S. Property rights and economic theory: a survey of recent literature [J]. Journal of Economics literature, 1972, 10.

[124] DEMSETZ H. Toward a theory of property rights [J]. The American Economic Review, 1967, 57.

[125] 约瑟夫·费尔德. 科斯定理 1-2-3 [J]. 李政军译. 经济社会体制比较, 2002, (5).

[126] 蒋学模. 评"所有者缺位"论——兼评全民企业股份化 [J]. 经济研究, 1988, (3).

[127] HOLDERNESS C. A survey of blockholders and corporate control [J]. Economic Policy Review, 2003, 9 (1).

[128] DEMSETZ H, LEHN K. The structure of corporate ownership: causes and consequences [J]. Journal of Political Economy, 1985, 93 (6).

[129] KOLE S. Managerial Ownership and Firm Performance: Incentives or Rewards? [J]. Advances in Financial Economics, 1996, (2).

[130] 王建文. 论我国构建控制股东信义义务的依据与路径 [J]. 比较法研究, 2020, (1).

[131] 关鑫, 高闯. 我国上市公司终极股东的剥夺机理研究：基于"股权控制链"与"社会资本控制链"的比较 [J]. 南开管理评论, 2011, 14 (6).

[132] BARCLAY M, HOLDERNESS C G. Private benefits from control of public corporations [J]. Journal of Financial Economics, 1989, 25 (2).

[133] HOLMSTRÖM B, TIROLE, J. Market liquidity and performance monitoring [J]. Journal of Political Economy, 1993, 101 (4).

[134] LA PORTA R, LOPEZ-DE-SILANES F, SHLEIFER A. Corporate ownership around the world [J]. Journal of Finance, 1999, 54 (2).

[135] BENNEDSEN M, WOLFENZON D. The balance of power in closely held corporations [J]. Journal of Financial Economics, 2000, 58 (1-2).

[136] 唐青阳. 公司法精要与依据指引 [M]. 北京：北京大学出版社, 2011.

[137] 朱巧玲, 龙靓. A股上市公司实际控制人的演变——基于2010年和2016年数据对比分析 [J]. 中南财经政法大学学报, 2018, (1).

[138] 中国民（私）营经济研究会家族企业研究课题组. 中国家族企业发展报告 [M]. 北京：中信出版社, 2011.

[139] ASTRACHAN J H, SHANKER M C. Family businesses' contribution to the US economy: a closer look [J]. Family Business Review, 2003, 16 (3).

[140] CHUA J H, CHRISMAN J J, SHARMA P. Defining the family business by behavior [J]. Entrepreneurship Theory and Practice, 1999, 23 (4).

[141] EISENHARDT K M. Agency theory: an assessment and review [J]. Academy of Management Review, 1989, 14 (1).

[142] DAILY C M, DOLLINGER M J. An empirical examination of ownership structure in fami-

ly and professionally managed firms [J]. Family business review, 1992, 5 (2).

[143] 李新春, 何轩, 陈文婷. 战略创业与家族企业创业精神的传承——基于百年老字号李锦记的案例研究 [J]. 管理世界, 2008, 10.

[144] SCHULZE W S, LUBATKIN M H, DINO R N. Altruism, agency, and the competitiveness of family firms [J]. Managerial and Decision Economics, 2002, 23 (4-5).

[145] 李新春. 信任、忠诚与家族主义困境 [J]. 管理世界, 2002, (6).

[146] 贺小刚, 李新春, 连燕玲. 家族权威与企业绩效：基于广东省中山市家族企业的经验研究 [J]. 南开管理评论, 2007, (5).

[147] 杨光飞. 家长式权威, 关系契约和华人家族企业的组织成长 [J]. 社会科学, 2009, (11).

[148] 姜付秀, 肯尼斯·A. 金, 王运通. 公司治理：西方理论与中国实践 [M]. 北京：北京大学出版社, 2016.

[149] SHLEIFER A, VISHNY R W. Large shareholders and corporate control [J]. Journal of Political Economy, 1986, 94 (3).

[150] CLAESSENS S, DJANKOV S, LANG L. The separation of ownership and control in East Asian Corporations [J]. Journal of Financial Economics, 2000, 58 (1-2).

[151] FACCIO M, LANG L. The ultimate ownership of Western European corporations [J]. Journal of Financial Economics, 2002, 65 (3).

[152] 宁向东, 陈宁. 系族企业的特征：一个初步描述 [J]. 财经问题研究, 2005, (4).

[153] 郑国坚, 林东杰, 谭伟强. 系族控制、集团内部结构与上市公司绩效 [J]. 会计研究, 2016, (2).

[154] DYCK B, MAUWS M, STARKE F A, et al. Passing the baton：The importance of sequence, timing, technique and communication in executive succession [J]. Journal of business venturing, 2002, 17 (2).

[155] 马磊, 徐向艺. 中国上市公司控制权私有收益实证研究 [J]. 中国工业经济, 2007, (5).

[156] 唐宗明, 蒋位. 中国上市公司大股东侵害度实证分析 [J]. 经济研究, 2002, (4).

[157] 郑志刚, 吴新春, 梁昕雯. 高控制权溢价的经济后果：基于"隧道挖掘"的证据 [J]. 世界经济, 2014, 37 (9).

[158] JOHNSON S, PORTA R L, LOPEZ-DE-SILANES F. Tunneling [J]. American Economic Review, 2000, 90 (2).

[159] FRIEDMAN E, JOHNSON, S., MITTTON, T. Propping and tunneling [J]. Journal of Comparative Economics, 2003, 31 (4).

[160] 张光荣, 曾勇. 大股东的支撑行为与隧道行为——基于托普软件的案例研究 [J]. 管理世界, 2006, (8).

[161] 苏剑. 论日本企业交叉持股的经验与教训 [J]. 证券市场导报, 2010, (6).

[162] 冉明东. 论企业交叉持股的"双刃剑效应"——基于公司治理框架的案例研究 [J]. 2011, (5).

[163] 李晓春. 论公司交叉持股法律规范体系构建 [J]. 政治与法律, 2013, (6).

[164] 郭雳. 交叉持股现象的分析框架与规范思路 [J]. 北京大学学报（哲学社会科学版）, 2009, (4).

[165] 蔡庆虹．公司股东分类表决机制探究——兼论我国社会公众股股东表决制度［J］．清华法律评论，2006，(1)．

[166] 石晓军，王骜然．独特公司治理机制对企业创新的影响——来自互联网公司双层股权制的全球证据［J］．经济研究，2017，52 (1)．

[167] 杜媛．何种企业适合双重股权结构？——创始人异质性资本的视角［J］．经济管理，2020，42 (9)．

[168] 韩宝山．橘兮？枳兮？——权变视角下国外双重股权研究中的争议［J］．外国经济与管理，2018，40 (7)．

[169] 仲继银．公司治理机制的起源与演进［M］．北京：中国发展出版社，2015．

[170] 胡锋，高明华，陈爱华．控制权视角的合伙企业与股权架构设计——以蚂蚁集团为例［J］．财会月刊，2020 (17)．

[171] 朱羿锟．公司控制权配置论——制度与效率分析［M］．北京：经济管理出版社，2001．

[172] 黎文靖，孔东民，刘莎莎等．中小股东仅能"搭便车"么？——来自深交所社会公众股东网络投票的经验证据［J］．金融研究，2012，(3)．

[173] 张建伟，何苗．中国股东代位诉讼制度设计：法理探讨与经济分析［J］．华东政法学院学报，2005，(5)．

[174] 蔡锐，孟越．公司治理学（第 2 版）［M］．北京：北京大学出版社，2018．

[175] 黄群慧，余菁，王欣等．新时期中国员工持股制度研究［J］．中国工业经济，2014，(7)．

[176] RAJAN R G, ZINGALES L. Power in a Theory of the Firm［J］. The Quarterly Journal of Economics，1998，113 (2)．

[177] 剧锦文．企业与公司治理理论研究［M］．北京：中国经济出版社，2018．

[178] 左大培．狭义地解释资本雇佣劳动的经济学说［J］．经济学动态，2016，(10)．

[179] 唐冰，宋葛龙．"蒙德拉贡模式"与现代合作经济［J］．中国改革，2006，(9)．

[180] GROSSMAN S J, HART O D. The Costs and Benefits of Ownership: a Theory of Vertical and Lateral Integration［J］. Journal of Political Economy，1986，94 (4)．

[181] 李东红．股份合作制企业的四个基本问题［J］．兰州大学学报（社会科学版），2000，28 (4)．

[182] 谢健．论股份合作制的终结与企业制度创新［J］．经济管理，2003，(11)．

[183] 谢刚，仲伟周，万迪昉．员工持股计划的性质、功能与应用［J］．预测，2003，(3)．

[184] 张咏莲，沈乐平．公司治理学（第三版）［M］．大连：东北财经大学出版社，2019．

[185] DEMSETZ, HAROLD. The Structure of Ownership and the Theory of the Firm［J］. Journal of Law and Economics，1983，26 (2)．

[186] FAMA E F. Agency Problems and Residual Claims［J］. Journal of Political Economics，1980，88 (2)．

[187] 虞政平．论早期特许公司——现代股份公司之渊源［J］．政法论坛，2000，(5)．

[188] 王军．比较视野下的英国特许公司——以四个特许公司为中心的考察［J］．学习与探索，2011，(5)．

[189] 邓峰．董事会制度的起源、演进与中国的学习［J］．中国社会科学，2011，(1)．

[190] 张仁德，段文斌．公司起源和发展的历史分析与现实结论［J］．南开经济研究，1999，

(4).

[191] GEVURTZ F A. The historical and political origins of the corporate board of directors [J]. hofstra law review, 2004, 33 (1).

[192] 李维安, 牛建波, 宋笑扬. 董事会治理研究的理论根源及研究脉络评析 [J]. 南开管理评论, 2009, (1).

[193] SUCHMAN M C. Managing legitimacy: Strategic and institutional approaches [J]. Academy of management review, 1995, 20 (3).

[194] SCOTT W R. Institutions and organizations: ideas and interests [M]. Thousand Oaks, CA: Sage Publication, 2008.

[195] HERMALIN B E, WEISBACH M S. Endogenously chosen boards of directors and their monitoring of the CEO [J]. The American Economic Review, 1998, 88 (1).

[196] RAHEJA C G. Determinants of Board Size and Composition: A Theory of Corporate Boards [J]. The Journal of Financial and Quantitative Analysis, 2005, 40 (2).

[197] 于东智. 董事会与公司治理 [M]. 北京: 清华大学出版社, 2004.

[198] 华锦阳. 论公司治理的功能体系及对我国上市公司的实证分析 [J]. 管理世界, 2003, (1).

[199] 吴炯. 董事会的功能范畴与功能定位——一个动态匹配框架及来自中国的经验证据 [J]. 经济经纬, 2012 (3).

[200] 华生. 万科模式: 控制权之争与公司治理 [M]. 北京: 东方出版社, 2017.

[201] 仲继银. 董事会: 公司治理运作精要 [M]. 北京: 企业管理出版社, 2020.

[202] 谢永珍, 张雅萌, 张慧等. 董事会正式、非正式结构对董事会会议频率的影响——非正式沟通对董事会行为强度的调节作用 [J]. 外国经济与管理, 2015, 37 (4).

[203] GLADSTEIN D L. A model of task group effectiveness [J]. Administrative Science Quarterly, 1984, 29 (4).

[204] 黄善东, 杨淑娥. 公司治理与财务困境预测 [J]. 预测, 2007, (2).

[205] 孙光国, 孙瑞琦. 控股股东委派执行董事能否提升公司治理水平 [J]. 南开管理评论, 2018, 21 (1).

[206] 刘星, 苏春, 邵欢. 家族董事席位配置偏好影响企业投资效率吗 [J]. 南开管理评论, 2020, 23 (4).

[207] 唐建新, 李永华, 卢剑龙. 股权结构、董事会特征与大股东掏空——来自民营上市公司的经验证据 [J]. 经济评论, 2013, (1).

[208] 李凤羽, 秦利宾, 史永东. 稳中求进: 实际控制人超额委派董事能促进企业创新吗 [J]. 财贸经济, 2021, 42 (3).

[209] 郑志刚, 胡晓霁, 黄继承. 超额委派董事、大股东机会主义与董事投票行为 [J]. 中国工业经济, 2019, (10).

[210] 张任之. 非国有股东治理能够抑制国有企业高管腐败吗? [J]. 经济与管理研究, 2019, 40 (8).

[211] 朱红军, 汪辉. "股权制衡"可以改善公司治理吗?——宏智科技股份有限公司控制权之争的案例研究 [J]. 管理世界, 2004, (10).

[212] DONALDSON L, DAVIS J. Stewardship theory or agency theory: CEO governance and

shareholder returns [J]. Australian Journal of Management, 1991, 16 (1).

[213] PFEFFER J, SALANCIK G R. The external control of organizations: a resource dependence perspective [M]. New York: Harper and Row Publishers, 1978.

[214] 段海艳, 仲伟周. 网络视角下中国企业连锁董事成因分析——基于上海、广东两地 314 家上市公司的经验研究 [J]. 会计研究, 2008, (11).

[215] SCHOORMAN F D, BAZERMAN M H, ATKIN R S. Interlocking directorates: a strategy for reducing environmental uncertainty [J]. Academy of Management Review, 1981, 6 (2).

[216] WINCENT J, SERGEY A, ÖRTQVISTA D. Does network board capital matter? a study of innovative performance in strategic SME networks [J]. Journal of Business Research, 2010, 63 (3).

[217] FICH E M, WHITE L J. Why do CEOs reciprocally sit on each other's boards? [J]. Journal of Corporate Finance, 2005, 11 (1-2).

[218] FACCIO M, MASULIS R W, MCCONNELL J J. Political connections and corporate bailouts [J]. The Journal of Finance, 2006, 61 (6).

[219] CLAESSENSA S, FEIJEND E, LAEVEN L. Political connections and preferential access to finance: the role of campaign contributions [J]. Journal of Financial Economics, 2008, 88 (3).

[220] 邓建平, 曾勇. 金融生态环境, 银行关联与债务融资——基于我国民营企业的实证研究 [J]. 会计研究, 2011, (12).

[221] HAMBRICK D C, MASON P A. Upper echelons: the organization as a reflection of its top managers [J]. Academy of Management Review, 1984, 9 (2).

[222] 谢志华, 张庆龙, 袁蓉丽. 董事会结构与决策效率 [J]. 会计研究, 2011, (1).

[223] CARTER D A, D'SOUZA F, SIMKINS B J, et al. The gender and ethnic diversity of US boards and board committees and firm financial performance [J]. Corporate Governance: An International Review, 2010, 18 (5).

[224] CAMPBELL K, MiNGUEZ-VERA A. Gender diversity in the boardroom and firm financial performance [J]. Journal of business ethics, 2008, 83 (3).

[225] 金智, 宋顺林, 阳雪. 女性董事在公司投资中的角色 [J]. 会计研究, 2015, (5).

[226] 高雷, 罗洋, 张杰. 独立董事制度特征与公司绩效——基于中国上市公司的实证研究 [J]. 经济与管理研究, 2007, (3).

[227] RICHARD O C, SHELOR R M. Linking top management team age heterogeneity to firm performance: Juxtaposing two mid-range theories [J]. International Journal of Human Resource Management, 2002, 13 (6).

[228] 袁萍, 刘士余, 高峰. 关于中国上市公司董事会、监事会与公司业绩的研究 [J]. 金融研究, 2006, (6).

[229] 魏刚, 肖泽忠, TRAVLOS N 等. 独立董事背景与公司经营绩效 [J]. 经济研究, 2007, (3).

[230] 宋建波, 文雯. 董事的海外背景能促进企业创新吗? [J]. 中国软科学, 2016, (11).

[231] 沈艺峰, 王夫乐, 陈维. "学院派"的力量: 来自具有学术背景独立董事的经验证据 [J]. 经济管理, 2016, 38 (5).

[232] DEFOND M L, HANN R N, HU X. Does the market value financial expertise on audit

committees of boards of directors？［J］. Journal of Accounting Research，2005，43（2）.

［233］VAFEAS N. Length of board tenure and outside director independence［J］. Journal of Business Finance & Accounting，2003，30（7-8）.

［234］陈冬华，相加凤. 独立董事只能连任 6 年合理吗？——基于我国 A 股上市公司的实证研究［J］. 管理世界，2017，（5）.

［235］赖黎，巩亚林，马永强. 管理者从军经历、融资偏好与经营业绩［J］. 管理世界，2016，（8）.

［236］LIPTON M，LORSCH J W. A modest proposal for improved corporate governance［J］. The Business Lawyer，1992，48（1）.

［237］JENSEN M C. The modern industrial revolution，exit，and the failure of internal control systems［J］. The Journal of Finance，1993，48（3）.

［238］宁向东. 宁向东讲公司治理：共生的智慧［M］. 北京：中信出版社，2021.

［239］JOHNSON J L，DAILY C M，ELLSTRAND A E. Boards of directors：A review and research agenda［J］. Journal of management，1996，22（3）.

［240］李建伟. 董事会规模强制规制模式的解释与反思［J］. 法学杂志，2019，40（10）.

［241］牛建波，刘绪光. 董事会委员会有效性与治理溢价——基于中国上市公司的经验研究［J］. 证券市场导报，2008，（1）.

［242］郝红. 董事忠实义务研究［J］. 政法论丛，2005，（1）.

［243］孙宏涛. 论董事之忠实义务［J］. 西南交通大学学报（社会科学版），2013，14（2）.

［244］任自力. 公司董事的勤勉义务标准研究［J］. 中国法学，2008（6）.

［245］张婷婷. 独立董事勤勉义务的边界与追责标准——基于 15 件独立董事未尽勤勉义务行政处罚案的分析［J］. 法律适用，2020，（2）.

［246］沈艺峰，陈旋. 无绩效考核下外部独立董事薪酬的决定［J］. 南开管理评论，2016，19（2）.

［247］BRICK I E，PALMON O，WALD J K. CEO compensation，director compensation，and firm performance：evidence of cronyism？［J］. Journal of Corporate Finance，2006，12（3）.

［248］ADAMS R B，FERREIRA D. Do directors perform for pay？［J］. Journal of Accounting and Economics，2008，46（1）.

［249］GNEEZY U，RUSTICHINI A. Pay enough or don't pay at all［J］. The Quarterly Journal of Economics，2000，115（3）.

［250］DAVIS J H，SCHOORMAN F D，DONALDSON L. Toward a stewardship theory of management［J］. Academy of Management Review，1997，22（1）.

［251］WASSERMAN N. Stewards，agents，and the founder discount：executive compensation in new ventures［J］. Academy of Management Journal，2006，49（5）.

［252］上海证券交易所研究中心. 中国公司治理报告（2004 年）：董事会独立性与有效性［M］. 上海：复旦大学出版社，2004.

［253］徐向艺. 公司治理制度安排与组织设计［M］. 北京：经济科学出版社，2006.

［254］费孝通. 乡土中国［M］. 南京：江苏文艺出版社，2011.

［255］郑志刚. 成为董事长：郑志刚公司治理通识课［M］. 北京：中国人民大学出版社，2020.

［256］GRANOVETTER M S. The strength of weak ties［J］. American Journal of Sociology，

1973，78（6）．

[257] 罗纳德·伯特．结构洞：竞争的结构[M]．任敏等译．上海：格致出版社，2008.

[258] 吴炯．独立董事、资源支持与企业边界连结：由上市家族公司生发[J]．改革，2012，（7）．

[259] 周繁，谭劲松，简宇寅．声誉激励还是经济激励——独立董事"跳槽"的实证研究[J]．中国会计评论，2008，（2）．

[260] GILSON S C. Bankruptcy, boards, banks, and blockholders: evidence on changes in corporate ownership and control when firms default [J]. Journal of Financial Economics, 1990, 27 (2).

[261] 吴炯，胡培，耿剑锋．人力资本定价的逆向选择问题研究[J]．中国工业经济，2002，（4）．

[262] 戴维·拉克尔，布莱恩·泰安．公司治理：组织视角[M]．严若森等译．北京：中国人民大学出版社，2018．

[263] 吴炯．家族经营权涉入对经理人薪酬业绩敏感度的权变影响[J]．财贸研究，2013，（2）．

[264] FAMA E F. Random walks in stock market prices [J]. Financial Analysts Journal, 1965, 21 (5).

[265] FAMA E F. Efficient capital markets: a review of theory and empirical work [J]. Journal of Finance, 1970, 25 (2).

[266] FAMA E F. Efficient Capital Markets: II [J]. Journal of Finance, 1991, 46 (5).

[267] 刘维奇，牛晋霞，张信东．股权分置改革与资本市场效率——基于三因子模型的实证检验[J]．会计研究，2010，（3）．

[268] 张兵，李晓明．中国股票市场的渐进有效性研究[J]．经济研究，2003，（1）．

[269] 陈灯塔，洪永淼．中国股市是弱式有效的吗——基于一种新方法的实证研究[J]．经济学，2003，3（1）．

[270] 李志冰，杨光艺，冯永昌等．Fama-French五因子模型在中国股票市场的实证检验[J]．金融研究，2017，444（6）．

[271] 南开大学中国市场质量研究中心课题组，李志辉，梁琪等．中国股票市场质量：内涵、度量与监测[J]．南开经济研究，2020，（6）．

[272] 俞乔．市场有效，周期异常与股价波动——对上海、深圳股票市场的实证分析[J]．经济研究，1994，（9）．

[273] 黄泽先，曾令华，江群等．信息揭示与资本市场效率——信息有效与配置有效[J]．经济学（季刊），2008，（2）．

[274] MANNE H G. Mergers and the market for corporate control [J]. Journal of Political Economy, 1965, 73 (2).

[275] 王力军，童盼．民营上市公司控制类型、多元化经营与企业绩效[J]．南开管理评论，2008，（5）．

[276] 周新德．代理权争夺利弊探讨[J]．经济与管理，2003，（2）．

[277] 李扬．日本的主银行制度[J]．金融研究，1996，（5）．

[278] 刘芍佳，李骥．超产权论与企业绩效[J]．经济研究，1998，（8）．

[279] 姜付秀，黄磊，张敏．产品市场竞争、公司治理与代理成本[J]．世界经济，2009，

(10).

［280］经济合作与发展组织．OECD 公司治理原则（2004）［M］．北京：中国财政经济出版社，2005.

［281］亨利·汉斯曼，莱纳·克拉克曼．何谓公司法．莱纳·克拉克曼等．公司法剖析：比较与功能的视角［M］．刘俊海等译．北京：北京大学出版社．2007.

［282］亨利·汉斯曼，莱纳·克拉克曼．代理问题与法律对策．莱纳·克拉克曼等．公司法剖析：比较与功能的视角［M］．刘俊海等译．北京：北京大学出版社．2007.

［283］许年行，赖建清，吴世农．公司财务与投资者法律保护研究述评［J］．管理科学学报，2008，(2).

［284］张曦，周方召．投资者法律保护与公司治理的交互作用及其对公司绩效影响研究述评［J］．外国经济与管理，2010，(9).

［285］茅铭晨．政府管制理论研究综述［J］．管理世界，2007，(2).

［286］DYCK A，ZINGALES L. Private benefits of control：an international comparison［J］. Journal of Finance，2004，59 (2).

［287］邓莉，张宗益．公司治理复杂性分析［J］．重庆工商大学学报：西部经济论坛，2004，(1).

［288］JOE J R，LOUIS H，ROBINSON D. Managers' and investors' responses to media exposure of board ineffectiveness［J］. Journal of Financial and Quantitative Analysis，2009，44 (3).

［289］贺建刚，魏明海，刘峰．利益输送，媒体监督与公司治理：五粮液案例研究［J］．管理世界，2008，(10).

［290］李培功，沈艺峰．媒体的公司治理作用：中国的经验证据［J］．经济研究，2010，(4).

［291］FANG L，PERESS J. Media coverage and the cross-section of stock returns［J］. The Journal of Finance，2009，64 (5).

［292］李维安等．公司治理评价与指数研究［M］．北京：高等教育出版社，2005.

［293］杜朝运．金融中介学［M］．上海：上海财经大学出版社，2013.

［294］宋顺林．IPO 市场化改革：共识与分歧［J］．管理评论，2021，33 (6).

［295］付彦，邓子欣．浅论深化我国新股发行体制改革的法制路径——以注册制与核准制之辨析为视角［J］．证券市场导报，2012，(5).

［296］吴超鹏，吴世农，程静雅等．风险投资对上市公司投融资行为影响的实证研究［J］．经济研究，2012，(1).